攻刑以专

相靖予霖

CRIMINAL DEFENCE

刑事辩护全流程质量控制与十项技能解析

徐宗新 等
著

法律出版社 LAW PRESS · CHINA | 北京

图书在版编目(CIP)数据

刑事辩护全流程质量控制与十项技能解析 / 徐宗新等著. -- 北京 : 法律出版社, 2022(2024.9 重印)

ISBN 978-7-5197-6595-8

Ⅰ. ①刑… Ⅱ. ①徐… Ⅲ. ①刑事诉讼－辩护－研究－中国 Ⅳ. ①D925.210.4

中国版本图书馆 CIP 数据核字(2022)第 052409 号

刑事辩护全流程质量控制与十项技能解析
XINGSHI BIANHU QUANLIUCHENG ZHILIANG KONGZHI YU SHIXIANG JINENG JIEXI

徐宗新 等著

策划编辑 李 群
责任编辑 张红蕊 陈昱希 赵雪慧
装帧设计 汪奇峰

出版发行 法律出版社
编辑统筹 法规出版分社
责任校对 晁明慧 王 皓
责任印制 耿润瑜
经　　销 新华书店

开本 710 毫米×1000 毫米 1/16
印张 37.25 **字数** 685 千
版本 2022 年 6 月第 1 版
印次 2024 年 9 月第 6 次印刷
印刷 固安华明印业有限公司

地址:北京市丰台区莲花池西里 7 号(100073)
网址:www.lawpress.com.cn
投稿邮箱:info@lawpress.com.cn
举报盗版邮箱:jbwq@lawpress.com.cn

销售电话:010-83938349
客服电话:010-83938350
咨询电话:010-63939796

书号:ISBN 978-7-5197-6595-8　　**定价**:98.00 元

凡购买本社图书,如有印装错误,我社负责退换。电话:010-83938349

《刑事辩护全流程质量控制与十项技能解析》作者简介

徐宗新	上海靖予霖律师事务所主任，浙江靖霖律师事务所创始人、终身荣誉主任，华东政法大学律师学院特聘教授
武广铁	浙江靖霖（昆明）律师事务所执行主任，昆明市律师协会刑委会副主任
徐激浪	浙江靖霖律师事务所副主任，杭州师范大学实务导师
雷　雷	浙江靖霖律师事务所原职务犯罪防范与辩护部主任
李亚男	浙江靖霖律师事务所渎职犯罪研究与辩护部主任
孙立波	浙江靖霖律师事务所主任，杭州市律协刑委会副主任，杭州师范大学实务导师
曹朝军	浙江靖霖（武汉）律师事务所副主任，毒品犯罪研究与辩护部主任
徐跃灵君	上海靖予霖律师事务所法医物证技术部主任
陈奕奕	浙江靖霖律师事务所原涉外刑事业务部主任
陈　浩	浙江靖霖律师事务所食药环犯罪研究与辩护部主任
黄罗曼	浙江靖霖律师事务所原食药环犯罪研究与辩护部副主任
黄　磊	浙江靖霖律师事务所专职律师
贾小玉	浙江靖霖律师事务所刑行交叉案件研究与辩护部主任
徐　鸳	浙江靖霖（上海）律师事务所专职律师
王良宝	浙江靖霖律师事务所副主任，杭州师范大学实务导师
杨　汇	浙江靖霖（北京）律师事务所副主任，山东警察学院客座教授，山东财经大学硕士研究生导师

伍炫蓉　浙江靖霖律师事务所非法集资犯罪研究与辩护部主任

陈沛文　上海靖予霖律师事务所网络犯罪研究与辩护部主任

翁叶榕　浙江靖霖律师事务所辩论队队长

李莉莎　浙江靖霖（上海）律师事务所主任，涉性犯罪研究与辩护部主任

倪雨苗　浙江靖霖律师事务所副主任，毒品犯罪研究与辩护部副主任，杭州师范大学实务导师

黄毅婕　浙江靖霖律师事务所专职律师

蔡国建　浙江靖霖律师事务所专职律师

序　走向精细化的刑事辩护

陈瑞华

十一假期前，徐宗新律师发给我一份书稿，希望我写一个序言。利用假日的闲暇，我把书稿通读了一遍。读完，不由得感慨万端：在大多数刑事律师都陷入办案工作之中的情况下，宗新及其所带领的律师团队却有如此的公益情怀，将自己以及诸多律师精英的辩护经验倾囊相授，这的确是一种无私的奉献。用他自己的话说，这部书稿记载着“靖霖刑辩的全套技能”，属于靖霖“压箱底的辩护技能”。由检察官转向律师行业，由普通刑事律师成长为刑辩界的精英人物，徐宗新律师用了十几年的时间。在这一过程中，他的刑事业务日益炉火纯青，他的刑辩团队日益发展壮大，他的刑辩技巧日益走向成熟。多年来，宗新和靖霖团队的辩护以精细化著称，他们早就公开发布了刑事辩护精细化流程，将刑事辩护工作加以单元化和模块化，以期提高刑事辩护的质量和效果。

本书记录了靖霖刑辩团队精细化、专业化辩护的基本技巧和经验。本书通过案例分析和场景展示的方法，详尽地总结了刑事辩护的基本技能，包括接待家属的环节、会见在押被告人的技巧、基本的阅卷方法、检索相关法律文书的方式、辩护意见的撰写方法、与司法机关沟通的策略、法庭发问质证辩论的技能，讨论了认罪认罚案件量刑辩护的流程。整个讨论非常流畅，注重专业化的操作和流程性的提炼，对于律师从事刑事辩护具有极强的指导意义。例如，作者将接待家属概括为 17 道环节，将会见在押嫌疑人、被告人概括为 21 种场景，将撰写辩护意见分为 4 种类型，将参与法庭审理分为发问、质证和辩论 3 种技巧，等等。这种细致入微的分析，对辩护流程的精巧把握，令人深受启发，叹为观止。

在详尽地总结刑事辩护技巧的同时，徐宗新及其团队还提炼出刑事辩护的基本经验。概括起来，这种辩护经验可以包括五个方面：一是服务流程的标准化；二是辩护操作的精细化；三是当事人利益的最大化；四是服务过程的完美化；五是辩护服务的可视化。可以说，作者将自己多年来刑事辩护的经验毫无保留地奉献给读者，尤其是从事刑事辩护的律师同行，为律师界提供了刑事辩护的操作指南。本书既可以作为年轻律师学习和训练刑事辩护技能的基本教材，也可以成为法科学生研习刑事辩护业务的重要参考书。作为一名刑事辩护的研究者，我衷心祝愿徐宗新及其刑辩团队，在刑事辩护的专业化和流程化方面继续进行探索，在为客户提供优质服务的同时，奉献出一部又一部刑事辩护著作。同时也期望我国从事刑事辩护的律师继续走专业化的道路，推动刑事辩护事业的健康发展。

是为序。

自　序

当英才苑府[①]邀请我讲八天的刑辩技能网络直播课时，我犯了难。原来讲课最多五天，八天的课感觉没有那么多内容要讲。英才苑府负责人说，按八天的课来讲，把刑事辩护的技能全部讲到、讲透。我有好几次想推掉这个课，但英才苑府已经把广告发出去了，我想临阵脱逃也太丢人了，也就咬咬牙，把这个“硬活儿”给接下了。

八天的课讲什么？讲刑事辩护的核心技能。这包括接待、会见、阅卷、检索、文书撰写、沟通、发问、举证质证、法庭辩论、认罪认罚的量刑辩护等10项，其中接待17次，会见21次，法律文书有28种。讲述内容尽量做到精细化。

八天的课怎么讲？我自己从头讲到尾倒是没问题，但肯定单调，不免乏味，听众未必受得了。于是我商请所里最擅长某项技能的专业资深人士上场，例如前“全国十佳公诉人”武广轶，制作案件审查报告是她的特长，代表了优秀检察官的一流水准；又如全国法医专家、原上海市公安局803法医徐跃灵君讲述如何审查法医鉴定意见，是极其专业的指引。其他的我不再一一介绍了，详见他们的课程。

至于讲课方式，是采取单向、填鸭式的讲课，还是采取更生动活泼的形式？我一直考虑，刑辩律师技能是一项实务技能，是针对人展开的，可不可以探索用真实案例，模拟工作场景，进行实战式演练、案例式教学？所以，针对接待、会见、沟通、庭审等技能，我选了几位专业功底深厚的律师进行演练，律师们扮演当事人、公安、检察官、法官等角色，把各类难题抛向律师。这些

① 一家律师业务培训机构。

难题都是刑辩工作实践中总结出来的。扮演律师角色的人对当事人所提问题有些进行正确回答，有些故意回答错误，以引起听众的注意与思考，也给点评讲解提供了生动的实例。

总而言之，这次八天的课，就是靖霖律师办理刑事案件的全套流程和技能，可以说毫无保留。在录制完的那一天，我们击掌欢呼，靖霖刑辩全套技能终于出炉了！

自2021年1月16日、17日开始，连续四个周末，英才苑府在网络上播放了此课程，不少律协组织了律师观看，因为只有前两天的课程是免费的，后面六天的课程受众就有限了。据听课律师反馈，课程务实，自成体系，有助于解决刑辩工作实际难题，非常不错。我们在想，如果这些课能整理成一本书，既可以作为靖霖刑辩技能的一个阶段性总结，也可以作为一项回报社会各界对靖霖关心的成果，同时还可以对有需要的同行带来裨益，那是一件多好的事啊！

于是，靖霖律所的全体师资及工作秘书，在牛年春节期间，放弃休息，加班加点，整理书稿，并反复校对，于是，此书面世。

读这本书，一用方法规则。比如接待时三个“怎么样”，首次会见“七步法”，庭审辩论“三个感”，以及不同法律文书的撰写方法，只有用起来，才能体现价值，这也是靖霖律师十几年来的经验总结，是我们最想带给读者的东西。二品演练过程。书中记录的实战演练过程，有各种难题，也有各种回答，读者可以细细品味，对照现实，琢磨答案，寻找自认为的最佳答案。三悟刑辩技能。说实话，任何技能，生搬硬套，难免水土不服，效果参差。只有潜心研究，掌握原理，将技能方法融入自己的潜意识，悟出心法，然后因人而异，因案施策，才能用活技能，并形成一套自己独有的、运用自如并且行之有效的心得方法，那才是本书作者们最希望看到的。

徐宗新

2022年2月13日

目 录 CONTENTS

（扫描此二维码可查阅本书模拟案例的相关案卷材料）

PART 1

第一章

刑事辩护接待技能

接待家属是刑辩律师一项非常重要的工作，刑辩律师必须意识到它的重要性，并熟练掌握相关技能。[①]

第一，接待家属是一项基础性工作。只有接待好家属，刑辩律师才可能得到家属的认可，家属进而将案件委托给律所，律师才能得以谋生，才有施展才华的机会，才有抒发刑辩情怀的空间。

第二，接待家属是一项技术性很强的工作。接待的程序是什么样的？家属最希望了解的内容是什么？律师应该如何为家属提供满意的服务？律师在接待家属过程中有哪些风险？律师如何防范这些风险？接待家属，既要让家属把案件委托给律师，又不能什么都听家属的，更不能违法犯罪，所以，这是一项技术性工作。

第三，接待家属是一项日常化的工作。接待是一项服务，体现在日常工作中，就是要达到接待的标准。即什么时候接待、接待时说什么、与家属沟通要达到什么目的，都必须有标准化的要求。

接待家属分为 17 个环节，刑辩律师只有做到这 17 个环节的接待，才能够达到接待家属的标准，反之则没有达到标准，案件容易产生质量问题。

接下来，我们在本书中对接待家属的每一个环节都以演练和点评的形式呈现。

第一场是首次接待，也就是接案接待。律师第一次接触家属，家属向律师咨询相关问题后决定是否将案件委托给律所，对刑辩律师来说这是最重要的一次接待。

第一节　首次接待

实战演练[②]

律师：您好，赵总。我是伍律师。徐主任把案子跟我讲过了，他让我先来初步洽谈，了解一下案子的情况，后续无论您请徐主任辩护还是请我辩护，或

① 主讲人：徐宗新。

② 演练人：杨汇扮演家属，伍炫蓉扮演律师。

者请别的律师辩护，都是可以的。

家属：我弟弟叫赵虎，他在上海读书，不常住滨海市，他这次来滨海主要是找朋友玩。他开车的技术可能不太好，开车时不小心撞到了人家的小吃摊，小吃摊的人来跟他理论，让他下车。我弟弟心里很害怕，就没下车，小吃摊的人就拦着他。我弟弟被拦着以后就把车直接开出去了，把人给撞倒了。现在公安机关认定我弟弟涉嫌故意伤害罪。

律师：伤者现在情况怎么样？

家属：伤者已经离世了。

律师：那家属是否已经收到了刑事拘留通知书？

家属：通知书收到了，现在公安机关说我弟弟涉嫌故意伤害致人死亡。

律师：赵虎是什么时候被带走的？

家属：他是前天晚上撞的人，昨天凌晨被带走的。

律师：这就可以确定他已经被刑拘了。他被关在哪里你清楚吗？

家属：他被关在滨海市看守所。伍律师，我听公安人员说，侦查阶段不用请律师，因为律师看不到证据。是不是我请律师也没有用呀？

律师：在侦查阶段律师是看不到证据的，但是说请律师没用，我个人认为不太客观。侦查阶段律师虽然看不到证据，但是这个时候的被羁押的嫌疑人只有律师能见得到，并且律师可以给他提供法律咨询，告诉他什么是故意伤害罪，后续他可能面临什么问题，他应该如何应对公安的审讯，等等。就拿这个案件来说，你刚刚提到你弟弟是一名学生，他现在可能很慌张，如果要保障他的合法权益，让他充分地了解法律以及自己可能面临的后果，还是建议你们请律师提供帮助。

家属：请律师会不会惹怒公安局？

律师：嫌疑人即便不请律师，发生了这种事情公安机关也是不高兴的，而律师可以作一个沟通的桥梁，协助公安机关公正办案，怎么会惹怒公安局呢？

家属：赵虎涉嫌的这个罪名有改变的可能吗？

律师：从你的讲述来看，赵虎先和被害人起的争执，后来被害人拦他车，他开车把人撞倒了，造成了被害人死亡的后果。你知道被害人是如何倒地的吗？

家属：当时我不在现场，所以没亲眼看到。我听说被害人站在车的旁边拉着车把手，赵虎开车突然加速，人就倒地了。像这种情况下改罪名的概率有多大？

律师：改罪名的概率主要还是看案件本身。如果当时赵虎所处的状态是正常人在车上都完全不知道车旁边有人，或者是即便有人也不可能发现的，这就是意外事件。如果说正常人在车上能看到车旁边有人，但是赵虎因为紧张或者是对自己的车技过于自信而没有去看，他自己认为不会有事，那么有可能涉嫌过失致人死亡罪。目前公安机关以涉嫌故意伤害定罪，就是断定赵虎看到了车旁边有人且认定主观为故意，主观上明知可能造成他人伤害的结果而追逐或者放任，所以定故意伤害罪。

但是，也不排除你弟弟有犯故意杀人罪的可能性。因为毕竟人死了，如果说主观明知自己的行为可能导致他人死亡，还继续这么做，就要定故意杀人罪了。这个案子存在这样的可能性。

家属：那岂不是完了？什么时候会改罪名呢？

律师：整个诉讼阶段有几个可能变更罪名的环节，目前刑拘的罪名是故意伤害，那么公安报捕的时候会有报捕的罪名，检察院批捕的时候也会有一个罪名，公安机关移送到检察院时会制作《起诉意见书》，也有一个罪名，检察院如果把案子移送到法院，还有《起诉书》上的罪名，最后法院作出的判决书还有一个罪名。这个过程当中都是可以改变罪名的。

家属：就你的经验而言，有多大的把握把罪名改轻？我们家属最关注这个方面。

律师：因为你讲的案情并不全，我们无法全面评估，可能赵虎本人会更清楚一些，另外也需要参考在案的一些证据。刚才你说当时起了争执，路边可能还会有路人看到当时的情况。这个要看事实与证据的情况。

就本案的核心来看，就是赵虎是否知道他在开车的时候被害人处于危险之中。如果他尽到了注意义务，没有看到，普通人也看不到，那么这就是意外事件，他就应该无罪；如果说正常人能看到，他自己大意了没看到或者是过于相信自己认为不会有事，那就是过失致人死亡。过失致人死亡罪的量刑是 3 年以下或 3 至 7 年有期徒刑。相对而言这个罪名是比较轻的。如果说赵虎看到了，还故意继续开车，那他的主观恶性就比较大，涉嫌故意伤害致人死亡罪或者故意杀人罪了，这两个罪量刑都是很重的。

至于怎么改罪名，就是看他属于上面哪种情况。在每一个阶段都有可能改罪名，作为律师和家属，要去争取最好的结果。

家属：公安定罪是否就按赵虎的口供和笔录呀？你们能不能进到看守所告诉赵虎该怎么说、怎么讲？

律师：赵虎本人的口供和笔录非常重要，当然也要看其他客观证据。我们会给他提供充分的法律咨询，给他分析清楚什么情况下是无罪，什么情况下是过失，什么情况下是故意。

家属：你们最好直接跟他讲明白。赵虎比较老实、比较单纯，如果不直接跟他讲明，万一他说错话了，这个责任我们也担不起呀！

律师：讲明是肯定要讲明的，但是我也不能违背事实。如果他看到了被害人，然后律师教他说没看到，与其他证据不一样，这是叫他作伪证，他会受到惩罚，律师也会受到惩罚。

家属：那你们尽量想办法，给他分析得透彻一些。还有，有没有可能取保候审？

律师：在司法实践中，如果说有可能判 3 年以下，又能得到被害人谅解的，是有取保可能性的。但是这个案子的被害人已经死亡了，如果定故意伤害或故意杀人，刑期都是 10 年以上，取保候审是不可能的。这个案件的关键是如何定性，如果定过失致人死亡罪，又进行赔偿获得了被害人家属的谅解，取保机会还是有的。

家属：那我知道了。如果委托你们律师的话，你们具体能够起到什么作用？

律师：律师的作用，我们没法以结果论，因为毕竟是刑事案件，不是律师说了算，所以我们不能保证结果。但是我们能够保证在整个诉讼过程中把律师工作做到位，向当事人家属说明情况、解释法律问题、提供法律方案，为被关押的当事人提供法律咨询和法律服务方案，帮助他正确面对调查，代表当事人与司法机关进行沟通、反映诉求、保障当事人的合法权益。并且在整个过程中，我们会随时根据案件发展的情况，及时制定和调整法律服务方案，并征得家属与当事人的同意，努力去完成，争取最好的结果。这就是我们律师的工作。

家属：哦，还是不能保证结果。那么，律师，赵虎自己是认罪好还是不认罪好？

律师：这要根据客观事实进行判断。如果说涉嫌的罪名非常严重并且不符合事实，一定要让他认，他自己不愿意，家属也不愿意。但是如果涉嫌的罪名虽然重，但符合事实，该认罪就得认罪，因为认罪认罚可以从宽。本案最好是在轻罪的基础上认罪认罚，比如在过失致人死亡罪的基础上再认罪认罚。当然，这要排除是意外事件的前提之下。律师不能把无罪的案件当成有罪的案件让当事人认罪。总之，认不认，怎么认，一要有理，二要有利。

家属：哦，是这样啊。最后，我问一下律师费是怎么收的？

律师：根据律师不同的资深程度，收费的价格是不一样的。我们所律师收费有两种模式，可以计件收费，也可以计时收费。不过，因为律师资深程度不同，计时收费的标准也不同。计件的话最高三个阶段不超过 20 万元。计时是每小时 200~3000 元，按工作量来计算。

家属：那么请你是多少？

律师：如果案件委托我代理，不管计件还是计时，需要 20 万元，包括侦查、审查起诉、审判三个阶段。

家属：关于怎么付费，我也去其他律所咨询过。其他律所有按照阶段收费的，你们律所可以分阶段收费吗？

律师：我们律所也可以分阶段收费。我们一般建议选定律师后，就三个阶段一起委托。因为工作从侦查阶段开始做，侦查阶段为审查起诉阶段做准备，审查起诉也要为后面的阶段做准备。三个阶段一起付的话是 20 万元，这是优惠后的价格。一阶段一付的话，成本略高，一个阶段是 7 万元。

家属：我就先按一个阶段一付吧，反正也就差 1 万元。

律师：没问题。我们的合同就签按阶段来付费，同时我们约定，案件移送审查起诉之日及提起公诉之日起3日内，您付下一阶段的费用。如果费用您没有按时支付，我们有权解除合同。

家属：好的，没问题。我再问一下，你们能不能按结果收费呢？比如说我前面付你两三万元的探路费、跑腿费，如果结果不好我们就只支付给你们这个费用。如果改成更轻的罪名了，我再给你加个三五十万元都无所谓；如果取保候审了，给你加100万元，你看这样行不行？

律师：您的这种心情我很理解。结果好的话愿意多付，结果不好就少损失一些。但是律师执业纪律不允许我们按结果来收费，这属于风险代理。

家属：据我了解，律师代理可以风险代理的呀！

律师：部分民事案件可以风险代理。刑事辩护禁止风险代理是有明文规定的。

家属：那我问一下你们最快什么时候能够去会见我弟弟呢？

律师：只要我们把委托协议签好，您那边费用到位，我们立刻就去看守所会见。

家属：我这里有一张纸条，是我妈写的，能不能交给你带给他，他看了之后应该会踏实不少。

律师：字条是什么内容？如果与案件无关的话，你可以给我，不过，字条我是不能直接给他的，但我可以把字条上的内容转述给他。

家属：不能把字条给他看吗？

律师：不能给他，我们会念给他听。

家属：那你把字条拿出来，给他扫一眼，然后你再读给他听，否则他会不相信是我妈写的。

律师：嗯，尽量吧。看守所有监控，违规要被终止会见的。

家属：另外，我从其他人那里听说，会见时律师可以把手机免提打开，我们不说话，就听听我弟弟的声音，这个可以吗？

律师：这个就更不行了，看守所不仅有监控，还有值班民警巡查。上个月律协刚刚处分了一名律师。

家属：那这样吧，我发几段语音到你的微信上，到时候你放给他听。我用老家话讲，这样亲切一些。

律师：这些都是违规行为，我们可不敢做。您看这样行不行，您把想讲的话都告诉我，我们来转达，把注意力集中在案件的专业上，一方面把你们的关心和问候带到，另一方面保证我们专业服务的时间和质量。

家属：好吧。你一定要理解我们家属。另外，你能让他抽几根烟吗？他紧张的时候，抽根烟就好了。

律师：抽烟也是违反规定的，不仅律师会见的时候不允许当事人吸烟，警察提审的时候也是不允许当事人吸烟的，省公安厅监管总队会对视频进行巡查，一旦发现违规情况是要发通报的。所以这个没法办到，通过这段时间把烟戒了也是好事。

家属：我们家里现在正在筹钱用于赔偿，还有律师费，他的银行卡和支付宝上面还有80万元，你问下他密码是多少，我们好取出来用。

律师：如果是经济犯罪案件，要密码肯定是不行的。我们这个案子虽然是人身伤害案件，但也涉及赔偿问题。如果法院判定要赔偿被害人，还是要从这些卡上划钱的。所以，私下去要密码并把钱提出来，还是会影响司法活动的。

家属：你这个律师！这也不行，那也不行，我请你能干什么！

律师：赵总，律师有执业上的纪律约束，希望您能够理解。当事人不是谁都可以去见的，只能请律师去会见，你们的合理要求，我们肯定满足，但是要通过合法的方式。这也是保证您、我的安全。

家属：也是。

律师：关于密码的事，我会见时征求一下赵虎的意见，他如果愿意把钱用于赔偿，让他写个书面的委托，然后我们到公安机关备个案，你们也写个此款用于赔偿的承诺交给公安机关，公安机关同意后，再把钱取出来，用于后续的赔偿。你看怎么样？

家属：可以。

律师：您也要想清楚，如果公安了解到这个密码，会不会对你们不利。如果可能对你们不利，从律师的职业道德来讲，我们是不能提供对当事人不利的证据和材料的。

家属：你考虑得还挺全面。那不着急，你先去会见吧。这些事情，等情况明朗一些再说。另外，我以前跟滨海市公安局的副局长、刑侦大队的大队长都吃过饭，到时候你能不能找个机会，跟他们一起吃个饭，把办案警官和检察官也叫来，大家聚一聚，商量一下怎么处理这个案子。

律师：赵总，您这是又给我出难题了。对侦查机关和承办人员来说，私下会见当事人和律师，是违法违规行为，请他们吃饭，是害他们，万万不可。作为律师，有意见可以直接跟承办人沟通，如果需要找相关领导，律师也可以直接向领导反映。最好是通过正规途径去反映诉求，如果夹杂私人关系在里面，为了避嫌，办案机关有时会从重处理，反而对你不利。

家属：你这个律师太古板了！但是现在还是人情社会呀，这可怎么办呀？

律师：您认识副局长、刑侦队长也是好事，可以跟他们讲，要求承办警官依法办案，不要冤枉您弟弟，请他们把把关。我们这边，依照程序，该反映的会反映到的。

家属：对了，你们律师也是有关系的吧？滨海市的公、检、法都有熟人吧？你可得把关系给我们用上啊！

律师：我们与司法机关的沟通渠道都是畅通的，关键在案件的事实、证据和法律定性上，我们有没有道理。律师的任务就是，站在当事人的角度，去挖掘对当事人有利的事实、证据和理由，为当事人说话，争取最有利的结果。

家属：这句话是我目前听的最顺耳的。这样吧，你把委托合同拿来我看一下，再确认一下条款，没问题的话就签了。我们全家的希望都寄托在你身上了啊，伍律师！

律师：我们一定尽力！

点评①

我们先来看首次接待的基本要求。

（一）首次接待要解决的问题

我总结，首次接待要解决三个问题，即解答三个“怎么样”。

---

① 主讲人：徐宗新。

第一，是怎么样。听了当事人的陈述，律师要作出判断，这是一件什么事情。用一句话定性，越简洁越好。当事人讲了半天，律师要给出专业的判断。

有时，我们听了当事人陈述后，认为这是一个民事案件，那就要指出来，这其实是一个民事案件。如果是刑事案件，那必须明确是什么刑事案件。如通过地下钱庄走账，是非法经营、洗钱还是逃税、虚开增值税专用发票？仅仅作了罪名上的定性还不够，还要考虑当事人的诉求，想无罪、罪轻还是轻罪？要把当事人的诉求结合进去。所以“是怎么样”就是要解答“是否为刑事案件，是涉及什么罪名的刑事案件，当事人有什么诉求”。比如实战演练这个案子，一句话概括就是：赵虎开车与他人发生纠纷造成别人的死亡，涉及的是过失致人死亡、故意伤害罪还是故意杀人罪，家属要求轻罪轻判。

律师一句话指出“是怎么样”，会让当事人豁然开朗，这也是对专业律师的要求。而这个概括，对全案的辩护工作，也是起到提纲挈领的作用。“病情”概括准了，“药方”自然而然就出来了。

第二，会怎么样。这个案件的走向会怎么样？最严重的结果是怎么样？会判死刑、死缓、无期还是 15 年？最轻会怎么样？会定故意伤害罪、过失致人死亡罪，还是意外事件被判无罪？律师要根据当事人的描述，发挥专业知识，根据经验作出充分的预测，穷尽这个案件的各种可能。

如果赵虎故意造成他人死亡，那就是故意杀人罪，最高可判死刑，能轻到 15 年就不错了；如果赵虎不能预见，无法抗拒，那就是一个意外事件，就是无罪。所以这个案子从无罪到死刑都是有可能的，中间还有故意伤害致人死亡、间接故意杀人、过失致人死亡，刑期从 3 年以下至死刑不等。律师把会怎么样的各种结果讲清楚，家属就会明白这个案子有这么多种的结果，我们自然要避免最坏的结果发生，朝最好的方向去努力。

第三，要怎么样。“要怎么样”是指律师应该怎么办。这是最重要的部分。当事人家属来找律师，不是仅仅来了解是怎么样，这是个什么“病”，会给他们带来什么困难灾难，而是来“求药方”、来问怎么办的。这个“要怎么样”，就是指律师的法律服务方案。法律服务方案概括来讲，就是“你我他，要干啥”。

“你我他”是指主体。你，是指当事人家属；我，是指律师；他，是指当事人本人（嫌疑人、被告人）。这三个主体在整个法律服务方案里面缺一不可，不是说家属一委托交钱，事情就包在律师身上了，家属便什么都不用干了，这样的法律服务方案肯定是不全面的。

例如，案子要民事赔偿，不可能由律师去赔，必须由家属来做。要对被害人家属赔礼道歉，必须当事人及家属来做才行，律师代为赔礼道歉，不够分量；再如，律师和家属在尽力辩护，但是犯罪嫌疑人、被告人曲解法律，与辩护方向背道而驰，那法律服务方案也难见成效。

所以，以上三个主体缺一不可。

“要干啥”是指三个主体分别要做什么工作。每个案件，我们都要确立一个总的辩护目标，在每一个阶段又要确立这个阶段的阶段性目标，围绕这个总的目标和阶段性目标，这三个主体分别做什么工作，就形成了法律服务方案。

以实战演练这个案子为例。

总的目标是：定性改为过失致人死亡罪，在 3 年以下处刑并适用缓刑，同时也不放弃对意外事件无罪情形的关注。

侦查阶段的阶段性目标是：争取批捕时罪名改为过失致人死亡罪。

三个主体的任务分别是：

律师负责向当事人与家属提供充分的法律咨询，与公安机关及检察机关沟通，撰写律师意见书，寻找依据，提出诉求。

当事人负责在充分掌握法律的前提下准确地作出供述和辩解，当面向办案人员提出自己的辩护意见和请求。当事人是最好的辩护人，在公、检、法人员来提审他的时候，他必须准确地把握法律的界限，准确地表达对案件事实的陈述，准确恰当地表达自己的诉求。这就是他的任务。

家属负责与被害人家属沟通、赔礼道歉及洽谈赔偿事宜，向办案单位反映合理诉求，与律师做好配合工作。

后面的审查起诉阶段和审判阶段的法律服务方案，也是依三个主体，依阶段性目标和总目标，分别安排工作，努力把工作做到极致，做到没有遗憾。

当事人要请律师，会咨询不止一家律所，最终考察的是什么呢？就是“要怎么样”，就是哪个律师（团队）的法律服务方案最全面、最能够给他带来实惠。前面的“是怎么样”和“会怎么样”都是为了最后的“要怎么样”所作的铺垫，重点是“要怎么样”，就是法律服务方案。在实践中，我们带着这三个“怎么样”去接待，相信更能抓住重点，更能够切合当事人的需求。

（二）接待的技巧

这里有四个字供大家参考。

第一个字，“听”。要认真听。耐心听当事人把所了解的情况、观点与想法讲完。

第二个字，“问”。要适时发问。在当事人讲的时候，遇到重要问题需要当场明确的，律师可以发问。当然，发问不能老打断当事人，要保证当事人陈述的完整性。确认当事人讲完后，我们律师有一个专门的发问环节，问细节，问辩点，问要求，问想法，律师与当事人的信息必须完全对称。

第三个字，“记”。要着重记。对当事人陈述的案情，我们要及时记录，重点记录主要案情，记录要问的问题，列所要说明的问题。特别是人物关系、公司关系及现场位置，要用图示法画出来，跟当事人确认，以保证双方信息完全对称。

第四个字，“说”。要全面说。说三个“怎么样”，重点要详细说法律服务方案，说当事人的权利，说律师的工作和作用，说类似成功案例的办案经验。可以分开说，也可以融入三个“怎么样”更成体系地说。要说得当事人完全明白。

（三）如何确定律师费

1. 律师费的考量因素

决定律师费的金额，有三个因素：

第一个因素，是律师的资深程度。我们平时说的，××律师收费 5 万元，××律师收费 10 万元，××律师收费 20 万元，这就是律师的资深程度决定的收费标准。但是不是 20 万元就一定能请到某某律师呢？也不一定，还要看另外两个因素。

第二个因素，是案件的疑难复杂程度。比如，某位律师收费标准是 20 万元，一般是指一罪名、一个被告人、一节事实、三个阶段的费用。但如果某个案件有 10 个罪名、50 个共同被告人、500 节事实的话，工作量就超出好几倍，律师收费自然要相应调增。

第三个因素，是当事人的要求。例如，在律师标准化流程中，律师在侦查阶段会见是 6 次，如果家属提出来要会见 12 次，那么就增加了一倍的会见工作量，就可以相应调增律师费。又如，有些重大案件，当事人希望买断律师的某个时间段专门为他服务，这也要在标准收费基础上作相应调增。反之，也可以作相应调低。再如，有些案件当事人另外还委托了一名律师，两个律师作相应分工，对减少的工作量，律师费可作相应调减。总之，依据当事人的要求，工作量可以调整，费用也可以随之调整。

2. 如何报价

我的心得是：阶梯式报价。

所谓“阶梯式报价”，是指不要只给一个人的报价，而是对自己所在团队，甚至所在律所的各层次律师进行一个体系化的报价，按照资深程度不同，从低到高的价格，全面报给当事人。因为我们不清楚当事人的支付能力，也不知道他想委托哪个层次的律师，所以只有把所有律师的报价都报上，由当事人进行选择，才是最恰当的。

当然，我们这里报的价格，是依该律师资深程度的收费标准，真正的个案报价，还要考虑案件疑难复杂程度和当事人的要求两个因素。

3. 律师团队如何配备

律师团队，可以是一名律师，也可以是一名律师加一名助手，也可以是两名主办律师，再各自加一名助手，还可以是多名律师组成律师团，根据不同需要派不同的律师出场。

律师团队的组合，可以根据参与人员与参与程度进行不同的搭配，并依此对收费进行调整，让当事人有机会选择一个性价比最高的团队。以律所主任律师参与律师团队为例，主任律师参与案件办理有以下几种模式：一是主任律师亲力亲为办理案件，律师助理人员由主任确定；二是主任律师与资深专业律师合办案件，由专业律师负责日常性的辩护工作，如会见、阅卷及与家属沟通，主任律师则只参加重要的会见、沟通及开庭；三是主任律师担任顾问，不署名担任辩护人，对所指派的律师的办案过程进行指导，对辩护意见予以把关。

以上所讲的报价和团队组建方式，我概括为“阶梯式报价，团队式组合”。律师列出各种产品和价格，与当事人商量，帮助当事人选择，根据案件的特点和当事人的需求，可以对参加人员进行增减，可以对既定的工作量进行增减，这些都可以落实到具体收费金额的调整和确定上，让当事人有一个明确的认识，可以进行充分的比较，根据自己的需要和能力，选择一个性价比最高的律师团队，以保障落实之前提出的法律服务方案。

（四）接待律师应当站在谁的立场上进行谈判

律师应当站在律师的立场上，还是应当站在当事人的立场上？我们一定要摆脱当事人来找我咨询，就一定要由我来承接这个案子的观念。虽然人家来找你未必请你，但是你也要认真对待这样的咨询。我们应该有一个团队式组合的观念。也就是说，当事人来找我，我不过是律师事务所的一个代表人，先代表我所律师接待一下，了解一下案子是什么情况。如果这个案子比较简单，当事人需求就是指派一个律师给他提供基本的服务就可以，那接待律师就代表律所给他选派一名他中意的律师。如果说当事人对这个案子非常重视，希望律所配备最强的力量，那接待律师就要把律所里的力量配足，并且可以考虑律所外的专业力量。

所以，我们接待当事人，要站在他的立场上，为他来筹划法律服务方案，为他来组建律师团队。接待律师要站在当事人的立场，根据案件特点和当事人的诉求，把所里的律师，按照特长进行排列组合，协助当事人选配最合适并且性价比最高的律师团队。

（五）要维护行业形象，不说同行坏话

律师不能诋毁同行。哪怕当事人说之前的律师不好，我们也不能附和。比如，当事人说这个律所不好、那个律师不好，我们都不要妄加评论，只能说同行好话，不能说同行坏话。要向当事人强调，本案的工作重点是在专业上，评

价他人于事无补，让他把注意力集中到案件的专业辩护上来。

第二节　提请批准逮捕前的接待

实战演练[1]

律师：赵总，今天特意请您过来，是因为刑拘期限是7天，现在已经第5天了，公安机关那里我们了解过，他们不考虑给我们办取保候审，要报到检察院批准逮捕。我们把您请过来，告诉您这个情况，把下一步工作商量一下。

家属：那怎么办呢？听说逮捕了就定罪了，赵虎就出不来了。律师你一定要想想办法呀！

律师：逮捕是一个强制措施，当事人涉嫌有罪，而且是重罪的，就会被批准逮捕。

家属：赵虎现在到底是什么罪？有没有可能变成轻罪？

律师：据我们了解和分析，公安机关可能会以故意杀人罪报捕，这个罪名比故意伤害罪更重。

家属：啊！你们律师这是把罪名越辩越重了！难道是我们请律师的原因？是不是跟你们律师解除代理关系，跟公安机关和检察院讲讲好话，结果会更好一点？

律师：赵总，请您保持理性！您情绪这么激动，我们就很难达到沟通效果了。

家属：实在对不起，我是太接受不了这个结果了。赵虎还是个孩子，说他故意杀人，我真的难以接受！

律师：赵总，批捕可能改变定性为故意杀人罪，这个我们在第一次接待您的时候就跟您分析过。如果主观上是故意，对结果持放任态度，结果是重伤的，定故意伤害罪；结果是死亡的，定故意杀人罪。只要公安机关认为赵虎是故意的，也就是说赵虎明知被害人拉着车把手跟着车跑还继续开车而造成被害人死亡的，从法理上讲，就是定故意杀人罪。所以，本案的关键，不是故意伤

[1] 演练人：杨汇扮演家属，伍炫蓉扮演律师。

害罪与故意杀人罪的区别，而是过失致人死亡罪与故意杀人罪的区别。您能理解吗？

家属：哦，我听明白了。伍律师，我们接下来，还可以做什么工作？

律师：首先，我们律师可以做以下三项工作。第一，要去会见一下赵虎，告诉他公安机关要报捕了，检察官会去提审他，给他做法律咨询，让他向检察官准确地讲明自己的主观意识和诉求；第二，我们要撰写好《不予批准逮捕的律师意见书》，附上专家观点和案例材料，我们还是提出“不构成故意杀人罪，至多涉嫌过失致人死亡罪，希望能够考虑其是大学生，不予批准逮捕”的意见；第三，我们会对案件及时跟进，案件一报到检察院，我们就跟检察官约面谈时间，递交书面的《不予批准逮捕的律师意见书》。

其次，家属的工作有两项：第一，继续积极与被害人家属协商，看能不能达成赔偿补偿协议，拿到对方的谅解书；第二，可以写信给检察机关，反映情况，提出诉求。

最后，赵虎的任务就是，在检察官提审时，在充分了解法律的前提下，准确表达自己对案件的辩解，向检察官表达忏悔之情，希望检察官给自己一个继续学业、改过自新的机会。

家属：伍律师，你安排得很全面。但是，我们跟被害人家属谈赔偿谅解没有那么快，你看对案件有影响吗？

律师：赔偿谅解，要真赔偿、真谅解，以后不能反悔的。你们去谈，到时候协议和谅解书拿来给我们，我们给你们把一下关。但是我要说的是，哪怕定过失致人死亡罪，但因为还没有赔偿和谅解，也是不能取保候审的，所以你要有思想准备。不过，如果定性改成过失致人死亡罪，现在虽然逮捕了，但对被害人家属进行了赔偿并且取得了对方的谅解，也是可能变更为取保候审的。总之，罪名定性的改变是关键，赔偿谅解尽快稳妥推进。

家属：好的。不过，伍律师，我总感觉这个事情比较被动，您能不能想办法，比如今天晚上就找找公安局的领导，让他们不要以故意杀人罪报捕，就以过失致人死亡罪报捕，争取一下，把您的关系都用上，您看能行吗？

律师：这个案件影响大、争议大，公安机关是经过多道程序讨论的，谁也不敢徇私情来改变集体的决定，希望您了解并理解。我之前跟您讲过，这个案件比较敏感，还是走正规途径最稳妥，我们把该提的意见提出来，该反映的地方反映到，相信司法机关最终能作出公正准确的处理。

家属：这个我明白，但我就是着急。你去检察院的时候，我跟着你一起去好吗？

律师：不太合适，我们与检察官是专业沟通，家属在场会影响专业沟通的效果。如果您有什么话，可以写下来，我转交给检察官，并把您的话带到。

点评[①]

在公安报捕之前，律师一定要接待一下家属，这次接待有以下几个问题要把握好。

（一）接待的工作内容

1. 告知家属情况

告诉家属案子可能要报捕了，但也可能直接取保候审，让家属做到心中有数，报捕不至于太意外，难以接受；取保候审也是大家争取到的来之不易的结果，家属会更加珍惜。

实战演练这个案子，报捕的罪名是故意杀人罪，更要给家属讲明白。家属虽然难以接受，但是提前说，家属知道后，就有心理准备，不会觉得很突然而情绪失控，进而影响正常工作。

2. 接待的时间点

刑拘期限是 7 天的，律师在第 4 天的时候，就要去递交取保候审申请书；刑拘期限是 30 天的，律师在第 24 天时去递交取保候审申请书。递交取保候审申请书后，办案单位 3 天内会回复是否同意取保候审，或口头表明是否同意取保的态度。律师在刑拘期满前一两天就要安排接待家属，告诉他案件下一步可能的走向，并提示他：如果报捕，不必惊慌失措，律师继续做工作；如果取保，也不是万事大吉，还是要认真对待。

① 主讲人：徐宗新。

3. 告诉家属律师已经做的工作

首先，律师递交《取保候审申请书》了。其次，律师还针对定性提交了律师的分析意见。特别是这个案子，定性如果不改，是不可能取保候审的。一般判处有期徒刑 10 年以下的案件，律师可以把取保的理由写在《取保候审申请书》里，不必另外提交律师意见。再次，律师跟公安机关做了沟通，探讨了案件的处理。如实战演练中的这个案子，公安机关的主要观点是案件影响大，后果严重，没有获得被害人家属谅解，赔偿问题也没有解决，而且认为定性为故意杀人罪没有问题，所以肯定是要报捕的。最后，其他辩护工作。比如，调查、走访，向有关部门提出意见和建议等。将辩护律师的工作及时地告诉家属，是双方签订的委托合同的要求，也是律师工作得到充分了解和认可的基础性工作。

4. 安排下一步工作

在实战演练中，伍律师把下一步的工作安排得井井有条，法律服务方案得到了当事人的认可。

（二）要注意家属不良情绪的疏导，理性心态的引导

刑事案件往往周期长，结果未能如愿者十之八九，律师与家属的压力都非常大，所以需要疏导、引导家属回归理性。我经常跟家属讲，刑事案件，特别是疑难复杂的刑事案件，周期很长，要做好长期作战的思想准备，要保持一个理性的心态。这种话律师一定要跟当事人交代到位，否则家属每次都火急火燎，每次都觉得结果不可承受，又哭又闹，会给律师带来很大的精神压力和思想包袱。

要给家属强调：过程的完美化，必然达到结果的最优化，引导家属把注意力集中到过程努力中来。把过程做到完美，不留遗憾，结果自然而然是应该有的最好结果。

另外，如果取保候审了，律师也要提醒当事人，不要高兴得过早，不要认为就此结束，还是要通知当事人取保后 3 天内到律所与律师会面，了解一下案情，对下一步工作进行安排，并制定定期会面的时间表，确保工作成果，避免

得而复失。

（三）对家属的不合理的要求的应对措施

在会见中，家属时不时地会提出一些无理的要求，甚至提出违法违规的要求，律师应该如何应对这些违法违规的无理要求？

首先，律师不要去斥责他，不要去辱骂他，也不要简单地说“不”。其次，律师即便不能同意他的意见，也要从尊重当事人的角度，耐心地说明，委婉地拒绝。要耐心说明，这样做是不规范的，不合法的，就算操作好了，一旦东窗事发也前功尽弃，得不偿失。再次，要引导当事人把思想、思维、思路和精力都集中到律师的辩护方案中来，争取把辩护过程做到完美。即便最终结果还是令人不满意，但家属和律师守望相助，尽了全力，也是没有遗憾了。最后，充分考虑当事人诉求的合理部分，制定合法合规的方案，尽量满足当事人的合理要求，体现律师周到的服务。

第三节　批捕前的接待

实战演练[①]

律师：赵总，今天叫您过来，是想把近期的工作向您反馈一下。案子已经在检察院审查，我们向检察官提交了书面的《不予批准逮捕的律师意见书》，同时也跟检察官进行了交流。

家属：检察官是什么意见？有没有希望改罪名？

律师：如果赔偿没有解决，谅解书没有拿到，就算罪名改成过失致人死亡罪，也取保不了，也是要批捕的。

家属：赔偿我们正在谈，快有眉目了。我们主要担心的是罪名问题。检察官对罪名是怎么看的？有没有可能改成过失致人死亡罪？

律师：对于罪名问题，我们与检察官也充分交流了，目前的焦点是，赵虎

① 演练人：杨汇扮演家属，伍炫蓉扮演律师。

在开车加速逃离的时候到底有没有看到车边上有人拉门把手，如果看到了，不管不顾，就是故意杀人；如果因为心情紧张没有看到，那就是疏忽大意的过失犯罪。我们还看不到相关证据，赵虎本人辩解说心情紧张没有去看，我们感觉检察官的意见还倾向于以故意杀人罪批捕。

家属：那可怎么办呀？检察院定了故意杀人罪，那就无期徒刑起步了。

律师：检察官表示，这个案件影响大，他们肯定会高度重视，并且会集体讨论的，就算暂时以故意杀人罪批准逮捕，如果公安继续侦查发现有证据证明赵虎是过失的，也可以更改罪名，到时候再交流好了。

家属：这些都是安慰人的话呀！伍律师，说实话，我在外面也找了关系。这个人是这样说的，他给我去办取保；如果成功的话给他50万元，如果不成功他一分钱都不要。你看我要不要去试一下？

律师：从法律上讲是不可能的。这个人一听就是掮客，还有可能是骗子，您自己要小心。

家属：他不收钱，成功才付钱。

律师：诈骗犯罪分子都这样，一开始都不要钱，到最后把人家骗得倾家荡产。您这个可是大案子，一步错、步步错，建议慎重，不要病急乱投医。我个人觉得这个人不靠谱。当然，您一定要去试，也是您的权利。

家属：那我还是去试一下吧，反正不用先付钱。不过我们还是需要你们给我们把关的，毕竟你们专业。

律师：建议您慎重，不要轻易试。如果您要试，我们就退出辩护。如果您信任我们，就不要去试了。我觉得这个人可能是掮客，万一到时候事情没有办成，还会闹得满城风雨，到时候您反而会来怪我。

家属：那我们怎么办呢？

律师：还是要按规矩来。赔偿谅解工作要做好，我们意见准备充分，各个环节、各个层面都反映到，相信司法机关会作出公正的处理。

点评[①]

批捕决定正式下来之前，律师应该约家属见面，主要做以下工作：

---

① 主讲人：徐宗新。

（一）告知可能的结果

批捕的可能性和不批捕的可能性都要给家属作一个分析：如果批捕了，会是什么原因，批捕下来后该怎么办；如果不批捕，会不会指定监所监视居住，还是直接取保候审。对这些问题要有预测，凡事都做到有备无患，让家属做到心中有数。

像实战演练中这个案子，律师就要告诉家属，批捕的概率非常大，让家属有思想准备。当然，我们预判不批捕的案件，也不能把话说满，防止当事人四处宣扬，检察院为避嫌而采取逮捕措施。律师不管有什么信息，都不能对当事人明说信息的来源；所有给当事人的意见，都是律师的分析意见，都是一种可能性，一切以司法机关的最终决定为准。

（二）通报律师的工作

虽然家属关注的是结果，但律师的工作必须向家属通报，表明律师把该做的工作都做了，过程已经完美化，避免因结果不好时当事人对律师产生误会而迁怒于律师。

（三）商量下一步的工作

在临近是否批准逮捕的决定作出之前，律师一定要考虑还有什么工作可以做，争取最后的机会。例如，如果了解到犯罪嫌疑人的态度影响取保候审，那就要考虑是否再去会见，让其在认罪取保和坚持不认罪之间做个选择；又如，犯罪嫌疑人的家庭情况特殊，就让家属出面由社区出个家庭情况证明提交检察院。这个时间会见，主要工作是与家属共同商量下一步的法律服务方案，看有什么工作还可以做，什么工作还可以做得更好。

（四）指导家属开展相关工作

家属如何反映诉求，如何开展赔偿、取得谅解工作，律师应当予以指导。例如，对于涉及被害人死亡的案件，家属首先要及时代为赔礼道歉，然后找一个中间人去进行磋商，最好是请一个民事律师去给他处理，不要请刑事辩护律师去给他代理赔偿的问题。因为刑事律师去接触被害人，法律要求必须征得检察院和法院的同意。如果未经同意去接触，万一被害人说律师是去找他调查取证，会给律师工作带来被动。民事律师去处理就没有问题，而且民事律师精通调解，有利于维护双方的合法权益。民事律师和刑事律师可以互相配合，这也是非常好的一种方法。

在赔偿方面，到底是晚赔还是早赔，赔多少钱，怎么支付，当事人往往很纠结。当事人担心赔偿以后，被害方会反悔，又通过各种方式撤回谅解，要求重判。这个时候律师就要给当事人一些指导，在协议中约定赔偿多少数额，补偿多少数额，应该有什么样的义务，如果违反这些义务，赔偿和补偿的钱全部要返还，要有相应的条款对被害人进行约束。

（五）回答家属提出的难题

关于家属提出的各类难题，要有理、有利、有节、有情地回答。对于家属提出的问题和要求，律师不能简单地说好或者不好，是或者不是，而是要进行理性分析，本着当事人利益最大化的原则，把道理说明白，最终由当事人来选择。

作为专业律师，一定要有自信，面对有些家属的无理要求和指责完全可以建议当事人另请高明。律师坚持原则，有时反而能够赢得当事人的尊重。

第四节　批捕后的接待

实战演练[①]

律师：赵总，我们了解过了，检察院还是以故意杀人罪批捕的。

家属：虽然在意料之中，但我还是非常难受。接下来该怎么办？检察院作出批捕决定是集体讨论过的，那以后岂不是没戏了？赵虎就等着被判无期了？你们有没有去找相关领导？这个案子好像请了律师一点效果都没有。

律师：我们的意见都提交给承办人、部门主任和分管的副检察长了，但他们没有采纳，我们也只有继续往下走了。我们律师与你们家属的心情是一样

① 演练人：杨汇扮演家属，伍炫蓉扮演律师。

的，案件虽然不是我们说了算，但我们也是沟通过的，也把我们的意见给过他们一份。现在只要有一线机会，我们都要努力争取。目前虽然没有明显的效果，是因为材料信息不对称，我们了解的材料跟他们了解的材料不完全一样，这是关键点，我们已经心中有数了，并且要继续努力。

家属：我们了解到一位某某律师，人家都说他能耐大，你看能不能把他也请上？

律师：这位律师很有名，很专业，我们肯定欢迎，肯定做好配合。如果有需要，我们也可以解除代理关系，只要有利于你们的工作。

家属：好的，您这样讲我们就放心了，我们先去谈一谈。

律师：以故意杀人罪逮捕，想必赵虎也很郁闷，我们明天就去会见他，跟他讲一下逮捕的原因和下一步的工作重点，这是第一。第二，逮捕的原因之一是还没有赔偿并拿到被害人的谅解，这项工作家属尽快去做，有什么需要律师配合的，随时保持沟通。第三，如果赔偿并拿到谅解书了，在逮捕一个月左右的时间节点上，我们想提羁押必要性审查申请，对定性和强制措施再次提出意见。第四，赵虎就读的学校能不能开个他在校表现好的证明，表示愿意对赵虎进行监督管理。

家属：我知道了。关于赔偿，我们在接洽被害人家属了，他们要我们给500万元赔偿。

律师：500万元，我觉得比正常的赔偿标准高了。我建议你们最好通过朋友找个中间人，先让中间人去沟通，另外再请个民事律师把价格算一下，然后由中间人组织双方一起协商一下。

家属：你的意思是越早赔偿越好？

律师：一般规则是这样的。如果人确实是因赵虎的行为造成的死亡，赵虎负有赔偿责任，迟赔早赔都要赔，如果有经济能力，早赔早获谅解；如果有可能是其他原因造成的，赵虎是否有责任暂时无法确认，那等到审查起诉阶段看到材料再谈赔偿为宜。在侦查阶段，您可以把一些钱放在公安机关，还可以从人道主义的角度向对方支付一些抚恤金，以便保持一个良好的沟通。据了解，这个案子中被害人的死亡确实是因赵虎行为引起，赔肯定要赔，赔多赔少，什么时候赔，具体由你们家属去商量和决定。我们建议：一是如果有经济赔偿能力，尽量早赔，早点争取到被害方的谅解，有利于消除被害方心中的怨恨，也有利于消除舆论的负面影响；二是在赔偿补偿协议中设立约束条款，对方不得再以任何形式撤回谅解，否则退回赔偿补偿款；三是谅解范围广一些，既包括请求从轻处理、缓刑、免刑、不起诉，也包括同意减刑、假释。

家属：我明白了。还是想办法早点赔偿取得谅解更好，被害人因为赵虎的行为突然去世了，我们非常内疚，非常难过，应该在能力的范围内尽量多赔。

律师：如果赔偿谈好，拿到谅解书，我们可以在逮捕后一个月左右的时间里，将此证据作为新的情况和依据，向检察院提出羁押必要性审查申请，要求检察院对定性问题再进行一次审查，如果定性改成过失致人死亡罪，取保候审还是有希望的。

家属：明白了。伍律师，我还有最后一个问题，现在网上对这个事炒得沸沸扬扬，可都不是事实，我能不能搞点反击，找自媒体或者记者去澄清一下，或者去检察院静坐示威，表示抗议？

律师：媒体炒作是把“双刃剑”，这个案子的热度好不容易降了一点，我们自己就不要去加把火了。对待舆论问题，我们要做好三项工作：一是不要接受任何媒体的采访，不要在网上发出任何声音，把舆论热度降下来；二是切实把赔偿的事做好，让被害方尽早出具谅解书；三是律师会把家属担忧告诉司法机关，不要受舆论影响。

点评[①]

批捕决定下来以后，当事人的心里不好受，情绪肯定是低落的。其实，律师的情绪也是很低落的，因为努力没有取得效果，同时还会感觉对不起当事人，没有把当事人的事情办好。这时，律师一定要跟家属见面，因为家属也很不好受，也需要安慰，更重要的是，下一步的工作不能耽误，必须见面商量。

现实中，当事人被逮捕后，换律师的情况比较多。当事人会觉得请的这个律师没有用，而且被逮捕下来后，对家属一句安慰的话都没有，没有任何的下

① 主讲人：徐宗新。

一步工作方案，他会再去找找看有没有更好的律师。所以，从家属的角度来说，逮捕后律师及时与其会见极其重要，哪怕就是安慰一下家属，也是极为必要的。没有这次接待，我们律师的服务就不够周到。

总之，在当事人被批捕后，大家的心情都不好，律师一定要安排一次接待家属，再难也得接待。在这次接待中，律师要做好以下几项工作：

（一）对家属进行安慰，对其情绪进行疏导

安慰家属，其实也是安慰律师自己。要肯定家属之前的努力，要指出之前努力的价值，指明未来努力的希望，要强调之后辩护工作中家属的不可或缺性。把家属引导到理性中来，把注意力集中到具体的辩护工作方案中来。

（二）分析逮捕的原因

逮捕的主要原因有：涉嫌罪名的刑期为10年以上；认罪态度不好；同案犯在逃，事实尚未查清；被害方尚未谅解；犯罪事实多，尚未查清；多罪名，不可能判缓刑的；未退赃退赔。就本案而言，就是罪名重、未谅解。对逮捕的原因进行分析，有助于我们进行理性的思考。

分析逮捕原因的时候，律师要注意从第三方的角度进行分析，说明这是检察院的逮捕理由，不要以第一人称讲逮捕原因，不要让当事人误认为这是律师的观点，说得好像是律师认为应该把当事人逮捕一样，引起家属的不满。

（三）对下一步工作进行安排

律师的工作是：其一，对赵虎的第三份笔录提出非法证据排除，以动摇检察院定故意杀人罪的定罪基础；其二，做好赵虎的法律咨询工作，使其在公安机关进一步调查时，作出准确的供述与辩解；其三，与公安机关沟通，提出侦查实验的意见和建议；其四，进一步收集专家观点和案例，细化并强化定性辩护的理由与依据；其五，拿到谅解书后，适时提起羁押必要性申请。

家属的工作是：抓紧落实赔偿、获得谅解的工作；不要乱找关系，避免造成不良影响。

被逮捕的当事人的任务是保持好心态，正确面对提审和调查，作出准确的供述与辩解；注意自己在监室里的言行。

第五节 羁押必要性审查的接待

实战演练[①]

律师：赵总，今天叫您来，是为了羁押必要性审查这件事。逮捕快一个月了，您这边跟被害方谈得怎么样了？

家属：前两天给你打过电话，我们和家属谈好了，这是协议书，这是谅解书。

律师：依照我们原来制定的方案，这个情况要及时向检察院、公安机关进行反映，把材料提交上去，同时提出羁押必要性申请，让检察院对本案的定性问题再进行研究。羁押必要性审查申请书都写好了，明天连同材料一起交上去。我们先提交复印件，到时候你向公安直接提交原件。

家属：这次希望大吗？

律师：这次提交赔偿协议和谅解书的目的，是告诉司法机关本案民事纠纷已解决，使司法机关专注于专业问题。我们之所以提羁押必要性的审查申请，是借已经赔偿获得谅解的这一新情况，促使司法机关再研究一下赵虎案的定性问题，看是否有机会改变定性为过失致人死亡。我们只要有一线希望，就应该去争取。

家属：向检察院提交羁押必要性审查，公安机关会生气吗？为什么不直接向公安机关提取保候审呢？

律师：向公安机关申请取保，公安机关 3 日内要答复，时间太紧，如果没有提前沟通好，基本上都是不同意。而逮捕后的取保，公安机关往往都会征求检察院的意见，如果检察院有不同意见，往往公安机关也不会直接取保。因为逮捕是检察院作出的，如果逮捕的情形消除了，检察院建议公安机关取保，顺理成章。我们可以跟公安机关打个招呼，就说我们向检察院提出羁押必要性审查了，希望公安机关可以予以重视和支持。如果检察院认为不必羁押，向公安

① 演练人：杨汇扮演家属，伍炫蓉扮演律师。

机关发了变更为取保的建议书，但公安机关不同意的，也不能取保。反过来，公安机关决定取保候审，只需要向检察院备案，不需要征得检察院同意，可以直接放人。所以，我们向检察院提羁押必要性审查的时候，也要给公安机关通个气，甚至可以提交一份书面的律师意见供其审查。

家属：羁押必要性审查多久出结果？

律师：羁押必要性审查，3 日内决定是否立案，立案后 10 日内进行审查。审查完了之后还有几天时间决定是否发建议函。最后出结果大概需要 20 天的时间。

家属：我们家属着急，希望快一点出个结果，能不能时间上更快一点，然后结果又好一点？

律师：这个没有办法催，应该说，越慢越有希望，越快越没有希望。

点评[①]

（一）无论什么案件都要考虑羁押必要性审查工作

羁押必要性审查，虽然不是每一个案件都能做的，比如确定 10 年以上量刑的案件，没有任何定性争议，律师不需要也不适合提出羁押必要性审查，因为法律规定这是必须逮捕必须羁押的。但是律师对每一个案件包括故意杀人案件都要考虑羁押必要性审查的问题。比如，实战演练这个案子虽然定性是涉嫌故意杀人，但是定性有可能改变成过失致人死亡，在定性有争议的情况下，可能改变成轻罪量刑在 10 年以下的，都是可以做的。又如，有可能判处 10 年以上有期徒刑的罪名，如果有法定减轻情节的，如虚开增值税专用发票抵扣税款 250 万元以上，但有自首情节的，如果把税补缴完了，完全可以申请羁押必要性审查。

之所以把羁押必要性审查作为必须接待家属的一个标准化的工作，就是因为我们要提示每一位刑辩律师：在这个阶段，这个时间节点必须要做这一项工作。这是服务过程完美化对辩护工作的具体要求。

围绕羁押必要性审查这项工作，律师自当事人被逮捕后，就要针对逮捕的

① 主讲人：徐宗新。

原因展开辩护工作。理论上讲，只要把逮捕的原因消除了，羁押必要性的审查自然就水到渠成。例如，逮捕是因为涉嫌重罪，如果定性改成了轻罪，自然就有了不必羁押的理由；又如，原来仅因双方没有达成赔偿协议而逮捕了，现在当事人赔偿了并得到被害方谅解，被害方也请求对当事人取保候审，那自然就不需要再羁押了；再如，逮捕的原因是有同案犯在逃，而现在同案犯已经被抓获，或者说同案犯虽然在逃，但是事实已经查清，取保不至于影响案件认定的，就完全可以提出不必羁押的理由。

（二）羁押必要性审查的提出，也未必是为了取保候审

羁押必要性审查申请，出发点集中在强制措施的变更上，但是也不尽然就是为了取保候审。比如，这个案子提出羁押必要性审查申请，可以成功吗？成功概率低。但为什么要做？主要还是为了促进检察院对本案的定性再作一次充分的审查，如果能够确定改成过失致人死亡罪了，接下来的工作压力就小多了。所以，这次的羁押必要性审查，是以赔偿谅解为契机，以定性改变为目标。定性如果不改变，羁押必要性审查无从谈起。而直接谈定性问题，在这个时间节点，以羁押必要性审查的形式申请，最为合适。

（三）向家属介绍律师工作，商量法律服务方案

羁押必要性审查的工作如何开展，律师要做些什么，要在接待时告诉家属。家属要做些什么？律师也要给家属指导。律师要写羁押必要性审查的申请书，要组织改变定性的新理由与新依据，要与检察院和公安机关沟通，要去看守所会见当事人给他介绍此项工作并作法律咨询辅导。家属可以找一些资料，如当事人平时表现好的证明、家庭特殊困难、疾病材料，亲笔书写给司法机关的求情信，甚至请求被害方再出具一些书面的材料，请求在法律的范围内对当事人从宽处罚，这些都是可以做的工作。

在这个阶段，律师应当去看守所会见当事人，让他知道有这个机会，可能办案单位要来提审，对认罪认罚的概念和法律后果进行详细的解释，针对本案情况进行辅导，如果认罪认罚有利于取保候审且也符合事实的，要告知他应当向办案单位表达接受认罪认罚的意愿。

公安阶段的认罪认罚，是一个笼统的认罪认罚，不需要对具体的刑期进行具结，但认什么罪要分清楚，要明确故意杀人罪他是不能认的，过失致人死亡罪是可以认的。当然如果不说什么罪，他也是可以认的。总而言之，就本案而言，辅导当事人对待认罪认罚态度可以是：如果不讲什么罪可以笼统地认罪，如果明确讲是过失致人死亡罪可以认罪，如果讲是故意杀人罪就不能认罪。

第六节　移送审查起诉前的接待

实战演练[①]

律师：赵总，按照我们的了解，公安机关即将把案子移送检察院审查起诉了。等案子到了检察院，我们就第一时间去阅卷。阅完卷之后，我们抓紧研究，形成一个初步意见，然后我们再沟通一下，确定辩护方案。

家属：律师，你说这个案子到了检察院有没有可能往好的方向发展？

律师：可能性还是有的，因为毕竟我见了赵虎很多次了，感觉他不会有放任他人死亡结果发生的主观恶性，我们要坚持自己的意见，继续争取。

家属：你们律师能不能去现场看一下，走访一些人，让他们证明我弟弟不是故意的，去调查一下。

律师：可以。我们先阅卷，根据案卷中的线索，看需要和可操作性展开相应的调查工作。我们看了案卷就知道，现场有几个人，都是怎么说的，这些话对我们是有利还是不利，有无疑点和漏洞，是否需要补充调查。

家属：我这边自己也去调查了，有个人说看到的，我弟弟车速不快，他在车里面手忙脚乱的，你看是不是叫他过来，你给他做个笔录？

律师：你确定这个人当时在现场吗？公安机关找他做过笔录吗？

家属：他肯定在现场。据我所知公安机关还没有找他做过笔录。

律师：他当时大致站在什么方位？

家属：当时他在吃夜宵，在路边的夜宵摊。

① 演练人：杨汇扮演家属，伍炫蓉扮演律师。

律师：这种证人，还是让检察机关去调查比较好。律师调查取证是有讲究的。第一种是案卷里没有，但确实对当事人有利，也排除故意作伪证的，律师完全可以去调查并且制作笔录提交给办案单位；第二种是案卷里没有的，虽然对当事人有利，但排除不了有利害关系，律师不宜做笔录，建议其直接向办案单位反映，或自书证明材料邮寄办案单位；第三种是案卷里有的，但反映说原证言不实的，这个建议由其本人直接向办案单位反映，或自书证明材料邮寄办案单位，如果在法院阶段，申请他出庭作证。

家属：伍律师，为什么要这么复杂呢？

律师：因为对于这些证人，办案单位都要核实过的，如果被发现作伪证，就要调查是谁指使的，家属和律师都会被调查到。证人为了自保，往往会把责任推到家属和律师身上，这会给家属和律师带来风险。所以，律师对取证工作是十分谨慎的，家属也要谨慎。家属如果有机会了解到知情人，可以摸清楚联系方式和联系途径，告诉律师去调查就行，千万不要去直接接触了解情况，也不能去叫他作虚假的证言，更不能和假证人一起忽悠律师，否则到时候有利的证据都被污染了，这个证据没有用了，对案件反而有害。律师与家属配合调查取证工作，专业上叫“人证分离”，就是家属负责把知情人找来，律师不能告诉家属要找证人调查什么，家属也不能与证人交流案情，这样既保证了证据的质量，又避免了家属和律师的风险。

家属：明白了。但是伍律师，万一我们找来的证人，你们一调查，发现对赵虎不利，怎么办？

律师：律师有律师的职业道德，他只能向司法机关提交对当事人有利的证据和材料，如果提交对当事人不利的证据和材料，属于出卖自己的当事人，是违背律师的职业道德的。所以，如果律师了解到的情况是对当事人不利的，律师有权不提交。

家属：那我们就放心了。原来担心找的证人万一对赵虎不利，你们还要把证据提交给办案单位，那就完了，所以我们要确认证人对赵虎有利才告诉你们。这样我们有数了。

律师：我们阅卷后，会第一时间去会见赵虎，听取他对《起诉意见书》的意见，核实他自己的笔录和其他证据，之后有一个初步的方案，到时候我们再找您过来商量下一步的工作。

点评[①]

第一，移送审查起诉之前要跟家属通个气，告诉家属案子要移送检察院审查起诉了，这是家属的知情权。这个程序很重要，家属很关心。因为案件到了检察院，就说明进入下一阶段，而且有了指控的具体罪名、事实与证据，家属很希望了解。如果不告诉家属案件要移送了，案件移送后，检察院会到看守所去告知当事人有权委托辩护人，当事人就会打电话给家属，告诉家属案件到检察院了，可以请律师了，家属就会觉得很意外，律师不都请了吗，怎么又请？他会理解为当事人对原来请的律师不满意。而且案子已经移送检察院这是件大事，律师也不告诉家属，确实不尽职。有可能会导致家属对律师的服务产生不满，甚至解除委托关系。

第二，要给家属讲一下在侦查终结前律师的相关工作。首先，是会见工作。在侦查终结前的那一次笔录十分重要，律师已经在会见时跟当事人强调了重要性，并作了相应的辅导。其次，律师提交了侦查阶段律师的辩护意见。最后，律师就定性问题跟办案单位进行了反映，让他们再斟酌是否还是以故意杀人罪来移送。虽然律师也认为公安机关会以故意杀人罪移送，但是律师的工作有的时候便是明知难为而为之，这就叫过程的完美化追求，做到没有遗憾。辩护工作就是这样，只要有一线的希望，律师就要做百分百的努力。另外，律师跟办案单位沟通过了，一方面律师希望改变定性，交流一下对侦查实验的看法，提出新的改变定性的理由；另一方面律师要求办案人员把有利的材料都记得装到卷宗里面，如赔偿协议、谅解书、学生证等。

第三，介绍下一步的工作，并与家属进行商讨。首先，要告诉家属，万一看守所打电话来，说接到检察院的告知书了，要家属请律师时不要惊讶，这是案件到了检察院的既定程序，到时候告诉律师就行了。如果到了检察院，律师会及时去阅卷、会见，反正谁先接到消息谁先跟大家通个气。其次，是否在审查起诉阶段还继续委托，律师必须跟家属确认一下。分阶段委托的，必须与家

① 主讲人：徐宗新。

属确认是否继续委托问题；如果是三阶段一并委托的，也要跟家属确认一下是否有变化，是否换律师，是否增加或减少律师。只有确认了这些信息，律师才能进行下一步的工作。再次，要提醒家属，检察院也会通知被害方可以委托诉讼代理人，根据家属和被害方的协议，赔偿到位以后，被害方不再委托诉讼代理人，让家属与被害方交流一下，提示其遵守合同约定，避免麻烦。最后，跟家属讲明，阅完卷及会见听取当事人的意见之后，律师会与当事人和家属详细商量下一步的工作方案。

第四，关于实战演练中提到的证人调查取证问题，辩护人应遵守相应的规则，这在演练中已经有了清楚明确的解答。人证分离，就是防止家属污染可能有利的证据，从而令此证据失效，或者提前指使他人作伪证，干扰诉讼。只有“人证分离”，家属负责找人，律师负责调查，双方有效配合，才不会妨害诉讼的正常进行。

第七节　阅卷后的接待

实战演练[①]

律师：赵总您好，我们阅完卷了，也会见过赵虎了，今天请您过来，一是通报一下情况，二是商量一下下一步工作方案。

家属：证据给我们复印一套吧，我们拿回去慢慢看，有不同意见再商量。

律师：律师执业纪律有要求，不允许给当事人复印证据，案卷材料在公开之前是国家秘密，不能泄露。而且交给家属，还会有串供、伪证的风险。

家属：那我在这里看一下能行吗？

律师：这也是不允许的，但我们可以向您介绍基本情况。虽然作为委托人，您有权了解情况，但您又是当事人家属，有可能实施串供、伪证、毁灭证据的行为，所以我们不能具体告诉您详细的案情。

① 演练人：杨汇扮演家属，伍炫蓉扮演律师。

家属： 对有利的证据我不可能再去串供的，总可以给我看吧。比如，赵虎和他女朋友的侦查实验笔录。

律师： 不可以。一是国家秘密不得泄露，二是为防止妨害诉讼正常进行，希望您能理解。我们给您介绍基本案情、律师基本观点，不直接展示证据材料，防止妨害诉讼行为出现的风险。我们的重点，在于法律服务方案。

家属： 那我们希望你介绍得充分一点，让我们了解得多一点。

律师： 我们看了整个案件的材料，梳理出了对赵虎有利以及不利的证据，感觉双方观点都有一定依据，控方这么认定，是采信了其中的一部分证据，辩方也还有空间。另外，公安机关确实按照律师的申请去做了侦查实验，笔录的内容是对我们有利的。也就是说，如果注意力不在左边，是看不到左边有人拉着车把手在跑的。

家属： 哦，那就好。那定性能改过来吗？

律师： 但是，本案也存在不利的笔录，有的证人说是车把人带倒的，也有的证人说人拉着车把手驾驶员肯定知道的。

家属： 那怎么办呀？要不要我去找这些证人来改口供？

律师： 上次跟您交代过了调查取证规则，您不能去污染证据或者叫人作伪证。我们分析了一下，初步有这么几个观点：第一，赵虎是想摆脱被害方逃离现场的。第二，他把车前方的人顶开，往左打方向开走，说明不想伤害到人。他不可能为了避开前面的人，却又想伤害左边的人。第三，赵虎在车静止的时候是知道车边上有人的，或者拍车窗，或者有人在边上理论。第四，开车冲出去的时候是关键，就是有没有看到左边有人抓着车把手，有了就是放任，没有的话，又分两种，不管不顾不去看，是放任，如果是着急没有去看，是疏忽大意的过失。所以本案定性的核心在第四点。

家属： 他女朋友的笔录怎么讲的？对赵虎还有利吧？

律师： 他女朋友的笔录可以印证赵虎的讲法，对赵虎还是有利的。

家属： 那些不利的证言怎么办？你又不让我去找他们，该怎么办呢？

律师： 这些证言我们研究了，总体上还是个人的分析意见，比如有的人提到赵虎肯定看到车旁边有人之类的证言，根据最高人民法院的司法解释，意见性的证据不能作为定案依据。目前，至少没有一个直接证据证明赵虎是看到左边有人拉着车把手还继续加速驶离的。

家属：你们去会见赵虎，他有什么意见?

律师：一是他绝对没有杀人的故意，二是他绝对没有看到边上有人拉车把手跟车跑，三是绝对不会认故意杀人罪的，希望家里人相信他，他可以接受过失致人死亡罪，希望家里人帮帮他。他说自己懂事了很多，以后会好好做人，让爸妈一定要救他。

家属：下一步我们该怎么办?有什么工作需要我们家属去做?

律师：下一步工作，有下面这么几项。首先，律师的工作包括：一是撰写辩护意见，把理由写到位，把依据组织到位；二是把赵虎辅导好，能够在检察官提审时准确而有利地回答问题；三是向检察院提出羁押必要性审查的申请，在定性改变的前提下考虑取保候审；四是在证据上进行深入的分析，对不利证据提出质疑，对有利证据进行论证形成证明体系，对侦查实验报告内容进行运用；五是与检察官进行沟通交流，争取说服检察官采纳律师的意见。其次，家属的工作包括：一是与被害方保持良性的沟通，表达关心；二是不要去乱托人，乱找关系，避免自己把这个案件搞成受人关注的案件；三是如果有什么诉求，可以直接写信给检察官、法官，诚恳地表达愿望。最后，作为嫌疑人赵虎，任务就是在检察官提审时，要体现诚恳的认罪认错态度，准确地陈述案件情况，表达自己希望公正处理的愿望。

家属：好的，您安排得很妥当，我们回去后，再去探望一下被害方，另外也给检察官写封信，表达一下我们的想法和诉求，但如果律师的意见检察机关不采纳怎么办?

律师：那也是有可能的，如果那样的话只有等案件到法院再努力了。

家属：我们的意见这么有道理，如果检察院不采纳，他们的理由会是什么呢?

律师：我认为可能会有以下几个因素：一是他们认为赵虎在开车之前就知道边上有人，开车之时不看左右前后，是不管不顾，就是放任，所以还是定故意杀人；二是因为检察院批捕的罪名是故意杀人，所以为了保持统一性，在证据没有明显变化的情况下，还是定故意杀人；三是因为这个案件影响大，改变罪名对检察院来说压力太大，担心舆论影响。

关于第一点，我们在辩护意见里会讲明白，车在静止状态下边上有人的危险，不等同于车开动时边上有人拉车把手的危险，前面是一般的危险，后面才是危及生命的危险，故意杀人罪要求的是认识到危及生命的危险；关于第二点和第三点，我们无法左右，也只能在沟通中体现对这两点的担忧，希望检察机关公正断案了。

家属：那抓紧时间再去会见一下赵虎，把对他不利的证据跟他讲一下，让他有心理准备。

律师：我们再去会见他的时候，会跟他核实证据材料的。我们核实证据材料也是有规则的，对不利的证言采用“人证分离”的原则，这些我们肯定会核实到位的。

家属：什么叫“人证分离”？怎么这么多“人证分离”？

律师：这个和前面提过的“人证分离”不一样。核实证据的“人证分离”是指对所有的证人的名字、身份核实一遍，看看当事人认不认识，有没有利害关系，再把不利的内容拎出来核实一下，问他是否有意见。把“人”和“证”分开来核实，也是防止当事人去影响这些证人作证。

家属：伍律师，我有个亲戚在法院工作，你能不能带着案卷去跟他讨论一下？

律师：我可以向他请教，您约一下，如果有更好的思路，我们肯定也会用到辩护上的。

家属：你刚才说案卷材料不能看，那么《起诉意见书》能不能给我复印一份，我拿去请教一下别人？

律师：《起诉意见书》仅供办案单位和办案人参考，而且里面有证据名称，也是不能对外的。

家属：那我看一下，抄几句关键的话总可以吧？

律师：这也是不行的。

家属：那你们写的辩护意见，可以给我一份吗？我回去给家里人看看，这是律师的成果，也可以请教一下我们认识的专家。

律师：辩护意见里有证据引用，从证据保密的角度，也是不能给家属的。

但是，我们可以给您一个不含有证据内容的简要版本，供你们参考。您这边还有什么要问的问题吗？

家属：没了。

律师：没有的话我们把时间表确定一下，审查起诉一般是一个月，可以延长半个月，我们要争取把工作在三周内全部完成。现在还有个认罪认罚程序，意思就是认罪认罚的，可以与检察院协商量刑。你们是怎么考虑的？

家属：故意杀人罪是不认的。过失致人死亡罪可以认。我们希望缓刑。

律师：好，这个我们与检察院沟通后，再与您及赵虎具体商量。

点评[①]

阅卷后的接待，是一个很重要并且必须见面的接待，在这次接待中，律师的工作要点是：

（一）告诉家属案件的相关情况

家属委托了律师，有权了解律师工作的情况，他有知情权。关于指控的事实和罪名，是案件最重要的基本情况，律师肯定要告诉家属。告诉多少？是全部告诉，还是有选择地告诉？答案是有选择地告诉。这里有两个底线：一是不能泄露国家秘密，二是不得妨害诉讼正常进行。这两个底线把握好，其他情况都在应当告诉家属之列。

所谓国家秘密，是指案卷里的证据材料，是侦查获得的证据材料，办案单位认为属国家秘密，在案卷上会盖一个“庭审前属国家秘密”的印章，如果把这些材料复印出去，会被认定为泄露国家秘密。所谓妨害诉讼，是指泄露出去的案件证据信息，有可能被用于制作伪证、串供、毁灭证据，对诉讼进程产生影响。

结合上述情况，我们应当告诉家属的情况包括：（1）《起诉意见书》上指控的基本事实；（2）指控证据体系的概况，是证据充分，还是证据存在疑问；（3）被告人辩解及其依据情况；（4）法定及酌定情节。不应当告知家属的情况包括：（1）不利的证言是哪些人作出的；（2）证人的姓名、身份和联系方

① 主讲人：徐宗新。

式；（3）还未查获的证据存放地点；（4）不利鉴定意见的鉴定人；（5）涉嫌刑讯逼供等非法取证的侦查人员名字等。

对不妨害诉讼这个规则，律师要掌握，要活学活用，要有底线意识和警惕意识。凡是介绍的案情中的信息，脑子里都要用这个规则过滤一遍，只要有可能妨害诉讼的，就要谨慎行事，避免直接告诉细节。例如，本案中如果律师告诉家属，某证人是怎么讲的，对你弟弟很不利，家属就可能会自作主张找某证人，威胁和利诱其翻证；又如，某民警涉及非法取证，家属就会非常气愤，可能会直接找这个民警报复；再如，鉴定意见对当事人不利，家属知道鉴定人是谁后，会去找这个鉴定人补充鉴定；还如，当事人讲了凶器藏在哪里，律师告诉家属，家属把凶器扔到海里，等等。我这里的举例，难免挂一漏万，总而言之，必须用这个规则作为过滤器，案件信息过滤后，只有避免妨害诉讼的信息，才能告诉家属。

（二）介绍律师的工作及工作方案

律师阅过卷后的初步结果，有几种情况：一是事实清楚，证据确实、充分，定性准确；二是事实清楚，证据确实、充分，但定性错误；三是事实不清，证据不足，难以认定。

根据上述初步结论，律师的工作方案是作无罪辩、轻罪辩还是罪轻辩，也就有方向了。当然，在审查起诉阶段，检察机关可以退回补充侦查，对于证据不足的，可以补足，因此，律师不要轻易下“事实不清、证据不足”的结论，要注意自己的辩护意见，不要成为办案单位的补证提纲。

律师的工作，概括起来有：（1）会见听取意见，核实证据；（2）对证据进行深入分析；（3）对控方证据体系进行分析；（4）对辩方证据体系或当事人辩解的合理性进行分析；（5）寻找判例和理论依据；（6）与办案单位沟通，争取说服。这些情况，应当向当事人介绍清楚，让家属了解律师的工作内容，这是辩护工作可视化的要求，也是律师让当事人参与辩护过程、见证辩护过程、共同注重辩护过程完美化的必然要求。

（三）与当事人商讨下一步工作方案

在这个阶段，律师要做什么，家属要做什么，当事人要做什么。这里的

“要做什么”也包括“不能做什么”。比如，不能污染证据，不能串供、作伪证、毁灭证据，不能乱托关系，必须提醒当事人。在告诉家属律师的工作方案时，要听取家属的意见，看看有什么建设性的意见。有些家属的意见，会对律师有很好的启发。比如实战演练里提到的，律师说改罪名希望很大，家属就问万一不改，检察院不改的理由会是哪些，律师深入思考了一下，提出了三点，并针对这个三点，加强了相关工作。

（四）防范执业风险

这个环节存在的最大执业风险，就是当事人会要求复印案卷材料，而且会提出各种变通的方法，如口头上讲详细一点，他记一记，如给他看一看，他抄一抄，给一份辩护意见等。案卷材料复印给当事人，是泄露国家秘密行为，故意泄露三件以上，过失泄露四件以上就是犯罪。律师不能以任何方式泄露案卷。泄露案卷一般要造成后果才会产生风险，那没有产生后果是否也具有风险呢？这个风险对律师来说是不可控的。律师口头上介绍案情，要把握好不妨害诉讼的规则。至于复印案卷给当事人，是绝对不允许的。

第八节 辩护意见及法律方案商讨的接待

实战演练①

律师：赵总好，今天我们请您过来，主要是案子的证据经过进一步梳理，有了一个大致的方向，我先谈一下初步方案。从目前的定性辩护来讲，有两种方案可以选择，一种是无罪辩护，另一种是轻罪辩护。无罪辩护，意思就是赵虎开车时，就算赵虎去看，客观上也看不到被害人抓着车把手。这个要重新做侦查实验，在同样的黑夜、同样的车速、同样的环境下做个准确的侦查实验才可以确定是否属于这种情况。轻罪辩护，就是指作不构成故意杀人罪，而至多涉嫌过失致人死亡罪的辩护。

① 演练人：杨汇扮演家属，伍炫蓉扮演律师。

家属：无罪辩护当然更好，有可能无罪吗？

律师：谁都想无罪，但是也要看可能性和可操作性。无罪辩护的前提是客观上赵虎看不到，要借助于重新做侦查实验，操作上有一定的难度，在观念上司法机关和被害方也难以接受，所以总体来说难度非常大，不太切合实际。

我们认为作轻罪辩护比较妥当，也就是作涉嫌过失致人死亡的辩护比较现实，依据也相对比较充分。

家属：有哪些依据呢？

律师：一是赵虎的辩解有合理性；二是相关证人也证明赵虎的注意力在右前方，容易忽略左边情况；三是侦查实验只证明了认真看是可以看到，而不去看是看不到的，这正好是过失心态的特征。

不过，检察院也未必采纳。因为他们批捕的是故意杀人的罪名，捕诉合一了，检察官自我否定很难。

家属：那怎么办呢？

律师：您有没有考虑过做故意杀人罪的认罪认罚？

家属：故意杀人罪的认罪认罚？从来没有考虑过！我们坚决不同意对故意杀人罪做认罪认罚，绝对不可以接受！

律师：如果检察院同意量刑在10年以下，比如说7年？

家属：7年？过失致人死亡罪倒也是可以判到7年，怎么样才能达到这个7年？

律师：故意杀人罪，是10年以上处刑，本案赵虎因为行政违章而到案，到案询问时就讲了案件经过，有成立自首的条件，如果检察院认定他的自首情节，又考虑到已经赔偿、谅解，被害人有过错，整体情节相对较轻等情节，可能对赵虎减轻到10年以下。

如果是定过失致人死亡罪当然好，但是万一检察院不改，还是以故意杀人罪起诉到法院，我们就失去了在检察院阶段认罪认罚具结可以从轻的机会，所以就退一步考虑，在定性不改的前提下，从量刑入手，争取差不多的刑期，以避免更坏的结果。我们是从当事人利益最大化的角度来考虑这个问题的。

对此，我们的建议是，坚决作过失致人死亡罪的轻罪辩护，并提出如果是故意杀人罪，量刑可以在7年以内，我们愿意做当事人和家属工作走认罪认罚具结道路。

家属：我觉得这方案可行，但是，这也要征得赵虎的同意，故意杀人罪太吓人了，他未必接受。

律师：那肯定要征求他的意见，以他的意见为准，如果他不同意，我们当然不会去提。

家属：这个阶段如果检察官不认可我们的观点，到了法院阶段是不是没机会了？法院否定检察院意见的案件，多不多？

律师：机会当然有，就是我们的内心也要强大，要坚持下去。您不要有那么多顾虑了，认准了我们就干，把工作干好，只要有道理，归根结底会体现在案件的结果上的。

点评①

与当事人商讨辩护方案是非常重要的，方案越全越好，正所谓“律师画地图，当事人选择道路”。地图上的路线画得越多，当事人才能有选择余地。

（一）律师应当绞尽脑汁、挖空心思去找出路

一个案子，到底怎么辩护，是无罪，轻罪还是罪轻，轻罪辩护是这个罪还是那个罪，多罪名的案件是多罪并一罪还是一罪拆成多罪，要不要做“骑墙式”的辩护，要不要走认罪认罚程序，律师都要进行反复深入的思考，分别提出可能性和可行性分析，提供给当事人选择。

就本案而言，可以考虑有以下几条出路：

第一条路，作无罪辩护。辩护人拿到一个案件，首先要考虑有没有无罪的可能，要从各个角度分析无罪的可能性，只有无罪的可能性被排除了，才能作有罪辩护。本案也是如此，虽然造成被害人死亡，社会影响大，提出无罪意见似乎不合时宜，但是从原理上讲，如果正常驾驶看不到有人抓车把手跟着车跑，无法认识到有危及他人生命的危险，那就是意外事件，就是无罪。律师最引以为耻的事情就是：作有罪辩护的案件被法院作了无罪判决。所以必须避免。

当然，本案的无罪辩护要慎重，一是侦查实验未必能重新做，做出来结果

① 主讲人：徐宗新。

未必理想；二是确保周围安全的前提下才可以驾驶，是驾驶员最基本的注意义务，人跟车跑是事实，可以推定驾驶员存在过失；三是对故意杀人罪辩无罪，对办案单位和被害方刺激过大，可能不利于正确意见的采纳。所以，要保持对无罪的关注，但不一定马上提出来，一步一步走，在时机成熟、条件成熟时再提出来。律师辩护的结果应该越辩越好，而不是越辩越差。

第二条路，作“不构成故意杀人罪，仅涉嫌过失致人死亡罪”的轻罪定性辩护。如果定下来是这个思路，就坚持到底，如果检察院不采纳，就继续法院阶段辩护。咬定青山不放松，坚持就是胜利。

第三条路，定故意杀人罪，但是轻判到 7 年以下，走认罪认罚程序。故意杀人罪的刑期是从死刑往下，10 年以上。赵虎是间接故意，有积极赔偿获得谅解情节，因行政案件而交代犯罪事实之后被刑拘，能否认定为自首？能否减轻处罚？能不能减到 10 年以内？能不能减到 7 年？如果达到与过失致人死亡 3~7 年的量刑档次，从罪刑均衡的角度来说，也算是罪与刑匹配了。故意杀人罪判 7 年，过失致人死亡也可以判到 7 年。如果能这样的话，单从量刑考量，走认罪认罚也是比较可行的。如果有可能的话，这条路是风险最小、最见效，各方都容易接受的方案。有时重罪轻判也是一条路，轻罪重判当事人反而不能接受。对于当事人来说，早日出来是他的目标。如果有这条路，我们要指出来。

第四条路，定故意伤害罪（致人死亡），并认定自首，轻判至 7 年以下，走认罪认罚程序。其法律依据是，赵虎意识到可能会对他人造成伤害，但对死亡结果是反对的，法定刑是 10 年以上，考虑到赔偿谅解情节，并认定自首，减轻至 10 年以下，减到六七年这个位置，走认罪认罚从宽程序。

（二）辩护律师要开动脑筋，找尽出路，列全方案

方案越全，越不会耽误当事人，再根据当事人利益最大化原则，由当事人自行选择。在实战演练过程中，律师与家属的商量，体现了律师的作用，也就是律师首先从专业的角度穷尽各种方案，然后听取当事人的要求，最终根据当事人的要求，帮助他选择最佳方案，以实现当事人的最大利益。

方案只有全，才有价值。律师不要被自己的思维所限制，当事人作无罪辩

解，证据有些缺陷，就认为一定要作无罪辩护，从法律专业的角度来说可能是对的，但从律师服务的角度来说，则可能有失偏颇。有些当事人重名，有些当事人重自由，有些当事人重财。当事人利益最大化，并不是唯一的标准，也不能由律师说了算，而应该由当事人说了算。例如，律师问当事人一个问题：无罪辩护比较难，可能要关 3 年才可能会有结果，但如果马上认罪，可以缓刑，马上释放，相信有的当事人会选择认罪；又如，律师问一个当事人：退赔 200 万元就判缓刑，否则判实刑两年。选择哪个？相信也有当事人会选择坐牢，因为他想两年也赚不到 200 万元，还是省点钱，也挺值。所以，律师不能以自己为中心，以自己的想法为标准，必须把所有的道路列出来，由当事人按照自己的价值观，选择他最想要的最大利益。

第九节　审查起诉时间到期前接待家属

实战演练[①]

律师：赵总，案子到检察院已经快一个半月了，我们按原来的方案跟检察官沟通过，检察院不同意认定自首，不同意故意杀人罪判到 10 年以下，也不同意改变定性为过失致人死亡罪，也没有办法走认罪认罚，马上就要向法院提起公诉了。

家属：啊！一点都不采纳?！问题出在哪，律师？

律师：在沟通交流过程中，检察院这一方认为，因为赵虎知道左边有人拍打车窗，所以知道开车可能会对左边的人造成危险，他还执意开，造成被害人死亡，有个概括的故意，造成人的死亡，所以还是可以定故意杀人罪的。

家属：这个观点不是分析过，认为混淆了一般危险与危及生命的危险的概念，不能成立吗？

律师：我们向办案检察官充分说明了，也拿了专家的论著给他们看了，但

① 演练人：杨汇扮演家属，伍炫蓉扮演律师。

他们坚持己见。我把意见也向他们领导反映了，也没有同意。但他们也说，这个案子争议很大，希望律师到法院去好好地辩。

家属：这可怎么办呀！

律师：我们还是要全力做好法院阶段的辩护工作。首先，家属的心理要强大，包括律师，心理也要强大，我们得互相打气呀！其次，我们还是要作“不构成故意杀人罪，至多涉嫌过失致人死亡罪，要求判缓刑”的辩护……最后，这个案子的工作要做细，包括申请非法证据排除，申请重新做侦查实验，这些工作都要做到位。

家属：最后几天，能不能再找一下检察院领导，求求他们采纳我们的意见吧，我们这些钱都赔了。

律师：我们都反映了，但是他们说，故意杀人罪钱赔偿了也判不到 10 年以下，还是争取到法院作轻罪辩护比较好。判 15 年，你们同意吗？

家属：我们绝对不同意，本来想想判轻点也就算了，认故意杀人罪，还要判那么重，我们咽不下这口气呀。律师，你全力去辩，要我们家属做什么工作，你尽管讲。

律师：我前面讲了，一是提非法证据排除，把赵虎第三份笔录排除掉；二是申请重新进行侦查实验，看同样时间、同样地点、同样环境下，赵虎正常驾驶是否看得到被害人拉着车把手跟着车跑；三是做好开庭和各项准备，充分挖掘和寻找理论依据和判例依据。

家属：还有没有其他的新办法？

律师：有个想法与您商量一下，听一下您的意见。因为现在控辩双方的争议焦点就在于，被害人拍打车窗的行为，是否就可以作为赵虎明知自己驾车就必然陷被害人于生命危险之中的依据。这是个法律适用问题，涉及认识因素的判断，是不是请几个刑法学的权威专家，由他们从刑法学理论的角度来论证一下，到底这个客观状态足不足以作为赵虎主观上认识到这种危及生命危险的主观故意的判断依据，到底是放任的故意，还是疏忽大意的过失。如果结论是有利的，提交给法院作为判案参考。

家属：我们家属全力配合。另外，我们要不要提前与法院沟通一下，让他们重视一下这个案件，不要让检察院的意见先入为主，要让法官知道这个案子是争议很大的。

律师：案件没有到法院，还没有具体承办人，现在去反映缺乏针对性，等案子分到承办人，我们再与承办人沟通一下，提出初步意见，并申请召开庭前会议。

家属：家属要不要去法院先找找关系？

律师：我早就跟您讲过，不要随便找关系，这个案子影响大，还是走正规途径好。家属也可以通过正规途径向法官反映自己的诉求。我们有正常的沟通渠道，但归根结底还是要有充足的理由，这么重大的案件，都是要经过几级讨论的，并不是某个人说了算。

家属：这个案子到法院后是怎么分的？

律师：一般是法院电脑系统自动分的，也有庭长负责分配的。

家属：能不能想办法分到理论功底深厚、经验丰富、有同情心的法官办？

律师：这个我们是办不到的。我们回到正题。刚才讲到的专家论证，你们是同意的，我们去操办起来。另外一个，您要不要再增加一个有分量的律师，加强一下辩护力量。因为这个案件主要在定性争议上，涉及法律适用问题，增加一位做兼职律师的刑法学教授比较合适。

家属：你提的这两项，都是要钱的，我考虑的是效果，如果有效果，我们愿意出钱办这两件事。如果没有效果，我们也担心浪费钱。你们有把握吗？

律师：这个是加强辩护的方案。只能说有助于我们的辩护，不能说肯定有效果。我们的建议是，在你们的经济能力允许的情况下，可以考虑加强一下辩护力量。如果经济条件不允许，就算了，反正我们会尽力的。您可以回去跟家人商量一下，总而言之，一是做好过程完美化，不留遗憾；二是量力而行，不要超出自己的能力做事。

家属：就算是以故意杀人罪起诉，自首总能定吧？

律师：检察官说也暂时不定。一是找到赵虎时案件已经发生了，怀疑到赵虎了才去找赵虎的，不算主动投案；二是赵虎交代时也不承认是故意杀人，现在定的是故意杀人，所以没有办法定自首。如果定过失致人死亡就有希望认定自首，至少是坦白。您也不要太过于悲观。

家属：好吧，我不再问了，越问我越失望。现在就是等《起诉书》了是吗？

律师：是的。《起诉书》出来后，我们及时去拿，同时会去会见一下赵虎，核对一下有什么新的证据材料，然后再约您碰面商量下一步的工作方案。

点评[①]

（一）一定要提前了解案件处理决定，并及时告知当事人家属

审查起诉案子快到期了，可能会有三种结果：一种是起诉到法院，另一种是不起诉，还有一种是退查。这些可能的结果要提前给当事人家属说一声，让其了解，这非常重要。如果不及时告知当事人家属案件进展，家属会认为律师的工作不尽职，从而产生不满。对家属来讲，他们家人的案件比天还大，他们十分重视，一些小的信息，对律师这种专业人士来讲可有可无，但对家属来讲，这是极其重要的程序转换。比如共同犯罪的案件，家属从同案犯家属那里了解到案子已诉到法院了，人家请的律师连《起诉书》都拿到了，而我们这边什么都不知道，于是就会对我们的律师产生不满。所以，不管是哪一种处理，律师都要提前了解，并及时告诉家属。

（二）告知律师在这个阶段的主要工作

在审查阶段律师做了什么工作，虽然家属也知道，但在这次接待中，律师还是要进行总结回顾，以体现过程的努力，做到了不留遗憾。在这个过程中，家属也作出了积极的努力，也要予以回顾并肯定。

（三）对辩护工作没有取得实质效果进行理性分析

有些工作在审查起诉阶段取得了明显的效果，有些工作效果不明显，有些明显没有效果，对于原因，律师都要进行分析，“知己知彼，百战不殆”。只有知道为什么意见不被采纳，才能做好下一步的工作。

（四）告知下一步的工作计划

案子如果退查了，接下来律师要至少会见一次，要去公安机关或检察机关

① 主讲人：徐宗新。

沟通一次。如果说可能作出不起诉处理，律师要积极促成，补充一些有利于不起诉的材料。如果已经起诉到法院，律师要及时去拿《起诉书》，做好开庭准备工作，并告知家属跟被害方提前打个招呼，让被害方依赔偿协议约定，不要委托诉讼代理人。

第十节 审判阶段拿到起诉书后的接待

实战演练[①]

律师：《起诉书》我们昨天去法院拿过来了，整体上跟《起诉意见书》差别不大，没有新的证据材料。昨天一拿到《起诉书》，我们马上会见了赵虎，听一下他对《起诉书》的意见。他情绪上虽然说有点不佳，但是因为每次工作进度都跟他讲过，他也有一定的心理准备的，还算正常吧。他说定故意杀人罪是冤枉的，他没有杀人的故意，确实当时没有去看，让我们律师一定要尽全力辩护，转告家里人一定要想办法，否则他一辈子就完了。

家属：伍律师，接下来我们怎么办？

律师：接下来要准备好开庭工作，先申请一个庭前会议，提出非法证据排除，还要申请重新做侦查实验。

家属：就怕做这些工作又没有用。

律师：没有用也得做。只有去做工作才有希望，什么工作都不做，就什么希望都没有，上次提的去做专家论证报告和再增加一位律师的事情你们考虑得怎么样了？

家属：我们商量了，专家论证就算了，另外，再请一位律师的问题，我们打听到一位律师是从高院辞职出来的，你看要不要请他？

律师：如果单从业务水平角度讲，请个专业的，我们支持；如果你是从关系角度请，我们建议就别请了。因为这个案子影响大，很敏感，到时候为了避

① 演练人：杨汇扮演家属，伍炫蓉扮演律师。

嫌，反而可能结果会不利。您去考察一下这位律师的专业性，如果专业因素大于他的人际关系因素，那可以考虑。否则，建议就算了。

家属：伍律师，现在给我们家出主意的人很多，关于律师的人选，有人说要找一个资源比较好的，从公检法辞职出来的律师；有人说找一个专业里专业好的、认真的、时间宽裕的年轻律师，硬碰硬地提意见；有人说要请一个社会上名气非常大，然后在法庭上比较敢讲的律师；还有人说要去请“死磕”的律师，让检察院、法院觉得这个案件判不下来。你觉得这四种哪种好呢？开庭在即，我真的拿不定主意！

律师：选什么样的律师，最终由家属决定。但不管什么案子，必须有一位专业律师。如果有资深的、权威的大律师参与辩护，那当然更好。这个案子，我认为找有资源的律师不合适。因为办案程序上没有明显的违法行为要揭露，主要是法律定性问题，也没有必要死磕。

家属：我们再请一名律师，你这里合作有问题吗？

律师：不管您请什么样的律师，我这里合作都没有问题，该配合的配合，该提出自己意见的，我会提出自己的意见。

家属：除了出庭的两位律师以外，我另外再请个律师顾问团，有关系的找关系，有点子的出点子，会不会更有利？

律师：请多少位律师都可以，除了出庭有两位律师的限制以外，请律师顾问法律没有限制，除了搞不正当关系的以外，其他的律师您都可以请。我们的要求是，未必能把事情办好，但千万不能把事情办砸。只要对你们有利，我退出辩护也是可以的。

家属：伍律师，你可不要这么说。你有没有想过，我们原来的观点是否还不够有说服力，现在到了法院了，我们是不是还可以提出新的观点？

律师：我们原来的方案和意见都是对的，材料也研究得很透，现在就缺专家的直接论证意见，还有我们可以继续再找一些类似的判例以增强说服力。

家属：那看来还是要搞专家论证？

律师：有专家论证比没有要好。

家属：那伍律师你替我们去张罗吧。

律师：好的。

家属：案件什么时候开庭？什么时候判决？

律师：《起诉书》送达10天后就可以开庭，不过这个案件要先开一个庭前会议。审判阶段的话，审限是两个月，可以延长1个月，有3个月时间。我们这个属于复杂案子，审查时间可能会相对长一点，越长越有希望。如果要改定性的话，法院需要很长的时间去审慎考虑，首先法官自己要提出自己的意见，合议庭要讨论，争议大的还要上审委会。

点评[①]

律师拿到《起诉书》后要跟家属见个面，沟通一下，有这么几点供大家把握：

第一，告诉家属《起诉书》拿到了，委托手续已经提交法院了，进行了补充阅卷，新的材料大致是一个什么样的情况。《起诉书》具体有什么内容，与《起诉意见书》有什么区别，这些区别代表了什么样的法律含义。这些都要告知家属。

第二，告诉家属接下来的程序。主要包括：法院审理的具体程序是怎么样的，审限多长，是独任审判还是合议庭审理，是否召开庭前会议，何时开庭，何时会下判，是否公开开庭，家属旁听有什么要求，开完庭什么时候判，判决作出之后检察院可以抗诉，被告人也可以上诉。

第三，告诉家属律师接下来的工作。律师接下来要做的工作是，会见当事人，听取他对《起诉书》的意见，向他核实新的证据，商讨辩护方案，然后再跟当事人家属商量下一步方案。

第四，告诉家属有什么工作可以做。拿到《起诉书》后，律师要告知家属法院也会给被害方送达，被害方也有权委托诉讼代理人，家属要与被害方联系，提示他《赔偿协议》中有被害方“不再请诉讼代理人”的约定。同时，到底是作无罪辩护、罪轻辩护还是轻罪辩护，是不是要出具专家意见，要不要再请一个律师等问题，都让家属回去商量一下。家属的意见统一了，跟律师商量的时候就可以提高效率。

---

① 主讲人：徐宗新。

第十一节　审判阶段与家属商讨辩护意见的接待

实战演练[①]

律师：赵总好，我们前天会见赵虎，把《起诉书》及证据情况跟他核实了，他还是提出来对故意杀人罪有意见。我们又把之前讨论出来的四套辩护方案跟他讲了，他说最好无罪，但是如果定过失致人死亡判缓刑也可以接受。不过，他认为现在检察院的指控很强势，缓刑估计十分困难，他觉得只要判5年以下，他也就接受了。

家属：哦，他和我们的意见也差不多。

律师：最近检察院去提审过他，给他讲认罪认罚可以从轻，如果认故意杀人罪，可以建议判15年，否则的话，再怎么都要判无期。他觉得无期和15年相差太多了，有想认故意杀人罪的意思，叫我跟家里人再商量一下。

家属：为什么他突然就要认罪认罚了呢？不会是你们劝他的吧？

律师：我们不会给他做这样的工作的。他说，他自己在里面也跟狱友聊天，狱友说公安、检察、法院都是一样的，公安定的，检察院不会改，法院也不会改，别指望改罪名了，故意杀人判15年已经很不错了，现在不认，到时候万一判个无期欲哭无泪。

家属：那到底改罪名概率大不大？大的话，我们就肯定不认故意杀人罪了呀！

律师：这个我们不能打包票。

家属：如果你们把握不大，仅仅是试着辩一下过失致人死亡罪，那我们还是认罪认罚判15年稳当。

律师：那就失去了轻判的机会了。

家属：那万一判无期了怎么办？

律师：也是有这个可能的。判无期，我们只能上诉了。

家属：上诉改判的可能性有多少，改判率高不高？

---

① 演练人：杨汇扮演家属，伍炫蓉扮演律师。

律师：改判率在10%左右，不能说高，只能说有可能。

家属：我们家里之前也多次商量过，听你这么一说，我们还是坚持作过失致人死亡罪的辩护。律师你再去会见一下赵虎，说我们不愿意认罪认罚，这是我们全家人的意见！

律师：这个意见我倒是跟赵总是一致的。我跟他聊过，但是他被狱友的话动摇了，让我来问一下家人的意见。

家属：那你们律师的意见呢？我们毕竟不懂法律啊。

律师：我们的想法是，可以试一试辩过失致人死亡，虽然难度比较大，但是如果说能改罪名，法定刑就能降至7年以下。当然也有风险，风险就是如果不认罪认罚，罪名改不过来，就可能判到无期。

家属：你这话不是相当于没有说吗？如果判15年，实际坐的牢，与判7年实际坐的牢，相差多少？

律师：15年，减刑减得好的话，大概可以减掉5年左右，实际需要坐10年牢；7年刑期，大概可以减两年左右，相差5年左右吧。

家属：5年的时间可不短，而且故意杀人罪还那么难听。就算一审判了故意杀人罪，我们还可以上诉，实在不行，在二审的时候认罪认罚，你看这样可不可行？

律师：您的意思是说，先坚持作过失致人死亡罪的辩护，如果一审判下来还是故意杀人罪，那就上诉，如果二审没有改判的希望，就作认罪认罚，判到15年以内。对吗？

家属：是的。这样可行吗？

律师：我觉得可行。其实这个案子，不管怎么判，都要二审了，一审要么改罪名，检察院可能抗诉，要么不改罪名，我们上诉。所以，我们一审这场硬仗先要打好。

家属：还有一个问题，就算法院定故意杀人罪，是不是肯定必须判到无期，有没有可能判到15年？

律师：那是有可能的。那我们要不要作“骑墙式”辩护？

家属：什么叫“骑墙式”辩护？

律师：就是两个观点的辩护。先作“不构成故意杀人罪，仅涉嫌过失致人死亡罪”的定性辩护，然后退一步作“即便定故意杀人罪，也有法定和酌定的从轻情节，应当在15年以内就低量刑”的罪轻辩护。

家属：这样的辩护听起来很奇怪，为什么要这样辩护？

律师：这也是对你们权益的最大保障，如果定性意见被采纳了，对我们来说是最好的，万一不采纳，后面的理由也可以让法院考虑从轻量刑。

家属：这个全面是全面，但听起来好像对过失致人死亡罪的定性辩护不够坚决。可不提，就失去罪轻的机会。

律师：我们首先进行一个罪轻辩护，提出从轻量刑的理由，提出“哪怕定性为故意杀人，本案有诸多法定、酌定量刑情节，应当在有期徒刑以内量刑”，然后再提本案定性为故意杀人是有问题的，再作“不构成故意杀人罪，仅涉嫌过失致人死亡罪”的定性辩护，你看怎么样？

家属：这个顺序一倒过来，感觉就挺顺。

律师：“骑墙式”辩护有两种，前面那叫“退一步的辩护”，现在这个叫“进一步的辩护”。

家属：那就这么定吧，你去告诉赵虎，就按照你这个“进一步的辩护”的思路来。

律师：其实，我们在开庭时，还要点一下这个观点：如果赵虎正常驾驶客观上看不到被害人抓着车把手跟车跑，那还是意外事件呢。这就是无罪的意见。

家属：前面有两个观点，都“骑墙”了，现在又多一个观点，“骑两个墙”了，会不会把法官搞糊涂了？

律师：最后这个我不单独作为一点，就在谈侦查实验和主观方面认识因素的时候提一下。我们一直在考虑，赵虎有没有可能无罪。如果赵虎在正常驾驶时，客观上确实看不到被害人拉着车把手跟着车跑，那就是不能预见，就是意外事件，就是无罪。作为律师，必须把有利于当事人的一面找出来并且提出来。如果法院重视了，判无罪，岂不是更好的结果？

家属：那倒是，你们考虑得很周全啊。

律师：既然家属这么决定了，我给你们做个笔录，用来备案。全国律协有规定，不得违背当事人意愿作出对当事人不利的辩护，所以我们要做这个记录，证明一下律师的辩护方案是征得过委托人的同意的。

点评[①]

律师在审判阶段开庭前，必须与家属商讨法律服务方案。刚才演练中，被羁押的当事人与家属的意见未必一致，律师的意见与当事人及家属的意见也未必一致，所以要进行商讨。这里有两点意见供大家参考。

（一）法律服务方案应当与家属商讨，不能由律师代替决定

有的案子里，家属觉得认个罪能早一点出来就算了，被羁押的当事人偏偏不愿意出来，坚决要求无罪；有的案子，被羁押的当事人想早点出去，但家属觉得这事怎么能认罪呢？当事人与家属会有不一致的意见。

如果律师不经过商讨法律服务方案这个阶段，直接以自己的意见进行辩护，有可能事后家属会回过头来责怪律师。在这个环节里，律师既要听当事人倾向于什么方案，也要听外面的家属倾向于什么方案。如果方案一致就没有问题，大家各自按照方案进行落实。如果这个方案不一致，就需要进行选择，必须进行充分的商讨。

（二）协助当事人进行选择，由当事人最终确定方案

如何选择？律师怎么提出倾向性意见？现实中许多家属到了后期就没有主见了，想知道律师的建议。就上述这个案子而言，一方面家属觉得故意杀人罪判 15 年有期徒刑很难听很难接受，另一方面冒风险辩护可能会面临无期徒刑，确实很两难。

在认罪认罚制度出台之前，我们的选择还是相对明确的。但认罪认罚制度出台后，我们往往纠结，究竟是认罪还是不认罪？认罪，会得到一个从轻但实际上并不轻的处罚；不认罪，去争取轻判，有可能得到一个从重的处罚。拿这个案子来说，如果我们走了认罪认罚，检察院建议 15 年，是否是一个可以接受的刑罚呢？当事人可能觉得 15 年总比无期好，但是又不心甘，所以就会产生多种方案。那么律师如何提出倾向性意见，给当事人以恰当的指导？

---

① 主讲人：徐宗新。

我的经验是：在分析方案时，我们不仅要从律师的角度，而且要从法官、检察官，从第三方的角度来评判这个案子的证据，得出一个客观的分析意见。例如，这个案子，被告人有辩解，唯一的一份笔录又存在合法性问题，有大量的证据证明被告人确实没有朝左边看，侦查实验报告也证明他的注意力如果在右前方而不在左边时，就看不到有人拉车把手。根据这样的证据体系，律师就有充足的理由和依据提出过失致人死亡罪的轻罪辩护。在这个前提下，我就会告诉当事人，如果我是第三方由我来判断，我就会认为是过失致人死亡，所以这个案子定过失致人死亡罪是应该的。如果当事人选择认故意杀人的罪名和 15 年刑期，这是当事人的权利，但是我会觉得很遗憾。当然，律师执业无法保证结果，但是从如果我是当事人的角度，从案件事实与证据的角度，我肯定选择作过失致人死亡的辩护。除非故意杀人的量刑能到 7 年以下，那我们会建议认罪认罚。否则，我肯定还是坚持作过失致人死亡的轻罪辩护。像这样根据法律和事实给当事人分析透彻，然后给出一个建议：如果我是你的话，我会如何选择，但是最终选择权还是在你手上。在选择法律服务方案的时候给家属做个笔录确认一下，不要回过头来责怪律师。因为法律服务方案是家属选择的，这也是非常重要的。

我们在商讨法律服务方案的过程中，尽量寻找最完美的方案，也就是对当事人最有利的方案。比如在实战演练中，律师提出“骑墙式”辩护，而且是进一步的辩护，以及在轻罪辩护意见中夹带可能无罪的观点。两种以上观点的辩护，目的都是充分保障被告人的合法权益，具体什么结构、什么措辞，律师作为专业人士，一定要斟酌好。

第十二节　庭审前接待

实战演练[①]

律师：赵总，还有一个星期就要开庭了，有些情况要跟家属沟通一下。

① 演练人：杨汇扮演家属，伍炫蓉扮演律师。

家属：上次劝赵虎不要认罪认罚了，他怎么说？

律师：赵虎说，当初他主要害怕被判无期，觉得认罪认罚保险点，后来他自己也觉得不服气，所以还是同意我们商量的方案。

家属：那开庭时能辩无罪吗？

律师：您不是也增加了律师吗？我一个人既说过失又说无罪，会影响效果，既然又请了一个律师，正好由他来提无罪，这样我们的意见也提了，观感也比较好。

家属：别人告诉我，法院肯定会直接按照检察院的意见判的，是这么回事吗？

律师：法院多数会同意检察院的意见，但不是全部，否则没有必要再设法院了，只要检察院一个机关就够了。

家属：一审开庭的时候，我们能不能再努力一点？开完庭以后，我们能不能多沟通几次？我们现在花了这么多钱，律师也投了这么多精力，并没有起到什么效果，这种情况下你看能不能想想办法，在法庭上还有开完庭以后，能不能再争取一下？

律师：赵总，我们会尽全力争取好结果，但不能以结果论律师的作用。我们努力的过程您也看到了，沟通那么多次，材料写了那么多，包括给您这边的材料。

家属：有人跟我说如果不请律师，可能结果也就这样。

律师：结果现在不也还没确定嘛。

家属：我的意思是说，前面那个阶段不请律师结果可能也就这样，所以想请你们这个阶段好好辩一下，我没有别的意思。

律师：本来我们合作还算愉快，您这么一讲，我们又疏远了许多。我还是那句话，如果您对我们不满，就尽快解除和我们的委托关系，如果满意，就全力支持！

家属：伍律师，别误会我的意思，我就是希望你们在这关键阶段再努力一下，给我们争取最好的结果。上次会见，你有没有教赵虎怎么说？

律师：我们不是教，是辅导，这是我们必须做的。

家属：检察官开庭时会问他的问题，全部都跟他辅导过了吗？

律师：我们对整个庭审过程都做辅导，告诉他整个审判流程是什么样的，什么时候被带到法庭上，什么时候轮到他讲话，会问他一些什么问题。他只要按照他所知道的客观事实去回答就好了。比方说，检察官问他到底有没有看到车左边有人？没有看到的话理由是什么？这些让他依照当时事实情况讲就行了。另外，如果在举证阶段有些证人讲他当时态度有多恶劣，明知道车左边有人还加油门等他不认可的证言，他说“我有意见”就可以了，详细的质证意见由律师发表。

家属：到时候家属去听的话，有什么注意事项？

律师：首先，家属需要带上身份证，未成年人不要去。其次，需要劝导一下您父母，老人家不仅需要注意身体，也需要平复情绪，万一出现状况，不仅会影响现场开庭的节奏，导致临时休庭，对案子审理也会有影响。

家属：伍律师，我们在外面打横幅，要求法官不要被舆论所误导，公正审判，有没有用？

律师：这些话，通过我跟法官讲也是一样的。您打横幅反而让法官觉得家属是在无理取闹，并且不信任法官，故意给他制造压力。

家属：我是听说媒体要过来，打横幅这么搞一下，让媒体也报道一下，避免法院受舆论的影响。

律师：媒体肯定会过来，如果因为我们的不当行为媒体做一些有偏向性的报道，反而对赵虎不利……

家属：那能不能向法院申请一下不让媒体来？

律师：这个法官定不了，除非涉嫌个人隐私、商业秘密、国家秘密。我跟法院说了，我们担心媒体有倾向性报道，希望他们能交待媒体记者客观报道，发稿子之前最好法院能够把一下关，防止单方面的、有偏向性的报道。

家属：律师是否可以接受一下采访，正好把我们的观点强调一下?!

律师：律师一般不接受采访，如果媒体一定要问，我就给他们一份书面辩护意见。作为家属，媒体可能会采访您。您要有所准备。

家属：我肯定应付不了，万一说错了就麻烦大了。我肯定要跑开的。

律师：不管是谁，您或者是您父母，还有我，都不适合跑开，如果媒体采访家属，你们要讲“对不起被害人，对不起他们的一家人，再次表示道歉，赵虎已经知错了，希望被害人一家能够原谅”“愿意承担应该承担的法律责任，包括经济责任，相信法院作出公正的判决”，你们也可以诚恳地对媒体记者提出“公正客观报道”的要求。还有，记者如果问赔偿了多少钱，千万不能说具体数字。赔偿高了，会有人说“以钱买刑”；赔偿低了，又会有人说“悔罪表现差”。你们要简单示弱，表达歉意，表达诚恳即可。

家属：懂了。还是尽量别接受采访，怕把握不好分寸。

律师：这个你们自己决定。

家属：记者都很感性，你明天发表意见的时候，一定要多一点感情成分，来感动他们。

律师：尽量吧，以法为主，以情为辅。

家属：我弟弟能穿自己的衣服出庭吗？

律师：我觉得你们给他带一件衬衫或者T恤衫，穿着看上去干干净净、清清爽爽，像个大学生就行，不必西装革履，更不能穿标志很大的名牌。

家属：那他还要戴着手铐受审吗？

律师：赵虎一被带进法庭，法官就会叫法警把手铐解开的，但有时法官会忘记。我想万一法官忘记了，也就算了，这样能体现一个良好的悔罪态度，被害方看了会好受一点，记者也会产生同情。

家属：那可以坐下受审吗？

律师：是否可以坐下，不同的法官也有不同要求。一般是讯问、举证的时候站着，辩论阶段坐下；也有一上庭就让坐下的，也有一直不让坐的。审理这个案件的法官我以前开过他的庭，在辩论阶段才让当事人坐下。我的想法是，如果让坐就坐，不让坐也不要求坐。理由和前面一样——示弱，让大家有所同情。坐下的话看上去很舒服，但给媒体和被害方的感觉会不太好。

家属：那他能喝水吗？

律师：我们的意思是一样的。尽量忍，忍不住可以提出来。

家属：家属能跟他说几句话吗？

律师：按规定是不允许的，庭后我们申请一下，看看能不能安排家属见几分钟讲几句话。

家属：我们在法庭上听到不对的证据，公诉人讲得不对的话，可以发表意见吗？

律师：不可以当场讲话，否则要被训诫，屡教不改的，会被赶出法庭。但是你可以写成书面的意见，交给法庭。

家属：被害方来闹怎么办？

律师：之前不是签过《和解协议》了吗？您提前跟被害方再沟通一下，问一下他们是否来开庭。如果他们不来的话就没有这个担忧；如果他们来了，您安排好他们的行程，提示他们遵守协议。

家属：我还是想问一下，改判过失的可能性有多大？

律师：这个问题您问了许多遍，我们也回答许多遍了，这个案子，关键证据、侦查实验结果都对赵虎有利，辩护空间还是很大的。如果没空间，我早就建议你们对故意杀人罪作认罪认罚了，没必要在定性上跟司法机关还一直争辩，但是有多大把握，我没法告诉您。

家属：法院法官那里提前打个招呼是不是会好一点？

律师：只要正常沟通就行了。就算你们有途径向法官反映意见，也是表达希望他公平公正、审慎地处理这个案件，严格按照法律、严格按照证据办案，千万不要搞什么权钱交易。

点评①

庭审前接待家属是辩护律师必要的工作环节，有这么几点需要大家把握：

第一，告诉家属庭审的程序和每一个环节，法庭调查、法庭辩论、最后陈述都要给家属说一下，让家属心中有数。

第二，告知家属参加庭审的注意事项，实战演练中律师讲了带身份证就行，还不够细，如果做过本案的证人，那么他是不能旁听的。在听的时候不要有情绪，不要扰乱法庭秩序，不要拉横幅，有意见通过正常途径反映，例如写封信给法官，比较妥当。

第三，听一下家属有什么要求和意见，并提出确定做法。比如，家属提出

① 主讲人：徐宗新。

来了能不能穿好一点的衣服，能不能给他喝水，能不能让他坐下来等，家属有需求，律师要根据不同情况，给予不同的建议和处理。因人而异，因案而异，事虽小，但值得琢磨，不能因小失大。

第四，告知家属律师的工作。在开庭之前，律师要去做庭前辅导，提前跟检察院、法院做一些沟通，介绍律师做的工作。

第五，提示细节问题，做好应对突发情况的准备。例如，律师接受采访时一定要注意，面对采访，律师应该说什么？又如，法官如果说庭后与家属有一些沟通，如核实一下赔偿的数额、钱款的来源等，律师也要做一些应对的方案。家属的配合很重要。还有，开庭时家人去的多一点合适还是少一点合适？多一点，表示对这个案子的关注，社会影响力大，这样的话让法院更加重视。但是，有的时候关注案子的人少一点更好一些。比如说有身份的人，他也是认罪认罚的，对案子没有很多的意见，那么旁听的人越少越好，去的人多了没有意义。这些事项律师都要跟家属商量好，让家属配合好。

第十三节　判决前的接待

实战演练[①]

律师：赵总，我们开完庭后跟法官一直在保持联系，基本上每半个月就跟他联系一次，最近法官说快要宣判了，审限也快到了，他不打算再延期了。有争议的案子一般都慢，这个是我们的经验。没有争议的案件，会顺着检察院指控意见判，判决相对会快一些。这个案子，争议还是很大的，法院需要充分的研究时间。

家属：现在我们最坏的结果是什么？

律师：最坏的结果是定故意杀人，因为我们有被害人的谅解书，会被判无期或者15年。按照控方的思路，因为这么点小矛盾就开车碾死对方，性质太

① 演练人：杨汇扮演家属，伍炫蓉扮演律师。

恶劣了。但是考虑到当事人是间接故意不是直接故意，主观恶性稍微小一点，有谅解书，判到15年算是比较好的结果了。

家属：如果是无期，我们前面的工作都白做了。判15年我们接受不了，肯定会上诉的。伍律师，最轻是什么结果？

律师：无罪目前看不太可能。最好的结果可能是缓刑，这还是必须改定过失致人死亡罪，再考虑谅解因素和学生身份的因素。

家属：那我们在这个阶段是不是已经不用做工作，等着判就行了？

律师：法官通知律师的话，判决就基本上定下来了。如果一定要做工作，是不是可以跟被害方联系一下，再请他们为赵虎求求情，写封信或者打个电话给法官。

家属：他们说写过了，也不知道有没有用。

律师：如果是这样的话，那就等宣判结果吧。

家属：你能不能了解一下，如果判决结果我们能接受，我们就不做工作了。如果判决结果我们不能接受，我们是不是想办法去再做做工作，做最后的争取。

律师：如何判决，是审判机密。法官不会告诉律师，律师也不方便打听。打听了，是为难法官。反正已经定下来了，就等吧。满意了就服判，不满意就上诉。

家属：伍律师，我看那个法官对你也挺尊重的，你就去问一下结果吧。我听说有个案子，当事人去做了工作，把判决书收回来了，重新判。

律师：我们分析认为，用了这么长时间，审限延长了两次，这个案子应该是经过审委会讨论的，改判过失致人死亡罪有很大的希望，我们还是挺有信心的，但也不能打包票肯定是好结果。

家属：我看庭上有三个法官，他们是谁说了算呢？

律师：三个法官，组成合议庭，一人一票，主审法官是审判长。由主审法官拿出初步意见，三人讨论形成意见以后，再报领导，如果争议大，还要召开审判长联席会议和经过审判委员会讨论。

家属：那审判委员会有讨论吗？

律师：从时间判断，应该是有的。如果主办法官意见和检察院指控一样，也不会拖这么长时间了。我们分析肯定是不一样。

家属：您看要不找找院长？

律师：我们其实交给了法官15本辩护意见，如果审判委员会要讨论的话，就给每位审判委员会委员一本辩护意见，那样他们可以更充分地了解辩护意见和理由。我们认为，这个案件比较敏感，还是走正规途径比较好。

家属：那你们是不是要去会见一下赵虎，跟他讲马上要宣判了呀？万一判下来不满意，他会崩溃的！

律师：我们要去会见赵虎的。因为宣判会提前通知律师，但是不会提前通知他，宣判当天他才会知道。我是要跟他讲一声让他做好准备，如果结果好就不上诉，如果结果不好就上诉。

家属：万一判得太重的话，我们就去法院门口喊“冤枉”，骂法院枉法裁判、草菅人命！

律师：喊冤可以，骂法官不行，会被认为是扰乱法庭秩序，可能会被拘留、罚款，建议理性一些。可以喊冤，表达一下家属的态度。

家属：那万一结果对我们好的话，检察院会不会抗诉呀？

律师：检察院有可能抗诉。

家属：判决时我们都可以去吧？

律师：可以，带上身份证，在中院七号法庭。另外，我还是得提醒你们面对媒体的问题，如果判得还理想，记者问的时候，你不能说很满意，要说“感谢法院公正判决”；如果判故意杀人罪，那你要表态“难以接受”。不要多讲话，言多必失，容易被人拿去做文章。

点评[①]

这个环节的家属接待工作有这么几点供大家把握：

第一，要告诉家属快判了。律师不告诉家属案件快判了，法院突然判下来，家属会觉得很意外，从而认为律师不尽职。律师提前告诉家属快判了，大概什么时候判，让家属对审限进行把握，这是一项很重要的服务。无论是当面讲，还是电话讲，都必须讲。

① 主讲人：徐宗新。

第二，对听庭的工作进行安排。一是律师去不去？律师为什么不去？如果不去的话是否有替代方案？二是家属来不来？怎么来？怎么听？要不要叫好或喊冤？要不要接受采访，怎么发表意见？都要确定下来。我曾有一个案子，只通知家属去旁听宣判，但没有说自己有事不去，结果家属质问我说“宣判就是开庭，开庭你律师怎么能不来”，我还真的被他问住了。如果真的有工作冲突，律师要跟家属提前说明，并预备好替代方案，让助理或同事帮忙到场，代领一下判决书，与家属保持第一时间的对接沟通。

第三，向家属通报近期的工作。例如，律师已经会见过当事人，告诉他快宣判了；律师与承办法官进行过沟通，也提交了辩护意见，并给每位审判委员会委员准备了一份。把律师工作情况向家属做个通报，让家属了解，律师的工作是充分到位的。同时也是让家属检验一下，还有什么工作没有做到位。

第四，对可能的结果进行预测分析。家属肯定会问到底怎么判，律师可以给他分析一下哪一种结果的可能性比较大。如果律师预判结果肯定不理想，就应该提前告诉家属一定要做好心理准备。一个案子可能的几种结果，律师都要说到，让家属都做到心里有数，这个是很有必要的。

第五，讲下一步的工作。案子判下来以后，当事人和家属满意不满意？检察院会不会抗诉？我们要不要上诉？这虽然要等判下来再商量，但还是要提前告诉家属，案子判下来以后，律师会马上研究判决书，会跟家属和当事人沟通情况，对是否上诉或应对抗诉、下一步工作如何开展等问题，进行及时而详细的商量。

第十四节　收到判决书后的接待

实战演练[①]

律师：赵总，判决结果你们也看到了，定了过失致人死亡罪，判有期徒刑6年。

家属：虽然还不是很满意，但很感谢你们的努力，取得这个结果也是很不

① 演练人：杨汇扮演家属，伍炫蓉扮演律师。

容易的。本来就应该判过失，我们内心很笃定，现在判了6年，而过失致人死亡罪最高量刑是7年，就相当于我们钱赔了跟没赔差不多，不赔也就7年。所以我们感觉量刑还是有点重。

律师：一路过来，我们大家都很有压力。从刑拘时定的故意伤害罪到逮捕改成故意杀人罪，再到检察院起诉罪名是故意杀人罪，媒体那么关注的案子，法院能顶住压力，改判成过失致人死亡罪，真的是很不容易的。从罪名变更来说，我们取得了成功。但是从量刑上讲，确实最高判决也就7年，我们赔偿了当事人并得到了他们的谅解，所以量刑6年确实是偏重的。

家属：本来我们都确信应该判过失。现在判6年不是跟没赔钱一样吗？

律师：这个恐怕不能这么简单地看。您赔钱取得谅解，降低社会危害性，其实对法院从故意杀人罪改成过失致人死亡罪是非常有帮助的。反过来讲，如果没有赔偿，被害方去闹访，那这个案子要改的难度就更大了。钱赔了，获得被害方谅解了，被害人一方不闹了，有助于法院冷静、理性地来适用法律。

家属：为什么要判6年？我们认为判4年就够了！

律师：因为这个案子是从故意杀人罪改判的，情节比一般的过失致人死亡罪要重一些，所以相对来说判得重一些。我们认为6年也是偏重的，但上不上诉，看你们家属和赵虎本人的个人意愿。

家属：伍律师，你认为要不要上诉？

律师：我认为，单从过失致人死亡罪的判决看，是量刑偏重的，应该上诉。

家属：那就上诉。

律师：但是可能存在这样一种情况，检察院本来未必抗诉，你们上诉的话，说不定会引发抗诉。

家属：是吗？还会引发抗诉？

律师：但是如果检察院提出抗诉的话，我们肯定是要上诉的。抗诉是可以加刑的，我们本来就觉得量刑过重，如果检察院抗诉了，我们这边上诉就不用担心引发抗诉，同时也跟检察院的抗诉有个抗衡，有机会争取更轻的结果。

家属：被你这么一讲，还要感谢检察院抗诉了？

律师：感谢抗诉谈不上。只是检察院抗诉有利于我们下决定，否则还会纠结要不要上诉，会不会引发抗诉。

家属：那我们怎么知道会不会抗诉呢？你能不能问一下检察院？他们如果抗诉了，我们就马上上诉。

律师：问检察院不一定准的，他们抗诉要以正式的文书为准。

家属：我刚才跟父母电话商量了一下，虽然判6年重了点，但是也来之不易，我们就不折腾了，不上诉了。但是如果检察院抗诉，我们肯定是要上诉的。但问题是，我们不知道检察院会不会抗诉，万一他们最后一天的最后一刻提出抗诉，我们又不知道，错过上诉机会怎么办？

律师：只有一个办法。我们在上诉期最后一天的下午，到邮局把4份上诉状寄EMS到高院，高院收到后还要转交到中院。如果检察院在最后一天抗诉，我们自然提出了上诉；如果检察院没有抗诉，我们也就知道了，可以在上诉状到达一审法院前，把上诉状撤回来。

家属：这个办法好！有没有办法让检察院不要抗诉，我们也不上诉？

律师：检察院提出抗诉，律师是没有办法去阻止的。但是抗诉要取得上级检察院的支持，可以到省检察院做工作提意见，表示如果检察院不抗诉，我们也愿意撤回上诉。

家属：省检察院会同意吗？

律师：无论省检察院同不同意，工作应该是这么做的。

家属：那我二审还要不要请你？

律师：我们所的做法是这样的，对自己办的一审案件，判下来后，建议当事人找其他律师代理二审，因为我们在一审尽了全力，也很难有什么新点子、新思路、新做法。而换个律师，可能会有更好的角度、更好的思路和更多的办法，怕家属不好意思提，我们律师自己先提出来。所以，您可以考虑一下委托其他律师来代理二审。去谈谈方案，看看他们的方案有没有比我们的方案更全面一点，有没有新的思路和办法。

家属：上诉的话，会不会对一审法院造成不好的影响？

律师：上诉是当事人法律上的正当权利。何况检察院也可能抗诉，量刑偏重也是实情。

家属：如果二审继续委托你们，你们是真的没有思路吗？

律师：第一，如果你们决定了不上诉，那以检察院不抗诉为目标，与省检察院沟通，强调认定过失致人死亡罪的理由，并以撤回上诉为条件来达到同时撤回抗诉、上诉的目的；第二，如果你们真的要上诉，或检察院不肯撤诉的，那只能硬碰硬地辩护，充实判缓刑的判例和理由，并强烈提出重新侦查实验的申请，提出无罪意见。同时，在二审过程中，还保留双方同时撤回抗诉、上诉的方案。

家属：那我们先写上诉状，到最后一天下班前寄出，然后看检察院是否抗诉。不抗诉我们就撤回上诉。如果抗诉，就先做检察院不支持抗诉的工作，如果做通，就撤回上诉；如果做不通，就只有硬碰硬地打二审辩护了。

点评[①]

判决后的家属接待环节，以下几点供大家把握：

第一，要对判决进行分析。判决采纳了律师的定性意见，不采纳公诉机关的定性意见，理由是什么？律师的意见为什么会被采纳，有理体现在哪里？这个时候，可以与家属分享一下成功的喜悦。当然，如果辩护意见不被采纳，律师就要对判决书中对辩护意见不采纳的理由进行分析，让家属有个客观、理性的理解和认识。

第二，要分析一下判决后面的原因。有些判决的理由是写在判决书上的，可以拿来分析。但是有些因素，没有写入判决书，就很难评析了。例如，实战演练中的案子，过失致人死亡罪，在网上收集的缓刑的判例非常多，最重才7年，赵虎赔偿了，得到被害方谅解了，为什么还要判他6年？律师就要分析判决后面的因素。要跟家属说明，这个案子是从故意杀人罪改过来的，是不容易的，影响很大，媒体很关注，改判的难度很大，所以法院进行了综合考虑，定性改过来了，量刑偏重一点，这样也是一种平衡。这样一分析，家属才会有更全面的认识。

第三，探讨上诉利弊，决定是否上诉。刚才实战演练中家属说：“我们不

① 主讲人：徐宗新。

满意的，钱白给了，我要上诉。”律师听家属的意见，可能一个案子就上诉了。上诉很可能引发抗诉，可能会对当事人产生不利的后果。上诉引发抗诉，或上诉后发回重审加点证据材料改判重刑，都是“上诉不加刑”的例外。这些律师必须考虑到。在实战演练中，律师的分析还是很充分、很全面的。上诉，有利有弊，最终由家属来决定，律师帮助家属实现利益最大化，方案尽可能地趋于完善。比如上诉状的递交时机，就很有技巧。

第四，要注意不诋毁司法机关。不管法院怎么判，如何不满意，律师也不要去诋毁司法机关。不能辩护意见被采纳了就说是律师的功劳，没有被采纳，就归责于法官枉法裁判。律师要从判决书载明的理由来进行理性的分析。如果没有证据，律师不能诋毁司法机关，有证据，律师可以依法采取措施。凭空指责司法机关，既于事无补，也会对法律共同体的形象造成损害。

第五，可以主动要求更换二审律师。这也是当事人利益最大化的要求。也许二审有更合适的律师可以为当事人提供更好的服务，作为一审律师，应当主动提出来。在实战演练中，律师讲得很好，至情至理，让家属去多咨询其他律师，以做出更正确的选择。当然，家属如果还是坚持请一审律师，一审律师也责无旁贷，应该继续提供帮助，而且要根据律师收费规定，给予律师费打折优惠。

第十五节　上诉案件接案接待

实战演练[①]

家属：吴律师您好。我有个案子，这是判决书，你看一下。

律师：您跟我联系之后，我上网搜了一下。检察院是以故意杀人罪起诉的，法院以过失致人死亡罪判了6年。你们对这个结果是不满意吗？

家属：我也不知道该不该满意，麻烦您帮我分析分析，这个判决结果合理不合理？

律师：如果从流程上说，检察院一开始是起诉故意杀人罪的，法院能改成

① 演练人：杨汇扮演家属，伍炫蓉扮演律师。

过失致人死亡罪，已经是不容易了。判决书上写的法院审理查明的内容，辩护人提出的意见就是法院关于定性的审查意见，认为主观上放任的故意证据不足。虽然观点被采纳了，但判了6年。法院可能还是基于整个案件当时媒体关注度比较高，又基于检察院以故意杀人罪起诉，改判过失致人死亡罪，定性改了，刑期减下来了，但是还是要兼顾平衡。总体我认为从判决书来看，法官采纳了辩护意见。

家属：你对先前律师的辩护意见怎么看？

律师：他们这个意见从事实层面已经分析得很透彻了。从认识层面上，赵虎当时没有看见，没有明知，是因为疏忽大意；从意志方面来说，由轻微纠纷引发，没有无故致他人伤亡的放任故意。

家属：你有没有超出他观点的意见？

律师：在没有阅卷的情况下，我觉得一审律师从认识因素、意志因素方面提的意见，仅从判决书看到的内容来说，他们说得比较全面了。

家属：我们还应该上诉吗？

律师：个人觉得案子如果从故意杀人罪改成过失致人死亡罪，这个工作做下来是不容易的。如果这样的案子要上诉的话，可能也会引发检察院抗诉。

家属：那么你看有没有什么新的思路？

律师：案卷材料我没看过，只能从判决书上分析了。我看本案中做了一个侦查实验，如果说侦查实验是客观的，可能也是比较难了。除非侦查实验能够做出来的结果是当时就算已经尽到驾驶员注意义务，也是不能感知到左边有人拉门把手，这样可能还是有无罪空间。

家属：也就是说二审要么没有新意见，有新意见就是无罪？

律师：因为二审改判率本身比较低，如果说在定性上不提异议的情况下，纯粹从量刑的角度，改判难度大。我看一审法官已经考虑到了一个定性变更，如有存在谅解，很多从轻的情节都考虑进去了，如果没有新的一个证据或者案件事实发生重大变化的话，二审要改变量刑，难度是非常大的。

家属：刑期本身难道就没有不合理的地方吗？

律师：如果说纯过失致人死亡罪，量刑显然是偏重的。但是我想当时检察院起诉的故意杀人罪肯定也是有一些证据支撑的，最后法院改定性判6年，所以说结果还是不错的。上诉会有三种结果：一是维持原判，您请了律师花了钱，然后又拖了半年时间再去监狱，减刑的时间也相应少了。二是直接改判，改成无罪难度很大，改成过失致人死亡罪判轻一点就不错了，能判缓刑就很成功了。三是发回重审，就是重要事实不清，证据不足。这个案子应当来说事实是清楚的，主要是定性争议。

家属：那这个案子到底方向在哪里？

律师：一是量刑不能加重，二是争取判得更轻。所以，这个案子的上诉，是被动式的上诉，我们不建议主动上诉，只有在检察院抗诉的情况下再提出上诉。当然，上诉除坚持一审的意见以外，也要有新的思路，新的措施，新的意见。我们新的思路就是强调无罪的观点，新的措施就是自己去做个侦查实验，然后提出重新做侦查实验的申请，新的意见就是要求考虑到此案可能无罪的情况，在法院主持下，与检察院诉辩交易，如果能达到减刑和缓刑的目标，那就更好了。

家属：那你们的意见与一审律师也差不多，那我们是请你们还是继续请一审律师？

律师：建议您继续请一审律师。当然，如果经济条件允许的话，可以把我们也请上。

家属：那你们配合没有问题吧？

律师：律师之间配合是很常见的，人多力量大，一审律师我也认识，我们合作没有问题。

家属：二审有没有把握开庭？

律师：二审不开庭是原则，开庭是例外。如果证据、案情比较模糊，或者出现新事实新证据，才可能开庭。

家属：不开庭是不是意味着没希望了？

律师：不开庭不代表没希望改判，开庭也不等于肯定改判。本案是定性争议，不会开庭。但是如果检察院抗诉，二审肯定是要开庭的，有可能使刑期变重。

家属：代理二审的律师费怎么收？

律师：按照我的标准，您这案子要收15万元律师费。

家属：我先付5万元，开庭后再付5万元，等结果好了再给5万元，这样行不行？

律师：分期支付是可以的，但是按结果来收费是不行的，这属于风险收费，是违规的。再说这个案子如果仅有上诉是不会开庭的，只有抗诉才开庭，您以开庭为前提支付，是何用意？

家属：对呀，不开庭更好。那我律师费怎么支付呢？

律师：如果你们经济条件允许，就一次性支付；如果一时交不齐，可以分期，上诉期共两个月，签约付5万元，第一个月付5万元，第二个月付5万元，您看怎么样？

家属：这个可行。如果二审改判无罪，我们愿意奖励100万元，如果缓刑，我们奖励50万元，我们说话算话，可以签个协议的。

律师：如果签这样的协议，也是风险收费，这是不允许的。我们谈好多少就多少，结果好了，是您的福气；结果不理想，您也不要怪我们说律师请了没用。

我们的收费，与辩护工作方案是密切结合在一起的，您这个案子，如果检察院不抗诉，我们就不上诉，那律师的工作也仅仅是写个上诉状、寄交上诉状、关注和把握时间点这些内容，不至于要收15万元。如果检察院抗诉了，那我们才是要正式上诉，二审辩护工作才要正式开展。如果不抗诉，律师仅仅操作上诉状的起草和提交，律师费收5万元就行了。如果检察院抗诉了，我们后续再收10万元，您看这样行吗？

家属：这样做更好了，是在为我们当事人着想。那么，我再问一下，您以前代理二审的成功率是多少？

律师：二审的成功率我也没仔细算过。就我而言，接了案子，就要全力去做，争取过程的完美化，做到没有遗憾，只要全力争取了，结果自然是最好的。

点评[①]

一审已经判决的案件，如果当事人家属找到律师来咨询是否上诉，这是一个新的接案接待，以下几点供大家把握：

---

① 主讲人：徐宗新。

第一，律师要按照首次接待的要求来操作，要解决三个“怎么样”的问题。

首先，它是一件什么事情？它是一件“一审法院采纳了律师的定性意见，但是量刑过重的案件，来探讨上诉利弊”的事情。

其次，那么会怎么样？定性被改，检察院可能会抗诉，抗诉可能会改变定性，到二审的时候可能又变成15年刑期甚至无期徒刑。如果不抗诉，被告人上诉，可能作减轻刑期甚至缓刑。如果抗诉、上诉都不成立，那就是维持原判。所以这个案子，有重的可能，轻的可能，也有维持原判的可能。

最后，那么要怎么样？法律服务方案的出具，可以有以下几套方案：一是当事人直接上诉；二是等检察院抗诉以后当事人再上诉；三是检察院不抗诉当事人也不上诉；四是当事人到最后一天先上诉一下，如果检察院不抗诉当事人再撤诉；五是不管检察院抗诉不抗诉，当事人都要上诉。这5套可供我们选择的方案，就是我们“要怎么样”。

第二，律师要通过认真听、适时问、着重记、全面说，作为进行接待的具体技巧。这个环节的“问”，我要特别强调一下，要问家属对这个判决有什么意见，觉得判得怎么样？家属有的可能会说“我觉得判得其实还可以，但是我主要担心检察院抗诉，所以来研究一下我们怎么办，是否要上诉抗衡一下”；有的家属可能会说“我们觉得太重，所以一定要上诉，原来律师叫我们换一个律师，所以我们来找律师了”。不同的家属会有不同的意见。一定要问他们的意见，而不是律师仅从法律上分析，只顾提自己的意见。如果律师的意见和家属的意见相差太大，是没有办法合作的。

另外，还要问一下家属的诉求。有些家属可能会说“我就是想检察院已经抗诉了，我就要找一个律师帮我抵挡，只要维持原判就行了”；有些家属可能会说“我们一定要上诉，太冤了，怎么能判6年，一辈子都完了，我们要求判缓刑的”。还有些家属是找关系的，也有些家属是找专家的。如果家属的要求律师不可能满足，双方也就没有合作的前提。

第三，提出辩护方案。律师可以提出上述5种方案，供家属来选择，结合家属的诉求看需要哪一种。既然是二审，与一审是不同的律师，肯定要围绕一个“新”字做文章。一是有没有新的判例？原来一审的时候提了一些判例，那是否还有更多的判例？最好是本地的、本省的、最高人民法院公报的。二是有没有新的证据？比如，律师自己去做一个侦查实验，在同样时间，同样地点，同样的衣着，再做一个。如果确认“驾驶员在正常驾驶时真的看不到有人在拉左侧车门把手跟着车跑”，那就可以以此为依据申请重新侦查实验，确实可以提出无罪辩护的观点。三是有没有新的诉求？是不是二审要重点打无罪？或是走辩诉交易维持原判就行？总而言之，二审律师在接待时，一定要向家属提出新的方案、新的思路、新的做法。只有制定不一样的方案，才能体现二审律师的独特价值，当事人才会觉得有必要委托新的律师。

第四，不能诋毁一审的律师。不管一审的律师怎么辩护，辩护意见有没有被法院采纳，当事人对一审的律师意见有多大，作为新阶段的律师都不能去诋毁。家属说“我一审那个律师怎么怎么样”，我们这边不能附和，也不能撺掇当事人去投诉前面的律师，这些都是不对的。我们应该认识到，案件在不同的阶段有不同的问题，家属有不同的目标，律师也有不同的做法。所以，家属所描述的其他律师的做法，我们尽量作善意的解读，针对问题，我们只提出自己的看法和方案。对于其他的律师，我们都要维护，每个律师、每个人都有不同的思路和方案，有不同的角度，我们都要理解和尊重。

第五，不得诋毁司法机关。不管司法机关怎么判，律师也不能说司法机关、司法工作人员的坏话，既没有意义，也没有必要。律师只讲要怎么做，争取二审的公正判决。

第十六节　二审辩护意见与方案的探讨

实战演练[①]

律师：这个案子，市检察院提出抗诉后，省检察院也支持抗诉，案件已经到省高院了。上周，我们把手续交到高院，把案卷复印下来，全部看完了，有

① 演练人：杨汇扮演家属，伍炫蓉扮演律师。

些初步的意见与家属沟通一下，商量一下律师具体提出什么意见，探讨一下下一步开展什么工作。先问一下你们有什么诉求？是要求无罪，还是罪轻？

家属：我们上诉，最后有个结果，哪怕改判一年两年，我们也不白做这一场，是不是？

律师：如果是维持原判，这个结果你们能不能接受？

家属：检察院抗诉的话，我们的目标就是维持原判，在此基础上能减则减。今天我们一起来选定一个方案，我回去好跟我父母交代。

律师：看了案卷，我们跟检察官和法官也都进行了初步的交流，也去会见了赵虎，听了他的基本意见。我们提出来4种方案，现在我们讨论一下。

第一种方案，我们只作过失致人死亡罪辩护，提出量刑过重，要求减轻判缓。一审律师提的意见中对于过失这一块的辩护也比较充分。律师还要做的工作是，看有没有最高院指导案例或者一些学者的观点，或者是滨海市的判例，有没有更新，有没有比这个案子情节更重的，也定过失致人死亡罪甚至判得更轻的。如果有，提供给法院。第二种方案，就是直接提无罪。我看到案卷里的侦查实验确实不是在同样时间、同样地点、同样衣着的情况下做的，我们之前也去做了个侦查实验，到现场去，若正常驾驶，是看不到左边有人拉着车把手的。结合拉车把手是超出常人预料之举这一常理，提出无法预见的观点。第三种方案，是协调的方案，在前面意见的基础上，跟省检察院协商，如果双方能够各退一步，同时撤回抗诉、上诉，做到案结事了就好了。第四种方案，争取一线希望，不作协商，硬碰硬开庭，全力作无罪辩护及量刑应减轻的辩护。

家属：有没有第五种方案，就是检察院撤回抗诉，我们上诉我们的，这样我们的改判概率就大多了，也没有什么阻碍了。

律师：也是。那我们就不以撤回上诉为条件，就只说抗诉不能成立，除非能给赵虎出具判缓意见，我们才同意撤回上诉。

家属：是的。先说服省检察院不支持抗诉，如果不行，就以同时撤回上诉作为条件，如果检察院不答应，就只有采取第四种方案了。

律师：您总结得很好。

家属：我们家属要做什么呢？

律师：家属还是要定期与被害方联系，对他们表示关切，如果能让他们再给赵虎写封求情信就更好了。家属也可以把想法写出来，寄信给承办检察官和承办法官。赵虎的任务就是应对好检察官和法官的提审。如果开庭，我们要去给他作庭前辅导。他的任务就是面对提问，作出准确的回答。

点评[①]

在二审阶段，律师阅完卷后要跟家属商量辩护方案，有这 4 点供大家把握：

第一，在当事人咨询时，律师对信息了解得还不全面，没有阅到卷，只能讲一些宏观的方案。在二审阅卷后，律师对材料掌握得更全面了，有了更深入的思考，这个时候就要结合自己的初步观点，与家属进行洽谈，商量一下接下来的辩护方案。律师要与家属商量好法律服务方案后再去开展工作，这也是律师办理刑事案件规范所要求的。不能律师想怎么辩就怎么辩。

第二，辩护方案一定要全面。每个阶段律师都要想尽办法看有没有更好的方案，二审阶段也是如此。如前述提到的方案，不仅有无罪辩，还有有罪辩、辩诉交易辩、“骑墙辩”、分步骤递进式的辩等辩护方案。在实战演练中，律师提到有 4 种方案，家属还提出了一种，总共 5 种。方案全面了，当事人才可能选择，还可以几个方案进行组合，这样才有利于当事人最大利益的维护。

第三，辩护方案要兼顾各方诉求。辩护方案不是绝对的，也不仅仅考虑专业，还要考虑当事人、家属的诉求。有些方案，家属不同意，就不能落实；有些方案，家属有建设性意见，还得修改；有些方案，专业上不可行，也无法施行。所以，方案一定是兼顾各方利益，经过大家讨论后才决定下来的。

第四，律师建议的方案永远要成为一个最理想的方案。在实战演练中，律师讲了方案后，家属也提出了自己的想法。如何兼顾各方诉求？律师要尽量平衡各方需求，研究出最理想的方案。虽然双方同时撤回抗诉、上诉已经很好了，但是只撤回抗诉，保留上诉，岂不是更好？人的思维无限，完美的方案也是无限的。所以要开动脑筋，不断挖掘。

---

① 主讲人：徐宗新。

第十七节　二审裁判前的家属接待

实战演练[①]

律师：赵总，我们跟二审法官沟通了一下，近期裁判会下来。这结果之前跟您分析过了，因为有抗诉的原因存在，我们现在也不确定法官是会维持、加重还是减轻。如果是维持原判发的就是裁定书；如果改判就是下判决书。另外，关于判决书的送达，我特意要告知您，虽然我们跟法官沟通过了，到时候判决有结果，法院应该告诉律师，但是按平时的流程，高院是委托原审法院告知律师二审结果的。一般来说，原审法院要么电话通知律师一声，要么直接邮寄裁定书或者判决书。但是赵虎被羁押，他收到裁判文书可能会比我们早。因为法院有可能提前两头都通知了，送达给赵虎的同时也告诉律师结果。也可能先告诉赵虎，然后再把判决书邮寄给律师，那律师收到判决书的时间就比赵虎晚。你们要有心理准备，有可能赵虎人已经到监狱服刑了，监狱可能已经打电话给家属，让家属探监了，我这边还没有收到裁判结果。

家属：目前来说检察院是什么意见？

律师：检察院坚持认定还是故意杀人罪，我们认为还是过失。

家属：二审这么长时间为什么没结果？一审的时候时间长，他是好好考虑。二审这么长时间是不是想给我们往重了判？

律师：二审时间长短不一定，这个案子到现在也才几个月，还是在正常审限内的。二审的话一般情况下是两个月，延长的话可以再延两个月。考虑到检察院还有一个月到一个半月的看卷时间，这个时间不算在法院的审限里。

家属：要是结果不理想，能不能申诉？

律师：家属对不理想的定义是什么？

家属：改重了。

① 演练人：杨汇扮演家属，伍炫蓉扮演律师。

律师：改重了，如果是改成故意杀人罪了，想申诉也是可以的。如果是维持原判，我个人是觉得没必要申诉了。

家属：维持原判我们就先不去考虑，可能不申诉，这要看赵虎本人的意见。如果说判下来是比较重的，我们肯定要申诉。

律师：如果改判故意杀人罪，可能判处赵虎15年刑期或无期徒刑，比较重，那我们建议家属在外面以家属的名义替他申诉，不要让他在监狱里自己申诉，因为这样会影响他减刑。如果是维持原判，我不建议你们申诉，因为申诉启动率很低，时间也很漫长。

家属：你们能操作吗？减刑或者假释？

律师：根据减刑假释的规定，以他剩下的服刑时间来计算，他最多能够减几次，能报几次，我可以帮您了解一下。

家属：你们能否沟通一下，让他快点假释？

律师：我们能够帮您计算出来，他现在服刑剩余时间能报几次减刑。也不是谁都能报减刑，要看他在里面积分满多少。如果大家积分都一样的情况下，还要看服刑的表现。

家属：二审不确定什么时候出判决书或者裁定书吧？

律师：近期会出。但是因为是二审法院，是省高院委托原审法院送达的，送达程序没有硬性规定必须电话通知律师，等我们拿到判决书或者裁定书可能很晚了。每周我们都跟高院联系，高院确定已经委托原审法院了，我们就立马联系原审法院，尽量确保我们信息对称，第一时间知道他什么时候出结果，什么时候去监狱服刑。

点评[①]

第一，二审判决、裁定下来之前接待家属，最主要的就是告诉他二审判决、裁定快下来了，二审判决、裁定的特点、送达方式的特点。二审裁判有可能是委托送达，也可能直接到看守所送达，当事人会先知道，当事人知道以后会打电话给家属，书记员回到法院以后再邮寄给律师。我们律师知道裁判结果

① 主讲人：徐宗新。

往往在后面，当然律师要给家属讲，有这种可能性，到时候谁先知道然后互相通知对方，避免家属对律师有意见。律师要主动先告诉家属，让家属知情，表示理解就可以了。

第二，律师告知家属判决、裁定下来可能会有什么样的结果，如果不服可以申诉，律师可以免费给他提供申诉状。如果认可，那么律师可以给他提供减刑、假释的一些咨询服务。

本章小结

对家属的接待有 17 个时间节点，这 17 个节点律师都必须进行接待，这就是辩护工作的标准化的要求。在标准化的要求下，特别是提出法律服务方案的时候，律师一定要按照精细化的要求：还有什么工作可以做？还有什么工作可以做得更好？律师要提出完美的法律服务方案，这是律师自始至终必须贯彻的原则。

关于家属的接待，我总结以下 5 点。

第一，时间节点要接待。到了这些时间节点律师一定要接待家属，不接待就会产生质量问题，这就是标准化。达到了就达标，就及格，但是律师要达到优秀的话还要动些脑筋。

第二，服务方案要商讨。律师的服务方案一定要跟家属商讨，不能律师自己想怎么干就怎么干，一定要有这个意识。所以一到新的阶段，一碰到新的情况，律师要去提意见，一定要跟家属商量。家属有什么意见和诉求，律师要结合服务方案进行商讨。

第三，双方信息要同步。家属的信息可以全部告诉律师，包括他的诉求，不管是合法的，还是非法的，他所有的想法都要告诉律师，给律师提供参考。在不妨碍诉讼，不会导致伪证、串供和毁灭证据的情况下，律师应当告诉家属一些信息，让他了解、知道律师的工作，提出自己的想法和思路，以便于律师组建更好的方案。

第四，家属作用要发挥。不是说委托了律师就是律师去做，律师之所以要跟家属进行沟通，一方面是为了保持信息的畅通和同步，另一方面也希望家属参与其中，成为辩护工作的一分子，要发挥家属的作用。例如，律师不方便与被害方沟通，只有家属去沟通。又如，家属方面有一些特殊的情况，可以写信给办案单位，那是最佳、最合适的。因此要充分发挥家属的作用。

第五，职业风险要防范。比如，案件信息的同步、证据的讲解，对于一些工作的安排等要防止泄露国家秘密，防止泄露个人隐私、商业秘密，要防止家属有时候一厢情愿、自作聪明地去伪造、毁灭证据，从而影响律师对案件的办理。

PART 2

第二章

刑事辩护会见技能

按照刑事辩护标准化的要求，辩护律师会见犯罪嫌疑人、被告人工作可分为21次。每一次会见都有不同的任务。

第一节 首次会见传统“四步法”

实战演练[①]

辩护人：我是上海靖予霖律师事务所的陈律师，是您父亲替您委托的辩护人，您这边是否确认我作为您的律师为您进行辩护，如果确认，请您在委托书上签字。

犯罪嫌疑人：我才刚刚见到你，我现在不能确定是否要委托你，我不知道你能不能真的帮到我，所以我现在没有办法签。

辩护人：如果您不确认，我没有办法开展工作。

犯罪嫌疑人：可是你不工作，我怎么知道你是不是我需要的律师？

辩护人：好吧，那我们先根据您的案情进行分析，然后您再确认是否满意我的工作，或者是否需要更换律师？

犯罪嫌疑人：好的，陈律师。你好像还蛮年轻的，你办过和我这个案件类似的案件吗？

辩护人：像您这类的案件我们也有办理，因为我们律师事务所是专门做刑事辩护的，办理过大量疑难复杂案件。您放心，我们会为您提供专业的法律服务。

犯罪嫌疑人：好的，陈律师，既然你是我爸请来的，我就坦白地对你说。当天，我开车带着我女朋友，想要和朋友去酒吧玩，但在开车的时候我不小心碰到了路边的羊肉串摊，然后男摊主和女摊主还有他们的朋友就全部都围上来。我和我女朋友商量说我们赔100元，但摊主不肯，一定要我下车。因为摊子上面有刀，并且他们的人又全部都围过来，我很害怕，也担心他们讹我钱，就不想下车。于是，我就赶紧开车跑了。但是我没有想到前面是条死路，必须要调头，当我调头再到他们摊子前的时候又被他们围住了。

① 演练人：陈沛文扮演辩护人，翁叶榕扮演犯罪嫌疑人。

这次更过分，那个女摊主直接站在我车的右前方，把我车的后视镜掰坏了，男摊主就在我车窗边上不停地拍打车玻璃、拉车的门把手，还有他的很多朋友全部都围在边上。我当时很生气。陈律师，我对你说实话，我是没有驾驶证的，我当时怕这个事情闹大，警察来了，我就完蛋了。所以我开车硬冲，想把站在我车右前方的女摊主冲开、顶开，顶开后我就想加油门走了，但是男摊主还在拉着车的门把手并且不停拍窗户，我想要把他甩掉，所以我就把车子往左边打方向往前开，把他甩掉后我就继续加油往前开。后来，我从后视镜中看到这个男摊主倒在地上没有动，我心里想"终于甩开他了"，就赶紧开走了。结果晚上警察就把我给抓了，说男摊主死了，整件事情就是这样。

辩护人：您在开车离开时有无注意到男摊主在您的左侧?

犯罪嫌疑人：那肯定有的，因为他拉我车门会有"梆梆梆"的声音，还一直在拍我窗户，所以我是有看到他的，也想着要把他甩掉。

辩护人：您现在涉嫌的罪名是故意伤害罪，就故意伤害罪来讲，您主观上需要有伤害他的故意，客观上实施了伤害他的行为。因为男摊主死亡了，有可能会作为故意伤害致人死亡来认定。

当然不排除这个案件如果后期经过侦查，认为您当时看到了男摊主，或者意识到男摊主一直跟随着车辆，然后被车带倒，这个罪名有可能还会变成故意杀人罪。虽然法律上可能会认为您的心态不是一个直接的故意，但可能是一种放任的故意，在法律上这也叫作间接故意。当然如果在这个过程之中，您没有意识到或者因为其他的原因，而没有注意到这个男摊主一直跟随着您的车辆，您只是实施了一个驾车离开的行为，因为主观上缺乏故意，可能会按照意外事件或者是过失致人死亡来追究责任。

犯罪嫌疑人：意外事件是不是不用坐牢?

辩护人：意外事件是不用坐牢的。

犯罪嫌疑人：那……实际当时我没有看到他在我旁边，因为当时我在开车，我眼睛肯定在看前方，左右两边我肯定是没看见的。

辩护人：这和您刚才讲的不是很一致，您在笔录中是如何陈述的?

犯罪嫌疑人：我在拘留所中做了三次笔录，在看守所里又做了一次笔录。

我有说看见的，也有说没看见的。

辩护人：那您实际上是看见了还是没有看见？您为什么会在笔录之中有两种不同的说法？

犯罪嫌疑人：我听了你的分析之后，我觉得我是没有看见的。

当时有的笔录上我说我看见了男摊主，是因为公安办案人员对我说，让我把事情全部都讲出来，他会想办法把我罪责减轻一点的，所以我就说我认罪。但是我刚刚听完你的分析，我知道意外事件是不用坐牢的，所以我觉得我应该是没有看见男摊主的。

辩护人：对于有没有看见男摊主这个问题，您要结合当时的客观情况和真实情况如实陈述，不能因为律师的辅导而做出不真实的陈述，一定要实事求是。并且即使您真的没有看见，您只说您没有看见也是不行的，您要讲的是您没有看见的理由和原因，这样才能让司法机关更加相信您说的话。

犯罪嫌疑人：那我就是没有看见男摊主。其他的理由或者证据我得想想。当时我女朋友和我一起在车上，她叫小郑，公安是不是也会找她做笔录？她不懂法律，肯定也不知道怎么说才是对的，我怕她把实际情况说出来了，因为当时我在车上还和她说“那个男的都不动了”，我怕她把这个情况说出来了。麻烦你也给她做做法律辅导。

辩护人：您的女朋友小郑在这个案件中可能是作为证人出现的，按照法律规定，在侦查阶段律师是不能够接触证人的，但是我相信她对这个事情应该会作出客观陈述。

犯罪嫌疑人：那可怎么办呀！你有没有和我爸爸说过这个事情，我爸爸会和她联系的，中间可以让我爸爸转达，你就不用和她接触，这样可以吗？

辩护人：我们会和您父亲沟通案件情况，但是我们不能要求他去和您的女朋友联系，因为这个节点非常敏感，而且这一行为还可能会涉嫌妨害作证罪，不只是您，您父亲也可能会涉嫌相应的犯罪。

犯罪嫌疑人：不会的，我爸爸做事情很谨慎。而且陈律师你刚刚说了，如果我说我看到了那个男摊主，我女朋友也说我看到了那个男摊主，那我最后可能就构成故意伤害致人死亡或者故意杀人了，那我这一辈子不就完了吗？但是如果我没看到男摊主，这就是意外事件，我是不用坐牢的。这个法律问题太重要了，我们都不懂，你一定要跟他们分析到位。

辩护人：您要相信司法机关会进行客观调查。调查的关键在于如果您辩解您没有看见，那您当时处于一个什么样的状态；如果您没有看见，您的注意力集中在哪里？存不存在看见他的可能？

犯罪嫌疑人：开车就是眼睛看前面啊。对了，我车上有一个行车记录仪，它可能有记录声音，你帮我处理一下。

辩护人：第一，目前车辆应该已经被公安机关扣押；第二，对于相关涉案的证据，律师是不能够伪造、隐匿、毁灭的，不然，您和我都会有风险。行车记录仪记录的声音可能会作为证据，请您回忆当时你说过什么内容。

犯罪嫌疑人：我对我女朋友说那个男的不动了，应该是死了。

辩护人：你在行车记录仪中有讲过？

犯罪嫌疑人：我在车上的时候对我女朋友说了这个事情。

辩护人：这可能会比较麻烦，如果您能够看到或者是已经注意到当时有人死亡，或者是不动了，那您就有涉嫌故意杀人罪的风险。

犯罪嫌疑人：所以我才说你们律师要给我们当事人做法律辅导，而且一定要做好。我现在已经明白了，我要不要坐牢的关键就在于我有没有看到男摊主，我觉得我没有看到，当时我可能在做梦或者在做其他的事情，反正我就是没看到。你懂我意思吗？

辩护人：您真的没看到吗？您前面的笔录已经存在了两种不同的说法，您要作进一步的辩解，比如，如果您没看到，您当时的目光是在注意哪个方向？对于您是否能看到男摊主的这个问题，我们会和司法机关沟通，也会结合相应的证据情况、您的辩解和其他一些现场勘验情况来综合分析。

犯罪嫌疑人：陈律师，你一定要跟他们讲明白，我真的是没看到这个男摊主。

辩护人：我们会结合这个情况来处理的，您需要的就是对您的笔录做一个如实且有利的陈述就可以了。

犯罪嫌疑人：我没有驾驶证，车也是我女朋友帮我套牌的，这个事情我在笔录中是不是不能说？

辩护人：如果公安机关主动问起，您还是要如实陈述的，因为这些事实很容易查明。如果您对于这些很容易查明的事实都予以否认，会严重地影响司法机关对您个人诚实度的判断，反而会对您造成不利的后果。

犯罪嫌疑人：之后公安来问话的话，我就跟他们说我就是没看见那个男摊主。另外车套牌还有驾驶证的事情，他们如果问我，我就老实讲，是不是如此？

辩护人：您结合当时的客观情况如实陈述即可，但是要准确陈述您当时的主观心态和您没有看见男摊主的这个案件事实。您还有什么要和我交代的，或者是需要我和家属沟通传达的？

犯罪嫌疑人：我听室友说，大学生在量刑上面会有减轻。我现在是休学在家的，请你帮我对我爸妈讲，让他们去学校把我学籍续上去，保住我大学生的身份，这样才能有减轻的机会。

辩护人：大学生身份确实是一个可以酌情从宽的理由，您目前休学的状态也不影响大学生身份的认定，因为休学跟退学也是不同的，该问题我们在后期提出辩护意见的时候会考虑的。

点评[①]

首次会见“四步法”。分为以下四步：

第一步，确认委托。告知家属已委托律师，让当事人确认委托。当事人可能会提出异议，可能会不签。如果当事人真的不签字确认，律师是否马上扭头离开？不现实。所以第一步，在告知委托时并不要求当事人立即在委托书上签字确认。

第二步，了解案情。一般来说，律师在接受委托后，到看守所会见时最想了解的就是案情，家属最想了解的也是案情。所以一般情况下，律师介绍完委托情况后，就会很着急地问当事人具体案情到底是什么样的。在实战演练中可以看到，犯罪嫌疑人把整个案件的经过告诉了律师，说实际上自己是有意给对

① 主讲人：徐宗新。

方造成伤害。在实践中，犯罪嫌疑人甚至会告诉律师自己有罪、重罪、余罪的所有真相。这些问题一旦提出，对律师而言，是非常棘手难办的。实战演练中的案例的情境是我们为了凸显问题而故意设计的，虽然有些夸张，但实践中却并不鲜见。

我了解到一个故意杀人案，律师会见当事人，马上问当事人，到底是什么情况，有没有杀人？犯罪嫌疑人一看亲属委托的律师来了，就说人确实是他杀的，凶器还藏在某个角落。他就问律师该如何处理？律师说，你认罪态度不是挺好的吗，他们怎么说你认罪态度不好呢？当事人回答说，我还没交代，我看到你这个律师就像见到亲人，所以我先告诉你。这位律师立刻傻眼了，不知如何是好。结果律师上午会见完，下午公安就来提审，提审时对犯罪嫌疑犯说，你怎么还不交代，你都跟你律师说了，我们都知道了，你还不老实交代？你看我们把你藏起来的凶器都带来了。犯罪嫌疑人一看铁证如山，就交代了。后来案犯被执行了死刑。家属对律师很有意见，律师也觉得十分内疚，总感觉是自己害死了当事人。

所以律师在会见过程中必须反复考虑：律师的工作是否会给当事人带来风险？律师的会见是否会对当事人产生不利？犯罪嫌疑人的犯罪行为应该受法律惩处是毫无疑问的，但是他要依法受到法律惩处，而且他还有依法受到法律保护的权利，绝不能因为律师考虑不周，而让当事人处于不利的境况。

第三步，针对性法律咨询。在实践中，律师在会见时即进行针对性法律咨询是存在很大的风险的。以前述实战演练为例，犯罪嫌疑人接受律师咨询后改变口供，会有什么后果呢？《刑法》第306条规定了辩护人妨害作证罪，犯罪嫌疑人的供述也是证据。律师针对犯罪嫌疑人供述的内容，提出轻罪思路，而犯罪嫌疑人马上按照轻罪思路来陈述，最后改变原来重罪供述的内容，这是诱使犯罪嫌疑人翻供，妨碍诉讼。这时律师就产生了执业风险，所以针对性的法律咨询风险非常大。

但是，如果律师什么都不说，只让当事人实事求是地说，既不能体现律师的专业性，也不利于维护当事人的合法权益。

因此，针对性的法律咨询使律师陷入两难境地，把法律说得太详细了，当事人翻供，会被怀疑唆使当事人翻供从而被认定为妨害诉讼；但如果任由当事人自己供述，不作辅导，律师又会被认为没有起到任何作用。

第四步，家事传达。家事传达一般来讲不会产生什么问题，但是要防止串供，作伪证、毁灭证据，特别是经济犯罪案件，要防止当事人家属私下处理财产，这也存在较大的风险。

这就是首次会见传统“四步法”，前述实战演练中的陈律师看上去经验还是比较丰富的，乍一看，看不出什么问题来，但结合上述分析，再仔细去回味一下，是不是就会发现这里面存在一些问题？是不是法律咨询没到位？是不是给当事人带来了风险，也给律师埋下了风险？

第二节　首次会见“七步法”

实战演练①

辩护人：我是上海靖予霖律师事务所的陈律师，受您父亲的委托，作为您的辩护人。今天来会见您，为您提供相应的法律帮助和辩护工作。我们今天到看守所会见您，是作为辩护人的一项专业工作，我们所对首次会见的要求是按照“七步法”来进行，您听我们律师的安排来回答问题好吗？

犯罪嫌疑人：好的。

辩护人：第一步是告知委托。刚才告知您委托情况，您确认一下，委托书上是否是您父亲的签字？

犯罪嫌疑人：是的。

辩护人：您先看我给您提供的法律咨询是否专业，等到最后，如果您确认我的咨询专业，就在委托书上签字，如果对我不满意，可以不在委托书上签字，我出去后就跟您父亲解除委托，让他另外给您找律师。

犯罪嫌疑人：好的。

辩护人：第二步是告知监听风险。根据法律的规定，律师和犯罪嫌疑人之

① 演练人：陈沛文扮演辩护人，翁叶榕扮演犯罪嫌疑人。

间的会见是不受监听的，但这里是看守所，不排除有被监听的风险。所以我要求您稍后向我陈述的时候，一定要想清楚了再说。

犯罪嫌疑人：好的，我明白了。

辩护人：第三步是法律咨询。这一环节我们会先对您进行全面的法律咨询。

我先给您讲一讲您可能涉及的罪名。您现在涉嫌的罪名是故意伤害（致人死亡）罪，意思是您对造成的伤害是故意的，但对死亡结果是过失的，反对的。如果行为人对死亡结果是同意的，不反对的，那就是故意杀人。故意杀人分为直接故意杀人和间接故意杀人。直接故意杀人就是行为人积极追求被害人的死亡，这个罪行重，惩罚也重，一般会被判死刑。间接故意杀人就是行为人对他人的死亡结果听之任之，不追求，也不反对。

还有过失致人死亡罪，如果对自己的行为可能造成他人死亡应当预见但因为疏忽大意没有预见而造成他人死亡的，或是已经预见但轻信可以避免，是反对死亡结果发生的，那就是过失致人死亡罪，在有期徒刑3~7年之间量刑。

如果被害人死亡这一结果对您来说是无法预见、无法控制的，那就是意外事件，不承担刑事责任。

犯罪嫌疑人：我听懂了你的意思：如果我故意开车去撞他，那我就是故意杀人；如果我是你说的“应当预见”而没有预见，我就是过失致人死亡；如果我想要开车离开，想到可能会伤害他人，那我是故意伤害；如果我看不见他人，那就是意外事件。那什么叫作“应当预见”？

辩护人：您前面的理解是对的。所谓“应当预见”，在本案中就是“在驾驶时应当看见或能预计到有危及他人生命危险的情况”。根据一般正常人的驾驶状态，在处于当时的环境之下，能不能意识到或者是看见车辆与摊主相关的情形，除了结合您自己的供述与辩解之外，还需要结合其他的客观证据和当时在场证人的证言来综合判定。具体如何，后面我们会跟您分析。现在进行第四步，了解笔录。需要您向我介绍当时的情况，您只要告诉我，您在公安机关到目前为止做了几次笔录，这个笔录的内容他们是如何问的？您是如何说的？将笔录的内容先告诉我，不要自己增加其他的内容，好吗？

犯罪嫌疑人：好的。我一共做了4次笔录，有3次是在拘留所做的，有1

次是在看守所做的，详细的内容我记不太清了。

第一次、第二次在拘留所作的笔录就是公安办案人员问了我这个事情的过程。我说我是开车不小心碰到了羊肉串摊，摊主就把我围起来，一定要我下车，看起来有点像讹我钱的样子。然后那个女摊主还把我车后视镜给掰掉了，我觉得这就是一种“碰瓷”行为，所以我就不敢下车。并且，他们摊子上还有刀，旁边还有很多他们的朋友围着，我就更不敢下车了，我就趁他们不注意赶紧把车开走了。他们还在后面拿石头砸我的车。之后，我凌晨从酒吧里出来的时候，公安就过来找我了，说那个男摊主死了，说是我开车的时候撞的，就把我抓进来了。

后来我在拘留所做的最后一次笔录，是公安办案人员跟说这个事情是故意杀人，但如果我认罪的话，就可以轻判。当天问话持续了挺长时间，公安办案人员一直缠着我，意思是如果我不承认的话，就不放我回去睡觉，后来我实在没办法了，想着如果他真的能帮我操作轻判一点也好。因为我真的太想回去了，我已经很久没有见到我父母了，所以我就说我认罪。

我认完罪就被送到看守所，他们又过来给我做了一次笔录，我想我认罪了就是故意杀人，是不符合事实的，而且是重罪，要判重刑，我就更看不到我父母了，所以我又做了一次笔录，笔录内容跟第一次差不多，我又详细地讲了一遍，说实际上我是真的是没有看到男摊主，只是听到我车屁股后面有“嘣”的一声，但我觉得可能是他们拿石头砸我。当时公安办案人员也给我做了很久的思想工作，问我为什么这次又不认罪了，为什么做的笔录和上次的笔录不一样？我也和他们讲了原因，但笔录上没有记。

辩护人：按照您刚才的讲法，您在做认罪笔录的时候，您是真的想要认罪，还是因为您刚才讲的这些原因而迫于无奈认罪的？

犯罪嫌疑人：当时我就是想要赶紧出去。公安办案人员对我说，如果我不认罪的话，就要把我的事情重判。但如果我认罪，他会帮我把东西全部都弄好，在我被拘留所拘留结束后，整件事情就结束了，所以我才说我认罪。

辩护人：根据法律规定，在讯问过程之中，如果公安机关存在刑讯逼供、威胁、引诱、欺骗的情形，取得的证据属于非法证据，依法应当予以排除。像您刚才讲的情形，如果公安机关以将您尽快放出去为由来劝您或者是逼您认罪，在这种情况下您作出的笔录，是不合法的，也是不真实的，我们必须要提出非法证据排除。

犯罪嫌疑人：是的，我当时相信公安办案人员说的，以为我很快能出去，所以我才去做了认罪的笔录，但我后来发现他们是骗我的，把我骗到看守所来了，所以我就把事情又重新给他们讲清楚。

辩护人：所以对于该问题您要注意，您未来所做的任何一份笔录，您一定要看清楚是怎么记的，您的供述也要结合客观的事实情况如实地陈述，不能因为其他一些原因而受影响，否则就不仅是对您自己不负责任，对整个案件的办理都会有不利的影响。

犯罪嫌疑人：我这个事情实际就是被他们给“碰瓷”了，一看那帮人就是想讹我钱，结果“碰瓷”没碰好，倒在地上摔死了，凭什么要定我的罪？

辩护人：是否“碰瓷”您先不要去猜测，这要看以后调查的证据。您要注意，第一，以后作笔录一定要注意如实陈述，让他们如实记录，不要受其他因素的影响；第二，就是针对您现在已经做出的这份不利的笔录，您要详细提出为什么不实的理由，千万不能又随意地认罪。

犯罪嫌疑人：明白。

辩护人：如果后面的公安侦查人员不愿意给您如实记录的话，在检察官提审您的时候，您一定要把当时您做笔录不是自愿认罪的，受到其他因素影响的情况如实讲出来，作为我们未来为您提出非法证据排除的重要依据。

犯罪嫌疑人：好，我一定会好好讲的。

辩护人：第五步是提出辩解，这一步是问您有没有什么要辩解的地方？

犯罪嫌疑人：什么叫辩解？

辩护人：辩解就是您认为有什么从轻或无罪的意见和理由。

犯罪嫌疑人：有的。一是拘留所的最后一次笔录是不对的，当时他不让我睡觉还骗我认罪了就可以出去；二是我是大学生，年纪轻不懂事；三是我不知道被害人是怎么死的，我怀疑是他自己摔倒的。我为了防止他们伤害我而开车离开，也是属于正当防卫的行为，怎么会把我抓到这里来，我想不明白这件事情。

辩护人：您的辩解我听明白了。接下来进行第六步，即我向您提出律师的法律服务方案。这一步主要是提出律师认为应该怎么为您辩护。

犯罪嫌疑人：这是我最关心的问题，有没有马上出去的方案？

辩护人：马上出去的方案是劫狱，但这显然是违法犯罪，是不可行的。您不要着急，辩护是个严肃的专业活动，希望您能理性面对。

犯罪嫌疑人：好的。

辩护人：我讲这么几个观点，您仔细地听。

关于这个案件的定性，有以下几种可能。第一种是直接故意杀人，如果您明知自己的行为会给他人造成生命危险，还坚持危害行为，追求他人死亡结果的发生，最终造成他人死亡，构成（直接）故意杀人罪，一般要判死刑立即执行。第二种是间接故意杀人，如果您明知自己的行为会给他人造成生命危险，还坚持危害行为，对他人的死亡不管不顾，造成他人死亡，那么就构成（间接）故意杀人罪，一般量刑是死刑缓期执行或无期徒刑，严重的也有死刑立即执行。第三种是故意伤害致人死亡，如果您知道自己的行为会对他人造成人身伤害，还坚持伤害行为，但您对他人死亡的结果是不支持的，是反对的，您对他人死亡的这一后果在心态上属于过失，那就认定为故意伤害致人死亡，量刑是10年以上有期徒刑、无期徒刑、死刑。第四种是如果您认识到自己的行为可能造成他人的生命危险，但是认为自己技术高超可以避免死亡，从而坚持危害行为，造成他人死亡的，是过失致人死亡。第五种是正常情况下您应当认识到自己行为可能危及他人生命，但是因为疏忽大意而没有预见，也就是我们平时说的一不小心造成他人的死亡，这个也是过失致人死亡。过失致人死亡罪，量刑是情节较轻的3年以下，情节严重的3年至7年。第六种是意外事件，这是指您自己的驾驶行为是正常的，但是出现了您不能预见、不能控制的因素，导致他人死亡，危害及结果都在您的意志之外，那是不构成犯罪的。至于您刚才讲的正当防卫，是不能成立的。因为对方不存在对您实施不法侵害行为，您的开车行为也不是为了对抗对方的不法侵害。

犯罪嫌疑人：那我属于哪一种？

辩护人：根据您的笔录情况，您肯定没有直接杀害被害人的想法，不属于直接故意杀人。根据您拘留时最后一次笔录，您看到被害人手抓车把手上还继续开车最终造成被害人死亡，这是放任他人死亡，是间接故意杀人。但是根据您其他笔录及辩解，您当时根本没有看到被害人跟着车跑，那就是疏忽大意的过失，属于过失致人死亡。如果被害人抓着车把手跟着车跑这个情况，驾驶员正常驾驶时根本看不到，那么就是意外事件。

犯罪嫌疑人：明白。那我应该属于疏忽大意的过失致人死亡。也请你们去研究一下，被害人抓着车把手跟着车跑这个异常的动作，在正常驾驶的时候，驾驶员到底能不能看到。

辩护人：好的。我们自己先做个侦查实验。

我接下来要讲的是我们的辩护方案。辩护方案就是要怎么进行辩护。首先，确立一个辩护目标，结合本案的情况，我认为是将定性改变为过失致人死亡，对您适用缓刑，作为最高的辩护目标。当然，也必须在排除意外事件的前提下。这个您是否同意？

犯罪嫌疑人：同意。

辩护人：另外，您的任务是向司法工作人员准确地表达案件的事实，不能再稀里糊涂地违背您的真实意愿作出不实的供述。特别是对您在拘留所做的第三次笔录，您必须指出是不属实的，而且详细说明原因。对司法工作人员，态度要诚恳，就事论事，不要作无谓的争论，不管司法工作人员对您是什么态度，您都必须为自己讲的内容的真实性负责。如果有什么问题拿不定主意，您就说要咨询过律师后再回答。

您的家属也有任务。辩护是一项系统工程，必须有律师、当事人及家属的配合。您父母的任务就是，及时向被害方赔礼道歉，抓紧落实赔偿协商沟通工作，向公安机关表达他们的诉求，与律师配合好工作。

犯罪嫌疑人：现在赔偿对我是有利还是不利？

辩护人：首先要有个态度，不管您有没有责任，责任是大还是小，毕竟被害人的死亡由您引起，先道个歉，特别是您父母为您先道个歉，缓和一下双方的关系，为下一步工作铺垫基础，只有好处没有坏处。至于赔偿问题，如果明确是您的行为造成被害人死亡的，当然要赔偿，早点达成赔偿协议，拿到谅解书，对避免后续舆论发酵来说，是越早越好。但是为了防止被害方拿到赔偿后反悔，在赔偿协议条款上要有一些约束条款。如果对被害人死亡是否为您的行为造成的还存有疑问，本案可能存在其他死因的情况之下，那要谨慎赔偿，可以赔偿一部分表明态度，在确定死亡行为与危害行为的因果关系后再确定赔偿数额比较好。当然，也可以与被害方达成框架协议，视案件情况分期付款，先拿到谅解书提交到办案机关。这个我们会与您父母商量，稳妥并有利地去操办。

犯罪嫌疑人：好的，你们确实是专业的。

辩护人：接下来，就是我们律师的工作了。

律师的第一项工作，是定期来会见您，给您提供详细的法律咨询，向您了解案件情况，探讨交流辩护意见，及时了解您的诉求并提出解决方案。

律师的第二项工作，是接待好您的家属，经常性地见面，根据案件情况，及时商量工作方案，解答他们的疑问，发挥他们的作用，共同争取好的结果。

律师的第三项工作，是与办案单位沟通，了解案情，反映诉求，扩大共识，在准确适用法律的前提下充分保障您的合法权益。

律师的第四项工作，是根据案件情况，开展研究，收集资料，撰写取保候审申请书、羁押必要性审查申请书、辩护意见等书面意见并进行提交。

律师的第五项工作，是开展认罪认罚协商工作，即与公安机关、检察院、法院协商认罪认罚从宽量刑，提出您从轻处理的意见与理由，争取好的处理结果。

律师的第六项工作，是在开庭时的辩护，通过发问、质证、辩论，来查明案件事实，提出对您有利的辩护意见，争取好的结果。

这是律师的主要工作。

当前律师的主要工作，是给您及您的家属提供充分的法律咨询，与司法机关沟通您的行为定性是否为过失致人死亡罪这一轻罪，并确认是否可以取保候审。

犯罪嫌疑人：对，我现在最想的就是取保候审了。

辩护人：取保候审的第一个前提是定性改为过失致人死亡罪这一轻罪，第二个前提是与被害方达成赔偿协议，取得谅解书。第一个前提由律师结合案情，向检察院提出意见。第二个前提需要家属来努力，我们会做好法律辅导和把关工作。

犯罪嫌疑人：如果可以取保候审，我最快什么时候能出去？

辩护人：您目前的罪名是故意伤害致人死亡，是10年以上的刑期，按照法律规定，不符合取保候审条件。所以只有改为过失致人死亡罪，最高刑在10年以内，才有可能取保候审。根据司法实践，公安机关会把这个案件以故意伤害罪报捕，如果检察院改成了过失致人死亡罪，您父母又赔偿了被害方获得了谅解，那才可能取保候审。所以，从时间上看，您至少要关满30天，只有检察院改了定性而且您也获得谅解，检察院认为没有必要逮捕，才有可能取保候审。最慢就不好说了，拖个三四年才开庭，一直关在里面的也有。

犯罪嫌疑人：律师您一定要想办法，早点把我弄出去。

辩护人：在这一点上我们的目标当然是一致的。接下来我们进行会见的第七步，就是家事转达。您有没有什么话要对您父母说？

犯罪嫌疑人：有的。麻烦你帮我给他们讲，我对不起他们，没有尽孝，还给他们添了这么大的麻烦。另外，让他们给我存点钱然后再准备一套运动衣裤，不要有裤带子的那种。其他的就让他们放心吧。

辩护人：好的。您在里面与同监室的人讲话也要注意，里面什么人都有，不要吹牛，不要随便相信人，不要与他人发生纠纷。要尊重管教，遵守监规。有什么事，都记得先跟我们律师商量。我们会隔一两周就来见您一次的。

犯罪嫌疑人：我希望你们每天都来见我。

辩护人：我们在有必要的时候肯定会来，另外有时间的话，也尽量多来看看您。您看还有什么补充？

犯罪嫌疑人：对了，这是我写的一封信，帮我带给我母亲。

辩护人：看守所规定，律师不能在会见时传递物品，您可以告诉我什么事，我可以记下来转告。如果一定要传递，我们要征得看守所的同意。但如果是证据材料，我们可以直接拿走。您写的信是什么内容？

犯罪嫌疑人：就是家信，和案子没有关系的。

辩护人：好，我等会儿征求下管教民警的意见，他同意，我们就帮您带出去。

犯罪嫌疑人：太感谢了！

辩护人：那您看是否确认对我们的委托？如果确认了，您就在委托书上签字确认并捺手印。

犯罪嫌疑人：你们太专业了，我确认委托。

点评[①]

上述实战演练展现的是首次会见“七步法”：

第一步是告知委托。但是不急于让他在委托书上面签字，给当事人展示委托书上有他的近亲属的签名就可以了。

第二步是告知监听的风险。前面提到，为避免对当事人不利的情形，律师要告诉当事人监管场所有可能被监听。虽然法律规定律师会见不受监听，但是不等于这里没有监听，我们谨慎一点总是更好。因为第一次会见时律师对案件情况不了解，不知道这到底是什么类型的案件，敏感不敏感；犯罪嫌疑人是不是已经交代；如果犯罪嫌疑人还没交代，办案单位会不会利用律师的这一次会见来寻求突破口。首次会见我们不了解情况，所以我们要告诉当事人，虽然法律规定律师会见不受监听，但是我们不能保证这里没有监听，所以让当事人讲话注意一点。这个非常重要。当事人就会自己斟酌。这一步的目的是避免对当事人不利。

第三步是法律咨询。当事人涉嫌的罪名和大体的情况，律师事先是有一定了解的，法律咨询的范围可以事先确定。这个案件中，律师了解到罪名是故意伤害致人死亡，基本事实是当事人开车引起纠纷导致相对方的死亡，具体的细节律师不知道。针对这样一个情况，律师结合法律的规定和办案经验，要理出给当事人提供法律咨询的框架。这个框架的内容，包括实体和程序。实体包括可能的定性及构成要件，程序包括诉讼期限和当事人的诉讼权利。

经过前述对传统“四步法”和“七步法”的对比，可以注意到“四步法”

① 主讲人：徐宗新。

是先了解案情，然后再针对性的法律咨询。而“七步法”是先进行法律咨询，再了解案情。为什么要有这个区别呢？这个区别的目的就是防止针对性的法律咨询给律师带来风险。律师把法律咨询放在前面，提出存在直接故意杀人、间接故意杀人、故意伤害致人死亡、过失致人死亡、意外事件五种定性的可能性，有轻也有重，律师把涉及的所有罪名都给当事人先详细地讲一遍，讲到他明白为止。一定要讲到他明白到底这些定性的区别在哪里。

有人可能会说，这个不就是诱导吗？谁都想避免重罪，谁都想被判轻罪甚至无罪。把轻重罪名这样一摆，不就是诱导否认重罪而辩解轻罪或无罪吗？此言差矣！刑辩律师的咨询，是在不了解具体案情的情况之下，根据经验和法律规定作出的，就相当于我们把刑法书摘出几个罪名来给当事人进行解读，不能说学习刑法，知法懂法，就会避重就轻，就是唆使翻证。只有了解案情后再去作针对性的法律咨询，才存在唆使翻证的嫌疑，那就有违规的风险。所以律师必须把法律放在前面，哪怕做一点无用功，也要把法律咨询放到前面，这个很有必要。

法律咨询不仅要提前进行，还要全面，即不局限于涉嫌的罪名，必须要有前瞻性。以涉黑社会性质组织犯罪的案件为例，一开始或许只涉嫌敲诈勒索罪、强迫交易罪，律师为他进行法律咨询，难道只进行强迫交易罪、敲诈勒索罪的法律咨询吗？那是肯定不够的。律师给当事人咨询结束后，说不定过几天当事人因涉嫌黑社会性质组织犯罪，被异地羁押了，被限制会见了。到时候律师再想去给犯罪嫌疑人咨询黑社会性质组织犯罪的相关法律就来不及了。所以作为专业人士，律师要有一些预判，不管犯罪嫌疑人涉嫌哪一种罪，律师肯定要把可能涉及的类似的罪名包括重罪和轻罪，甚至无罪，都要先咨询到位。比如，涉嫌挪用公款罪，律师不仅要讲挪用公款罪，还要讲贪污罪、职务侵占罪、挪用资金罪、违反财经纪律行为，只要是这个罪名，律师肯定要延伸到其他类似的重罪和轻罪。至于无罪的情形，更是必须放在前面讲，前面讲就主动，后面讲就被动。

所以，第三步就是全面的法律咨询，针对犯罪嫌疑人涉嫌的罪名，类似行为的重罪、轻罪、可能涉嫌的其他的罪名或是无罪，律师都要全部给当事人咨询到位。还有程序法方面的法律咨询，包括刑拘多长时间，逮捕多长时间，审查起诉阶段、审判阶段法律规定多长时间，这个案件可能用多长时间，以及这个案件可能的结果都要告诉当事人。法律咨询必须放在前面，而且必须非常全面，要让当事人充分的理解，所以在进行法律咨询、解读法律的过程中，律师与犯罪嫌疑人是有交流的，要及时跟他确认：听懂没有？听明白没有？不明白，您可以问我们？必须等犯罪嫌疑人弄明白了，才能进行下一步。上一步没有弄明白，千万不能进行下一步。

第四步是了解案情（笔录）。这里的“案情”律师可以将其替换成“笔录内容”。也就是说律师了解的案情仅限于犯罪嫌疑人的笔录。为什么要这样？律师就要搞清楚，原来他有没有交代犯罪事实。如果没有交代，你让他把案件讲一遍是不合适的，会给他本人带来风险。如果他交代后案子马上就被公安侦破，当事人反过来怪律师，认为律师是侦查机关派来的。所以律师一定要了解犯罪嫌疑人原来的笔录是怎么做的。

这里有以下两种情况，第一种情况是犯罪嫌疑人承认其所作出的笔录上的供述都是属实的，承认自己的犯罪行为。如果确实是这种情况，律师就要重点考虑定性上的辩护，以及这个案件是不是走认罪认罚这个方向，争取从轻，快审快结。第二种情况是犯罪嫌疑人还没交代，律师的重点任务仍然回到对他涉嫌的罪名进行充分的法律咨询。这是为了让犯罪嫌疑人在侦查人员讯问时，能够在充分了解法律的前提下，作出准确的供述和辩解。

这里要注意，什么叫“充分了解法律的前提下，作出准确的供述和辩解”？实际上这句话是我多年来经验的总结。当事人经常会问律师，公安快要来提审了，检察院快要来提审了，明天要开庭了，律师我要怎么说？律师往往很为难，为了避免风险，很多律师会说实事求是说、实话实说。但实际这样还是有风险。我认为从律师的职业道德的角度来讲，律师要维护当事人合法权益，既包括实体权益，也包括程序权益。律师工作的宗旨，是不能因自己的行为让当事人遭受不利，这是律师的职业道德。我经常说一句话：当事人就算真的犯罪了，死在谁的手里，都不能死在律师的手里。所以律师时时刻刻要为当事人的权益去考虑，不能随便地对他说你实事求是讲就行，除非实事求是地说对他有利。如果实事求是地说可能对他不利，律师就不能这么讲。律师总是要指导犯罪嫌疑人，犯罪嫌疑人问律师到底应该怎么说时，我认为律师应该想到我刚才总结的这句话：在充分了解法律的前提下，作出准确的供述和辩解。

作出准确的供述和辩解的前提是"充分了解法律规定"，所以犯罪嫌疑人首先要了解法律，知道自己说出去的话的后果。所谓"准确"就是要得到客观证据的证明，或者符合常识常情常理，这需要犯罪嫌疑人自己判断，不是说随口就可以翻供，扯得无边无际，让人家觉得可笑，那也是做无用功。供述就是有罪的陈述，辩解就是无罪、罪轻的陈述。第四步的目的，是律师要了解犯罪嫌疑人笔录的内容。刚才提到过第一种情况是犯罪嫌疑人全部承认了，诚心诚意地承认犯罪；第二种情况是犯罪嫌疑人一点也不承认，那律师要加强法律的咨询，告诉当事人在今后的调查过程中，在充分了解法律的前提下，作出准确的供述和辩解。第三种情况是既有供述又有辩解，既有承认犯罪事实的，也有不承认犯罪事实的，既有承认重罪的，也有不承认重罪承认轻罪的。对于这些情况，律师了解清楚后就心中有数了。所以第四步就是通过了解犯罪嫌疑人的笔录的内容来了解案情。在这个过程中千万要注意，了解内容的范围不要超出笔录的范围，对于这一点，律师还是要时常提醒犯罪嫌疑人，一定要紧紧地围绕已经制作的笔录来讲，不要讲乱了。

第五步是当事人提出辩解。这一环节律师要问犯罪嫌疑人有什么辩解，而不是问他这个案情的经过到底是怎么样。辩护人不应该有的谈话方式是让犯罪嫌疑人如实地说出案情。这些并不是辩护人该讲的，因为这都是内含执业风险的。假如当事人如实陈述，他将重罪、罪重的情况都讲出来，这容易对当事人不利。当事人犯了罪该受处罚理所应当，但不应该因为律师的执业过错、执业疏忽而遭受处罚，所以律师要问当事人有什么辩解？因为律师的职责是维护当事人的合法权益，提出无罪和罪轻的材料和意见。所以律师问犯罪嫌疑人有什么辩解，关注有什么情况对犯罪嫌疑人有利即可，至于其他罪重之类的情况，律师不关心，犯罪嫌疑人也没必要跟辩护人讲。

这时也有两种情况，第一种情况是还有一些从轻的因素尚未得到司法机关足够重视。比如，分析主从犯的情况，如犯罪嫌疑人只是替别人打工的，这就对原来的笔录内容形成一些辩解。第二种情况就是有两种笔录的情况，犯罪嫌疑人一般会进行辩解：我做的所谓的罪重供述，不属实，但是我其他的笔录是属实的。为什么不属实？犯罪嫌疑人会陈述理由，是因为疲劳审讯、威胁、引诱、欺骗，最后违背了个人意愿。律师都知道刑事辩护针对的事实辩护都是围绕犯罪嫌疑人、被告人自己的辩解展开的，所以这个辩解是核心之核心，极为重要。律师在第一次会见中必须要精准地掌握。这个就是律师为什么要问犯罪嫌疑人有何辩解的原因。

第六步是律师提出法律服务方案并征得当事人同意。根据《中华全国律师协会律师办理刑事案件规范》，律师的法律服务方案应该征得当事人的同意。不是律师想怎么辩就怎么辩。例如，犯罪嫌疑人或者被告人想要律师来作无罪辩护，律师却独立地提出一个有罪辩护、罪轻辩护，无罪辩护是不能成立的。这行不行？这一点的关键是要征得当事人的同意，当事人同意律师作有罪辩护，律师才可以作有罪辩护。律师不得违背当事人的意愿作出对当事人不利的辩护，这也是《中华全国律师协会律师办理刑事案件规范》中规定的。所以律师的法律服务方案要根据律师办理刑事案件的规范来设计，跟当事人的意愿不能背道而驰，要面对面地征得当事人的同意。反过来说，律师不征得当事人的同意，按照律师的方案去辩护，当事人可以投诉律师。所以律师有义务告诉当事人法律服务方案的内容。在此之前，律师要和当事人进行商讨，也要和家属进行商量。当然协商的过程是以事实为基础，以已知的案情为基础，绝不是空中楼阁，辩护方案也不是律师单向的方案，而要征得当事人的同意，有一个互动的过程。

所以，律师提出所谓的法律服务方案就是这个案件律师要怎么辩护，每一个阶段的目标是什么，辩护的最高目标是什么，可以接受的目标是什么，最低的目标是什么，律师辩护过程中做什么工作，家属要做什么工作，犯罪嫌疑人、被告人要做什么工作。这就是法律服务方案。

以实战演练的这个案件为例，基于当事人的说法和笔录内容，再结合当事人的辩解，就形成了一个初步的方案。当事人的辩解实际上是他的注意力在右前方，没有去注意左边拉车把手的情况，特别是在开车加速的过程中，根本没有注意到左边存在有人拉车把手、跟着车跑的这种情况。所以按照他的辩解，他是疏忽大意的过失。第三次笔录是他在受到变相肉刑、疲劳审讯、威胁、引诱、欺骗的情况下，违背他的意愿做出来的。应该进行非法证据排除。确立这样一个辩护目标后，律师还要进一步指出，假设客观上侦查实验的结果显示，驾驶员在正常驾驶的时候，根本不可能看到左边有人拉车把手，那就是意外事件，也不排除这样的一个观点成立。律师要尽量避免故意伤害致人死亡和直接故意杀人、间接故意杀人几个重罪出现。因为在侦查阶段，如果罪名是故意伤害致人死亡一般量刑在10年以上，律师也要告诉当事人，这个案件现在是定故意伤害致人死亡，将来逮捕后有可能就变成故意杀人了，这都是完全有可能的。所以现阶段要树立避免重罪、争取轻罪的总体辩护目标。

辩护人要做什么呢？辩护人要会见当事人，提供法律咨询，跟公安机关沟通，把家属法律咨询也做到位，提出相关的定性意见，申请非法证据排除，申请侦查实验，对民事赔偿进行积极的指导，定期会见沟通内外的情况。

犯罪嫌疑人要做什么呢？犯罪嫌疑人要充分了解法律，掌握有关法律。因为这个案件涉及间接故意的认识因素和意志因素，所以有关的法理分析较为复杂。犯罪嫌疑人作为一个外行，对法律的理解未必能深入。所以律师要给犯罪嫌疑人反复讲解相关的法律问题，反复讲解就是让他深刻了解法律。律师的任务就是把法律告诉犯罪嫌疑人，让他听明白。而犯罪嫌疑人的任务是把这些法律要素变成他的生活语言，表达给警官、检察官。因为警官、检察官提审他，问他主观上是怎么想的？他不可能说“我是应当预见，因为疏忽大意而我没有预见”，犯罪嫌疑人不可能用这么专业的语言来回答。这么专业的回答相当于没讲。检察官会觉得这个犯罪嫌疑人太奇怪了，为了逃脱罪名而不择手段，直接说法言法语。这肯定不行，这种法律语言对于检察官来讲毫无效果，他需要犯罪嫌疑人用生活语言告诉自己案情。用生活语言讲，就是“我的注意力在右前方，因为这个车子正在向前开，我在注意前面的安全，所以左边我都没有去看，按照道理来讲我应该看，但是我因为当时太紧张，一心想逃掉，所以没有去看”。他的任务就是充分地了解法律，将法律概念、法律原理、法律要素转化为他的生活语言，然后准确地把它表达出来。因为在这种类型的案件中，涉及的主观方面非常复杂，所以律师要准确地表达和陈述，给犯罪嫌疑人讲清楚。同时，犯罪嫌疑人必须要知道讯问人问相关问题背后的法律含义，才能作出准确的回答。

家属有什么任务呢？家属一是要抓紧去赔礼道歉，表达自己愿意代表犯罪嫌疑人进行积极赔偿；二是要请一个民事律师代理协商赔偿及取得谅解；三是可以跟办案单位反映诉求，但是绝不能有过激的行为，绝不能让双方矛盾激化；四是做任何工作都要与律师商量，不得擅自行动；五是配合律师的工作，尽其所能去完成律师交代的任务。

辩护方案总结起来就是“律师、犯罪嫌疑人、家属”这三个主体，分别在每个阶段做什么，努力实现阶段性目标，最终实现总的辩护目标。

第七步是家事传达。家事传达一是体现律师对当事人的关心，二是律师可以从家事传达中了解当事人的心态，可以帮助律师与当事人进行有效沟通。但是，在家事传达过程中，一定要注意避免串供、作伪证、毁灭证据等妨碍诉讼的情形出现，也不能违反看守所的会见规定，如传递纸条。律师的脑子里一定要绷着一根弦，就是传递的信息千万不能妨害诉讼，对一些“暗语”要有敏感意识。但同时，律师也不能敏感过度，比如，给父母问好的问候语都不敢带，那就是反应过度了。

最后，律师才是把委托书拿出来让犯罪嫌疑人签字确认。我相信经过步步为营的“七步法”的会见程序，犯罪嫌疑人肯定对律师是认可的。毫无疑问，他会在委托书上爽快签字，确认委托。

“七步法”相较于传统“四步法”有以下优点：第一，可以达到充分而全面的法律咨询效果。将现在和将来会涉及的法律问题，实体和程序的法律问题，都给当事人咨询到位。第二，可以防范当事人的风险。当事人不会因为律师会见而产生一些新的罪名和重罪风险。第三，避免律师自身风险。律师不会因为提供咨询而产生妨碍诉讼的不利结果，避免了律师执业风险。所以“七步法”起到以上三重功效。

在此，我必须强调的是，“七步法”，必须一步一步按顺序进行，每一步都做到位后，再进行下一步。不可以颠倒顺序互相穿插，否则就失去了“七步法”的意义。而且首次会见一定要争取主动权，在律师主导下，按顺序一步一步完成，律师必须全力把控，绝不可失控。如果是当事人来主导，那就可能导致不利后果，就不可能实现“七步法”的会见目的。

第三节　报捕前会见

实战演练[①]

辩护人：这个案件快要到公安机关报请检察院批准逮捕的时间了，今天我们来会见你，讨论一下我们的工作。

犯罪嫌疑人：公安机关怎么说？我能不能取保候审？

辩护人：我有几个问题要和你确认，在我上次会见您之后，公安机关有没有来找您做笔录？我们和公安机关沟通过，公安机关的反馈是您已经认罪了，没有什么争议。

犯罪嫌疑人：这怎么可能呢！我的管教前两天跟我说，公安机关说律师都没有去跟他沟通过，也没有好好配合他递取保候审的申请材料，这怎么回事？

辩护人：取保候审的申请，今天会见结束之后我会去递的，所以我一定要今天来和您先确认公安机关有没有给您做过新的笔录，上次您认罪的笔录，您的辩解有没有被记进去？因为该问题在我们和公安办案人员沟通的时候，他说您是自己认罪的，我跟他提出来说当时存在某些情形，但是看起来公安机关对于您后面的说法认可度不高。

犯罪嫌疑人：后来公安机关没有找我做新的笔录。如果按照你的说法，公安机关说我都认罪了，那我还能出来吗？

辩护人：该提出的辩解意见我们会提出，不过在这个节点，由于您前面有认罪笔录，再加上公安机关主观上不愿意来向您核实当时的真实情况，我估计公安机关对您进行报捕的概率是比较大的。

犯罪嫌疑人：如果报到检察院，我是不是就一直出不去了，我还要在这里

① 演练人：陈沛文扮演辩护人，翁叶榕扮演犯罪嫌疑人。

待多久？

辩护人：报到检察院之后会由检察官来对您进行提审，他会重新向您核实当时的情形，您一定要在后期把握住这次机会，把真实情况和您当时为什么认罪的情况如实地讲给检察官听，这会对您有帮助。

犯罪嫌疑人：我就说我看不见男摊主，原来我作出的认罪供述是因为公安机关骗我，我这样说可以吗？

辩护人：不是看不见，而是因为紧张没有去看，您要把上次您和我讲的内容再讲给检察官听。

犯罪嫌疑人：但是我的管教跟我说，不认罪是不行的，如果想要取保候审，就一定要认罪，就一定要说我是故意撞倒他的。我要怎么说呢？

辩护人：您如果是直接故意撞到他的，您认的罪就是故意杀人罪。故意杀人的话，没有取保候审的空间。

犯罪嫌疑人：那我可以认过失杀人罪吗？我记得您上次提了一个说法叫作"应当预见，但因疏忽大意没有预见"，那我就和检察官讲，我是应当预见，但是我疏忽大意没有预见，如果我这样认罪，他能不能先放我出来？

辩护人：在和检察官沟通时，一定要表现出您是一个非常真诚的人。刚才那些话律师说可能比较合适，但您说出来的话，检察官对您的认可度就会变低。我建议您在与检察官沟通的时候，就用日常生活中的语言准确地把整个案情过程还原出来就可以了，一定要让检察官觉得您是一个坦诚的人，是真诚地在和他沟通。

犯罪嫌疑人：那我是应该说我没看见，还是应该说我应当看见，但是我当时没看见？

辩护人：应当看见而没看见，是一个法律判断，这个不需要您来讲，您只需要讲您当时没有看见的理由就可以了。至于是应当看见，还是真的看不见，要结合其他证据和一般的情形，由侦查人员、检察官和法官来审查，不需要您去解释应不应当的问题。

犯罪嫌疑人：好的。上次我爸妈说给被害方赔钱，他们后来赔了吗？

辩护人：目前还没有赔，因为对方狮子大开口，要价非常高，我们也在进一步和他们协商。

犯罪嫌疑人：如果我赔了钱但人还不能出来，我觉得挺亏的，我就不想赔了。

辩护人：这一点您要慎重考虑。不管怎么样，确实对方的死亡和您是有关的。在这个基础之上，特别是这个案件，被害方一直在信访、闹访，如果我们不能够很好地安抚他们的情绪，可能在案件依法办理的过程中，会有一些案外的因素影响对您的公正处理。

犯罪嫌疑人：我听我的室友说如果赔钱的话，可能就会有一个比较好的效果。还有一个，如果说我身体不好的话，好像能够保外就医吧，我有中度的脂肪肝，这种情况能不能保外就医？

辩护人：脂肪肝当然是不行的，而且您在看守所待久了，估计脂肪肝就没有了。所谓申请保外就医等情形，一般是要严重危及生命的疾病才可以。

犯罪嫌疑人：你的意思是我现在就只能认命了？他如果要给我取保候审就取保候审，不取保候审就一路送到法院去判了？

辩护人：我们综合分析来看，在侦查阶段，因为之前您有认罪的笔录，他们主动给您取保候审的可能性是很低的。您需要把之前认罪的原因和真实的客观情况给他们解释清楚，得到认可后，才可能有进一步的空间。

犯罪嫌疑人：麻烦你带话让家属负责帮忙“求菩萨”，律师负责帮我求公安，还有上次你说的沟通渠道，你也帮我向领导求一求，双管齐下，这样效果会不会好一些？

辩护人：该沟通的情况我们会沟通的，但目前来讲您一定要记住，把握住检察官提审您的这次机会，因为公安机关目前对您的偏见是比较重的，特别是您认罪之后，他们在主观意识方面一直认为您是知情的。

犯罪嫌疑人：上次我认罪的时候，他有把我的手铐得很紧的情况，这能不能更有利于把我的认罪笔录给否掉？

辩护人：您可以提出这个情况，这涉及变相肉刑，但是我希望作为一个年轻人，您在后面即便是有这种情况时能坚持不认罪还是要坚持，不要再作出对自己不利的不真实的陈述，好吗？

犯罪嫌疑人：好的，希望他们不要报捕，直接对我取保候审，让这个事情就这样了结。

辩护人：检察官在审查批捕阶段会来提审你，我尽量争取在他提审您之前来会见，如果他来得比我早，您也要记住我这次辅导的内容，一定要把之前做不真实的笔录的原因讲给检察官听，检察官会更客观一些，因为这是他们第一次介入，这个对您很重要，你明白吗？

犯罪嫌疑人：好的，谢谢律师。

点评[①]

在刑拘后、报捕前的这个时间节点上，律师会见有五个要点：

第一，在刑拘后、报捕前的这个时间节点上，律师一定要去会见一次。刑拘有两种，一种是 7 天，另一种是 30 天。7 天的刑拘，律师就一定要在第 3 天或者第 4 天去会见。30 天的刑拘，律师要在第 24 天左右去会见，就是告诉当事人这个案件下一步可能的走向，因为如果律师不去告诉当事人，他就没有案件发展的方向感，就会迷惑，感到无力和无助。

第二，律师要告诉当事人可能有两种结果。一种结果是报捕，即接下来这个案件要到检察院了，报捕后检察官要来提审，在检察官提审以前律师还会来会见，进行提审前的法律辅导；另一种结果是不报捕，那说明当事人会被取保候审，等取保候审出来后，与律师抓紧时间见个面，讨论下一步的工作方案。这两种结果律师一定要提前告诉当事人，让他有个思想准备，报捕不要慌，取保不自满。

第三，告诉当事人律师做了什么工作。律师在这段时间做了什么？一是提交了手续，与公安办案人员建立了联系；二是跟公安办案人员进行沟通，了解了案情；三是提交了取保候审申请书。如果取保候审申请被批准，当事人就会被解除羁押；如果取保候审申请不被批准，那就说明公安机关向检察院报捕了，这时律师需要向检察院提交不予批准逮捕的律师意见。此外，家属已经开展的工作，律师也要向当事人进行说明，让当事人充分了解。

第四，告诉当事人律师的下一步工作。如果报捕了，检察官要来提审，犯罪嫌疑人如何面对检察官？虽然律师在检察官提审之前也会专门安排会见进行法律辅导，但是律师也要注意，有的时候检察官会提前介入，有的时候碰到节

① 主讲人：徐宗新。

假日，检察官提前阅卷，案件一移送就会来提审，律师有可能来不及进行法律辅导，所以实战演练也提醒了当事人，万一律师来迟了，检察官来早了，检察官会问什么问题，要如何回答，当事人要讲什么关键的重点，这些必须要求当事人明白。

假设是第二种情况，当事人被取保候审了，律师也要告诉当事人，第一天先回去休息整理，第二天必须到律师事务所来，对前面的工作做个总结，对后面的工作做一个安排，与律师商讨下一步的工作。

第五，跟当事人重点重温这个案件的关键环节、关键内容。以实战演练的案子为例，该案的关键点在于：行为人主观上的认识因素有没有认识到危险的存在，意志因素是否反对危害结果的发生。办案人员来提审的时候，可能会问各种各样的问题，当事人必须识别问题后面的含义，作出准确的回答。

例 2-3-1

检察官问：你有没有看到？

当事人答：没看到。

检察官又问：你是不是看了但没看到？

这个问题就有陷阱。“看了但没看到” 和 “没有来得及去看”，完全是不一样的性质。如果说 “看了但没看到”，到时候客观证据证明当事人如果去看了必然会看到，那就说明当事人态度不老实，那就变成放任的故意了。一字之差，谬以千里。所以律师要与当事人反复演练，让他知道各种问题后面的真正含义，这样才能作出准确的回答。

第四节　审查批捕阶段会见

实战演练[①]

辩护人：案件还是报捕上去了。我来会见一下您。

① 演练人：陈沛文扮演辩护人，翁叶榕扮演犯罪嫌疑人。

犯罪嫌疑人：当时我就说了，如果我认罪，公安就会给我取保候审的，你不让我认，现在被报捕了，你要怎么负责任？

辩护人：为什么会被报捕，核心原因就在于您之前在一次笔录中承认过您是故意杀人，如果是故意杀人罪，量刑至少要10年有期徒刑以上，是不可能被取保的。

犯罪嫌疑人：我不是涉嫌故意伤害吗？我也没有说我是故意杀人。

辩护人：您在第三次笔录里说"看到有人抓车把手跟着跑还执意加速"，这就是放任他人死亡的间接故意，人死了，您就涉嫌故意杀人罪。您现在涉嫌的罪名是故意伤害罪，但有可能会被改成故意杀人罪。所以，应对检察官的提审很重要，您要给检察官留下好的印象，要让他相信您讲的是事实。

犯罪嫌疑人：如果我还是不认罪，检察官能看到我以前认罪的笔录，他会不会觉得我就是个不老实的人，对我印象不好，不放我出去？

辩护人：认罪不认罪不是仅靠嘴巴说说的，所谓的认罪，是指承认犯罪事实，您第三次笔录认的是故意杀人罪，其他笔录认的是过失致人死亡罪，都是认罪的。您只要讲出道理来，检察官也不会不相信，检察官的职责是审查案件证据，对疑问也要排除的。

犯罪嫌疑人：不是都说公检法是穿一条裤子的吗，检察院肯定也不会放我了。

辩护人：刑事诉讼分三个阶段，三个机关是分工合作、互相监督的，特别是检察机关，有监督公安机关侦查行为是否合法的职责，如果您在侦查阶段确实遭受刑讯逼供、变相肉刑或者威胁、引诱、欺骗，那就是很严重的问题，是属于检察机关必须审查的核心问题。

犯罪嫌疑人：好的，我尽管讲，让检察官去判断。另外，我听室友说如果有立功，人就可以更快出去。好像出二三十万元就能买个立功，你这边可以帮我弄到吗？

辩护人：检举揭发他人犯罪，查证属实，是立功。如果您有线索，就向管教民警检举，要求做笔录。所谓检举，一定是要检举揭发与您犯罪行为无关的其他违法犯罪事实。如果提供线索协助抓捕其他犯罪嫌疑人，也是立功。但买立功不行，买立功是造假，效果适得其反，帮你造假的人还会构成犯罪。

犯罪嫌疑人：律师你可不可以帮我打电话给我家属，我一个多月没听到他们声音了，我好想他们。

辩护人：目前在看守所您是没有办法和家人取得联系的，律师在和您会见的时候也不能使用电子设备帮您和外部联系。

犯罪嫌疑人：这里反正不会有录音的，我知道的。

辩护人：这是违反规定的。如果我真的帮您打了这个电话，不仅我今天出不去了，您个人也会有被严管的风险。

犯罪嫌疑人：好吧，你帮我记个号码12312312312，姓王，让我家属赶紧与他联系，把该付的钱抓紧付给他。

辩护人：这是谁？

犯罪嫌疑人：这是我一个很要好的朋友的舅舅的哥哥，原来是公安厅的，你找他就行了，他懂的，这些事情他会去操作的。

辩护人：对这个问题，我们会和您家属沟通，但是刑事案件，也没有您想象得那么简单，还是要抓住关键事实，准确运用法律，这样才会有辩护的空间。

犯罪嫌疑人：现在负责我这个案子的检察官叫什么名字？

辩护人：负责这个案件的检察官姓罗。

犯罪嫌疑人：我知道他的。他当时被他的领导带着与我七舅姥爷一起吃饭的，他领导和我七舅姥爷特别熟，你让我七舅姥爷赶紧安排，到时候你就过去和他们汇报这个情况。

辩护人：检察官是有纪律规定的，我们律师可不能害他们。您这种敏感的案件，正常沟通最合适，今天见完您之后，我会去检察院和检察官沟通，提交对您不予批准逮捕的律师意见。

犯罪嫌疑人：你要找他们的领导，他们都是听领导的，领导发话他就没办法了。

辩护人：因为这个案子十分重大，我们向检察官提交律师意见时，会多提交几份，请检察官代为向有关领导提交，这是比较规范的操作。

犯罪嫌疑人：如果到时候我真的被逮捕，你会不会去帮我绝食抗议？我这个事情实在是冤，你是我的律师，肯定要帮我说话，如果我真的被逮捕了，你绝食抗议或许有用。

辩护人：律师是用法律专业知识为当事人服务，如果绝食抗议有用，那就不用请律师了。我们一方面会争取不捕，另一方面也要做好被逮捕的准备。您要明白，逮捕，也只是一个强制措施，可以在诉讼过程中变更，就算不变更，也可以折抵刑期。总之，您必须保持好的心态，不能每天都急着要出去。

犯罪嫌疑人：你这个律师，这也不行，那也不行。我本来神经就有点衰弱，现在遗书都已经写好了，我给了管教一份，也给我家里寄了一份。到时候我如果真的被逮捕，你还没有去帮我绝食抗议的话，我就和你拼了。

辩护人：您真的太不负责任了，您知不知道您父母现在为了这个事情，愁得天天吃不下饭了。我能够理解您现在的心情，我和您的家属都在努力。我们现在是同心协力来处理您这个案件，您作为一名大学生，有些负面情绪我们希望您能够自我消化，不要给父母再造成额外的压力。至于该帮您争取的，我肯定会争取。

点评[①]

在审查批捕阶段，检察官提审前的会见，也就是案件报捕到检察院，检察官去提审犯罪嫌疑人之前，律师去会见犯罪嫌疑人，对他进行专门的法律辅导。对于这个节点的会见，律师要把握以下三点：

（一）在这个时间节点，律师必须去会见，对犯罪嫌疑人进行法律辅导

如果律师不去对当事人做一些相关辅导的话，他会对检察官的提审感到很意外，不知道如何应对。有些案件中当事人除了会接受律师的咨询之外，还有很多同监室室友等有经验的人会给当事人支着。比如，我曾碰到一个强奸案，原来公安机关认定犯罪嫌疑人是强奸未遂，但是同监室有人跟他支着说不要承认强奸，强奸是重罪，你应该辩解是强制猥亵。他一听觉得很有道理，强制猥亵罪的量刑一般比强奸罪要轻一些。所以我去会见的时候，他就提出意见，问

① 主讲人：徐宗新。

是不是辩解强制猥亵更好一点。我考虑了一下，说不合适。因为实际上他已经承认了他是强奸未遂，三次笔录都做好了，即便现在再改口说自己是强制猥亵，如果没有合理的理由，就属于口供反复，正好是逮捕条件中无法防止社会危险性的情形，肯定影响取保候审。所以我建议他：笔录已经做了多次，当前主要目标是申请取保候审，而取保候审的条件之一就是供述要有稳定性。辩解为强制猥亵，还是有罪，但因为口供变化，就会被认为取保候审有碍侦查而被逮捕，到时候即使法院判强制猥亵罪，也是实刑，失去了强奸未遂取保候审再判缓刑的机会。我们还建议他诚恳一点，让检察官感受到他积极悔罪的悔过态度。他采纳了律师的意见，还是坚持认可原来的笔录内容，后来检察官没有批准逮捕，认为没有逮捕的必要，最后法院判了缓刑。可以试想，如果在这个时间节点上律师不去会见，当事人自作主张，后果就不堪设想了。

（二）律师对当事人辅导的内容

首先，律师要让当事人知道检察官会问什么。检察官一般会问：原来做的笔录内容是否属实，有什么辩解，有没有受到肉刑、变相肉刑、威胁、引诱、欺骗，是否愿意认罪认罚。

其次，当事人要答什么？就实战演练的案例而言，检察官问笔录是否属实？当事人就要回答：笔录有属实的内容，也有不属实的内容，我开车时看到有人抓车把手跟着跑的笔录是不属实的。不属实的原因是我受到了疲劳审讯、威胁、引诱、欺骗。检察官问当事人是否认罪？当事人要回答：我这个行为引起了他人死亡后果，我认罪是愿意认的，但是定什么罪我也不懂法律，由司法机关来决定。我是认罪服法的，但是我对于故意杀人罪，是难以理解和接受的。检察官问当事人还有什么要求？当事人要回答：我请求能让我回去读书，我觉得非常后悔，要求从轻处罚。

最后，当事人一是要真诚，让检察官感觉到当事人是一个很真诚的人，而不是一个狡辩的人，不是一个狡猾的人，不是一个讨厌的人。做人最重要的就是真诚，只要真诚，别人的心就容易跟你接近。二是要感人，律师要以理服人，而当事人可以以情感人，当事人讲一讲自己的犯罪原因，讲一讲自己的悔恨悔罪的心理，寻求同情，是非常重要的。审查批捕阶段决定不捕一般有两种情形，一种是定罪证据不足或依法属于无罪，不能逮捕；另一种是有罪但是没有必要逮捕，因为当事人没有危险性，情节轻微，主观恶性和社会危害性相对较轻，不逮捕不会产生社会危险性。

我经常对我的当事人说，实际上你自己就是自己最好的辩护人。因为当事人待在看守所，公安机关、检察院的办案人员都会主动来找当事人，听取当事人的意见，而且对当事人的意见往往是高度重视。只要当事人自己能表达清楚准确，就是对自己最好的辩护。律师约办案人员沟通意见，需要经常打电话看办案人员有没有空，有没有看完案卷。律师虽然是辩护人，但在时空条件上有时还不如当事人，所以当事人要紧紧抓住公安机关、检察机关来提审自己的机会，为自己辩护。律师要把这一理念灌输给当事人。

（三）下一步的工作安排

律师要根据案件的情况，告诉当事人接下来会有什么状况发生，如果被取保候审了，当事人就先回家休整，第二天到律师事务所，一起分析为什么没有逮捕以及下一步的工作是什么。如果当事人被逮捕了，律师就第一时间再来会见，分析逮捕的原因，商讨下一步的工作计划。

这就是审查批捕阶段检察官提审前，律师的会见工作需要把握的三个重点。

除了这三点外，刚才实战演练中还展示了很多刑辩律师们都耳熟能详的难题，如当事人存在急躁、不解、指责的情况，这都是律师常遇到的。之所以把这些场景也拿出来演练，也是让律师熟悉这种情况，能够应对。比如，走关系、对律师的指责以及其他一些不切合实际甚至违规违法的要求，律师都可能在实际工作中遇到，律师都要知道怎么应对。

结合演练中的应对方式，当事人提出不合理的要求，律师不能简单地去指责当事人。因为当事人不懂法，生硬地拒绝不合适，侮辱当事人人格更加不妥。当事人因为落难了很焦虑，律师还是应该从帮助他的角度尽量解释，如果有其他合规的方法也能够达到当事人诉求，律师应当满足当事人的诉求，要站在当事人的角度，提出合法合规、合理有效的措施，协助当事人进行分析，提出各方都能够认可的方案，这样的沟通才能取得好的效果。

第五节 逮捕后会见

实战演练[①]

辩护人：很不幸，您还是被批准逮捕了。

犯罪嫌疑人：为什么罪名会越来越重，本来是故意伤害罪我心里还能接受一点，至少我不会死，故意杀人罪我就是杀人犯，是会死的！

辩护人：死刑倒是不一定。对于故意杀人罪，我们和检察官沟通过，主要还是您之前的认罪笔录，说在开车驶离的时候看到被害人手抓着车把手，这就是放任他人死亡的间接故意。

犯罪嫌疑人：我的这个说法不是在被逼的情况下作出的吗？你们不是提出非法证据排除了吗？怎么没有被采纳？

辩护人：我们提了。在检察官来提审时，您和检察官说了吗？

犯罪嫌疑人：我也对检察官说了。我说我认罪是因为我很累了，公安办案人员不让我休息，还对我说认罪了就能出去，所以我才认罪的。但是那天我们就这样聊了聊，检察官也没给我做笔录就走了。

辩护人：没有写在笔录里对吗？

犯罪嫌疑人：后来公安办案人员对我说我被批捕了，也给我做了一次笔录，又问了事情经过。我对公安办案人员说，当天是因为有好多人围在我边上，所以我不敢下车，我没有想要去碰他，这些情况我都说了。

辩护人：好的。第三次笔录的情况我们向检察官反映过，他们表示会去核实。据我们了解，这次被批准逮捕主要有三个原因：第一个原因是在证据方面，确实第三次笔录的供述对您自己不利，其他也有一些证据对您不利，可以往故意杀人这个重罪上面靠；第二个原因是这个案件的赔偿谅解还没有达成；第三个原因是本案社会影响比较大。

---

① 演练人：陈沛文扮演辩护人，翁叶榕扮演犯罪嫌疑人。

犯罪嫌疑人：你是不是没有与检察官好好地沟通？之前我说那些关系，你是不是一个都没去找？

辩护人：我们和检察官反复沟通过，但是在短短的7天内，想排除这个不利供述的因素确实比较麻烦，公安机关这边肯定不会承认当时对您有一些威胁引诱的情形。

犯罪嫌疑人：是不是因为你太年轻了，他们不愿意听你讲？要不要请个权威一点的老律师去说？

辩护人：加强律师力量当然是好的，我会转告您父母，让他们决定。但是不管请什么律师，前面三条逮捕的原因消除不掉的话，都不会有什么好效果。

犯罪嫌疑人：那我们到底赔不赔钱？

辩护人：这个案件想要取得进一步的处理成果，首先要把这些案外的不利因素排除，所以家属一定要积极地和对方商谈赔偿的事宜得到被害方的谅解，把这个不利因素消除了，这个案件就可以回归纯粹。

犯罪嫌疑人：你们这个事情做得太迟了，在检察官提审时，你们就应该让他们谅解，把钱赔给他们，那就不会有后面这些事情了，也不会把我关在这里了。

辩护人：对方要的价格很高，您的父母一时间也拿不出这么多钱，您要理解您父母的难处。第一，您家人已经在想尽一切办法为您筹钱，我们也多次通过司法机关和被害方协商能不能够达成一个赔偿的事项。第二，关于您当时有没有看到或者能不能看到被害人的问题，我们也和检察官提出，后面公安机关可能会去做一个侦查实验，来确认当时的情形。以后如果再有提审，您要把当时的环境和整个的驾驶状态，结合我之前给您做的法律辅导，全面地还原给公安机关，为他们准确地进行侦查实验提供帮助。

犯罪嫌疑人：之前检察官没给我做笔录，你能不能帮我约下检察官，让他们再过来做一次笔录，这样会不会好一点？

辩护人：目前案件已经回到了公安机关，决定批捕的检察官，一般来说不会再来见您。但是如果您还有其他的诉求或者认为您之前的笔录有问题需要再反映的，您可以约见驻监所检察官，向他作出进一步的陈述。

犯罪嫌疑人：我就要一直被关在看守所吗？

辩护人：逮捕之后的侦查期限是2个月，后面有可能根据案情还要再延长，但是在逮捕之后的1个月左右的时间，我们可以依法为您申请羁押必要性审查，就是变更为取保候审的申请，到时候，我会提前来和您沟通，不过申请羁押必要性审查的前提，还需要等我们这方和对方达成和解及获得谅解，以作为一个新的为您申请取保候审的依据。

犯罪嫌疑人：我现在就是个杀人犯了，我以后一辈子都是个杀人犯了吗？

辩护人：不能这么理解，您要相信法律，您到底有没有杀人，这个人的死亡是不是您故意造成的，要结合事实证据和法律来认定。现在只是对您定的一时的罪名，这个罪名不是最终确认就是故意杀人罪，明白吗？

犯罪嫌疑人：你的意思是这个罪名可能会改，我还有无罪的希望是吗？

辩护人：现在是涉嫌故意杀人罪，没有经过法院判决，都是具有不确定性的。而这个不确定性就需要我们共同努力。在看守所这么久了，我相信您自己的心态也会做一个调整，后面可能是一场持久战，您一定要调整好自己的心态，不要再出现其他的问题，我们会全力配合，这才会对您最终得到公正处理产生作用。如果您经常表现出这样的情绪化，在我这里可以，我会理解您，不会在意这些，但是如果您这样面对司法机关，就会影响他们对您的认识和判断。

点评[①]

首先，当事人被批捕后，律师应该及时去会见。一是必须去，二是要及时。为什么必须去？因为逮捕后，当事人情绪很低落，知道逮捕后至少要被关2个月甚至更长时间。又因为要被定罪了，所以情绪很低落。实际上这个时间段，律师的情绪也很低落，这个案件取保候审没希望，要经常跑看守所了，而且家属的情绪也很低落。

有些律师存在错误心理，认为反正当事人被逮捕了，至少关2个月，认为自己可以随便选择什么时候去见当事人，在两个人情绪都很低落的时候见面，律师也怕把握不好，甚至不知道怎么把握，因为律师也担心会见后，两个人相

① 主讲人：徐宗新。

望无语，所以，很多律师会考虑，等过一段时间，等当事人情绪平稳一点再去会见。但我认为这是逃避，是不对的。因为逮捕后是当事人情绪最低落、最需要律师去安慰的时候。辩护人除了为当事人进行辩护以外，有时候对当事人进行一些心理安慰和疏导很有必要，这也是辩护人的职责之一。如果这时候不去提供及时的安慰，当事人就会觉得律师既没有起到作用，也不关心他。

甚至有时候当事人的家属也会怀疑这个律师是否起到了作用。如果律师没有下一步的工作，家属也会考虑是不是要找其他律师再去咨询。所以，逮捕后当事人更换律师的频率，是比较高的。家属认为前面请的这个律师没效果，要去另请高明。当然，更换律师是当事人的权利，如果请来其他高明的律师对当事人有利，我们也是支持的，这没有问题。但是，从律师自身的工作出发，律师要重视该环节的工作，把自己的工作做好，从人道主义的角度来讲，律师必须去会见当事人，对他进行安慰；从律师工作的角度来讲，这是一个关键节点，必须去会见。

其次，律师会见时说什么？首先是安慰，告诉当事人要回归理性，给当事人分析逮捕的原因。逮捕有好几种原因，第一种是涉嫌的罪名量刑在10年有期徒刑以上的，会被采取逮捕措施。第二种是涉嫌多罪名、情况非常复杂的，涉黑涉恶的，一般来说属于严厉打击的对象，会被采取逮捕措施。第三种是有些同案犯在逃的重要事实有待进一步查清的，当事人会被采取逮捕措施。第四种是被害人赔偿问题没解决，当事人没有获得谅解的，会被采取逮捕措施。如果对当事人进行取保候审容易引发社会稳定事件，那当事人也会被采取逮捕措施。律师要把逮捕的原因给当事人分析到位，让他明白他到底属于哪一种情形。

例如，本案属于罪名没有变更，量刑是10年有期徒刑以上，按照《刑事诉讼法》的规定当事人必须被逮捕。如果不逮捕，对当事人进行取保候审，必须是罪名改成过失致人死亡罪。根据《刑事诉讼法》的规定，量刑在10年有期徒刑以下，不至于发生社会危险的，可以取保候审。所以，律师必须要给当事人分析：第一，检察院认可公安机关移送的罪名——故意杀人罪，这是量刑为10年有期徒刑以上的罪名，按照法律规定没有办法取保候审。第二，这个案件的社会危险性没有消除，赔偿问题还没有解决，被害方谅解还没拿到，即便罪名改成过失致人死亡，也不能取保候审。律师应该理性地给当事人分析。

分析完毕后，律师拿出下一步工作方案，方案要紧紧围绕逮捕的原因展开。像实战演练的这个案例，就可以围绕逮捕的原因进行展开。首先是定性，能不能把罪名改成过失致人死亡，检察院以故意杀人罪逮捕了当事人，在检察院审查起诉阶段将罪名改成过失致人死亡的难度当然很大，但是难度很大不等于律师不应该去做，也不等于律师不需要去做，律师还是要考虑把第三份笔录排除掉，其次从法理、判例各方面，结合本案的案情和证据，提出律师的辩护观点。整体的辩护方案应该以定性辩护为基础，然后再解决赔偿谅解的问题。最后，律师可以有针对性地结合当事人的学生身份，以主观恶性较小、可塑性比较强等理由给当事人提出取保候审。

对于其他案件，律师就要考虑分析逮捕原因，然后针对逮捕原因提出下一步工作方案。比如，当事人是故意伤害致人重伤，量刑一般为3~10年有期徒刑，逮捕是因为当事人方没有赔偿到位、没有得到谅解书。对于这种情况，律师在逮捕后的阶段中就要积极去促成赔偿和解，拿到谅解书，这样就可以在逮捕后提出羁押必要性审查的申请。大量案例证明，这种情况下可以取保候审，最终可以判缓刑。又如，有些案件中有同案犯在逃，可能影响案件的调查，但是如果案件事实基本清楚，就缺这个同案犯，随着这个同案犯到案，不利因素已经消除，而且他的到案也不会对当事人产生不利影响。在这种情况下，律师甚至可以建议当事人通过跟家属写信的方式劝同案犯到案，既争取了立功，又通过劝同案犯到案使影响当事人取保候审的情形消失的方式来解决当事人被批捕的问题，使当事人最终符合取保候审的条件，律师就可以申请羁押必要性审查。总的来说，律师要针对逮捕的原因提出解决方案，然后制定下一步的工作计划。

这就是律师在当事人被逮捕后去会见他要做的三项工作。第一项工作是必须去会见，第二项工作是分析逮捕原因，第三项工作是提出下一步的工作计划。针对逮捕的原因一一破解，从而为羁押必要性审查打下坚实的基础，下一步再争取取保候审。

第六节 商讨羁押必要性审查问题的会见

实战演练[①]

辩护人：您被逮捕有一个多月的时间了。近期我们也做了一些工作，您的家属也赔了钱，拿到了对方的谅解书，对方也同意为您求情，建议对您进行轻缓处理。

犯罪嫌疑人：我赔了钱，对方也对我表示谅解了，我应该能出去了吧？

辩护人：我今天来会见您，是因为整个案件的事实发生了新的变化，包括赔偿的数额比较大，被害人也出具了谅解书，结合这些情况，我的建议是我们可以提交一次羁押必要性审查的申请，看看有没有为您争取早日取保候审的空间。

犯罪嫌疑人：这个是跟谁申请啊？

辩护人：跟检察机关申请羁押必要性审查。如果他们认为在这个案件侦查的过程之中，已经没有对您继续进行羁押的必要，同时取保候审也不至于引发诱供、串供或者存在其他社会风险的情形之下，他们会建议公安机关变更强制措施。

犯罪嫌疑人：公安机关如果不接受他们的建议，怎么办？

辩护人：公安机关如果不接受他们的建议，需要向检察机关说明理由。

犯罪嫌疑人：公安机关会不会就是不放人？

辩护人：有这样的风险存在，但是至少检察院提出了羁押必要性审查的建议，对于我们来说也是一个值得争取的机会。公安机关要向检察院说明理由就不能有随意性了，需要有一定的事实和法律依据。

犯罪嫌疑人：那还是向原来的检察官提出申请吗？

辩护人：和原来的检察官进行沟通。在上次之后公安有来提审过您吗？

犯罪嫌疑人：公安来见了我一次，也是问了我到底事情是怎么样的，我就跟他讲了，我不是故意杀人，我当时真的没有看到他，我就是往前开车的。

---

① 演练人：陈沛文扮演辩护人，翁叶榕扮演犯罪嫌疑人。

辩护人：这样的话，在证据方面我们肯定要往故意杀人存疑的方向去争取。即便证据方面争取不下来，从现在的已经赔偿和解的情形，以及学生身份，本身人身危险性也不大，虽说故意杀人罪一般是要判处10年以上有期徒刑，但像您这种情形与一般的故意杀人也不太一样，是否能在下一档量刑处理，我们会与检察官进行沟通。

犯罪嫌疑人：放不放人，他们几天能决定？

辩护人：检察官收到羁押必要性审查的申请之后，一般是15天左右会作出是否提出羁押必要性审查的意见，后面再等公安机关的答复。羁押必要性审查在每个阶段都可以提出一次。

犯罪嫌疑人：在羁押必要性审查期间，检察官会不会来问我话？

辩护人：有可能会来提审。

犯罪嫌疑人：我还是坚持说我没看到吗？

辩护人：和您之前的笔录内容还是保持一致。但是更多的是要强调您的个人情况，这对于取保候审有一定的必要性，也不会引发其他的社会风险，特别要强调您学生的角色和您对读书的渴望。

犯罪嫌疑人：我们能不能考虑借助网络的力量？我之前也看到很多像我一样被“碰瓷”的，然后被批捕的，我们能不能在网络上说，让网民给政府施加一点压力，好让他们把我人先放出来？

辩护人：您这个案件不适合，我们做了很多工作，好不容易取得了对方的谅解，家里也赔了很多钱，在这时如果再去炒作这个事件的话，反而会引起对方的反复。申请羁押必要性审查的前提就可能会存在变化了。

犯罪嫌疑人：我现在心态一天比一天差。前两天我的室友也是同样的情况，因为被批捕了，所以就自杀了。他对我说他想自杀的时候，我都以为他在开玩笑，没想到他真的自杀了，我都不敢去拦，只能远远在边上看。

辩护人：第 ，在确保您自己安全的情况下，如果您有效地阻止了他自杀的行为，可以算作您有立功表现。第二，在监室中可能有一些聊天，如果有人讲到一些可能没有被司法机关查证属实的事情，或者是没有被发现的事情，您可以约见驻所检察官向他们提出，如果有关的犯罪情形被查证属实，也可以认为您有立功的表现。

我们要依法依规地争取量刑情节，一旦情节有假，不仅是针对这一个情节的问题，对于全案可能都会招致否定性的评价。

点评[①]

第一，必须去会见。这是标准化会见中的内容。无论如何，在任何的案件中，律师在这个时间节点上都要有这样一个意识，羁押必要性审查申请的时间到了，原来规定羁押必要性审查开始是逮捕后一个月的时间节点，现在没有一个月时间节点，但是律师还是把握在逮捕后一个月的时间节点比较合适。因为一个月的时间可能会发生一些情况变化。如果犯罪嫌疑人刚被逮捕律师就去申请羁押必要性审查，情况不会发生任何变化，也不可能有任何的改变。所以律师要有这个意识，在当事人被逮捕一个月左右的时间一定要去会见，这也是从律师辩护过程的完美化角度来考虑的。哪怕故意杀人案件，律师也可以去申请羁押必要性审查，如果定性改为过失致人死亡，它就有取保候审的可能。所以律师要去研究分析一个案件，当事人有没有可能被取保候审？从哪些角度去申请羁押必要性审查？对案件的辩点进行挖掘，这是辩护过程完美化的要求。

第二，在这个时间节点去会见，是律师会见工作常态化的一个要求。逮捕后一个月，公安有没有提审过当事人？其中有什么情况？外面有什么情况？这都必须有一个信息上的沟通。公安提审当事人时，当事人说了什么，怎么说的，当事人说的是否属实？公安为什么要提审，提审的目的是什么？这都需要律师了解情况并做一个分析。同时，如果家属进行了民事赔偿，达成了和解或是谅解，这个情况也要跟当事人进行互通。常态化工作信息互通的时间节点，也在逮捕后一个月左右。

第三，对羁押必要性审查的条件进行分析。羁押必要性审查有两个条件，一方面是定性，另一方面是被害方谅解。这两个条件如果缺乏一个，当事人都很难被取保候审。所以律师从与被害方达成和解谅解的情况出发，以其作为一个非常正当的事由，提出羁押必要性审查，在定性的问题上提出我方观点，这

① 主讲人：徐宗新。

是有很大价值的，而且极有必要。如果不提，这个案件在这个阶段就不够完美。如果律师提出且被采纳了，那就是辩护取得了效果，如果不采纳，律师就继续下一步的工作。采纳不采纳相关审查要求不是由律师主观随意去判断的，而是需要律师做了相关工作，由司法机关的案件承办人按照工作程序，一步一步地研究判断决定。但是，如果律师不提出这一申请就永远没希望，提出了或许有希望，所以从过程完美化的角度，律师也要明知难为而为之，要尽力去达到羁押必要性审查的两个条件。

第四，要对当事人进行相应的辅导。要对当事人辅导关于案件关键环节的知识，如主观方面、认识因素、意志因素等，这些内容几乎每一次去会见律师都要给当事人辅导一遍。这太重要了，因为随时会有新的提审，当事人必须表达准确到位。对羁押必要性审查问题，如果办案单位觉得有可行性，提审当事人，来了解当事人的主观认罪悔罪的态度，当事人如何表达非常重要。当事人认罪的态度一定要有，如果表达不够准确的话，也会影响羁押必要性审查，影响取保候审。

第七节　侦查终结前的会见

实战演练[①]

辩护人：最近，我们在外面做了很多的工作，包括羁押必要性审查，检察官原则上是认可的，但是在和公安机关沟通的过程之中，公安机关对于罪名的定性，还是坚持原来的意见，所以没有成功。

犯罪嫌疑人：只要检察院提出了建议，公安机关如果不同意也要说明理由，他的理由是什么？

辩护人：经过他们斟酌，他们认为，在当时的情形之下，您还是能够看到这样一个情况的。

① 演练人：陈沛文扮演辩护人，翁叶榕扮演犯罪嫌疑人。

犯罪嫌疑人：检察院也认可公安机关的说法吗？

辩护人：检察院提出不必羁押的意见，如果公安不同意，人还是出不来。所以，只能到审查起诉阶段，检察官阅过所有材料后，才能得出结论。辩护人到时候也可以看到全部材料，可以详细地提出辩护意见。最近，我们到当时的场景去做了一个还原，我看下来确实是不能够注意到车子左边的情形。总之，案件已经快侦查结束了，我们马上就能够查阅案卷，会形成一个新的、更加全面的意见。

犯罪嫌疑人：你到底现在和公安机关说的我是有罪还是无罪？

辩护人：在这个节点，我们做的沟通还是过失致人死亡，因为就本案而言，结合之前的说法，我们为您提出无罪辩护的依据目前可能不是很充足。

犯罪嫌疑人：你刚刚不是说你开车也看不见吗？

辩护人：那是在按照您的说法开车的情况下。但是还存在其他的因素，比如，您有没有往左边去看，视线到底是正对着右边的，还是有可能往左边偏一点点。目前这也没有办法确认和查清，距离上次提审也有一段时间了，公安机关有没有再找您做过笔录？他们问了哪些问题？问的重点和您觉得有必要的地方，您能不能向我陈述？

犯罪嫌疑人：公安机关有给我做过两次笔录。也没多问什么，就是问我男摊主在我边上拍车玻璃，我怎么可能不知道他在左边。我说我是真的没有看到，因为当时那个女摊主站在我车右前面，我又跟女朋友有一点吵架争执，所以我就没有看到他。

辩护人：一般在侦查终结前，公安机关会给您再做一个系统的笔录，一定要重视。说法一定要实事求是，对第三次笔录有内容不属实的地方一定要强调，要求进行非法证据排除。

犯罪嫌疑人：这样啊。

辩护人：刚才讲您和女朋友吵架，是为什么？

犯罪嫌疑人：我女朋友说我这样子开车，还碰到羊肉串摊，闹得这么多人围过来，所以就有点生气。女摊主一直站在我们车前面，我们走也走不了，所以我们就有一点争执。

辩护人：争执是因为摊主的老婆在前面是吧？当时您女朋友了不了解您在驾驶室这边的情况？

犯罪嫌疑人：肯定了解，我们俩都在一起的。

辩护人：到时候我们要结合您女朋友的证言，综合审查您当时在车内的一个状态。

犯罪嫌疑人：移送审查起诉，检察官是新的检察官吗？

辩护人：还是原来的罗检察官。检察官之前做出的判断，是基于当时的案件情况，但是经过了这么长的时间，案件的证据是否会发生变化，包括证据能否和公安机关做的侦查实验匹配，这些证据之间是否存在疑点，都需要他们再进行审查。我们也必须要提出意见。

犯罪嫌疑人：他把我以故意杀人罪逮捕了，他对我是有成见的，会对我不利。我要求换一个没有接触过这个案子的检察官来办理。

辩护人：申请回避是您的权利，但是您这个理由恐怕检察院不会采纳。

犯罪嫌疑人：那就算了。你什么时候会去跟他沟通？案件什么时候会被移送到检察院？

辩护人：案件应该近期就会被移送到检察院，到了检察院之后我会第一时间去阅卷，然后就来会见您，核实一些相关的情况。

犯罪嫌疑人：好的。看守所前两天给我体检了，说我原来的中度脂肪肝现在已经变成重度脂肪肝了，可能会有肝硬化的危险。你能不能想办法让我去监管医院？

辩护人：如果真的是重度脂肪肝的话，必须要重视，我们可以帮您跟看守所沟通，看看有没有这个条件去监管医院治疗。但是据我了解，脂肪肝这种慢性疾病是比较难的。

犯罪嫌疑人：我就怕我在这里再待下去，真的会肝硬化。

辩护人：您也不用有这么大的心理负担，脂肪肝到肝硬化是一个很漫长的过程，还是要调整好自己的心态，等案件到检察院之后，我阅了卷会第一时间来见您。

犯罪嫌疑人：还有个事，我的银行卡的密码是654321，我家中的水电费都绑定着我的这张银行卡，叫我爸去变更一下。

辩护人：好的。另外，检察院收到案件后会到看守所来告知您案件到检察院了，可以委托辩护人了，您就签收一下，没有什么特别含义，其他的等我来商量。

点评[①]

侦查终结前律师必须会见当事人，因为公安往往要做一个侦查终结的笔录，这份笔录往往是比较全面的。既然是全面的，审理这个案件的重要证据基本都会体现在这份笔录中，所以犯罪嫌疑人必须十分重视。如果律师不告诉当事人，当事人草草地在这一份笔录上签个字，没有充分行使他的权利，对他是不利的。

侦查终结提审前的辅导应该怎么做呢？

第一，当事人应当对整个过程进行描述。一是要说自己主观方面是怎么认为的，如怎么疏忽大意了，用生活化语言进行表述，律师一定要多给当事人强调。二是说自己客观方面是怎么做的。因为主观见之于客观，当事人的整个客观行为，每一个动作，都代表着对后果是否知情，都代表着对死亡结果是否反对。客观方面当事人也一定要表述到位。三是非法证据排除。对于本案，当事人一定要讲第三次笔录非法取证的情况，因为根据《人民法院办理刑事案件排除非法证据规程（试行）》的规定，侦查终结时候的笔录，对于判断是否存在非法证据以及启动非法证据排除程序是至关重要的材料。所以在侦查终结前的笔录中，对于之前的非法取证情形，当事人一定要表述出来，并记录到侦查终结前的笔录中去。如果当事人没有表达出来，或者没有被记录进去，到时候到法庭上都十分不利。所以侦查终结前的提审时，当事人要说清楚整个案件的经过，说主观、说客观、说非法取证，律师需要提前给当事人辅导到的内容，千万不要忽视这一次的提审。

第二，要告知当事人案件的走向。律师要告诉当事人，接下来公安机关会来提审，提审后案件会被移送到检察院。以本案为例，如果是区县级公安机关

① 主讲人：徐宗新。

负责侦查的案件，但是定故意杀人罪的，可能会先送到区县级检察院，然后再从区县级检察院移送到市级检察院，移送后，检察官会告知当事人有权委托辩护人，会告诉当事人涉嫌的罪名，涉嫌的罪名可能就是故意杀人罪，让他要有心理准备。辩护律师要告诉当事人这个案件接下来的走向和各方面情况，让他心中有数，否则到时候当事人可能又怪律师怎么没跟他讲，怎么又变成故意杀人了？怎么又移送到上级检察院了？律师如果不事先告诉当事人，当事人就会感到心里不踏实，感觉律师没有给当事人服务好，所以一定要提前告诉当事人。

第三，要告诉当事人下一步的工作方案。辩护律师会第一时间去阅卷，之后会和当事人核实他的笔录，核实其他的证据，会跟当事人商讨辩护方案。辩护律师将提出什么样的意见，提出什么样的申请，到时候会和当事人进行详细商量。当事人应该对整个案件心中有数，如果检察官提前介入，很快就会来提审他，律师也要做好检察官提审前的一些辅导工作。一般情况下律师看了案卷材料后肯定是先来会见的，但是以防万一，检察官来提审的准备也要提前和当事人说好。

第四，要告诉当事人律师在侦查阶段这一段时间做了什么工作。辩护人自己做了侦查实验，有了自己的判断。辩护律师和公安机关、检察机关进行了沟通，提出了羁押必要性审查的申请，检察机关是怎么回复的，有什么观点，辩护律师提了什么样的意见，探讨的焦点在哪里，等等。辩护律师要告诉当事人自己做了哪些相关的工作，这是当事人有权了解的，必须告诉他。

第五，通报当事人家属近期的工作。家属最近做了什么事，如在赔偿后还定期与被害方建立联系，让被害方保持一个正常的心态；如到办案单位提出家庭的相关资料，提出一些合理诉求，积极通过各种途径，向司法机关反映要求依法公正处理，不要受媒体舆论的影响等。这里要注意的是，我们在每一次的会见过程中，不仅要介绍律师做了什么工作，还要介绍家属做了什么工作，让当事人觉得外面各方都在很尽力地处理这个事情，这也很重要。只有通过律师这个窗口，当事人才能了解到外面的情况，所以律师在工作中要考虑到当事人的心理状态，向当事人通报其家属近期的工作。

第八节 审查起诉阶段第一次会见

实战演练[①]

辩护人：现在这个案件已经移送到检察院了。我今天刚去检察院阅卷，拿到了整个案卷材料，所以第一时间来见您。公安机关现在出具的起诉意见书还是以涉嫌故意杀人罪移送检察院。公安机关认为构成故意杀人罪的主要理由就是当时男摊主在敲打玻璃和拉车门的时候，您还是能够意识到的，但是您没有顾及左边的情形加速驶离，所以以这个为理由来追究您故意杀人罪的责任。

犯罪嫌疑人：我可以看一下起诉书吗？

辩护人：是起诉意见书，在现在这个阶段还不能给您看。

犯罪嫌疑人：他讲的理由肯定是不对的。之前我和您一直这么说，我和公安机关也是这么讲的，我是真的没看到他，他在敲门我都没看到。

辩护人：您没看到他在敲门？

犯罪嫌疑人：对呀。

辩护人：除了您是否有看车左侧的情况之外，对于对方敲门和砸玻璃的事情您有没有意识到，当时做笔录时，您应该也作了辩解吧？

犯罪嫌疑人：我当时有提到男摊主最开始围在我边上时是有敲玻璃和门的，但是后来我就没有看到他了，因为我的全部注意力都在他老婆身上，她在我车的右前方，她在掰我的后视镜。

辩护人：您的注意力全部就集中在他老婆这一侧，所以根本就没有注意左边？

犯罪嫌疑人：对呀。退一步说，即便我是应该要看到，但是我真的没看到，那不是也是过失致人死亡吗？怎么还是故意杀人呢？

辩护人：公安机关在起诉意见书上认定的是您已经意识到有人在敲门的情形之下，还放任了危害结果的发生。

---

① 演练人：陈沛文扮演辩护人，翁叶榕扮演犯罪嫌疑人。

犯罪嫌疑人：这样我之前做的这些笔录辩解不是都白做了吗？律师的工作就都白费了吗？

辩护人：并不是这样的。您在之前笔录里的这些辩解都是我们未来可以争取的空间，公安机关现在认定故意杀人，但是不代表这就是最终的罪名。最后还是要结合您的辩解和与其他在案证据的印证情况来进行认定。因为我刚刚拿到这个案卷，还没有来得及全部看完，我先来见您，告诉您基本情况。今天会见的任务是听取您对起诉意见书指控的事实与罪名的意见，来核实您本人的笔录。

犯罪嫌疑人：好的。你把我的笔录给我看一遍吧？

辩护人（展示相关证据）：行。您看看有什么意见？

犯罪嫌疑人：除了第三次笔录中说我开车的时候看到左边有人拉着车把手跟着车跑这个不属实以外，其他都是属实的。

辩护人：这个笔录就是我们要提出非法证据排除的笔录。另外，起诉意见书指控您看到有人抓车把手，您不管不顾继续高速开车驶离造成被害人死亡，构成故意杀人罪，对此您有没有意见？

犯罪嫌疑人：我在开车时没有看到有人在左侧拉着车把手。再说，谁能想得到有人会拉着车把手跟着车跑？我肯定是没有注意到这个情况。还有，我对故意杀人罪有意见，我与被害人无冤无仇，为什么要杀他？我想不通，也不认可。

辩护人：这个是目前的情况，后面检察官又来提审过您吗？

犯罪嫌疑人：还没有。

辩护人：您要记得，在这个过程中，您那份认罪的笔录到目前为止还是当作证据移送的，您要在检察官再次提审时，明确地把当时的这些情形提出来，并且要求他一定记在笔录里面，这是作为未来我们提出非法证据排除的依据。如果检察官不给您记，您是有权利拒绝在笔录上签字的，明白吗？不要像上次一样，您讲了很多都没有记。没有记的东西，即便讲了也起不了作用。

犯罪嫌疑人：好的。阅卷要多长时间？

辩护人：因为这个案件案卷不是特别多，我估计应该一周之后会再来见您。

犯罪嫌疑人：好的。这个起诉意见书我不看没关系，你给我父母看一下，他们有比较多的关系，知道情况之后他们能更好地去沟通。

辩护人：案件的情况我会和您父母同步的，但是现在这个阶段所有的案件材料没有经过公开开庭审理，都属于机密，不宜给他们看。

犯罪嫌疑人：他们不会复印的，就是到律所或者外面咖啡厅都可以的，我还有一个表哥，他原来是当警察的，对这块儿业务也比较懂，让他过来一起参谋参谋。

辩护人：如果您表哥是警察的话，他就更应该明白这个情况了，不是我不给他们看，是给他们看之后反而会徒增他们的风险，不要再让家人为难了，案件的情况我会和他们沟通的。

点评[①]

审查起诉阶段首次会见有四点需要注意：

第一，律师在检察机关复制案卷后，要在第一时间，一般来讲三天以内就要去会见犯罪嫌疑人。因为当事人这时是最关心对他的指控以及案件的基本情况，所以律师必须及时去。但是有很多律师觉得案卷材料我都没看完，去了说什么呢？这时辩护律师就是去告诉当事人阅卷的概况，并听取当事人的意见。

第二，听取当事人对起诉意见书的意见。主要包括当事人对起诉意见书指控的事实和起诉意见书的定性有什么意见。

一是，听取当事人对起诉意见书指控的事实有什么意见。听取当事人的意见的方式，不是说直接给他展示，而是以向他宣读的方式，向他宣读起诉意见书指控什么事实。辩护律师当然也要注意到，对于一些证人、同案犯的细节，律师要稍微做一下处理。为什么要稍微做一下处理呢？因为这里面涉及某些人，可能会引起串供、伪证、毁灭证据，律师还是要有一些心理防备。也就是说，辩护律师对基本的指控事实，通过宣读的方式听取当事人的意见。每宣读一句，辩护律师问一下当事人有什么意见。当然，有的时候可能这样做太散了，律师也可以先给他读一遍，然后逐句地听取他的意见。

---

① 主讲人：徐宗新。

二是，听取当事人对起诉意见书指控的罪名有什么意见。辩护律师要告诉当事人，起诉意见书中起诉的罪名为什么是故意杀人罪，是怎么描述这个罪状的，有什么理由认定当事人构成某一个犯罪？律师要把公安机关的观点解释给他听，听取他的意见。这时犯罪嫌疑人的辩解就非常重要了，他对事实部分每一句话有什么辩解，对于罪名他有什么辩解，都非常重要，这就是辩护律师接下来进行辩护的核心点，辩护都要围绕当事人的辩解展开。当然，这些辩解律师都要记录下来。当事人一边讲律师一边向他核实，问他这些辩解有什么依据，谁可以证明？如果当场觉得不符合逻辑，不符合常识常情常理，也可以向他提出来“这个听起来好像不太有说服力”，律师要跟他进行探讨，防止他提出一厢情愿又不切合实际、没有证据证明、不符合常识常情常理的辩解来误导律师的辩护。

第三，听取当事人对他本人笔录的意见。这一步也是核实他本人的笔录。这个工作律师可以在审查起诉阶段拿到案卷三天以内第一次去会见的时候先完成。因为核对这个证据不需要准备，律师正好可以“二合一”，到看守所里去和犯罪嫌疑人一起看，边看边核对，这样效果很好。有些律师认为，反正是犯罪嫌疑人自己讲的笔录，他自己肯定记得的，有什么好核实的呢？实际不是这样。经过这么长时间的侦查，以及当事人对法律了解程度、对笔录内容了解程度的不一样，他也会对笔录的内容有所淡忘，认识也会有所偏差，这时律师就很有必要再把这些笔录给他读一遍，让他回忆一下到底对笔录有什么意见。这个过程促使他回忆在做笔录的过程中哪些讯问是不合法的，哪些说法实际是没有说的，哪些说法跟记的内容是不一样的，哪些记的内容不符合他真实意思的表示，这些都必须向他核实。这是以宣读的方式向他核实。还有一种方式，把当事人的笔录打印出来，交给他自己翻阅。为什么可以这样？因为这些笔录他自己都翻阅过，他在上面签字确认，自己再翻阅一遍，不可能会产生任何妨害诉讼的结果。所以他把自己的笔录看一遍，没有问题。通过宣读或直接展示阅读的方式来对他的笔录进行核实，这也是核实证据的方式。经过这样的核实，律师就知道什么笔录符合当事人的原意，什么笔录符合当事人的原话，什么笔录不符合当事人的原意，什么笔录不符合当事人的原话，什么笔录有肉刑、变相肉刑、威胁、引诱、欺骗等非法取证情形，律师就能心中有数。所以对当事人的笔录辩护律师都要认真地核对，充分地核对，这样在下一步的工作中，律师就能做到心中有数，知道哪些事实是确确实实应该认的，哪些是不应该认的，哪些事实当事人有异议、有辩解，律师都要把它标注到位，作为下一步辩护的基础。

第四，告诉当事人下一步的工作安排。律师梳理完证据后，接下来还要进行会见，向当事人核实本案的其他证据，听取他的意见，这是律师下一步的工作。当事人对起诉意见书指控的事实和定性有意见的，让他回忆他有什么辩解的依据，辩解的依据在哪里，有什么人可以证明，有什么事可以证明，有什么常识常情常理可以证明。让他回去思考，下一次再交流。

审查起诉阶段的会见，律师要在阅完卷三天以内去，开展四项工作：第一，及时去见，告知当事人概况；第二，听取当事人对起诉意见书的意见；第三，听取当事人对本人笔录的意见，核实本人的笔录，为下一步工作打好基础；第四，告诉当事人下一步的工作安排。

第九节　审查起诉阶段核实证据的会见

实战演练[①]

辩护人：回去之后案卷我都看过了，今天来要跟您核实一下相关的证据情况。您这几份笔录的内容基本上和之前与我说的内容是一致的，只有在第三次讯问笔录中，您提到了看到男摊主的手拉在车门上。

犯罪嫌疑人：警察让我赶紧承认，说我承认后拘留所拘留就结束了。前两天检察官也来过了，也问了我为什么公安讯问的时候我一会儿承认，一会儿又不承认。我也对他说了，一是因为当时已经很晚了，我真的很累了；二是公安办案人员骗我说这样讲完之后我就能快点出去；三是公安办案人员当时还跟我

① 演练人：陈沛文扮演辩护人，翁叶榕扮演犯罪嫌疑人。

说我这个车是我女朋友介绍买的走私车，如果我不好好讲的话，就把我女朋友也抓进去，所以我当时才写了这个认罪的笔录。

辩护人：这些您都跟检察官反映过？

犯罪嫌疑人：我讲了。

辩护人：他都记在笔录里？

犯罪嫌疑人：记了。

辩护人：好的，那么您所说的看到男摊主的手拉着车门，实际上有没有看到？

犯罪嫌疑人：我没看到。

辩护人：您有往他的方向看过吗？

犯罪嫌疑人：我知道他当时在我边上拍我车门，但是我不知道他有没有拉我车门，因为我的车子是自动落锁的，所以他打不开车门，而且也没有拉把手的声音，我也不知道他是不是拉着车门。

辩护人：好的。您在笔录里面还提到过摊主的老婆在右前方，一直在大吵大叫，您的女朋友也在指责您，车里还有一些广播的声音，当时的情况是比较嘈杂的，这个属实吗？

犯罪嫌疑人：对，属实的。

辩护人：当时您还听到有石头砸车的声音，有这个事情吗？

犯罪嫌疑人：对，我车子开出来之后，听到后面有声音，不确定是不是石头，听起来就是“嘣嘣”的声音。

辩护人：“嘣嘣”的声音？

犯罪嫌疑人：对。

辩护人：好的。基本上您的笔录的内容和之前跟我讲过的都是一致的，还有一些涉案的其他证据。

辩护人：有人说当时车的天窗是打开的，有这个情况吗？

犯罪嫌疑人：有。最开始的时候，我想着把钱赔掉就好了，所以我就把车天窗打开，我女朋友给了我一张100元的现金，我就伸出去说“赔你”。

辩护人：为什么要打开天窗？

犯罪嫌疑人：因为我不敢降下玻璃，我怕他们手伸进来抓我打我，所以我开天窗，他们就动不到我了。

辩护人：那打开天窗的理由呢？

犯罪嫌疑人：我想要把钱递出去赔给他。

辩护人：从天窗上面递钱，是这个意思吗？

犯罪嫌疑人：对。

辩护人：好的。那么当时车上有没有放广播？

犯罪嫌疑人：有的。

辩护人：广播的声音大不大？

犯罪嫌疑人：不大不小，我们都能听得到的声音，正常音量。

辩护人：您当时一冲一冲地用车在顶摊主老婆的时候，车速大概是多少？

犯罪嫌疑人：我也不知道，反正一脚油门一脚刹车，一脚油门一脚刹车，想要把她顶开。

辩护人：这个车速您有控制吗？

犯罪嫌疑人：对，因为我也不想真的撞到她，只是想把她逼开。

辩护人：在这个过程之中有没有人在边上制止您，或者说些什么？

犯罪嫌疑人：我女朋友当时有在边上说话，意思是我这样子可能会伤到人家。

辩护人：她指的是伤到谁？

犯罪嫌疑人：伤到摊主的老婆。

辩护人：很多证人都提到车辆左侧实际上是靠近花坛的，这边也聚着很多人一直来拍车窗。

犯罪嫌疑人：对，都是摊主的朋友。

辩护人：您印象之中他们都在拍击哪些位置，有哪些人拍？

犯罪嫌疑人：他们反正把整个车子都围起来了，有的站左边，有的站右边，有的站前面，把车都围起来了。

辩护人：当时您离开的时候有打方向吗？

犯罪嫌疑人：我先是往左打，因为他老婆站在我右边，我不想撞到他老婆，所以我往左边打了一下。

辩护人：往左边打一下方向的时候，您的目光是注视哪里的？

犯罪嫌疑人：肯定是前面，还有右边，为了不碰到他老婆。

辩护人：所以关注点还是在他老婆身上，是吗？

犯罪嫌疑人：对。

辩护人：当时为什么要绕回现场？

犯罪嫌疑人：因为酒吧搬迁了，那里是回去必经之路，当时绕到那里，我还特意看了一下摊位，摊位还是好好的。

辩护人：后面你就去喝酒了吗？

犯罪嫌疑人：是的。

辩护人：当天有喝酒吗？

犯罪嫌疑人：这个事情结束之后，我晚上去酒吧跟朋友玩，晚上是有喝酒的。

辩护人：有很多当时的朋友提到当晚情况，您当天有没有跟他们说撞车的事情？

犯罪嫌疑人：我好像有跟他们讲碰到一个小吃摊有点晦气，其他就没有了。

辩护人：当时您也是正常在跟他们喝酒玩耍？

犯罪嫌疑人：对的，我当时根本就没有想到有人会死掉。

辩护人：当时是没有意识到，对吗？

犯罪嫌疑人：对，我根本不知道，直到晚上我出来被警察抓走，警察跟我讲那个男摊主死掉了，我才知道的。知道后我就非常意外和痛心，当场大哭起来了。

辩护人（展示材料）：好的，剩下的是一些现场勘验材料。您看看，有意见吗？

犯罪嫌疑人：这个是客观的，是这么个现场。现在说了这么多，讲得都很笼统，我想知道有几个证人说的证言对我是有利的，几个证人说的证言对我不利。

辩护人：其他人的笔录有和你相印证的部分，也有一些和你笔录不一样的地方。这个不重要，您只要跟我确认有没有这个情形就可以。

犯罪嫌疑人：我女朋友说的跟我一样吗？

辩护人：她讲的内容基本上是差不多的。

犯罪嫌疑人：那就好。

辩护人：再跟您核实一个问题，当时车辆加速开走的时候，有没有感受到有颠簸？

犯罪嫌疑人：我没感觉到。

辩护人：因为勘验检查笔录显示，死者的死亡原因是受到了挤压。

犯罪嫌疑人：没有，当时这么紧张，我只想尽快开走，根本没有感觉到什么东西。

辩护人：注意是挤压，不是碾压，也就是说车不是从他的身上碾过去的，而是有可能他的头部在路沿和车轮之间有挤压从而导致死亡。挤压的感觉您有没有感受到？

犯罪嫌疑人：没有。一点都没有。

辩护人：也没有感觉车辆异常颠簸的情形？

犯罪嫌疑人：都没有。

辩护人：在车开走的时候，您开走的速度差不多为每小时三四十公里，这个速度正确吗？

犯罪嫌疑人：我就不知道了，当时太紧张了。

辩护人：就是加速开走？

犯罪嫌疑人：是的。我把他老婆顶开了之后，就加速开走了。

辩护人：案卷里面最重要的是有两次侦查实验，侦查实验在 1 月 19 日做过一次，是按照当时的情形，确认了几个事情，我跟您核实一下，第一个就是按照当时的情形模拟，当您注意观察他老婆的时候，您是没有办法看到站在驾驶室窗外的男摊主的。第二个是当您注意观察他老婆的时候，也不能够观察到站在驾驶室窗外的男摊主。但是如果通过左侧的后视镜能看到有一只手臂拉着车门。

犯罪嫌疑人：当时注意力全部都在右边了，侦查实验也表明我这样子不可能看到的，那是不是意味着我有无罪的可能？

辩护人：当时您有没有观察左侧的后视镜？

犯罪嫌疑人：没有，当时我就想路是往直了开，没有要转弯，所以我也没有想着要观察后视镜。

辩护人：当时的注意力是集中在右侧对吗？

犯罪嫌疑人：对，右侧。我把人顶开之后，我的眼睛就是看着前面往前开了。

辩护人：好的。侦查实验还继续认定，当您开始目视前方的时候，慢慢地将头向左侧转动，当转动到45度角的时候，您能够通过余光看见驾驶室外有人，然后转动到90度角的时候，能够清晰地看到男摊主。您当时有没有做转向的动作？

犯罪嫌疑人：没有，我就是看前面。而且我觉得这个侦查实验根本就是不准的，这个实验是在人完全清醒、一点都不慌张的情况之下，一点都不考虑我当时有多紧张。

辩护人：我知道了。在男摊主摔倒的过程之中，侦查实验认定，当您观察车前方的时候，完全无法看到摔倒的男摊主，即便通过后视镜也没有办法看到。

犯罪嫌疑人：我是没看到，到现在我都不知道他到底是摔死的还是怎么死的。

辩护人：当时是什么时间？晚上对吗？

犯罪嫌疑人：对。

辩护人：第一次侦查实验是在中午做的，第二次同样做了一个侦查实验，这次的侦查实验跟第一次的情形不太一样，当男摊主站在左侧反光镜的位置，面对驾驶室，您即便看着他老婆，在这种情形之下您也能够看到他，所以当时他站的位置是在反光镜处还是在车门处，您还记得吗？

犯罪嫌疑人：在我车边上，我也不记得他具体站在什么位置了。

辩护人：具体位置没有注意是吗？

犯罪嫌疑人：对。

辩护人：具体的方位您记不清楚，我们得看其他的情况再做核实。剩下也是同样的情形，如果他站在车头靠前的地方，也就是反光镜左右的位置的时候，如果您注意观察您的余光也能够看到他。当时您余光有注意到这个情形吗？

犯罪嫌疑人：没有，最开始他们围着的时候我知道的，把他老婆冲开之后，我就真的没看到。后面这次侦查实验是晚上做的吗？

辩护人：也是中午的时候。

犯罪嫌疑人：时间都不一样，也不考虑我当时真实的心理状态。

辩护人：这个我们也会提出。但是两次侦查实验确定的是，即便是在白天，如果他的站位是在反光镜后，基本上您是看不到他的，所以当时具体的站位如何，您还要再仔细地回忆一下。

犯罪嫌疑人：关于这个事情，当时现场的人怎么说的？

辩护人：现场的人有不同的说法，对于该问题实际上很多人的说法是不一致的。

犯罪嫌疑人：是不是有出租车司机，他说就站在我车的反光镜那个地方？

辩护人：在笔录里面不同的人有不同的讲法，您只要关心您自己能够看到的事实情况，陈述事实就行了，其他是否能够相印证，我会帮您判断的。

犯罪嫌疑人：我想反映一个问题，出租车司机当时是叫得最大声的，我不知道他跟这个摊主是不是好朋友还是有什么别的特殊关系，他肯定会说谎害我的。

辩护人：当时出租车司机叫得很大声，您是怎么听见的？

犯罪嫌疑人：我在车里面他们围着我，他跟男摊主还有女摊主一样都很凶，其他人可能只是围观。

辩护人：他当时在什么位置？

犯罪嫌疑人：我也没有印象当时他到底在哪个位置，反正他们一圈人都围在我边上。

辩护人：这个您要注意一下，因为按照您的讲法当时是比较混乱的，如果在这种情形之下，您又能够清晰地听到出租车司机的说法，可能会和您之前的讲法不是很一致，您要想清楚当时是一个怎么样的情形，您不要觉得他可能做出不利的证言，就有这样的想法，还是客观一点。

犯罪嫌疑人：当时他们都围在我边上，但是因为出租车司机一开始就从出租车里跳下来了，又喊得特别大声，所以我能注意到他的声音。

辩护人：好的。那么剩下的就是一些鉴定报告，关于车辆上有人拍打，有手指纹和车损的情况，基本上公安机关应该给您看过。

犯罪嫌疑人：有看过。

辩护人：这些应该没有什么异议吧？

犯罪嫌疑人：我也看不太懂。

辩护人：有一个监控录像，可以反映出，当时您确实是采用点刹的方式对于前方阻拦的人员进行数次逼退。

犯罪嫌疑人：对，应该也能看出来男摊主是自己摔倒的。

辩护人：这个在监控录像上面没有反映。

犯罪嫌疑人：监控录像能不能给我家属看看，他们肯定能发现更多的问题。

辩护人：监控录像我会审查的，您要相信我。

犯罪嫌疑人：好吧。

辩护人：其余也就没有其他的证据了，我们也向检察机关提交了谅解书和民事赔偿补偿协议，目前相关的被害人家属不是一定要追究您的责任了。

犯罪嫌疑人：现在这么多证据，对我不利的证据还是蛮多的，是不是最后检察院一定会认为我构成故意杀人罪？

辩护人：是有对您不利的证据，但是也有对您有利的证据，所以目前何种证据能够被采信，如何通过您的讲法与其他的证据印证形成一个完整的证据链，这是下一步我们要提出的法律意见，并且我们要与检察官沟通。所以需要您再好好地回忆一下当时整个碰撞的过程中，您自己注意力所在的方向和其他人的站位情况，以及您开车离开前后是否有异常的情况。

犯罪嫌疑人：您上次说我如果回忆得太清晰，那我就不可能不知道男摊主站在我边上了，我到底该不该回忆清晰？

辩护人：男摊主站在您边上，这个事实结合在案证据是可以确认的，他就站在您左侧，但现在需要判断的是，当您在开车离开的过程之中，能不能够意识到或者是观察到他的手拉着车门，持续地跟着车走。

犯罪嫌疑人：这个肯定是看不到的。

辩护人：是去看了看不到，还是说没有注意去看，所以没有看到？这是不一样的概念。

犯罪嫌疑人：其实是没有去看，因为很紧张，没有注意到，不是去看了没有看到。

辩护人：所以您表述一定要准确。总而言之，您是没有注意到他在车的左侧跟着车跑，对吗？

犯罪嫌疑人：对。我想起来了，我有一个跑跑卡丁车优胜第一名的证书，这个证书能不能证明我车技好，如果知道边上有人我肯定不会压上去？或者能不能减刑？

辩护人：卡丁车证书跟这个案件关联度不大，不过因为案件之中您有一个无证驾驶的情形，您是没有受过系统的交通安全或者是基本驾驶安全培训的，对吗？

犯罪嫌疑人：是，但是我自己开车好多年了，也没出过什么问题。

辩护人：但是具体的培训您是没有接受过的？

犯罪嫌疑人：没有。

辩护人：对这个问题，我们考虑提出对于您这样一个无证驾驶的人，不能够按照受过专业培训的司机的专业能力来评估驾驶能力，也就是您在注意能力方面，与一个受过培训的驾驶员的注意能力有所不同，是偏低的。跟您核实完之后，我会写一份辩护意见和检察官去沟通。

点评[①]

很多律师经常觉得在核实证据上很难把握分寸，到底什么证据可以直接给当事人看，什么证据不可以给当事人看，证据的哪些内容可以直接告诉当事人，哪些可以不直接告诉当事人？我总结出这样几个规则。

① 主讲人：徐宗新。

第一，对于当事人自己的笔录可以全部给他展示，或者向他宣读，可以毫无保留。因为这个笔录本身是他自己做的，不会妨碍诉讼。

第二，客观性证据材料也完全可以展示。如当事人本人已经辨认过的书证、物证，这些证据本来就要给他辨认，对这些证据进行展示，也没有问题。而且书证、物证是铁证，不会变化，人证无法否认这些证据的客观存在，不会产生伪造证据、毁灭证据的可能，所以书证、物证可以直接展示，供当事人辨认。现场勘查笔录也是客观的，当然可以直接给当事人看。鉴定意见也是如此，必须告诉当事人，比如污染环境的鉴定，商业秘密的鉴定，这些鉴定一定要把鉴定的意见和鉴定的理由充分地告知当事人，往往这些当事人本人就是专家，本人就是亲历者，可以对鉴定意见进行有效的质证。另外，电子证据也是客观证据，也都应当向当事人展示，听取当事人的辩解。

概括起来，犯罪嫌疑人的供述和辩解、书证、物证、现场勘验检查笔录、鉴定意见、电子证据，这些证据都可以直接向当事人展示，而且从办案质量的角度看，应当向当事人展示，听取其辩解意见。

第三，对于同案犯供述和证人证言，不能直接展示，要采取“人证分离”的方式来核实。这类证据分为两种情况：一种证据是可以印证犯罪嫌疑人辩解的，即对犯罪嫌疑人有利的，我们可以直接告诉当事人，一是为了增强当事人辩解的信心，二是不会妨碍诉讼，不可能会改变任何证据；另一种证据是对当事人不利的同案犯供述和证人证言。对这类证据，我们就要注意了，不能简单地核对，而是要通过“人证分离”的原则进行。

所谓“人证分离”中的“人”，是指同案犯和证人的名字。我们先把人名理出来，问犯罪嫌疑人，这些人你认识不认识，跟你是什么关系，关系好还是差，对你有没有意见，跟你是不是亲戚？律师先核实。搞清楚证人与当事人的亲疏远近，有没有矛盾，有无利害关系，有助于律师对证言内容客观性的判断。

“人证分离”中的“证”就是证据。对证据的内容中对犯罪嫌疑人不利的部分，律师要把它拎出来，不要说谁讲了不利的内容，而就讲什么内容对他不利。比如实战演练中这个案子，辩护律师可以讲，有一个证言讲到被害人被你的车撞倒了，你有什么意见？他说这绝对不可能，我这个车都没撞到人，这显然不是属实的。

为什么要用“人证分离”的核证方法？第一，这可以有效地核实证据，了解证人的利害关系，当事人可以独立地对证据内容的本身发表客观性的意见。第二，更为重要的是可以避免律师的执业风险。律师如果直接告诉当事人某某某的笔录对他不利，当事人就会条件反射地想办法去找这个人，唆使他翻证、翻供，去串供，这样就会对诉讼产生妨碍。作为专业人士的律师应该想到这一点，哪怕当事人被羁押在看守所，他也有可能去做妨碍诉讼的事。

大家也注意到，审查起诉阶段有多次会见任务。在第一次会见中，律师的任务是听取当事人对起诉意见书和他自己笔录的意见。在第二次会见中，律师的任务是核实证据。每次有不同的任务，也有不同的规则。核实证据，既要分类，也要有充分的准备。但如果是材料不多的简单案件，律师也可以两步并一步，甚至把辩护意见的商讨和检察官提审前的辅导都提前安排到一次会见中，以防迟于检察官的工作进程。但不管几次会见，上述原则还是要坚持的。

第十节 商讨辩护意见与辩护方案的会见

实战演练①

辩护人：我和检察官沟通过了，目前是有这么几个方面的情况。检察官也觉得这个案件的证据是有一些问题的，但是目前从检察官的意见来讲，他认为如果因为存疑认定过失致人死亡的罪名，在实践之中还是会有一定的障碍。因为虽然根据法律的规定疑罪从无，但是也可以疑罪从轻，所以我们跟检察官沟通下来，有两个方案可供您选择。第一个方案是我们坚持按照过失致人死亡罪来辩护，继续放大这些证据的疑点。从目前的情况来讲，这个案件无罪的可能性是比较小的，因为毕竟人也是死了，而且只能说是因为您的原因他才死亡的。在这方面，我们有和解、有谅解，但是从您在认罪的自愿性和供述的如实

① 演练人：陈沛文扮演辩护人，翁叶榕扮演犯罪嫌疑人。

程度来讲，在检察官这里可能得不到认可。按照过失致人死亡罪来讲，量刑可能也要在有期徒刑6年左右。第二个方案是我们考虑适用认罪认罚程序。我们跟检察官沟通的时候，他也提出来，因为您主观恶性确实比较小，而且又是学生，在整个过程中，不管您有没有注意到，至少被害人一直拉着门把手，被害人自己也有一些过错，所以检察官也考虑即便是故意杀人，他也会适用情节较轻的条款。如果您愿意认罪认罚的话，我们和检察官可以沟通一下刑期，跟认定构成过失致人死亡罪的刑期可能会差不多。

犯罪嫌疑人：现在检察官那边有两套方案让我选，我想选哪一个就选哪一个吗？

辩护人：这是我给您的两套方案，但是检察官提出的还是希望我能跟您沟通，能认故意杀人罪，这样在量刑方面，他会考虑用下一档。

犯罪嫌疑人：律师，你觉得呢？

辩护人：我没有办法给您建议决定怎么做，但是我会告诉您，虽然刑期上可能是一致的，但是故意杀人是故意犯罪，减刑及社会声誉都会受到很大影响，虽说这个阶段可以得到实惠，但是总体来讲，故意杀人罪能够避免最好。

犯罪嫌疑人：我也不想背上杀人犯这么一个名号。但是你刚刚讲到认罪认罚会涉及一个问题，就是我的笔录接下来要怎么做，到底我要认我是故意去弄死他的，还是我是不小心的。所以我现在也很纠结。

辩护人：如果不按照这个方案去处理，那么会就有两种不同的结果，我们可能会争取到过失致人死亡的结果，但也有可能认定故意杀人，这个刑期会在有期徒刑10年以上，如果没有其他的情节，可能要在13年到15年的区间了。

犯罪嫌疑人：这么重，你有几成的把握能够辩成过失致人死亡这个罪名，60%有没有？

辩护人：现在谈把握是没有意义的，对于您来讲，现在是是和否的区别，不存在概率。

犯罪嫌疑人：如果你去谈坚持过失致人死亡，但是没谈成功的话，我是不是就可能被判13~15年？

辩护人：这不一定，只是从检察院的指控方面来讲，他肯定就不会再给您这么轻的量刑建议了。

犯罪嫌疑人：我就怕他现在说我故意杀人，然后就直接给我死刑了，因为我也听说好像现在检察院才是最终能够决定量刑的地方，他们会出一个量刑建议，法院也都会采纳的，万一给我判了死刑怎么办？

辩护人：像您这个案件，一般是不会判死刑的。

犯罪嫌疑人：太纠结了，我不想变成杀人犯，希望你帮我尽量去谈，看看能不能谈成你说的过失致人死亡。

辩护人：如果是过失致人死亡，您愿意认罪认罚，但是如果定故意杀人，您是不愿意认的，对吗？

犯罪嫌疑人：对，但是如果检察院变更指控罪名，被害方会不会又开始闹了？他们原来不是都要求判我死刑的吗？

辩护人：现在达成了和解谅解，我们也给了足额的赔偿，这个风险会有，但是不像原来那么大。

犯罪嫌疑人：我有一个室友告诉我，他原来是一个国家领导人的专职律师，是被判诈骗罪进来的，这两天刚刚出去，我也给了他我爸爸的电话，到时候你跟我爸讲一下，让他记得接这个人的电话。我觉得他可能会有办法可以帮我，现在有一点希望我都想试一试。

辩护人：您还是要注意自己的风险。现在这样的骗子很多，我建议您还是相信事实证据和法律来处理该问题。

犯罪嫌疑人：你跟检察官去谈什么时候会有结果？

辩护人：我再跟检察官沟通，他们有一个最后的确定意见之后，我会来见您，征求您的意见。

点评[①]

在这个时间节点，律师的任务是根据前期的工作，跟犯罪嫌疑人商定辩护方案。像这个案件的三种辩护方案，律师都要详细地指出来，并且把相应的理由列出来，跟犯罪嫌疑人商量。当然律师跟犯罪嫌疑人商量之前，跟家属已经

① 主讲人：徐宗新。

商量过了，家属会有什么样的意见，律师也要告诉犯罪嫌疑人，比如，家属认为要做无罪辩护，或者家属认为只要不判无期就行，或者家属认为跟检察院谈一谈认罪认罚15年以下就行，或者家属认为这个案件要搏一搏，至少要辩成过失致人死亡罪，判刑不能超过7年，再或者如果走认罪认罚，定故意杀人罪，判到7年以内，也能同意。方案要全面，把意见和理由都讲全讲细，以便当事人作出一个符合他意愿的选择。

商讨方案时辩护方有一个原则，即“律师画地图，当事人选择道路”。律师地图要画得非常全面、细致，把每条道路都画清楚，道路越多，越能体现律师的专业水平和敬业的态度。这也是当事人利益最大化的要求。让当事人在诸多道路中选择一条他认为最有利的道路，如果遗漏了道路，那就是对当事人的不负责任。

比如，有这么一个案件，律师认为事实证据有问题，被告人也作无罪辩解，但是被告人已经被逮捕羁押了6个月。辩护律师一般认为，被告人作无罪辩解，事实证据也有明显的问题，自然而然就认为应该到法院作无罪辩护。这就没有考虑到如果被告人认罪认罚，检察院又给了非常大的量刑优惠，可以让被告人早一点出去，或者判缓刑，或者羁押多久判多久这一条路。律师没有告诉当事人有这条路，当事人自然不知道，也不能去选。如果这个案件到法院，万一辩无罪没有成功，法院不仅给当事人定了罪还判了实刑，那就影响了当事人的利益。所以，不管当事人是什么样的一个态度，当事人的辩解是怎么样，证据是怎么样，律师给当事人考虑的方案都要尽量充分，多角度考虑无罪辩护、轻罪辩护、罪轻辩护，要提出种种道路，由当事人作出最周全有利的选择。

当事人怎么选择道路？不是说五种方案摆在他面前让他自己随便挑选。首先，律师要告诉当事人家属有什么倾向性意见、辩护律师的意见。律师还是要起到一些引导性的作用。律师“画地图”，方案要全面，要绞尽脑汁，挖空心思，当然都是要在合法的范围之内，给当事人想办法想出路，跟家属好好商量，并提出律师自己的倾向性意见，协助当事人选择最优方案。

其次，确定辩护方案后，是落实方案。包括律师跟检察官具体如何沟通，犯罪嫌疑人如何应对检察官的提审，如何直接向检察官提出自己的诉求，以及家属如何开展相应的配合工作，这都是对方案的落实，辩护律师必须与当事人商量，确认到位。

第十一节 检察官提审前的律师会见

实战演练[1]

辩护人：我跟检察官沟通过了，这个案件可能马上就起诉了。检察院认为还是以故意杀人罪起诉比较合适，但是您如果愿意认罪认罚，在刑期上面检察院会考虑一个大幅的从轻。

犯罪嫌疑人：从轻到什么地步？

辩护人：会考虑在10~15年。

犯罪嫌疑人：罪名为过失致人死亡的希望一点都没了吗？

辩护人：检察官认为这个案件虽说是证据上面有一定的争议，但是在这种情形之下基本能够判断，您能够意识到左侧有人，在这个过程之中还加速逃离，最终造成他人死亡，这种情形属于放任，可以认定为间接故意杀人。

犯罪嫌疑人：检察官到底想要干什么！我家属也写信告诉我了，摊主一家人都不打算再追究我的责任了，他还抓住不放，是不是在暗示我们什么东西没送？

辩护人：不是的。在司法实践之中，故意杀人的罪名改过失致人死亡，检察官要承担很大的论证义务和指控的风险，所以他更加偏向于保守，在量刑上会给您一定的优惠，但是在罪名方面他还是会选择坚持。

这个案件相对来说比较疑难复杂，影响也比较大，这也不是检察官一个人的意见，是他们开过检委会讨论的。我今天来会见就是要告诉您，检察官会来提审，要做好准备。

检察官首先会问您案件情况，您一定要提出来第三次笔录是因疲劳审讯和威胁、引诱、欺骗而做出来的，是不属实的，不认可故意杀人罪，愿意承担过

---

① 演练人：陈沛文扮演辩护人，翁叶榕扮演犯罪嫌疑人。

失致人死亡罪的责任。明白吗?

犯罪嫌疑人:我会紧张,讲不好怎么办?

辩护人:就是讲自己的事,不用紧张,紧张了就深呼几口气,告诉检察官您很紧张,怕讲不好,这样就不紧张了。

他可能会直接跟您谈认罪认罚,可能会提出,如果您坚持不认故意杀人罪,就诉到法院,建议判无期以上;如果愿意对故意杀人罪认罪认罚,建议15年有期徒刑以下的量刑。

犯罪嫌疑人:那我怎么办呢?

辩护人:这个问题我们之前商量过,除非检察院按故意杀人罪起诉,量刑在7年有期徒刑以内,否则不认故意杀人罪指控,坚持到法院阶段辩护过失致人死亡罪。是这样商量的吧?

犯罪嫌疑人:是的,我们全家的意见和律师的意见都是这样。但是,我的室友们都建议我认,管教也一直在给我做思想工作,说好多这种故意杀人罪不认的,最后都判死刑了。我也很纠结,您觉得呢?

辩护人:这个之前就跟您讲过,如果认会有好处,不认的话也会有现实的风险。但是从这个案件的处理角度来讲,要看您自己是如何选择,是否在意这个罪名,以及它可能带来的一系列后果。

犯罪嫌疑人:我想到一个好办法:先认故意杀人罪,拿到检察院给我的15年有期徒刑以下的量刑建议。案子到法院后,你再给我作过失致人死亡罪的辩护。这样既可以避免判无期徒刑以上,又可以争取更好的结果。

辩护人:创意不错,但是,这种两步走的方案只适用于被告人的认罪不影响案件事实,律师可以独立作出无罪或轻罪辩护的情形。这个案子不适合。因为您如果认故意杀人罪,就要承认在驾车逃离过程中,您是看到左边有人拉着车把手跟着车跑的。一旦这样供述,律师是没有办法作过失致人死亡的辩护的。

犯罪嫌疑人:如果我现在坚持不认的话,到法院把罪名改掉的把握有多少?

辩护人:把握很难说,这个案件的话,争取过失致人死亡还是有比较大的空间的。

犯罪嫌疑人：我没有办法接受杀人犯的名头，我一定要坚持，我要为自己争口气，要给自己人生一个清白。

辩护人：这样的话，我们就在法院阶段再进一步争取，因为检察官是指控的一方，而法官是居中裁判的一方，相对于检察官来讲，法官看待问题可能会更加中立客观一些。

点评[①]

检察官一般是在案件有个初步的意见后才去提审犯罪嫌疑人，所以在这个时间节点，律师一方面要对当事人作一个检察官提审前的辅导，另一方面也要告诉当事人检察院可能的处理结果。所以在这个时间节点，律师必须去会见。这一阶段的会见，辩护律师主要做以下工作。

一是要对当事人做一个法律辅导。检察官来提审，会问什么问题，要怎么回答，必须让当事人心中有数，争取抓住检察官提审的机会，让当事人作个有效的自我辩护。

作出不同决定的检察官的提审要求和对当事人的要求都不一样。例如，检察官想作出相对不起诉决定，一般要求犯罪嫌疑人有个好的认罪态度，所以犯罪嫌疑人就不宜有过多的辩解，应当认可基本的指控事实，抓大放小，不纠缠于细节。又如，检察官想改变公安机关的移送意见，就必须要求当事人重点阐明辩解意见及依据，争取当场说服检察官。再如，检察官想依公安机关的起诉意见向法院提起公诉，犯罪嫌疑人说得再多，都不太会起到作用，但是该表达的辩解意见还是必须表达，有些观点当然也可以留到法庭上去说。

二是在审查起诉阶段即将结束时，对案件可能的处理结果作一个预判，让当事人心中有数，避免慌乱。

例如，案件马上要起诉了，大概会怎么起诉，是不是走认罪认罚程序，检察官来具结怎么办？都要让当事人心中有数，否则案件起诉到法院，书记员突然间给当事人送一份起诉书，上面写着故意杀人，当事人的内心就会非常意外和恐惧，或者检察官突然来找当事人签认罪认罚具结书，当事人就会不知所

① 主讲人：徐宗新。

措，从而会对律师服务产生不满。又如，案件如果是退回补充侦查，辩护律师也要告诉一下当事人，公安机关可能还会来提审，要做好准备，把应当提出的辩解都提出来。如果公安机关不来提审，退回补充侦查是一个月时间，之后还是回到检察院，到时候如果有新的证据，律师会来核实，检察官会来提审，到时候律师再来会见。再如，检察官可能作出不起诉决定，辩护律师也要告诉当事人这种可能性，告诉他律师做的工作，让他充分了解律师的工作，从而认可律师的工作。

第十二节　审判阶段第一次会见

实战演练[①]

辩护人：案件已经到法院了，我刚拿到起诉书。

被告人：我也收到起诉书了，内容跟你上次给我念的起诉意见书里面描述的一模一样，我所做的解释都没有记上去。

辩护人：起诉书是就检察机关指控的事实和罪名的文件，不是具体的证据。您觉得起诉书哪里有问题可以提出来。

被告人：哪里都有问题，起诉书上说我应当预见就是说我看到了男摊主，所以就认为我是故意的，但我不是故意的。

辩护人：起诉书前面说的双方发生纠纷，女摊主阻拦，男摊主站在左侧与您理论，要求您下车处理纠纷，您拒绝下车，然后您逼停女摊主、顶开她。到这里应该是没有问题的吧？

被告人：对。

辩护人：那么唯一的问题是在您随即加速驶离之后，男摊主见状抓住车把手，并拍打车窗大声进行阻拦，围观群众杨某也抓住车把手，要求车辆停下来，但您继续前行，致使男摊主摔倒。您应该是对这部分有异议？

① 演练人：陈沛文扮演辩护人，翁叶榕扮演被告人。

被告人：对，因为当时我根本就没有看到他还抓着车门或听到他拍车窗。边上其他人叫我，我也是没有听到的。对这些东西在检察院阶段的时候我也都跟你讲过，你们工作到底做了什么，怎么现在什么都没有变。

辩护人：您确实有您的辩解，也有一定的合理性，但是除了您的辩解之外，也有很多证人一直在说，确实是有让您停下来，然后又拍打车窗，特别是杨某。

被告人：杨某是谁？

辩护人：杨某就是出租车司机，在车的左后侧拍打车窗让您停下来的人。然后，起诉书认定男摊主也是一直抓着车门拍打车窗，被拖行了有一定的距离。在这个过程之中，因为车内是没有监控的，路面的监控也不能够反映您有没有转头看。如果是您没有看向这一侧，结合当时的侦查实验，您是没有意识到的；但如果您有看或者是有余光瞟到的话，您继续驾车驶离，这就是要追究故意杀人罪的刑事责任的一个核心点了。

被告人：您这些话从我刚被抓进来的时候就跟我讲，一直讲到现在，每一次都要给我画饼，侦查的时候跟我说我能取保候审，检察院审查起诉的时候跟我说罪名能够改变，到现在什么都没有变，钱赔了那么多，罪名还越变越重，我爸妈面子都丢光了，我觉得你要是有点良心的话，你就把钱退给我爸妈吧，我让他们找一个真正有用的律师来帮我。

辩护人：您不要情绪化，要讲道理，也要讲良心。之前我也跟您沟通过很多方案，您还记得当时我们是怎么商量的吗？我们为了争取一个公正公平的处理结果，您不想背上杀人的罪名，所以才走到法院这一步。如果只想轻一点，您完全可以走认罪认罚。

被告人：当时讲的是，如果给我定过失致人死亡罪，我就要认罪认罚的，后来你说谈不下来。

辩护人：检察官认为量刑可以轻，但是罪名他不愿意改。这个意见很明确。

我们在拿起诉书的时候也简单跟法官聊了一下，法官因为还没有看过案卷，听了我们的意见后，他也觉得有一定争议，但是到底能不能够确定您当时确实没有看到，需要仔细审查证据。

被告人：那么，你现在有什么方案？

辩护人：目前，我们在法院审理阶段，任务就是开好庭，从辩护的角度，要抓住几个核心要点。第一，在当时的情况下，包括您加速驶离的过程之中，有人拉车门，这是一个正常的现象，还是一个异常的现象？我相信正常的人都不会去做这种危险的行为，对吧？第二，您自己的主观反应方面，包括您一开始一点点地逼退女摊主，这个行为有一定的危险性。但是从你点刹的意志因素来看，您是尽力避免危害结果发生的。到事后您在酒吧继续喝酒和朋友玩的过程之中，也没有任何不正常的状态，那么也可以印证您主观上对于是否有人死亡这个事情是不知情的。第三，结合在案的证据，包括我们做的侦查实验和公安机关做的侦查实验，如果您确实没有转头没有瞟向左侧，是看不见当时有人抓车把手的。

被告人：所以意思是可能无罪？

辩护人：不是。是疏忽大意的过失。无罪是指意外事件。如果正常驾车完全不可能看到左边的危险情况，才属于意外事件，但本案基本事实是，如果真的朝左边看，是可以看到的，而驾驶员驾驶车辆，有义务确保周边的安全，所以没有去看，也是有责任的。无罪是不太现实的。

被告人：所以就是做过失致人死亡辩护？

辩护人：对的。但我们也要提一下，目前也不能排除意外事件的可能，因为毕竟能看到左边的危险情况的侦查实验是在白天做的，如果在与案发时同一条件下，即便朝左边看也看不到人手拉车把手，那就是意外事件。

被告人：你讲的这些东西当时跟检察官也同样讲过，如果法官不听的话怎么办？

辩护人：如果检察官与法官一样，就不需要法官了。相对而言，法官会比检察官更加中立一些，检察官捕诉一体，难免受原来观点的影响，而法官是要听控辩双方意见后再居中裁判的。

被告人：如果法官听下来觉得我们说的没有道理，还是一定要判我故意杀人罪，我们还有其他方案或者我还有什么其他可以选择的路吗？

辩护人：如果当庭您愿意认罪认罚的，我们可以去和法官沟通一下刑期，但是这个方案的话，现在做认罪认罚，相比之前检察院阶段的优惠力度就没有那么大了。

被告人：那你们再研究一下。你觉得在法院阶段改掉罪名的概率有多大？

辩护人：概率还是有的，这个案子争议是明显的，如果开庭的时候能说服法官和陪审员，还是有机会的。

被告人：我再相信你一次，我最后一次相信你了，如果还是不行的话，我也不想说什么了，你就把该退的律师费退掉。我也不是说不相信你，但是这么久了，我确实没看到什么效果。

辩护人：律师本身接案就不承诺结果的。把过程做到没有遗憾，至于结果不是律师能决定的。您老是威胁说退费，我们一点都不怕，因为我们没有过错，依协议是不需要退费的。而只有您的信任才是我们前进的动力。对于没有产生实质性的效果，我也觉得很遗憾，但是您绝对不能怪律师。

被告人：从现在结果看，我还不如请一个法援律师，花这么多钱请你干吗？

辩护人：换律师当然也是您的权利。不过我在工作期间，您对我的工作有哪些不满意的地方，或者是您觉得哪里需要改进，完全可以提出来。如果没有，希望您能尊重律师的工作。

被告人：对你的工作都很满意，很专业，但我看不到效果，就对你满意不起来了，不知不觉就说出这种气话来。你别生气。

辩护人：因为这个案件是组成合议庭审理，等法官阅过卷之后，我会和他做进一步的沟通。如果法院阶段有新的证据，我还要和您进行逐一核实。在这之后，开庭之前，我会给您再做一个辅导。

被告人：法官还会来问我话吗？

辩护人：在审理阶段法官一般不会直接提审您，有什么想对法官说的，或者是想向法官作进一步辩解的，您在庭上说，法院会给充分的时间和充足的机会来保障您的辩护权利的。

点评[①]

在这个阶段，律师要注意以下四点。

① 主讲人：徐宗新。

第一，审判阶段第一次会见一定要及时。被告人拿到起诉书后，肯定非常着急见律师。虽然之前律师跟他打过招呼，但是他拿到起诉书后还是会急着见律师，告知他对起诉书有一些意见，也想听一听律师的看法和下一步的工作方案，所以律师要及时去。一般来讲是向法院递交手续拿到起诉书及阅卷后三天以内就要去会见。

第二，律师去会见的一个重要工作，是给被告人介绍法院审判阶段诉讼的程序。被告人不一定清楚诉讼程序，辩护律师以前介绍的也未必详细，这时律师要给他详细介绍一下。法院的程序，是先送达起诉书，然后决定是否召开庭前会议，庭前会议里面解决非法证据排除、证人出庭和重新鉴定等问题，全部都准备好了后正式开庭。开完庭后合议庭开始进行合议，合议完就要进行判决，如果改变检察院定性的，恐怕还要经过一级一级的讨论，要审判委员会讨论。还要告诉当事人诉讼期限，一般是 3 个月以内，疑难复杂案件可以延长到 6 个月，检察院还可以延期审理两次，每次延期审理 1 个月，到了法院又可以重新计算 3 个月，这些程序辩护律师都要给当事人讲清楚。疑难案件拖的时间比较长，都是比较常见的。律师要详细介绍法院阶段的诉讼程序，让被告人做到心中有数。

第三，要听取当事人对起诉书和整个案件的看法和意见。虽然辩护律师之前就针对起诉书给当事人打过预防针，但是对起诉书具体文字的表述，律师也是第一次看到。一般来说，起诉书跟起诉意见书的文字表述会有一些差异，这些差异都是非常关键的。律师要把起诉书再重新核对一遍，逐字逐句地听取当事人的意见，结合以前的辩解和现在的辩解以及律师的看法，跟当事人进行充分的探讨，把当事人对起诉书的意见全部概括梳理出来，形成律师的辩护的核心观点，包括对起诉书指控的事实和定性的理由，双方进行一个交流。

第四，要商讨庭前准备工作。比如这个案件律师一路跟到法院，对案情相对熟悉的，辩护律师就会直接告诉当事人，这个案件律师要向法院提出申请，提出召开庭前会议，解决非法证据排除的问题。可能还要申请重新进行侦查实验。侦查机关提供的这些笔录中，当事人在什么时间、什么地点，遭受了什么样的非法手段而作出的供述，律师要求作为非法证据排除，辩护律师对此要准备线索和材料，这些都是庭前准备的工作。有些可能没有非法证据，但是辩护律师觉得有必要进行提前沟通的，如涉及个人隐私的，涉及商业秘密的，要求不公开开庭的，辩护律师必须提出在庭前进行沟通。有些案件当事人担心不公开审理，为了防止“暗箱操作”，当事人会强烈要求公开开庭，甚至要求进行庭审直播，这些律师和当事人会见时要进行充分的商讨。

第十三节 审判阶段核实证据的会见

实战演练[①]

辩护人：对于在案的相关证据，我跟法官交换了一些意见，有一些在案证据确实对您不是很有利，这些证据在庭审的时候都会出示让您进行质证，证据是否合法、是否真实、是否对指控有关联，您都要提出意见。我今天来是针对这些争议相对较大的证据，跟您核实一下。第一个就是那一次认罪的笔录，它和您其他的笔录所做的内容是完全不一样的，我们考虑对它提一个非法证据排除的申请，您有没有意见？

被告人：没有意见。

辩护人：第二个就是杨某的笔录，也就是出租车司机，他在笔录里面说他在这个车的左后方一直拍打车门，对于他的拍打，当时您有没有意识到？因为您的辩解是说觉得有人用石头砸，到底是他拍车门的声音，还是您真的觉得有石头在砸？

被告人：我不确定是什么声音，我只是听到“嘣嘣”的声音。

辩护人：您也没有具体注意到这个情况？

被告人：是的。

辩护人：他在笔录中提到的是摊主老婆在车右侧拍窗的时候，他在左侧拍窗，男摊主也在驾驶室的这一侧拍玻璃，当时男摊主倒地的时候是抓着门把手，接着被往前拖了10多米，从车子上摔下来，当时您没有刹过车，这个情

---

① 演练人：陈沛文扮演辩护人，翁叶榕扮演被告人。

况是否属实？

被告人：肯定不属实。车子是往前开的，他是不是拉着我的门把手，我是一点都不知道。

辩护人：您说自己不知道，但是他看到的是男摊主拉着门把手，对这个事实有什么意见？

被告人：我不知道有没有拉。我没有往后看，也没有往后视镜看。

辩护人：好的。因为他两次笔录之中的说法也有一些出入，比如，一次他说是拖行10多米摔倒，另一次说拖行30多米摔倒，特别是他提到您在车里面肯定会意识到左侧有人，因为这个过程中摊主一直在拍车门。

被告人：我肯定没有意识到。因为当时我还在跟我女朋友争吵，另外他说男摊主是被我拖行的，又说男摊主还能把手伸上来拍打我车窗，怎么可能一边被我拖一边又拍车窗？

辩护人：意见我听明白了，这个更多的是他自己的一个主观判断，属于猜测性的证言，根据证据规则，猜测性的证言不能够作为证据使用。从他笔录的意见看，他不是看到您有看到左边，而是认为您应该看到左边。

被告人：你当时也说我女朋友的说法是跟我的说法是一样的，就说明我是真的没有看。

辩护人：另外还有证人袁某虎，他提到男摊主在跟着车跑，但是他看到的是没有拽着车把手的，是被绊倒之后摔倒在地上，整个过程中车子没有停顿，也没有感觉到明显的减速。

被告人：我真的不知道摊主有没有拽我车把手，根本不知道左侧情况。

辩护人：有一个叫杨某三的人，他的讲法也是男摊主拉着车把手跟着跑，被带倒之后，在车轮和绿化带之间挤了一下。挤了一下，您有感受到吗？

被告人：没有。他们这几个人说法都不一样，一个说挤了，一个说是被拖死的，一个说根本就没有碰到。

辩护人：是的。但是他在笔录中是明确提到的，没有看到您有向左转头看人的情形。当时您有向左转头看吗？

被告人：没有。

辩护人：同时他们也提出在有人拉门和拍玻璃的时候，您应该能够听到这样的声音，能意识到，您有什么意见？

被告人：当时的情况真的是太复杂了。我知道好像说刑事诉讼证据一定要形成证据链的，如果有合理怀疑的话就不能认定。既然我跟我的女朋友，还有这些跟我不相干的证人都说我是没有转头的话，已经不是合理怀疑的层面了，而是辩方的证据十分充分了。

辩护人：是的，该问题我们在法庭上也会向法官提出的，左侧的事情你是不知情的。被害人老婆主要讲她这边的情况，她当时站的位置是在车的右前侧，她能够看到左侧的情形吗？

被告人：我不知道她能不能看到。

辩护人：车玻璃有贴膜吗？

被告人：有。防晒膜。

辩护人：一般情况下，隔着这个膜不大能够看到另外一侧的情形。

被告人：通过我的车玻璃肯定是看不到的。

辩护人：好的。所以她后面有一些关于她老公这一侧的讲法，可能是她自己的一个想法。

被告人：她不是都收了我们钱了吗？怎么还这样讲话？

辩护人：这个是正常的调查取证之中所做的笔录，这只是她当时的一个说法而已，这个说法是否客观需要司法机关去判断。

被告人：她收了我的钱了，能不能让她再重新去做笔录？

辩护人：你给她的是赔偿款，她愿意对你和解和谅解，但是她依然有权利客观地陈述当时的情形。如果给了她钱，她为此而改变了证言，这就不是依法取得和解、谅解，而是贿买证人，是构成刑事犯罪的。

被告人：接下来我要怎么办呢？

辩护人：您女朋友的说法基本上和您的说法一致，刚才提到开车的时候，你俩有吵架，所以您的目光一直向着女朋友这一侧，对吧？

被告人：是的。

辩护人：其他没有什么证据，剩下的就是和您一起喝酒的朋友的证据了。他们说当时您跟他们说是反光镜撞坏了，但是从来没有提到过有人受伤的事情。

被告人：对。

辩护人：基本上，目前有一些对您不利的证据，确实也有摊主抓着门把手的可能性，但是这个只是一种可能性，也不能够确证。即便如此，目前没有证据可以证实您确实往摊主的方向看或者瞄的情形。

被告人：哪些人说我有瞄的，哪些人就是在作伪证。我们能不能追究他们的责任？

辩护人：他们作证不真实的地方，我们在庭上会提出，但是这个不能说他们是作伪证，因为每个人的认识和理解都不一样。还有一个问题，您到底有没有意识到左侧有人，这个可能在法庭上会是一个重要的争点。即便您没有向左看，拍打玻璃和敲击车门，也会使您能意识到左侧有人，特别是在加速的过程之中。而这个争点，您有自己的辩解和女朋友的说法能够印证，但是希望在庭上有更好的补强，会对您有更大的帮助。

被告人：什么时候开庭？

辩护人：开庭的时间目前还没确定。开庭之前，我会再来和您会见商讨辩护方案的。

点评[①]

审判阶段如何核实证据？是否与审查起诉阶段一样要采用“人证分离”的方式来核实？审判阶段核实证据不需要采用“人证分离”的方式。根据最高人民法院印发的《人民法院办理刑事案件庭前会议规程（试行）》，在召开庭前会议的时候，如果被告人不到场的，律师可以帮被告人将其对证据的意见带到庭前会议上，也就是说由律师来反映被告人的意见，被告人事先肯定要对证据进行了解，他才可以提出自己的意见。所以他需要对这些证据进行了解和审查，证据必须具有全面性，完全地展示给他，他才可以提出自己的意见。庭前会议上都可以向他全面展示了，庭审前更可以。所以在审判阶段就没有“人证分离”的一个要求。刚才在演练中，律师直接对每一个证据的名称、内容进行宣读，要告诉当事人谁说了什么，哪些是不利的。这些都是可以的，辩护律师

① 主讲人：徐宗新。

可以直接、全面地向当事人展示证据。当事人会提出意见，律师把这些意见记录下来，庭前会议的时候就可以代被告人向法庭反映。如果没有召开庭前会议，在正式的法庭调查之前、庭审之前，律师也可以全面地向被告人展示证据，听取被告人的意见。这个是审判阶段核实证据和审查起诉阶段核实证据不一样的地方，需要特别强调。

核实完证据后，接下来就要商讨辩护意见和方案。这个案件是辩护律师一路跟下来的，律师对情况比较了解，他可以把几次会见合成一次。比如，对于可能认罪认罚的简单案件，我们就把几次会见的任务并成一次，听取被告人的意见，核实证据，然后探讨方案，进行庭前辅导。当然一项任务也可以分几次会见来完成，比如，涉黑的多罪名案件，会见一次是不够的，核实证据就需要好几天。但无论是进行几次会见，都要有独立的功能，遵守相关的规则，完成相应的任务。

第十四节　审判阶段商讨辩护方案的会见

实战演练[①]

辩护人：案件应该在排期开庭了。我今天过来是想和您再商量一下，这个案子在法院阶段我们采取什么样的方案比较合适。第一个方案，我们想申请召开庭前会议，提出非法证据排除，因为您的第三份笔录是所有在案材料中对您最不利的，而且确实在取证时存在非法取证的现象，所以我们要提出非法证据排除。另外，因为这个案件已经取得了相关当事人的和解和谅解，我们希望能够跟他们进行进一步沟通，如果是被害人家属能够在法官这里再求求情，不是出具一份冷冰冰的谅解书，可能效果会更好一些。第二个方案，就是之前我们商定的方案，还是坚持过失致人死亡的辩护。上次会见后，我们也反复地模拟了当时的情节，确实在当时的夜色条件之下，很难看到左侧有人或者是拖动的

① 演练人：陈沛文扮演辩护人，翁叶榕扮演被告人。

情况，而且我们注意到车当时贴的也是深色的车膜，在夜晚的时候能见度更低。在案的两份侦查实验是在白天做的，我们认为当时的情形也不一样，我们也录了这样的视频，到时候当作证据提交。在这个方案里面，我们坚持过失致人死亡的同时，要不要提无罪辩护的意见？

被告人：这位法官有没有判过无罪或者说故意杀人变成过失致人死亡？

辩护人：检索下来，这位法官没有判过无罪的案例。

被告人：如果这个法官没判过无罪的话，你前期跟他沟通，他自己是怎么样一个想法？

辩护人：对于这个案件，法官的意见还是比较保守，没有明说，只是说确实有争议。

被告人：如果他还是觉得我是有罪的，你现在突然提无罪，我担心会不会引起他的反感？

辩护人：这个也是有一定风险的，对于是否提无罪，有两个方案，第一个方案是您和我都不提，集中进行过失致人死亡罪的辩护；第二个方案是您表示认罪的态度，我在您的意见基础之上，进一步提出可能有无罪的情形，您的态度不受我无罪辩护的影响。

被告人：我觉得后一个方案可以。

辩护人：好的。另外就是这个案件，虽然现在影响性已经是降了下来，但是毕竟当时经过了这么多的波折，也引起新闻媒体广泛关注，同时也是经过检委会的讨论，法官也提出，如果在量刑优惠的情况之下，故意杀人的罪名您能不能接受？

被告人：你要不要考虑，我们重新提一下故意伤害？

辩护人：这个案件辩故意伤害，空间不是很大。

被告人：我实在是不想被贴上杀人犯的标签。

辩护人：那么我们就放弃这样的方案，还是坚持到底。

被告人：而且我之前笔录也一直都是这么做的，现在突然之间又让我说我是故意的，我心里面比较难接受。

辩护人：好的，我知道了。

被告人：你的这些意见在开庭之前会跟法官说吗？

辩护人：我在开庭之前会和法官沟通。

被告人：我听他们说好像法官现在都很忙的，辩护意见好像只要写一页纸就够了，写太多他们不会看的。

辩护人：不是这样的，律师的辩护意见肯定是要详略有序。法官翻阅辩护意见的提纲，就能够直观地理解我们所提出来的思路。如果他需要进一步的审查，我们也会有非常细致的法律分析和证据分析附在后面，供他参考。

被告人：你在跟法官沟通的时候，你认为他有没有可能会把罪名改成过失致人死亡，然后我们就直接签认罪认罚？

辩护人：检察院不同意以过失致人死亡给您认罪认罚。

被告人：我跟法院签可以吗？

辩护人：和法院签不行。

被告人：你这边沟通完什么时候会有消息，庭前会议我要去参加吗？

辩护人：庭前会议不确定，有可能不需要您到庭，如果不到庭的话，之前我也跟您核对过证据，我会把您的意见转述给法官的。

被告人：好的。我们现在的辩护就是两个方案，一个是按过失致人死亡罪来辩护，另外一个就是说我坚持认过失致人死亡罪，然后你提一下无罪的意见？

辩护人：是的，我提一下无罪的情形。因为在案的侦查实验证据和当时的夜晚情况是有所不同的。

被告人：按故意杀人罪，你之前说给我尽量谈到3~10年刑期，这个还要再提吗？

辩护人：您之前不是不能接受这个罪名吗？

被告人：我想是能轻就轻，我怕另外两个方案法官都不认可。

辩护人：这个是没有兼得方案可以选的，如果您要作过失致人死亡的辩护，故意杀人罪您就没有办法认了。

被告人：你觉得哪个会比较好？

辩护人：我不能够替您决策。我可以告诉您选择哪一种方案会有什么样的后果，但是是否要承受这样的后果，需要您自己权衡。

被告人：好吧，我还是不想被贴杀人犯的标签，我们还是就按原来讲的方案进行。

点评[①]

在刚才的演练中可以看到，被告人的想法是会发生变化的。他对故意杀人罪和太长的刑期非常恐惧，所以提出来能不能再考虑一下故意伤害罪，哪怕是故意杀人罪，量刑在10年以下他都可以接受，也提出了他的想法。所以在审判阶段重新跟当事人商量法律服务方案，还是很有必要的，这时为什么又重新有商量法律服务方案的必要？因为在法院审判阶段又介入了法院的因素，法官也有他自己的观点。法官的观点跟检察官的观点不一致的时候，就是一个辩护可以抓住的契机。比如，法官觉得这个案件是可以定故意杀人罪的，律师就要考虑了，是不是要和检察官在故意杀人罪的前提下，协商一个轻的量刑，这是比较切实可行的。如果法官觉得这个案件定故意杀人罪有难度，我们跟检察官去商量认罪认罚的量刑也好，都会有不一样的做法。当然，法官的一个表态也不作数，这只是他个人初步的一个想法，律师可以做一些沟通，有助于法律服务方案更加全面，更有利于保障被告人的合法权益。所以在审判阶段律师要考虑案件证据的情况、检察院的态度、法官初步的观点以及被告人心态的变化，综合这些因素，再提出来更全面的法律服务方案，供当事人来选择。怎么选择方案，律师和家属的意见可以给他一个参考，最终由他自己来选择。这里还要强调一点，这个辩护方案应该是更加全面的。什么叫更加全面？就是不仅仅是几种无罪、罪轻、轻罪的辩护方案，还要考虑辩护团队辩护的措施，深化辩护工作的一些建议。

比如，当事人认为律师太年轻，律师就可以主动提出来，这个案件因为比较重大，当事人是否考虑委托一个资深的、相对来说比较权威的、在公检法里面口碑比较好的专业律师，由他来出庭。有些当事人说这个律师服务得不好、那个做得不对，那辩护律师可以主动提出来追加律师。案件到了法院，情况不一样了，律师就可以建议当事人追加一名权威的资深的专业的律师，可能会更有利于保障当事人的权利。

① 主讲人：徐宗新。

又如，这个案件在法律上争议非常大，可以建议当事人去做一个专家论证，到省里或者北京、上海，请一些这方面有研究的专家，对这个案件进行一个论证。有些人认为专家论证并没有什么用，有些人认为专家论证还是很有价值的，至少能给法官检察官以启发。当然，专家论证不能简单地说有用或者没用，而是要看什么样的案件，怎么论证，论证的这些理由和观点是否能够站得住脚，以及律师如何运用这些专家论证的意见。像这种定性争议比较大的案件，进行一个专家的论证，那是有必要的。如果做，我们要聘请口碑比较好的、专业的、研究方向对口的权威专家，请他们来进行评议。在专家进行讨论论证的过程中，也要积极协助专家找相关的资料。拿到专家意见后，律师还要把这个意见跟法官检察官进行一些沟通，不能简单地直接交给承办人了事。如果律师不给承办人讲解一下专家论证意见的观点和依据，他们也不会重视。所以律师一定要把这个意见书翻开，给他指出来，什么专家，什么观点，什么依据，哪怕把这些专家撇开，这些依据还是在的，这些理论还是在的，他在裁判的时候要予以考虑的。要这样来进行使用，才会发挥专家论证意见书的作用。

还有其他的一些考虑，比如，是不是原先没有赔偿到位，可以增加一点赔偿，这个也是很切实有效的一种方法。这些思路我们都要把它打开。又如，看看有什么新的证据。在这个过程中有没有检举揭发，有没有什么申请做一些新的鉴定等。辩护律师的思路要更加开阔，在每一个新的阶段，始终要考虑还有什么工作可以做，还有什么工作可以做得更好，提出更加全面的方案，供当事人来进行选择。这个方案是非常全面的，它有辩护意见的方案，有辩护工作的方案，还有法律服务的方案，面面俱到，一切都是为了当事人的利益最大化而去考虑。

第十五节　庭前辅导

实战演练[①]

辩护人：后天要开庭了，我已经接到这个通知了，所以今天过来会见您，把庭审流程讲一下。

① 演练人：陈沛文扮演辩护人，翁叶榕扮演被告人。

被告人：你跟法官沟通过吗？他怎么讲？罪名会不会变？

辩护人：我跟法官沟通过，他的意思是我们先开庭，结合庭审的情况，他再综合判断。所以现在最紧要的工作是我们一起配合把庭开好。今天我专门过来就开庭相关的注意事项给您做一个辅导。

这次开庭是公开开庭审理，您的父母和家人也会来旁听。合议庭是由一名法官和两名人民陪审员组成。在法庭里面，您是面对法官的，法官的右手边是公诉人，法官的左手边是我。在整个过程中，会有几个环节，第一个是核实身份，身份证号是多少，家住哪里，什么时候出生，什么时候被采取强制措施，这些内容在起诉书上都有写。

然后法官会告知您在庭审之中享有的权利，包括申请回避的权利、提出证据的权利、自我辩护的权利等。

被告人：回避的权利是什么？

辩护人：您认为审判法官和人民陪审员不适合、公诉人不适合，提出法定的理由，可以要求他们回避。

申请回避的理由，必须是存在一定的利害关系，与案件结果有影响。单纯认为法官有偏见，没有证据证明存在影响案件结果的情形，这样的回避理由法官是不会采纳的。

被告人：如果我提了会对我不利吗？

辩护人：应该说没有必要提，提了也是驳回。据我了解，法官和检察官应该是跟这个案件没有其他利害关系的。

被告人：那我就不申请了。

辩护人：然后比如告知有自我辩护等其他权利的时候，表示知道就可以了。

被告人：好的。

辩护人：告知完权利，就进入法庭调查环节。首先是公诉人宣读起诉书。读完后，法官会问您对指控的事实与罪名有什么意见。您就要提出两点，第一，您开车驶离时没有看到边上有人拉车把手，没有放任被害人死亡；第二，您对故意杀人罪表示不能认同。然后由公诉人对您进行讯问，讯问基本上也是围绕之前笔录的内容来展开。核心的问题之前讲过很多次了，也就是您到底有没有看，看不看得到，以及有人拍打车窗，有没有听到，听到之后足不足以让您认识到有人一直拉着车把手跟着跑被拖行这件事情的危险。主要就是这几个点。

被告人：因为我知道公诉人庭上都会很凶，而且他们学法律的人都很会绕逻辑，万一我真的是被绕到我回答不出来了，我可不可以跟他说请我的律师来回答。

辩护人：不可以。因为回答公诉人的问题是您的义务。对于事实部分的内容是必须要由您来回答的。

被告人：他们要是故意绕我怎么办？比如，我室友说他的公诉人就经常问他“难道你就不知道吗”这种问题，这怎么回答？

辩护人：第一，要听清楚公诉人的问题再回答，如果不明白他在问什么的时候，您可以请求公诉人解释一下他到底想问什么。第二，不管公诉人问什么样的问题，您都要准确回答，按照您认为的事实来讲，不用针对问题选择性地讲。第三，在庭审上，可能公诉人会很凶，会对您有一些言语上的呵斥，甚至您会觉得有一些问题是在故意绕，但您别往心里去，对公诉人的态度要平和，不要在情绪上做无谓的对抗。

被告人：好的。

辩护人：公诉人讯问完之后，就轮到我对您进行发问。之前都跟您沟通过，主要就是与过失致人死亡相关的一些事实，包括您当时在车上的状态，和女朋友吵架的情况，到底能不能看到当时的这个环境和您事后的一些心态等，这些我相信您应该知道怎么回答了。

被告人：我知道。

辩护人：除了我向您问问题之外，可能法官也会向您核实一些问题，听清楚法官的发问，以一个较好的态度，如实回答他就可以了。

被告人：好的。

辩护人：在法庭发问结束之后，一般就要进行举证质证，也就是之前跟您核对过的这些证据，公诉人会在法庭上当庭出示，然后法官会询问您对这些证据有没有什么意见。

被告人：要我自己讲？

辩护人：是这样的，您可以就这个证据发表自己的意见，比如，觉得谁的讲法有问题，觉得谁说的不是事实，这些您可以自己提。有一些不知道该怎么说的，比如，鉴定意见到底是怎么样的，能够反映什么情况，不知道怎么说时，您可以说我对这个证据不懂，请我的律师帮我说。

被告人：我是不懂这些证据。反正他们那些笔录都是骗人的，都你来讲好了。

辩护人：我的建议是，对于其他人的讲法，如果您认为它是不真实的，由您来提出比我提出更加有力量。

被告人：那都是我讲的话，我还请你干吗？

辩护人：对于笔录真实与否，您提出来，法官的认可度会更高一些，因为我毕竟不是当时的亲历者，如果是我提出来他们的讲法不真实，也只能是说他们的讲法与您的讲法不一致。而您是知道当时情况的，所以您否认他们讲法的真实性会比我提出来更可信。

被告人：好的。

辩护人：至于证据的合法性、关联性和证据综合认定的问题，我会帮您陈述的。

被告人：好的。

辩护人：在出示完证据之后，就会进入法庭辩论的环节，由公诉人先发表公诉意见，发表公诉意见时您要仔细听公诉人是怎样指控您构成犯罪的。您认为指控哪里不对，就向法庭提出来。

被告人：公诉意见跟起诉书是一样的吗？

辩护人：公诉意见是在起诉书基础之上的具体分析和展开，起诉书比较概要，公诉意见比较具体，主要是指控您的具体理由和分析论证过程，以及量刑建议。这个案子争议的焦点就是开车时有没有意识到左侧有危及他人生命的危险。

被告人：我到时候就讲我没看到，这样就好了？

辩护人：您也可以简单地这么讲。如果您觉得哪些地方确实有问题，您也可以多讲一点，但是考虑到庭审时间，尽量不要讲重复的话，不要翻来覆去地讲，这可能会让法官产生反感。

如果想不好怎么讲，就说“由我律师为我辩护”也行，那我就开始发表辩护意见。法庭辩论一般会有两轮。公诉人发表第二轮意见时您要认真听，如果在事实上有与您观点不一致的地方，轮到您发言时，要直接提出来，因为您是当事人，对事实问题提出意见，很有说服力。然后我作为辩护人会进行答辩。两轮辩论之后，是最后陈述的环节，也就是在最后您有什么心里话想和法官讲的，都可以讲。比如，可以提出一些您觉得冤枉的地方，也可以向法官求求情，也可以再次向被害人的家属表示歉意，以情动人，争取法官能够对您产生怜悯之心。

被告人：你不是叫我不要说重复的话吗？我被冤枉的话在前面已经讲了，在这里还要再重复一遍吗？

辩护人：您可以简要地再提一下。前面是结合事实、证据和法律来讲，后面的最后陈述是您最后的权利，最后再和法官讲讲心里话，以情动人。

被告人：我到时候可以写一张纸带去念吗？

辩护人：可以，但是不建议这样做。因为念稿子没有直接说显得真诚。

被告人：我爸妈给我写信说这个案件好像网上影响蛮大的，都说富二代开车杀人之类的，好像说明天有记者来，能不能阻止这些记者来？

辩护人：据我了解，明天应该不会有记者到庭。

被告人：明天我要穿什么衣服？

辩护人：正常的衣服，大方、得体、朴素就行，要像个大学生。

被告人：到时候会不会给我戴手铐和脚镣呀？

辩护人：带上法庭时会的。但是在宣布开庭后，法官会给您解除戒具，如果法官没有解除，我也会帮您申请解除的。

被告人：可以帮我申请不要庭审直播吗，要不然我的生活学习真的是全部都毁掉了。

辩护人：这个我们会去和法官沟通一下，但是这个案子不属于依法不公开审理的情形，至于是否庭审直播，我可以跟法官做一个协商。

被告人：开完庭是不是直接宣判了，我之后还有机会见到我爸爸妈妈吗？

辩护人：这个我跟法官申请下，在开完庭之后，是否可以留给你们几分钟时间，简单地讲几句话。明天开完庭应该不会当庭宣判，这个案件相对比较复杂，后期肯定还要经过他们的合议，甚至是审委会讨论的。

被告人：这样判下来大概还要多久？

辩护人：这个不太好说。按照法院的审限来讲，一般是3个月，然后重大疑难复杂案件可以再延长3个月，如果有其他情形还可以再申请延长。您这个案件估计处理时间会久一点的。您好好准备，我们开好这个庭。

点评[①]

庭前辅导的要求是：全程、全面、到位。

“全程”，是指从被告人被带到法庭开始一直到带离法庭，包括法官核对身份，讯问、发问、举证、质证，他要怎么回答，一直到最后陈述，必须全程辅导。我们的辩护方案必须站在庭审全程来考虑。例如，被告人应该怎么走上法庭？是正气凛然，是趾高气扬，还是理性谦卑，或是低头忏悔？不同的辩护，应该有不同的出场方式。如指控黑社会罪名的案件，第一被告人大摇大摆、趾高气扬地走上法庭，这就对辩护很不利。实战演练这个案件的当事人，外面已经评论是富二代了，如果还趾高气扬、旁若无人地上场，就会让人产生很不好的印象。法官接着核实身份，回答是学生还是无业，那是不一样的。如职务犯罪案件，核实职务就是重中之重，是实职还是挂靠，这个时候就已经开始辩护了，应该讲明。如果被害方来了，离开法庭时，是不是要向被害方鞠个躬？走的时候是不是也跟法庭鞠个躬、示个意，忏悔地走下法庭？又如，对于发问工作，辩护律师不仅要把他要向当事人发问的问题进行提前告知，还要把公诉人、其他律师、法官可能问他的问题进行充分的预测，让当事人做好充分的准备。辩护工作必须全程安排。

“全面”，是指除了发表辩护意见以外，其他方面的工作律师也要考虑到并

① 主讲人：徐宗新。

做好。刚才讲了，上了法庭要穿什么衣服？这个案子我们建议穿得朴素一点。如果是领导干部的案件，给他穿得体面一点。如果是当事人作无罪辩护，认为自己是清白的，就必须穿得正式而威严，看上去就不像犯罪分子。

像我们演练的这个案件，本来外界评论当事人是富二代，穿着特别时尚，全身上下都是名牌，那就不合适。所以律师要提醒他穿着朴素一点。最后的陈述环节，虽然说脱稿的效果会好一点，但是书面的陈述也要准备好，脱稿讲完后把书面的材料通过法警呈交给法庭，这样效果可能会更好。一方面被告人口头表达效果很好，另一方面还有书面的陈述方式放在案卷里，其他承办法官也都可以看到，两全其美。这就是全面，面面俱到，考虑各方的感受，争取最有利的外部环境。至于赔偿金额问题，考虑到媒体可能炒作，不管炒作力度的大小都会对案件产生影响，律师就要在庭前建议公诉人、法官不要提具体的赔偿金额，以免被媒体不当解读。

“到位”，是指被告人对问题的回答，答案应是确定的，不能再带有疑惑。法官问被告人什么问题，律师事先都要做好预判，告诉当事人怎么回答。公诉人问被告人什么问题，律师要做好预判，不管是容易的问题，还是最难的问题，不管是可能有陷阱的问题，还是可能带有威胁、吓唬的问题，我们都要考虑到，都要提前给被告人进行演练，让他做出准确的回答。对于律师问的问题，包括其他被告人的律师问的问题，被告人都要做到心中有数，答案应是确定的。当然，有人会问，这样提前告诉当事人答案，是不是属于诱导他做不实的陈述？经过长期的律师工作，我们也了解了被告人在案卷中的陈述，他也在多次的会见中向律师讲了他的辩解，这都是有证据在案的，这些问题早就重复过几遍，甚至几十遍了。律师直接告诉当事人的答案都是有依据的，依据的是他的笔录和律师会见时提出的辩解，所以不存在诱导的问题。律师在法庭上问被告人的问题也一定要注意，不要超出预演的这些问题而向他提问。如果律师临场想到一个问题，一定要慎重。因为这些问题他可能没有考虑过，回答的就未必是你想要的答案，这就存在风险。所以庭前对庭上的问题，律师要预测充分，对于这些答案都要一一确定到位。在庭上不做没有准备的发问，或者说不做对答案没有把控的发问，这是律师的一个原则。准备必须充分，庭上不能出现意外，该问到的问题不管怎么问都要早早准备好，早就有既定的答案。

以上是总结的庭前辅导的三个要求，非常重要。只有庭下先辅导充分了，庭上才不会出现纰漏，这也是标准化和精细化的要求。

第十六节　庭后会见

实战演练[①]

辩护人：上周开完庭了，今天来见一下你，整个庭审的情况，你觉得怎么样？

被告人：我觉得你总体上讲得很好，但是有几个问题我也想不明白，为什么在庭上你质证的时候，法官要打断你？说什么叫你到辩论的时候再讲，然后你就真的不说了。

辩护人：有些时候法官打断律师发言，可能是觉得占用了太多庭审的时间，如果因为律师为当事人多争取而引发法官的反感，律师也要适当地作一下调整。但有一些关键性的问题在庭上律师还是要坚持的。

被告人：那为什么检察官在问我话的时候你不打断他，那些问题我都回答不出来了。

辩护人：在庭前辅导时，我就说过，在检察官讯问时，我尽量不去打断他，避免双方产生冲突，不管遇到什么问题您都用标准的答案去回答。除非是没有预见到的问题，难以回答的，律师才会帮您提出反对意见。其实，您在检察官这样的逼问之下，陈述出来的这些事实会显得更加真实。

被告人：后面罪名改变的可能性大吗？

辩护人：我们跟法官在庭后也沟通过，他可能还要上报审委会去讨论该问题，说白了这个案件要证明故意杀人证据是不足的，但是要证明不是故意杀人，也没有明确的证据。

被告人：他什么时候会宣判呢？

---

① 演练人：陈沛文扮演辩护人，翁叶榕扮演被告人。

辩护人：宣判的话估计还需要一段时间。在判决之前我也会来会见您，有相关的情况也会和您做一个沟通。

点评[①]

庭后会见律师有四项工作可做：

第一，听一下被告人对于律师庭上发表的辩护意见及庭上的情况有什么意见和想法。开完庭后律师去会见，与当事人互相交流一下，看看彼此是怎么看的，当事人就会觉得很通气，就会心中有数。

第二，问被告人有什么补充意见。因为开庭时间比较紧凑，可能有些意见来不及发表，辩护律师还要问被告人有什么补充，比如，被告人最后陈述有什么补充，如果有没有讲的内容，可以补充，律师可以以自书材料的方式，也可以以笔录的方式把被告人的意见带到法庭。还有对律师发言的意见，问问被告人有什么补充。

第三，对于这个案件的进展，我们要告诉当事人现在是什么时间了，大概一审什么时间会结束，还有多少时间，可不可以延长，还要经历什么样的程序。案件的进展一定要告诉当事人，让他心里有一个预判。一般来讲，时间拖得越长，改判的希望越大，时间越短，采纳检察院意见的可能性越大。

第四，介绍庭后的律师工作安排。律师要对被告人讲律师庭后会结合庭审的情况整理一份详细的书面意见，也要提醒被告人，书记员如果来签庭审笔录的时候，要认真地看他自己的话，是不是原话，以免出现记录上的失误，他又误签，从而对他产生不利的情形。

第十七节　判决前的会见

实战演练[②]

辩护人：案子估计下周就会宣判，法官已经通知了。具体判决情况，没

① 主讲人：徐宗新。

② 演练人：陈沛文扮演辩护人，翁叶榕扮演被告人。

有宣判之前法官肯定是不能透露的，但是相应的一些从轻减轻的情节，法官表示都听进去了，在判决的过程中会考虑的。对于定性的问题，他没有过多的说法，只是说律师的意见确实也有一定道理，他在判决的时候会综合考虑。

被告人：那有希望是吗？

辩护人：不太好说。因为法官的讲法还是比较保守的，不太能够判断他判决的一个具体倾向，但是总体而言刑期应该不会特别重。

被告人：判决前你还会再跟法官再沟通吗？

辩护人：我会和法官再沟通，不过现在可能意义不会很大了。

被告人：到时候如果真的判我故意杀人罪的话，你觉得我家属去北京上访有没有用？

辩护人：这个案件跟一般的案件不一样，上访的意义可能不大。如果对于这个判决觉得不满意的话，我们还可以进行上诉，二审还是有机会的。

点评[①]

判决前的会见要注意以下四点：

第一，判决前的会见很有必要，在判决前律师一定要告诉当事人快要作出判决了以及什么时候作出判决，让当事人做到心中有数。当事人请了律师，他要了解案件的进展，所以律师要与当事人保持通气，不能整天让他处于猜谜的状态，每天都在担心我的律师怎么还不来，到底情况怎么样。律师在该去的时间去，哪怕告诉当事人没有进展，那也是一个情况，要让他了解情况。因此，这时是一定要去会见的。

第二，律师去了后，要告诉当事人案件判决的可能的结果。以本案为例，这个案件可能的结果，简单地讲就是如果定故意杀人罪的话，可能量刑会稍微轻一点，如果定过失致人死亡罪，量刑可能会偏重一点。无罪的可能性目前来讲不太可能。让当事人做好思想准备，要告诉当事人可能的结果。

第三，律师在这一段时间做了什么工作，包括家属做的工作也要讲一下。

① 主讲人：徐宗新。

比如，这段时间辩护律师提交了辩护意见，与法官进行了沟通，提交了一些案例，还补充了一些观点，家属也做了努力，也向法院院长写了信，也向法庭表达了歉意，与被害人家属那边做了很有效的沟通，让他们也向法院表示确实是真心实意地谅解等。

第四，宣判后的工作安排。宣判后，律师会根据判决的情况，及时会见。拿到判决书，要跟家属先商量一下是否要上诉，一旦商量好了，及时来会见当事人，也需要听取一下当事人的意见，然后判断一下是不是要决定上诉。最终，形成一个决定，上诉还是不上诉。

第十八节 判决后会见

实战演练[①]

辩护人：判决下来了，定了过失致人死亡罪，判处有期徒刑6年。还是和我们之前努力的方向比较吻合的。现在6年的刑期，不知道您是否认可，因为虽然说是已经达到了我们初步的预期，但是还是要来问一问您有没有上诉的打算和计划？

被告人：我家属怎么说？

辩护人：家属对定性改变满意，但就过失致人死亡这个罪名来说，还是感觉重了些，判4年以下比较合理。

被告人：检察院有意见吗？

辩护人：这个判决检察院是不接受的，他们有可能会抗诉。

被告人：他们抗诉的话会怎么样？

辩护人：如果检察院提起抗诉的话，二审就可以改判，有可能罪名还会变成故意杀人罪，加重判决。庭后我们跟检察官沟通的时候，他们表示这个案件可能要抗诉，如果检察院抗诉的话，我们这边就必须上诉了。

被告人：会不会检察院那边商量不抗诉了，但是因为我这里提起上诉，他

① 演练人：陈沛文扮演辩护人，翁叶榕扮演被告人。

们就也要抗诉？

辩护人：也会有这样的一个情况存在。所以上诉状我今天已经准备好了，您可以先签，我们是按照量刑过重以及存在无罪的可能性来提出上诉，但是上诉状我们不直接先交，可等到最后看看检察院是否抗诉，再决定是否提交。

被告人：如果检察院抗诉我又不上诉的话，是不是一定会加重？

辩护人：检察院抗诉，就有可能会加重，与您上不上诉是没有关系的。

被告人：我家属现在什么意思？

辩护人：家属对于这个结果，认为如果是真的能够保持，他们能接受，当然他们也希望进一步从轻，但是没有抱太大的希望。

被告人：我心里是觉得这件事情实际我真的是没有做错什么。我也不存在什么应当预见，因为我真的就是看不见，我心里是抱着无罪的希望的。但是现在这个结果我也知道律师真的是努力了很久。如果检察院不抗诉，我也不上诉，我是不是就可以直接去监狱里面服刑了？

辩护人：如果是检察院不抗诉，您也不上诉的话，就可以投监服刑了。

被告人：如果我现在上诉，被改判无罪或者量刑再下来一点的概率有多大？

辩护人：这个刑期如果想要再低一点，会比较困难。没有新的理由，比如立功什么的，二审也不太可能再减。

上诉时要提出一些新的证据证实当时您是根本就不可能看到的，这才属于意外事件。但从驾驶员的义务来看，您应当注意周边环境，说不可能看到也是不现实的。所以，这个意见也就是提一提，经不起深究。但是，提出来也确实是揭露了一个问题，毕竟被害人拉着车把手跟车跑确实反常，一般人想不到，难以预见。二审，这是个重要的理由。

被告人：你有什么新的证据可以证明我当时真的没有看到吗？

辩护人：目前也没有。一审的时候跟法官提过，当时晚上我们自己做的实验，但是因为我们自己做的，只是作为一个参考，没有当作证据提交。

被告人：二审上诉的话，是不是相当于是完全在对抗检察院的抗诉了？

辩护人：如果检察院不抗诉，我们不建议您上诉，或者说上诉价值不大。如果检察院抗诉，这个案件在二审要经历和一审一样的斗争程序。

被告人：我是想着还要争取看看，如果检察院不抗诉，我上诉，你刚刚说了是不加刑的，那么我想争取一下无罪和更轻的量刑。

辩护人：这个当然也没有问题。

被告人：二审我是继续委托你好，还是委托其他律师好？

辩护人：如果您要争取无罪，我建议再委托一名更加有影响力的律师来进行辩护，因为一审该讲的观点我都已经讲过了，换一个人讲一讲，对于二审的法官来讲更加有新鲜感，对新的辩护律师来说战斗力会更强。

被告人：意思是我换一个律师，不用请你了？

辩护人：您可以请我，可以换一位律师，也可以再增加一位比较有影响力的律师，我协助他开展二审辩护工作。

被告人：二审阶段我如果继续委托你的话，你会给我免费做吗？

辩护人：二审的话我还是要收费的。因为我们当时签的服务合同是到一审终结为止，如果我要再做二审的律师，需要重新签合同重新立案。

被告人：你能不能推荐资深一些的律师？

辩护人：刘某某律师，他比较专业，也比较资深，有影响力。

被告人：我听我的室友说有一个专业取保候审律所的李某某律师，虽然很年轻，但是听说特别有本事，你说我去委托他好不好？

辩护人：这个由您自己判断，我可以转告您家属，让他们去审查评估。选律师就像找对象，要对眼、对味、对路。

被告人：我是上诉状先签好，然后由你帮我寄吗？还是我自己提交？

辩护人：我来帮您提交。我们认为等到上诉期的最后节点提交更为合适。

被告人：我这里不用跟我的管教说了吗？

辩护人：您这边就不用直接提出了。因为怕到时候检察院一旦知道这个情况率先抗诉，我们会比较被动。

被告人：我有多长时间可以考虑？

辩护人：上诉期是在收到判决书之日起 10 天之内。

被告人：10 日之内你可以再来见我一次吗，我怕我到时候想法有变化。

辩护人：可以，没问题。

点评[①]

判决后的会见要注意以下五点：

第一，判决后要及时去会见，不能等临近上诉期满再去。判决书一拿到，律师要抓紧分析，抓紧跟家属沟通，商量一个初步的方案，至少在判决下来5天以内就去会见，听取当事人的意见，并向当事人转告家属意见。如果不上诉就做个笔录，记明其不上诉的意见，展示给其家属，案件就结案归档了；如果要上诉，就把提前准备好的上诉状给他确认签名捺印，律师代为提交给一审法院；如果当事人还没有想好，要给他一些时间，在上诉期满前再去会见一次，以作最后的确认。如果再次确认后当事人还是没有想好，也可以把起草好的上诉状交给当事人，让他自己决定是否上诉，如果上诉，就直接签名捺印交给管教启动上诉。

第二，辩护律师要分析判决。辩护律师要分析这个判决为什么这么判，采纳了哪些理由，没有采纳哪些理由，为什么没有采纳。本案判决采纳了辩护人的部分意见，但是从过失致人死亡罪的角度来讲，判得还是偏重的。律师分析判决，不仅要从法律、证据、法理角度，还要从司法实践、习惯思维角度，甚至要结合案外因素，才能更加全面和准确，以利于当事人作出准确的决策。比如，本案定过失致人死亡罪判6年，看上去偏重，但是要考虑到罪名是从故意杀人罪改过来的，改变罪名已经相当不容易，此案影响大，相较于一般的过失致人死亡罪而言危害性要大一些，所以判决总体在合理的范围之内。如果律师考虑不全面，片面强调量刑过重，当事人则会作出上诉的决定，一旦上诉引发抗诉，有可能给当事人带来加重的风险；当然，片面地认为判决的量刑从轻，也要考虑是否会让当事人失去上诉从轻的机会，从而损害当事人的合法利益。总而言之，对一审判决的分析，要面面俱到，以当事人利益最大化为导向，提出全面、准确且有利的方案。

第三，辩护律师要先把上诉状写好，会见时带上。如果当事人已经决定上诉了，确认内容后直接签字捺印，由律师代为递交或寄交送一审法院；如果当

① 主讲人：徐宗新。

事人决定不上诉，就做个笔录，记明他不上诉，并告知家属；如果当事人想上诉，但担心上诉引发抗诉，那就先签字捺印交给律师，在上诉的最后期限内确认不会引发抗诉后提交一审法院；如果当事人还未决定是否上诉，可以把上诉状交当事人本人①，由其自行决定是否上诉，如上诉就签名捺印在上诉期限内直接递交给管教启动上诉；如果当事人上不上诉均可，由家属决定，律师也可以先让当事人签字捺印后带出来，依其家属意见决定是否向一审法院提交。

第四，辩护律师要分析上诉的利弊。上诉不加刑是原则，但也要考虑上诉加刑的例外。上诉加刑一旦发生，对当事人利益就是重大影响。一种是因为上诉引发抗诉。检察院本来在研究是否抗诉，一听说当事人上诉了，那一般会倾向于启动抗诉。认罪认罚的案件，当事人没有新的理由对自己确认具结的刑期不认可而提出上诉的，一般都会引来检察院抗诉。另一种是上诉后由于案件当事人矛盾激化，被害方或相对方提出一审判决定性错误、量刑过轻的意见与证据，二审法院发回重审，一审指控机关增加新的事实与证据，从而加重判刑。对于这两种情况，律师在与当事人商量是否上诉过程中必须分析透彻。如果是检察机关提出抗诉的，当事人也要提出上诉，一是确保控辩平衡，二是争取更轻处理。除了上述情况，当事人上诉没有加刑风险，只有时间成本，也就是多花半年的时间，争取一个可能更轻的结果。哪怕不成功，也顶多在减刑上略吃一点亏。如果当事人愿意牺牲一点时间来上诉争取更轻结果，那就上诉。律师应充分分析上诉利弊，并提出自己的倾向性意见，协助当事人作出准确的选择。

第五，建议二审委托其他律师。因为一审律师已经尽力了，从当事人利益最大化的角度说，如果有更好的律师在二审介入，会对当事人更有利，所以一审律师要主动建议当事人去找更好的律师。如果当事人提出需要推荐，我们可以推荐。如果当事人决定还是请一审律师，一审律师责无旁贷，但在费用上可以依律师收费办法打折。

---

① 要依照监所安全要求，把上诉状上的订书钉等硬物在交当事人前拆除，并在民警来带人时说传递的材料是上诉状。

第十九节　二审阶段第一次会见

实战演练[①]

辩护人：我受您父亲的委托，作为二审期间的辩护人来会见您。

被告人：吴律师，我的案卷材料你看过了吗？

辩护人：案卷材料，一审的伍律师已经跟我交接过了，我也看过整个案件了，检察院还是抗诉了，所以现在二审的风险还是比较大的。我们认为一审判决还是综合考虑了一审提的这些意见。当时律师提的意见也是比较专业的，可以看出来工作很敬业，只不过检察机关这边还是坚持当时认定的故意杀人罪的意见，主要就是认为当时在被害人拍击左侧车门的时候，您肯定会对这个情况有认识。这个案件定性争议点在这里。到二审，我们首要任务是对付抗诉，其次才是在原判量刑基础上从轻减轻。

被告人：检察院一抗诉，好像一审就白判了。你看完案卷材料，您觉得我有没有不被抗诉成功的可能，或者说有没有可能我的量刑罪名再更轻一些呢？

辩护人：抗诉上诉都是法律规定的程序，不能说因为二审就否定一审的价值和意义。对于上诉从轻减轻，我们想从无罪的角度提出一些意见，从而在从轻方面争取机会。

被告人：那你对于这个案件的辩护有什么新的意见吗？

辩护人：对于二审新的辩护意见，我们之前也和您的家属商量过了，我们准备做几项工作。

第一项，我们尽可能地再还原一下当时的情况，所以我们会向法院提出重新进行侦查实验，来确定在当时嘈杂的环境条件下，您是否能够看到以及能否听到有敲击的声音，这个是我们要提出的第一个理由。

第二项，从证据分析角度，提出无罪辩护的意见。从您的主观方面来看，您自己的供述，除了那次被排除掉的笔录之外，说法一直还是比较稳定的，包

① 演练人：陈沛文扮演辩护人，翁叶榕扮演被告人。

括事前、事中、事后的行为，综合来看，您确实对于有人死亡这个事情没有意识。而且我们注意到，根据鉴定意见最后认定的死亡原因看，他不是被碾压致死，而是被挤压致死，车辆碾压会有一定的颠簸，虽然您是无证驾驶，但是在开车过程中如果擦碰到周边的物体或路沿边的石头，对于驾驶人员来说，实际上感受并不是那么强烈。同时，我们观察到您的那辆车避震性还是比较好的，在这个基础之上您不能够认识到有人被擦碰的情节，所以没有及时停车，从这些角度来讲都是可以提出无罪辩护的意见。

第三项，在二审阶段，除了原有律师提的意见之外，我们建议可聘请一些比较资深的、在刑事法领域有影响力的专家来做一个专家论证，作为对律师意见的补强。

被告人：公安机关之前做了两次侦查实验结果都是一样的，再补充做一次会对我们有好处吗？

辩护人：因为前两次是在白天中午做的侦查实验，跟案发当时晚上的可视环境有比较大的差异。

被告人：你有没有什么特殊的方法可以让高院的法官听你的话？

辩护人：我们会和他们充分沟通的，包括这个案件关注度也比较高，影响和争议也比较大，除了承办的法官之外，像分管的副庭长、庭长、副院长，我们都会给他们寄意见，请求他们关注这个案件，保证客观地审理。

被告人：省高院会不会顾及省检察院的面子，然后就不给我改判，甚至给我加刑？

辩护人：这种可能性也有。但是二审的检察官也不是一定要遵从一审公诉人的意见，他们有义务客观中立地提出相应的意见，所以我们也会和二审的检察官就这个案件的情况进行沟通。

被告人：听说二审改判还要听取一审法院的意见，你看要不要再到一审法官那里做做工作，希望他不要去阻碍二审法院把我改判无罪。

辩护人：这都是审委会讨论过的案件，是很严肃的事，不是某个人可以决定的。二审法院如果要改判，会听取下级法院的意见，但不是听从。像这样的工作是没法做的，如果真的去做了，有可能起到相反的效果。

被告人：我明白了，刘律师我觉得你讲得非常好，跟前面一审的律师讲得一点都不一样，他讲的很多东西，比如，侦查实验也是他自己做的，都是不能当作证据使用的，他还去做。你觉得他是不是水平不太行，而且对我这个案件不认真负责。

辩护人：我觉得一审的律师已经很负责任地在为您争取了。我看过整个材料，包括他跟我交接的过程，做了很多的工作，而且在当时这样一个压力背景之下一审有这样的一个判决结果，已经很难得了。

被告人：因为一开始我被抓进去的时候，他就跟我说能取保候审，后来又跟我说可能是意外事件无罪，都在跟我讲这些，最后判了个过失致人死亡罪，实际我内心是有点不太满意的。我想你可不可以帮我通过律协或者司法局去投诉他，相应的律师费如果退回来的话，我会追加到你这里的。

辩护人：从专业律师的角度看，一审律师的工作是非常负责的，意见也非常专业，而且也被法院采纳了，可以说把您从无期徒刑辩到6年有期徒刑，效果也好。其实，我和一审律师在辩护方案上的观点是一致的，只不过表述的风格有所不同，而且我现在介入这个案件也是建立在他一审争取到一个良好结果的前提之下，相当于我也是继承了他的工作成果，所以我觉得您真的应该好好感谢您的一审律师。

被告人：好吧。现在检察院或者法院会过来问我话吗？

辩护人：因为是抗诉案件，二审肯定要开庭的，检察官肯定要来提审，法官一般就不在庭前来提审了。不开庭的二审案件，法官是会提审上诉人的。在检察官提审之前和开庭之前，我们都会过来会见，对您进行法律辅导。

点评[①]

上诉阶段新接的案件律师首次会见有以下六点要求。

第一，上诉阶段新委托的律师首先要分析一下判决。因为是新委托的律师，要体现出他的观点是比较专业、独到，比较有依据和分量的，所以新接受委托的辩护律师要提出他的观点，见了当事人首先要分析判决，对当事人提出他对一审判决的观点。

① 主讲人：徐宗新。

第二，要听取上诉人的意见。包括上诉人对一审判决、对二审律师刚才提出的辩护意见，以及其他一审情况的意见。

第三，辩护律师要介绍一下二审的审理程序。律师要把上诉的程序和期限告诉当事人，要做到让当事人心中有数。

第四，辩护律师要给上诉人介绍律师的辩护方案。因为了解了案件，二审新受托的律师需要有一个初步的辩护方案，包括律师的工作、被告人的工作、家属的工作，律师这里还涉及律师团队的协作、律师团队的组建，以及在二审过程中有什么新方案、新措施、新证据，这些都是我们需要考虑到辩护方案里的内容。方案要讲细，同时听取当事人的意见，如果有好的意见，要吸收到辩护方案中去。

第五，不得诋毁一审的律师。一审律师不管做得好不好，二审律师都不要去诋毁他。我们要从维护律师群体形象的角度来发言，注意自己讲话的分寸，建议当事人有意见直接找律师谈，更不能怂恿当事人去投诉。

第六，不能诋毁一审法院。一审法院不管怎么判，二审律师都不要去诋毁，就案论案，就判决论判决，就理由论理由，不要去说法院乱判等。如果真的有徇私枉法裁判的，我们要找到依据，依法进行控告反映。

第二十节　二审阶段商讨辩护方案的会见

实战演练[①]

辩护人：我们与法官做了一些沟通，今天来是和您商量一下，我们在上诉期间应该采取什么样的方案和策略。对于重新做侦查实验这个事情，二审法院出于慎重的考虑，会要求公安去做，这样的话二审就会有一个新的证据。二审的检察官觉得一审过失致人死亡这个罪名还是有一些问题的，重点是他们提出，拖行的距离这么长，在20米到30米的一个距离里面，即便您一开始没有注意到，但是后期整个过程都没有注意到的可能性相对来说比较小。所以从这

① 演练人：陈沛文扮演辩护人，翁叶榕扮演被告人。

个角度来讲，他们还是要坚持故意杀人罪的意见。

被告人：这样的话是不是肯定要开庭了？

辩护人：也不一定。现在结合新证据的情况来判断，我们考虑有以下几个方案。第一个方案，我们跟法官沟通肯定是希望为您进一步地争取无罪，那就要结合新证据的情况，但是新证据只能够反映您当时能不能够看到这么一个情况，但现在的争议焦点变成了您能不能够通过听来意识到这一情况，这一点我们可对抗的节点是您当时确实和女朋友在吵架，车里也开着广播，这个在一审的时候也是认定了。所以对于您是否能听到的问题，会有一定的影响。但是我们沟通下来也有一个情形，如果是在车辆完全封闭的状态之下您可能是听不见的，但是当时车的天窗是开着的。

被告人：天窗后面就关上了。

辩护人：您在之前是没有提到过的，结合在案的证据也不能够反映您有关天窗这个事实，这是一个不利因素。

被告人：笔录里面应该是有的。当庭出具我女朋友的笔录里面好像也是有说天窗关上了，只是不知道什么时候关的而已。

辩护人：该问题需要在这次庭审的时候再确认一下，这个比较重要。第二个方案，就是在无罪的基础之上，我们考虑最保守也是最能够被接受的方案，还是尽可能地请求法院维持原来的判决，避免有更不利的因素影响。我们会提出一些无罪的理由，从辩护的角度来讲，虽说我们觉得您个人确实是有冤枉的情形，但是毕竟是关涉人命的案件，在司法实践之中，面对这样的因素，会有一些妥协的情形，我们以无罪的意见可能更多的是争取一个维持的效果。这对您来讲也是最有利的，在刑期维持的基础之上，我们进一步看看能不能够争取到一些新的情节。我们也联系到您的学校，希望学校也能出具一些情况说明，证明您在校期间还算是一个品学兼优的学生，对于量刑上面进一步争取从轻，会有一些帮助。至于如果检察官一定要追究您故意杀人的责任，我觉得在庭上我们还是要沿袭一审的思路，对抗到底。

被告人：你上次不是有提到专家论证吗？专家怎么说？

辩护人：专家论证已经安排，我们和您父亲也进行了沟通，选择了三位在业界比较有影响力，也有一定话语权的资深专家来论证该问题。专家认为这个案件定故意杀人证据是比较缺失的，包括在当时的情境之下，不能对个人的主观认识有这么高的要求，因为也不符合当时慌张的情形，而且从前后的表现来看，很明显可以看出您是反对有伤亡结果发生，更符合一个过失的构成。但是就专家的意见来讲，认为这种情形之下单纯地说无罪，还是有一定障碍的。

专家的意见初步沟通下来，还是比较明确的，觉得这个案件以过失致人死亡罪来定，从证据的角度比较合适，但是就是在量刑上面有点重。

被告人：事实不清，证据不足，是会发回重审吗?

辩护人：事实不清，证据不足，在这个案件中不太存在。因为您驾车的原因导致这个人死亡，这个基本事实是存在的，无非是主观上到底是一个什么样的心态。

被告人：其他还有什么方案?

辩护人：其他就是稳妥的方案，我们建议检察院撤回抗诉，我们撤回上诉，这样就案结事了了。

被告人：这个不错，维持原判已经挺好了，这样子担惊受怕的好难过，只要维持6年就不错了，我现在也想通了。

辩护人：那我去协调一下看看。

点评①

二审阶段商讨辩护方案的会见时要注意以下四点。

第一，上诉辩护方案一定要全面。除了无罪、罪轻、轻罪的辩护意见以外，是否还有更好的辩护方案，辩护律师要进行反复的思考。比如，在上级检察院提出抗诉的情况之下，如果当事人对抗诉表示非常大的担忧，我们是否可以提出一个方案，如律师和法官、检察官进行沟通，双方撤回抗诉上诉，这个案件就此了结。如果辩方的成功概率比较大，那是坚决不会撤回上诉。但是如果对检察院提出抗诉深表担忧的话，律师要进行利益权衡，如果检察院撤回抗诉，被告方也愿意撤回上诉，那么必须去跟检察院进行沟通商量。在每一个阶段都要考虑有没有更合适的方案，如果有，我们就要提出来。

---

① 主讲人：徐宗新。

第二，提出各种各样的方案时，要听取上诉人的意见。辩护律师要时刻询问当事人，律师认为合适的，当事人未必认为最合适。比如，本案中控辩协商共同撤回抗诉上诉的方案，就是受当事人的启发而来。

第三，协助当事人选择最佳方案。当事人本人如果没有意见、没有方向，律师要设身处地地从他的角度来给他提供倾向性的意见。比如，律师认为这个案件抗诉的风险还是有的，所以能够双方撤回抗诉，撤回上诉是最好的，我们会把这个作为第一建议。如果抗诉几乎不能成功，根本就是没有依据，而上诉还是很有理由的，我们会首选坚持开庭。律师必须有专业判断，向当事人充分分析利弊，最终让当事人来选择。

第四，方案确定后，就要落实。比如，双方协商撤回上诉抗诉，律师抓紧落实，抓紧向法官反映，提出这样的一个动议。然后协助法官跟检察官进行意见的交流，同时这个方案也还要征得家属和上诉人的同意。去落实方案，要明确家属、律师、被告人分别做什么工作，在多长时间内把工作完成。

第二十一节　二审阶段庭前或提审前辅导

实战演练[①]

辩护人：下周这个案件就要开庭了，给您做一个庭前辅导。法官还是想再开庭听一听意见，包括有一些新的证据、新的侦查实验的情况，他们也要当庭质证。

被告人：新的侦查实验的情况如何？

辩护人：新的侦查实验确认，当事人在黑夜的情况之下是看不到左侧的。不过没有解决的问题是，法官和检察官还是认为您凭感觉就能意识到旁边有人。

被告人：我不是紧张忘记去考虑了嘛！这些检察官、法官怎么能把我当理性人？

辩护人：是的。这也是在庭上会重点讨论的一个问题。一审开庭整个流程

① 演练人：陈沛文扮演辩护人，翁叶榕扮演被告人。

您都经历过，但是二审的庭审和一审会有一些不同。同样，法官也会先和您确认一下身份、告知权利，并宣读一审判决书，然后由检察员来宣读抗诉书，之后由你陈述对一审判决书的意见以及上诉理由。不过二审的法庭调查和一审不一样，一些一审已经开庭质证过没有争议的证据，基本上二审就以一审的意见为主，它主要针对新的事实和证据进行一定的举证质证和调查。对您的发问和讯问，原则上也是围绕新的问题，之前问过的问题，二审期间一般不会再问。您一审的陈述还是不错的，坚持一审陈述的内容就好。我在必要的情况之下，也会将您一些陈述遗漏的部分，以发问的方式对您进行补强，特别是您和女朋友吵架，当时开着广播，以及周围声音嘈杂，有很多人在拍击车门的这种情形，能不能够确认您难以意识到有人拽着车门，我都会和您做一个确认。同时，我也会和您确认几个节点，就是被害人拽着车门跟着跑了这么久，这是一个明显异常的因素，一般人也意识不到。这是法庭调查期间可能会问到的一些问题，剩下就是法庭辩论，法庭辩论也跟一审一样，检察院就当时的情况发表检察意见，然后是律师发表辩护意见，您自己也可以自行辩护。因为还是想在庭审上争取无罪的可能，建议您结合一审的情况，向法官客观地讲，当时的环境对于您认识的影响，特别要强调当时的心态和对您判断力的影响，这也比较重要。

被告人：二审检察官的意思就是我应该要听得到，但是我没听到。在庭审中我要不要着重地讲一下，我耳朵不太好听不到这件事情。

辩护人：耳朵不好这个情况，有依据吗？

被告人：我驾照考不出来。

辩护人：驾照考不出来跟您耳朵不好有什么关系吗？

被告人：体检的时候有测听力，他说我听力不是特别好。

辩护人：您有这个病史的话，我可以帮您去调取。

被告人：我没有具体去看过医生，当时驾照体检的时候是这么说的，所以我后面放弃考驾照了。

辩护人：这个有记录吗？

被告人：这个可能需要去调一下了。

辩护人：我会去了解一下，如果有这个证据，我们会当作一个新证据来提交。该问题您之前也没有跟我说过。

被告人：因为我也不知道这是一个关键的问题。如果不行的话，我要不要在检察官或者法官问我话的时候，愣一下再回答，表现出听力不好的样子？

辩护人：这就不用了，如果确实有这样的情形的话，我们可以向法庭申请做一个听力鉴定。您觉得有必要吗？

被告人：那我觉得也不是特别必要。

辩护人：如果确有这个情况，我们提申请是好的。如果鉴定下来，不像我们想的那样，反而会对您产生一定的不利影响。

被告人：主要是我自己在专注一件事情的时候，可能不太会听得到外面的声音。

辩护人：这个跟您本人的听力能力是两个概念。如果是这样的话，我不建议提这个理由。

被告人：到时候我在庭上还是要说话，是不是？

辩护人：是的。一定要真诚地讲没看到这个事情，特别要表示对于被害人家属的后悔和自责，因为不管怎么样，人家的死亡是因为您的行为造成的。

被告人：我知道。实际上，我在一审时该强调的都已经强调过了，在二审程序中接着再强调会不会有用，尤其是在庭上。

辩护人：当然有用，因为一审您是向一审的法官强调，二审法官虽然可以看到当时的庭审记录，但冷冰冰地写在纸面上的东西，远不如您在庭上讲出来对他的触动更大，所以每一个庭审我们都要把它开好，该陈述的内容要陈述清楚。

被告人：好的，我明白了。

辩护人：二审程序中，您同样还有最后陈述的权利，和法官说说心里话再求求情。

被告人：求的情可以跟一审一样吗？

辩护人：内容上面可以相似，但是最好换一种讲法，会显得更加真诚。

被告人：我再想想，开完庭之后什么时候会判？

辩护人：开完庭之后，这个案件估计也是会上审委会讨论的。估计需要一段时间，因为二审审限原则上是2个月，重大疑难复杂案件可以延长2个月，如果有特殊情况还可以再延。如果要判的话可能也要一段时间。不过他们讨论得越充分，说明对这个案件处理也会越慎重。

被告人：好的。

辩护人：学校这边我们沟通过，也帮你出具了情况说明，希望能够依法从轻处理。您的同学觉得这个事情还是比较冤枉的，也帮您写了求情信。

被告人：我都不想让他们知道，怎么他们都知道了。

辩护人：这个是您父母跟学校沟通的一个结果，有同学帮您做品格的背书，对于法官重新评估也会有一定的优势。

被告人：好的，律师，全部都拜托你了。

点评[①]

对于二审开庭的案件，律师要对当事人进行庭前辅导，庭前辅导的要求还是“全程、全面、到位”，这个要求是一样的。结合二审的情况，各方会问上诉人什么问题，从他被带到法庭到离开法庭，都要把问题确定好，辅导要全面到位。

对于不开庭的案件，律师要对当事人进行法官提审前的辅导，提审前的辅导也是，法官要问他什么，他要说什么，怎么说，律师必须要辅导到位。

法官主要是问上诉人对一审的判决有没有意见，上诉的理由是什么，依据在哪里？上诉人要说最核心、最关键的意见和依据。因为法官判案是很看重依据的，光有辩解没有用，必须要指出依据，法官才会感兴趣，才会有所触动。所以，上诉人要说最关键的问题，说有依据的意见。

上诉人要怎么说？这和回答公安办案人员、检察官、法官等人的提问是一样的。第一，要真诚，不能油头滑脑。第二，表达要感人，要以情动人。总之，上诉人要充分运用好被法官提审的自我辩护的机会。

① 主讲人：徐宗新。

第二十二节　裁判送达前的会见

实战演练[1]

辩护人：经过了一段时间，法院也开过审委会讨论过这个案件了，下周可能会宣判。我们了解下来可能维持的概率会比较大。

被告人：不可能再往下降吗？

辩护人：往下降比较麻烦，因为毕竟是有一条人命在这，刑期如果太低的话也不合适。至于我们提的这些无罪的节点，沟通下来之后，他们虽然说是您不一定能够看见，但即便是您没有注意到左侧的情形，之前肯定是有意识到摊主在左侧，同时绿化带和车之间距离也比较窄，您这样一个急速开走的行为，即便不是他拉着门把手，也很有可能带倒他，对他产生一定的后果。对于这个情况的没有注意，他们认为还是以疏忽大意的过失来定比较合适。因为考虑到您当时的一个慌张心态，我们也提出来您对于驾驶的规范掌握得不是很熟练，结合这几个因素，认为定过失会比较合适，这个也是前期达成了与被害方的和解、谅解，包括各方给您求情带来的帮助和影响。不然的话，他们认为存在放任的可能。

被告人：没关系，只要不是抗诉成功，把我再往故意杀人罪或者更重一点量刑就行，我现在也想通了，毕竟是一条人命，我该负责的肯定要负责的，现在是肯定不会把我的罪名往故意杀人罪改我就放心了。

辩护人：故意杀人罪，应该可能性不大了，维持的概率比较大。现在您在看守所羁押了两年多的时间，后面投监服刑，如果好好表现，还可以争取减刑假释。

被告人：我在投监之前可以跟家属见面吗？

辩护人：在二审判决之后是可以和家属见面的。

被告人：现在是确定了，我肯定不会被判故意杀人罪或者更重？

---

① 演练人：陈沛文扮演辩护人，翁叶榕扮演被告人。

辩护人：不是确定，但大概率是这么一个维持的结果。没有判决之前，我们也不能够做出100%的确认意见。

被告人：如果到时候结果不是很理想，虽然你说可能性比较小，万一被改判故意杀人罪的话，我是不是也没有希望了？

辩护人：您如果对这个结果不满意，比如，认定您故意杀人，刑期畸重，可以继续申诉。

被告人：但我听他们说申诉是会影响减刑和假释的。

辩护人：不是的，申诉期间不可以减刑、假释，还要写学习心得的。

被告人：哪一个监狱生活条件比较好，还有包括工作、减刑这些都比较好操作的？

辩护人：因为看守所送监狱不是固定的，定期会进行轮换，所以具体您交付到哪个监狱，现在没有办法判断，一定要等拿到执行裁定才能够确认。哪个监狱条件比较好我是知道的，但是您不一定会被送到那边去。因为每个地区的看守所的送监范围在每年都是固定的。

被告人：减刑假释这一块，是我自己提还是律师帮我提？

辩护人：一般就是在监狱里面会有积分考核，考核完成之后，基本上年末都会有减刑假释的名额，由监狱向监狱管理局报，然后由当地法院来进行裁定。通常委托律师的情形不多，当然如果您有特别的情况，如有其他立功或者特殊情节，有律师提供法律帮助会好一些，如果是正常积分这种情况，可能聘请律师的意义不大。

点评[①]

裁判送达前的会见要注意以下四点。

第一，因为二审裁判宣布结果之后就是生效裁判了，律师的委托就到二审宣布的时候为止，裁判生效后律师就会见不了了，辩护律师必须在裁判之前去会见，所以二审裁判前的会见是非常必要的。

第二，裁判前去会见，要跟上诉人讲这个案件可能的结果。如果是维持原

① 主讲人：徐宗新。

判，那就是裁定，如果是改判，那就叫判决。对这种案件的判断，可以从审查时间上来判断，如果不带抗诉的案件，仅仅是一个上诉的案件，2 个月内结案，基本上都是维持，如果延长了审限，4 个月内结案，恐怕还是有一点改判的希望。但是有检察机关抗诉的案件，时间审查得长，对当事人未必是好消息。当然，律师要通过更全面的信息跟法官进行沟通交流，从案件各方面的情况来提出律师的一个判断。需要注意的是，这仅仅是一个判断而已，是律师的分析意见，不能等同于法院内部流露出来的一个审判信息，因为审判信息是保密的，所以律师提出来的是一种可能性，是律师的分析意见。

第三，我们一定要告诉当事人二审裁判送达的方式。因为二审裁判往往是委托一审法院来进行送达，委托一审法院宣判，或者是宣布裁定。这样的情况下，一审法院往往也不公开开庭来宣判，直接派一个书记员到看守所进行送达，送达完回到法院后，再把判决书、裁定书以特快专递、法院专递的方式邮寄给律师。这时，往往当事人会比律师更早了解到法院是怎么判的，所以律师反倒是在后面了解到是怎么判的。这一特点在实践中就给律师造成很大的尴尬。被告人在看守所里先了解到判决结果，比如维持原判或改判重罪重判，他会马上通过里面打电话给他家属，告诉当事人家属维持原判了。他家属马上就会打电话问律师情况。因为家属觉得很奇怪，应该律师先告诉家属，律师没有告诉当事人，反而是看守所里先打电话出来告诉当事人结果。律师有可能就会去问法官，法官一听律师还没接到判决，认为还没有宣判，所以，一般法官的标准回答就是正在审理，律师就回复当事人家属说正在审理。当事人家属一方面了解到已经维持原判，消息属实，另一方面听到律师说还正在审理。实践中有个最极端的案件，家属已经被通知去领骨灰了，家属问律师，律师问法官，法官说正在审理，律师告诉当事人说正在审理，这时当事人家属会对律师有什么样的感受？毫无疑问，律师做的任何工作都白做了，这样带来的不信任是彻头彻尾的。该问题多年以来一直困扰律师，所以律师必须在裁判送达之前的会见中告诉当事人这种裁判送达的特殊方式，告诉当事人有可能他会比律师先知道，知道后打个电话给律师，告诉结果，如果结果不好，律师可以提供申诉状，免费提供法律服务。辩护律师要把这些一一落实好，包括律师接待家属的时候也要向他们讲清楚，有可能家属先知道裁判结果，这是裁判的送达方式造成的，谁先知道案件结果，互相跟对方通个气，这样彼此就心里有数了。这是二审裁判送达方式的特殊之处，辩护律师一定要告诉当事人。

第四，告知裁判后的后续工作。改判轻刑当然皆大欢喜，之后服刑有需要法律咨询可以继续找律师。如果维持原判，需要服刑咨询，以及后面的法律咨询，双方也都可以再进行合作。要是当事人想申诉的，律师可以帮助他申诉，帮他起草申诉状，提供免费的服务。这没有太大的工作量，把辩护意见、上诉状改一改就行了，给当事人提供一个便利。如果说改判重罪的，一定要告诉当事人肯定要申诉，律师会协助把申诉进行到底，也要告诉当事人一些后续的工作，让他在接到不同的裁判时，有不同的处理方式，让他做到心中有数，这个是律师的后续工作。

前述演练中上诉人提到要不要申诉，申诉会不会影响减刑？关于这一问题，实际上法律规定申诉是不影响减刑的，但是实践中申诉会影响减刑，因为实践中监狱里都要当事人填表，看当事人是不是认罪服法。如果当事人要申诉，实质上肯定影响当事人的减刑假释。但是法律规定是申诉不影响减刑，所以要给当事人讲清楚，不要把实际情况和法律规定揉在一起，而是要分开来讲。如果要申诉，建议以家属的名义进行，这样较为妥当。如果说服刑期满了，再由他本人来进行，那也是比较合适的方式。

本章小结

经过 21 个环节的演练和讲解，大家对刑事案件的会见工作如何开展应该有了大体的了解。会见这 21 个环节很重要，律师必须去做，按这种方法做，抓住这些要点，有些案件会见还不止 21 次，不管是这 21 次会见还是日常的会见，我觉得做好这五个方面的工作，任何一次会见总是不会错的。

第一，抓住时间节点。重要节点一定要会见，这很重要。21 个时间节点律师如果不去会见，这个案件质量就有问题，没有做到标准化。包括退回补充侦查的案件，退回补充侦查这一个月中间辩护律师肯定也要去见一次。

第二，会见要给当事人介绍相应的诉讼程序。律师要告诉当事人接下来是什么程序，如接下来是退回补充侦查程序、起诉程序、一审程序、二审程序，或者是检察官会来提审等。

第三，互通信息。要及时与当事人进行沟通，如当事人有什么情况，有没有被提审过，有没有被讯问过，有什么情况，律师外面的工作有什么情况，有没有赔偿，外面沟通的情况怎么样，重点在哪里等，这些律师都要和当事人进行信息上的互通。

第四，问其要求。辩护律师一定要问当事人对案内案外的各种各样的要求。

第五，制定方案，或者说调整方案。前面的四步都是铺垫，会见的目的归根结底都是要落实到下一步要做什么，包括辩护律师要做什么，当事人要做什么，家属要做什么。下一步的工作方案永远是每一次会见的重中之重。

PART 3

第三章

刑事辩护阅卷技能

第一节 阅卷基本要求与证据审查思路[①]

一、犯罪嫌疑人的基本情况

犯罪嫌疑人的基本情况大家要重视，诸多辩点隐藏于基本情况之中，如其是否未成年人、其就任何种职务等。例如，我曾经承办过的某涉嫌职务侵占罪案件中，当事人虽是副总经理，但是他的工作性质属于承包，副总经理的职务只是为了方便其工作而安排的。故在承包的前提下，当事人在承包的范围内不存在职务侵占。又如，我多年以前办理的某案件，当事人为三峡移民，我们向司法机关提出三峡移民的身份情况，认为应考虑到他们身份的特殊性、移民过程中引发犯罪的各种综合性原因，请求司法机关对他从轻处理，最后法院对他们判得很轻。再如，若犯罪嫌疑人为少数民族，司法机关会考虑民族政策。从民族稳定的角度，在法律允许的范围内，体现从宽处理的原则。这些都是我们需要注意的。总之，对犯罪嫌疑人的基本情况律师需要逐条审查，与指控的犯罪的事实以及量刑结合起来进行审查。

二、被控的罪名和刑罚

在接到案卷后展开辩护前，律师肯定需要知道指控他的罪名是什么，然后才能针对性地进行辩护。辩护是一项说“不”和说“是”的工作。第一，说“不”，即针对指控的罪名我们认为不构成，指控的事实我们认为不构成，指控犯罪的证据我们认为是非法证据，指控犯罪的证据我们认为不够确实充分……我们这些大胆的假设，就是说“不”。换言之，说“不”的对象就是被控的罪名和刑罚。我们要把所指控的罪名、有几条罪、量刑区间是多少一一弄清，这样辩护才能更有针对性。值得注意的是，有时候司法机关的定性未必准确，可能以后会改，所以我们要对司法机关的定性保持关注。也就是说，先看司法机

① 主讲人：徐宗新。

关指控的罪名是什么，这一指控是否成立，如果不成立到底是无罪、轻罪还是重罪，我们再进行进一步的分析。第二，说“是”，即对犯罪嫌疑人的辩解说“是”。我们要针对被指控的罪名和刑罚，结合本案的事实证据和法律规定看指控是否成立。

三、存在的指控证据

我们要标出证据中证明力强的部分，到底有哪些指控证据？比如在盗窃案件中，犯罪嫌疑人供述了盗窃的事实，这是一个非常重要的证据。但除了他供述盗窃的经过以外，有没有其他证据？现场有没有盗过的痕迹？赃物的去向是否查明？这些都是关键的证据。有些盗窃案件只有犯罪嫌疑人本人的供述，与案发现场根本对不上，赃物也去向不明。证明力最强的证据仅是犯罪嫌疑人自己的笔录，而其对自己的笔录予以否认，或者说仅有他的笔录没有其他证据证明，也不能认定为案件的事实。如果辩护人发现犯罪嫌疑人虽然供述了这一起盗窃事实，但也有可能其供述的是其他的盗窃事实，证据之间无法相互印证，不能达到确实充分的程度，这时辩护人就要把证明力强的那部分证据标出来。行受贿案件中的证据是行贿人的证言和受贿人的供述，这里面证明力最强的证据是送了多少钱？为什么送？这些证据在哪里？他们互相之间的证言、供述能不能对得上？我们要把它先标出来，这也是最关键的。每一类证据证明的目的是什么，证明的重点在哪里，我们都要把它标出来，好做对比。

四、犯罪嫌疑人的辩解

犯罪嫌疑人有什么样的辩解？针对司法机关对犯罪嫌疑人的指控，辩护人首先要说“不”，之后再大胆地假设，小心地求证。犯罪嫌疑人会有很多自我辩解，此时一定要让嫌疑人说个够，要重视他的辩解。有些辩解，乍一看好像没什么问题，仔细看看可以发现字里行间是有一些玄机的，比如在犯罪嫌疑人的笔录后面有添加的字，有修改的字，这些都是犯罪嫌疑人辩解的重点。公诉人办案的顺序是先阅卷，经过阅卷之后有一个观点，然后再去提审。辩护人则相反，辩护人一拿到案件就先去核实，先去听犯罪嫌疑人的辩解，让他讲完讲充分，帮他分析，如果认为犯罪嫌疑人讲得有依据、有道理，那就意味着辩解能够成立；如果经分析认为犯罪嫌疑人讲得没有道理、没有依据，辩解自然不能成立。辩护人根据犯罪嫌疑人的辩解来审查案卷，审查完案卷后再结合犯罪嫌疑人的辩解，商讨法律服务方案。

五、犯罪嫌疑人辩解的依据

辩解是《刑事诉讼法》赋予当事人的权利，但是当事人不能随意辩解，其中的关键是看辩解有什么依据。律师会见时不仅要问犯罪嫌疑人有什么辩解，还要问有什么依据，依据在哪。依据有两个方面：一是有无其他证据证实。比如，这个说法有没有人看到、听到，有没有给别人发过信息或者打过电话？找出能够证实的证据。二是符合常识常情常理。比如，嫌疑人讲了那天晚上月亮很亮，晚上看清楚了钱的样子，其实一查那天没月亮。诸如此类的不符合常识常情常理，不符合客观的事实，自然而然不能成立。所以也不是说犯罪嫌疑人的所有辩解，我们都要采纳，而是先假设它成立，然后寻找一切依据来印证他的辩解。这就是辩护人的辩护方向，当然，对于犯罪嫌疑人的辩解，我们一定要区分是否为合理的辩解，如果是不合理的辩解，我们要帮他分析，挖掘出其中的合理性，向法庭提出来，这样法院在量刑的时候会予以考虑。

六、控方证据体系中的矛盾和漏洞

已经标明了证明力强的部分，到底有没有矛盾和漏洞，是否足以驳斥犯罪嫌疑人的辩解？这个时候辩护人就要反复审查了。因为证明体系是一个复杂的过程。一个案子到底证据充分不充分？我们要看这些证据是否形成了一个完整的证据锁链，每一个关键的链条是否都有充分的证据能够证明，是否能够排除合理怀疑，是否排除了嫌疑人的辩解，我们要做出这样一个论证。所以，我们对证据和事实的分析和梳理非常重要。在分析证据是否确实充分的时候要分好几个阶段，一个阶段一个阶段地分析，这样才能分析得透彻。证据体系要形成一个完整的锁链，每一个环节都要有充分的证据证明，排除合理怀疑，排除其他可能性。证据体系的分析是一个复杂的系统工程，需要辩护人有一定的经验和执着研究案件的态度。经常有人总结阅卷的一些捷径、方法，我们可以作为借鉴和参考，但不能过于依赖这些方法，案卷还是要多看几遍。我自己看案卷，每看一遍，每次感受都不一样。一般来讲，一本案卷要翻三遍以上，才能对整个案子的信息掌握得比较全面。其中，第一遍是粗略地过一遍，第二遍是围绕着辩解看，第三遍是围绕着指控体系看。在看案卷的过程中，要比对控方的证据体系并且把它列出来，分析哪些证据能够证明控方的证据是不确实的，因为只有证据确实才可以作为定案的依据。比如，证据的客观性本身有问题，客观性就被否定掉了；证据的合法性有问题，那就不能拿来作为证据体系里面的证据，就要把它排除在外。证据体系里面的证据一定是符合证据“三性”的证据，不符合证据“三性”的证据，不能归到证据体系中去评价。

七、有无法定和酌定情节

我们要审查犯罪嫌疑人有无自首、立功、从犯、赔偿、坦白等情节。关于自首，不同地方的认定标准还不一样，例如电话通知自首的，有些地方认定为自首，有些地方则不予以认定，甚至同一个省的不同地区也不一样，这些问题我们都要尽早列出来。又如，认罪认罚也算是从轻情节，我们要审查一下司法机关从哪一个阶段开始认定，是怎么认定的。有些案件的犯罪嫌疑人被指控了多项罪名，他只认其中几个罪名不认其他罪名，我们都要进行审查。

八、有罪与无罪、此罪与彼罪、重罪与轻罪的分析

对于证据体系中的一系列问题，如证据是否充足，有罪还是无罪，指控罪名是否成立，指控罪名不成立是否为无罪，是此罪还是彼罪、重罪还是轻罪，这些都需要我们进行分析。我观察到部分年轻助理负责协助完成阅卷笔录，仅仅是把纸质的卷宗电子化之后放到电脑文档上，就算完成了阅卷笔录。以前手工办案的时代，我们做的阅卷笔录都是手抄的，把卷宗里面最关键的内容抄下来，作为我们分析案件并最终给案件定性处理的依据，那是一笔一画写出来的。现在，我们复制、粘贴到电脑上的处理方式并非不行，但离真正阅卷笔录的要求有一定的差距。阅卷笔录肯定是从粗到精，我们要对有罪、无罪、此

罪、彼罪、重罪、轻罪有个分析，这也是阅卷笔录里面的内容之一。

九、量刑预测

若嫌疑人将会被认定有罪，我们就需要进行量刑预测。辩护律师做量刑预测是必要的，因为拿到案件以后，家属要问看法，案件法院可能怎么判，最好能够争取到什么程度，最差会判多重，这些我们必须尽快预测出来。

十、制定辩护方案

制定辩护方案，归根结底就是要落实到我们下一步如何操作。比如，控方证据体系中有非法证据，我们需要进行非法证据排除。我们对最不利的证据的客观性有异议的，就要申请重新调查，或者我们了解到相关的情况后，先自行调查，再提供给办案单位参考，让他们来进行调查核实。如果对案件的定性争议较大，我们要进行研究，收集案例、收集学理的观点，甚至不排除建议家属进行专家论证。对于是重罪还是轻罪，有罪还是无罪，提出重新进行侦查实验。怎样进行辩护，我们需要针对相关证据的情况提出一个辩护方案。毕竟阅卷不是目的，辩护方案才是目的。当然，我们在第一次阅卷的时候，还要看这个案子会不会退查，有没有可能补充新的证据。

我们向检察院提交辩护意见的时候也需要思考。也就是说，并非我们发现什么问题都向检察院提出来，而是要权衡分析一下这些问题是不是简单补几个笔录就可以补齐的。如果简单补几个笔录就可以补齐的话，你去提这些意见，相当于补正提纲。向检察机关提供的材料和意见应该是对当事人有利的，提供的材料不能对当事人不利或可能对当事人不利。

所以，我们需要考虑证据体系的分析意见，权衡下一步应该怎么做。要考虑提什么申请、提什么意见，所提的意见检察院会怎样应对，不能简单地有什么意见就提什么意见。

一般来讲，我们所提的意见是绝对正确的意见，是绝对对当事人有利的意见。只有这样的意见申请和证据，我们才能提。律师、家属和嫌疑人这三个主体分别在哪个阶段应该怎么做，我们就按照这样的要求来制作辩护方案。我们把阅卷笔录中的要点制作完成了，阅卷笔录的质量就提高了，证言笔录就有了价值。

第二节　质证的基本要领[①]

一、供述和辩解

（1）看次数。看有没有缺笔录，如果缺了就要补齐。比如，有些笔录上面写第 1 次、第 2 次、第 5 次、第 6 次，第 3 次和第 4 次笔录到哪去了？我们要有这个意识，立即申请补齐笔录。有些笔录是调查其他事情的，确实可能跟本案无关；但有些确实跟本案有关，如呈现的这些笔录看上去嫌疑人的认罪态度都很好，但其实中间就出现过反复，司法机关把反复的那几个笔录给抽掉了，我们发现以后要求把这些笔录补上。综合起来看，当事人事实上有翻供，也有很多辩解，所以我们看笔录是否完整非常有必要。

（2）看时间。有时候讯问笔录只有开始时间，没有结束时间。在做笔录的时候，每一段做 2 小时的笔录，看上去很规范，其实已经超过了 12 小时，甚至通宵审讯、连夜审讯，涉嫌疲劳审讯。我们要敏感地发现这些问题，要看时间是否完整、时间段是否合理。

（3）看地点。看拘禁地点是否为看守所，是否涉嫌非法拘禁，外提辨认现场，所做的笔录是否跟辨认现场有关，还是变相地以外提辨认现场为由提到派出所去审讯，采取监视居住措施是否合法，监视居住的地点是否合法，询问证人是否合法，是否在办案单位询问的，如果属于需要刑拘、逮捕的不在办案单位询问的话，根据《公安机关办理刑事案件程序规定》，这就是违法的。另外，审讯地点不符合羁押手续的也不合法，属于非法拘禁。“两高三部”《关于办理刑事案件严格排除非法证据若干问题的规定》中规定，采用非法拘禁等非法限制人身自由的方法收集的犯罪嫌疑人、被告人供述，应当予以排除。所以我们要看清楚讯问地点到底在哪里。

---

① 主讲人：徐宗新。

（4）看问题。一是看讯问有无诱导犯罪嫌疑人。有个案子审讯笔录上有这样的对话：审讯人员对嫌疑人说你交代，嫌疑人说我不知道怎么交代；侦查人员说某某都交代了，就你不交代；嫌疑人说你告诉我某某是怎么交代的，侦查人员就告诉嫌疑人某某是怎么交代的。这就是一个典型的诱导审讯，显然是违法的。二是看是否保障了犯罪嫌疑人的权利。现在笔录都是格式化生成的，审讯之前先告知犯罪嫌疑人相关权利，再问他有什么事情要讲的，最后进行有针对性的讯问，这是刑事诉讼法的规定。

（5）看文字。虽然法律上没有明文规定复制粘贴就一定不客观，但是司法实践中一般认为复制粘贴的笔录不严肃不规范。根据《公安机关办理刑事案件程序规定》和《人民检察院刑事诉讼规则》，制作笔录必须忠实于原话，嫌疑人讲什么记什么，可以有归纳，但是至少要基本忠实原话。也就是说，嫌疑人讲什么办案人员就要记什么，如果嫌疑人什么也没讲办案人员就把原来笔录复制一份，让嫌疑人签个字，放在笔录里，虽然看上去嫌疑人已经多次如实交代，但这就不符合制作笔录的规定。律师如果发现了这种情况要提出来，如果犯罪嫌疑人正好有这方面的辩解的话，显然后面的笔录就不能用了。因为这不是正式的审讯，犯罪嫌疑人并没有真实的供述意愿，所以我们也必须审查。另外，一个人的笔录有可能复制粘贴，同一个案子中不同的被告人或者不同的证人之间的笔录也有可能是复制粘贴的，这种情况也要注意。曾经有一起行受贿的案件，受贿人的笔录就是从行贿人那里复制粘贴过来的，甚至连“我跟他送钱”这样的话复制过去都没改掉。

（6）看印证。要看是否有其他证据印证犯罪嫌疑人的供述，因为只有供述定不了案。比如，有些案子中被告人的供述虽然很清晰了，但是一查，得不到其他证据的印证，所以定不了案。作为律师来讲，看笔录的时候不能跟看故事一样，一定要用证据印证的方法来判断哪些可以认定为法律事实。

（7）看逻辑。看审讯笔录中记录的嫌疑人供述的内容和逻辑与常识常情常理是否相符，也就是看嫌疑人的供述在逻辑上能不能成立。不能嫌疑人的所有辩解律师都要采纳，一定要进行分析。

（8）看辩解。律师要跟犯罪嫌疑人详细地核实笔录的内容，笔录虽然是对嫌疑人审讯内容的记录，并且有嫌疑人的签字，但时间长了嫌疑人可能会忘记内容。所以律师阅卷完三天以内必须去会见犯罪嫌疑人，听他对起诉意见书以及笔录的意见。对笔录是认可、不认可，还是部分认可，这些都是律师接下来辩护的核心。

（9）看签名。实践中，在向犯罪嫌疑人核实的时候，律师要看笔录中的签名是否符合要求，有的写“以上笔录看过和我说的不一样”“以上笔录看过和你说的一样”，有的还做了记号、暗号。所以，笔录在给犯罪嫌疑人本人看的同时，律师也要注意从这里面发现蛛丝马迹。

二、被害人陈述

（1）看关系。主要看被害人与嫌疑人关系的亲疏远近，其与嫌疑人关系比较亲，如果证言对嫌疑人不利的话，证明力要强；如果证言对嫌疑人有利的话，别人会认为双方有利害关系存在偏袒。所以我们首先要审查被害人与嫌疑人关系的亲疏远近。

（2）看矛盾。有些被害人和嫌疑人矛盾很深，有些被害人和嫌疑人案发时是第一次见面，如果双方是第一次见面，被害人描述事实相对客观一些。

（3）看原因。看被害人是主动报案还是被动报案，如果被害人是主动报案，反映了他内心的真实意愿。如果被害人是被动报案，说明报案不一定符合他的本意。比如一些强奸案件，被害人第一时间报案、离开案发现场就报案、当场报案，反映出双方发生性关系违背了被害人的意愿，这对司法人员的自由心证会产生很大影响。有些系双方自愿发生关系，之后被发现，而另一方不给补偿或者补偿达不到心理预期，就去司法机关报案称被强奸，这就是被动报案。又如，双方本来存在经济纠纷，但是一直处理不好，其中一方当事人控告另一方当事人诈骗，把经济纠纷上升到诈骗案件。

（4）看客观陈述。一般来讲，陈述可以描绘出一个基本的事实。有的被害人受了刺激，会对自己受害的情况进行夸大。比如，被害人说对方拿着铁棍、砍刀向其冲过来，其实根据在案的证据来看并没有这种情况，对方都没有持械。

（5）看心智。看被害人的心智是否成熟。比如，未成年人对客观事实的描述是不是客观，律师要提出自己的看法。有些人有老年痴呆、精神分裂等，这些都是心智不健全的人，律师要对这些人的陈述加以注意，发现问题要及时提出质疑。

（6）看反复。所谓看反复，就是看前后多次笔录有没有差异之处。例如，被害人做了多次陈述，每一次陈述内容都不一样，就需要律师仔细地去研究和审查，为什么这次陈述跟上次不一样，不一样之处在哪里，矛盾点在哪里，这个矛盾点往往就是辩点之所在。

（7）看印证。看被害人的陈述有没有证据印证，只有被印证的陈述才可以确认为案件的事实。如果单个人陈述的情况没有得到其他证据的印证，从证据规则的角度来说，不能认定为案件事实，对自由心证也会有一定的影响。所以，律师要从证据的角度对一些不利的内容进行充分的质证。对有利的内容，证据的要求可以低一点，量刑情节存疑的也做有利于被告的认定。

（8）看态度。也就是看被害人对这个事情持什么态度，能不能和解、能不能通过赔偿取得谅解，这是比较重要的。从笔录来看，被害人是很怨恨，还是说比较理性，这些都比较重要，有利于我们对工作做下一步安排。

（9）看影响。看这个案件对被害人产生的影响以及给社会带来的影响，如有些案子的被害人辍学了，对其产生的影响是很大的；有些案子的被害人被逼债后自杀了，给整个社会带来的影响很恶劣。这里我们要重点分析一下因果关系，仔细去查一下被害人的说法以及相关的证据，跟嫌疑人的行为有没有因果关系。我曾经办过一个案子，有个人被逼债后自杀了。嫌疑人确实去讨过债，也说了几句狠话，但是后来经过调查，自杀的这个人借过好几个平台的高利贷，其他债主也去逼过债。这种情况下律师就可以提出来，因果关系存在问题，不能说明嫌疑人是直接把他逼死的人。

三、证人证言

证人证言是刑事案件中比较常见的一种证据，可以从以下几个方面对其进行审查。

（1）与犯罪嫌疑人的关系。证人与嫌疑人关系的亲疏远近，对审查证人证言非常重要。如果证人和嫌疑人关系比较亲，但却作出对嫌疑人不利的证言，这种证据要特别重视。比如，嫌疑人的妻子证明坏事是嫌疑人做的，律师可以找证据证明嫌疑人的妻子跟他关系不好，二人正在闹离婚，他们之间也有利害关系等，要从这些方面去考虑对案件的质证。但是光提利害关系是不够的，还要从其他证据印证的程度、嫌疑人笔录受污染的可能性、笔录到底是传来证据还是原始证据等角度，综合提出质证意见。

（2）与被害人的关系。如果证人都是被害人方的，我们这方只有犯罪嫌疑人，这个证据确实体系是有瑕疵的。此时就要分析研究这些证人当中每个人分别是怎么讲的，内容是从哪里来的，因为这些证人与被害人都有利害关系，所以要特别着重审查，只有经过证据印证才可以认定为案件的事实。需要注意的是，印证不能仅仅按照证据的内容来认定，而是要经过充分的审查，最好结合客观证据和没有利害关系的第三方提供的证言和证据来综合审查判断。

（3）看证据是原始证据还是传来证据。道听途说的证据按理来讲是没用的。但是不能简单地说传来证据不能作为定案依据，而是要分析传是怎么传的，是不是跟某某某有意见的人瞎传的，是不是有人在污蔑他而恶意散布的谣言，某某某到底狠不狠，从传来证据的源头去找，不能简单地讲，它是一个传来证据。

（4）看证人的精神及心智发育是否正常。有精神疾病或者心智发育不正常的证人提供的证言，可能违反逻辑、违反常识常情常理，对它的客观性可不予确认。

（5）个人喜好。有些人有自己的一些偏好，证人有偏好就会有选择性地作证，选择性地作证就是不客观的，不能作为定案依据。

（6）是否存在违法询问。如询问是否存在暴力威胁，询问的地点是否违法，是否存在诱导询问，这些律师都要审查。

（7）笔录前后是否矛盾。证人证言的笔录也有存在矛盾的。多次调查的，每份笔录都不一样，为什么不一样，中间还有没有遗漏的笔录，这些律师都要审查。

（8）多次做笔录的原因。多次做笔录，说明原来笔录中讲得不清楚，没到位，该强调的内容还不确定。我们要去查找多次笔录里面的内容什么地方不一样，这不一样之处就是问题之所在。

（9）相关证人的笔录。相关证人有哪些证人，相关证人的笔录都怎么讲的，与现有证据能不能印证，这些都是律师要审查的内容。

（10）证人证言是否有不客观之处。如果从笔录来看证人证言有不客观的地方，我们要找出哪里不客观，为什么不客观。即便我们认为整个笔录80%的内容不客观，我们也不可以得出整个笔录是不客观的结论。

（11）证人证言是否不可替代。我们要提升对证据的重视程度。如果律师能够把不利的证据给否掉的话，这个案子辩护就算成功了；如果否不掉的话，这个案子可能就要定罪。

（12）与犯罪嫌疑人、被告人的辩解是否有印证之处。在对犯罪嫌疑人和被告人进行证据审查的时候，我们要看有没有证人证言可与之相印证。反过来，对证人证言的审查也要看有没有犯罪嫌疑人、被告人的辩解相印证，这也是审查的重点。所以律师要去挖掘证人证言的内容，只要从证人证言中挖掘出可以印证被告人、犯罪嫌疑人辩解的内容，就可以说明被告人、犯罪嫌疑人的辩解是合理辩解，这个非常重要。

（13）案例细节是否有补充调查的必要以及如何调查。比如，受贿人供述其与行贿人之间存在礼尚往来，行贿人作证说只是给受贿人送了钱，对是否收到受贿人的礼品并没有提及。这时就要进行调查，是否有可能行贿人送了钱，受贿人还了礼品，如果是这样就要扣减掉相应的数额，不能都认定为受贿的犯罪数额。律师可以自己调查，也可以申请检察院进行调查。

（14）证人身份是同案犯还是纯证人。一般来讲，同案犯会存在一定的利害关系，所以对同案犯的说法，不能简单地直接拿来作为评判的依据，而是要充分考察他的说法有没有趋利避害的心理，有没有客观的事实作为依据。相对来说，纯证人不存在推卸责任的因素，其作为独立的第三方证言的客观性要强一些。

（15）形式要件是否完备。审查笔录中被询问人签名是否正确，询问的起止时间是否合理，询问笔录中的内容是否复制、粘贴自上次询问的内容等，这些形式要件是否完备，也是审查的重点。形式要件不完备就是不合法，如果不完备的形式要件可以补齐，还能作为证据使用；如果不完备的形式要件没办法补齐，比如询问时只有一个人进行询问，那就变成了不合法的证据。形式要件不完备的证据虽然不是非法证据，但是也不能作为定案依据，这个也是审查的重点。

四、书证和物证

（1）是否为原件。对于书证和物证的审查，首先要看其是否为原件。当然，并不是说复印件不能作为定案的依据。比如，拿公司的营业执照复印件去进行诈骗，复印件本身就是诈骗案件的原件，所以不能简单地认为复印件不是原件，不能作为定案的依据，具体要看复印件是做什么用的。

（2）书证和物证形成的时间。一般来讲，书证、物证都是当时形成的，事后形成的一般不叫书证、物证，比如重大事故的责任鉴定报告、调查报告，一些行政机关作出的认定意见，也被称为书证。但是严格来说，这些都不是形成于案发当时的书证，对当时的犯罪事实没有证明作用，所以不属于定案的书证。

（3）书证能否独立证明犯罪事实。比如，只有一张张三借给李四 8 万元的借条，并不能独立证明借款的事实，只能证明他们写了一张借条，具体这个借条是干什么用的，还要结合口供。如果这个借条是掩盖受贿犯罪事实的，就可以作为受贿犯罪的一个证据。又如，某公司决定进行非法吸收公众存款，总裁在会议纪要上签字确认他参与了会议。这个会议纪要上的签字虽然能证明他参与了会议，但是不一定能证明他参与会议的每一个时段，有可能他签到之后去接待客户了，其他参会人员继续开会。所以这个书证能否独立证明案件事实，要特别予以考虑。但是这个书证的证明力很强，签字至少能证明总裁知道开这个会，他说没有开过会的辩解不能成立。

（4）书证和物证的来源。书证和物证到底源于哪里，源于哪一方，为什么提供的，提供书证和物证的人是不是与案件相关，这些情况都要仔细地进行审查。

（5）对书证和物证中数字内容的解读是否正确。我曾经办过一个关于企业行贿官员周某的案子。企业账簿里有一笔周某"执付"3000元，一审定了周某索贿3000元。二审上诉后我提出了异议，一般来讲支付周某3000元还能说得过去，周某"执付"3000元我感觉是笔误，少了一个土字底，应该是周某垫付3000元，所以企业给他报销了。后来我就问周某这3000元是怎么回事，他说那天本来是企业老板请客叫他一起吃饭，结果那天老板突然有事情，就叫他垫了3000元，然后企业给报销了，但是法院认为这3000元是周某在索贿。我说这个应该不是索贿，企业老板请的客周某垫付饭钱然后去企业报销，这是企业的事情。后来，我们就对这一事实提出重新调查，申请企业的财务出庭作证，证明资金确实是周某所垫。后来二审审理没有将这3000元认定为周某的受贿金额。仔细分析往往能从中发现蛛丝马迹，而且这种蛛丝马迹都是很有说服力的。

（6）书证和物证的形式要件是否完备。律师往往不是特别注意书证是在哪里提取的，提取人和被提取人的签名是否完备，拿到书证以后直接向法院移交，交的时候法官还知道是谁提供的，收到以后往卷宗里一放，待到二审时二审法院不知道这个书证从哪里来的，那会影响辩护。另外，书证和物证还要跟在案证据反复进行比对。比如，我曾经办理的一起毒品案件，物证显示是一个蓝色的塑料袋包装，但是全案证据以及各个被告人还有证人反映并没有蓝色的塑料袋，只有一个绿色的塑料袋，根本对不上。所以我质疑这个证据是否搞错了，把另外一个案子的毒品放到这个案子里面作为证据。值得注意的是，书证、物证经过风吹日晒雨淋跟没有经过风吹日晒雨淋是不一样的，要考虑是否有做旧的可能，是否做旧到了需要的某个时间。

五、鉴定意见

（1）审查鉴定机构有无鉴定资质。鉴定机构不具备法定资质，或者鉴定事项超出该鉴定机构业务范围、技术条件的，其作出的鉴定意见不能作为定案的依据。值得注意的是，资质过期的鉴定机构相当于没有鉴定资质。

（2）审查鉴定机构中的鉴定人与本案是否有利害关系。鉴定人不具备法定资质，不具有相关专业技术或者职称，或者违反回避规定的，其作出的鉴定意见不能作为定案的依据。

（3）检材是否与案件有关联。送检材料、样品来源不明的检材，因污染不具备鉴定条件的检材，鉴定对象与送检材料、样本不一致的检材，非本案证据的检材，鉴定出来也没有意义，不能作为定案的依据。

（4）检材是否适格，是否完整，是否为原件。首先，检查样本是否适格，是当时形成的还是事后形成的。比如，申请对 5 年前的笔迹鉴定，就要拿当事人 5 年前的笔迹来鉴定，而不是拿现在的笔迹来鉴定。其次，检查样本是否完整。比如，一张撕了一半的 A4 纸作为检材进行鉴定，另外一半 A4 纸到底是什么，要有一个合理的说明。不完整的检材鉴定出来的结果对本案的关联性要大打折扣。最后，检查样本是否为原件。复印件作为检材进行鉴定的效果肯定会大打折扣。当然，如果复印件本身就是原件，那也是一种对原件的鉴定。

（5）鉴定方法是否符合规定。相关司法解释中规定了鉴定的程序和要求，必须每个程序都做到位才行，对于不符合鉴定程序和要求的，律师要提出自己的观点。

（6）鉴定依据是否充分。对于鉴定依据是否充分，要从是否有事实依据、法律依据、标准依据三个方面来进行评判。一是事实依据。如果提供的事实依据不正确，作出的相关鉴定意见也就没有了价值。二是法律依据。法律依据主要是指具体依照什么法律、按照什么程序进行鉴定的，是否符合法律的规定。三是标准依据。各种各样的鉴定，比如污染环境的鉴定、环境损害的鉴定、危险废物的鉴定、商业秘密的鉴定，有国家标准、行业标准和企业标准，要明确是按照哪个标准进行鉴定的。

（7）将鉴定意见的结果告知当事人。当事人对鉴定结果不服的，会申请重新鉴定，这可以作为律师申请重新鉴定的一个理由。

（8）申请重新鉴定。具体操作为有没有必要重新鉴定、补充鉴定有什么问题尚未解决。

第三节　审查报告的制作[①]

我们常说“对手决定高度”，就是要承认对方有存在的价值和必要，承认对方有做的比你好的地方——之前我在当公诉人的时候，是从这两点来看律师的。所以我经常利用自己当公诉人的“小特权”，在出庭的时候，录下心目中期待的律师的发言，回去之后反复琢磨，对自己的提升非常大。现在我从法庭的右边坐到了左边，我也特别注重向公诉人、法官和同庭辩护的其他律师同仁学习。下面讲解怎样借鉴公诉人的长处，来制作律师版的“审查报告”。

首先，为什么要提倡律师制作律师版的“审查报告”？站在律师的角度来说，我们必须看到律师有两个短板：一是律师的办案量积累与公诉人相比明显不足；二是律师办案技能的训化和培训也明显不足。一个基层人民检察院的公诉人一年可能要办100多件案件，市级或者省级检察院的公诉人，一年也要办几十件案件，而一个刑辩律师一年的办案量和办案技能的训练是明显不足的。

对于这两个短板，我们如何弥补和借鉴？我总结出了两条经验，第一条经验是“数量+体悟”，能够完成基本技能的原始积累。一是数量。数量是一个刑辩律师一年能办多少案件。二是体悟。什么叫体悟？体悟是我们一年能够去好好地研究、琢磨多少件刑事案件。办案量需要自己去亲身经历，但是体悟不完全需要自己亲历，可以通过琢磨、总结、提炼，把自己经历过的东西变成经验，也可以通过各种方式对别人办理过的案件进行研究和学习，进而总结提升，内化为自己的知识和经验。我们必须带着“欣赏别人，去找方法、去借鉴”的一种理念，去体悟别人的案件，为我所用。作为律师，需要律所有组织地进行案件的研讨，也需要律师自己从热点案例当中学习和借鉴。有了这两

① 主讲人：武广铁。

点，“数量+体悟”就能够完成基本技能的原始积累。

第二条经验就是“规定动作+自选动作”，能够确保质量输出的稳定性。规定动作，比如办案时在系统里留下的很多痕迹，所做的最基础的每案必讯，所做的审查报告，所完成的“三纲一书”（发问提纲、举证质证提纲、答辩提纲、公诉意见书）等都是公诉人的规定动作；自选动作，比如文献检索、案例检索等，都是公诉人的自选动作。

当公诉人把这些规定动作全部走完一遍以后，对案件便了然于胸，出庭也就胸有成竹了。律师的规定动作，目前比较常见的是“阅卷笔录+辩护意见”。但是，我们的阅卷笔录和公诉人的审查报告相比，还存在明显不足，没有成体系化，在详细、规范、深入等方面，都还有待提高。律师可以做的自选动作更多，倡导律师学习公诉人的做法，有一些自己规定的动作，这个规定动作就是我今天所要强调的审查报告。

为什么要强调审查报告？有以下三点原因：

第一，要以审查报告实现阅卷过程的载体化，来检测、规范阅卷的深入和全面。作为律师，当事人不会要求看你的阅卷笔录、阅卷报告，律所更不可能说考核每一个律师、每一个案件审查报告有没有做，做得怎么样。所以在这种情况下，律师就要自我要求，以审查报告这样的载体来检测、规范阅卷是否深入、全面。

第二，要以审查报告载体的规范化，来防止办案量的低标准重复劳动。“经历不等于经验”。如果律师对报告载体，即审查报告或者阅卷笔录的规范度、精细化没有任何要求，办案就是在低标准的点上重复劳动，办案水平不会有提升；如果通过审查报告，把每一个案件做规范、做精细，就能够达到办案质量从量变到质变的提升。

第三，要以审查报告的精细化，提升解决焦点问题、同类问题的能力。精细化包括对证据审查的精细和对法律适用研究的精细，通过这两个方面的精细，律师能够发现这一类案件的规律是什么、难点是什么、焦点是什么，刑事辩护的痛点在哪里，律师与检察官、与法官沟通、说服的切入点在哪里，从而提升律师解决焦点问题和同类问题的能力。

公诉版的审查报告与律师版的审查报告格式和要素大致相当，二者既有相同点也有不同点，律师要取长补短，汲取公诉版审查报告的长处。

公诉版审查报告分为首部、正文和尾部三大部分。首部包括××检察院××案件审查报告、侦查机关的情况、侦查员的情况、移送的犯罪嫌疑人的情况、案由、移送时间。正文一般包含六大部分：第一，犯罪嫌疑人的基本情况；第二，发破案经过、诉讼过程；第三，侦查机关认定的事实；第四，审查认定的事实和证据；第五，需要说明的问题；第六，审查结论和处理。其中核心和要求最高、难度最大的是第四部分和第六部分，即第四部分审查认定的事实和证据，包括怎么审查证据、摘录证据进而认定事实以及第六部分审查结论和处理，包括公诉人是怎么分析的，这个结论是怎么得出的等。尾部是起诉书的最后一部分，包括本院认为被告人的行为触犯了刑法的第×条规定，根据第×条规定，应当作出什么样的处理，从而得出自己的意见：这个案件应该是起诉还是不起诉；如果是抗诉，是支持抗诉、不支持抗诉，还是撤回抗诉。最后再加一句："以上意见妥否？请审示。"律师版审查报告格式和要素与公诉版的审查报告基本相当，律师仍然可以用公诉版报告的首部，包括侦查机关是谁，侦查员是谁，公诉人是谁，法官是谁，电话号码是多少，这些内容都可以在报告上面予以反映，确保以后再来找这个案件时，相关信息能够查到。

律师版审查报告的正文，与公诉版的审查报告基本相同，也包含六大部分。第一部分，需要写嫌疑人的情况（对于公诉人而言是嫌疑人，对于律师是当事人，这是表述上的差异）。第二部分，发破案经过和诉讼过程。在这个过程中，律师可以把案件侦查程序是否合法、相关要素一并做审查和摘录。第三部分，侦查机关认定的事实和证据，在律师版有不同的变化。如果案件是移送审查起诉的，就叫侦查机关认定的事实。如果案件到审判阶段律师才介入，这时就有侦查机关认定的事实和起诉书认定的事实，律师需要比较这两部分有什么不同，经历了哪些变化。如果案件到二审阶段律师才介入，这时就有侦查机关认定的事实、起诉书认定的事实和一审判决认定的事实。这部分的功能就在于为律师审查案件竖起靶子，比较这个案件在诉讼的不同过程，从罪名到人员到论述、认定发生了哪些变化。第四部分，审查认定的事实和证据。在经过公诉人审查后，从公诉人角度而言，认为案件的事实应该怎么认定。经过公诉人的审查后，公诉人认定的事实和侦查机关认定的事实有可能是不一样的。作为律师而言，要研究的是侦查机关怎么看、公诉人又怎么看。在这个时候律师仍然可以保留侦查机关认定的事实，有哪些证据；公诉人认定的事实是什么，证据是什么，来把这个部分完成。第五部分，需要说明的问题。作为律师来说这一部分不一定需要。第六部分，审查结论和处理。这一部分律师肯定是需要的，律师作为辩护人，看完这个案件后能够得出的结论是什么，该案应该怎么辩护，就在这一部分反映。值得提及的是，律师版的审查报告不需要尾部，不需要说“以上意见妥否，请审示”，因为律师是对自己负责，即便是团队，共同研究案件就好了。这是格式的基本要素。

写律师版的审查报告有三大好处：

第一，能够让律师系统化地整理卷宗，亲历和熟悉案件。很多律师遇到简单的案件，一边看卷宗一边消化，阅读卷宗后直接生成辩护意见，缺少中间的阅卷笔录。但是，如果遇到的是有一些难度的案件，阅读卷宗后直接生成辩护意见，其质量令人担忧。所以，通过制作律师版的审查报告，可以让律师系统化地整理卷宗、熟悉案件。

第二，一本在手、出庭无忧。有很多案件的卷宗册数非常多，律师不可能在法庭之上，当公诉人举证后，律师边翻卷宗，边发表质证意见；公诉人说到某个问题时，律师临时从卷宗当中找答案。律师完全可以做到一本审查报告在手，出庭无忧，公诉人所要举的所有证据、主要谈的任何问题，都已在审查报告中浓缩、固化下来。因此，审查报告能够帮助律师以最高效、最精准、最好的状态出庭。

第三，能够保证律师的思维随时在线。公诉人和律师的办案模式存在很多不同，首先是思维的不同，但这不是我们讨论的重点。最明显的就是办案节奏的不同。作为律师，手上可能同时有多件未结案件，而办案期限又很紧，怎么办？这时律师就要每时每刻想这个案件的案情是什么，争议焦点是什么，需要沟通的节奏是什么？律师需要保持多个案件随时思维在线，需要随时唤醒记忆，如果案件稍微有些难度，律师要唤醒对这个案件的记忆，保持思维在线其实是很困难的。

如果律师经过了深入、系统化地整理案件，并且把它形成了审查报告，对它的印象就会特别深刻，就算有一些遗忘，在会见当事人之前、在和家属沟通之前、在和办案人员沟通之前，迅速地翻一遍审查报告，马上就能够唤醒记忆。这就是律师做审查报告的三大好处。

律师版审查报告的制作要点主要有以下几点：

第一点，“精益求精打基础，绣花割草两相宜”。同样都用割草机割草，有的园艺工人割出的草坪非常整齐，有的园艺工人割出的草坪特别难看。即便是割草，也得知道门道在哪里。律师更应该如此，所以从事刑辩业务的新手律师、年轻律师，一定要从审查报告的规范度出发，精益求精地打好基础，先学会对待案件像对待绣花一样仔细。什么叫精益求精，能够把案件极致到什么程度，只有经过了才有感受。如果新手律师能够心平气和、精益求精地办上一批案件，再让他快起来的时候，就不会因图快而牺牲质量，真的可以做到又快又好。

第二点，“先搭框架后填充，因案制宜无常势”。大家都会用 WPS 或者 Word，打开导航窗格，工具栏里面有标题 1、标题 2、标题 3、标题 4，这是标题的分级。你把每个标题输入进去后，选择导航窗格，在电脑文档左边，就可以看到它的大纲。这就是我们所说的框架。

这个框架怎么搭？首先要搭出案件的基本雏形，第一部分嫌疑人的基本情况，第二部分诉讼过程、嫌疑人到案经过，第三部分侦查机关认定的事实，第四部分起诉书指控的事实和相关证据。即使嫌疑人涉嫌多个罪名，可以在第四部分“起诉书指控的事实和相关证据”中，在二级标题下把贪污罪、敲诈勒索罪、寻衅滋事罪、交通肇事罪等罪名都罗列进去。

接下来需要思考的问题是，每一个罪名之下行为人有多少个行为，比如，行为人贪污的行为有 10 次，分别贪污了不同的款项，律师就可以把“关于贪污某某扶贫资金 100 万元”“关于贪污某某款项 80 万元”等作为三级标题。框架搭好了以后，律师就可以顺着顺序来阅卷。阅到的相关内容，就可以填到之前设定好的 1 级、2 级、3 级、4 级标题里面。在基本的模块之下，根据不同的案件，可以有所创新，以便于律师更好地理解案件、分析案件、展示案件。

第三点，“证据排列要分组，体系拆分有层次”。律师在做证据摘录的时候，有两个关键词，一个是“逻辑”，另一个是“层次”。逻辑要通过分组予以体现，而层次体现的就是组与组之间谁在前、谁在后，哪一组的证据是为后面一组的证据做铺垫，铺垫对于后面的事实认定，包括法律适用分析，又会造成什么样的影响？组与组之间如何递进？这就是“证据排列要分组”。

再来看什么叫“体系拆分有层次”。比如，一个合同诈骗的案件，要对其进行论证、展示、分析，不是说先确定构成合同诈骗罪，再来决定怎样分组；而是通过制作审查报告当中的证据分组，来帮助律师完整、系统地从不同侧面来看行为模式。也就是说，通过对证据的分组，层层递进，分析该案究竟是民事欺诈，还是以非法占有为目的，以诱骗投资款的形式来实现的合同诈骗罪，这样一步一步推进下来，得出的结论是比较客观的。

第四点，“程序要素要审查，实体分析提精华”。作为律师，对每一个案件，既要做审查报告，又要讲办案效率，怎么做才能达到最优呢？首先，需要把移送审查起诉意见书、起诉书、判决书都看一遍，特别要留意从拘留到逮捕罪名的变化，报捕后是否有过不批捕等。看完以后，就有了对案件的基本判断。其次，一边阅卷、一边摘录，待摘录到某一个阶段后作一下总结分析。比如，案件侦查程序合不合法，拘留、退查有没有超期。这是对程序要素的审查。律师可以自己制作诉讼过程一览表、嫌疑人供述简表、被扣押或处理的财物表等表格，可帮助律师快速审查案件的程序方面是否合法。

实体审查是律师审查的重中之重。首要的就是要反映原貌，即对笔录内容进行原始摘抄。律师可以把原始笔录以记叙文的形式进行摘抄，那些关键的、要害的问题要保留问答的方式，从而把笔录的原貌反映出来。如果笔录次数非常多，律师就可以列一个嫌疑人供述一览表，把每次笔录的顺序全都列出来，时间、地点、讯问人，然后注意是打印笔录还是手写笔录、有无同步录音录像、有无修改痕迹，后面加一个备注主要内容。如果存在不同版本供述的话，对这些版本的供述要全部进行梳理，只有这样，律师才会做到心中才有数。

反映原貌以后就到了提取精华的环节。什么叫提取精华？律师要在阅卷的同时进行思考，哪些内容对辩护有用，哪些内容对辩护没用，从这个角度来看嫌疑人的辩解能不能成立，结合其他方面来看，嫌疑人的辩解是否能够形成特别有利的进攻优势。律师要把这些精华提取出来，在重温案情的时候，就不用再看嫌疑人供述的过程。这也是非常考验功力的步骤。

第五点，“证据摘录要解读，对比审查多角度”。律师在审查案件的时候，对某一份证据有的时候是孤立地看，但更多的时候要整体对比着看，或者综合地看，并且要进行摘录。在证据摘录完以后对其进行分析解读，在解读时有纵向比对、横向比对和综合比对三种解读方式。

一是纵向比对。纵向比对是以嫌疑人为单位，把他从第一次到最后一次供述经历的变化过程比对出来，分析其究竟是在第几次笔录中，在什么样的情况下发生从不供到供，或者说从供到不供的变化的。这一变化是客观的还是不客观的，其中有没有其他不合法、不客观的因素在起作用。

二是横向比对。横向比对就是以待证事实为基础、为基点，把凡是跟待证事实有关的证据并到待证事实之下，归拢在一起进行比对。比如，公诉机关指控张三收受李四 80 万元，那么与这一待证事实相关的横向的证据有张三的供述、李四的证言、张三妻子的证言、李四公司员工的证言，用这些证据来证明张三是否收到过钱，李四是否把钱送了出去，这笔钱是否有人转交。证实这一事件的过程就是横向比对。

三是综合比对。办案人员在审查证据的时候，最主要的思维是印证审查，律师也是如此。在进行综合比对的时候，要看哪个和哪个能够印证，在哪个点上能够印证，在哪个点上有矛盾。如果能够印证，它就是客观真实的；如果不能印证，有可能是证据之间存在不能排除合理怀疑，不能得出唯一结论的矛盾。

我认为有三个关键字特别重要——全、精、准。所谓“全”，是指摘录证据不能有遗漏，不能让证据“沉睡”在卷宗里面。在法庭上，如果公诉人出示的证据，律师没看到过，就要找到没看到过这一证据的原因：究竟是律师没有仔细阅卷而没有看到，还是说控方没有给律师相关的刻录光盘，或者开示的卷宗里面就没有包含这份证据材料？如果控方给律师看的材料就在光盘或者卷宗里面而律师没有看到，这不仅让人感到尴尬而且影响也十分不好。所谓“精”，就是要挤水分，能够确保审查报告不是简单地把检察院给律师的光盘从 pdf 版本转化为 Word 版本，而是经过律师的思维过程加工，留下来的精华浓缩。所谓“准”，就是要有一个焦点进行聚焦，从各个维度聚焦到一个中心点，分组聚焦、待证事实聚焦、证据摘录聚焦等，最主要的就是要突出一个“准”字。

第六点，“带着问题去质疑，客观中立全面阅”。辩护人要带着问题去阅卷，就是经过会见当事人以后，当事人提出的辩解是什么？经过律师看程序文书，发现案件从抓人到拘留，到逮捕，到不捕，到再捕，又到罪名的变更，这一系列的过程中发生了什么变化？律师带着这些疑问去阅卷，但在阅卷的过程当中，不要只想着获取对辩护有利的素材，而对有利于指控的素材熟视无睹。律师要能够客观中立地分析问题：这个案件控方会依据哪些证据来指控？指控的逻辑是什么？为什么控方有了这个证据就可以诉？这个证据为什么有这么大的分量？律师只有客观、中立、全面地去阅卷，才可以判断出指控的内在逻辑是什么，辩护的切入点在哪里。如果辩护人只考虑辩而不考虑诉，就不能有的放矢地去展开辩护。

第七点，“提炼焦点抓要害，写出心证是关键”。每一个案件都有焦点，而且案件焦点的分布未必明显地对控方有利或者对辩方有利。在这种情况下，需要锻炼律师从案情、从起诉书中提取焦点的能力。

在这方面，可以多看刑法大家所写的有关案例分析的书籍，如张明楷老师的《刑法的私塾》、陈兴良老师的《判例刑法学》、周光权老师的《刑法公开课》等。这些书中的内容都是围绕焦点而展开，带着问题意识来分析，律师可以从中吸收相关知识。另外，也可以多留意《刑事审判参考》中目录的副标题，副标题往往就是这个案件入选《刑事审判参考》的原因，想要在指导方面传达出的信息，也是这个案件的焦点。如第 1125 号案例“李虎、李善东等故意伤害案——故意隐瞒自己参与共同犯罪的事实而以证人身份按照司法机关安排指认同案犯的行为是否构成立功”，一句话就把案件最想要传达的焦点概括了出来。

什么叫写出心证？比如，对证据矛盾怎么看，对证据体系、证据锁链有没有闭合怎么看，对案发原因怎么看，被害人到底有没有过错或者重大过错，为什么认为控方的指控不成立，为什么认为被告人没有违法性的认识，为什么没有犯罪故意，律师的依据和理由是什么，从证据到行为到法律适用之间是怎么衔接的？把这些分析过程固定下来，就叫“写出心证”。

总体而言，如果我们是主办律师，对于辅办律师和律师助手的要求是拿出一份翔实、规范、精细的审查报告，如果我们的辅办律师和助手都能够拿出这样一份报告，不仅能够在很大程度上解放主办律师，也能够确保整个团队办案的规范化、精细化，能够保证案件的办案质量。

第四节　死刑案件的审查和辩护[①]

一、死刑案件概况

1. 刑法层面

死刑是罪行极其严重的案件才能适用的刑罚。根据《刑法》的规定，目前适用死刑的罪名有 46 个，其中，“第一章　危害国家安全罪”中有 7 个，包括背叛国家罪、分裂国家罪等；“第二章　危害公共安全罪”中有 14 个，包括放火罪、决水罪、爆炸罪、投放危险物质罪、劫持航空器罪等；“第三章　破坏社会主义市场经济秩序罪”中有 2 个，分别为生产、销售、提供假药罪，生产、销售有毒、有害食品罪；“第四章　侵犯公民人身权利、民主权利罪”中有 5 个，分别为故意杀人罪，故意伤害罪，强奸罪，绑架罪，拐卖妇女、儿童罪；“第五章　侵犯财产罪”中有 1 个，即抢劫罪；“第六章　妨害社会管理秩序罪”中有 3 个，分别为暴动越狱罪，聚众持械劫狱罪，走私、贩卖、运输、制造毒品罪；“第七章　危害国防利益罪”中有 2 个，分别为破坏武器装备、军事设施、军事通信罪，故意提供不合格武器装备、军事设施罪；“第八章　贪污贿赂罪”中有 2 个，分别为贪污罪、受贿罪；“第十章　军人违反职责罪”中有 10 个，包括战时违抗命令罪，隐瞒、谎报军情罪等。

---

① 主讲人：徐激浪。

2. 死刑政策层面

在适用死刑的 46 个罪名中，适用最多的是故意杀人、故意伤害类犯罪；其次是走私、贩卖、运输、制造毒品类的犯罪；最后是抢劫类犯罪。我们国家死刑的基本政策是保留死刑、严格控制死刑，死刑只适用于少数罪行极其严重的犯罪分子，同时贯彻“少杀、慎杀”的方针。贯彻落实宽严相济的刑事政策，要依法、准确把握死刑案件标准，紧密结合治安形势，对具有自首、立功等法定从轻、减轻情节的，可以不判处死刑立即执行；罪行较轻、主观恶性不深、人身危险性不大、被害人有过错的，要慎用、少用死刑。办案中对宽与严要全面把握，既不能只讲宽而忽视严，也不能只讲严而忽视宽，宽与严两者是相辅相成、辩证统一的。宽是法定从宽、酌定从宽，而不是法外施恩、放纵犯罪；严是法定从严、法定从重，而不是有罪必刑，用刑必严。宽与严的运用要于法有据，酌定情节还要于情有理。

3. 律师的作用

在死刑案件中，律师的主要作用是发现问题，提出辩护意见，建议司法机关及时进行核实。死刑案件中，其证明标准高于普通刑事案件。辩护律师只要找到站得住的辩点、关键的辩点，如果提出的合理怀疑控方不能排除，就起到了效果，就会影响死刑的适用。

二、客观性证据、技术性证据审查运用的基本要求

要重视客观性、技术性证据的审查。首先，客观性、技术性证据在司法实践中比言词证据更能客观地证实案件真实情况，也更有说服力。比如，案犯现场遗留的足迹、血迹、微量物等，是证实被告人到过现场的重要证据，与被告人有罪供述可以形成有效印证。其次，客观性、技术性证据也能印证被告人辩解的合理性。比如，审查尸体检验报告等技术性证据、通信记录、视频监控等能否客观揭示案发时间；审查犯罪嫌疑人随身携带的电子设备、所乘交通工具的运行轨迹、相关视频监控、网络通信软件使用的 IP 地址、住宿登记等相应证据，是否可以印证嫌疑人的辩解。

三、物证、书证辩点挖掘

1. 收集物证、书证及鉴定的全面性

此环节应注意以下问题：（1）现场、作案凶器上遗留的指纹、与案件有关联的生物物证、痕迹是否全面提取；（2）毒品案件中的通信记录、犯罪嫌疑人的手机是否收集；（3）有无自吸的鉴定；（4）有些案件甚至需要提取毛发。下面举两个案例说明。

案例 3-1

［简要案情］

2005 年 1 月的一天，被告人苏某某与同案被告人李某某、姜某在甲市某镇商议共同出资贩卖海洛因，并商定由苏某某在甲市购买海洛因及底粉运至乙市，由李某某、姜某负责在乙市销售。2005 年 1 月至 4 月间，苏某某与李某某、姜某共同出资，由苏某某三次购得海洛因 90 克及底粉等托运至乙市，由李某某、姜某掺假后卖出 2000 余克。

［定案证据］

1. 同案被告人李某某、姜某关于与被告人苏某某共同贩卖、运输毒品的供述。

2. 被告人苏某某在侦查机关作出的与李某某、姜某二人供述内容一致的有罪供述。

［存在的问题］

1. 应调取的重要书证未调取。

（1）同案被告人李某某在第一次被盘问时即已交代，“2004 年 12 月下旬的一天，我、姜某和苏某某在甲市某镇原江旅店的一个房间商议……”但侦查机关没有提取苏某某当时在该镇的住宿登记材料，导致无法完全排除苏某某翻供所提作案当时其不在犯罪地的可能性。

（2）同案被告人李某某、姜某在贩毒过程中及姜某被抓获后都曾与苏某某通话，但侦查机关没有提取苏某某与同案被告人的通话记录清单及被告人通话所在地证明。

(3) 李某某、姜某二人曾从乙市汇毒资给在甲市的苏某某，侦查机关亦没有提取相关的汇款凭证。

2. 定案主要证据未经质证。

同案被告人姜某、李某某被侦查机关人赃俱获后，根据二人的交代和配合抓获苏某某。苏某某后来翻供，一审庭审时未宣读同案被告人供述，亦未组织苏某某与同案被告人对质。

[处理结果]

最高人民法院复核后认为，本案主要靠同案被告人的供述及被告人曾作出的有罪供述定案。被告人翻供后缺少本可获取的重要客观性证据予以证实，而同案被告人的供述未经庭审质证，致本案据以定罪、量刑的主要证据尚未达到判处死刑的证据标准。据此，裁定不予核准被告人苏某某死刑。

[经验教训]

因未调取住宿登记、通话清单等重要书证，致使定案主要依靠同案被告人的供述与被告人苏某某的有罪供述，而同案被告人的供述未经庭审质证，被告人苏某某翻供提出当时不在犯罪地，无法达到判处死刑的证据标准。

2. 收集行为的程序性、正当性

物证、书证的来源和提取均需符合法定要求，提取必须出具相应的扣押、调取清单；现场扣押的，侦查人员、物品持有人、见证人需在清单上签名；如果是搜查、勘验检查时发现的，需在搜查笔录、勘验笔录中载明。

办理毒品案件的要求有以下几点：(1) 拍摄。现场勘验、检查或者搜查时，应当对查获毒品的原始状态进行拍照或者录像，采取措施防止犯罪嫌疑人及其他无关人员接触毒品及包装物。(2) 扣押。对查获的毒品应当按其独立最小包装逐一编号或者命名，并将毒品的编号、名称、数量、查获位置以及包装、颜色、形态等外观特征记录在笔录或者扣押清单中。(3) 封装。封装应当在有犯罪嫌疑人在场并有见证人的情况下进行；应当使用封装袋封装毒品并加密封口，或者使用封条贴封包装，做好标记和编号，由侦查人员、犯罪嫌疑人和见证人在封口处、贴封处或者指定位置签名并签署封装日期。犯罪嫌疑人拒绝签名的，侦查人员应当注明。封装时，不得将不同包装内的毒品混合。对不同组的毒品，应当分别独立封装，封装后可以统一签名。

案例3-2

[简要案情]

被告人马某某因生活琐事怀恨其岳父马甲。2005年3月14日3时许，马某某持仿“六四”式手枪到某市新建巷27号，从外墙攀爬进入马甲家二楼卧室，朝正在睡觉的马甲头部开枪，致其当场死亡。枪声惊醒了马甲的三女儿马乙，马某某又用枪柄朝马乙头部击打，后逃离现场。

[定案证据]

1. 被告人马某某的有罪供述。

2. 侦查机关提取的手枪，与案发现场提取的弹簧能组成完整的枪支，经检验该枪支击发样本弹壳与现场提取的弹壳系同一支枪所击发。

[存在的问题]

侦查机关在提取本案关键证据手枪时未制作提取笔录，仅附一张手枪的照片，反映不出提取手枪的具体地点和过程、见证人。虽然侦查机关于事后第8个月对枪支的提取程序作了补充说明，但仍不能反映提取枪支的具体过程。马某某在庭审中对提取笔录提出质疑，由于公安机关在马某某指认的扔枪的水井中未打捞到枪支，因此无法判明其辩解是否真实。

关键的物证存在问题、疑点，进而影响案件事实认定，经补充查证仍无法解决问题、排除疑点的，依法不能采信。

3. 物证、书证保管和流转环节

此环节应注意以下问题：（1）物证、书证是不是原物。比如，作为作案工具的匕首无法查找到，公安机关根据被告人的指认从某小店购买相同型号的匕首，再经被告人辨认、确认，后作为物证进行封存，但由于该匕首并非原物，因此无法作为物证使用。（2）专门的毒品保管场所或者涉案财物管理场所，指定专人保管封装后的毒品及包装物，并采取措施防止毒品发生变质、泄漏、遗失、损毁或者受到污染等，由于其客观性、真实性、可靠性强，可不移送原物，拍照附卷即可。

辩护人能够介入的点：物证书证一定要收集全面，能够做鉴定的要尽量做鉴定；证据收集是否符合程序性、正当性要求；物证的保管跟流转是否合理。辩护人要认真仔细地审查案件，发现里面单个证据的疑点、证据之间有没有矛盾，有矛盾的能不能得到合理的解释。

四、辨认辩点挖掘

这一环节容易存在以下问题：一是辨认对象、物品特征突出，如身高、眼镜、光头、疤痕、胎记等比较突出。二是安排辨认、指认活动不够严谨。如在年龄、身高、发型、脸型等方面考虑不到位，使辨认人能很轻易地判断出辨认、指认对象。三是暗示性辨认。如有明显的暗示、诱导行为。四是尸体辨认简单化。五是辨认没有录像或辨认录像中断。六是辨认、指认笼统化。如一份辨认、指认笔录概括反映多起指认活动，辨认、指认笔录只写结果不写过程，且文书记载过于简单。七是辨认不真实、不客观，在很短的时间内让嫌疑人进行多次辨认活动。如一份辨认笔录中侦查人员在 30 分钟时间内组织一名犯罪嫌疑人至本区各作案地点，共辨认出 27 个作案地点。

因此，在制作辨认、指认笔录时，应全面、真实地反映整个辨认、指认过程和辨认、指认结果，而不能仅记载辨认、指认结果，忽略了过程。辨认情况与被告人供述、证人证言、被害人陈述、物证、书证等其他法定证据相结合，可以准确认定犯罪嫌疑人、作案工具、涉案赃款赃物等重要案件事实。辨认情况虽不是《刑事诉讼法》规定的法定证据种类，但在刑事案件中广泛使用，与其他证据相结合后所产生的证明力不容忽视。

案例 3-3

［简要案情］

2004 年 6 月 13 日 19 时许，被告人曹某、徐某因债务问题与被害人王某发生争执，被告人曹某遂持尖刀捅刺被害人王某后背，被告人徐某持折叠军刀捅刺被害人王某胸部、腹部等部位，致被害人王某死亡。

［主要证据］

1. 被告人曹某、徐某的有罪供述。

2. 尸体检验鉴定结论证实，被害人王某系被他人以单刃锐器刺创右前胸及左背部致双侧血气胸，双肺破裂、肝破裂，致急性失血性休克死亡。

3. 现场勘验、检查笔录和照片证实案发现场的特征。

4. 缴获的被告人徐某作案时使用的凶器折叠军刀。

5. 证人刘某、程某、李某、赵某的证言证实，2004 年 6 月 13 日晚，有两人分别持刀捅刺被害人王某。

[存在的问题]

现场有众多目击证人具备辨认被告人的条件，但侦查机关没有组织目击证人对被告人曹某、徐某进行混杂辨认，以致无法确定目击证人的证言与被告人的犯罪事实之间的关联性，除被告人供述外，没有其他证据证明犯罪行为系被告人实施。

五、现场勘验、检查辩点挖掘

现场勘验、检查是侦查人员运用科学技术手段，对与犯罪有关的场所、物品、人身、尸体等进行勘验、检查的侦查活动。勘验、检查能够发现、固定、提取与犯罪有关的痕迹、物证及其他信息，存储现场信息资料，判断案件性质，分析犯罪过程，确定侦查方向和范围，为侦查破案、刑事诉讼提供线索和证据。

勘验、检查笔录制作违法与适用混乱，是导致案件被错判的重要原因。例如，在“念某投毒案”中，侦查机关在现场勘查中共提取了 150 多件物品，而笔录中只记载了 5 件物品，其余 140 多件物品均无记录。具体而言，勘验、检查笔录中容易存在以下问题：

1. 现场勘验、检查工作记录中记载的内容与实际情况不符

一是侦查人员有筛选性地将勘查提取的物品记录到勘查笔录中，没有全面如实地进行客观勘查，导致错案的发生。二是在制作现场勘验、检查笔录后对应该及时扣押的物品和文件没有进行扣押。三是缺少见证人、见证人不具有相应的资格或未记录见证人身份无法判定见证人是否有适格。四是勘验人、检查人或见证人未在勘验、检查笔录上签名、盖章或签名不齐。五是对于勘验人的回避、资质的说明存在欠缺。六是现场勘验、检查中发现与犯罪有关的痕迹、

物品，但没有进行固定、提取。七是对于现场痕迹、物品，没有分别提取、分开包装、统一编号，没有注明提取的地点、部位、日期，也没有注明提取的数量、名称、方法和提取人。

2. 补充勘验程序不规范

进行补充勘验、检查的，对前后勘验、检查的情况是否存有矛盾较少予以明确；对再次勘验、检查的原因也很少予以说明。

案例 3-4

[简要案情]

2006 年 2 月 10 日 8 时许，被告人胡某与被害人何某因彩礼问题发生争吵。被告人胡某用随身携带的尖刀连刺被害人何某颈部、胸部、臂部等处，并用自己所穿的军大衣掩盖被害人何某后潜逃。

[主要证据]

1. 被告人胡某的有罪供述。

2. 抓获被告人胡某时搜查出一把折叠尖刀，经胡某辨认，系其杀害何某时所用凶器。

3. 尸体检验鉴定结论证实，被害人何某系颈、胸、左上臂外伤，右颈静脉半离断、肝右叶破裂致失血性休克死亡。

[存在的问题]

1. 现场勘验、检查笔录及照片证实，被害人何某尸体上盖有一件黄绿色的军大衣。据被告人胡某供述，其杀害何某后，因所穿军大衣上沾有血迹，故将大衣脱下盖在何某身上。但卷内材料未反映侦查机关将该大衣作为物证提取；现场勘验、检查笔录未反映被害人尸体上所盖大衣外侧是否有血迹；未对血迹进行鉴定；也未要求被告人胡某对大衣进行辨认，同时没有提取大衣上的皮屑、汗液等物证并进行鉴定，因而无法证实该大衣系被告人胡某所穿衣物。

2. 收集证据的程序不规范。卷内扣押尖刀的扣押物品清单及被告人胡某现场辨认笔录均仅有他人代签的被告人胡某的名字，没有经胡某本人捺指印，也没有必要的说明。能证明被告人到过现场的物证，由于缺乏提取笔录，且未全面记载物证的细节情况，也未经辨认、鉴定，因此不能作为证据使用。

六、搜查笔录辩点挖掘

搜查、搜寻、发现并扣押犯罪证据或赃物的行为，是国际通行的侦查犯罪活动手段，也是最常见的侦查措施之一。对人的身体、物品、住处和其他有关地方进行搜查，目的是收集犯罪证据、查获犯罪嫌疑人。

搜查的基本要求：一是出示搜查证，搜查证要经过公安机关负责人批准，搜查不得少于2人；二是被搜查人、家属、邻居、见证人在场；三是搜查妇女由女工作人员进行。

在以下情形下不用搜查证也可以进行搜查，但应当在搜查笔录中注明：（1）犯罪嫌疑人可能随身携带凶器的；（2）犯罪嫌疑人可能隐藏爆炸、剧毒等危险物品的；（3）犯罪嫌疑人可能隐匿、毁弃、转移犯罪证据的；（4）犯罪嫌疑人可能隐匿其他犯罪嫌疑人的；（5）其他突然发生的紧急情况。

七、关于司法鉴定审查的基础要求

（1）司法鉴定是查明案件事实的重要手段，具有其他证据不可替代的作用。鉴定意见作为一种重要的诉讼证据，能够对专门性问题提供科学认识，能够延伸司法人员的认知能力，能够证明案件事实，能够对被告人口供、证人证言等证据的真伪、证明力大小、证据价值高低进行印证和补强。

（2）在死刑案件中，应当认真审查鉴定意见。切实重视审查已提取的重要物证是否进行了司法鉴定，是否对重要证据进行了具有排他性的同一鉴定，防止漏鉴。切实加大对鉴定意见的审查判断力度，重点审查鉴定机构、鉴定人是否具有鉴定资质，检材是否充足，检材来源是否客观、真实、合法，鉴定方法是否科学，鉴定程序是否合法，鉴定时机是否合适，鉴定文书是否规范，鉴定意见是否具有排他性和唯一性。切实审查鉴定意见与其他证据是否相互矛盾，存在矛盾的能否得到合理解释。

（3）对犯罪嫌疑人、被告人的司法精神鉴定决定权在司法机关，律师具有建议权。司法精神鉴定与其他痕迹、DNA鉴定相比有其特殊性，即主观判断性强。在审查、运用时，要结合家族史、就医史、案发和羁押前后的反常行为史等进行综合审查，做到不枉不纵。

案例3-5

[简要案情]

2006年7月16日14时许，某省某市被告人穆某酒后抢得一水果摊上的一把尖刀，后在摊主梁某某向其索要该刀时，持刀将被害人梁某某的左臂及胸部刺伤，又持刀连续捅刺过往行人谭某、王某、杨某、潘某、石某、高某，致高某当场死亡，王某重伤，梁某某、谭某、杨某、潘某轻伤。之后，被告人穆某乘坐被害人刘某某驾驶的出租车来到该市第一中学门前，持刀将被害人刘某某的颈部及手指刺伤，又将路过的被害人张某刺伤，致张某轻伤。在一木材市场附近持刀捅刺被害人王某某、谷某、董某某，致董某某死亡，王某某、谷某重伤。

[主要证据]

认定被告人穆某酒后在某市市区持刀连续捅刺过往行人，致二人死亡、三人重伤、五人轻伤的行为、后果方面的证据确实、充分。

[存在的问题]

某市第一专科医院出具的精神病司法鉴定结论证明：穆某作案时为酒依赖，普通醉酒状态；有完全刑事责任能力。但该司法鉴定存在以下问题：

1. 鉴定所依据的检材不全面、不充分。案发后，某市侦查机关从被告人穆某的母亲、妻子处了解到穆某有精神病史，曾于2005年3月在某市第一专科医院住院治疗；被告人穆某案发前反应不正常。但侦查机关没有向鉴定机构和鉴定人提供被告人穆某入院治疗的详细病历及案发前反应不正常的相关材料。

2. 存在众多与上述鉴定结论相反的证据。一是二审法院从某市第一专科医院调取的被告人穆某2005年3月20日的入院病历。病历记载穆某系急性应激障碍、酒依赖。急性应激障碍是精神疾病的一种，该病历证实被告人穆某有精神病史。二是被告人穆某的母亲刘某某的证言、邻居咚某、韩某某、逞某某的当庭证言均证实，被告人穆某以前有精神病史并曾住院治疗，案发前一天曾犯病：在邻居家的房上、大街上跑，用棒子砸坏一辆夏利车等。三是派出所民警关某某证实被告人穆某砸坏夏利车及处理经过。

[处理结果]

最高人民法院复核认为，本案关于被告人穆某刑事责任能力的精神病司法鉴定检材不足；与鉴定结论矛盾的证据材料未能得到合理解释，认定被告人具有完全刑事责任能力的证据不足。据此，裁定不予核准被告人穆某死刑。

[经验教训]

鉴定机构及鉴定人在侦查机关没有提供被告人穆某曾患有急性应激障碍、酒依赖入院治疗的详细病历和案发前精神不正常等相关材料的情况下，作出被告人穆某作案时有完全刑事责任能力的结论存在错误的可能。各级司法机关在有相反证据材料的情况下简单采纳了该鉴定结论，违反证据审查判断规则。

八、发现辩点的路径

1. 基础：仔细阅卷、勤于思考

佘祥林案件之所以造成错案，侦诉审环节未能发现侦查机关非法取证，或者虽已发现、怀疑但未能彻查是重要原因。公安机关存在以下侦查违法和侦查不当行为：刑讯逼供，佘祥林指认作案现场由侦查人员带路，尸源确定不科学，而这三个问题在审查起诉环节中是均能发现的，刑讯逼供和违法辨认通过讯问被告人和比对前后不一的供述就能发现，尸源确定不科学通过阅卷就能发现。忽视细节导致该案最终酿成错案，细节决定成败，忽视细节就是对具体事实和证据的忽视，所以必须细致审查案卷。

2. 阅卷的基本要求：全面细致

刑事案卷是司法机关为证明犯罪嫌疑人或被告人涉嫌犯罪而制作的文书材料，在当前刑事诉讼中处于核心地位。侦查机关将案件事实转换成案卷，公诉机关通过审查案卷、开庭举证展现犯罪事实。阅卷是进行诉讼监督的基础性工作，阅卷的态度、方式和技巧决定了能否发现案件瑕疵，因此阅卷时应客观中立地审查所有证据和材料。具体来说，一审时，不能简单认同侦查机关随案移送的证据材料，侦查机关有时会围绕待证事实移送证据材料，使得整个证据体系看起来貌似完整、连贯，致使我们陷入有罪推定的错误。要重视被告人的辩解和指控证据相矛盾的证据，不要轻易地将被告人辩解视为狡辩，否定其辩解。二审时，不能简单认同起诉指控和判决采信的证据，由于二审时已历经侦查、审查起诉和一审，导致二审检察环节更容易先入为主。审查证据时应对证据进行逐个审查，全面细致，不能忽视任何证据和材料，不能忽视证据上的任何细节。单个证据审查要有深度，不仅要审查证据形式、主要事实，还要深入审查证据实质、案件细节。在全案证据审查时，除对证据的合法性、客观性、关联性进行审查外，还要重视对全案证据体系充分性的审查。所谓充分性审查，是指证据体系是否完整，案件事实的各个环节是否有证据证明。具言之，就是犯罪行为是否发生、犯罪行为是否被告人实施、被告人是否有犯罪的责任能力等基本事实是否有足够的证据证明。除常规证据审查外，还应根据案件具体情况进行特殊审查，比如刑讯逼供是否存在、罪轻的证据是否收集在案等。

3. 发现案件疑点的三种途径

第一，证据比对。一是同一证据的比对。被告人前后供述是否一致，不一致的情况是否有正当理由进行修正；二是证据之间的比对。如言词证据之间的相互比对，言词证据与勘验笔录、鉴定意见及物证的比对，以检验证据之间是否存在矛盾。有些疑点，隐藏得比较深，要经过多次阅卷、仔细比对才能发现。有些疑点可能并不以证据的形式存在或者不在某一证据载体之上，公安机关隐匿证据就属于这种情况。第二，仔细探究公安机关出具的情况说明。一般而言，情况说明是在证据体系不完备或证据之间存在矛盾的情形下出现的，可以起到解释疑点的作用，审查时要考虑情况说明是否合理、是否存在随意出具的情形。第三，会见被告人。被告人缺乏举证能力容易导致我们漠视被告人的无罪辩解。对被告人的无罪辩解，无论其是否有理有据，我们都要认真听取。有些案件之所以出错，正是因为未正确对待被告人的无罪辩解，对其无罪辩解未认真进行调查核实，错过了从源头上纠错的好机会。

第五节 言词证据的审查[①]

雷雷：言词证据又称人证，是以人和记载人的言词的书面材料为表现形式的证据，依靠的是人的陈述来反映有关案件事实，并表现为语言形式的证据。

李亚男：言词证据的范围主要有三类，第一类是证人证言，第二类是被害人陈述，第三类是犯罪嫌疑人、被告人的供述与辩解。

言词证据具有以下三个特点：一是生动形象，能够直接揭示有关案件的事实，可以让人快速地了解整个事实经过。二是受提供证据的人的主观因素影响比较大。不同的年龄，不同的学历、阅历或者不同的专业背景的人员，对于一个事件的陈述，往往会受到个人主观因素的制约。三是言词证据需要笔录作为载体，笔录制作者往往可以左右证据的内容。

雷雷：对于你说的笔录制作者能左右证言的内容，我有深切的体会。对于证人也好，被害人也好，嫌疑人也好，他们自己供述或者陈述的内容，并不能够直接反映到笔录上，需要办案人员进行二次加工，例如要根据犯罪构成要件来提炼、概括证言的内容，从而形成一份证言笔录或者讯问笔录。

李亚男：也就是说，一份笔录，往往可能带有笔录制作者的倾向性的意见。

雷雷：公安机关的侦查人员往往是有罪推定思维。在查办一个案件的时候，侦查人员首先要在头脑中形成对这个案件的分析和判断，然后再根据他自己既定的结果、结论进行侦查。也正因为这种有罪推定的思维，导致了办案机关在制作相应的证言笔录的时候，会有一定的倾向性，并且在概括相应的事实时，会紧紧围绕可能构罪的犯罪事实进行概括。其实，言词证据的主观性非常强，不管是言词证据的提供者，还是言词证据笔录的制作者，他们的主观心态都会直接影响最终言词证据的形成和结果。在我国的司法体制下，言词证据最终都要反映在笔录上，所以律师在办理刑事案件时审查言词证据，核心技能就

① 主讲人：雷雷、李亚男。

是审查笔录。

李亚男： 笔录由哪几个结构组成？

雷雷： 一份完整的、具有合法形式的讯问笔录也好，证言笔录也好，都有标题、正文和落款三个部分。标题一般是讯问笔录；正文部分包括讯问的对象、讯问的人员以及这个案件的相关内容；落款就是出具证言的人以及讯问/询问人员相应的署名。

李亚男： 下面就详细谈下笔录的结构。

（一）首部

以图 3-1 为例，对首部的审查要注意以下几个方面。

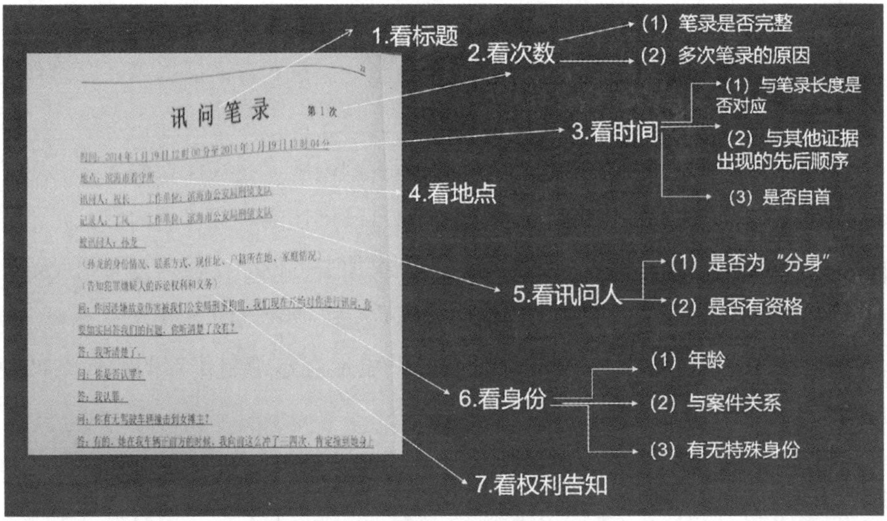

图 3-1　讯问笔录首部示例

1. 看标题

笔录其实分两种，一种是讯问笔录，另一种是询问笔录。虽然仅有一字之差，但是它背后所代表的法律含义却大相径庭。

讯问代表的是对被告人或者犯罪嫌疑人所制作的笔录，而询问笔录是对证人所制作的笔录。根据《刑事诉讼法》的规定，对证人或者犯罪嫌疑人制作笔录是有不同的要求的。比如，我们在讯问犯罪嫌疑人的时候，让其签署的是嫌疑人权利义务告知书，需要告知嫌疑人其权利和义务，比如委托辩护人的权利、申请回避的权利等。而在询问证人时出具的是证人权利义务告知书，里面不包含委托辩护人的权利。

雷雷：在办案过程当中也会经常看到嫌疑人归案以后所做的第一份笔录不是讯问笔录，而是询问笔录，这是因为：在职务犯罪侦查的过程当中，办案机关对于嫌疑人往往是电话通知到案或者告知传唤归案。在这个过程当中，由于办案机关往往并没有充分掌握相关嫌疑人的犯罪事实，所以初次询问实际上并没有立案，在这种情况下，一般就只能做一个询问笔录，这个时候嫌疑人是作为一个证人的身份出现。实际上，这就会导致一个实体上的法律结果，会关系到嫌疑人最终能否被认定自首的问题。

李亚男：我们知道，认定自首有两个条件，一个是自动投案，另一个是到案后如实供述。那么询问笔录和讯问笔录，对于自首的认定到底体现在哪个环节呢？

雷雷：讯问笔录在立案之后才能制作，而立案后意味着办案机关对嫌疑人的犯罪行为有一定程度的掌握，需要采取一定的强制措施，不管是刑拘归案，还是拘传归案，嫌疑人即便如实供述，也仅构成坦白。可是，如果采用询问笔录，就意味着此时嫌疑人是证人的身份，公安机关只能传唤证人，而不能拘传证人。从法理上讲，嫌疑人以证人身份到案，意味着公安机关尚未立案，也意味着辩护人能以此为由，提出办案机关在传唤时尚未掌握嫌疑人的犯罪事实。如果嫌疑人以证人身份归案后第一时间供述自己的犯罪事实，律师就有理由提出其到案具有主动性，供述具有及时性，由此提出自首的辩护观点。

2. *看次数*

在标题的旁边通常会有讯问的次数的角标，对次数的审查主要看两个方面，一是看笔录是否完整，二是看多次笔录的原因。对次数的审查不仅仅是一个小小的数字，其实它能够反映出很多问题。笔录当中显示是第一次讯问，但实践当中对于嫌疑人的讯问往往不止一次，此时我们就要结合笔录上标注的次数以及提讯、提解证上面显示的侦查人员实际提审的次数来进行判断。

李亚男：雷律师，您的意思是说我们在审查笔录次数的时候，可以通过对照笔录的份数和提讯证上记载的份数来审查它的完整性，看是否多了或者少了？

雷雷：对，可能存在公安机关制作了笔录，但是却没有在提讯、提解证上面反映出来的情况。如果存在这种情况，我们就要打个问号，这次讯问是在何时何地进行的？

李亚男：有可能笔录是在不合适的地点或者不合适的时间制作，而没有合法的一个证明。那么少了又会存在什么问题？

雷雷：那就有可能存在办案机关故意隐匿证据的情况。比如，在某一次讯问当中，嫌疑人作出了对自己比较有利的辩解，或者有相关的证人出具了有利于嫌疑人的证言，那么办案机关为了确定构罪，故意隐匿了该次讯问的情况。此时，我们就要通过讯问记录以及上面反映的次数来进行审查判断。

李亚男：关于次数，除了审查笔录的完整性以外，多次笔录也是我们需要注意的。我们在审查案件的过程中，尤其是犯罪嫌疑人或者被告人翻供的案件中，公诉人往往会以被告人曾经多次稳定地作出了有罪供述为由来证实当事人的当庭翻供不具有客观性。

雷雷：嫌疑人多次反复的有罪供述，能够一定程度上反映其供述的真实性以及稳定性，但是也有相反的情况。我们要去探究多次笔录形成的真正的原因，包括形式上的原因和实质上的原因两个方面。

李亚男：形式上的原因，比如，尽管嫌疑人对于这个案件事实的供述有多份，但是我们可能会发现有的笔录存在复制、粘贴的情况，尽管他做了 5 份笔录，但是 5 份笔录的主体内容大部分一致，甚至有的连标点符号都没有改。虽然表面看是多份笔录，但实质上其实只是一份笔录而已。

雷雷：你说得很对。

李亚男：雷律师，您说的实质上的原因是什么意思？

雷雷：因实质上的原因形成多份笔录往往存在于嫌疑人一直处于无罪辩解的情况下。比如，在职务犯罪案件中，嫌疑人在历经 3 个月甚至 6 个月的留置期间，一直反复不断地进行无罪辩解。可是，一旦强制措施变更以后，他的供述就变成了有罪供述，此时我们就要结合会见嫌疑人的情况来判断为什么会突然出现这样的有罪供述，是否因为强制措施的变更，办案机关采用了一些非法手段来进行指供诱供，导致嫌疑人口供的变化。我们也可以将前期多次进行无罪辩解和供述的情况，作为辩护意见中无罪辩护的一个重要抓手。

3. 看时间

雷雷：一是要去看时间与笔录的长度是否对应。我们知道，制作讯问笔录是要花费时间的，可是有些时候讯问笔录页数很多，但上面所反映出的讯问的时间很短。实际上，我们要制作一份哪怕只有两三页有实质内容的讯问笔录，也是要花很长时间的。因为讯问的过程就是侦查人员与嫌疑人斗智斗勇的过程，只有在经过很长时间的讯问以后，才能够拿到侦查人员想要的讯问笔录的结果。反过来，如果一份讯问时间只有两三个小时的讯问笔录，却有多达数十页的内容，也一定是反常的。

李亚男：也就是说存在时短纸长的情况，这个明显存在问题。那么如果出现了时长纸短的情况，是否也能够反映出一定的问题？

雷雷：作为辩护人，要注意会见嫌疑人时，嫌疑人自己对于讯问过程是如何向我们反映的。在很多职务犯罪案件的讯问笔录中，往往长达六七个小时的讯问却只有两三页的内容，其中往往会出现一些模糊的描述来解释长时间讯问但没有记笔录的情况。最常见的是笔录上记载“长时间思想教育”，可是所谓的“思想教育”，有没有可能包括威胁、欺骗、引诱的内容？其实根据相关规定，办案机关应当对讯问的全过程进行记录。对于反映嫌疑人思想变化的过程以及反映嫌疑人饮食、必要休息时间的这些内容都应当予以记录。

李亚男：雷律师，是否有可能存在侦查人员在制作笔录的过程中隐匿了他不想记录的内容，比如当事人对于自己的有利辩解？

雷雷：对，不能排除这种可能。所以作为刑辩律师，在会见嫌疑人并为其做法律辅导的时候，一定要向当事人强调在向侦查人员进行供述的时候，既要反映这个案件的客观情况，也要对于有利于自己的主观方面进行辩解，并且要求公安机关记录在案。

李亚男：二是要看时间与其他证据出现的先后顺序。这个指的又是什么呢？

雷雷：其实最典型的包括两方面：第一个方面是指嫌疑人自己的供述和相应的证人证言出现的先后顺序，可以从中看出侦查机关侦破整个案件的思维脉络；第二个方面是典型的到底是先供后证，还是先证后供，即指对物证的发掘与供述的时间之间的关系。

李亚男：是基于当事人自己口供，自己交代从而让侦查人员发掘物证，还是说先发掘了物证，再有当事人的供述这两点？

雷雷：对。

李亚男：那这两点会对案件的真实性、客观性造成影响吗？

雷雷：会的。根据《关于办理死刑案件审查判断证据若干问题的规定》中的规定，根据被告人的供述、指认提取到了隐蔽性很强的物证、书证，且与其他证明犯罪事实发生的证据互相印证，并排除串供、逼供、诱供等可能性的，可以认定有罪。即在物证的发掘上，先供后证所提取的物证以及相应的供述，其真实性是较高的。反之，如果是先发掘了相应的物证，再根据物证去对嫌疑人进行讯问，比如物证的起获地点，物证的外貌、形状等细节特征，都是在起获物证之后犯罪嫌疑人再供述的，那么该供述的真实性就需要在证据审查时更加慎重。

李亚男：也就是说，如果是先证后供，不排除侦查人员存在指供诱供的可能。

雷雷：对，我们要重点关注这个问题。三是看是否能够根据时间认定嫌疑人自首。这个问题其实很简单，我们不仅要看嫌疑人是否在第一次归案以后就如实供述了自己的犯罪事实，还要看和其他证言出现的先后顺序是否能够印证。众所周知，自首分为两类，一类是主动投案型的自首，另一类是余罪自首。所谓余罪自首，即被侦查机关采取强制措施以后，如实供述侦查机关尚未掌握的其他犯罪事实，那么对于其他的犯罪事实可以认定自首。办案人员有时候会忽略这一点，那么就有赖于律师进行审查并提出相应的辩护意见。

李亚男：明白了。对于时间的审查，对于一般自首和特殊自首其实都是有重要意义的。

4. 看地点

雷雷：这里的地点指的是讯问的地点。根据《刑事诉讼法》的规定，一旦嫌疑人被关押到看守所以后，除需要带到现场指认、辨认的情况之外，依法不得将嫌疑人带出看守所进行讯问。所以，凡是对被羁押以后的当事人进行讯问，出现讯问地点不是在看守所进行的，那么该份讯问笔录就是不合法的，可以直接质疑这份笔录的合法性。

5. 看讯问人

看讯问人，就是要看由谁进行讯问。主要包括两个方面，一是讯问人是否有资格，二是讯问人是否“分身”。

李亚男：对于讯问人是否有资格其实很好理解。根据《刑事诉讼法》的规定，如果讯问犯罪嫌疑人，需要两名侦查人员在场，并且签字。如果说只有一名侦查人员或者说其中一名侦查人员不具备办案人员身份，比如公安机关的辅警，甚至实习生，这一份讯问笔录的合法性就存在疑问。这是在司法实践中经常出现的一个办案瑕疵。

雷雷：没有警官资格的办案人员，不属于侦查人员，不能进行讯问。另一个问题是讯问人是否“分身”。实践当中存在案多人少的情况，一名承办案件的警官往往要同时承办多起甚至数十起案件。在这种情况下，具有侦查资格的办案人员，可能没有办法亲自去讯问，有时是通过没有办案资格的人进行讯问了以后，再由有资格的侦查人员在讯问笔录上进行签字，即签字人员与讯问人员不一致。这种情况多了以后，就容易出现在同一个时间、不同的地点，出现同一名侦查人员的签字的情况，也就是俗称的“分身”。

李亚男：如果是这样，至少有其中一份甚至两份笔录存在侦查人员不具备合法资格的情况，这时笔录的合法性就存在问题。

雷雷：是的。作为辩护人应该如何来发现这样的问题？

李亚男：作为辩护人，发现这样的问题其实是很困难的，但是可以预防此类问题的发生。辩护律师在会见当事人的时候，可以对他就这个问题予以提示。比如在接受讯问之前，可以确认一下对其进行讯问的讯问人员的姓名和身份，这样就有助于事后来核实他是否具有讯问资格，是否存在顶替或者“分身”的这种情况。

雷雷：根据《刑事诉讼法》的规定，讯问人员在讯问嫌疑人时，首先必须要亮明身份，告知嫌疑人其是××派出所或者××公安局的××警官，所以我们要提醒当事人，在每一次讯问时都记住，讯问你的是谁？长什么样子？说不定哪天在法庭上我们申请侦查人员出庭作证，就会有意外的收获。

6. 看身份

李亚男：这里的身份就是指提供证言的人员的身份，包括嫌疑人自己的身份。对身份的审查要注意以下几点：一是年龄。对于未成年人的讯问，《刑事诉讼法》规定是需要有他的法定代理人在场的，如果通知不到其法定代理人，可以通知其近亲属，或者其他的合适成年人到场。如果在讯问笔录上没有记录这项内容，对这份讯问笔录的合法性就可以提出质疑。

雷雷：同时，年龄也可以作为一种实质审查的重要发掘点。举个例子，假设提供证言的证人年龄高达 80 多岁，但是他反映的证言的内容却是“我在 100 米之外就看到了，××拿着一把尖刀捅向被害人”，那么在这种情况下，证言的真实性一定是存疑的，80 多岁的老人哪有那么好的视力？

李亚男：也就是说，审查证人的年龄，实际上是为了判断证言内容是否与证人的年龄生理特征相符。

雷雷：是的。二是看证人与案件的关系。关于这项内容，《刑事诉讼法》有明确的规定，就是判断证人与案件是否存在利害关系，是否存在应当回避的情形。另外，即便不存在应当回避的情形，但对被害人自己的陈述，证人是被害人的近亲属、亲朋好友，这样的证人作出的有利于被害人的证言，对其真实性也一定要慎重考虑。

李亚男：其实就是看证人证言是否具有客观性。

雷雷：三是看有无特殊身份。要关注提供证言的当事人是否具有特殊的职业。一个并非从事特定行业的普通人，在证言笔录当中却反映出特定行业的大量的专业术语，证言的真实性就是存疑的。比如，一个 70 岁文盲老太太，在笔录中大谈特谈互联网犯罪的相关术语，那么该份证言的真实性就很值得怀疑。

李亚男：刚刚雷律师所说的特殊身份指的是证人的社会身份，实际上生理的身份也是值得我们关注的，比如说是聋哑人。根据法律规定，对聋哑人进行讯问的时候，需要有精通手语、聋哑语的翻译人员在场。

雷雷：另外，外国人以及有些其他特殊人员作为证人也值得关注。我曾经碰到一个案子，我的当事人不会讲普通话，只会讲温州方言。在讯问的时候，讯问的这两名警官都不是温州人，也听不懂温州方言，在没有翻译在场的情况下，却作出了讯问笔录。那么，这个笔录是怎么制作出来的？我在会见当事人的时候，恰好我会温州方言，当事人跟我反映，“他们反正搞了一个东西就让我签字了”。那么这种情况，我们在办理案件的时候，尤其是在案件的审查起诉阶段，应当及时向检察官反映，慎重审查笔录的真实性。

7. 看权利告知

如果未告知权利义务，那么这份笔录一定是一份瑕疵证据，根据《刑事诉讼法》的规定，公安机关应当对其进行补正或者说明。

李亚男：雷律师，你说这是瑕疵证据，是可以补正的，那么是否存在证据直接被排除的情况？

雷雷：存在，尤其是在发现存在非法取证情况的时候。在非法取证之后，相关重复取证是否做了权利义务告知，将会被重点审查。《刑事审判参考》中有一则案例，在侦查阶段，嫌疑人所作的有罪供述系侦查人员非法取得，在审查起诉阶段，检察人员再次获取了犯罪嫌疑人的有罪供述，庭审中，关于该份有罪供述是否真实合法，就成了争议焦点。在该案例中，审查起诉阶段的有罪供述最终被法庭采纳，采纳理由就是认为被告人在重复作出有罪供述时分属不同诉讼阶段。检察官在讯问嫌疑人时，向其明确告知了权利义务，送达了权利义务告知书，嫌疑人在权利义务告知书上签了名。由此可以判断嫌疑人之前因为受到刑讯逼供所受的内心的恐惧已经排除，因此可以采纳其有罪供述。值得注意的是，如果在审查起诉阶段，检察官也未告知其权利义务，那么该供述就应当同样被排除，他应该也是属于“重复自白”。

李亚男：也就是说，通常被我们所忽略，或者被侦查人员甚至检察人员所忽略的权利义务告知情况，在实践当中涉及非法证据排除时，也会起到很大作用。

(二) 正文

雷雷：我们再来看看讯问笔录的正文部分。

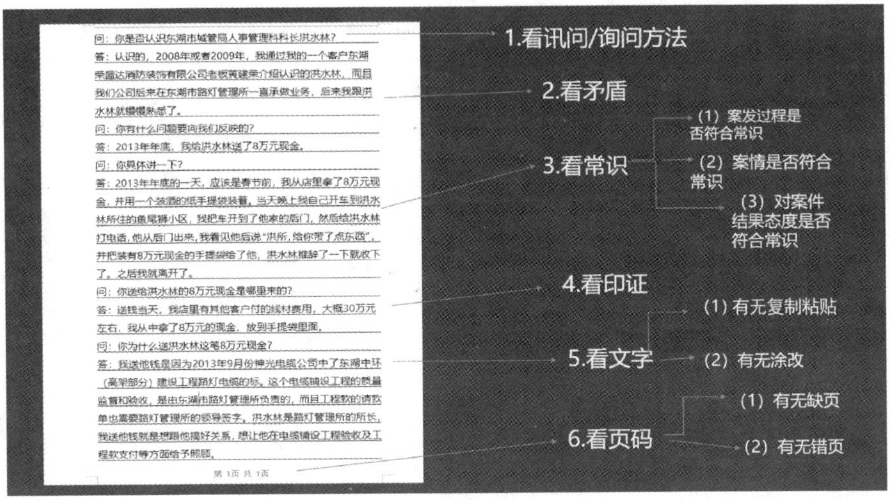

图 3-2 讯问笔录正文示例

1. 要看讯问或者询问的方法以图 3-2 为例：

雷雷：这份笔录来自一个行贿人，那么侦查人员对行贿人进行讯问的时候，首先会问是否认识受贿人，而不是直接上来就问是否有给人事管理科科长洪某某送过钱，为什么呢？因为行受贿案件的发生都是有一定的过程的，为了让笔录具有真实性，一定要反映出行贿人和受贿人从相识到“权力寻租”的整个过程，因此必须要问到是否认识，然后再问认识的过程。如果一上来就问你是否给某某送过钱，其实就是涉嫌指供诱供，事先预设了一个答案，在讯问当中是不允许的。

李亚男：就是说在审查笔录的时候，我们不但要审查被告人和犯罪嫌疑人是怎么回答的，还要看侦查人员的问话是否存在指供诱供的可能。

2. 看矛盾

雷雷：这个矛盾体现在哪里呢？主要是要对比证人证言以及嫌疑人和被害人之间的陈述、供述是否存在矛盾，比如笔录当中他说我认识洪某某，是因为一个客户介绍，并且后来承做业务，因此慢慢熟悉了。而在本案当中，洪某某供述自己和行贿人是通过打麻将认识的，那么二者供述对于认识的过程存在矛盾，到底谁真谁假就要结合其他证据进行判断。

李亚男：就是说，在审查笔录的时候，我们要进行横向的比较，除了看当事人自己的笔录外，还要看他与同案或者在案的其他证人的笔录之间是否存在矛盾，是否能够相互印证。雷律师，是否需要对当事人自己在不同时间段所作的笔录进行比较呢？

雷雷：肯定需要。因为在职务犯罪案件中，嫌疑人所作的笔录一定是多份的。他的每一次供述，对于案件事实的描述是否前后一致，是否存在矛盾，如果存在矛盾的话其原因是什么，必须让当事人作出合理的解释，否则笔录的真实性要打一个折扣。

李亚男：也就是看矛盾，我们既需要横向的比较，也需要纵向的比较。

3. *看常识*

雷雷：一是要看证人证言、嫌疑人的供述所反映的案发过程是否符合常识，是否属于一般的逻辑经验法则，这在案件审查当中至关重要。比如在上面这份笔录中，嫌疑人说 2013 年年底的一天，他从店里拿了 8 万元现金，用一个装酒的纸提袋装着，自己开车到洪某某所住的小区，给洪某某打电话，并把装有现金的手提袋递给了洪某某，洪某某推辞了一下就离开了。这一段描述是比较符合常识常情常理的。送钱的时间是在春节前，我们知道行受贿案件当中，往往都是逢年过节的时候来送钱或者送礼，春节、中秋节是送礼的高发时期，如果是清明节送礼显然是不符合常识的，当然这种低级错误可能一般侦查过程当中也不会犯。二是要看证人证言、嫌疑人描述的案情是否符合常识。比如，嫌疑人供述从店里拿了 8 万元现金，我们就要看他开的是什么店。如果是一般的小卖部，现在是电子支付的时代，一般的小卖部里很少存 8 万元现金，因此对其的供述就要存疑。如果嫌疑人说从家里拿了 8 万元现金，我们就要去看相应的证据能否予以印证。一个人在家里是否会存有这么多的现金？这里是 8 万元，如果他说的是 80 万元甚至 800 万元，是否符合常识常理呢？

李亚男：就是说，对于财物的来源、去向，我们要做一个是否符合常识常情常理的判断。

雷雷：对。另外，我们也要熟悉一些常识，比如这里看到，“我店里有其他客户付的线材费用，大概30万元，我从中拿了8万元的现金，放到手提袋里面”。实际上，8万元现金是可以装在手提袋里的。如果案件当中嫌疑人说拿了80万元现金放在手提袋里，我们就要警惕了。因为我们首先要树立一个概念，80万元现金的体积相当大，起码需要有一个小的旅行箱才能够装得下。

李亚男：所以突破口不仅仅体现在文字上，也有可能体现在不为人知的违反常识常情常理的表述上。

雷雷：三是要看对案件结果的态度是否符合常识，亚男你能不能举个例子？

李亚男：比如，在办理强奸案件的过程当中，有的被害人可能在报案的笔录中说，当时发生性关系的时候有激烈的反抗，这能够体现出发生性关系时被害人不是自愿的，是违背其意志的。但是，被害人事后又采取了谅解，并且是无缘由的谅解。被害人前后态度的这样一个变化，报案笔录的真实性就值得怀疑。

雷雷：其实我也正好碰到过这么一个案子。强奸案的被害人被强奸后的第二天，就向嫌疑人家属提出了赔偿的要求，并且索赔的金额越来越低，案发后的第一天提出要20万元，第二天说其急需要钱可以给其10万元，第三天就变成5万元，最后只赔偿了4万元。被害人在公安机关说自己是被迫发生性关系，案发以后积极去索赔要钱。结合被害人夜店陪侍女的特殊身份，案发时她究竟是否自愿，还是案发以后由于价钱谈不拢而报警？对此我们要审慎对待。

4. 看印证

李亚男：我觉得看印证就是看矛盾的另外一个维度的体现，也就是说印证也同样需要横向的以及纵向的一个比对。要判断犯罪嫌疑人的供述、在案的其他同案犯的供述以及证人证言之间的说法是否能够得到印证。

雷雷：其实这里也需要辩护人包括侦查人员，积极地从笔录当中发现案件的线索。我们看这句话，“送钱当天，我店里有其他客户付的线材费用，大概

30 万元，我从中拿了 8 万元……”那么，这里的“其他客户”到底是谁呢？30 万元并不是一笔小的开支，嫌疑人对这位客户一定印象深刻。我们就要去查清楚这个客户究竟是谁，到底是哪一天付的线材费用。假设说案件最终出现了反证，那一天根本就不存在所谓的客户，或者说这一整年他都没有这么一大笔的业务进账，或者说当天他的店根本就没有开门，或者他当天根本就不在店里之类的反证，那么这句话一定就是一句伪证，所以对它的真实性就要存疑了。

5. 看文字

李亚男：一是要看文字有无复制粘贴。很多的案件当中会存在多份笔录之间对一个主要的事实的供述存在复制粘贴的情况，这有损被告人有罪供述的真实性。如果有这样的复制粘贴情况，我们发现了，并且将其提供给检察官或者法官，就有可能会动摇他们的心证。

雷雷：有些复制粘贴实在太过分了，不仅有罪供述部分一模一样，而且连错别字都错得一模一样，标点符号也一模一样。这种笔录一般来说是无效的。那么我们在审查的过程当中要结合同步录音录像，在有条件看到讯问的同步录音录像的情况下，不仅要看侦查人员是怎么问的，还要看侦查人员手上有没有打字。据我所知，有些侦查人员都是先把笔录复制粘贴好，往那儿一放，然后就听嫌疑人供述。并且所有的笔录都是侦查人员进行高度概括、总结以后才能够形成的，不是嫌疑人说了什么，笔录上面就会有什么。

李亚男：是的。二是要看文字有无涂改。当公诉人或者审查人员认定当事人的供述或者笔录是否真实的时候，他也会审查笔录有无涂改。如果全部都是打印版，可能没有什么可参考价值；如果一份打印的笔录上有当事人自己亲笔修改的痕迹，对于办案人员来说就能够加强、加重他的自由心证，认为这份笔录是当事人真实意愿的反映。

雷雷：有些办案人员有可能也会采用一些制作笔录的小技巧。为了证明当事人自己完全仔细看过笔录，故意卖一两个破绽，故意写一两个错别字，并且不是嫌疑人自己发现错别字，而是侦查人员说这里有个错别字，你来改一改。嫌疑人就顺着侦查人员的意思进行了错别字的修改。法庭上公诉人就举证说，这份笔录嫌疑人是自己仔细看过的，他还进行了错别字的修改，以此来证明该份笔录并非非法取得。所以对于笔录上的修改内容，尤其是当事人向辩护人反映该份笔录不真实的情况下，我们就要对为什么存在的真实原因进行探究。

李亚男：这种事后线索的反映，会让我们的辩护陷入一个尴尬的境地。作为辩护人，我认为可以将预防的措施提前，可以提示当事人在制作笔录的时候要看清楚笔录的内容，有需要补充和修改的，要坚持自己的立场，一定要进行修改，而且要看清楚。

雷雷：对。有的时候对于嫌疑人的无罪辩解或者罪轻辩解，侦查人员会选择性地不进行记录。辩护律师在会见当事人时，一定要向他强调，凡是你认为对自己有利的辩解，一定要求侦查人员予以补充记录。如果侦查人员不肯补充记录怎么办？当事人应当自己在笔录上进行增加。并且这部分增加的内容也是我们要着重向法庭进行展示的，因为嫌疑人有阅读自己作出的笔录以及进行修改的权利。

李亚男：也就是说，这个提示工作要做在前面。

6. 看页码

雷雷：看页码要注意两个方面：一是有无缺页。

李亚男：缺页在办案的实务当中确实存在。一共有 6 页笔录，但是我们能够阅到的只有 5 页，那么在当事人没有提出异议的情况下，当然不必过多联想；但是如果当事人提出来，其有无罪的线索提供给了侦查人员，或者其有无罪的辩解并且很早就讲了，但办案机关却没有记录。那么结合当事人的反映，我们对于笔录存在缺页的情况进行审查，就可以做出一个合理的怀疑。

雷雷：如今，办案机关都已经推行无纸化办案，这就存在一个问题，很多时候相应的案卷材料没有被完整地扫描归档，这就导致辩护人在调取相应的证据案卷材料的时候，会出现缺失相应的证言笔录的情况。那么这时候就要仔细阅卷，一共有几页笔录，是不是存在缺页，如果缺页，是否是因为当时办案机关没有将相应的笔录扫描至电子卷宗当中，如果是这种情况要及时向办案机关提出并且调取。

二是有无错页。有的案件不要看它仅仅是一个错页，对于错页形成的原因可能必须要打个问号。据我所知，有的时候办案人员在讯问的过程当中，发现讯问笔录做得不够完美，尤其是能够证明嫌疑人、被告人有罪的那一部分笔录做得不够好，这次笔录就这么过去了，下次讯问的时候，以上一次笔录有错别字为由，进行调包，重新再制作相应的内容，然后让嫌疑人补签字，而嫌疑人有时候也不会仔细去看所谓的错别字，就稀里糊涂地签字了。

李亚男：雷律师说的是极个别的情况，如果我们发现了有缺页和错页的情况，不妨多一个心眼，来仔细审查其所形成的原因。

雷雷：因为律师工作要保持和侦查人员进行讯问的同步性，最好是在侦查人员讯问过一次以后，律师就及时去会见，并且了解这次讯问的内容以及嫌疑人回答的内容。如果嫌疑人告诉我们，上次作出了无罪辩解和回答，可是到了审查起诉阶段，案卷中却反映这次讯问当中他作的是有罪的供述，那么我们就要针对这一份证据向嫌疑人进行核对。

（三）落款

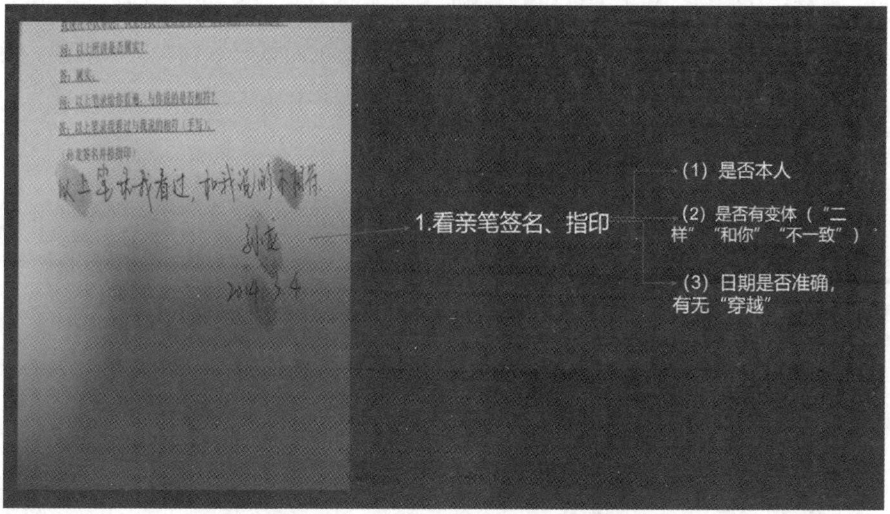

图 3-3　讯问笔录落款示例

李亚男：我们再来看一下落款部分有什么需要核实的。

1. 看是不是本人

雷雷：核对落款一是要看是不是他本人亲笔签名的，是不是本人亲自捺印的。

李亚男：雷律师，在办案过程当中会有不是嫌疑人本人亲自捺印的情况吗？

雷雷：这种情况其实也比较少。但是还有一种比较特殊的情况，就是我们在办理申诉案件的时候，申诉的案件往往发生了多年，而检察院和法院对卷宗都有归档要求，由于案件时间过久，卷宗的内容会有部分遗失，其中包括讯问笔录。此时，为了保证卷宗的完整性，有些办案人员可能会根据当时电脑中的电子笔录伪造纸质笔录，然后把它放入到卷宗当中。如果出现了这样的证据笔录，我们调取到相应的案卷材料以后，可能会对这个案件的办理产生重大的影响。所以我们要关注这个问题，笔录的签名是否是本人签的，要跟当事人进行核对。

李亚男：也就是说，签名也隐藏着机会。

2. 看有没有“变体”

李亚男：我们可以看出，图 3-3 这份笔录，“以上笔录我看过，和我说的不相符”。

雷雷：这句话之前也一直在网上被刑辩律师圈拿来当成一个笑话，而嫌疑人在签笔录的时候，也经常和办案人员斗智斗勇，有的时候是因为嫌疑人狡猾，有的时候可能也真的是冤枉，但是又不得不签笔录，于是埋下一些申冤的伏笔。

3. 看日期是否准确

李亚男：核对落款三是要看签字的日期是否准确，有无“穿越”？是否有可能是当事人在无奈之下做的一个藏头诗的方法。

雷雷：对，我们要看笔录上面的日期是否“穿越”，其一，要看这种“穿越”是否为当事人自己自救的一种故意写错；其二，要看这个日期是否为侦查人员进行的相应的记录，实际上这种情况应予防止。那么这种日期的错漏有可能导致影响嫌疑人是否存在自首的情况。

李亚男：所以在我们审查笔录的时候，真的要事无巨细，一个细微的细节，都有可能颠覆整个案件最后的处理结果。

（四）证言比较

雷雷：不管是被告人的供述与辩解，还是被害人的陈述，抑或证人证言，往往纷繁复杂，尤其涉及多起案件事实、多个证人的案件。我们在确定一个案件事实的时候，可能就存在相应的难度，这时应该用比较法来进行多种证言的比较，如横向比较、纵向比较，从而梳理出一个最接近客观真实的法律事实。

有一种叫多人型的证言，所谓多人型，就是涉及的嫌疑人多、被害人多、证人多。对于这种多人型的证言，我们用表格的方式来审查。以下述案子为例，我们可以看到被害人蒋某某自己陈述的事实是，犯罪嫌疑人施某某、何某某等人采用锁门方式向蒋某某进行逼债，影响蒋某某开设的足浴店正常经营。可是在案证据中能够证明该起事实的当然是被害人蒋某某自己的陈述，那么就要去看几名嫌疑人是如何供述的。我们可以看到嫌疑人朱某某并没有讲到锁门的事实，何某某没有讲到锁门的事实，证人邓某某也没有讲到锁门的事实，其证言还证实了所谓的被害人对嫌疑人进行殴打，施某某同样也没有证实锁门的事实。结合相应的“110”现场报警记录，我们可以看到也没有证据证明被害人所陈述的其经营的足浴店门被嫌疑人锁住这样一个事实。那么通过表 3-1 的比对，我们可以清晰地得出一个结论，即被害人自己的陈述是虚假的，没有相应的证据予以证实。

表 3-1 多人型证言对照

被害人：蒋某某	指控事实：2010 年，蒋某某三次从犯罪嫌疑人朱某某（BB 公司）处累计借款 180 万元，月息 6 分。2013 年 9 月 9 日，因蒋某某未及时归还借款及利息，犯罪嫌疑人朱某某指使犯罪嫌疑人施某某、何某某等人，至临安 AA 足浴店采用锁门的方式向蒋某某进行逼债，并影响该足浴店正常经营。	
一、被害人陈述		质证
蒋某某 （卷 25，p. 77-84）	2010 年下半年向朱某某一次借款 60 万元，一次借款 120 万元，2010 年下半年开始基本上每个月月底的时候他们三个人都会到我的足浴店里找我讨债，每次来坐在我们营业大厅里不走，严重影响了我足浴店的经营活动。还有一个叫施某某的人带了三个小鬼来锁过我足浴店的大门，其他好像也没什么过激行为。他们三个人几乎都是月末几天的晚上到我店里，之后就坐在我的足浴店大厅里，也不吵不闹，就一直等到我们足浴店晚上关门。等我们足浴店关门之后，他们就问我拿当天的营业款来充当不够的利息。	真实性： 关联性： 合法性：

续表

	2013年9月初的一天下午，我们店开门后一两个小时，当时我刚好到银行办理业务，之后就接到我店里的经理杨某某的电话，电话里杨某某跟我说有几个人过来把足浴店大门锁掉了，之后我就马上往自己的店里赶。路上我还打电话报了警。我到了足浴店之后，看到几个小鬼和一个叫施某某的女的站在足浴店的大厅里，大厅的木头大门被人用“U”形锁从里面锁掉了，之后我就让员工从里面把大厅的侧门打开。我进去之后就问那些小鬼是谁来锁门的，当时那三个小鬼跟我说是施某某要求他们那么做的，当时我就跟施某某起了冲突，不过没过多久锦城派出所民警就到了，那几个小鬼看到警察就马上逃走了，后来警察就把我和施某某带到派出所去调解了，调解的时候邓某某也来了，后来我们是调解解决的。	
二、犯罪嫌疑人的供述与辩解		质证
（一）朱某某（卷3，第三次讯问，p. 17）	蒋某某是在临安开足浴店的。2013年、2014年的时候我给他担保过一笔几十万元的借款，后来蒋某某还不上这笔钱，我帮他还掉了。这笔我帮他付掉的借款，他没有还给我。	真实性： 关联性： 不能证实本起寻衅滋事 合法性：
（二）何某某（2019年3月20日笔录，卷9，p. 57-59）	2013年下半年的时候，当时好像是朱某某叫我和施某某两个人到杭州市临安区锦城街道AA足浴店去找蒋某某讨要欠款。后来我和施某某到了AA足浴店，当时到了足浴店的时候，施某某问蒋某某在不在，当时足浴店的工作人员具体怎么说我也忘记了，看蒋某某不在店里，后来我就到外面朋友家去了，在外面待了一两个小时后，邓某某打电话给我，说施某某被蒋某某打了，之后我就赶到了AA足浴店去，我去的时候，派出所民警和邓某某都在，蒋某某跟我说他打了施某某，说施某某把他足浴店的大门堵了，后来应该在派出所民警和邓某某的协调下，这件事情协商处理解决的。蒋某某说施某某把他足浴店的大门堵住，他懊恼了就动手打施某某了。	真实性：到了现场后离开，之后的事情是听说的，真实性存疑。 关联性： 合法性：

续表

(三) 邓某某 (卷 25，p. 87-89)	我是 2008 年开始到朱某某的临安 BB 公司上班的，当时在公司给朱某某开车和管公司基建项目，到了 2012 年年底，我从他公司辞职了。大概是 2013 年下半年的一天，蒋某某打电话给我，他说施某某用身体堵住大门，影响客人的正常进出。施某某当时应该是帮朱某某跟蒋某某要债。我到现场，听说蒋某某打了施某某一巴掌。	真实性：传闻证据，真实性存疑，且此处是称用身体堵大门，而非用锁。 关联性： 合法性：
(四) 施某某 (2019 年 2 月 28 日笔录，卷 11，p. 35-36)	2013 年的一天上午，具体时间我记不清了。这天朱某某叫我和何某某一起到杭州市临安区 AA 足浴店去找蒋某某，朱某某说叫我们去找蒋某某拿他答应给朱某某的几万元钱的。我就和何某某两个人开车去 AA 足浴店，当时蒋某某不在，我问足浴店里的人蒋某某电话，他们不告诉我。我当时是很生气，所以我就把 AA 足浴店的两扇大门拉住了，影响其他人的进出。过了一会儿，楼上有一个自称是蒋某某的朋友的人来问我来干什么。我就说我是朱某某叫来找蒋某某拿钱的，我叫他联系一下蒋某某。之后这个人就走出去了，我等了一会儿有事要出去一下。然后我就走了，后来到了下午的时候，我就过去看一下情况，我当时看到何某某坐在 AA 足浴店的大门口，何某某就说蒋某某来了。我进到 AA 足浴店，在足浴店的吧台那里等他。过了没一会儿，蒋某某就和两个警察进来了，我看到蒋某某就迎上去叫他蒋老板。当时蒋某某什么也没说就给了我两个耳光。我问他为什么打我，他就说我们锁住了他店里的门，后来我就到医院去了。	真实性：把两扇门拉住了，与邓某某的证言形成印证。 关联性： 合法性：
三、书证		
(一)“110”现场登记表 (卷 25，p. 92)	证实：2013 年 9 月 9 日 14 时，蒋某某和施某某因别人借钱发生纠纷，施某某在 AA 足浴店拦门不让人员通过。蒋某某打了施某某一巴掌，后双方到派出所协商。	真实性：登记表中未记载用锁锁门的事实。 关联性： 合法性：

雷雷：第二种叫多版型证言审查。所谓多版型，就是同一个证人或者嫌疑人作出了多次的供述，而且每次供述的版本都不一致。

李亚男：以下面周某的案件为例。其实，在表3-2、表3-3中我们列举了周某供述变化的过程，同时还有一个行贿人方某笔录变化的过程，通过表格的列举，我们会非常清晰地看到他们每一次的变化过程，两人都是一致的。就是说方某变，那么周某也会跟着变，而且是不止一次。那么其实我们不难看出两人的笔录不仅同步，而且出现变化的时间节点也基本是一致的，这难免让我们对于笔录形成的过程产生合理的怀疑。调查或者侦查人员在制作笔录的过程当中是否存在指供诱供的行为，我们就可以大胆地去猜测。

表3-2 受贿嫌疑人周某的供述变化过程

序号	日期	供述内容
1	2019年3月18日	2017年年初至2018年12月，理财和股票都套现过，有能力还但没还，是因自己有私心，想用到别处赚点钱。之所以在2018年12月还钱是因为何某某被调查，自己想逃避责任。
2	2019年3月19日	向方某某借50万元时实际上自己是有钱的，2017年年初至2018年12月有能力偿还，但是因为有私心所以没还。虽然拿钱时没说不还了，但心里想着这个钱是不想还的。直到2018年12月才退还，是因为何某某被调查担心自己出事，还了可以逃避责任、掩盖真相。
3	2019年4月4日	开始因为买房周转困难借钱，后来不想还了，所以有能力还钱时也不归还。

表3-3 行贿人方某某的笔录变化过程

序号	日期	供述内容
1	2019年2月16日、2019年2月18日	周某因为要去海南买房向其借50万元，2018年已经归还，2018年12月归还是因为周某说当时手头有钱了。

续表

序号	日期	供述内容
2	2019年2月26日	2018年12月周某还我钱是因为何某某被调查，他担心借款50万元会出事，而且说自己那时有钱了所以还我。主要还是因为担心出事。
3	2019年3月13日	何某某出事前周某从没主动提出要归还50万元，我也没催过，他愿意还我肯定要，他不还我也没办法。我们是亲戚而且很多事要他帮忙所以他不主动说要还，我不会主动催。
4	2019年3月23日 2019年3月27日	这50万元与此前借款不一样，之前周某对我们家没什么帮助，这些年他升职很快，我们经常找他帮忙。所以他拿50万元不还我也不会要，就当感谢。这事我们虽然没明说，但心里都明白我没想着他还给我，我也不会问他要，就当感谢这些年给我们家的帮忙送给他了。

结论：两人笔录不仅走向同步（50万元的性质逐步从借款转化为以借为名的贿款），而且出现变化的时间节点也基本一致。难免让人对调查人员在笔录制作过程中是否存在指供、诱供行为产生合理怀疑。

雷雷：对于一些犯罪，几名嫌疑人或者证人之间对于供述发生了变化，在一些关键细节上也是同步进行变化，这就存在一定的蹊跷，需要辩护人去发掘和重点关注。第三种类型是主从型证言审查，也就是在共同犯罪当中，我们要区分主犯与从犯的情况。

李亚男：这也可以用比较法来找出线索吗？

雷雷：是的。比如，我曾经办理的一起滥用职权共同犯罪，何某某是周某某的领导，公诉机关指控他们共同滥用职权，并且都是主犯，那么作为辩护人，我们就要区分到底谁是主犯，谁是从犯。我作为周某某的辩护人，我就对其打招呼的对象滥用职权的后果，具体打招呼以后产生的后果进行了比较，发现何某某打招呼的对象都是相关的直接领导、分管项目的领导，产生的作用就可以直接推动相应的滥用职权结果的产生。而这个周某某就是我的当事人，他打招呼的对象都是下面的一些经办人员，而且他打招呼的结果最多只能够加快进度，或者起到一些辅助性的作用。那么，经过两人打招呼的对象以及作用的对比，就能够很明显地区分出本案中何某某在起主要作用，周某某起次要作用，如表 3–4 所示。该辩护意见最终也顺利地得到了检察机关以及审判机关的采纳。

表 3–4　何某某与周某某打招呼对象及作用对照

周某某直接传达打招呼对象	金某某，招商局局长。 作用：具体操作将百某公司招商进入经开区；协调各部门配合工作。	包某某，建委经开区建设分局局长。 祝某某，建委经开区建设分局副局长。 作用：向陈某某汇报后调整目标地块的用地规划。
	卢某某，经开区经发局局长。 作用：在产业审核时，向朱某某汇报后让百某通过。	施某某，土地金融办副主任。 作用：在涉案地块出让的前期手续上，以工业用地性质向国土分局出具《土地申请报告》。

李亚男：通过这种可视化的一个证据审查的方式，的确能够起到事半功倍的效果。

第六节　鉴定意见的审查——以侵犯商业秘密犯罪案件的鉴定意见为视角①

商业秘密鉴定意见，是指在涉及商业秘密的诉讼活动中，鉴定人运用科学技术或者知识产权专业知识，对诉讼涉及的专门性商业秘密的问题进行鉴别和判断，并提出的专业性意见。这个定义首先就点明了鉴定的对象，也就是涉及商业秘密，以及这一鉴定意见的形成过程，即鉴定人运用科学技术和知识产权专业知识对诉讼涉及的专门的商业秘密的问题进行鉴定所形成的文书材料。

侵犯商业秘密案件的鉴定意见有以下四个特征：

---

① 主讲人：孙立波。

第一个特征是商业秘密鉴定意见具有专业性。因为知识产权案件，尤其是涉及商业秘密案件，因为学科的复杂性以及跨专业领域的复杂性，导致其鉴定意见的专业性非常突出。相较于法医类、痕迹类、物证类、声像类的鉴定意见，商业秘密鉴定意见的跨学科领域的特征非常明显。一个案件有可能涉及如代码的比对，也有可能涉及新材料的制备工艺等。所以，它必须要针对案件所涉及的每一个专业领域提出一个专业性的意见，所以这类鉴定意见的质证和审查非常困难。

第二个特征是商业秘密鉴定意见的合法性和客观性问题的突出性。《全国人民代表大会常务委员会关于司法鉴定管理问题的决定》明确了法医、物证、声像这三类的鉴定机构由国家进行登记管理，2019 年“两高三部”《关于办理环境污染刑事案件有关问题座谈会纪要》指出，针对办理环境污染犯罪案件中存在的司法鉴定有关问题，司法部将会同生态环境部，加快准入一批诉讼急需、社会关注的环境损害司法鉴定机构。除此之外，其他门类的鉴定，比如从事知识产权业务的鉴定机构，法律并没有明文规定必须由国家登记注册管理，这也导致相较于其他领域的鉴定机构的管理，知识产权领域的鉴定机构的管理存在一定的问题。尤其是目前国内知识产权鉴定的力量还比较薄弱。截至 2018 年年底，全国只有 80 多家鉴定机构 1000 多名从业人员，而且这一类专业人员的素质良莠不齐，这也导致很多鉴定意见的合法性问题和客观性问题频发。反观公安机关设置的鉴定机构，尤其是对涉及法医、枪弹痕迹等业务的公安机关自设的鉴定机构而言，公安机关对于鉴定的合法性问题非常看重，如浙江省公安厅 2020 年还组织了电子证据的采集大比武，在一定程度上极大地改善了之前鉴定意见合法性问题和客观性问题频出的情况。相较于公安机关的鉴定机构，知识产权类案件的鉴定，很多都是出自商业鉴定机构，这一类鉴定存在一定的问题。据我了解，有知识产权类鉴定机构存在根据委托人的要求，随意出具鉴定意见的情况，但这应该是极少数的一部分。应该说，该类鉴定意见合法性问题和客观性问题比较突出，这也给律师一个很大的辩护空间，即我们有更多的机会可以挖出鉴定意见当中的问题，推翻这些鉴定意见的观点。其实侵犯商业秘密案件的辩护的本质核心就是围绕鉴定意见进行，能够把鉴定意见推翻了，案子就赢了。

第三个特征是商业秘密鉴定意见的相对性。商业秘密鉴定意见不是绝对的，不像法医学、痕迹学这样的鉴定，只要能力相近，水平相近，得出的意见就不至于产生太大的偏差。而商业秘密鉴定案件则未必，很有可能存在所谓的被害人去控告侵权人，他先做一份鉴定意见，公安觉得这份不靠谱，自己再做一份，检察院如果不放心，检察院自己也做一份。然后辩方一看，你们做的鉴定意见对我不利，我也去做一个。案子到了法院，法院再依职权去聘请鉴定人员做一个鉴定意见，而且很可能这些鉴定意见并不一致。这是知识产权商业秘密鉴定意见相较于其他的鉴定意见最突出的一个特点即结论相对性，这个意见不一定是对的，也不一定是错的。实践中甚至还发生过这样的情况，一审依据某鉴定机构出具的鉴定意见判决控方胜诉，等到二审的时候，辩方去请一个更加权威的鉴定机构，出具一个完全相反的鉴定意见，驳翻控方的鉴定意见。知识产权案件商业秘密鉴定意见结论的相对性，导致法官在采纳这类鉴定意见时非常审慎，这也能够给辩方提供一个非常大的辩护空间。

第四个特征是商业秘密鉴定意见作用的核心性。这种知识产权案件，尤其是商业秘密的高度专业性，导致法律专业出身的法官在判断案件事实的过程当中，高度依赖专业性的鉴定意见，没有相关鉴定意见，法官可能不敢作出裁判。尤其是律师在代理案件过程当中经常遇到的控告类被侵犯商业秘密案件，被害人去找公安报案，公安说没有鉴定意见不立案。可问题在于，公安不立案就没有办法去侦查，不能侦查就不能获得证据，不能获得证据又怎么进行鉴定？这陷入一个两难的悖论，从而导致侵犯商业秘密案件的控告成功率非常低。但是，正是因为这类鉴定意见具有高度专业性，导致法官在审理案件过程当中，高度依赖鉴定意见。这类侵犯商业秘密案件不像故意伤害案件，只要存在伤害，可以先不管伤害级别，公安机关进行立案并可以采取刑事强制措施。至于被害人具体的伤情是什么程度，可以留待后来的鉴定意见来鉴定。而如果没有鉴定意见，侵犯商业秘密案件就无法推进，事实上在一定程度上存在把鉴定意见和司法认定相等同的情况，导致很多案件庭审形同虚设，也导致了鉴定意见被采信主要取决于人们对于科学的“盲目迷信”，而不在于意见的科学性和权威性。

基于以上这四个特征，所以我选择以商业秘密鉴定意见为突破口来讲解鉴定意见的审查。同时，审查其他鉴定意见过程当中所用到的知识，在审查商业秘密鉴定过程中都会用到。这也就是我今天选择以侵犯商业秘密犯罪案件的鉴定意见为突破点的一个重要的原因。

鉴定意见如何审查？我认为主要分为两个方面，一方面是程序性的审查，另一方面是实体性的审查。

（一）程序性审查

首先是程序性的审查，对鉴定意见的审查在程序上基本都大同小异。

1. 审查鉴定机构法定资质

拿到一份商业秘密的鉴定时，首先肯定要看作出这份鉴定意见的鉴定机构有没有执业资质，这是必须要明确的。如何审查？可查询鉴定机构是否在当地省司法厅即省一级的司法行政主管部门进行注册登记管理，有没有进行公告，有没有编入名册。一般而言，在各个省司法厅网站的鉴定模块中，都能够查询到各个鉴定机构的鉴定人员、鉴定资质等情况。如果没有查到该鉴定机构在司法行政主管部门的名册里，是不是一定等同于该鉴定机构没有鉴定资质？未必。根据《全国人民代表大会常务委员会关于司法鉴定管理问题的决定》，法医类、物证类、声像类鉴定由司法行政部门管理，其他鉴定事项必须根据诉讼需要，由国务院司法行政管理部门商最高人民法院和最高人民检察院来确定是否进行登记管理。而且实践中各个省的做法也不统一，在这种情况下，可以去审查各地方的高级人民法院的官网，一般都有委托鉴定人的名册，律师可以审查一下涉案的鉴定机构是否在其中。一般来说，敢于做出这种鉴定意见的鉴定机构，水平不会太差，不至于连鉴定资质都没有。

2. 审查执业范围

审查鉴定人的执业证、鉴定机构的鉴定许可证，审查该鉴定意见的鉴定范畴是否在其执业范围里，其执业范围有没有知识产权类的鉴定。我在办案中遇到过，鉴定机构的执业范围仅仅只是法医类鉴定、笔迹类鉴定，却出具了一个关于商业秘密的鉴定意见，这肯定是不对的。当然实践中这样的情况也越来越少，而且现在鉴定机构的管理越来越规范，这种情况比较少见。除对鉴定机构资质进行审查之外，还要对鉴定人的法定资质进行审查。一是看他是否具有执业资格。一般而言，一份鉴定意见后面都附有鉴定人的鉴定执业证，就像是执业律师一样，鉴定人也必须要持证上岗。二是审查鉴定人是否可能存在跨单位执业的情形。与律师一样，鉴定人也严禁在两个以上鉴定机构执业。一般来说，这种情形比较少见，但是我遇到过一个，这起侵犯商业秘密的案件中鉴定意见里的合法性问题，可以说是一个鉴定意见合法性问题的博物馆，基本上鉴定人把能犯的错误全部犯了一遍，其中就存在跨单位执业的情况。鉴定人明明是 A 单位的执业鉴定人，却在 B 单位出具的鉴定意见上作为鉴定人签了字。当时我提出，该案存在鉴定人跨机构执业的情况，属于鉴定人行政违法，其出具的鉴定意见不具有合法性。

3. 审查专业背景

即便鉴定人有执业证也在相应的鉴定机构进行执业，那么是否就意味着他一定拥有了相应的鉴定能力呢？我认为未必。商业秘密鉴定意见具有高度的专业性，尤其是现在学科分类非常完善，隔行如隔山，在现在的社会当中几乎不可能存在全才。在实践中，我代理过一个侵犯商业秘密的案件。当时作出鉴定意见的有两个鉴定人，我对两个鉴定人的专业背景进行尽职调查，结果第一个鉴定人原来是上海某高校的副教授，专业领域范围是机械电气工程，而且我还去中国知网上面查询了他的相关著作，也调查了他的专业背景，基本上都局限于汽车车辆制造、电气自动化工程等，基本可以明确他具有理工科背景，而且也是某一领域的专家级别的人物。第二个鉴定人，我查到他原来是某个研究所的高级工程师，专业背景是离心机械的制造和离心工艺的开发，我也查了他的学术背景，基本上所有的著作和论文都局限在离心技术领域。而当时的案件所涉及的商业秘密针对的是高分子聚合物的烧结。而两位鉴定人，一个专攻机械制造，另一个专攻离心技术，相较这两个技术，高分子聚合物的烧结更多地属于化学材料或者物理材料的范畴，跟前面两位鉴定人的专业领域几乎毫不相干。鉴定人不属于这个专业领域的鉴定人，又怎么能够对这个问题进行专业性的鉴定，并且得出让人信服的意见？这类情况其实并不少见，比如，浙江鑫富药业诉山东新发药业商业秘密侵权案。当时，杭州市临安区人民法院正是因为采信了科技部知识产权服务中心出具的一份鉴定意见，最终认定新发药业构成侵犯商业秘密罪。但是，正是因为被告人一直在投诉，最终这个案件的鉴定人在出具鉴定意见之后，因为承受不住巨大的压力，出具了一份撤回意见的材料，鉴定人认为自己不是所涉技术里的专业性人员，他不懂这个技术，所以他无法出具相应的鉴定意见。当时的舆论一片哗然，因为对于事关一个企业生死、相关直接负责主管人员自由的严肃性问题，却由完全不懂这个专业的鉴定人不负责任地出具了一份意见，于法于理都不允许存在这种情况。所以，对鉴定人的专业背景进行调查也是鉴定人法定资质审查中非常重要的一部分。

4. 审查鉴定人是否存在应当回避的情形

《司法鉴定程序通则》明确规定，司法鉴定人本人或者其近亲属与诉讼当事人、鉴定事项涉及的案件有利害关系，可能影响其独立、客观、公正进行鉴定的，应当回避。这与我们刑事诉讼中的回避制度相类似，是为了避免因为存在其他利害关系，导致作出的鉴定意见可能存在偏差。同时，《司法鉴定程序通则》明确规定，司法鉴定人曾经参加过同一鉴定事项鉴定的，或者曾经作为专家提供过咨询意见的，或者曾被聘请为有专门知识的人参与过同一鉴定事项法庭质证的，应当回避。即之前鉴定人曾经参与过同一鉴定事项的鉴定活动，针对同一鉴定事项应当回避，不得再行参与。所谓同一鉴定事项的范畴如何理解？实践中很多部门认为，同一鉴定事项应该理解为同一案件当中的同一鉴定事项。比如，一个案件里面涉及一个A问题，如果鉴定人已经鉴定过A问题，其对A问题的鉴定事项再进行鉴定时应当回避，除此之外无须回避。但我觉得这个观点值得商榷。我认为同一鉴定事项应当理解为同一类鉴定事项。我办过这样一个案件，一家企业因A技术被侵权而控告另一家企业，聘请了一家鉴定机构，针对控告人企业技术的秘密性做了一个鉴定，认定这家公司的相关技术具有秘密性。5年之后，这家企业又发现它的技术被另外一个主体侵害了，于是又去找了这家鉴定机构，要求就同一个问题作出同样的鉴定，同时也是由同一个鉴定人作出的。当时我提出，这违反了《司法鉴定程序通则》里面的关于鉴定人参加过同一鉴定事项鉴定的规定。因为鉴定人之前针对某一项技术已经作出过鉴定，而且后续也是针对同一个鉴定事项进行鉴定，因为是完全一致的技术，所以应当进行回避。

5. 审查委托鉴定的手续是否合法

根据《司法鉴定程序通则》第12条第1款的规定，委托人委托鉴定的，应当向司法鉴定机构提供真实、完整、充分的鉴定材料，并对鉴定材料的真实性、合法性负责。司法鉴定机构应当核对并记录鉴定材料的名称、种类、数量、性状、保存状况、收到时间等。这意味着，司法鉴定机构和委托人之间，明确形成一个委托关系的前提就是委托人应当向鉴定机构提供相应的鉴定材料。而且《司法鉴定程序通则》第14条第2款也明确规定，对于鉴定材料不完整、不充分，不能满足鉴定需要的，司法鉴定机构可以要求委托人补充；经补充后能够满足鉴定需要的，应当受理。这也是我们在对于这类鉴定意见进行审查过程当中，需要着重考量的因素。很多侵犯商业秘密案件的鉴定意见，因为公安没有立案，没有办法去提取相应的证据作为案件比对或鉴定的检材，而鉴定机构先受理后续再补鉴定材料做鉴定，在这种情况下，引用《司法鉴定程序通则》的规定，可以对合法性问题进行有效的质证。

6. 审查检材的来源、取得、保管、送检

其一，关于检材的来源和取得，《司法鉴定程序通则》第12条第1款中明确规定，委托人委托鉴定的，应当向司法鉴定机构提供真实、完整、充分的鉴定材料，并对鉴定材料的真实性、合法性负责。我曾经碰到过一个开设赌场罪的案件，这个案件在移送审查起诉之后，律师发现这个案件中有一份涉及计算机电子数据的鉴定意见。根据这份鉴定意见，公安机关出具了一份情况说明，里面提到针对某某案件，公安机关已经扣押涉案公司的服务器，并且将服务器封存之后移交。根据公安机关的这份情况说明，明确他们的检材来源是扣押并且封存的涉案公司的服务器，并且将服务器移交给了鉴定机构进行鉴定。但是翻遍整个案件的案卷，没有发现公安机关有任何的扣押服务器的扣押手续。当时在检察院审查起诉阶段，律师就提出来这个问题，认为检材的来源、提取有问题。随后公安机关又出具一个情况说明，认为这个案件的相关电子数据源于阿里巴巴的云存储服务器，他们是从阿里巴巴公司把这数据拷出来，并且移交鉴定机构进行鉴定。前后两份情况说明，在关于证据的来源问题上产生了根本性的矛盾，到底是查封扣押的服务器，还是从阿里巴巴提取的数据？前后完全矛盾，既然直接矛盾，必有一假。当时我们就鉴定意见提出了一个非常认真和严肃的问题，辩护人认为检材来源不合法，导致这份鉴定的合法性和客观性都有问题。其二，关于商业秘密案件的鉴定检材应当是由委托方来提供的。在办理的另一个案件中，我仔细翻阅鉴定意见，发现鉴定意见里有针对被控告方相关技术的相对详尽的描述，但是却没有所谓的被害企业技术的描述。我就此问题去找检察官，检察官询问鉴定机构的检材来源。鉴定机构的答复是，在几年前，该机构针对同一家企业的同一个技术进行过商业秘密的鉴定，因此在这份鉴定意见当中，机构用的是之前那次鉴定的检材。于是，在接下来的庭审过程中，辩护人对这个问题进行了非常详尽的质证，质疑检材的来源问题。其三，审查鉴定机构现场提取检材的问题。根据《司法鉴定程序通则》第 24 条的规定，经委托人同意，司法鉴定机构可以派员到现场提取鉴定材料，即到涉事的企业提取相应检测的检材。但是现场提取检材有严格的要求，必须是有两名以上司法鉴定机构的人员同时在场，并且至少其中一名必须是该鉴定事项的鉴定人。现场提取鉴定材料时，应当有委托人指派或者委托的人员在场见证并在提取记录上签名。我作为辩护人曾办过这样一个案件，我的当事人也就是犯罪嫌疑人在公司里面安装了高清的摄像探头用于防盗，这个摄像探头把鉴定人提取检材的过程拍得非常清楚。现场三个人只有一人是鉴定机构的人员，这肯定不符合鉴定人、鉴定机构现场提取检材的法定要求。同时，作为委托人的公安机关没有出现在现场对提取过程进行见证，所以，该案检材提取的合法性存在问题。其四，现场提取应当排除外力的介入和污染，防止鉴定的检材被污染。以上述案例为例，我们通过高清摄像探头看到提取检材的过程中，现场三个人除了一个是鉴定人之外，一个是被害企业的副总经理，另一个是企业的工程师。律师当时提出，在鉴定机构现场提取检材的过程当中，怎么能够让被害企业的人员出现在现场？这样如何保证现场提取的检材没有被污染？如果提取过程完全不具有合法性，而且委托人是公安机关，被害企业的人员怎么能够跟鉴定机构人员进行私下的接触？这又如何保证鉴定意见的中立性和客观性？所以，在这个案件中，律师也提出了一个强有力的质证意见。其五，检查鉴定材料的保管和送检，能否保证其不受污染以及原始性和同一性，即排除外力的介入。很多案件中，尤其涉及易损毁、易发生变质的检材的保管和送检，这类问题非常突出。易腐败变质或易发生性状改变的一些检材的保管和送检是很重要的，如果这类检材的保管和送检被耽误一段时间，就很可能导致得出的鉴定意见是完全相反的。而且在商业秘密鉴定案件中，电子数据的提取、保管、封存、送检的重要性非常突出。电子数据非常脆弱，它存储在介质中，比如，一个移动硬盘，可能摔一下数据就没有办法提取了，而且电子数据很容易被人修改，导致原始的数据被更改，导致鉴定意见的结论可能出现偏差。所以在涉及电子证据的鉴定意见中，首先要审查保管送检的是不是原始介质。如果不是原始介质，那么它当时的封存、提取、送检过程能否得到保证，比如，通过计算哈希值来明确该检材是否属于之前的具有同一性和原始性的检材。还有一个案例，一位掌握很多企业商业核心秘密的高管，从A公司跳槽到了B公司，给A公司造成巨大损失。然后A公司控告该高管，公安机关也立案侦查，并且扣押了该高管的电脑。在检查该高管的电子邮箱的邮件记录当中，发现了该高管把大量的A公司的商业秘密发送给B公司的客观证据。当时公安并没有对该部分的邮件的数据进行专业的封存、提取，而是通过相机拍摄电脑屏幕的方式，对该部分电子证据进行了固定。然后，这个案件移送审查起诉后，不知道什么原因，该高管的电子邮箱当中相应的邮件记录都没有了。这样导致证明该高管把从A公司获知的商业秘密透露给B公司的证据，只剩下公安机关拍摄的一些邮件记录，但是又如何保证公安机关拍摄的这些邮件记录，就是原始的电子证据所反映的内容呢？这难以保证，导致这个案件最终不了了之，A公司蒙受了重大损失，而且给A公司造成严重后果的高管也无法被追究刑事责任。这是一个公安机关取证失败的典型例子。当然随着公安机关执法的规范化和完善化，这种情况现在不太可能会发生，但也能让我们警醒地意识到，在这类案件当中，尤其商业秘密案件，对于这种脆弱的证据的保管、送检一定要进行详尽的审查。

7. 在程序上审查司法鉴定意见的形式要件是否完备

刑诉法司法解释明确规定，对鉴定意见的形式要件是否完备，是否注明提起鉴定的事由、鉴定委托人、鉴定机构、鉴定要求、鉴定过程、鉴定方法、鉴定日期等相关内容，是否由鉴定机构盖章并由鉴定人签名等应当着重审查。审查过程非常简单，只要一条一条去核对，看看鉴定意见的形式要件是否完备。比如，鉴定过程、鉴定日期、鉴定机构专用章、鉴定人签名，这些要件一个都不能少，少一个这份鉴定意见就有问题。另外要审查鉴定意见的鉴定过程是否超出法定时限，一般而言，鉴定时限为 30 天，可以延长 30 天，一般不超过 60 天。以上就是关于鉴定意见的程序性审查的内容。

（二）实体性审查

要关注实体性审查的问题。商业秘密案件具有一定的特殊性，其实体性审查可能跟其他鉴定意见的审查有所区别，但是它们本质的内容是类似的。实体性审查，也是商业秘密鉴定意见审查的重要的内容。司法鉴定意见的实体性内容，是对鉴定过程和鉴定结果的一个论证，是一份司法鉴定意见质量高低的核心标志、重要标志，也是明确鉴定意见能否经得起推敲的重要依据。所以，鉴定意见的实体性审查，就是为了解决鉴定意见内容的真实性问题。

1. 实体性审查的重要内容

实体性审查的重要内容是，审查涉案的商业秘密是否属于技术信息或经营信息。在商业秘密案件中，商业秘密的范围有明确限定，必须是技术信息或经营信息，才能够成为商业秘密。技术信息，包括技术设计、程序、产品配方、制作工艺、制作方法等。经营信息与企业的经营相关联，如管理诀窍、客户名单、货源情报、产销策略、招标投标中的标底和标书内容等信息。除此之外的一些信息，即便再有用，再有价值，也不能称作商业秘密。我有一个案件，当事人之前和 A 公司一起参与一项新产品的研发，而且当时也签了保密协议，A 公司支付了保密费。为了研究某项新技术，A 公司投了很多钱，我的当事人也花了很多心血去研发，但始终没有研发成功。A 公司认为这一技术总是研发不成功，就停止了研发。我的当事人因为与 A 公司合作不下去，迫不得已入职 B 公司。在 B 公司的支持之下，花了非常多的人力物力成本，终于把与 A 公司合作的标的技术一样的技术研发出来了。然后，A 公司认为我的当事人在 A 公司工作时，公司投入了大量成本做研发，后来当事人入职 B 公司，把 A 公司的技术都透露给B公司，给A公司造成了重大经济损失，向公安机关报案，公安机关立案后对当事人采取强制措施。我向公安机关出具的法律意见中提出，这个案件的当事人在跟A公司合作过程当中，所获取的相关的知识不是商业秘密。因为商业秘密里面的技术信息，规定得非常明确，是技术设计、程序、产品配方、制作工艺、制作方法等，这些都明确要求是完整的一个技术。结合商业秘密关于商品的特征，它必须要有价值性和有用性这两个特征。我们不否认当事人在与A公司合作过程当中了解到相应的一些知识，但这都是一些失败的教训，而不是成功的经验。如果是成功的经验，它就有价值性和有用性，可以作为设计程序或者产品配方或者制作工艺，来认定它属于技术信息，而失败的教训，除了能够指导当事人在研发过程当中去避坑外，它没有任何的价值。所以我认为这个案件正是因为所涉及的信息不属于技术信息，所以不构成侵犯商业秘密罪。后来检察机关对我的当事人不予批准逮捕。

2. 审查鉴定意见的查新检索报告

商业秘密鉴定意见相较于其他鉴定意见的特殊性，在于它要解决技术的秘密性和同一性的问题。其一，如果A公司控告B公司侵犯了它的商业秘密，首先必须要明确，A公司的技术必须具有秘密性。所以，鉴定意见首先要明确的是A公司的技术是否具有秘密性，无人知晓。其二，要将A公司的技术和B公司的技术进行比对，看两者之间是否相同或者实质相同。只要能够明确A公司的技术具有秘密性，而且B公司的技术和A公司的技术两者之间具有同一性，再结合客观事实，如A公司的高级工程师跳槽到了B公司，这样就基本可以认定B公司确实侵犯了A公司的商业秘密。商业秘密的鉴定意见的主体内容就是要明确秘密性和同一性的问题。

在一个鉴定意见中，如何去解决秘密性问题？通过查新检索报告。这是商业秘密的鉴定意见相较于其他鉴定意见非常突出的一个特征，即“鉴定意见套鉴定意见”。例如，对于某个技术是否具有秘密性，鉴定机构一般委托第三方的查新机构，对案件涉及的技术信息或经营信息是否具有秘密性进行查询检索。即通过各种专利库，数据库，网站如百度、谷歌、搜狗等，用各种手段进行检索，来查明涉案技术有没有被公开，相关技术有没有被申请专利，以明确它是否具有秘密性。如果查不到，那就说明这个技术是具有秘密性的。一般来说，查新检索报告都会后附在鉴定意见的附件当中，作为论证这个案件所涉及的技术具有秘密性的一个重要的依据。但是查新检索报告有两个特征：一是对查新人员门槛要求高。一般而言，一个查新员要求中级以上职称，大学本科以上文化，核查员要求高级以上职称，大学本科以上文化，因此，它对于查新人员的门槛要求高，律师要审查查新人员的资质和职称。二是查新检索劳动强度大。审查人员需要对各种数据库进行检索，这也导致查新检索报告的真实性取决于查新人员的责任心问题，他要穷尽一切来明确案件涉及的这些技术没有被公开披露，无法在公开的文献中找到。对方在审查过程中，只要能举出一个反例，就能够推翻查询检索结果。我曾办理过这样一个案件，该案涉及一个技术问题，对方指控我的当事人偷了他们单位的一个产品的制造工艺，是一份图纸。我接手之后查阅了案卷，对这份案卷里的这份图纸进行拍照，使用谷歌识图进行搜索。我发现在一家德国网站上，居然有和这份图纸几乎完全一样的一份图纸，我喜出望外，赶紧把网页提取固定。在外网上面可以找到本案涉及的相关的技术图纸，说明这是完全公开的信息，已经被披露了，完全不具有秘密性。因此这个案件取得了非常好的辩护效果。

查新检索还有一个难点问题，即非标产品的检索和外文名称的检索。其一，什么叫非标产品？很多产品都有国家强制性标准，也有国家推荐标准，但现实中也普遍存在非标准化产品。最简单地讲就是私人定制。正是因为这种非标产品没有标准的名称，导致在查询检索过程中可能得出完全不一样的结论。刚才提到，查新检索就是依据关键词，通过关键词来概括某项技术的几个方面，看在网上有无相类似的技术或者说相应的一些信息是否在数据库中出现。如果是国标产品，它的名称一定是一样的，杯子就是杯子，电脑就是电脑，手机就是手机。但如果是非标产品，它的名称可能就五花八门。打个比方，易拉罐装的可乐，如果用非标产品的方式描述，它的名称可能就会是圆柱状铝制碳酸饮料容器。这恰恰是很多非标产品在命名过程当中所存在的问题——自创名词。如果涉及商业秘密鉴定，用厂家提供的自创名词去进行关键词检索，怎么可能找得到？其二，外文名称检索问题，外文名称检索时一些关键词表述容易不标准。我曾碰到过一个鉴定意见，它所涉及的鉴定的名称叫快开门装置，是用于压力容器当中的一个打开和关闭的快开门装置。它的英文翻译检索直接叫quickly open door system，这完全是中式英语的直译，通过这样的关键词去检索，怎么可能检索得出来？这是我们在审查过程中要着重注意的。

3. 明确鉴定意见所涉及的商业秘密是否仅涉及产品的尺寸、结构、材料、部件简单组合内容

产品进入市场后，相关工作通过观看产品即可获得。比如，一个“痒痒挠”，它不可能存在商业秘密，只要一投入市场，人家一看这么简单的东西，就可以直接做出来一个，所以这不存在可以承载商业秘密的空间。我们要审查商品是不是属于简单的组合。这类问题看似简单，但在司法实践当中是存在的。

4. 审查是否属于通过自行开发研制或者反向工程方式获得的技术

其一，如果说产品是自己研发制造的，就视为没有侵犯对方的商业秘密，这一点毫无疑问。其二，在商业经济社会发展过程中，还存在其他人通过测绘、仿制等反向工程方式来研究商品，仿制出一模一样的东西出来，这就是我们俗称的“山寨”，这也不侵犯任何的商业秘密。当然这也是有限制的，进行反向工程测绘的对象，必须是通过公开渠道合法取得的，同时，必须提供进行反向工程方式的依据，如行为人投入一定的努力和付出，能够来进行反向工程和测绘。同时，要审查鉴定意见所针对的信息是否已经被披露。在前述提到的案件中，2011 年，A 公司控告 B 公司窃取了它的一个技术，之后的判决书中把案涉技术描述得清清楚楚，并且这个案件是公开审理的。5 年后，A 公司又控告 C 公司窃取它的这个技术，当时我就提出，上一个案件 2011 年已经开过庭了，已经把所有的秘密事无巨细地在法庭上公布了，这个情况下是否秘密属于已经被披露？是否还能认定其具有秘密性？除此之外，还应当审查这类技术有没有被领域普遍所掌握。

5. 审查商业秘密的同一性结论的问题

这一问题涉及的是技术之间的对比，看是否相同或者实质相同。商业秘密

的鉴定意见具有专业性，难度非常大，是因为专业樊篱的存在。律师一般是学法律出身，对于这类涉及理工科的知识确实不了解。对于侵犯商业秘密案件，除了经营信息可能涉及如客户名单这类律师足以驾驭的情况之外，很多涉及的是技术。这对于律师来讲确实难度非常大，但是这不代表律师可以放弃对鉴定意见的实质性审查。因为，相对于实质性的问题，鉴定机构所犯的程序性错误比较好补救，但实质性问题很难补救。律师要能够抓住机会，通过自己的努力去突破专业范围。即便不属于专业领域，也可以通过学习，可以通过求教，通过适时地找寻专家辅助人去加深了解。

对所比对的技术之间是否具有同一性结论的审查，依据的是以下九点：其一，明确鉴定人对于鉴定材料和鉴定结果的分析是否充分。其二，鉴定人根据鉴定材料和结果进行分析、判断的过程是否符合知识产权专业领域的科学原理和理论依据。其三，鉴定人的鉴别和判断是否基于鉴定课题的本质特征。其四，鉴定人对知识产权鉴定中出现的特征符合点和差异点的解释是否合理、具有说服力。其五，鉴定人对鉴定过程中发现的问题，是否已经予以充分说明，是否能够排除可能的怀疑。其六，鉴定人作出的结论性意见能否经过实践的重复验证。其七，鉴定人在实施鉴定时所凭借的依据和形成的结论之间是否存在矛盾。其八，鉴定人经过分析鉴别判断后得出的意见是否清晰明确，而非模棱两可。其九，鉴定人在司法鉴定意见书中所使用的分析性语言是否具有严密性，是否具有强有力的逻辑性。这是我结合各个专家教授对于同一性比对的结论审查，提炼总结出来的九个注意事项。因为涉及商业秘密，而商业秘密种类非常多，学科门类非常多，因此对这些要点也应当是因案而异、因人而异，来做出一个选择，这里不再深入展开。对于这种专业性的鉴定意见，律师应当要有信心，相信自己有能力去进行实质性的审查。

6. 审查鉴定意见是否已经突破了范围

因为商业秘密案件当中只有秘密性和同一性涉及专门性的技术问题，需要运用司法鉴定来予以明确。一般来说，商业秘密的价值性和有用性是一个价值判断的范畴，不需要司法鉴定意见来进行鉴定。我曾遇到过某个鉴定机构出具了一份鉴定意见，提到案涉技术非常先进，是具有非常广大应用前景的一个技术，经评估它的价值是多少万元。这个鉴定机构在一份商业秘密的鉴定意见中出现如此的表述内容，肯定是不恰当的，突破了鉴定意见的范围。

7. 审查鉴定意见技术规范和鉴定标准

要严格审查鉴定人进行鉴定所采用的技术，是否采用了适当的技术规范，以及在进行判断结果时选择使用的鉴定标准是否正确。从鉴定意见的技术规范来讲，就是要审查相应的理论或技术能否被检验或者已经被检验。鉴定人不能拿理论上的学科假说来作为鉴定意见的技术规范，而且这个理论和技术必须不是自己独门创造的，必须要能够得到同行的审议而且公开发表。同时，采用的技术不能错误率很高，且不能有重复性。所以，我们要明确，尤其是在这类案件当中，对鉴定所用技术要经过检索，这个技术是不是这个行业领域内所采用的技术？是否为最广大的鉴定行业内的人所普遍认可？是否具有比较高的正确率？对于鉴定标准有国家标准的用国家标准，没有国家标准的那就参照司法鉴定主管部门规定的行业标准或者技术规范。如果都没有，那么这个领域内多数专家认可的技术规范或者技术标准是否能够被采用？

8. 审查进行鉴定审查的对象中的某一个方面和案件中的客观证据是否相矛盾

有这么一个案子，鉴定意见针对的是多种过滤机生产设备的生产工艺制造技术，认为该技术是秘密点之一。律师审查之后发现其中一个过滤机的底部是密闭的，这在鉴定意见里面也表述得非常明确，但在后续的论证过程当中，却发现这个过滤机底下有一个排水口。我当时就提出来，鉴定意见前部分的表述，包括案件中其他证据都明确反映这个过滤机底部是密封的，但后续的表述怎么会出现底下存在排水口这个情况？鉴定人在出庭质证时说是他们弄错了。我提出，这么严肃的鉴定意见都能够犯这样一个低级错误，那么整份鉴定意见的科学性、客观性是不是更加值得推敲呢？这个案子后来也取得了比较好的一个结果。

第七节 物证的审查——以毒品犯罪案件为视角①

如果证据制度是一个国家司法制度的基石，那么物证制度就是这座基石上的皇冠。在所有刑事案件的证据类别中，物证显得尤为重要。在司法证明的发展史上，人类社会经历过由“神证”到“人证”，再由“人证”到“物证”的演变与推进，“物证”因其具有较强稳定性，对印证案件事实起到稳固证明的优势被予以肯定。

一、物证的概念和特点

物证，以其外部特征、物质属性、存在的方式对案件事实予以证明。物证具有三个方面的特点。第一，物证具有较强的客观性和不可替代性。物证是客观存在的物体和痕迹，以物质的存在形式证明案件事实，与其他证据相比较，特别是与人证相比较，不会因主观因素而改变，更不会左右摇摆。第二，物证也具有“双联性”。所谓的双联性就是说物证是连接两个事实要素的桥梁，一方面连接已知的案件事实，另一方面连接未知的案件事实。比如，犯罪现场发现了脚印，仅能证明有人来过现场，如果要证明脚印是张三的，那么第二个未知事实是张三是否到过犯罪现场。往往我们好多案件只是关注后者，即张三是否来过现场，但是对前面的已知事实，张三是否在案件现场实施犯罪行为有所忽略，因此导致最终案件的真实性就存疑。第三，物证具有间接性，属于“哑巴证据”。物证无法直接证明自身与案件事实之间的关系，需要通过其他证据相结合，发挥证明作用。比如，现场查获的毒品和毒资，只能初步证明案件现场有发生毒品交易以及交易的数量等，不能证明是何人所为，故需要结合嫌疑人的指认、辨认、指纹同一性鉴定等，以及供述和证人证言等组成证据链条才能证明清楚。

---

① 主讲人：曹朝军。

二、毒品犯罪案件物证的特点

近年来，毒品犯罪呈高发态势，打击毒品犯罪逐步上升为国家战略安全需求，再加之重刑主义，犯罪嫌疑人（被告人）的供述易反复、常翻供，因此，对毒品案件的物证收集成为侦查机关的首选。但是，毒品犯罪案件物证具有“取证难度大、证据数量少和证据认定难”的特点，对侦查工作提出了严峻挑战。

首先，取证难度大。第一，毒品交易具有较强的隐蔽性，行为人通常使用假名或者昵称进行交流，加上没有固定住所，流窜作案，犯罪主体身份和行踪难以确定。特别是一些特大贩毒案件，毒枭本人通过遥控指挥，幕后指挥“马仔”实施交易，上下家之间多为单线联系，交易中常用暗语表达，如“一条”“热的”，这些对物证的搜查带来了巨大阻碍。第二，犯罪行为链条很长。从毒源地到消费终端多重转手，难以追查来源。从毒品被制造出来后，要经过运输环节，最终到达消费市场进行贩卖，最后流入吸毒人员手中，诸多环节很难去追查毒源具体在哪个方向，出自谁的控制。为逃避打击，贩毒人员多采用人货分离的交易方式，如贩毒人员将毒品存放在超市的储物柜中进行交易，或通过物流方式寄递，这种交易人货分离，无法现场查获。第三，零包贩卖，避重就轻。司法实务中，对贩卖 2000 克以上毒品的，可以判处死刑。为逃避打击，贩毒人员往往化整为零，蚂蚁搬家，零包贩卖。在被抓获时往往都会直接丢弃、毁灭，或者一旦查获后因数量极小，不易重判，从而逃避打击。

其次，证据数量少。大多数毒品交易行为，除制造毒品罪和生产制毒物品罪外，其他涉毒犯罪基本上没有犯罪现场，甚至无交易对象。再加之行为人反侦查、反取证能力强，以及职业化贩运，导致收集的物证数量极少。

最后，证据认定难。证据数量少导致证据链薄弱，加上侦查机关在收集相关物证中，因为操作规范的问题，容易导致证据出现瑕疵，进一步削弱其证明力，使犯罪事实处于模棱两可之间，导致法官陷入证据能否排除或不予认定的抉择困难。

三、常见毒品犯罪案件的物证类别

第一类是毒品。毒品是贩毒案件中的核心证据，侦查实务中，基本上都呈现“人赃并获”的情形，导致这类重要物证在案件中必然出现。《禁毒法》规定，毒品是指鸦片、海洛因、甲基苯丙胺（冰毒）、吗啡、大麻、可卡因，以及国家规定管制的其他能够使人形成瘾癖的麻醉药品和精神药品。实务中，根据毒品的来源和生产方法，可以分为植物天然毒品、化学合成毒品。植物天然毒品如从罂粟里提取的鸦片，从鸦片中提纯吗啡，最后精制成海洛因。合成类毒品诸如甲基苯丙胺、氯胺酮等。当下第三代毒品开始蔓延，即所谓的实验室毒品，指没有被列管的新精神活性物质，其种类更加繁多，危害后果更大，这对专业刑事辩护律师提出了更高的业务要求。毒品的种类和数量是作为犯罪构成要件、确定法定刑幅度，以及具体裁量刑罚的标准，对毒品种类和特性进行了解，为物证审查打下基础和铺垫。

第二类是列管的精神药品和麻醉药品。这类物质具有毒品和药品的双重属性，用于临床及医学研究用途的，属于药品，若长期无节制使用，形成瘾癖产生戒断反应后就成了毒品。比如，吗啡作为镇痛剂，可用于临床医疗，是用于医学的研究物体，属于药品范畴，反之，属于毒品序列。最高人民法院印发的《全国法院毒品犯罪审判工作座谈会纪要》（也称《武汉会议纪要》）规定，行为人出于医疗目的，违反有关药品管理的国家规定，非法贩卖该纪要中提及的麻醉药品或者精神药品，扰乱市场秩序，情节严重的，以非法经营罪定罪处罚。行为人向走私、贩卖毒品的犯罪分子或者吸食、注射毒品的人员贩卖国家规定管制的能够使人形成瘾癖的麻醉药品或者精神药品的，以贩卖毒品罪定罪处罚。2015 年华中科技大学“张某波走私、贩卖、运输、制造毒品罪案”，争议焦点之一就是这类物质的流向与用途是否能够改变对案件的定性。

第三类是毒资或毒赃。毒资或毒赃是指在毒品交易过程中使用的各种货币、支票、存单等。由于毒品犯罪依赖“人赃俱获”模式，一般通过控制下交付或者其他手段抓现行，故这类证据出镜率比较高，用来印证行为人的交易事实。

第四类是制毒物品。简言之就是生产制造毒品的原料、辅料或者配剂。主要是指各类易制毒化学品，如麻黄草、羟亚胺、黄樟油、三氯甲烷等。制毒物品既是证明制造毒品行为存在的证据，还可以作为推定制造毒品数量以及判断是否属于犯罪未遂的重要证据。

第五类是毒品原植物和毒品原植物种子、幼苗。比如，罂粟籽和大麻种子，主要是通过其被查获的数量来决定法定刑档次及裁量具体刑罚。

第六类是盛装毒品的容器或包装物。在现场查获盛装毒品的容器、牛皮纸包装袋等，通过对附着的指纹或生物检材的提取，证明行为人是否有接触过毒品，这类物品也是推定主观明知成立的最佳物证。

第七类是毒品犯罪工具。如贩卖毒品所携带的电子秤，运送毒品的汽车、船舶和无人机，制造毒品的反应釜、离心机等设备。

第八类是痕迹物证、微量物证。主要是通过现场查获毒品或者包装物上的指纹、脚印、头发、皮屑等检材，印证行为人与涉案毒品的关联程度。

四、毒品物证的审查

毒品犯罪案件中查获的毒品是最重要的证据之一，毒品的种类和数量关乎定罪与量刑。根据《刑法》第 347 条第 1 款的规定，走私、贩卖、运输、制造毒品，无论数量多少，都应当追究刑事责任，予以刑事处罚。在《刑法》第六章第七节的罪名中，毒品这一重要物证基本上存在于各个罪名之中，毒品实物作为最重要的证据，其在被收集的过程中，通常存在以下几个方面的问题。

第一，收集不全面。公安机关在办案过程中，对毒品起获时间、地点、方位、数量不甚全面。比如，查获毒品的房屋是多人合租，照片中毒品被摆放于客厅中，对这些毒品搜查自哪个房间或哪个角落，没有同步录像证明。

第二，收集不及时。公安机关在抓获犯罪嫌疑人时过早或过迟，未及时对毒品进行扣押，或毒品被隐藏或被丢弃，导致重要物证的灭失。

第三，收集方法不科学。比如，侦查人员在进入现场时，未戴手套直接接触了毒品或包装物，留下了指纹或脚印，从而污染或改变了重要物证属性，导致存疑。

第四，收集程序不规范。“两高一部”印发的《办理毒品犯罪案件毒品提取、扣押、称量、取样和送检程序若干问题的规定》（以下简称《办案程序规定》）中规定的对于毒品的提取、扣押等收集环节较多，实务中，容易出现不规范的情形，导致收集物证的关联性、真实性和合法性存疑。我办理的杨某走私运输毒品案件中，因海关缉私部门对疑似藏匿毒品的行李箱未按规范执行提取、扣押、取样、送检程序操作，导致证据的合法性存疑，最终作不起诉处理。

第五，保管不规范。实务中，当场查获的毒品如果没有称量条件，或者取样后送检前都应当对毒品进行封装保管，保管不规范容易导致毒品被污染或者被改变，同一性受到质疑。

《办案程序规定》对毒品物证的收集程序作出了规范指引，这也是辩护律师挖掘辩点所在。以下将围绕上述规定，结合办案实践，对毒品物证的审查与质证作一个梳理。

第一，毒品的提取。侦查人员应当及时准确地提取毒品及内外包装物上的痕迹、生物样本等物证，防止犯罪嫌疑人及其他无关人员接触毒品及包装物。实务中，犯罪嫌疑人常常辩解查获毒品系帮朋友保管，根本不知道包装袋或行李箱夹层中装有毒品。如果及时对毒品和毒品包装物进行指纹和生物检材提取，可以证明嫌疑人是否接触到毒品，从而对其主观是否明知进行判断。我在办理李某涉嫌运输毒品案时，就犯罪嫌疑人李某提出受人之托邮寄包裹，对包裹内藏有毒品并不知情的辩解，与办案机关提出对包装物作指纹和生物检材提取的辩护意见，经过多次沟通，此案以未能提取相关指纹和生物检材，不能证明犯罪嫌疑人主观明知为由，最终公诉机关存疑不起诉。

第二，毒品的扣押。《办案程序规定》明确规定，侦查人员应当分别根据查获毒品的位置、毒品及其包装物的外观特征、犯罪嫌疑人的供述和辩解等具体情形对毒品进行分组。首先，对同一案件在不同位置查获的两个以上包装的毒品，应当根据不同的查获位置进行分组。其次，对同一位置查获的两个以上包装的毒品，应当按照以下方法进行分组：（1）毒品或者包装物的外观特征不一致的，根据毒品及包装物的外观特征进行分组；（2）毒品及包装物的外观特征一致，但犯罪嫌疑人供述非同一批次毒品的，根据犯罪嫌疑人供述的不同批次进行分组；（3）毒品及包装物的外观特征一致，但犯罪嫌疑人辩称其中部分不是毒品或者不知是否为毒品的，对犯罪嫌疑人辩解的部分疑似毒品单独分组。这里的“在不同位置查获”，是指查获的毒品放置或者藏匿在相对分离的物理空间，包括同一地点的不同场所、同一场所的不同方位和身体上的不同部位。例如，在犯罪嫌疑人住所的卧室和卫生间分别发现疑似毒品，在犯罪嫌疑人身上和体内均发现疑似毒品，都应当分别进行分组。我在办理刘某非法持有毒品案时，侦查人员将从刘某居住房屋外侧的卫生间内扣押的毒品混装于房间内的毒品中，导致刘某提出洗手间属于公用，所查获毒品不是本人所有的意见，最终混装毒品的数量难以认定。另外，《办案程序规定》明确，毒品的扣押应当在有犯罪嫌疑人在场并有见证人的情况下，由两名以上侦查人员执行。毒品的提取、扣押情况应当制作笔录，并当场开具扣押清单。笔录和扣押清单应当由侦查人员、犯罪嫌疑人和见证人签名。犯罪嫌疑人拒绝签名的，应当在笔录和扣押清单中注明。实务中，有的卷宗材料中虽然有见证人签名，但结合扣押现场录像时发现见证人被虚拟了，换言之，案件见证程序违法。我在办理丁某非法持有毒品案时，通过阅卷发现参与扣押的见证人也执行了抓捕任务，庭审中我们将这个问题予以提出后，公诉人补交了一份情况说明，认同扣押现场的见证人就是侦查人员，本案认定了见证程序的违法。

第三，毒品的封装。《办案程序规定》明确，现场提取、扣押等工作完成后，一般应当由两名以上侦查人员对提取、扣押的毒品及包装物进行现场封装，并记录在笔录中。实务中，封装环节容易被忽略，甚至根本没有遵照程序执行。比如，对现场起获的毒品，未用标准化的包装袋进行包装、加密封口，极易导致与其他毒品混同，使其同一性存疑。本人在办理王某贩卖毒品案的过程中，根据案卷材料显示，侦查人员使用易拉袋将现场毒品封装后直接装入档案袋，侦查人员、犯罪嫌疑人和见证人既未签字，也未加密封装，庭审中公诉人出示现场扣押“麻古”的照片中部分呈现绿色颗粒物，犯罪嫌疑人遂对毒品的同一性提出质疑。

第四，毒品的称量。毒品数量决定了刑罚幅度。特别是死刑案件，称量的问题会影响最终的裁判结果。因此对毒品案件的物证的审查，重中之重应当放在称量环节。《办案程序规定》明确，毒品的称量一般应当在查获毒品的现场完成。不具备现场称量条件的，应当对毒品及包装物封装后，带至公安机关办案场所或者其他适当的场所进行称量。在司法实务中，往往会出现没有在现场对涉案毒品进行称量，更没有制作称量笔录。而提取、扣押毒品可疑物后涉案物品没有入库、保管、取样、出库等反映毒品“流转”过程的相关证据，无法排除涉案毒品可疑物发生变质、泄漏、遗失、损毁或者受到污染等合理怀疑。另外，在司法实务中，还包括无法确认称量所使用的衡器是否经法定计量检定机构检定、称量时衡器是否归零等情形，故《办案程序规定》还要求，法定计量检定机构出具的计量检定证书复印件应当归入证据材料卷，并随案移送。

毒品称量中的另外一个问题就是毛重和净重。我办理的江某制造毒品罪一案，江某将购买的 10 千克“麻果”碾碎后，放在铁盘中加入水、消炎粉、淀粉等物质混合勾兑，在晾晒过程中被侦查人员抓获。通过阅卷，我们发现侦查人员将盛着“麻果”的托盘一并上秤称量，显然未作净重和毛重区分，面对 120 千克数量的指控，因不符合净重的称量要求，最终江某被判处死刑缓期两年执行。我们曾有一个律师朋友办了一个非法持有毒品的案件，起诉指控被告人持有毒品“麻果”50.4 克，量刑建议为 7 年有期徒刑。辩护律师通过阅卷发现，在称量过程中，麻果和秤之间铺了一张 A4 打印纸，显示的读数为 50.4 克，遂提出净重数量不真实，因为一张 A4 纸的质量大约为 4 克，最终该案判处 3 年以下有期徒刑。

第五，毒品的取样。取样是送检的前提和基础，对毒品的取样，是由有关人员按照既定的规范选取查获毒品的全部或者从中随机抽取一部分，经过物理均匀（手工或机械碾磨）后再随机抽取一部分毒品作为检材的过程。《办案程序规定》明确，毒品的取样一般应当在称量工作完成后由两名以上侦查人员完成；必要时，可以指派或者聘请具有专门知识的人进行取样。《办案程序规定》对单包和多包毒品的取样方法也做了具体的操作指引。实务中，随机取样易演变成随意取样。比如，粉状毒品，要求堆成圆锥体后，分别从锥体的上、中、下三个部位取样并满足一克的标准。经阅卷发现，侦查人员往往直接从毒品的某一个部位取样后直接送检，这就是一个随意性的问题，未达到随机标准，其实随机标准的内在要求就是均匀。关于取样的另外一个问题，就是取样之后的剩余毒品入库复称的问题，实务中，通过查阅取样后的入库数量，发现与扣押时数量相当，那么对该案是否取样产生争议。

第六，毒品的送检。根据《最高人民法院关于适用〈中华人民共和国刑事诉讼法〉的解释》第 98 条的规定，送检材料、样本来源不明，或者因污染不具备鉴定条件的；鉴定对象与送检材料、样本不一致的，不得作为定案的根据。因此，送检对于鉴定的真实性、可靠性至关重要。公安机关应当向鉴定机构提供真实、完整、充分的鉴定材料，并对鉴定材料的真实性、合法性负责。为了防止检材因取样时间过长而发生变质，影响鉴定的准确性，办案机关应保证送检的及时性，确保提取的检材符合鉴定条件，提高案件办理的质量和效率。《办案程序规定》明确，对查获的全部毒品或者从查获的毒品中选取或者随机抽取的检材，应当由两名以上侦查人员自毒品被查获之日起 3 日以内，送至鉴定机构进行鉴定。具有案情复杂、查获毒品数量较多、异地办案、在交通不便地区办案等情形的，送检时限可以延长至 7 日。实务中，个别案件的送检时间相隔半年，有的甚至长达一年之久，且无相关保管环节，这种送检的程序是不当的，导致鉴定所需的检材是否来源于扣押现场存疑。

第七，毒品的鉴定。鉴定环节是将查获的疑似毒品物质进行定性的确认。定性就是解决是什么物质，是海洛因还是面粉。对定性鉴定的审查切入点在于：其一，鉴定人和鉴定机构的资质。鉴定资质等于鉴定资格加鉴定能力。对鉴定人和鉴定机构是否具备鉴定资质，可以通过调取内档查看是否经过相关的技术培训和技能考核。我在办理林某贩卖毒品案件时，通过申请调取鉴定人的资质，发现其中有一个鉴定人不具备理化检验鉴定资质，通过申请调取鉴定机构的鉴定资质，发现该鉴定机构也不具备毒品检验范围。本案的鉴定意见被法院不予采纳，查获的物质是不是毒品无法得到印证。其二，检验标准。司法实践中，部分公安机关使用的是《甲基苯丙胺的定性定量检验方法》（IFSC 04-02-07-2011），该标准系公安部物证检验中心制定的行业标准。根据《司法鉴定程序通则》第 23 条的规定，司法鉴定人进行鉴定，应当依下列顺序遵守和采用该专业领域的技术标准、技术规范和技术方法：（1）国家标准；（2）行业标准和技术规范；（3）该专业领域多数专家认可的技术方法。故在有国家标准的情况下，鉴定人应当优先使用国家标准，优先使用行业标准，显属鉴定方法错误。其三，含量鉴定。《办案程序规定》明确，对犯罪嫌疑人、被告人可能被判处死刑的；查获的毒品系液态、固液混合物或者系毒品半成品的；查获的毒品可能大量掺假的；查获的毒品系成分复杂的新类型毒品，且犯罪嫌疑人、被告人可能被判处7年以上有期徒刑的；人民检察院、人民法院认为含量鉴定对定罪量刑有重大影响而书面要求进行含量鉴定的，公安机关应当委托鉴定机构对查获的毒品进行含量鉴定。实务中，很多案件在定性鉴定完成，案件已经移交到了检察机关、人民法院之后，发现还未做含量鉴定，又退回去补做含量鉴定，其结果就是送检日期远远超过了一年半载，而且检材的来源表述为定性鉴定的检材。但通过阅卷发现，在定性鉴定的检材已经被消耗的情况下，含量鉴定检材的来源就存在疑问。

五、毒品物证审查判断思维

毒品犯罪案件的物证审查，应当围绕物证的保管链条展开，紧扣《办案程序规定》，从提取、扣押、称量、取样、送检和鉴定，以及中间的保管、封装环节都得面面俱到，一一对应。同时，在此基础之上，纵向上，向上看证据的来源，是现场查获，还是嫌疑人主动供述；向下看证据的三性，即证据的真实性、关联性和合法性，其中关联性最为重要，比如，如果没有痕迹检查、指纹提取过程导致关联性存疑，合法性和真实性何从谈起。横向上，看证据之间的印证关系，物证本身无法直接证实犯罪事实和案件全貌，要结合其他证据，如被告人供述、证人证言、现场指认等证据来印证。

当前国际国内禁毒政策较严，使毒品犯罪案件的辩护空间极小，再加上毒品系最重要的物证之一，因此要有一个全方位的审查视角。我们要求从每个细节入手，每个环节入手，以量变换质变，以证据辩换量刑辩，最终达到一个好的辩护效果。

第八节 法医类鉴定的审查[①]

根据《刑事诉讼法》第 50 条的规定，鉴定意见是法定的八大类证据之一，且证据必须经过查证属实，才能作为定案的根据。因此，法医类鉴定意见只有经过审查才能确定是否可以作为定案的根据。

根据某直辖市不完全统计，包含有法医类鉴定意见的案件约占所有刑事案件的 1/3。

一方面，涉及法医类鉴定的案件往往是一些社会影响大的暴力性、恶性案件，例如，王某华猥亵儿童案就涉及被猥亵儿童轻伤二级的鉴定意见是否成立的问题，被告人就此聘请了国内多名知名法医专家来共同审查论证。

另一方面，在一些陈年旧案中，由于当时侦查人员的证据意识相对薄弱，使得在案证据严重缺乏，法医类鉴定意见往往就成了一个决定性依据。由于承办案件的检察官大多数不是法医专业出身，因此他们通常会邀请专家辅助人共同介入审查法医鉴定。

总之，无论你是检察官、法官，还是律师，只要你参与到人身伤害类刑事案件中，那么法医类鉴定的审查就是每个法律工作者无法回避的一项内容。

那么，对于法医类鉴定意见，我们究竟该如何审查呢？

关键要把握住一个总原则，即“CSE”法则，即审查一份法医类鉴定意见必须将案情调查（case）、现场勘验（scene）、鉴定意见（expert onion）三者结合起来进行审查，缺一不可。也就是说，不能孤立地去看一份鉴定意见。

在办案过程中，一些委托人常常拿着一份单独的鉴定意见进行咨询，这样做有些时候会犯大错。因为单独的鉴定意见的证明力是严重欠缺的，既没有考虑案情调查情况，也没有考虑现场勘验结果。例如，在故意伤害类案件中，打架斗殴非常常见。有这样一起案件，被害人在打架斗殴的过程中，右手的第五掌骨骨折。按照人体损伤程度鉴定标准规定，第五掌骨骨折就是轻伤二级，而

① 主讲人：徐跃灵君。

轻伤二级已达刑事处罚标准。但是经过仔细调查后发现，犯罪嫌疑人并没有用任何工具或者用拳头击打过被害人的右手部，被害人右手掌的损伤，是被害人在与犯罪嫌疑人互殴的过程中，其用右手以拳击的方式击打了犯罪嫌疑人的面部，造成了拳击手骨折。也就是说，被害人右手掌的损伤完全是自己造成的。而在进行损伤程度鉴定时，如果要认定一个被鉴定人轻伤或者重伤，需要犯罪嫌疑人损伤的行为和被害人损害的后果之间具有因果关系。如果二者之间没有因果关系，就不能评定损伤程度，所以这起案件最后予以了撤诉。因此，如果审查人单纯地只审查一份鉴定意见，很可能会犯错误，而且会导致一起冤假错案。

此外，根据“两高三部”印发的《关于办理死刑案件审查判断证据若干问题的规定》《关于办理刑事案件排除非法证据若干问题的规定》的规定，作为技术类证据审查的重中之重——法医类鉴定的审查，不仅是必要的，也是必须的。

一、审查分类

1. 按照业务类型分类

（1）死刑案件的法医鉴定审查，这类案件主要针对高级人民法院和中级人民法院层级办理的案件，涉及可能判处死刑或者死缓的犯罪嫌疑人；

（2）人身伤害案件的法医鉴定审查，这类案件主要针对各区院层级办理的故意伤害、寻衅滋事、妨碍公务、聚众斗殴等涉及人身伤害的案件，但一般不涉及无期徒刑及以上刑罚的判决；

（3）保外就医医学审查，这类案件主要针对各监管场所已经服刑的或者已判决将要服刑的罪犯，对罪犯是否适合保外就医进行临床医学方面的审查需要法医的介入。

2. 按照法医专业设置分类

（1）法医病理鉴定审查，通俗来讲，就是人在非正常死亡以后针对尸体检验完毕后形成的鉴定意见的审查；

（2）法医临床鉴定审查，通俗来讲，就是人在存活状态下针对所遭受的不法人身伤害所形成的损伤程度鉴定意见的审查；

（3）法医物证鉴定审查，通俗来讲，就是针对血液、尿液、唾液、毛发、指甲等生物性物证进行鉴定时所形成的鉴定意见的审查；

（4）法医毒化鉴定审查，在刑事案件中取广义的概念，既包括对一般毒物进行检验时所形成的鉴定意见的审查，也包括对毒品类进行检验时所形成的鉴定意见的审查；

（5）法医精神病鉴定审查，通俗来讲，就是针对刑事案件中疑似精神病患的被告人是否患有精神疾病进行鉴定时所形成的鉴定意见的审查。

二、审查要点

按照业务类型结合法医专业设置，分为死刑案件的法医鉴定审查、人身伤害类案件的法医鉴定审查和保外就医医学审查3类，以下具体展开。

（一）死刑案件的法医鉴定审查

死刑案件的法医鉴定审查是三种业务类型审查中专业性要求最高、涉及专业面最广、掺杂复杂因素最多、审查难度最大的一类。由于它涵盖了所有的法医类鉴定，下面从各个专业进行分述。

1. 法医病理鉴定

法医病理鉴定常规关注标准有9个，分别为：《法医学尸体检验技术总则》（GA/T 147-2019）、《法医学病理检材的提取、固定、取材及保存规范》（GA/T 148-2019）、《法医学机械性窒息尸体检验规范》（GA/T 150-2019）、《法医学新生儿尸体检验规范》（GA/T 151-2019）、《法医学中毒尸体检验规范》（GA/T 167-2019）、《法医学机械性损伤尸体检验规范》（GA/T 168-2019）、《法医学猝死尸体检验规范》（GA/T 170-2019）、《道路交通事故尸体检验》（GA/T 268-2019）、《法庭科学 尸体检验摄像技术规范》（GA/T 1585-2019）。

上述9个标准中，程序性审查重点有三个方面：

（1）尸体检验的流程，包括体表检验、解剖检验、镜下检验，以及检验过程中摄像技术的规范，所获得的影像资料和最后呈现出来的尸检报告中无论是阳性还是阴性的检验结果是否都能一一对应。

（2）尸体上病理检材的提取、固定、保存是否按照既有规范进行。比如，关键检材是否已全部提取没有遗漏？检材保存时固定液的配比是否合理？检材储存的容器大小是否合适？检材切片镜下检验前是否存在腐败破坏？

（3）上述标准中有5个标准是直接以死亡原因来制定规范的，这就提示我们，在审查中，涉及相关死因鉴定意见的尸体检验报告，还应关注对应的规范是否有检验中的特殊要求。例如，《法医学机械性窒息尸体检验规范》（GA/T 150-2019）中提到，在做溺死尸体的检验时要做硅藻检验。

在法医病理鉴定中，关于实质性审查，重点应关注5个方面。在审查的过程中，应当结合尸体检验鉴定文书中关于尸体现象、损伤等的描述，仔细地和所拍摄的尸体检验照片（制作规范的尸体检验鉴定文书，可在附件照片下方见到鉴定人标注好的说明文字）逐一对应进行审查。

（1）死亡原因。法医学中，关于死亡原因的鉴定一般不外乎以下6种死因。

①失血性休克

一般情况下，死因仅为失血性休克时，首先，体表都会见到破坏性的创口，且创口形态特征常见为锐器造成；其次，解剖后可见有重要的脏器损伤，比如，心脏、肺脏损伤或者重要的血管断裂，如颈动脉；再次，心包腔、胸腹腔内往往见有大量血液或者全身所穿衣物沾染的血迹；最后，在少量案件中还可以见到断裂的作案工具残留在人体组织内。

②颅脑损伤

一般情况下，死因仅为颅脑损伤时，首先，损伤主要集中在头部，而头部以外的地方没有致命性损伤，头皮会见到破坏性的创口，且创口形态特征常见为钝器造成；其次，头皮创口相应部位颅骨通常检见骨折，有凹陷性、粉碎性，甚至可见脑组织溢出；最后，颅腔内脑组织有挫伤、出血，全脑水肿、蛛网膜下腔出血以及硬脑膜下血肿等改变。

③机械性窒息

一般情况下，死因仅为机械性窒息时，首先，尸斑通常呈暗紫红色，口唇黏膜、两手十指指甲包括脚指甲下都会呈现青紫色；其次，颈项部或/和口鼻部见皮下出血和表皮剥脱（徒手掐颈、扼颈），颈项部或可见索沟（绳子勒颈）；再次，颈部解剖时肌肉见出血，约30%可见舌骨骨折，气管及支气管腔内可见白色或粉色样泡沫；最后，两肺水气肿，心肺表明可见出血点，其他脏器亦有淤血性改变。

④溺死

溺死，从严格意义上来说，也是窒息死亡的一种。一般来说，首先，溺死尸体都有肉眼可见的不同程度的尸体腐败，特别是在炎热的夏天，往往可见丑陋的巨人观表现；其次，溺死尸体食道和气管内往往可见泥沙甚至胃内容反流物；再次，胃内容中可见落水地的水草等生物；最后，肺脏、肝脏甚至肾脏经检验后可检出硅藻等浮游生物，据此可判定死者是否为生前溺水。

⑤中毒

一般来说，首先，中毒死亡的尸体，一定可以找到中毒物质，不管是气体（如煤气一氧化碳中毒）、液体（酒精中毒）还是固体（普通毒品）；其次，中毒尸体体表尸体现象类似于窒息死亡，比如口唇黏膜青紫、十指指甲青紫；最后，要注意定性（何种毒物中毒）和定量（中毒剂量是否达到致死量）是否准确。

⑥多发脏器损伤

一般来说，死因为多发脏器损伤时，在刑事案件中最常见于高空坠落，其他还有恶性交通事故、灾难等。以高空坠落为例，体表可以仅见轻微的皮肤挫擦伤和少量的皮下出血，但是解剖后可见心脏、肺脏、肝脏、脾脏等多发挫裂伤，胸腹腔内可见血液。也就是我们法医学上经常说的，被害人全身损伤具有“外轻内重”的特点。

（2）致死方式（作案工具）。常见的作案工具有拳脚类、砖石类、刀剪类、锤类、绳索类和棍棒类6类。最核心的问题就是：被害人身体上的损伤形态特征能否与起获的作案工具相吻合，即同一性问题。当然，认定同一性不能只依赖于损伤形态分析来解决，还应当通过以下两个方面综合考虑判定：

①作案工具上是否附着有生物性物质，如血迹。血迹可能是被害人的，也有可能是犯罪嫌疑人的，甚至是混合血迹。如果作案工具经过法医物证鉴定以后比对为是被害人和/或犯罪嫌疑人的，那么这是作案工具的可能性就非常大。

②有些犯罪嫌疑人的证据意识不强，不会使用一些反侦查手段，赤手空拳进行作案，这样，往往在作案工具上会遗留一些指纹。如果能够查证这些指纹是犯罪嫌疑人所留，那么也可以认定为作案工具。

所以，我们不能单纯地完全从损伤形态特征进行分析，而应当把上述二者结合起来，这样在审查致死方式时才不至于出现疏漏。

（3）死亡时间。在审查死亡时间时要关注两个时间点，然后结合案情进行综合评判。

①“大时间”：指发现尸体后进行首次检验尸体时的具体时间点距离被害人死亡的时间；

②“小时间”：指被害人最后一餐就餐时间距离他被害的时间。

具体来说，各地公安司法鉴定中心对于是否把死亡时间在尸体检验鉴定文书中进行表述的操作方法各有不同，因地制宜。特别是在鉴定文书中有明确表述的，律师在审查的时候一定要注意与其他在案证据进行综合比对，判断相关结果是否存在矛盾，以此来甄别证据是否存在瑕疵。

（4）个体识别。一般应用在侦破碎尸案及现场发现白骨化的尸体，主要涉及身高、性别、年龄等的判断，但是通常在鉴定文书里是无法看到的，如果有必要，可以调取鉴定机构内部讨论材料或者可以查看公诉机关对鉴定人进行相关分析判断的专家笔录，同时和其他在案证据进行比对。

（5）血迹分析。根据血迹形态，一般可分为血泊、喷溅状血迹、擦拭状血迹、滴落及流柱状血迹。当然，这部分内容一般仅见于专家论证意见，鉴定书中是无法看到的，审查时可根据现场照片对照论证意见进行分析。

2. 法医物证鉴定

法医物证鉴定重点关注标准有1个，即《法医生物检材的提取、保存、送检规范》（GA/T 1162-2014）。

法医物证鉴定审查的重点是程序方面的审查，包含以下5个方面：

（1）检材提取。总原则一定是“先固定后采集”。

①容易提取的物品直接提取。例如，现场隔壁房间一件带血的衣服、门口处的一只鞋、现场散落的烟蒂等。

②不容易提取的、不同部位的物品要分别提取并单独包装，避免污染，严禁混合包装以及重复使用包装材料。例如，现场一个垃圾桶里面既有纸巾，又有避孕套，还有吃剩的方便餐盒等。

审查时，还应注意检材固定和采集的方式。

（2）检材保存。保存原则为不变质、不腐败、不降解、不受污染。

①凡是涉及液体类的，如血液、精液、唾液、尿液，首先，要进行一个密封状态的保存，低温冷藏或者冷冻。其次，冷冻之后，要注意不要反复化冻，因为反复化冻以后，里面的生物性物质会降解，并对最后的检验结果产生影响。

②其他毛发、指甲等固体类的东西只要干燥以后，常温保存即可，冷藏也可以。

审查时，应注意检材保存的状态。

（3）检材送检。检材送检主要分为以下 3 种；

①各种液体、肌肉、脏器、软骨等容易腐败的检材冷藏送检。

②毛发、斑迹、指甲干燥常温送检。

③骨骼、牙齿冷藏或干燥后常温送检。

审查时，除了注意检材送检的状态，还应注意是否及时送检。

（4）实验室质量管理体系。2005 年《全国人民代表大会常务委员会关于司法鉴定管理问题的决定》明确规定，像法医物证这样的鉴定实验室是必须通过国家实验室质量认可，也就是该领域常说的 CNAS 认证，即进行生物物证检验的鉴定机构是否获得国家认监委 CNAS 认证“执照”。

在审查相关鉴定文书时，可以到国家认证认可监督管理委员会网站进行查询，该鉴定机构是否在 CNAS 资质认定的名录里面，相关证书落款时间是否在有效期内。当然，即便是国家认证的机构，它是否严格按照操作规范进行检验，人员资质是否符合要求，检验检测设备是否按规定校准，检验检测环境是否为一个无菌、真空的操作环境等，都应当在审查过程中予以关注，以便及时发现问题。

（5）鉴定意见表达的规范化。生物物证检验形成的鉴定意见，当前在我国鉴定实践中普遍采用的表达方式为“似然率”表达法，例如，现场提取的刀上血迹和某某血样的分型一致，似然比率为 1.12×10^{21}，总体来说，这种意见倾向的是一种概率论似的统计学思想。

其他的表达方法还有：例如，送检的一把匕首上的血迹为某某所留的可能性为 99.9999999954%。又如，从送检的榔头上检出人血成分，其 DNA 图谱与某某一致，二者的耦合概率低于 10^{-10}。这些表达方法都可以，符合法医物证鉴定对鉴定意见的规范化表达。

审查时，应当注意这些通用的表达方式并理解其中的含义，似然率数值越高、百分率数值无限接近 1，耦合率数值无限接近 0，假设现场某工具上提取到了人的血迹，按照我们普通人的理解大致等同于某工具上发现的血迹就是某某人的，具有唯一性。

3. 法医毒物鉴定

法医毒物鉴定的重点关注标准有 5 个：《毒物分析名词术语》（GA/T 122-1995）、《中毒案件采取检材规则》（GA/T 193-1998）、《中毒案件检材包装、贮存、运送及送检规则》（GA/T 194-1998）、《法庭科学 涉嫌吸毒人员尿液采集操作规范》（GA/T 1586-2019）、《法庭科学毒物检验方法确认规范》（GA/T 1649-2019）。

法医毒物鉴定意见的审查重点分为以下 3 个方面。

（1）毒物分析检材的提取及保存。

①除了要提取吃剩的食物以及喝剩的饮料、水等液体外，生前服用的药物、各种相关物品包装物都要尽可能提取；涉及尸体上的检材，要尽可能足量提取，包括血液、尿液、心、肝等脏器，注意不要遗漏呕吐物、首次洗胃液。

为什么要尽可能足量提取呢？因为如果不足量的话，虽然不一定会影响毒物定性，但是往往会导致后期鉴定过程中毒物定量困难，这样就无法知道中毒剂量是否达到致死量。

②提取检材时不得沾染消毒剂和其他化学试剂，包括防腐剂在内。这刚好和查处酒驾过程中进行酒精测试相反，酒精测试在抽取嫌疑人血液后会加一些抗凝剂，但是日常我们做毒物分析千万不能加任何其他试剂，否则会对结果产生干扰。

③中毒案件检材如果不能及时检验或送检，应放在-10℃以下的低温冰箱中贮存，防止腐败。因为有毒物检验鉴定条件的鉴定机构并不多，并且大多数毒物都是国家管控物品，而有些偏远的地方又恰恰是没有相应的检验条件，这就需

要保证送检物品在短时间内不能因保存条件限制而损坏，以免失去检验条件。

（2）毒物分析方法的选择。常用的方法主要有5类，审查时要注意鉴定机构在进行毒物检测分析时是否选用了合适的方法。

①化学分析法

当被检物与某种化学试剂发生化学反应，观察发生的颜色变化，以判断是否存在某种毒物。此法只针对少数毒物含量大的检材适用。

②薄层色谱分析法

本方法是毒物定性分析行之有效的方法之一，但只能用来定性。

③气相色谱分析法

该法具有分离效果好、灵敏度高、分析速度快等特点，是目前毒物分析最常用的检测手段，而且对毒物的定性定量分析均可，但仍然存在一定的局限性，这一点在审查时必须注意。

④高效液相色谱分析法

该方法主要是对热不稳定性、不易挥发的、具有大分子量的各种毒物进行分离检测，弥补气相色谱分析法对毒物分析的不足。

⑤色谱/质谱联用分析法

一般情况下该方法无须标准品进行对照检验，即可进行未知毒物鉴定，是目前毒物分析中最为准确有效的分析方法之一。当然，这里的未知毒物相对来说也是比较常见的毒物，特别新的毒物或者冷门的毒物仍然需要标准品进行对照检验。例如，林某浩投毒案件中由于使用的是非常见毒物，因此，仍然采用标准品对照进行检验。

（3）对照样品的使用。空白对照样品在化学定性分析时一般不易出现阳性或假阳性，而采用仪器分析却容易出现阳性反应。这主要是因为只要有微量毒物就能被仪器检测出来，而人体内、动植物及大自然中都含有多种微量残留毒物，通过吸收、污染、自然分布等途径存留于检材中，势必会对检测结果产生影响、干扰。因此，对照样品，包括已知样品、空白样品的使用就尤为重要，所以在审查过程中，我们在参考报告和检验记录是否使用过对照样品的同时，应当注意结合各种毒物分析方法的特点加以审查。

4. 法医精神病鉴定

法医精神病鉴定关注标准分为两类，共3个。

（1）ICD-10、CCMD-3是两大精神障碍诊断标准。在2011年以前在临床诊断中CCMD-3使用率更高，但是实际受访者中认为ICD-10在临床使用中更加合理；2011年，卫生部出台规定，要求住院患者统一按ICD-10编码原则分类，并定期上报统计信息，因而ICD-10得以大规模使用，但仍有部分精神卫生机构使用CCMD-3。但是，ICD-11于2022年生效后，成为法医精神病鉴定中唯一可采用的诊断标准。

（2）《精神障碍者刑事责任能力评定指南》（SF/Z JD0104002-2016），由司法部颁布，成为当前中国精神障碍者刑事责任能力评定的唯一技术规范。

法医精神病鉴定审查重点分为两个方面。

（1）鉴定资料可靠性。因为精神病鉴定主要是靠鉴定人与被鉴定人反复沟通以及各种测试来获得一些鉴定资料，多数都属于言词证据，比如，既往病史是否造假，个人陈述是否具有真实性、是否有伪装，家族是否有遗传史等，可以通过外围走访，了解个人历史情况去印证。

（2）鉴定意见的依据。

①刑事责任能力：医学要件——凡满足精神障碍诊断标准的精神障碍者都属于刑法意义上的“精神病人”；法学要件——首先是辨认能力，即行为动机是否荒谬、脱离现实，是否曲解了行为的违法性质，是否对行为的后果缺乏认识。其次是控制能力，即行为人能否适应正常的社会生活，是否有自知力，是否有自我保护力。

②受审能力：医学要件——基本同刑事责任能力的医学要件，即是否患有某种精神障碍，其严重程度如何，其精神状态在鉴定当时的合作性、真实性；法学要件——侧重于法学问题的理解，如能否理解自己的情况与这次诉讼的关系，有没有与律师合作、商量，对诉讼参与人的提问能否做出正常的回答，以及是否理解审判结果等。

（二）人身伤害类案件的法医鉴定审查

本业务类型实质是对于法医临床鉴定的审查。

1. 关注标准

（1）《人体损伤程度鉴定标准》。

（2）《人体损伤致残程度分级》。

2. 审查重点

（1）鉴定时机。例如，在打架斗殴中造成的损伤，伤后只要没有并发症、后遗症，损伤以后，可以立即到鉴定机构做鉴定；如果有功能障碍，比如，人体大关节之一的膝关节不能活动，或者有毁容的倾向，《人体损伤程度鉴定标准》明确规定，这类损伤 90 天以后才能做鉴定。此外，在该鉴定标准中还有一个明确的特例：外伤性鼓膜穿孔。该标准规定，外伤性鼓膜穿孔在损伤 6 周以后，鼓膜穿孔仍然没有愈合的，可以评定为轻伤。如果已经自行愈合，不需要手术干预，那就只能评定为轻微伤。所以 6 周就是评定外伤性鼓膜穿孔的一个时间界限。为什么有这样的规定呢？因为该损伤在临床实践中，医生发现，大多数伤者只要满 6 周基本上都可以自行愈合，很少需要手术干预。

（2）成伤机制。这一点可以参考前文"拳击手骨折"的例子。在这个审查环节中，要重点审查，犯罪嫌疑人的伤害行为和被害人的损害后果之间是否有直接的因果关系，或者说至少是间接的因果关系。如果有因果关系，这个成伤机制才成立，才可以做损伤程度的评定。如果是因为被鉴定人自身的行为造成的损伤，是不可以评定损伤程度的。换句话说，无论成伤机制如何，只要有伤就出具鉴定意见，是完全不负责任的做法。

（3）伤病关系。这一环节审查要点有两点：其一，被害人自身的疾病是否参与被害人的损害后果之中，并加重了原来的损伤程度；其二，被害人的损害后果是否产生了并发症或者后遗症。例如，在一起伤害案件中，一名被害人被犯罪嫌疑人一拳打掉两颗牙齿，这个伤害后果本身是明确的，按照《人体损伤程度鉴定标准》规定，两颗牙齿掉落，构成轻伤。但是，这个案件经过调查以后发现，被害人有严重的牙周病，其日常生活中牙齿已经严重松动，只需轻微的外力就可以掉落。因此，鉴定机构就考虑了疾病的参与因素，并按照伤病关系的损伤程度鉴定原则作降一级处理的评定。

什么叫"降一级"处理？指在评定损伤程度时，直接将鉴定意见从重伤变成轻伤，或者从轻伤变成轻微伤。也就是说，无论原先的损伤程度应当评定是轻伤一级还是轻伤二级，只要降级就变成轻微伤。所以，上述案件，当鉴定机构出具了轻微伤的鉴定意见时，整个案件最终作撤诉处理结案。

（三）保外就医医学审查

保外就医医学审查，律师接触的比较少，但实际在律师的业务中偶尔也会涉及，它所需要关注的一个重点就是《暂予监外执行规定》及附件《保外就医严重疾病范围》。

保外就医医学审查的审查重点有两个方面：

1. 法学要件

《暂予监外执行规定》第5条规定："对被判处有期徒刑、拘役或者已经减为有期徒刑的罪犯，有下列情形之一，可以暂予监外执行：（一）患有属于本规定所附《保外就医严重疾病范围》的严重疾病，需要保外就医的；（二）怀孕或者正在哺乳自己婴儿的妇女；（三）生活不能自理的。对被判处无期徒刑的罪犯，有前款第二项规定情形的，可以暂予监外执行。"第6条规定："对需要保外就医或者属于生活不能自理，但适用暂予监外执行可能有社会危险性，或者自伤自残，或者不配合治疗的罪犯，不得暂予监外执行。对职务犯罪、破坏金融管理秩序和金融诈骗犯罪、组织（领导、参加、包庇、纵容）黑社会性质组织犯罪的罪犯适用保外就医应当从严审批，对患有高血压、糖尿病、心脏病等严重疾病，但经诊断短期内没有生命危险的，不得暂予监外执行。对在暂予监外执行期间因违法违规被收监执行或者因重新犯罪被判刑的罪犯，需要再次适用暂予监外执行的，应当从严审批。"第7条规定："对需要保外就医或者属于生活不能自理的累犯以及故意杀人、强奸、抢劫、绑架、放火、爆炸、投放危险物质或者有组织的暴力性犯罪的罪犯，原被判处死刑缓期二年执行或者无期徒刑的，应当在减为有期徒刑后执行有期徒刑七年以上方可适用暂予监外执行；原被判处十年以上有期徒刑的，应当执行原判刑期三分之一以上方可适用暂予监外执行。对未成年罪犯、六十五周岁以上的罪犯、残疾人罪犯，适用前款规定可以适度从宽。对患有本规定所附《保外就医严重疾病范围》的严重疾病，短期内有生命危险的罪犯，可以不受本条第一款规定关于执行刑期的限制。"

因此，在审查保外就医类案件时，应重点关注上述3个条款。总体来说，“保外就医”处于一个较为严格的审查状态，例如，有些罪犯在监狱里会偷偷吞服一些金属刀片，以此来伪装有严重胃病，企图蒙混过关骗取保外就医。诸如此类的自伤自残行为，到头来不仅没有成功“保外就医”，反而会进一步加重刑罚。

2. 医学要件

医学要件主要关注7大类疾病：

（1）高血压。想要保外就医需要具备3个基本条件：其一，高血压达到三级，具体数值可参考上述附件。其二，要达到很高危的程度，这在《保外就医严重疾病范围》的附件中有详细的解释。其三，存在靶器官的损害，比如，60周岁以上的老年人有相当一部分会存在颈动脉血管粥样硬化疾病，有一些并存斑块。符合这三个条件，再结合临床表现，一般来说，患有高血压疾病的罪犯就可以保外就医或者可以暂予监外执行。

（2）心脏病。要重点关注罪犯的心功能是否达到三级，当然还要参考一些其他具体的临床表现。

（3）肝炎。重点关注罪犯的肝功能是否已达到失代偿期的程度。所谓失代偿期，是指肝炎患者出现了腹水、脑昏迷等临床症状和体征。

（4）肾病。重点关注罪犯的肾功能是否已达到肾衰的程度。如果达到这种程度的话，基本上需要长时间地依靠血液透析来维持生命，当然身体上也会并存一些其他的临床表现。

（5）糖尿病。普通的糖尿病肯定不能保外就医，所以重点要关注罪犯是否出现了严重的并发症。比如，糖尿病后期往往眼睛视力出现障碍，两眼模糊甚至失明；或者有的人两个下肢都坏死，为了防止败血症夺取患者的生命，需要采取截肢的手段才能存活。

（6）各种类型的恶性肿瘤，也称为癌症。如果要保外就医，必须达到没有临床治愈的程度。随着现代医疗技术手段的进步，有些癌症是可以临床治愈的，特别是早期发现的一些疾病，比如，鼻咽癌、早期的甲状腺癌等。

（7）艾滋病。不要谈艾色变，一般的艾滋病是不需要保外就医治疗的，也不会批准。笼统来说，就是要必须符合一定要住院治疗才能解决疾患，这样，才可以保外就医。

当然，除了这 7 种主要疾病外，其他疾病只要符合《保外就医严重疾病范围》，就可以进行保外就医。但是，通过了保外就医医学审查并不代表罪犯一定可以保外就医，具体还要参考《暂予监外执行规定》中的规定。

三、结语

综上所述，法医类鉴定的审查多而繁杂，没有相应的专业知识确实难以入手，但是每一名法律人士又或多或少地不得不去面对。因此，在处理案件时，除了学习和了解一些必要的专业知识外，还应当邀请一些特定领域的专家共同参与，以期把论证结果完美化，最大限度地在技术性证据审查层面还原事实真相，从而维护和保持法律的公平与正义。

第九节 刑事电子数据的基本审查方法[①]

我分享的刑事电子数据的基本审查方法主要有以下几个组成部分。

第一，刑事。我为什么只讲刑事的电子数据？因为据我了解，民事的电子数据与刑事的电子数据在收集、分析和质证上都有区别，再加上民事业务我目前接触较少，所以在这里我只谈刑事电子数据。

第二，为什么我讲电子数据，而不是电子证据？律师同仁有时也会用电子证据这个说法，连公检法有时都直接说电子证据。那为何我今天用电子“数据”呢？在《刑事诉讼法》的证据分类中，以“0101”的计算机语言形成的证据，正式的称谓应当是电子数据而不是电子证据。电子数据和电子证据其实差别很大。《刑事诉讼法》中证据的概念是指能够证明案件事实的材料。换句话说，普通的数据或者普通的材料，并不一定能够证明案件事实。当我们称一个材料为电子证据的时候，它已经能够证明案件事实。但是，当我们称它为电

① 主讲人：陈奕奕。

子数据的时候，它就是一个比较客观、比较初步的概念，我们还需要从它的各个形式、获取以及证据证明力方面进行审查。例如，一张手机拍摄的有10万元人民币现金的照片。这10万元人民币的现金堆在桌子上，这张照片上看不出任何的地点和人物，或任何独特性的标识。单独这张照片本身证明不了任何的案件事实。它虽然是电子数据，但它还不能够被称为电子证据。所以我今天用的是电子数据的称谓，这是一个正式的分类。

第三，我之所以用“审查”的“基本方法”作为题目，指的并非个案中证据和案件事实之间的关联，而是仅对电子数据的一个形式审查。而现在这个标题，主要是针对我们拿到的任何一个案件当中的电子数据，进行一个形式上的审查。只有这些电子数据的各个环节（提取、收集、保管、使用等）符合法定规范（合法性），我们才认为其具有基本的证据资格，可以进行下一步的有关证明力的一个审查。

以下是我分享的提纲：第一，本次所有相关的法律法规罗列；第二，电子数据的定义；第三，电子数据的审查原则；第四，电子数据的来源；第五，电子数据的获取途径；第六，现场提取数据条件；第七，网络提取电子数据；第八，网络远程勘验；第九，调取电子数据；第十，数据的保管、储存和运输；第十一，电子数据的委托检验与鉴定；第十二，正常的电子数据的提取、运输、保存、使用的步骤。

第一，相关法律法规和它的简称。法律法规名字很长，根据我自己拟的简称，各位只要看这个简称，就知道我指的是什么法律法规。第一个是《刑事诉讼法》，这是最基本的。第二个是《公安机关办理刑事案件程序规定》，这里面指出了电子数据，尤其是公安机关在取证、保管和检验检查、使用上面，有哪些注意的要点。它给我们律师在质证过程当中提供了很好的参考。第三个是《关于办理刑事案件收集提取和审查判断电子数据若干问题的规定》（以下简称《电子数据若干问题的规定》），它给律师和公检法提供了审查判断电子数据的一些小建议。第四个是《公安机关鉴定规则》，这是鉴定的一个规则。第五个是《最高人民法院、最高人民检察院、公安部关于办理网络犯罪案件适用刑事诉讼程序若干问题的意见》（以下简称《网络犯罪若干问题的意见》），这个意见不直接针对电子数据，但它是办理网络犯罪案件的一些具体问题的意见，网络犯罪肯定离不开电子数据。所以，这里面也有一些关于电子数据的规定，我们可以用来参考。第六个是《公安机关办理刑事案件电子数据取证规则》（以下简称《取证规则》），这是我认为有史以来最详细的公安部出台的关于电子数据涵盖收集、提取、运输、使用的“一条龙”规定，这个规定非常细化，对公安机关的要求也比较高，公安机关很难完全做到，所以才给我们律师留下了很多质证的空间。

第二，电子数据是什么？《电子数据若干问题的规定》中对电子数据下了定义，其中有个术语叫数字证书。数字证书是在支付和验证身份的时候，安装的一个相当于密钥一样的东西。密钥就像一把钥匙，只有亲自使用电脑，然后用它来支付的时候，用这把数字形成的钥匙才能够顺利地支付，这个钥匙也是电子数据。另外，网页、短信、微信聊天群组、文档图片等都是电子数据。总而言之，以“0101”这种形式形成的数据，理论上来说都是电子数据。对于电子数据，实践中有人提到一些问题。第一个问题是，有人问现在的口供，基本都是公安机关办案人员用电脑录入的，用电子化的文档做成单轨制的案卷移送到检察院、法院，这个是不是电子数据呢？形式上是电子数据，但是如果将这个都作为电子数据审查，那就太多了，所有的证据都要用这个规则去审查，是不现实的。所以，《电子数据若干问题的规定》中规定，以数字化形式记载的证人证言，被害人陈述以及犯罪嫌疑人、被告人供述辩解，不属于电子数据。直接规定这些言词证据不属于电子数据，就是不要用电子数据的规定去审查这些言词证据，这很有必要。第二个问题是，银行流水算不算电子数据？流水信息是储存于银行的服务器内的，我个人觉得，从形式上来说算，但为什么我们很少有律师去质证银行流水呢？因为我们拿到的银行流水都有银行的盖章，我们认为只要这个章是真的，它里面记载的内容就应当是真实的，所以不会有律师去纠结这方面，公检法机关更加不会。第三个问题是，我们拍照拍下来的微信聊天记录算不算电子数据？首先，聊天记录本身肯定是电子数据，拍照拍下来的照片也是电子数据。因为，无论是一般的数码相机，还是手机，拍下来照片都是“0101”形式储存的图片。有律师质证，案件里电子数据的提取没有遵照相应的步骤，于是，该案检察院公诉人就把所有的案卷都拍了一遍，然后重新在法庭上展示出具证据。公诉人说，现在的证据已经不是电子数据了，因为我把它都拍下来了，现在的证据是书证。这种情况到底算不算电子数据？我认为要追根溯源。所有的我们拍的那些微信聊天记录，它最终储存在手机或者服务器上，都是“0101”形式储存的，只要是这样储存的聊天记录，都应属于电子数据。当然，被害人陈述，犯罪嫌疑人、被告人的供述不一样，因为它们已经被明确不属于电子数据。

总而言之，所有的电子数据分为五类：第一类是可编辑数据，可编辑数据可以被任何人编辑，可以随意增删改。第二类是只读数据，只读数据一般只能看，不能编辑，所以它的可篡改性较低。第三类是不可读数据，它几乎不能是看不到的，编辑的可能性又降低了。第四类是二维数据。比如，我和另外一个人的单独的聊天记录，如果不经过服务器储存，这就是一个二维的数据，只是双方拥有的数据。第五类是多维数据。最典型的多维数据是区块链，区块链的基本的原理是我这边更新了一个数据，所有的在这条链上的人都会同步更新，所有人在这个节点上面都储存了这个数据，有人改变一个，所有人都改变了，所以这叫多维数据，这种证据被篡改的可能性是最低的。所以，区块链的技术被广泛用于进行电子数据的存证，如果某人随意篡改我存储的证据，基本上是不可能的，因为所有人的数据信息都会被更新。

第三，电子数据的审查原则。电子数据的提取和审查一定要遵循全面客观及时，数据要真实完整的原则，即及时、真实、完整。电子数据的审查与一般的证据“三性”审查有一些区别，主要在于及时和完整。及时，是因为如果电子数据的提取审查不及时会导致数据的灭失或改变；完整，是因为电子数据的量往往会很大，如果只提取了前面半部分，没有提取后半部分，而后半部分有关于当事人无罪的很关键的证据，这样就会对当事人作出不正确的裁判。此外，关于真实，与其他证据一样，电子数据无法确定真伪的，就不得作为定案依据，没有任何的排除情形。法官认为如果电子数据真假不明，就可以直接把它排除掉，不得作为定案的依据，其不具备基本的证据资格，因为它的真实性不能保证。

第四，电子数据的来源。犯罪嫌疑人在实施犯罪时，是有各种各样的储存介质的。电脑、手机等电子设备里面有不同的储存介质，一般的储存介质可以分为以下几类：第一类是U盘。正常情况下，一般的U盘应属于可编辑数据，所以它的真实性和完整性可能受到很大的质疑。当然，有些U盘上面有读写锁，如果读写锁开启就不能对U盘编写，这样的U盘其真实性和完整性会稍好一些。第二类是硬盘。硬盘也属于可编辑数据，这是没有争议的。一般的硬盘，如果把上面的一些数据进行隐藏，这些被隐藏的数据属于不可读数据。但是对于这个硬盘本身来讲，大部分的数据肯定是可编辑的，所以它的完整性、真实性也是值得怀疑的。第三类是手机。手机里大部分的数据都是可编辑的，总的来说，手机存储的电子数据也属于比较容易篡改的数据。比如，聊天记录很容易就被编辑和删除。第四类是光盘。光盘一般来说是不可编辑的数据，DVD或最早的CD，光盘里面储存的数据，除了第一次写上去后，第二次基本上是不可变动的，所以，用光盘保存的案卷材料，安全性绝对会比U盘要高，因为它只读，不可编辑。第五类是百度云盘。百度云盘也是可编辑的。第六类是区块链分布式储存。区块链分布式存储属于多维数据。我个人认为，这些储存介质的形式，我们在办案中遇到时，要区分具体情况，来制定相应的质证策略。比如，如果拿到的是光盘，只要看收集、提取的时候是不是规范就可以了，因为后期很难对其进行改动。如果收到的是U盘，就要警惕，因为每个环节都可能对它进行改动。所以我们要根据具体的储存介质的形式，来制定相应的电子数据的质证策略。

第五，电子数据的获取途径。其中数据的收集和提取是最容易产生争议的。首先，在《取证规则》第6条明确，收集和提取要两名以上侦查人员进行，收集提取笔录里面一定要有侦查人员的签字。当法官觉得电子数据疑问太大的时候，就会去审查细节，从提取、收集到储存、运输、保管、使用，有没有哪些环节是错的。法官抠细节以后就发现，当时应该有两名以上侦查人员进行，结果只有一个侦查人员签字，这就违反了《网络犯罪若干问题的意见》，不能作为定案的根据。所以这个是律师在质证当中可以抓住的一点。其次，在阅卷的时候，有许多打印拍照的电子数据，如微信聊天记录、Excel表等。这种做法看似很贴心，其实有很大的数据篡改风险。例如，有专门伪造微信聊天记录的软件。所以，正因为电子数据的这种易篡改性，我们不能轻易相信打印出来的聊天记录。根据《取证规则》第 8 条的规定，打印要符合以下条件：其一，无法扣押原始介质，且无法提取数据。这个安排是内含步骤的，如果承办一个网络犯罪案件，首先要想到的正常流程是，能不能把存有犯罪记录、犯罪数据的原始介质给提取、扣押，然后放到实验室里面去做备份，再做分析。如果不能扣押，那么就要考虑能不能现场提取。如果不能提取，就只能打印。一般来说，在云储存、服务器在国外的情况下，无法扣押原始介质，除了这种情况，一般都是可以扣押原始介质的，也可以扣押服务器。其二，存在电子数据自毁功能和装置。这种情况我真实接触过。有一些抢红包软件，在抢完之后，可以一键把里面的数据全部抹掉，如果有这种装置，可以打印、拍照。所以，符合上述这两个条件才能打印、录像、拍照。如果我们看到打印、录像、拍照的证据材料不符合上述条件，我们就可以提出质疑。2020 年《公安机关办理刑事案件程序规定》中规定："确因客观原因无法扣押原始存储介质的，可以现场提取或者网络在线提取电子数据。无法扣押原始存储介质，也无法现场提取或者网络在线提取的，可以采取打印、拍照或者录音录像等方式固定相关证据，并在笔录中注明原因。"

第六，现场提取电子数据的条件。《取证规则》第 16 条规定了现场提取电子数据的条件。除此以外，最关键的就是"远程屏蔽"。现场提取要确保原始的介质不受任何外界干扰。手机有蜂窝移动网络，可以连上 WiFi，也可以连上蓝牙，这些情况下，储存介质可以被外界的信号所干扰。如果没有远程屏蔽，就不敢 100%确保里面的数据不被篡改。所以，远程屏蔽非常关键。提取数据笔录时一定要注明远程屏蔽的手段是什么。如果没有，又存在事实上的重大争议的，辩护人要提出质疑。

关于现场提取数据的细节规定，一是不得回存，就是不能存到原来的储存介质里去，否则会分不清哪一个是原来的文件，哪一个是提取出来的文件。二是要制作提取笔录，要有证据的固定清单。三是要计算完整性校验值，侦查人员和持有人签名或盖章。即使是压缩文件，也要有完整性校验值。

第七，网络提取电子数据。如今，网络在线提取电子数据非常普遍，很多数据都不是储存在本地，有的甚至储存在境外，如跨境诈骗、跨境网赌案件，《取证规则》第23条规定："对公开发布的电子数据、境内远程计算机信息系统上的电子数据，可以通过网络在线提取。"也即，非公开的境内的电子数据可以提取，但境外的电子数据非公开的不能提取。如果遇到境外的非公开的数据，又缺乏规范来源的，则属于不应当获取的数据对象，律师可以提出质疑。提取结果要校验完整性，提取工具和方法都要有相应说明，用什么软件提取，软件版本号是什么？方法是什么？提取要全程录音录像，或者录屏，或者截屏，然后提取的工具也要权威部门认证，如工信部的网站上有一个提取软件的名单，提取应使用名单上的软件。

完整性校验值其实可以解释为任何一个电子文档或电子数据的身份证，是用来区别不同的电子数据的。这个身份证号就是哈希值。所谓哈希值就是完整性校验值的另一个说法，它是这么操作的：比如，要对一个新建的Doc. 文档进行完整性校验，有一个软件就是一个校验的小工具，可以帮我们校验哈希值。我们要校验哈希值，就要把这个文档拖到这个工具里面去。我们选一个计算方法，计算方法我们暂定为MD5，它的原理就是把电子文档进行一些计算，先把这个文档按"0101"排出来，然后进行切割排列组合，再排列、再切割、再排列组合，算出来以后这个值就是它的哈希值。文件内容只要有任何篡改，哪怕肉眼不能识别，哈希值都会发生变化。如果把变化撤销，也回不到原来的哈希值。这也对公安机关取证的时候提出了一个很高的要求，即从数据一开始被提取来是什么样的就是什么样的，不能发生任何的改变。无论文件名怎么改，只要内容不变化，就不会改变哈希值。有人会问，我怎么知道他在取证的时候是不是先篡改了以后再测哈希值呢？我认为，只能靠全程录音录像。执法记录仪从进门的时候就开着全程录音录像，能把到底有没有进行篡改拍下来，侦查机关拿着录像去向当事人和律师证明，取证都是规范的就可以。

第八，网络远程勘验。因案件涉及跨境犯罪或者不方便出差时，可能会用到网络勘验。远程勘验要有勘验报告、勘验笔录。需要注意以下几点：一是，在审查远程勘验相应材料的时候，要看县级机关中是否有负责相关的网络远程勘验的部门，如果没有，只派出所去做肯定是不可以。二是，对于可录屏可录像的，应录屏录像，计算完整校验值。三是，用持有人的服务的访问权限，不能自己再去注册一个，要用原来持有人的访问权限去做勘验工作。换句话说，最好用嫌疑人的账号密码去登录。在这个过程中应全程录音录像，要注明使用的是什么网络勘验工具、版本名、软件名、版本号、文件名等。

冻结数据是一种固定证据的手段，但冻结对企业的影响非常大。即便是被害人的企业，如其数据库被入侵攻击了，如果要去冻结被害人服务器当中的数据，就会对被害人的生产经营造成很大的影响，容易造成二次伤害。比如，网络游戏公司的大批账号被冻结后，玩家会在群里面讨论，会在网上发帖，问这个游戏公司是不是倒闭了，这个游戏账号登录不进去了，里面的装备怎么办？这个游戏的在线人数就会直线下降。所以，冻结数据对一个公司、一个企业来说影响太大，不能随便冻结数据。冻结数据要符合以下条件：一是数据量大，不便篡改灭失；二是要进行完整性校验，即锁定账号；三是经县级以上公安机关批准。如果没有县级以上公安机关的批准文书，应当事后补正。

第九，调取电子数据。调取电子数据比较常见，到腾讯、阿里的总部去调取电子数据和从手机里面调取电子数据，都算调取。调取应有调取证据通知书，调取出来的证据要有完整性。《取证规则》第41条规定，公安机关应当协助受客观条件限制无法保护电子数据完整性的被调取单位进行电子数据完整性的保护。根据该规定，被害人单位可以申请公安机关协助进行对电子数据的保护。

我认为，电子数据的取证流程如下：第一步，要记录计算机的连接现状，即它到底有没有跟外界连接？到底是封闭的局域网还是互联网？第二步，固定当前对象计算机的易失性数据，看这个数据会不会被灭失掉，会不会被整体删除？第三步，关闭计算机系统，确保它没有易失性数据以后，就把它关掉。第四步，关掉后想尽办法去固定原始介质，尽量去拆卸取出储存介质。第五步，对介质进行写保护处理。写保护就是要把它固定住，谁都不能篡改。第六步，使用专用设备对储存器进行复制。什么叫复制？这个复制不是CTRL+C和CTRL+V，不是说做个一模一样的数据就可以了，而是一个镜像的复制，相当于数据的克隆。这个复制要完全复制出这个数据当时的储存状态。我们平常的

CTRL+C 和 CTRL+V 复制的是数据的内容，但镜像复制、数据克隆是把整个数据所在的储存信道一模一样地刻录下来。它是原来数据的一个翻版，就相当于这个是克隆人，但是我们平常的 CTRL+C 和 CTRL+V 就像双胞胎一样，它只长得像而已，有些东西不一定一样。第七步，计算相关哈希值，然后封存好。

取证阶段的总结，就是不能补正或作出合理解释的，不得作为定案依据，相应的就是无法证明真实性的，不得作为定案依据。

第十，数据的保管、储存和运输。对于数据的保管、储存和运输，一是要有扣押封存的笔录，在封存的时候要拍清楚，封存的介质是什么，封存的时候无线信号要隔断，尽量让封存的手段无法被无线信号侵入。比如，手机要用屏蔽无线信号的装置去封存，如用锡箔纸把它封存好，这样可以向法庭和律师证明，储存的时候是不受无线电信号干扰的。扣押储存要持有人签字，扣押清单一式三份，如果没有证人，应全程录音录像。因为在扣押封存的时候，只有侦查人员和见证人在场，无法在事后去证明没有篡改数据，最好是全程要进行录音录像。

二是“应取口供”。比如，要提取一个服务器，只有在犯罪嫌疑人说我这个案子的数据是储存在服务器中的相关口供的时候，才能去提取。我在真实的办案过程中碰到过这样封存的状态，民警从一个可以开合的拉链袋里面取出一个手机，展示了上面的封条，然后里外都展示一下。拉链带能不能够起到封存的作用？很显然不能，谁都可以把拉链打开，拉链上面也没有任何的封存措施。贴在拉链袋上的标签能否起到密封作用？显然也不能。此外，拉链袋上也没有屏蔽无线信号的措施。需要强调的是，保管、运输、储存阶段对封存的数据、介质一定不能让人可以随便动，封存状态应全案移送。

三是具体用途。首先，对电子数据要进行检查，检查是为了核对有没有重复的数据，有没有关联的数据，是进行统计比对的一种方式。检查也要两名侦查人员，要注意有没有两名检查人员进行签字。其次，核对数据完整性校验值，使用时要比对封存状态照片，如果有出入一定要注明。有人可能会问恢复来的数据怎么办？关键还是录像。恢复到底是不是按照正规的步骤去走的，有没有恢复软件的版本号，是不是从介质里面恢复出来的，还有完整性、及时性、真实性等问题，如果都是按正规步骤来进行的，恢复来的证据是可以作为定案依据的。电子数据如果没有备份，就要写保护，以防止篡改。如果有备份一定要查备份，所谓备份就是镜像复制的版本。如果没有备份也没写保护，就要说清楚原因，还要进行录像，封存前后一定要拍照。最后，需要有检查笔录，对无线信号也要屏蔽。

侦查实验是在网络入侵犯罪和控制计算机犯罪高发的背景下，必须要有的一个步骤。如果不做侦查实验，就不知道相关的侵入软件和相关的控制计算机系统的软件能否达到相关目的。侦查实验相当于把原来侵入和控制的步骤再复制一遍，它可能会带来一些伤害，所以一定要县级以上公安机关批准才能做。案卷里面没有批准文书的，应事后补正。有条件的话，侦查实验要进行第二次，因为第一次侦查实验可能有一些偶然因素，如果第二次实验的结果是一样的，基本上就是真实的。侦查实验要对案发环境进行模拟，如果案发时的环境和无菌的电子数据检验实验室相差太多，可能会影响电子数据的结果。

第十一，电子数据的委托检验与鉴定。委托鉴定、检验鉴定要县级以上公安机关批准，所有的数据送检封存都要符合相应的要求，完整性也要进行检验。委托鉴定的类型有很多，如鉴定用户行为、用户程序、电子文档、数据文档等。比如，为了证明犯罪嫌疑人的犯罪主观故意，去核查其在犯罪前后有没有用手机或电脑去搜相关的罪名。犯罪嫌疑人想要迷奸被害人之前和之后有没有用手机搜迷奸判几年，强奸判几年？如果搜了，公安机关会查看搜索记录。有过这种搜索记录并不一定可以直接证明主观故意，但对于检察院和法院的办案人员的心证影响非常大，尤其是搜过迷奸要判几年的，基本上是按强奸罪的方向来认定。最典型的例子是林某浩投毒案，经权威鉴定机构鉴定，林某浩的电脑里搜过“二甲基硝胺中毒怎么办”这类的问题，证明他当时有犯罪的主观故意。这里推荐一个鉴定机构查询的平台，即全国司法鉴定人和司法鉴定机构查询平台，网址是：http：//www. sfjdml. com/web/toindex。如果出具鉴定报告的鉴定人不在这个鉴定平台的名单中，可以提出质疑。

以著名的快播案为例。北京信诺司法鉴定所在鉴定当时快播的 4 台服务器的时候，鉴定意见中写道：“其中 118. 186. 27. 18 的服务器已经损坏无法开启，其他 3 台服务器在 2013 年 10 月 11 日至 2013 年 11 月 18 日期间有 . qdata 格式的文件写入，2013 年 11 月 18 日至 2015 年 12 月 2 日期间没有任何 . qdata 格式的视频文件拷入服务器。” 北京信诺司法鉴定所的鉴定范围是声像资料鉴定、法医物证鉴定和法医精神病鉴定，与上述鉴定唯一相关的只有声像资料鉴定了。我个人认为这一鉴定范围与有没有写入服务器完全是两码事。换句话说，现在鉴定的是一个视频有没有写到服务器里面去，鉴定的不是视频本身的内容，而是视频储存状态，这完全是两码事。但我个人认为，北京治安管理总队找了一个没有资质的鉴定所，来鉴定一个它鉴定不了的东西，是相当存疑的。

第十二，正常的电子数据的提取、运输、保存、使用的步骤。其一，执法过程一定要全程录像，避免被质疑篡改数据。其二，能扣押原始介质，一定要扣押，因为有原始介质，才能在法庭上进行相应的展示。其三，严格遵守查询、扣押、运输要求。其四，送到专门的电子数据处理场所，由专门的人去负责处理这些数据，处理的过程也要全程录像，要对原始介质进行镜像复制操作，就克隆的数据进行分析。其五，必要时进行侦查实验，侦查实验结束后，再完整封存、保管，然后再进行相关检验检查、实验操作。如有需要，把克隆的数据送去鉴定。结束后，如在庭审中需要，随时展示原始介质和其中的数据，供法官去判断。

以上就是电子数据质证的基本环节需要注意的形式上的要件。实质上的要件需要结合具体的案情来判断。

第十节 污染环境罪鉴定意见的审查之危险废物篇[①]

实践中常见的污染环境罪有两类：一类是危险废物类污染环境案，另一类是水污染类污染环境案。不管哪种类型的污染环境案件，鉴定意见都是非常重要的证据，有时甚至是判别行为人的行为是否构成犯罪的关键，所以鉴定意见的审查对办理污染环境案件至关重要。

① 主讲人：陈浩。

一、污染环境罪从严打击的背景

近年来，污染环境犯罪高发，这是由于国家出台史上最严环保政策所致。

2018年5月18日至19日，全国生态环境保护大会上习近平总书记发表重要讲话，确立习近平生态文明思想，把生态文明建设摆在治国理政的突出位置。

2018年6月16日，《中共中央　国务院关于全面加强生态环境保护坚决打好污染防治攻坚战的意见》发布。

2018年7月10日，《全国人民代表大会常务委员会关于全面加强生态环境保护依法推动打好污染防治攻坚战的决议》发布。

为落实上述政策，司法层面坚持最严格的环保司法制度、最严密的环保法制理念，统一执法司法尺度，加大对环境污染犯罪的惩治力度。

二、污染环境的立法情况

1997年《刑法》之前，没有关于污染环境犯罪的集中规定，只有第二编第二章“危害公共安全罪”的分散性的规定。

1997年《刑法》规定重大环境污染事故罪，只有当人身、财产等法益因污染环境行为受到侵害时，才能予以刑事处罚。1997年《刑法》第338条规定，违反国家规定，向土地、水体、大气排放、倾倒或者处置有放射性的废物、含传染病病原体的废物、有毒物质或者其他危险废物，造成重大环境污染事故，致使公私财产遭受重大损失或者人身伤亡的严重后果的，处3年以下有期徒刑或者拘役，并处或者单处罚金；后果特别严重的，处3年以上7年以下有期徒刑，并处罚金。

2011年《刑法修正案（八）》增加污染环境罪，将“严重污染环境”作为入罪要件，即将环境作为独立的法益进行刑法上的保护。

2011年《刑法》第338条规定，违反国家规定，排放、倾倒或者处置有放射性的废物、含传染病病原体的废物、有毒物质或者其他有害物质，严重污染环境的，处3年以下有期徒刑或者拘役，并处或者单处罚金；后果特别严重的，处3年以上7年以下有期徒刑，并处罚金。

2020 年《刑法修正案（十一）》增加了处 7 年以上有期徒刑并处罚金的 4 种情形。

三、污染物的分类

污染物是一个非常大的概念，不同类型的污染物适用不同的法条，故在对污染环境案件进行审查时，先要厘清涉案污染物是属于哪一种类，继而适用相应法条。

实践中，遇到最多的是以下两类污染环境案件：一类涉及危险废物；另一类涉及含重金属的污染物，即通常所说的水污染。

四、危险废物的相关概念及鉴别流程

危险废物，是指列入国家危险废物名录或者根据国家规定的危险废物鉴别标准和鉴别方法认定的具有危险特性的固体废物。

固体废物，是指在生产、生活和其他活动中产生的丧失原有利用价值或者虽未丧失利用价值但被抛弃或者放弃的固态、半固态和置于容器中的气态的物品、物质以及法律、行政法规规定纳入固体废物管理的物品、物质。经无害化加工处理，并且符合强制性国家产品质量标准，不会危害公众健康和生态安全，或者根据固体废物鉴别标准和鉴别程序认定为不属于固体废物的除外。

“固体废物”实际只是针对原所有者而言。在任何生产或生活过程中，所有者对原料、商品或消费品，往往仅利用了其中某些有效成分，而对于原所有者不再具有使用价值的大多数固体废物中仍含有其他生产行业中需要的成分，经过一定的技术环节，可以转变为有关行业中的生产原料，甚至可以直接使用。可见，固体废物的概念随着时间、空间的变迁而具有相对性。提倡资源的社会再循环，目的是充分利用资源，增加社会与经济效益，减少废物处置的数量，以利于社会发展。

由此可见，危险废物的认定有两种方法：第一种是根据《国家危险废物名录》进行认定，俗称名录法，只要涉案物质被列入名录中，即可认定为危险废物。第二种是虽未被列入名录中，但可能会对人体健康或生态环境造成有害影

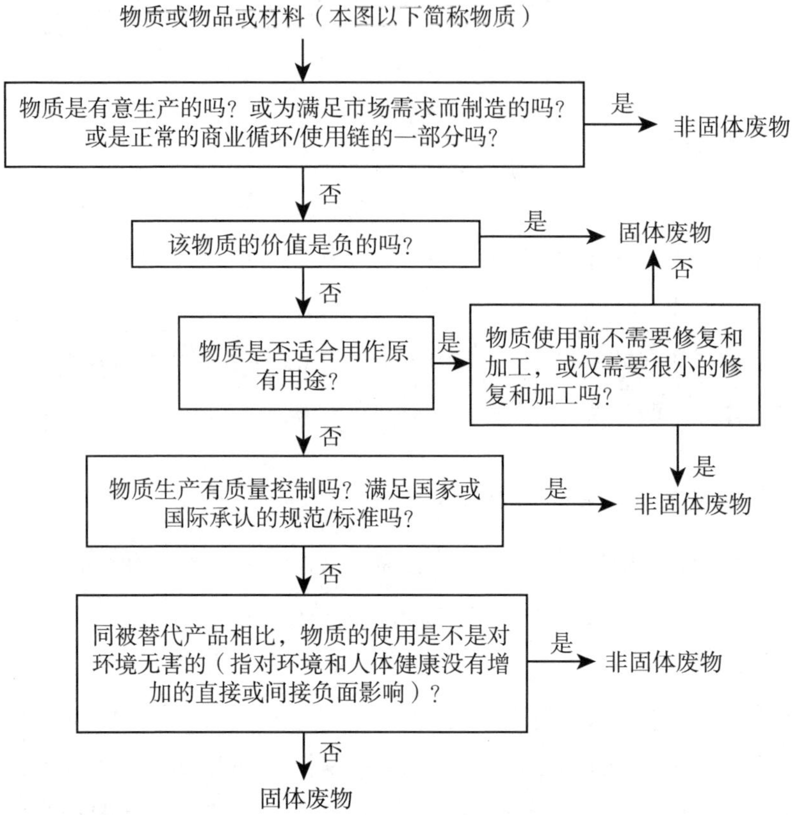

图 3-4　固体废物与非固体废物判别流程

响，这时候需要依据相应的鉴别标准和鉴别方法来进行认定。

危险废物的鉴别流程如下：

第一，依据《固体废物污染环境防治法》判断待鉴别的物品、物质是否属于固体废物，不属于固体废物的，则不属于危险废物。

第二，经判断属于固体废物的，则依据《国家危险废物名录》判断。凡列入《国家危险废物名录》的，属于危险废物，不需要进行危险特性鉴别。

第三，未列入《国家危险废物名录》的，依据 GB5085.1—GB5085.6 鉴别标准进行鉴别，凡具有腐蚀性、毒性、易燃性、反应性等一种或一种以上危险特性的，属于危险废物。

五、用名录法认定危险废物的鉴定报告审查

案例3-6

2016年9月至10月，犯罪嫌疑人方某某在浙江某某化工有限公司内，为牟取非法利益，有意逃避监管，明知生产三乙基铝产生的焚烧灰渣不能直接倾倒至外环境，仍然指使公司员工以非法填埋的方式，将焚烧灰渣直接倾倒至公司墙角，总量达21吨。根据区环保局的说明可知，经查获的灰渣，是生产中的三乙基铝回收后的残液进入焚烧炉内焚烧产生的灰渣。三乙基铝在《危险化学品目录》中编号1917，属于危险化学品；又由于三乙基铝残液遇空气极易燃烧，根据《国家危险废物名录》规定，具有腐蚀性、毒性、易燃性、反应性或者感染性等一种或者几种危险特性列入名录的，属于危险废物。另有该公司的环境评价报告，说明灰渣属于危险废物，属于《国家危险废物名录》HW18项下的危险废物（见表3-5）。

表3-5 《国家危险废物名录》（节录）

废物类别〔1〕	行业来源〔2〕	废物代码〔3〕	危险废物	危险特性〔4〕
HW18 焚烧处置残渣	环境治理业	772-003-18	危险废物焚烧、热解等处置过程产生的底渣、飞灰和废水处理污泥（医疗废物焚烧处置产生的底渣除外）	T
		772-004-18	危险废物等离子体、高温熔融等处置过程产生的非玻璃态物质和飞灰	T
		772-005-18	固体废物焚烧过程中废气处理产生的废活性炭	T

注：〔1〕废物类别，是指在《控制危险废物越境转移及其处置巴塞尔公约》规定的类别基础上，结合我国实际情况对危险废物进行的分类。

〔2〕行业来源，是指危险废物产生的行业。

〔3〕废物代码，是指危险废物的唯一代码，为8位数字。其中第1-3位为危险废物产生行业代码［依据《国民经济行业分类》（GB/T 4754-2011）确定］，第4-6位为危险废物顺序代码，第7-8位为危险废物类别代码。

〔4〕危险特性，包括腐蚀性（C）、毒性（T）、易燃性（I）、反应性（R）和感染性（In）。

用名录法认定危险物的鉴定报告审查以下内容：

第一，对比行业来源。根据《国民经济行业分类》规定（见表3-6），涉案物质源于化学原料和化学品制造业，而不属于环境治理业。

表3-6 《国民经济行业分类》(节录)

代码				类别名称	说明
门类	大类	中类	小类		
	26			**化学原料和化学制品制造业**	
		266		专用化学产品制造	
			2661	化学试剂和助剂制造	指各种化学试剂、催化剂及专用助剂的生产活动
	77			**生态保护和环境治理业**	
		772		环境治理业	
			7724	危险废物治理	指对制造、维修、医疗等活动产生的危险废物进行收集、贮存、利用、处理和处置等活动

第二，对比形成过程。涉案物质的形成过程与《国家危险废物名录》记载不一致。

（1）危险废物的前提不存在。三乙基铝在《危险化学品目录》中编号为1917，属于危险化学品。将危险化学品废弃后，属于危险废物。但本案中涉案公司并未将三乙基铝废弃，而是出于安全生产的考虑，通入过量空气使之氧化，以消除三乙基铝的反应性和易燃性。

（2）形成涉案灰渣的过程不属于焚烧。《危险废物处置工程技术导则》（HJ2042-2014）对焚烧的解释是指在氧气充足的情况下，使物质燃烧，彻底氧化并产生热量的化学过程。

通过分析焚烧的定义，一般认为焚烧的前提是加热或者点火。本案中三乙基铝在常温下遇空气便可以自燃，该过程不属于焚烧。

第三，对比危险特性。涉案灰渣不具备毒性（T），通过研究该公司的专利，发现生产过程中，源头物质三乙基铝不具有毒性（三乙基铝因具有反应性和易燃性而被纳入《危险化学品目录》，而非毒性），中间加入的物质（过量的空气）也不具备毒性，通过对工艺流程的分析，发现反应过程也不会产生含毒性物质，故涉案物质不具备毒性。

经过上述比对，发现涉案物质与《国家危险废物名录》中HW18项下记载的物质并不一致，故涉案物质并未列入《国家危险废物名录》，并不能以名录法直接认定涉案物质属于危险废物。经过多次沟通，并借助相关领域专家的力量，检察院最终采纳辩护人意见，对当事人不起诉。

危险废物的鉴别有两种方式，一种是用名录法进行认定，另一种是按照法定鉴别标准和鉴别方法进行鉴定。其中第二种方式的鉴定意见审查与水污染案件中鉴定意见的审查具有较多的共同点，第十一节内容会进行展开，此处不再赘述。

第十一节　污染环境罪鉴定意见审查之污水与废渣篇[①]

一、排放污水

1. 背景

因为污水中含有重金属元素等有毒有害物质，所以非法排放污水会造成污染环境的后果，而根据重金属的类别以及含量的不同，会对人体或者生态环境造成不同程度的损害。鉴于此，2011年2月，国务院批复的《重金属污染综合防治“十二五”规划》中规定，重点防控的类别包括铅、汞、铬、镉和砷等重金属，以及兼顾铜、锌、银、钒、锰、钴、钽、锑等重金属。《重金属污染综合防治“十二五”规划》中“重点防控”和“兼顾”的措辞，也正表明不同种类重金属危害性的大小有所不同。这一点从《最高人民法院、最高人民检察院关于办理环境污染刑事案件适用法律若干问题的解释》（以下简称《解释》）第1条第3款和第4款中得以体现。《解释》中规定，铅、汞、镉、铬、砷、铊、锑超标3倍作为入刑标准，镍、铜、锌、银、钒、锰、钴超标10倍作为入罪标准。

① 主讲人：黄罗曼。

2. 标准

在办理该类污染环境案件中，有两类标准，一类是法律适用层面的标准，即排放标准，包括《水污染综合排放标准》、特定行业的《污染物排放标准》等，作为环境法益是否受到严重损害从而构罪的评价标准，重点在于审查标准适用是否准确。另一类是事实认定、证据固定层面的标准，即“鉴定”标准，包括《水质采样技术指导》《水质采样样品的保存和管理技术规定》等国家标准。重点在于审查取样、保管、送检、鉴定等环节是否严格按照相关国家标准执行，从而使鉴定报告的合法性、真实性、关联性得到保障。

3. 排放环节依据的标准

（1）国家标准。排放环节依据的国家标准分为一般标准的《污水综合排放标准》以及特定行业的通用标准（如《造纸工业水污染物排放标准》）两类。而特定行业的通用标准与《污水综合排放标准》是不交叉执行的。因此，需要结合涉案单位的行业类别，准确把握适用标准的种类。

以《污水综合排放标准》为例，需要重点注意两点：

第一，污水排放的受纳水体类型不同，执行的排放标准也有所不同。比如，针对三类水域或者二类海域，执行的是一级标准。针对四类水域或者三类海域，执行的是二级标准等。因此，要重视审查外排环境的水体类别，从而保障准确适用标准。

第二，水体类别的认定，可通过查询中国环境监测总站、《中国地表水水质月报》以及各地《水功能区的水环境功能区划分方案》等方式，获取受纳水体类别的信息。需要重视的是：其一，因为某些水域或者海域，受到各种因素条件的影响和限制，在不同的年份或者月份，其类别、级别会产生一定的变化，会直接影响到排放标准，应予以准确把握。其二，因行业、受纳水体不同，适用不同的排放标准，只存在于污水中含有第二类污染物的情形（如总锌）之中。而对于含有第一类污染物（如六价铬）的污水排放则不适用，即如果排放的污水属于含有第一类污染物的污水，则不受行业、受纳水体类别的影响。

（2）地方标准。《环境保护法》以及《水污染防治法》授权省、自治区、直辖市人民政府对于国家污染物排放标准未作规定的项目，可以制定地方污染物的排放标准，对国家污染物排放标准中已作规定的项目，可以制定严于国家污染物排放标准的地方污染物排放标准，且已有地方污染物排放标准的，应当执行地方的水污染排放标准。因此，在适用国家标准之前，需要把握案发地是否制定了地方标准，如果已经制定了地方标准，则需与国家标准进行比对，从而准确把握适用的排放标准。

4. 鉴定环节审查的重点

（1）工艺流程。生产环节的工艺流程，会涉及反应物、反应条件、最终产物以及副产物。对于反应物，产物以及副产物的全部化学成分，需要进行准确把握。如果鉴定意见中出现了在既有工艺流程下，客观上不可能含有的重金属元素，则涉案重金属的来源就严重存疑，鉴定意见与待证事实之间的关联性就值得引起重视。当然，不能苛求每一名辩护人都具备相应的化学知识专业背景，因此，加强与涉案单位技术负责人的沟通，或求助于相关领域的专家就显得格外重要。

（2）样品采集环节。样品采集环节的审查重点有以下三点：

其一，采样前，判断容器空白样数据是否在案，排除水样交叉污染的可能性。实务中，由于采样容器不净，或者没有按照相应国家标准进行清洗的情况较为常见。尤其在办案机关同时对不同涉案单位的相同类别污染物进行采样时，产生交叉污染的可能性较大。

其二，采样中，判断采样点位是否合规，确保适用标准的准确。《污水排放综合标准》将污染物划分为第一类、第二类污染物，根据污染物类别不同，采样点位亦有所区别。因此，判断采样点位是否合规的重点在于审查采样点的重金属含量是否超标。实务中，环境执法部门或者公安机关办案人员为了确保证据链条完整，常在污水可能流经的各个环节多处取样（如清洗槽溢流口、污水流经的水坑或水沟、雨水井、下水管道、入河口等），出现将不属于合规采样点的其他单一点位存在重金属超标作为立案依据的情况。因此，在合规采样点并未超标，甚至多处采样点亦未超标的情况下，辩护人要注意对单一点位超标重金属的来源问题进行重点研判。

其三，采样后，判断采样方法是否合规，确保鉴定意见的真实性。比如，《水质采样技术指导》根据采样点位的水深程度不同，就取样的具体位置均作了详尽规定，且特别突出了不得搅动沉淀物。如上文所述，如果仅是水深较深的单一点位（如雨水井）超标，考虑到雨水井的特点，则超标结果是因重金属残留或采样方式不合规等因素导致的合理怀疑就无法排除。

（3）样品保存环节。污水的成分往往比较复杂，为了延缓理化作用对样品的影响，确保鉴定意见的真实性，《水质采样样品的保存和管理技术规定》就水样保存技术的要求进行了详细规定，包括容器质地、清洗方式、保存方法、保存剂用量、保存时间、最少采样量等。因此，是否存在因违规保存，可能导致样品理化性质发生改变的情况，需要重点审查。

综上，依据《刑诉法解释》第 97 条第 3 项以及第 98 条第 3 项的规定，水样的取得、保存方面不符合相关国家标准的规定，导致检材可靠性存疑的问题，是对污水排放类案件鉴定意见进行审查的重点。

二、倾倒废渣

1. 鉴定报告审查的侧重点——关联性

实务中，污水排放的证据问题主要集中在采样点位、采样方式、样品保存等环节违反相关国家标准，造成鉴定基础的水样失真，因此对鉴定报告真实性的审查是审查的第一重点。而废渣倾倒主要涉及对倾倒、堆放地土壤的污染，而该类案件案发时，往往出现多家单位涉案的情况，因此对鉴定报告的关联性审查相对较为重要。而在审查方向上，注意以案发时间顺序为纲，从纵向与横向两个方面为切入点。

2. 单案，纵向上以案发前后为切入点

在涉案行为发生之前，被污染土壤是否倾倒、堆放过其他物质？如果存在上述情况，则该物质含有的重金属元素与涉案废渣中的重金属元素是否具有重叠部分？如果重叠，则鉴定报告的关联性问题就值得引起重视。

同时，不要忽视鉴定报告中的重金属种类与涉案废渣当中含有的重金属种类是否能够形成一一对应的问题。尤其是在检测出的重金属种类少于涉案废渣

中含有的重金属种类的情况下，则土壤中的重金属并非源于涉案废渣的合理怀疑就更加无法排除。

3. 多案，横向上以同时涉案的其他单位为切入点

以涉及的污染成分是否只可能源于涉案单位为立足点。一方面，要对涉案公司工艺流程中涵盖的反应物、中间体、产物、副产物进行分析。另一方面，要对同时涉案其他单位的产物或副产物（涉案物质）进行审查。从而全面把握鉴定意见中的关联因子，是否能够达到排他性和唯一性标准。

三、鉴定报告审查的侧重点——刑民责任界分

涉案行为与污染结果间具有因果关系，是否必然意味着行为人需要承担刑事责任的问题，值得进一步思考。

鉴定报告依据的是《生态环境损害鉴定评估技术指南总纲和关键环节第一部分：总纲》中第 5 条规定，确认对生态环境产生了损害。司法机关也往往据此直接作为定案依据。当然，上述因果关系确认并不存在问题，但是根据本罪的罪状描述，即便存在因果关系，是否达到了《刑法》所规定的严重污染环境程度是仍需要进一步思考的问题。

以《土壤环境质量　建设用地土壤污染风险管控标准（试行）》(GB 36600—2018）为例，该标准中规定了两个递进式的指标：一是风险筛选值，污染物的含量低于或者等于该值的时候，对人体健康的风险可以忽略不计；二是风险管控值，污染物含量超过该值时会对人体健康产生不可接受的风险。

鉴于此，我们认为，如果在土壤的污染程度未达到管控值，甚至未达到筛选值的情况下，便以严重污染环境进行评价并据此追究责任人的刑事责任是不恰当的，有违刑法重实质的基本理念，导致不当扩大打击面。

PART 4

第四章

刑事辩护检索技能

第一节 刑事检索前的准备工作①

一、前言

在我们开始检索前，我们脑子里就会浮现很多的问题：

1. 如何合理设置检索的关键词？

2. 检索有哪些比较好的工具？

3. 刑事检索有什么特殊之处？

4. 检索报告如何规范撰写？

5. 类案检索如何规范进行？

6. 面对陌生领域，如何进行检索？

7. 知道检索重要，但是不知道如何精进和行动？

这些就是本章内容主要解决的问题。

二、刑事检索的作用

检索主要被用于检索案例、法条和文章。在刑事辩护领域检索有哪些作用呢？

1. 直接作为裁判的依据

有关司法解释规定了类案检索的强制适用，如2020年7月15日出台的《最高人民法院关于统一法律适用加强类案检索的指导意见（试行）》规定，有4类案件法官必须进行类案检索，检索到的类案是指导性案例的，应当参照；是其他类案的，可以作为作出裁判的参考。对于控辩双方提交指导性案例作为控（诉）辩理由的，人民法院应当在裁判文书说理中回应是否参照并说明理由；提交其他类案作为控（诉）辩理由的，人民法院可以通过释明等方式予

① 主讲人：黄磊。

以回应。作为辩护律师要想案件取得好的辩护效果，做好类案检索是基本要求。

2. 有利于开拓市场

检索报告做得足够专业，有利于律师的市场开拓（见表4-1）。

表4-1　检索报告示例

场景	案例	分析	工具
报价	专业研究报告	纠纷发展趋势 常见争议焦点 法官裁判倾向	案由自动推荐 高级检索：法院观点
	客户行业报告	行业纠纷趋势 全国地域分布 行业高发案由	高级检索：当事人 行业雷达 案例可视化/地域 左侧筛选
	法官法院报告	法官判案数量 法官裁判倾向 法官裁判观点 法院法官情况 平均发改情况 平均审理期限	法官可视化 高级检索：不包含/同句 高级检索：法院观点 可视化：法院可视化 高级检索：裁判结果 日历计算器
常法	发现常法客户	初步必要尽职调查 行业纠纷发展情况 一键下载联系方式	项目模板 客户管理 行业雷达
	提供常法服务	案件咨询数据报告 文件审阅数据报告 培训讲座数据报告	高级检索各大维度 左侧筛选各大维度 案例可视化
	维系客户链接	竞争对手纠纷报告 行业纠纷资讯报告 法律顾问服务报告	行业雷达 订阅检索 计时导出

3. 有利于接待委托人

刑事律师可以用检索报告巧妙回答客户提出的各种疑难问题，如能不能取保？这个案子会判几年？案件成功率有多高？这个检察官、法官你们熟不熟，人怎么样？对于这些问题，我们可以用数据来答复，用检索报告来答复。

4. 增强对司法人员的说服力

我们可以通过检索报告说服承办人。在刑事诉讼各个阶段和节点，我们都可以应用检索报告。

（1）侦查阶段沟通：变更羁押措施、申请取保候审、不予批准逮捕意见。

（2）审查起诉阶段：轻罪定性辩护、罪轻量刑辩护、认罪认罚量刑协商。

（3）审判阶段：轻罪定性辩护、罪轻量刑辩护、修改具结量刑辩护。特别是在检察院的“量刑建议权”与法院的“独立审判权”产生交锋的时候，用检索报告告诉承办法官，这么判是公平的。

此外，二审改判、启动再审往往需要上联席会。上诉人、再审申请人可以通过类案检索报告争取上会机会；被抗诉人、被申请人可以通过类案检索报告消灭对方的上会机会。

5. 有利于发现、挖掘辩点

辩护方案的来源除了办案的经验、当事人和委托人的辩解，也可以在检索案例、法律和文章的过程中形成，在接触委托人和当事人之前的接待准备阶段，检索工作所起的作用尤为重要。

我们经常会碰到对辩护意见无处下手的情况，这时可以通过案件检索来了解其他律师都是怎么辩护的，控方是怎么指控的，法官是怎么分析论证的；尤其是要注重搜索二审改判的案例，可以通过设置“二审”“判决”等关键词来检索，很多时候改判的理由可以直接拿来作为我们案件的辩护意见。

6. 有助于律师快速进入新领域

接到新的案件、不熟悉的罪名，可以通过检索报告的形式进行学习；快速了解、入门、成为新领域的专家，用检索报告方式让当事人和律师同行认识你、认可你。

7. 有利于写文章

写实务性文章往往需要大量的数据，用于论证观点的正确。数据的来源可以是自己亲自调查的，也可以用检索大数据报告方式来解决。有检索报告翔实数据支持的文章更容易出彩。

8. 可以直接形成检索产品推广自己

一份翔实的检索报告可以是一篇简单文章的框架和基础，稍作修改，可以发表在公众号、头条号、百家号上，每次检索报告都发布在网络上，有利于律师在网络上推广自己。

三、检索工具

现在网络上的检索工具非常多，我们面临的可能不是找不到检索工具的问题，而是如何挑选检索工具的问题。我整理了 20 多个网站，由于大部分的检索工具越做越好，功能越来越强大，也都有各自的特色，限于篇幅就大概介绍一些这些工具的基本情况，希望大家能举一反三地运用好这些检索工具。

1. 专业搜索网站或 App

（1）Alpha（网站为：https：//alphalawyer. cn/）

特点：收费且最贵，一站式多平台接入，包含检索报告、司法观点等，是市面上最贵的检索工具，但搜索功能强大，可一键多渠道搜索 20 多个数据库的集合，分为法律法规、案例文书、诉讼相关、尽职调查和公开资源等模块。

Alpha 提供案例、法规、司法观点、类案同判、优案评析等搜索。Alpha 提供的一分钟生成大数据报告，快速形成检索报告（比其他检索工具效率高 5~10 倍）。

（2）威科先行（http：//law. wkinfo. com. cn/）

特点：数据库全，数据更新快，具有实务指南、问答功能，包含裁判结果、引用法条等，界面清晰，检索简单，文书批量下载方面有优势（一次可下载 100 篇），虽然有英文版但检索路径难找。

威科先行集法律法规、案例、实务指南、新闻、国际条约、专家解读、智能工具于一体，能高效检索、及时更新法律与法律信息，提供解决方案。

(3) 北大法宝(http://www.pkulaw.cn/)

特点:维度较多且一般由律协或学校统一购买,含30多万份的地方行政许可批复;除可搜索案例外,还包含律所实务、法宝之窗、法宝联想、推荐度、裁判要旨、书籍/期刊检索、立法沿革与观点、司法观点、裁判文书证据等功能;除案件基本信息外还含效力、代理、证据、管辖、终审结果、审结日期、核心术语、争议焦点、案例要旨等选项;可检索国际条约和港澳台法规,部分文件提供英文译本,精确检索功能较强大。

有搜索匹配,可选模糊或者精确,还可以选择同句、同段或者标题。在第二次筛选中,可以选择效力级别、发布部门、时效性和法规类别等。

(4) 法信(http://www.faxin.cn/)

特点:分免费/收费两版,是最高人民法院法律知识和案例大数据融合服务平台。法规库较为完善,包含国家标准检索;设定特定关键词搜索时有一定优势,包含刑罚、不利因素等;有关联法条功能,可检索国际条约和港澳台法规;界面清晰,检索简单,特有的司法资料库里收录有最高人民法院、最高人民检察院和地方法院发布的司法指导文件、答记者问、解读、会议纪要、领导讲话、司法白皮书、司法调研数据等文件,部分文件提供英文译本,模糊检索功能较为强大。

同时还归纳了裁判要旨、立法观点、学术观点、司法观点,包括期刊、图书推荐,较为全面。

(5) 律商lexis(https://hk.lexiscn.com/)

特点:数据总量高,法规库较为完善,包含国家标准检索,入口有3个,如果从不同入口进入,检索得出的结果会有一定的差异,实际只有使用“半角英文状态的双引号”才能实现“精确”的结果。

界面颜值很高,涵盖33个法规分类,支持自然语言搜索功能,关键字与搜索结果会进行灵活的匹配,增大搜索结果范围,还提供所浏览案例的可视化分析。

(6) 法律之星(http://law1.law-star.com/)

特点:免费,包含国内外法律,包含立法背景、合同范本、国际公约和惯例数据库、我国香港和台湾地区的法规等。

涵盖了中央和地方政府批准和颁布的各类现行法律、行政法规、部门规章、司法解释、地方性法规等规范性文件等；以每天200~300篇的法规更新速度增加产品的法规内容，保证了与立法的同步。

（7）无讼（https：//www. itslaw. com/）

特点：基本功能免费，但天同码收费，有关键词推荐，含图表分析、天同码、机构指南、快捷检索命令，包含立法背景、合同范本、国际公约和惯例数据库、我国香港和台湾地区的法规等。可以收藏案例，直接做成检索报告。

（8）OpenLaw（http：//openlaw. cn/）

特点：免费，包含数据研究报告指引、热点文章、最新讨论、最新新闻、研究报告等板块。

OpenLaw裁判文书检索除了首页的智能检索框之外，还根据使用偏好及用途设有三大默认的检索模式：按分类检索、当事人检索、按法院检索。在高级检索模式中可根据系统提供的17个检索条件进行自由交叉检索。

（9）聚法案例（https：//www. jufaanli. com/）

特点：基本功能免费，HOLO搜索收费，支持刑事案件多维度解析，保存搜索条件、刑事HOLO搜索等。

聚法案例具备最全面的区段搜索功能，区段包含：全部内容、本院认为、本院查明、裁判结果、争议焦点、标题、审理经过、当事人、原告诉称和辩方观点。

（10）把手案例（http：//www. lawsdata. com/）

特点：免费，支持模糊度设置且功能较好，可查找检察文书，包含法律依据等。

把手案例有两个一级检索入口，分别是裁判文书与检察文书，可以进行简单搜索和高级搜索。

（11）元典智库（http：//www. chineselaw. com/）

特点：免费，没有特别大的优点但也没有明显缺点，包含律所分析功能。

高级检索新增3个刑事案件的专属检索纬度，可以在二审阶段的前审辩护意见、前审检察院意见、上诉意见、辩护意见的文书段落发起精准检索。

（12）理脉（http：//www. legalminer. com/）

特点：免费，有观点文章，包含关联法条、结果类型等。一级检索入口有案例、法规、机构、法官、法院、律师、律所等检索项，案例检索功能仅开放给注册会员使用。

（13）裁判文书网（http：//wenshu. court. gov. cn/）

特点：免费，官方权威版下载，包含民族语言文书、法律依据等，2018 年后的案例更新最快，运行不稳定。

该网站首页的检索功能也非常便于使用。全国各地各级法院的一审、二审判决均陆续实现在该网站全面公开（最高人民法院的民商事判决已实现全面公开）。

（14）元典（https：//www. xingfabaike. com/index）

特点：收费，支持全国或选定地域看刑罚具体情况，含不捕率、不诉率、免于处罚率、缓刑率及刑期情况及附加刑情况，另可点击关键词作量刑分析，但罪名不齐全。

（15）法律释义与问答

http：//www. npc. gov. cn/npc/flsyywd/node_ 1793. htm

（16）法律文库

http：//www. chinacourt. org/law. shtml

2. 专业文章检索

（1）人民法院报官网（http：//rmfyb. chinacourt. org/）

该网站免费提供近年来所有该报刊登文章的全文查阅及电子检索。在 Google、百度等搜索引擎中输入“关键词 site：rmfyb. chinacourt. org/”所获结果，优于该网站首页内置搜索框的反馈结果。

（2）微信文章搜索

多关注一些高质量的微信公众号，这样当你检索的时候选择“由已关注的公众号”即可搜寻专业文章，也可以去关注的公众号往期文章中使用关键词检索。

（3）中国知网（http：//www. cnki. net/）

知名度高，可以查询法官、检察官发布的论文、期刊等观点。

（4）中国民商法律网（http：//www. civillaw. com. cn/）

该网站是由中国人民大学民商事法律研究中心创办的民商法学术网站，包含论文集萃、学术前沿、悦读驿站、学术公告、授权学者、法典评注、法学讲堂几大板块。

（5）北大法律信息网（www. chinalawinfo. com）

北大法律信息网设立的法学文献栏目，收录了国内 200 余位法学专家文集，并拥有权威法律学术论文篇，分为法学论著、随笔、书评等子栏目，内容非常丰富。

（6）案例参考及学习资料

虽然我国不是遵循先例的判例法国家，但在司法实践中案例文献对律师办案过程有一定的借鉴意义，因此案例类书籍也是律师比较常用的法律书。主要书籍包括人民法院案例选、人民法院裁判文书选、中华人民共和国人民法院判案大系、中国审判案例要览、审判业务指导丛书等。

（7）法律图书馆（http：//www. law-lib. com/）

最全的法条检索免费网站，论文资料库和法律书摘功能非常实用。

3. 检索网站选用的建议

搜案例：Alpha、威科先行、法信、无讼

搜法学文献：北大法宝、广州图书馆数据库、万方、维普等

搜 2019 年后的案例：Alpha、裁判文书网

知道具体案号：Alpha、北大法宝

不知道具体案号：Alpha、无讼、聚法

找大类案例中的小类（通过不断点击增加关键词缩小范围）：聚法

中国法律法规：Alpha、法信、中国法律知识资源总库

核对最标准文本：全国人大和“两高”官方公报的数据库、各部委及下属办公室官方网站

行政法规、部门规章、地方性法规、地方性政府规章：国家法律法规数据

库、各政府部门官网

国家标准：法信

国际公约：法律之星

港台司法文件：法律之星

地方法院发布的司法指导性文件：法信

答记者问、解读、会议纪要、领导讲话：法信、各人民法院公众号、微信搜一搜

地方行政许可批复：北大法宝

图表可视化分析：Alpha、无讼

司法白皮书、司法调研数据：法信

检察文书：Alpha、把手案例

查立法沿革：北大法宝、法信

法条引用统计：法信

关联法条：法信、理脉

法律修订汇编版：威科先行、北大法宝、法信

文书批量下载：Alpha、威科先行

刑罚情况：元典

视情况：百度、微信搜一搜、搜狗、微软搜索、360 搜索、Google 等

总体最推荐：Alpha、法信、聚法、微信搜一搜

第二节　刑事案件法律检索技巧[①]

刑事案件检索技巧主要根据刑事案件检索内容来分类，一般刑事案件会进行三大方面的检索：一是规范检索；二是案例检索；三是文章检索。

那么，在检索之前，我们要做的工作是什么？我认为是要寻找到我们的检索目标，实际上就是对案件事实进行提炼。如何提炼案件事实、寻找检索目

① 主讲人：贾小玉。

标，我概括为三个字。

一是“全”。“全”是指要全方面地了解案件事实。

首先，我们可以通过与当事人会见或者在接待家属的过程中了解案件的情况。比如，在会见当事人时，了解到这个案件的当事人的到案方式是电话传唤。我们就需要思考，如果当事人也如实供述了案件事实，是否能够认定为自首呢？那么问题的争议焦点就在于电话传唤的情况下是否能够认定自首。这个问题的争议焦点作为我们检索的目标，我们就要开始思考是否有认定自首的一些规定、案例、文章、学说等。

其次，我们也可以通过和办案单位进行沟通，来确定我们的检索目标。比如，一起诈骗案件，我们在案件办理过程中了解到，犯罪嫌疑人是可以被定性为从犯，但涉案金额是70万元，可能会被判处10年以上有期徒刑。在这种情况下，我们是不是可以争取减轻处理？通过和办案单位沟通，承办法官表示律师如果能找到类似案件中从犯也得到减轻处理的情况，法院在审判时也可以减轻处罚。这个问题就成为我们将要检索的目标，如果我们能找到从犯得到减轻处理的案例，我们就可以为当事人争取到一个更轻的处理。

再次，涉及一些专业性比较强的案件，我们也可以向行业内的专家请教。比如，我们在办理一起涉嫌侵犯商业秘密罪的案件过程中就碰到过类似的情况。通过向这个行业内的专家进行请教，发现涉案的商业秘密是发动机里的曲轴、连杆的图纸，该图纸仅涉及这两个部件的问题，但是损失却是按照整个发动机来进行计算的。这个时候我们的检索目标就产生了，即涉案的商业秘密部分其实是发动机的一个部分，这种情况下能否按照整个发动机的损失来进行认定。

最后，我们也可以通过实地勘验走访的方式来确定检索目标。比如，在一起敲诈勒索案件中，行为人在KTV门口对“摩的”收保护费，被认定为属于恶势力犯罪，但是经过走访现场，我们发现该行为人收保护费的范围非常有限，很难被定性为恶势力中的“一定区域或者行业”，据此，我们也能够确定检索目标，即恶势力中的“一定区域或者行业”的范围。

二是“专”。“专”是指对案件事实要进行专业的分析。

在办理案件过程中，如案件已经到审查起诉阶段，我们辩护律师已经阅过卷了，会形成一份阅卷笔录，在制作阅卷笔录的时候，会对证据问题进行一系列的分析，把阅卷笔录转换成相应的文字版本，也方便我们去分析这个案件各个证据之间是否存在矛盾、法律适用等问题，这些问题就是我们要检索的目标。

三是“精”。“精”是指对案件事实的分析要进一步精细化。

此外，我们还可以通过案件可视化方法找到我们的检索目标。比如，我们可以制作案件相关的组织架构图，通过这种图示的方法去分析案件从而得到明确的检索目标。又如，在某买卖外汇类案件中，通过图示法，我们发现当事人只是负责介绍买卖外汇，那就可以通过这种方法梳理出一条脉络，从而发现当事人只是处于介绍的位置，在这种人物关系比较复杂的案件中可以使用这种方法进行梳理。

一、规范检索

提到规范检索，大家都会不以为然。例如，在处理诈骗罪案件时，大家会想当然地认为自己对诈骗罪的一些规定以及量刑情节等是比较熟悉的，但实际上，我们在去做规范检索时，可能会发现其实有一些具体的规定我们是不清楚的。比如，在《最高人民法院、最高人民检察院、公安部关于办理电信网络诈骗等刑事案件适用法律若干问题的意见》中就明确规定了“使用非法获取的公民个人信息，实施电信网络诈骗犯罪行为，构成数罪的，应当依法予以并罚”。而这个规定并不是人人都了解。因为依据一般的刑法理论，我们可能会认为当事人获取这些信息就是为了实施诈骗，应该属于牵连犯，按照基本的刑法理论应该择一重罪论处。但是，如果我们没有注意到司法解释中的这条规定，就会显得我们并不专业。所以当我们遇到案件时，首先要做的就是进行全面的规范检索。如果缺乏规范意识，可能会导致我们在处理案件时有所偏颇或者有所遗漏。关于规范检索，下面将从以下三个方面来进行阐述，即检索内容、检索原则、检索应用。

1. 检索内容

规范检索需要检索什么内容呢？大家会首先想到刑法，还有相应的一系列司法解释、司法文件，包括一些地方性的规定，各地公检法出台的对一些特殊问题的会议纪要，一些答记者问等。但是从法律位阶的角度来看，我们检索内容还是要从宪法这个层级开始。比如，我们在处理可能涉及一些侵犯民主权利的罪名时，也要上溯到宪法层面来找寻一些具体的规范的根源。

由于刑法案件是包罗万象的，不仅可能涉及刑法的一个规范，还可能涉及一些交叉法律层面，所以除进行刑法层面的检索之外，我们还会进行一些其他法律的检索。比如，对于刑民交叉案件，我们不仅要搜索刑法的一些规范，还要搜索一些民法的规范，包括一系列民法相关的解释。对于一些行刑交叉的案件，检索的范围就不能局限于刑法了，还要涉及行政法规、部门规章、地方性法规等。当我们在检索时，不能仅仅停留在法律规范的层面，有的时候一些行业规范也需要被考虑在内。以我承办的一个关于药品的案件为例，涉案的物品在销售过程中，是作为保健品来售卖的。这时我们就要了解保健品行业的规范。所以，进行检索不仅涉及一些具体的法律规范，还可能涉及一些特殊的地方性的行业规范。另外，还有一些刑事政策，如民营企业家保护、非公经济保护等政策，都是我们所要检索的内容。

2. 检索原则

第一，要找“全”。我们不仅要进行横向检索，关于刑法层面的，需要将相关的规范都检索到，还要进行纵向检索，如上至宪法，下至一些其他的不能称为法律规定的行业规范。

第二，要找“细”。我们不仅要找一些概括性的规定，还要找更加具体的规定。比如，我们对诈骗罪的相关规定有大致的了解，但如果我们不细细探究，没有具体了解某个案件相关的具体规定，就可能导致案件在办理过程中出现纰漏。因此，我们要逐条细看，寻找一些细节性的规定。前文刚刚提到的诈骗罪和侵犯公民个人信息罪，就存在数罪并罚的条款。我们在进行检索时要注意一些细节性的规定。

第三，要找“小”。我们不仅要找“大法”的规定，即刑法、民法、行政法等这类规定，还要找一些“小法”的规定，往往越是细小的规定起到的作用越大。在前文提到的生产、销售假药的案件中，我是通过网络搜索发现了某省药监部门出台的一个关于涉案产品是否为假药的一个批复，这个批复里面就明确指出涉案的产品不能作为假药处理，只能作为伪劣产品处理。这个批复就可以作为相应案件的一个线索。我们通过向省药监部门咨询，发现确实有这么一个批复，那么，相对来说这个文件就更有用，对我们的案件更具有针对性。

3. 检索应用

第一，逻辑推演的方式的应用。即按照大前提、小前提进行适用，不符合的则不能予以适用。

第二，法律位阶理论的应用。可能大家都会不以为然，法律位阶无非就是上位法、下位法，但具体怎么应用呢？其实在实务案件中，法律位阶可以起到较大的作用。比如，我们曾经代理的一起经营柴油涉嫌非法经营罪案件，当时浙江省出台了经营柴油定性为非法经营罪的会议纪要，经查询上位法，我们发现这个会议纪要违反了上位法。后来，我们通过向最高人民检察院的法律政策研究室、浙江省人大内司委写信的方式引起相关部门领导的重视，从而将浙江省的这个会议纪要废除，帮助我们赢得了案件的辩护。通过位阶理论的具体应用，在我们办理案件过程中起到了很大作用。

第三，多个法律文件的选择适用。基本的原则是上位法优于下位法、特殊法优于一般法。具体可以参照最高人民法院出台的《关于建立法律适用分歧解决机制的实施办法》。

第四，前置性法规是否符合的应用。刑法包罗万象，不仅可能涉及民法的一些知识，还可能涉及行政法的一些知识。如果我们在搜集相关的规范过程中发现当事人的行为符合民事法规、行政法规，那么当事人就谈不上涉嫌犯罪。所以前置法规符合与否，也是我们运用规范检索进行辩护的一种思路。

二、案例检索

首先，《最高人民法院关于统一法律适用加强类案检索的指导意见（试行）》（以下简称《指导意见》）对什么是类案有相关规定，即与待决案件在基本事实、争议焦点、法律适用问题等方面具有相似性，且人民法院已经裁判生效的案件。在寻找类似案件时，就要从这几个方面来着手。

其次，《指导意见》也提示我们在一个具体检索的情境中，什么情况下相关的法院需要进行类案检索，即出现以下四种情况：拟提交专业（主审）法官会议或者审判委员会讨论的；缺乏明确裁判规则或者尚未形成统一裁判规则的；院长、庭长根据审判监督管理权限要求进行类案检索的；其他需要进行类案检索的。

再次，《指导意见》中也明确了检索顺序。第一顺位是最高人民法院发布的指导性案例；第二顺位是最高人民法院发布的典型案例及裁判生效的案件；第三顺位是本省（自治区、直辖市）高级人民法院发布的参考性案例及裁判生效的案件；第四顺位是上一级人民法院及本院裁判生效的案件。检索的时间范围限定于近 3 年。因此，我们在检索时需要多加注意，优先检索指导性案例，它是最具有代表性意义的。如果能检索到指导性案例，就可以对我们案件的辩护起到直接的作用，因为《指导意见》中也提到如果辩护人提交指导性案例，法院需要在判决书中释明是否参照该指导性案例进行审判。

最后，《指导意见》也提示了我们一些检索方法，包括关键词、法条关联、案例关联等。

案例检索主要有两方面的内容，一是检索方法，二是检索的应用。

1. 检索方法

以下是我个人检索案例的一些方法。我通常会遵照六步来进行检索。

第一步，检索路径。确定检索路径的关键就是要确定辩护思路，也就是我们这个案子要如何辩护，到底是要作无罪辩护，还是罪轻辩护、轻罪辩护。这个需要我们律师综合案件整体情况并与当事人进行讨论后确定下来，之后我们才能进行第一步确定检索路径。

（1）轻罪检索——变更罪名检索。当我们确定了作轻罪辩护的思路，检索的路径就是寻找轻罪。如涉嫌故意伤害罪的，我们经过分析后发现它可能定性为过失致人死亡罪，这个罪名是比较合适的，当事人也能接受。这种情况下，我们不能仅仅检索故意伤害罪，还需要检索过失致人死亡罪，检索有无类似情况的案件被定性为过失致人死亡罪。在进行检索时，我们要变换一下罪名。

（2）罪轻检索——适用举重以明轻或举轻以明轻。如果进行罪轻辩护，那么在检索时要注意运用举重以明轻或举轻以明轻的思维路径。举重以明轻的思维路径，是指比如我们要检索一起非国家工作人员受贿罪的案件，受贿金额为20万元，判处刑罚在3年上下。那么在进行检索时，不能仅仅局限于上述检索条件，如果发现检索的受贿金额高于20万元，但判处的刑罚却较轻的，也应当进行搜集。举轻以明轻的思维路径，是指在检索时发现与上述情节相同的情况下，还有被判处3年以下有期徒刑的，那么该类案例应当搜集。

（3）无罪检索——有罪倒推无罪。如果进行无罪辩护，如何进行案例检索？我们都知道，我国的无罪判决率相对较低，已经公开的裁判文书基本都是有罪案例。对于无罪辩护的检索，我们需要先厘清无罪的概念，即在公安机关侦查阶段撤案的、在检察院审查起诉阶段不起诉的、法院作出无罪判决的等，都应当属于无罪的范畴。公安机关撤案的这种案例不太容易能找到，我们可以通过网络检索或者询问同行。检察院不起诉的案件，我们可以通过检察公开网进行检索。法院阶段判决无罪的案件相对较少，但是并不是有罪案件对我们辩护无罪完全无用，我们可以遵照有罪倒推无罪的思路进行，在有罪判决的案件中从检察院的指控思路、律师的辩护思路、法院的裁判思路中去提炼出无罪辩护的理由。此外，我们还可以通过检索二审改判无罪的案件，那么二审的裁判思路就值得我们细细探究。还有一种情况是部分罪名改判无罪的案件，比如某起案件同时存在3个罪名，涉嫌诈骗罪、侵犯公民个人信息罪以及寻衅滋事罪，最后改判为诈骗罪和侵犯公民个人信息罪，那么我们就需要重点研究寻衅滋事罪改判无罪的理由。

第二步，检索关键词。对于关键词的确定，许多检索课程中也有所提及。以下重点讲三个方面关于刑事案件的关键词检索思路，仅供大家参考。

（1）情节导向型关键词。情节导向型的关键词，是指案件可能存在自首、立功、从犯等一些从轻情节。这里，我个人认为要注意从正反两个方面进行思考。正向的思维是目标案件中存在从犯、谅解、立功等情节，那么就依照该关键词进行检索。但是如果案件情况是不谅解时，我们该如何检索？此时就要用到反向思维。反向思维是指目标案件不存在或者不需要存在这些从轻情节，要从反面进行思考。第一种情况是目标案件不存在这些从轻情节，此时也就无所谓此类关键词的问题，但要注意运用排除原则。那么，什么是目标案件不需要存在这些从轻情节？此种情况多发生在为被害人代理的时候。如一个案件我们是代理被害人一方，该案被害人不愿谅解，强烈要求判处嫌疑人实刑，也就是说，我们要寻求的是判实刑的案例。但是经检索发现，该类案件判处缓刑的情况均取得了被害人的谅解。那么，该类案件即可搜集并向法官说明，取得谅解是判缓刑的必要条件，而本案没有该情节，应对嫌疑人判处实刑。

（2）要素导向型关键词。我们接触的案件会存在一些关键的情节，比如，一些涉及商业秘密的案件，具体涉及的商业秘密的载体是不同的。如果商业秘密的载体是图纸，那我们可以以“图纸”作为关键词进行检索。或者像某起涉嫌非法经营罪的案件，其经营的商品是香烟，我们可以将“香烟”作为关键词进行检索。

（3）特定行为导向型关键词。某些案件的关键词的敲定的确存在比较大的难度，因为对这些案件我们往往不能直接从表面上来搜寻关键词。如一起平台诈骗案，我个人在承办过程中发现，如果单单搜索诈骗罪，就很难精确地检索到这类案件。在这种情况下，如何去确定相应的关键词呢？我在研究后发现，这个案件事实的本质是利用现货之名来行非法期货之实，在判决书中肯定会出现非法期货的字眼，所以就得到了“非法期货”这个关键词。于是通过检索非法期货，就找到了一个精准对应的案例。通过这种方式，我发现在不同案件中，当出现不能从表面材料直接获取关键词的情况时，我们可以分析该行为的本质以及其行为模式，通过这种方式来确定相应的关键词来进行搜索。

第三步，检索的原则。如果在找出关键词并检索后，发现检索出的范围仍非常大，或仍不能找到精确的关键词，就需要我们要遵循一定的原则。

（1）排除原则。排除原则，是指在输入关键词后，对不满足目标案件硬性条件的案例直接排除。主要看如下几个要素：一是看刑期。通常，作为辩护人，我们追求的是罪轻的效果，因此，对于符合条件但判处刑期较高的案例，可以直接排除。二是看量刑。当目标案件不具备一些量刑情节，如自首、立功等，而检索案例具备从而量刑较轻，该类案例也可直接排除，也即上述情节导向型关键词中提到的反向思维。三是看特殊情形。一些案件存在特殊情况，如非国家工作人员受贿案件，由于最新的司法解释更改了量刑，不少案例基于此改判，才予以从轻处理。如果目标案件系最新的司法解释出台后案发，此类案例则对我们没有意义。

（2）优先原则。优先原则，是指并不是所有检索到的案件对我们具有同等的参考意义，不同地区、不同时间段的法律法规、政策的改变等都有可能影响案件的判处。因此，在检索时可遵循如下原则：一是近期优先原则，距离目标案件发生时间越近的案例越优先，要首先检索。二是地域优先原则，距离目标案件发生地越近的地域的案例越优先，要首先检索，一般先要检索同一地域（比如同一法官、同法院、同一行政区划内其他法院），尤其注意如果可以检索到同一法官的案例是最好的，由此可以了解到该法官对于此类案件的基本观点；其次可以辐射到目标案件上级的行政区划范围。三是层级优先原则，高于目标案件审判层级的法院对于目标案件的处理具有较大的参考意义，要首先检索，比如上述指导意见中所列举的 4 类检索顺序。

（3）适度原则。我个人认为，案例的检索并不以穷尽为目标，并不是说我们要将从古至今的全部案例搜集到位才算完成案例检索工作。这既是徒劳的也是无效的。当检索工作足以使我们对于此类案件较为清楚，基本情况已经能够覆盖目标案件的情节要素即可。

第四步，检索具体的案情。经过以上步骤，我们已经从大范围上缩小了检索的范围，接下来，就要进行精细化的检索，即检索具体案情。世界上虽然没有完全相同的两片树叶，但是我们在办案过程中碰到的大部分案件，一般情况下，并不会“前无古人”。因此，只要我们仔细比对案情，就会发现很多地方都可能发生过类似案件。比如，一起故意伤害案件的重要情节是行为人张某某因误会与李某某发生冲突，后告知其朋友王某某等人并向王某某指认了对方，最终王某某出于朋友义气捅刺李某某致其死亡。经过检索，就可以发现该类案情实际上在故意伤害类案件中占有一定的比重，如冲突的情况、指认的情节以及朋友为其出气捅死对方等，都有类似的案例可供参考，而这类案件对于在当前的证据情况下是否可以认定张某某系从犯、对张某某可否判处缓刑等均具有重要参考意义。

检索案情的具体方法无疑是要细看法院“经审查认为”“本院认为”，同时也可参考检察院的起诉内容，因为并不是所有法院都会将具体的案件情况写入“经审查认为”“本院认为”。在检索案情这一环节，比对案情要做好摘录工作以及思考笔记。一方面，看到相似案情，当即摘录关键情节，以免后期再次寻找；另一方面，在摘录的同时，也要记录下自己的所思所想，如该情节与目标案件有哪些相似的地方，参考价值又在哪里，以免过后遗忘。

第五步，检索案件争点。比对完案情，即可确定目前剩下的案例基本是我们所需要的案例，接下来就需要进一步分析这些案例的控辩争议焦点、法官的裁判理由。当然，并不是所有案例的判决书均会体现庭审过程。如果检索案例中只给出了具体结果，并没有具体分析控辩争议的过程以及法院裁判的理由，则这样的案例对我们亦没有参考的意义（除非用作统计意义），可以予以排除。因此，要着重寻找说理充分的案例。在分析检索案例争点的过程中，要着重寻找控方指控了什么，辩方又辩驳了什么，而法官支持了哪一方的观点，裁判的理由又是什么。对于辩方的观点，可以直接作为目标案件辩护的参考，而控方以及法官一方的观点也能够为我们的辩护工作提供思考的方向，转化为我们辩护的内容，同时要进一步思考，要说服法官，我们该如何辩护。同样，这一环节也要做好摘录工作以及思考笔记。

第六步，制作检索报告。我们进行案件检索最终要形成一个检索报告。对前述的这些检索的案例进行归纳、总结，用自己的语言形成一份检索报告，而不是把搜集到的案例直接递交给承办人。如果让承办人一页页地去翻看案例，不利于承办人找到我们的观点。而通过检索报告的形式呈现给承办人，承办人在阅读后可以马上了解该案例中相应的要点及其具有的参考价值，不仅有利于增强法官对我们辩护工作的认可，也更有利于辩护工作的开展。对于检索报告的具体制作，第三讲会进行详述，这里不再赘述。

2. 检索的应用

那么，案例检索具体如何应用呢？

一是可以帮助我们了解案件的判罚情况。当事人可能会问我们这个案件可能会有怎样的量刑。通过检索，我们就可以大体了解相似案件的判罚情况。这一方法也可以适用于认罪认罚的情形，如通过检索案例发现类似案件的量刑范围，我们也可以据此与检察官进行量刑方面的协商。

二是可以为我们提供一些辩护思路。我们可以通过阅读判决书中辩方、控方以及裁判思路，形成相应的辩护方向。

当然，进行案例辩护可能也会有一些质疑的声音，比如法官会认为我们不是判例法国家，没有参照类案判决的必要，或者认为提交的案件根本不是类案，或者认为他搜集到的案件与辩护人搜集到的判罚情况不一样。这些问题都说明了类案检索指导意见的出台具有必要性。对于承办人来说，他们也会越来越重视对于类案的采纳和适用。所以在需要我们辩护人提交相关类案时，还是要予以提交。

三、文章检索

一般在我们检索完相关的规范和案例后，我们也会检索一些文章。相较于规范检索、案例检索，这些文章的作用较小，但是也能为我们的辩护起到一定的理论支撑作用。主要从三个方面进行陈述。

1. 检索范围

一是理论性文章。比如，我们可以通过一些法学大家的文章来支撑自己的辩护意见。以“套路贷”案件为例，大家都知道这类案件非常难办。张明楷教授的文章《不能以“套路贷”概念取代犯罪构成》就可以为我们所用。我们可以把相应的文章附在辩护意见后面，把我们需要呈现的观点用荧光笔标示出来，通过这种方式提交给案件的承办人，以刑法学大家的观点论述作为辩护的支撑。

二是实务性文章。如果我们能搜到相关的承办人，他们在《中国检察官》《检察日报》《人民法院报》等刊物上发表的文章，对我们的辩护工作也会有很大的帮助。即使不是承办人发表的观点，其他的法官、检察官也代表着法官、检察官群体对这个问题的认识，对于我们辩护工作也会起到一定的积极作用。

三是党政领导人的讲话。比如，对于非公经济保护的，对于民营企业家保护的一些领导人的讲话，疫情期间专门出台的关于对非公经济保护政策性的规定也很重要。还有一些是领导人在各种会议上提出来的观点，我们将这些讲稿收集好，并将它标示出来，提交给相应的承办人，告诉他们上级领导相关的政策性意见，阐明我们的案子也应该按照相应的思路进行处理。

四是新闻材料。我们还可以通过新闻材料来反映案件事实。有时候我们可以从新闻中的观点寻找到一些思路，比如，新闻中提到某起案件是如何处理的，会提到该起案件的案号，我们就可以通过案号检索到该案件的案例报告。这种检索方式也可以和前面几个检索进行呼应，我们在具体的文章检索中也会发现一些案例检索和规范检索的途径，也为我们检索的全面性提供了比较好的帮助。

2. 检索原则

检索原则要把握专业性、权威性、相关性。专业性，是指检索的观点最好是行业内知名的、相对专业的杂志期刊上发表的。一些普通杂志上发表的观点其专业性也会被质疑。权威性，是指作者最好是行业内的专家，这些专家耳熟能详，具有权威性。如果我们检索的文章作者完全没有知名度，其观点也很难被法官、检察官所采纳。相关性，是指文章指向的问题要与我们的案件具有直接相关性。

3. 检索应用

总体来说，上述这些方法能够为我们办理案件提供很多帮助。我们可以通过检索具体的案件获得一些辩护思路，为我们的观点提供一定的佐证，也可以为案件辩护工作加大力度。

第三节　检索报告的格式及示例[①]

、何为检索报告？

在辩护工作中，检索报告和辩护意见有一个相同点，即二者都是辩护人以

① 主讲人：徐鸳。

书面方式跟公安机关以及司法机关沟通、阐述辩护人观点的文书，但是二者也存在不同点。

第一，语言表述不同。检索报告是客观中立的，而辩护意见是带有主观倾向性的。举一个例子，在归纳意见时，辩护人在写辩护意见的时候经常会用到“辩护人认为……”的表述，这类表述更倾向于个人的观点阐述，带有主观性。而在检索报告中，我们一般用到的表述是“经检索分析发现……”相较于辩护意见而言这一表述更为客观中立。语言表述方式的区别是由二者的目的所决定的，检索报告是将检索到的信息整理、分析、归纳后的一种书面展示，此时报告人扮演的是搬运工这一类的角色，其报告中的语言表述应该是客观的。但辩护意见与检索报告不同，辩护意见是辩护人在详细了解完案件的事实和相关法律规定后，提出犯罪嫌疑人、被告人无罪、罪轻或减轻、免除其刑事责任的辩护观点。辩护人的职责就决定了辩护意见与检索报告的客观表述不同，是带有主观倾向性的。

第二，内容记录不同。检索报告有固定的内容，辩护意见是因案而议的。最高人民法院 2020 年 7 月 15 日公布的《关于统一法律适用加强类案检索的指导意见（试行）》第 8 条规定，类案检索说明或者报告应当客观、全面、准确，包括检索主体、时间、平台、方法、结果，类案裁判要点以及待决案件争议焦点等内容，并对是否参照或者参考类案等结果运用情况予以分析说明。可见，检索报告的内容是相对固定的。对于辩护意见的内容没有强制性规定，一般是辩护人根据每一个案件的具体案情而出具，因案而议。

第三，论述角度不同。检索报告要进行全面分析，而辩护意见一般是对当事人有利部分的阐述。检索报告要尽量客观、全面，不但要分析对本案有利的法律法规、裁判案例为何要适用，对本案不利的法律法规、裁判案例不适用的原因也要进行阐述。但辩护人在写辩护意见以及在法庭上发表辩护意见时，会更倾向于选择对自己当事人更为有利的观点进行阐述。

总而言之，检索报告即是在大数据时代下，对海量信息的整理、分析、归纳，以得出通用的规则，形成的文字报告。

二、检索报告的分类

从内容上，可以将检索报告分为三类。第一类是法规类检索报告，它主要归纳的是“法律是怎么规定的”，解决的是应然问题。第二类是案例类检索报告，它主要记录的是“法官是怎么判的”，解决的是实然问题。第三类是问题分析类检索报告，是对实务当中遇到的具体问题的处理。

从受众上，可以将检索报告分为四类。第一类是客户版检索报告。在接待客户时，可以通过检索报告来回答客户关于罪名、量刑的一系列问题。第二类是律师自用版检索报告。当你作为承办案件的律师助理时，对主办律师提出的问题，可以通过检索报告的形式予以反馈。第三类是公安机关版检索报告。在办理刑事案件时，我们不可避免地要去跟公安机关就当事人是否能够取保候审进行沟通。如果说仅仅以口头的方式进行沟通，而没有一些实质材料去辅助，沟通效果会大打折扣。如果我们在和公安机关沟通时能附上我们的检索报告，检索报告中对于该类案件可以取保候审的理由进行了详细论述，对实务案例中类案取保候审的情况进行了分析比对，有理有据，就更容易说服对方。第四类是司法裁判人员版检索报告。司法裁判人员包括检察官、法官。这里以检察官为例，我们在与检察官沟通不予批准逮捕的律师意见时，提出羁押必要性审查时，以及沟通量刑建议、协商具体量刑时，都可以通过检索报告的形式进行沟通。

三、检索报告的内容、形式及提交方式

1. 检索报告的内容

向不同的受众主体提交的检索报告，在内容上要作出区分。

第一，提交客户版检索报告，应该简单、直观。在该类检索报告中，辩护人可依据辩护思路归纳、总结辩护观点，并根据检索的信息归纳检索结论，向客户清晰明确地阐述辩护思路以及刑事案件中可能存在的风险。同时辅以通俗易懂的语言，让客户能对案件本身有更加深入的了解和更加明确的认知。

第二，律师自用版检索报告，应该穷尽检索。大多数情况下，检索报告制

作完成后，办案团队内部使用的情况居多。对于律师自用版本的检索报告，应该充分详尽地收集各种有利的以及不利的法律规范、裁判观点，并通过归纳总结，梳理出在办理案件过程中可能发生的各种结果以及可能存在的风险，从而筛选出最佳的辩护思路以及可行性方案，提出一个完美化的辩护服务方案。

第三，提交司法裁判人员版检索报告，应该专业、精练、简短。法官和检察官工作忙、案子多，很难有时间细致、全面地翻阅每一个案子中当事人或律师提交的书面材料。这时候，如果提交的检索报告冗长，那么法官、检察官可能就会失去耐心，也没有时间从头到尾将我们提交的检索报告全部看完。同时，如果提交给司法裁判人员的检索报告和提交给客户的检索报告一样通俗，或者只是有结论而缺少论述的过程，就很难说服承办人员采纳辩护意见。因此，向法官、检察官提交的检索报告应当在足够精练的同时，也要体现出一定的专业程度，要更加注重展示主审法官、合议庭、同级及上级法院在对同类案件及相似案件处理时的裁判思路，并主要阐述对当事人有利的一些法律规范及裁判观点。对于不利于当事人的裁判案例，我们可以根据具体案例的情况，找出个案与本案事实基础不同的地方，来论证该裁判观点不能直接适用于本案。这样在与检察官、法官沟通时，当法官、检察官提出不利当事人的观点时，律师就可以一一作出回应，如此提出的辩护观点也更容易被接受。

2. 检索报告的形式

检索报告的形式包括两种，分别是文字式和图表式。

首先是文字式，以类案分析为主。文字式的类案检索报告在格式上与法院的审理报告和检察院的审查报告相类似，主要针对案子的争议焦点，从法律规定、裁判观点、学术观点、司法观点等方面进行全面检索分析。对争议问题的不同观点，进行一一罗列，分析得出对于争议问题的处理意见。

其次是图表式，以类案比对为主。选取一个或多个同类案件，将选取的案件与承办案件的各个要素进行分析比对，最后以表格、图示等可视化的方式予以呈现。图表式检索报告注重采用类比推理的方式，阐述是否属于类案，分析承办案件的处理是否可以参照已判案例的裁判观点。通过图示化的表达，可以清楚地分析承办案件与同类案件在要素上的相同点和不同点，直观地呈现类案比对的过程，分析类案的裁判规则。

3. 检索报告的提交方式

首先，原则上向承办机关提交检索报告应当将检索报告制作成独立的文书，并且附上电子版本一并提交给承办人员。若未制作单独的检索报告，也可将检索报告的内容，如辩护意见，拆解到其他给承办警官、检察官、法官的文书中。

其次，原则上当面向承办警官、检察官、法官提交，这样方便与承办人员就检索报告及辩护意见进行沟通，也可以听一听他们的想法和意见。特殊情况下无法与承办人员当面沟通的，也可以通过邮寄或邮件的方式提交。通过邮寄或邮件方式提交后，则需要与案件承办人员进行电话沟通检索报告的内容和辩护意见，以提高检索报告的使用率和辩护观点的采纳率。

最后，需要注意的是，不能将检索报告作为辩护意见的附件提交，如果承办警官、检察官、法官工作繁忙，没有时间将提交的文书一一阅读，很可能就会挑选辩护意见的重点内容进行翻阅，这样就很容易忽视附件的内容。如果这样，检索报告就无法发挥应有的作用。

四、法规类的检索报告

1. 检索哪些法律规范

制作法规类检索报告，需要进行全面、穷尽的检索。按照法律体系，从上往下分别为法律、法律解释、司法解释、行政法规、地方性法规、部门规章、地方性规章以及其他规范性文件。在我们对一个问题进行检索分析时，上述文件都要一一检索，这样才能达到穷尽检索。

2. 法规类检索报告的格式

首先是封面和标题。封面的大标题设置包括两种模式，一种是“关于××涉嫌××罪一案的法规检索报告”，另一种是“关于××问题的法规类检索报告”。例如，“关于××涉嫌非法经营罪一案的法规类检索报告”“关于电话传唤到案是否构成自首的法规类检索报告”。实际办案中，可以依据检索报告的目的选择适用何种标题。在封面的尾端，需要注明检索日期、提交人和提交日期。因为每天都会有许多案件被公开，案例库也在不断更新，因此检索日期可以将检索的案例划定在一个时间区域内，可以直观展现检索报告的时效性，也解决了因为案例不断更新无法完全穷尽的问题。

其次是正文抬头。由于检索报告的受众不同，提交给不同受众的检索报告，正文的抬头部分要变更不同的称呼，大家在撰写报告时可以根据自己平时的习惯进行表述。

再次是检索说明。检索说明是对检索报告的归纳，主要包括检索目的、检索主体、检索时间、检索平台、检索方法（如关键词检索法、法条关联法、案例倒推法及其他筛选条件等）以及检索结果等。通过整个检索过程得到的结果，需要进行简单的汇总分析，也便于报告阅读者通过阅读检索说明就能了解到检索报告中的内容和观点。

最后是检索内容。法规类检索报告的检索内容，包括法律、司法解释、行政法规、地方性法规、部门规章、地方性规章、其他规范性文件。将检索到的法律规范按照位阶进行一一排列、比对，就能清晰地分析出下位法的规定是否违反上位法。这里需要注意的是，在摘录检索到的法律规范时，可以将“【生效 or 失效】法律规范的名称、文号”作为小标题，再予以标黑显示；再在下一行将“发文机关、公布日期，实施日期”进行说明；最后摘录具体的条款的内容。

例 4-3-1

【生效】最高人民法院、最高人民检察院、公安部、司法部印发《〈关于办理黑恶势力犯罪案件若干问题的指导意见〉的通知》（法发〔2018〕1 号）

最高人民法院、最高人民检察院、公安部、司法部联合发布，2018 年 1 月 16 日公布且生效

二、依法认定和惩处黑社会性质组织犯罪

3. 黑社会性质组织应同时具备《刑法》第二百九十四条第五款中规定的“组织特征”“经济特征”“行为特征”和“危害性特征”。由于实践中许多黑社会性质组织并非这“四个特征”都很明显，在具体认定时，应根据立法本意，认真审查、分析黑社会性质组织“四个特征”相互间的内在联系，准确评价涉案犯罪组织所造成的社会危害，做到不枉不纵。

这样我们在看目录时就可以直接清晰看到哪些法律规范是生效的，哪些是失效的。在便于穷尽检索的同时，对于相关规定的变更也可以有更清楚的了解。

五、类案检索报告

1. 类案检索报告制度的发展

2020年7月15日，最高人民法院发布《关于统一法律适用加强类案检索的指导意见（试行）》，强调了类案检索以及统一法律适用的重要性。2020年9月14日，最高人民法院又出台了《关于完善统一法律适用标准工作机制的意见》，再次说明了类案检索的重要性，并提出各级法院应当定期归纳、整理类案检索情况，通过一定形式在本院或者辖区内法院公开，供法官办案参考。

但关于类案检索的问题，并非2020年才提出的概念。早在2005年，人民法院“二五改革纲要”便明确提出了建立案例指导制度，对案例的编选、来源、指导性的程度和说服力都作了规定，以达到量刑标准的统一。2015年，最高人民法院印发《关于完善人民法院司法责任制的若干意见》，进一步提出建立审判业务法律研讨机制，通过类案参考、案例评析等方式统一裁判尺度。此后，最高人民法院又相继公布了《关于落实司法责任制完善审判监督管理机制的意见（试行）》《最高人民法院司法责任制实施意见（试行）》《最高人民法院办公厅关于进一步加强最高人民法院审判监督管理工作的意见（试行）》等文件，探索类案检索制度的创建。

江苏、上海、北京等各地的法院也制定了相关类案检索制度的司法文件，最高人民法院在总结上述规范和实务经验的基础上于2020年7月15日公布《关于统一法律适用加强类案检索的指导意见（试行）》，标志着我国类案检索制度的建立。这既是对法官审理案件时要加强类案检索、统一适用法律的要求，也是对我们律师工作的要求。可以预见到的是，以后在办案过程中向承办警官、检察官、法官提交类案检索报告，将会逐渐成为律师办理案件的标配。

2. 类案检索的范围

类案检索的范围主要包括以下几个方面：（1）最高人民法院发布的指导性案例；（2）最高人民法院发布的典型案例及裁判生效的案件；（3）本省（自治区、直辖市）高级人民法院发布的参考性案例及裁判生效的案件；（4）上一级人民法院及本院裁判生效的案件。

除了要检索指导案例之外，还要优先检索近3年的案例或案件，比如，现在是2020年，我们要优先检索2018~2020年的裁判案例。如果检索到1993~1994年的案例，因为案件年代较远，法律不断地变革更新，其参考性会弱于近3年的裁判案例。这里要特别提出的是，《最高人民法院关于统一法律适用加强类案检索的指导意见（试行）》中提到，已经在前一顺位中检索到类案的，可以不再进行检索。这句话是对法官工作的要求，但对于辩护律师，我们必须做到全面检索。除了检索指导性案例外，审判这个案子的法官的裁判案例、上一级人民法院的裁判案例，都应该进行检索。

3. 类案检索报告的格式

类案检索报告的封面、正文抬头、检索说明等可参照法规类检索报告的格式，在此不再重复赘述，这里主要介绍一下如何表述、摘录检索到的类案。我经常采用的有以下两种方式，一种是文字概括，另一种是表格摘录。

首先是文字概括。第一，用小标题归纳裁判要旨“1. 裁判要旨”。只有将裁判观点归纳出来阅读者才能迅速了解制作者想要表达的观点。如果只是案例的展示没有观点的归纳，无法发挥检索报告方便沟通的作用。

第二，另起一行，记录文书名称、案号、审理法院、裁判时间。案件信息要记录清楚，案号、审理法院、裁判时间等都需要注明。案号是为了方便报告阅读者追本溯源；审理法院则是可以看到这个案子是同级法院审判的还是上一级法院审判的，如果说本案件是基层法院审理的，而检索到的案件是上一级中级法院审理的，那么类案的裁判观点对下一级法院是有一定参照作用的；裁判时间涉及时效性问题，近3年内的案件优先检索，时间离犯罪行为发生时间越近的，参考作用就越大。

第三，简单摘录法院查明的案件事实和法院认定部分的裁判理由。其中，法院查明部分详细记录“类案中与本案相似的案件事实/争议焦点”，方便将类案与本案进行比对；同时通过比较基本事实是否相似、争议焦点是否相似，来判断是否属于类案。“法院认为”部分则是关于“类案中对与本案类似的争议问题，法院的判决认定”，可以对上述内容进行简要摘录，便于法院进行类案识别与参考运用。

例 4-3-2

非法买卖外汇中，介绍人非美元和人民币的直接提供人，在共同犯罪中均处于次要或辅助作用，是从犯。

崔某操某徐某黄某非法经营罪案，(2016) 粤 0306 刑初 5842 号，广东省深圳市宝安区人民法院，2017 年 3 月 16 日判决。

法院经审理查明：被告人崔某与犯罪嫌疑人王某芸（另案处理）为提供美元资金兑换一方，被告人操某、徐某和黄某为换汇交易中间人。该五人经商议，采取在境内将人民币转入被告人崔某的银行账户，按双方约定的比例兑换成美元后，在香港由王某芸将相应的美元转入兑换人指定的境外银行账号，以此方式从事非法换汇活动，从中抽取佣金获利。

法院认为：本案中各被告人居间介绍买卖外汇，应当按照非法经营的共犯论处。但各被告人均非美金和人民币的直接提供人，在共同犯罪中均处于次要或辅助作用，是从犯。对于从犯，应当从轻、减轻处罚或者免除处罚。

其次是表格摘录。表格摘录可以根据律师自己的检索目的来增减表格内容。

案例 4-1

当事人醉酒之后头部被人砸伤被带到医院包扎，但由于深度醉酒意识模糊不清，不配合医生治疗。后医院报警，警察到现场维护秩序，医生完成包扎后，嫌疑人突然情绪激动，将包扎好的伤口撕开，追逐警察及医院保安，后将承办警察抱着摔倒在地。当事人被刑事拘留，以妨害公务罪立案侦查。辩护人介入后发现案发时当事人处于深度醉酒，意识模糊，在追逐他人之前亦有自我伤害的行为，因此并非故意妨害公务，应属于限定刑事责任能力人。为论证上述观点，辩护人进行了类案的检索（见表 4-2）。

表 4-2 复杂性醉酒当事人作不起诉处理的类案检索

观点：复杂性醉酒的当事人属于限定刑事责任能力人，妨害公务情节轻微的可作不起诉处理。				
案件名称	承办单位	犯罪情节	刑事责任能力	处理结果
赖某某妨害公务案［宁检刑不诉（2018）63号］	浙江省宁海县人民检察院	对醉酒的被不起诉人赖某某进行约束时，被不起诉人赖某某拒不配合，并用拳打脚踢的方式袭击处警人员，将王某某、袁某某打伤。鉴定，王某某额头、左侧手臂和右膝盖挫伤；袁某某左眼眶侧壁骨折，左侧筛窦积血，其伤势均达到轻微伤的程度。	经宁波安康医院司法鉴定所鉴定，被不起诉人赖某某案发时精神医学评定为复杂性醉酒，法定能力评定为限定刑事责任能力人。	行为时属于限制行为能力人，犯罪情节轻微，无违法犯罪前科，取得被害人谅解，不需要判处刑罚，对赖某某不起诉。
祝某某妨害公务案［信浉检一部刑不诉（2020）17号］	信阳市浉河区人民检察院	当110出警民警到达现场时，祝某某对刘某说："信不信我今天让你回家"，同时抓住刘某的右臂将刘某摔倒在地并压在刘某身上，刘某的执法记录仪同时被摔坏。	经信阳市申城法医精神病司法鉴定所对祝某某鉴定，鉴定意见：1. 鉴定诊断：复杂醉酒；2. 刑事责任能力评定：限定刑事责任能力。	不需要判处刑罚的，可以免除刑罚。依据《中华人民共和国刑事诉讼法》第177条第2款的规定，决定对祝某某不起诉。

案例 4-2

当事人涉嫌强制猥亵罪，在审查起诉阶段，检察院的量刑建议是判处一年二个月有期徒刑。当事人具有自首、谅解、认罪认罚等从轻、减轻情节，为了说服承办检察官出具一年以下有期徒刑的量刑建议，对该案件的审理法院、杭州市各区法院以及审理法院的上级法院的裁判案例进行了检索，对其中判处一年有期徒刑的案件进行了分析归纳。通过表格比对发现，判处一年有期徒刑的案件中部分犯罪行为较本案恶劣，部分量刑情节无本案全面，参考类案判决，本案更应该在一年以下判处刑罚（见表 4-3）。

表 4-3 杭州市辖区内强制猥亵罪案件判处有期徒刑一年的案例情况汇总

序号	名称	法院	具体内容	量刑情节
1	张某强制猥亵罪二审刑事裁定书［（2016）浙01刑终461号］	杭州市中级人民法院	2015年10月27日1时许，被告人张某强行将赖某抱住，压在身下，用手伸进赖某的内裤摸赖某的臀部、阴部。被害人赖某大声呼救并咬破被告人张某的嘴唇，被害人赖某挣脱后逃离现场并向公安机关报案。当天凌晨，被告人张某被公安机关抓获。后法院以强制猥亵妇女罪，判处被告人张某有期徒刑一年。	被抓获 无谅解 未认罪 认罚
2	朱某某强制猥亵、抢劫案［（2016）浙0103刑初00186号］朱某某抢劫罪、强制猥亵、侮辱罪二审刑事裁定书［（2016）浙01刑终554号］	杭州市下城区人民法院、杭州市中级人民法院	2015年12月18日22时30分至23时许，被告人朱某某酒后尾随单独行走的被害人常某至杭州市下城区某小区后门处，乘四周无人时突然用手掌击打被害人常某后脖致其瘫软，后强行抱住并亲吻、啃咬其嘴巴，又将被害人按在地上，撩起衣服强行抓摸其胸部，致使被害人口腔黏膜损伤、右手软组织挫伤。嗣后，因被害人挣扎反抗并呼救，被告人朱某某临时起意，从被害人手中抢走1只白色金某F103型手机（1GB，RAM）并离开。 后法院以抢劫罪，判处被告人朱某某有期徒刑三年，并处罚金人民币4000元；以强制猥亵罪，判处其有期徒刑一年。	数罪
3	曹某某强奸罪刑罚变更刑事裁定书［（2020）浙01刑更2731号］	杭州市中级人民法院	临安区人民法院于2017年10月11日作出（2017）浙0185刑初424号刑事判决，以被告人曹某某犯强奸罪，判处有期徒刑三年六个月；犯强制猥亵罪，判处有期徒刑一年。	数罪

续表

序号	名称	法院	具体内容	量刑情节
4	尧某某抢劫罪刑罚变更刑事裁定书[(2020)浙01刑更1134号]	杭州市中级人民法院	浙江省嘉善县人民法院于2016年10月19日作出(2016)浙0421刑初725号刑事判决,以被告人尧某某犯抢劫罪,判处有期徒刑十年,并处罚金人民币5000元;犯强制猥亵罪,判处有期徒刑一年。	数罪
5	丁某某强奸、强制猥亵案[(2017)浙0782刑初774号]丁某某强奸罪刑罚变更刑事裁定书[(2020)浙01刑更3064号]	义乌市人民法院、杭州市中级人民法院	2016年11月7日凌晨5时许,被告人丁某某在义乌市北苑街道某路47号5楼502室被害人陈某某及刘某共同居住的宿舍内,不顾被害人陈某某的反抗,压在被害人陈某某身上并用手摸被害人陈某某的胸部及大腿等部位,对被害人陈某某实施猥亵。被害人陈某某离开房某后,当日7时左右,被告人丁某某见被害人刘某仍在熟睡,遂上前用手摸被害人刘某的大腿及阴部,见被害人刘某没有反应后又试图脱下被害人刘某的裤子和内裤欲与其发生性关系。在脱裤子的过程中,被害人刘某醒过来并反抗,被告人丁某某遂强行脱下被害人刘某的裤子,不顾被害人刘某的反抗,强行与被害人刘某发生了性关系。后被告人丁某某见被害人刘某反抗剧烈并哭泣,害怕罪行败露遂起身离开房间。 被告人丁某某犯强奸罪,判处有期徒刑四年;犯强制猥亵罪,判处有期徒刑一年。	数罪

续表

序号	名称	法院	具体内容	量刑情节
6	余某某强制猥亵、侮辱罪一审刑事判决书［（2019）浙0103刑初67号］	杭州市下城区人民法院	2018年7月3日凌晨3时许，被告人余某某趁被害人章某在杭州市下城区长城街糖果盒足球场小卖部一楼房间内熟睡之际，用事先准备好的钥匙打开章某房间的房门，进入房间内猥亵章某。当被告人余某某欲靠近被害人章某时，被章某及时发现，后被告人余某某用被子捂住章某头部，并用双手从背后环抱章某。其间，被告人余某某抚摸被害人章某胸部，在被害人章某反抗下，被告人余某某离开现场。被告人余某某犯强制猥亵罪，判处有期徒刑一年。	未自首 无谅解 未认罪认罚
7	陈某某强制猥亵、侮辱罪一审刑事判决书［（2016）浙0108刑初347号］	杭州市滨江区人民法院	1. 2016年7月13日18时许，被告人陈某某在本区浦沿街道蒋家里224号附近村道，趁被害人虞某不备，从背后触摸被害人虞某胸部实施猥亵，后逃离现场。 2. 2016年7月15日20时许，被告人陈某某在本区浦沿街道新生社区曹家里6号附近村道，从背后捂住被害人杨某眼睛，并强行触摸杨某胸部，还将杨某裙子掀起抠摸其阴部，致杨某倒地，后亦逃离现场。经检查，被害人杨某外阴挫伤。被告人陈某某犯强制猥亵罪，判处有期徒刑一年。	猥亵多人 抓获归案 坦白

续表

序号	名称	法院	具体内容	量刑情节
8	郝某某强制猥亵、侮辱罪一审刑事判决书［（2019）浙0109刑初1974号］	杭州市萧山区人民法院	2019年8月14日凌晨1时30分许，被告人郝某某醉酒后进入被害人杨某位于萧山区的租房，趁被害人杨某熟睡之际，以搂抱、亲吻、用手抚摸等方式对被害人杨某实施猥亵。被告人郝某某犯强制猥亵罪，判处有期徒刑一年。	坦白
9	姚某某强制猥亵、侮辱罪一审刑事判决书［（2017）浙0109刑初1797号］	杭州市萧山区人民法院	2017年9月10日19时许，被告人姚某某在杭州市萧山区宁围街道金色江南小区2幢1702室租房内，采用暴力、言语威胁等手段，强行以“口交”的方式对被害人李某实施猥亵。被告人姚某某犯强制猥亵罪，判处有期徒刑一年。	谅解 自愿认罪 暴力行为
10	詹某某强制猥亵、侮辱妇女罪一审刑事判决书［（2016）浙0111刑初14号］	杭州市富阳区人民法院	被告人詹某某以金钱诱骗为手段，强制猥亵存在智能障碍、性自我防卫能力薄弱的未成年妇女。被告人詹某某犯强制猥亵罪，判处有期徒刑一年。	谅解猥亵未成年 自愿认罪
11	叶某某强制猥亵、侮辱罪一审刑事判决书［（2017）浙0111刑初857号］	杭州市富阳区人民法院	被告人叶某某尾随被害人刘某至富春街道金凤路176号，停好电动自行车，戴好帽子、口罩，继续尾随至一楼走廊，后采用拉拽的方式将被害人刘某控制在地欲进行猥亵，造成被害人刘某右膝盖、右脚背处等多处受伤，后因被害人刘某大声呼救而未得逞。被告人叶某某犯强制猥亵罪，判处有期徒刑一年。	累犯 未遂

六、分析类检索报告

分析类检索报告，是在法规类检索报告以及类案检索报告进行的基础上，依据案件事实，形成的一个法律分析类检索报告。它主要包括四个方面：一是案件事实的介绍以及问题说明；二是法律规范；三是类案裁判观点；四是学术、实务观点。

对于法律规范、类案裁判观点、学术实务观点的摘录整理可以参照前面的法规类检索报告和类案检索报告的内容，在此不重复赘述。这里仅就案件事实及问题说明部分的表达方式进行说明。对事实部分的介绍，除了文字的表述外，为了方便报告阅读者了解案情，还可以通过可视化图表的方式进行描述。

在做可视化图表时，通常使用的工具主要有 Excel 和 Process on。Excel 主要用于制作表格，Process on 主要是做一些法律关系图、组织架构图、案件事实发展脉络图和时间轴。以下面两个案例为例：

案例 4-3

当事人（图 4-1 中的乙方）作为非法买卖外汇的中间商被以非法经营罪立案侦查，辩护人介入时已是审查起诉阶段，本案其他涉案人员均被取保候审，只有我们当事人是被羁押的。所以拿到案件以后，就按照主办律师的要求，通过图示的方式进行了对比。首先是主体比对，当事人只是介绍人，并不是买卖外汇的双方当事人，在法律认定上应当是从犯，而不是主犯。从这个角度来说，当事人更应该被取保候审。其次是涉案金额比对，通过图示可以看到当事人的涉案金额是比较小的，从犯罪金额的角度考虑，当事人更应该取保候审，或者在最后量刑和判决时，应给予一个更轻的处罚。图示法的优点，就是可以在一张图上展示出多个问题，便于进行直观的分析比对。（见图 4-1）

案例 4-4

本案的当事人是公司的一名业务员，前期公安机关以诈骗罪立案侦查后移送到检察院，检察院以诈骗罪审查起诉，后经辩护，在检察院审查起诉期限的最后一天，将案件的罪名由诈骗罪变更为非法经营罪。具体案情介绍如下（见图 4-2）：

某家金融公司的代理商 A 公司安排公司的业务员通过电话或微信的方式，

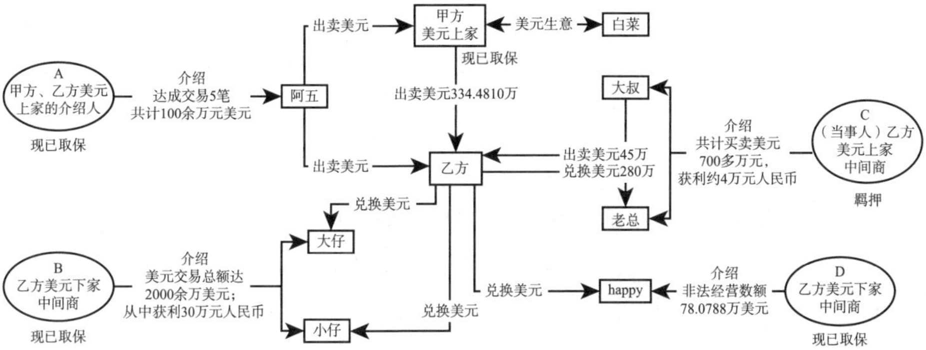

图 4-1 非法经营罪一案法律关系示意图（一）

注：依据《起诉意见书》指控内容整理。

向客户介绍炒黄金、原油的好处，告知客户有免费的投资学习群并邀请客户进入。客户如果感兴趣，业务员就会把他拉到微信群聊里面。在客户问及投资费用时，业务员会如实说明公司收取 10 个点的服务费，只是以原油波动 0.1 个点，黄金波动 1 个点就能回本来举例。A 公司会定期在这个群里发一些介绍理财的文章，向客户推荐投资。同时，群内有公司的“托”，会定期在群里分享投资原油、黄金的盈利截图。客户在投资之后，就会由 A 公司的经理或主管直接去负责对接，业务员就不会继续跟进客户。

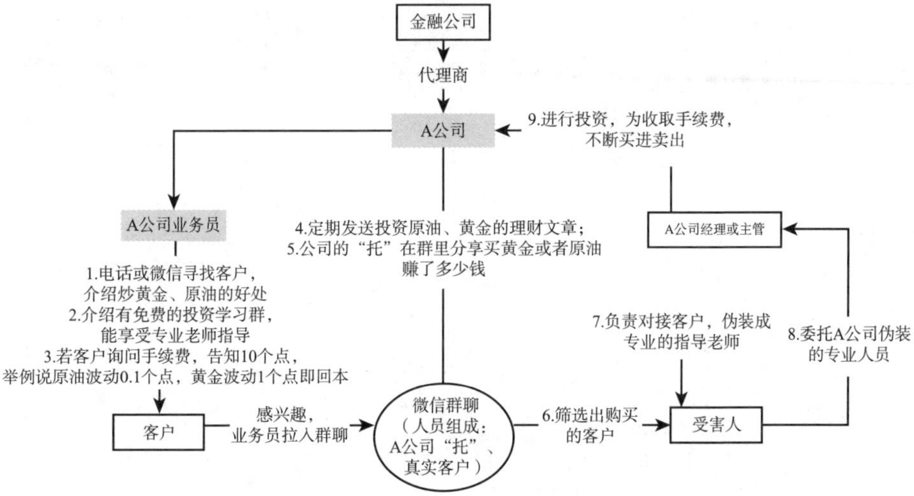

图 4-2 非法经营罪一案法律关系图（二）

通过图示分析发现，本案的当事人并无诈骗的故意，不应构成诈骗罪。第一，在客户询问手续费时，业务员是如实告知手续费用的，并未欺骗或隐瞒事实真相；以原油波动 0.1 个点、黄金波动 1 个点的方式介绍服务费，只是表达方式的不同，通过公式换算就能得出最后的服务费，因此并未隐瞒欺骗。

第二，在整个行为中业务员只负责将客户拉入群，后期并不负责跟进。对于客户是否被骗，其主观上是不明知的。通过图示的方式，可以清晰地看出，业务员在整个行为中已经提前退出，并没有参与后期的行为。

七、结语

除上述讲到的检索报告的格式外，在制作检索报告时也可参照《江苏省高级人民法院关于建立类案强制检索报告制度的规定（试行）》的附件《类案强制检索情况登记表》的样式，在检索报告的首页附上该表格，这样有利于承办人员就辩护人提交的类案检索报告进行批注。

PART 5

第五章

刑事辩护文书撰写技能

第一节 辩护意见的撰写[①]

一、辩护意见（文书）的分类

刑辩律师有两大基本技能，一是口头表达能力，二是文书撰写能力。能说会写，在刑辩律师的职业生涯中，能够起到很大的作用。尤其是对青年律师来讲，在缺乏资源、沟通技巧的情况下，认真撰写一份优质的辩护意见，会给司法机关工作人员留下非常好的印象，为其工作加分。因此，撰写一份优质的辩护意见是刑事律师在办理刑事案件中需要不断训练和探索的技能。

概括起来，刑辩律师在开展辩护工作时有四类辩护意见（文书）需要撰写：

第一类是意见类，指在各个阶段，如侦查阶段、审查起诉阶段、审判阶段提交给公安、司法机关工作人员的辩护意见。

第二类是申请类，主要指专为各类程序性事项而提出法律文书，如取保候审申请、羁押必要性审查申请、证人出庭作证申请、调取证据申请、非法证据排除申请等。

第三类是备用类，如阅卷笔录、调查提纲、法律服务方案、发问提纲、质证提纲、举证提纲、答辩提纲等。这类的辩护材料主要是为更好地开展辩护而做的书面准备工作，便于律师明晰思路，抓住要领，帮助回忆，有效且高效地开展相关工作。

第四类是报告类，如给某某领导的报告、给某某司法机关的报告。这类辩护意见在重大疑难复杂案件或者有特殊背景的案件中使用，其主要作用是给相关领导反映案件情况，希望引起其重视，使其对案件公平公正处理。这类材料包括以律师名义提交的报告和律师为当事人代书以当事人名义提交的报告。

---

① 主讲人：王良宝。

二、辩护意见（文书）撰写的基本要素

无论哪一类辩护意见（文书），笔者认为在撰写时都要考虑以下四个方面。

一是外观。司法机关工作人员拿到意见时，先是看“外观”，然后翻一翻，看下字体、行间距、排版，再看标题，再看内容。我们要注意，一份好的辩护意见，首先要考虑“外观”美不美，能不能给读者留下好的第一印象。

二是骨架。辩护意见的“骨架”也跟人一样，要看其“身形”是否匀称，比例是否协调。辩护意见的骨架是各级的标题。辩护意见往往是议论文，大议论文中又依辩点分为几个小议论文。辩点如何形成体系？在案的事实、证据、法律如何搭建框架？如何让整个框架逻辑严谨、条理清晰？这就要去探索如何搭建辩护意见的骨架，也就是辩护意见中各级标题的拟定。写辩护意见时，一般会分成几点，下面又分几小点，小点下又可以分几小项，如此才是一篇有层级的文章。不同层级标题的拟定及其长度，是之后讨论的问题。

三是气质。人的气质又胜于外表，辩护意见的“气质”就是其语言风格。辩护意见与论文、评论、小说有什么区别？要秉持一种怎样的语言风格？这是辩护意见撰写时要探讨的第三个问题。

四是血肉。无血肉则不能称之为人。辩护意见的“血肉”，就是事实依据、法律依据、情理依据。依据充分，则血肉丰满，则更有说服力。

三、辩护意见撰写的基本方法

（一）外观：辩词的“整体印象”

1. 首部

（1）标题具有识别性

实践中，有些律师写辩护意见的标题时就只写“辩护词”三个字，但当前存在司法机关案多人少的状况，司法机关工作人员需要同时处理的案子并不是一件两件，有时可达十几二十件，所以辩护意见的标题应当具有识别性。

所谓的识别性，是指司法机关工作人员看到这份意见时，看最上面的大

标题就能清楚这是哪个案子，是谁的辩护意见。如“赵某某涉嫌非法吸收公众存款罪一案审查起诉阶段辩护意见”，司法机关工作人员看到这一标题时就知道这是赵某某案，案件性质是非法吸收公众存款案。这样的标题就具有识别性。

这里要注意，第一行是用“涉嫌”还是“被控”。如果这个案件还没有移送到法院，即在侦查阶段或审查起诉阶段，一般用“涉嫌”，因为根据《刑事诉讼法》的规定，侦查阶段、审查起诉阶段，被追诉人一般称作“犯罪嫌疑人”。提起公诉以后，案子已移送到法院，建议“被控”，如标题“赵某某被控非法吸收公众存款罪一案一审辩护意见”。如果这个案子是上诉案件，因为案件已经经过一审判决，所以一般将“涉嫌”“被控”改成“被判”，如“赵某某被判非法吸收公众存款罪一案”。

此外，有时并不是一个阶段只递交一份辩护意见。例如在审查起诉阶段，案件被退回补充侦查两次，每次都有一些新的证据材料，律师需要结合新的证据材料补充发表辩护意见。此时若想要让司法机关工作人员快速知道这是一份新的辩护意见，可以在标题上做区别，取名“补充辩护意见”。如果有多次补充，可以在标题中体现为“审查起诉阶段第二次补充辩护意见”或是“审查起诉阶段补充辩护意见（第二次）”。又如在审判阶段，律师希望法官注意到这个案件的一些争议焦点，或是在认罪认罚案件，律师为了避免法官开完庭马上就作出裁判，案子确实有一些小问题，会在开庭前就递交一份庭前意见。同时案子开完庭以后，根据庭审中出现的一些新情况，律师也会补充更为完整的辩护意见，如提交庭后辩护意见。在标题中可以体现为“庭后辩护意见”或者“庭审辩护意见”。

针对新的情况及时提出辩护意见，多次有序地递交辩护意见，也会给司法机关工作人员留下这个律师很认真的印象。将辩护意见做第一、二、三次的区分，律师后续在与司法机关工作人员沟通时就可以提到，在递交的第几次意见中讲到什么观点。要尽量把观点通过书面的形式固定，因为这些书面的证据、意见只要被递交出去，就会被装订在案，即使案子二审再审，也可以让后面的承办人员注意到之前提交的意见观点。具体表述为：“某某某涉嫌（被控/被判）某某罪一案侦查（审查起诉/一审/二审）阶段（第一/二/三次）辩护意见”

（2）称呼要尊敬准确

关于称谓如何确定的问题，实践中一般做法是把机关写上去，后接“尊敬的承办检察官”。这是司法礼仪，对司法机关工作人员要用尊称。在审理阶段，庭前意见中应写“尊敬的承办法官”；庭后辩护意见写“尊敬的审判长、人民陪审员”或者“尊敬的审判长、审判员、人民陪审员”或者“尊敬的审判长、合议庭各位法官”，因为此时已经组成合议庭。具体表述为：

“某某市中级人民法院

尊敬的审判长、审判员（合议庭各位法官）：”

（3）背景：来源及已开展的工作

辩护意见的第一段主要是讲案件的来源以及已经开展的工作，其目的在于：一是体现规范性，辩护意见与起诉意见书、起诉书、判决书一样，要讲究规范性。二是表明来源，表明自己是接受委托还是接受法律援助中心指派。三是表明自己已开展的工作，已经开展的工作一般写为“受某某某及其近亲属的委托，浙江某某律师事务所指派我（们）担任某某的辩护人，经过会见（如果是审查起诉和审判、二审阶段写上‘及阅卷’），了解了本案情况（根据了解的不同表述有所不同：侦查阶段表述为‘了解了本案的相关情况’；审查起诉、审判阶段表述为‘充分了解了本案情况’），现根据本案事实，依法提出以下意见，供贵局（院）处理本案时参考”。

如果律师还开展了一些比较特别的辩护活动，如询问有专门知识的人、走访现场、检索案例甚至侦查实验等，也可以把这些已经开展的工作在这段写出来，让司法机关的工作人员了解到辩护律师做的主要工作，感受到这份辩护意见是经过充分研究的，从而会更加尊重律师的这份劳作成果。

（4）摘要：主要观点+处理意见

辩护意见的第二段，一般会先对全案的辩护意见有个概括，表述为“辩护人总体认为：（一）……（二）……（三）……（四）……”；再简洁地表达核心的辩护意见，需要说明白本案的定性与量刑意见。定性上，是无罪还是有罪，是重罪还是轻罪；量刑上，有哪些法定和酌定的量刑情节，并直接提出量刑意见。比如，可以表述为“辩护人总体认为：（一）某某某不构成某某罪；（二）某某某至多涉嫌某某罪；（三）某某某有某某等法定和酌定的从轻情节；（四）对本案适用认罪认罚程序，对某某某在多少年内判处刑罚。具体意见如下：……”在文首就对辩护观点进行高度总结和概括，有利于司法机关工作人员迅速了解辩护观点，提高工作效率，增强工作效果。

这里有几个细节问题，需要注意。

问题一：辩点多时如何处理？

有些案件辩点比较多。如多个罪名，分别作无罪、轻罪和罪轻辩护；在定性上不构成重罪，至多涉嫌轻罪，同时又有法定和酌定的从轻减轻情节。我们不能简单地把一级标题堆砌上去，而是要做更加简练的概括，让人一目了然。

“总体认为”部分一般分为定性和量刑两个小部分。一是定性意见。定性的总体观点，是不构成犯罪，还是涉嫌轻罪。辩护人不可以给自己的当事人定罪，所以，即使辩护人认为自己的当事人构成了犯罪，也不能用“构成犯罪”的措辞，而必须要用“涉嫌”。二是量刑或处理意见。辩护人提出全案的法定和酌定的从轻情节，量化到刑期上，最终提出确定的或一定幅度的量刑意见。如果是不构成犯罪的，则要求作无罪处理（撤案、不起诉、无罪判决）。

问题二：涉及多个罪名时如何表述？

被指控的罪名有多项时，比如，扫黑除恶案件中犯罪嫌疑人被指控七八个罪名甚至十几个罪名，且每个罪名的辩点也很多，如果把它杂糅在一起写，要么显得很乱，要么内容太多，起不到提纲挈领的作用。其实，只要把最重要的观点亮出来即可。如“辩护人总体认为：某某某不构成组织、领导黑社会性质组织罪；不构成强迫交易罪、敲诈勒索罪、故意伤害罪、寻衅滋事罪；非法拘禁罪情节较轻，建议法院在一年以内量刑”。

对罪名特别多的，只亮观点，对只有一个罪名的，可以将主要理由列明，但一定要保持“总体认为”部分的简洁性。

问题三：“总体认为”部分宜短还是宜长？

这一部分应当高度概括，尽量简洁，按“多一个字则太多，少一个则太少”的要求来斟酌，紧紧围绕主要指控，三言两语表明定性和处理意见，一般不超过5行。

2. 正文

（1）字体

标题的字体参考公文写作规范国家标准《党政机关公文格式》第7.3.3条的规定，公文首页必须显示正文。一般用3号仿宋体字，编排于主送机关名称下一行，每个自然段左空二字，回行顶格。文中结构层次序数依次可以用“一、”“（一）”“1.”“（1）”标注；标题一般第一层用黑体字、第二层用楷体字、第三层和第四层用仿宋体字标注。

（2）行间距

行间距影响排版，也会影响司法机关工作人员对文书的感官认知。心理学的研究表明，文字材料感官认知比较舒适的，读者一般会更倾向于认同这个观点；如果认知很困难，看起来很费劲，读者就会比较警觉，从而排斥内容的可信性。所以在文书的排版上，包括行间距设置上，也要讲究美观，其目的就在于让司法机关工作人员感到舒适，更易认同。

在行间距的设置上可以用半行隔开，正文之间的固定行间距一般设置为27磅至30磅。

（3）段落

①“结论先行”。

写辩护意见需要先有结论，再对得出结论的依据进行展开。所以，段落的结构一般是总的论点加上下面的分论点，中间有过渡句，如有需要，可以在最后加上总结句。所以不论是一级标题、二级标题、三级标题，一般标题项下正文的核心观点就是他的总论点。标题项下的分论点就是它的依据、论据。标题的设计要遵循“结论先行、中心句主义”原则。阅读者最想知道观点是什么，写作者就要在一开头就亮明自己的观点，阅读者认可了就可以不需要再读下去，有疑问则再到文中去寻找依据。

例 5-1-1

三、认定戚某某抛尸、埋尸的证据真实性存疑，且与其他证据、经验法则存在矛盾，“戚某某抛尸、埋尸”的证据锁链并未完全形成

（一）戚某某用张某某的面包车运尸的证据不确实

1. 客观方面证据：未找到徐某某 DNA 信息

2. 言词方面证据：张某某的证言真实性存疑

（1）不符合人的记忆规律。

（2）血迹出现位置说法存在反复。

（3）戚某某买的编织袋不可能渗血。

（4）编织袋里的东西“软软”的证言不能成立。

以上可见，一个观点就是一个标题，一个标题就是一个观点。但仅有观点是不够的，例 5-1-1 的论述部分我们省略了，以其中第（4）点为例，我们论证这个观点成立，还要进一步展开论述。例：

例 5-1-2

（4）编织袋里的东西“软软的”证言不能成立。

2016 年 1 月 21 日，法官询问张某某：“你当时看到这个编织袋，认为有无可能里面是石块、砖块、瓦片、垃圾等?”张某某答：“不可能，因为袋子里的东西我感觉软软的，像肉一样。”这一证言可信度极低，理由如下：第一，这是张某某首次对编织袋内的东西作出具体的描述，在之前接受公安机关询问的三次询问中，从未提到“软软的，像肉一样”的如此关键的细节。第二，长达五年后，对一个具体的感知细节所作的回忆，本身可信度低。第三，根据戚某某的供述，其是在杀人后 40 小时左右内分尸的，根据法医学知识可知，人死后会产生尸僵效应，全身尸僵缓解一般需要 3~7 天，肌肉也会失去弹性。因此，当时尸体应当还是较为僵硬的，肌肉失去弹性，裹着布，套上编织袋后，从外观上看，不可能给人明显的“软软的，像肉一样”的感觉。第四，徐某某本身身材瘦小，皮包骨，即便不套上编织袋也无法给人“软软的，像肉一样”的感觉。

②层次性。

不能把多个观点杂糅在一起表述，也不能把几层意思放到一点去说，必须要有层次性。每一个标题是一个观点，观点下面有论证，同一个标题下论证的是同一个观点。层次之间是有逻辑关系的，不能把不同标准的分层逻辑同时使用。如“东西南北中”是按照方向来分层的，如果按“东西南北上下”来分层，逻辑就混乱了，让人无所适从。因此，在表述上，辩护律师一定要有层次意识，将观点与论据作一个梳理，尽量用“第一、第二、第三”“首先，其次，再次”等序数词将论证层层展开。

③一个段落一个中心意思。

比如，例5-1-2中的第（4）点证言不能成立，核心的论点就围绕这一点去表述。如果这段有其他内容，建议另起一段讲。不要把两个中心意思不同的内容放在一段去表述，因为这样会在一定程度上掩盖了整个意见的清晰度，并且司法机关人员不一定逐字逐句阅读，有时候只看框架，如果有通过分标题分句的格式进行书写，他至少会去看一下，认为这一段是围绕这个来写的，如果他不感兴趣，他就会跳过。所以，一个段落表达一个中心意思可以把要点更清晰地表达出来。

④段落不要太长。

若段落太长，一个段落一页多纸，读者容易产生视觉疲劳。认知是有一个过程的，段落如果太长，会显得整个版面缺乏重点。读者一口气读下来，没有喘气的机会，而且是为了读而读，让人无法迅速抓要点。

⑤尽量使用简洁的短句。

写辩护意见，不是搞学术研究，不需要用一些很繁杂的长句，如果用简洁的短句就能够讲清楚，就用简洁的短句，清晰明了即可。

（4）篇幅

辩护意见是越长越好还是越短越好？笔者的经验是：去伪存真，去粗存精，给法院提供具有参考价值的辩护意见。

文章好坏与长短无关。一般而言，辩护意见能短则短。但是太过简短的话，说理难免不充分，尤其是有些疑难复杂问题，必须组织大量的论据来予以论述。

辩护人在法庭上可以简洁地发表辩护意见，但书面的辩护意见，一定要全面、充分。法庭上，辩护人要讲得让法官听明白；但是庭后，一定是要提供依据充分的书面辩护意见，把道理说透。详细的辩护意见还附有许多附件，便于法官查阅相关证据以及相关的判例和法条。

所以笔者的观点是，辩护意见要尽量充分，内容要应有尽有，尽可能避免法官去翻阅案卷。当然，也可以再制作一个浓缩成两页纸的精简版，作为辩护意见的提要来进行使用。

另外，我们要根据不同的诉讼阶段、案件难易、辩点多寡，来决定篇幅的长短，这也是辩护策略的需要。

在侦查阶段，辩护人了解案情十分有限的，此时辩护意见不宜太长，可以代家属反映诉求，但注意不要把当事人一方的说法当作事实，在辩护意见中直接用来向侦查人员、批捕的检察官反映；仅将当事人一方的说法作为一种事实可能进行分析，则更为客观。

在审查起诉阶段，律师可以看到证据材料，则其可以充分地表达辩护意见；但同时也要考虑，关于证据不足的辩护意见是否有可能成为建议退回补充侦查的提纲。但如果是案件的定性的问题，则可以写得详细些。

对没有争议的内容，公诉机关认可的有利于当事人的事实和情节，不必用大量的篇幅去论证；否则就必须充分地讲透彻。

例如，扫黑除恶案件中犯罪嫌疑人涉及的罪名有十几个，因此辩护意见的篇幅不可能短，但如果篇幅太长，也担心司法工作人员是否有耐心能细心地去逐字逐句地阅读。在处理上，笔者一般会用以下三种方式：第一，篇幅越长、问题越多的辩护意见，越要在标题、框架上下功夫，整理出清晰的结构，仔细研究标题的拟定。第二，除完整、篇幅长的辩护意见外，还可以提供一个简洁的版本。事实上，有时反映情况的意见，并不是要像辩护意见一样面面俱到，可以撰写一个简洁的版本，把要点拎出来，便于对方迅速了解辩护意见。第三，可以把辩护意见中的内容转化成申请书。比如，辩护意见中提到某个供述不能作为证据使用，这就涉及非法证据排除的问题，这个内容其实可以转化成非法证据排除申请书，或者在辩护意见中提到了证言不可信的问题时，就可以把这部分内容转化成要求某某人出庭作证的申请书。申请书相比于辩护意见的优点在于，辩护意见递交后，问司法机关工作人员对辩护意见是什么观点，他往往表明等案子办结了就知道了。但是申请书不一样，因为一旦提出申请，司法机关工作人员就需要马上答复，是否同意；如果不同意，需说明理由。因此，通过申请书的方式可以制造更多的沟通机会，可以增强辩护的效果。

3. 尾部

辩护意见的最后一段一般写“以上意见，请重视，希采纳”。这里需注意的是，因为在首部已经写了“某某机关尊敬的××人员”所以这里就不用重复“此致某某机关”了。当然还有一种写法前面不写某某机关，后面写“此致某某机关”，也是可以的。然后是辩护人的律师事务所名称加上律师名字，比如“××律师事务所××律师”，“律师”后面再画个下画线，承办律师在下画线上签名确认。如果有附件，要在尾部的左下侧注明附件名称，再在意见之后附上附件。如果附件比较多，最好再提取一个附件的目录，让读者看得更清楚。

4. 其他

为使辩护意见看上去更加美观，可以做个封面，在封面上写明辩护意见的名称、辩护人的律所和姓名、律所的 LOGO、辩护人的联系方式，可以方便司法机关工作人员在有需要时进行联系。另外，页眉页脚也可以做一些处理。如果意见比较厚，可以胶装，便于携带和审阅。还可以制作一些可视化的图表，让读者更加清晰地了解案情，也更能解释清楚情况。

（二）标题：辩词的“骨架”

标题作为辩护意见的“骨架”，主要有以下三项功能：

第一，浓缩观点，通过各级标题展现标题项下正文的核心观点。

第二，通过分章节、加一些小标题，在阅读的过程中提供间隙，这样整个认知活动会比较轻松，也能够帮助办案人员更清楚地了解辩护观点。

第三，吸引阅读。提炼出司法机关工作人员会关注或者想了解的核心点，在标题中写明，吸引其阅读标题项下的内容。比如，关于鉴定意见是否采纳的问题，在标题中就点明鉴定意见的真实性或合法性存在问题，不应采信。司法机关工作人员看到这一点，就会想去了解，该鉴定意见到底如何不合法，如何不真实，以吸引其去阅读标题项下的正文。

同时，这三项功能也可以指导律师去写辩护意见。标题写好以后，自己检查一下观点是否已浓缩，是否提供了充分的阅读间歇，是否能吸引司法机关工作人员阅读标题项下的正文。如果可以，这个标题就取得比较成功；如果不可以，就需要做一些修改和调整。

1. 取标题的艺术

标题的艺术是处理信息量的艺术。标题跟正文是有区别的，它不能像正文字数那样多，但它又要把一些核心的信息在标题中体现，如何来处理这个信息量，是一种艺术。

标题的写作要求是“具体而不烦琐，直击辩点”。具体而不烦琐是量的标准，是解决信息量要处理到哪种程度。直击辩点是质的要求，是要能够点出这段信息与定罪量刑的关联。

例如，在一个组织卖淫的案件的办理过程中，辩护律师阅卷后发现组织卖淫团伙的人员并没有全部抓获，还有一些人也参与了组织卖淫，但未被抓获归案。于是，辩护律师提出观点，认为这个组织的组织架构没有查清，如果组织架构上面还有更高的人，如有其他老板，当事人的作用地位在整个集团中就相对较低，可以评价为从犯或者协助组织卖淫。基于这个核心观点辩护律师就写了“涉案卖淫组织的大老板系‘荣总’，上层领导还包括龚哥、张某华等人，开设至少三个卖淫场所，并统一招募、管理、调配卖淫小姐”的标题。这一标题包含一些很琐碎的信息，它讲了组织卖淫团伙上面有几个老板，上层领导有谁，叫什么名字等一些细节信息，这些其实可以在正文里面去交代，没有必要在标题中呈现。而且，这个标题也不能展现用意是什么，无法让司法工作人员明白这是什么辩点。笔者提出修改建议，将琐碎的信息放到正文去讲，而且辩点要展现在标题中，于是标题就调整为“本案的基本犯罪事实即‘卖淫团伙的组织架构、人员分工’尚未查清，将影响对被告人地位、作用、性质的评价，最终定性需谨慎”。相比之下，没有了琐碎的信息，主要强调案件的组织架构没有查清，且这会影响对当事人行为性质、作用地位的评价，这就体现了辩点。最后，又进一步调整，表述修改得更简洁，“本案卖淫团伙的组织架构、人员分工等基本犯罪事实未查清，应谨慎认定樊某的行为性质及犯罪地位”，更能充分体现核心信息。

“具体而不烦琐”，“具体”要求个案化，结合本案的具体的情况来写，不要写一些笼统的话，如“本案的证据问题”“本案的事实问题”。而“不烦琐”要求处理一些主干信息，不要处理细枝末节的信息。所谓的细枝末节，如上一案例中，该犯罪嫌疑人的老板是谁、叫什么名字这些细节信息，可以在正文去展开，没有必要写在标题句中。“直击辩点”是要求点出与定罪量刑处理的关联。就像上述案例中写这个标题的目的是点明因为事实没有查清，会影响定性，会影响对犯罪嫌疑人的地位评价。在标题中，尤其是一级标题中要点出与定罪量刑、案件处理的关系。

再如，该案例中还有另外一个辩点，被告人樊某辩解他没有全程参与整个组织卖淫，2018 年 1 月 4 日之后已离职回家，该案律师认为卖淫团伙在这段时间内组织的卖淫人数计算在内不当，他因此取了这样标题“樊某不招募、管理、调配小姐，且涉案小姐到光大店上钟系樊某 2018 年 1 月 4 日回家之后，无论如何定性樊某不应对小姐人数负责”。这其实也点出了和量刑的关联，但是表达不够清晰。这里的“不应对小姐人数负责”的意思是什么？其实律师想表达被告人的确参与了组织卖淫，但未达到情节严重，因为组织卖淫罪有两档量刑，如果是一般情节，量刑为 5 到 10 年；如果情节严重，就可能判 10 年以上，而情节是否严重与组织的卖淫人数有关。律师的辩点是，被告人离职后卖淫团伙组织的卖淫人数与被告人无关，在案证据只能认定他的当事人属于一般情节，不能认定情节严重，因为将当事人离职后卖淫团伙组织的卖淫人数扣掉以后，其就达不到司法解释中“情节严重”的标准。因此标题可以更换一种更优的表达方式，即“樊某不招募、管理小姐，指控樊某组织卖淫情节严重，事实不清、证据不足，应当就低认定”。表明在案证据只能认定樊某的行为属于一般情节，不能认定其“情节严重”，应当在第一档量刑，即 5～10 年进行量刑。标题如此修改后就更清晰地点出了它与定罪量刑、案件处理的关联。

因此，取标题的艺术是处理信息量的艺术，要具体而不烦琐，结合案件的具体情节，尽量处理枝干信息，不要去处理细枝末节的琐碎的信息，且能直击辩点。刑事辩护主要辩点无非就这几类：不符合某罪的构成要件；认定某事实证据不足，认定属于“情节严重”证据不足；某关键证据不能使用，应当适用某政策对其从轻处理；当事人具有某情节，应当从轻减轻或者如何处理。

2. 用标题句还是标题词

有些律师撰写辩护意见，一级标题用的是标题词。笔者认为辩护意见更多的是表达观点，因此更倾向于用标题句来引领，而不是标题词，因为这不是写学术论文，用标题句呈现辩护观点、展现内容更直接完整，可以清晰地了解标题项下的内容。

例5-1-3

一、非法证据排除 二、杨某某的陈述真实性存在重大疑问 三、证据矛盾无法排除，杨某某无法自圆其说酿成冤案 四、本案的其他想法	一、龚某某唯一的有罪供述是受各方面影响而违心供述的，真实性存在严重疑问，不应采信 （一）民警存在不当诱供 （二）受同监室在押人员的影响 （三）恶劣的羁押环境 （四）担心其丈夫为其操劳 二、龚某某有罪供述中的作案手法与监控录像、经验法则存在矛盾，且矛盾无法合理排除 （一）龚某某扔塑料瓶时，其拿物品的方式与其供认的方式不符 （二）监控录像所显示的龚某某左右手拿物品的情况，不符合有意盗窃的作案手法 （三）龚某某将抹布从右手传递到左手时，动作连贯自然，不存在“扔戒指”的明显动作

续表

	（四）龚某某摊开抹布时，抹布已经偏离装塑料瓶袋子的上方，“抹布里裹戒指”明显不符实际 （五）综合来看，龚某某扔塑料瓶的整个动作快速流畅，神情自然，明显是正常的打扫行为，而非盗窃行为

对比左右两边的例子，两边的第一个辩点都涉及供述可否作为定案根据的问题。左边第二点是“杨某某的陈述真实性存在重大疑问”，第三点是“证据矛盾无法排除，杨某某无法自圆其说酿成冤案”，第四点是“本案的其他想法”，这些标题要么是词组，要么是短句，传达的信息有限。比如，第四个标题“本案的其他想法”相当于没有任何的信息内容，第一个标题“非法证据排除”，可以了解到辩护人提出本案存在非法证据的情形，但是这个案子相应的证据如何非法没有体现出来。右边是笔者曾经办理的案件，拟定的标题是，“龚某某唯一的有罪供述是受各方面影响而违心供述的，真实性存在严重疑问，不应采信”。虽然讲的是合法性的问题，但是用真实性来表达。通过这个标题，就能够清楚笔者提出犯罪嫌疑人的口供的有罪供述不能采信，同时也点出来有罪供述不能采信是因为违心供述，供述内容的真实性有问题，而且这一结果是各方面因素共同造成的。至于各方面因素是什么，这就有利于吸引阅读者阅读标题项下的内容。

再看右边的例子，第二点意见是“龚某某有罪供述中的作案手法与监控录像、经验法则存在矛盾，且矛盾无法合理排除”，可以和左边例子中“杨某某的陈述真实性存在重大疑问”进行对比。右边的例子用内容丰富的标题句进行了表达，不仅点出有罪供述中关于作案手法的说法错误，而且还进一步指出错误的原因是与监控录像、经验法则存在矛盾，且这个矛盾无法合理排除。这样的表达明显更为丰富而具有说服力。

因此，建议一级标题用标题句，如果一级标题项下有二级标题、三级标题，可视具体情况用短句或短词。

3. 句长

标题句主要显示的是案件的枝干信息，而不是细枝末节的正文信息，因此要正确树立标题与正文的关系。标题最好不超过两行，一旦给自己设定了不超过两行的一般原则以后，在超过两行时就会尽量对标题进行修改，让它显得更加简洁。事实上两行一般也有四五十个字，足够充分地表达独立的观点，笔者在撰写辩护意见的标题句时，标题句的长度一般是一行半，错落有致，别具美感。

4. 级别数

级别数就是辩护意见要有几级标题。其实辩护意见与律师在法庭上发表的言论在组织框架上是一样的，要尽量扁平，否则层次太多会显得很混乱、琐碎。因此，建议一般案件辩护意见控制在两级标题即可，复杂案件控制在三级，一般不要超过四级。

当然有一些案件比较特殊，如扫黑除恶案件涉及的罪名很多，但每个罪名的辩点也很多，辩点展开时，要搭建非常多的多级标题。但是如果以罪名为一级标题，会导致最终的层级非常多。这种情况下，建议把每个罪名作为一部分，如“第一部分　关于敲诈勒索罪的认定”，接下来像单独的一份辩护意见设置标题框架，按照“一、”“（一）”“1.”“（1）”顺序标序，就不会显得整个意见的标题级别很乱，阅读的舒适感也会更强一些。

5. 句式风格

标题句的句式风格有很多，这里只介绍常用的四种风格：

（1）内嵌法条

做定性辩护时，可以在标题当中内嵌法条内容，如果引用的法条是出罪法条或罪轻法条，可以在标题中直接引用；如果是罪重法条或者入罪法条，就反过来用，即表述为不属于入罪法条的情形。

例 5-1-4

> 四、陈某某、章某某、徐某某不具有能够推定其有“非法占有”目的的客观行为，不存在诈骗的故意
>
> （一）陈某某、章某某、徐某某借款的利息大体正常，从借款当时情形判断其有能力还本付息

（二）陈某某、章某某、徐某某从未携带借款逃匿，个别借款人关于三人逃跑的说法不实

（三）陈某某、章某某、徐某某购买轿车、排屋的行为，不属于肆意挥霍集资款，也不是造成借款不能返还的原因

（四）陈某某、章某某、徐某某转让化工公司的股份是正常民事行为，并不是为了逃避返还资金

（五）章某某、徐某某将借来的款项转借他人不足以推定其有非法占有的意图，陈某某未参与也不知转借事宜

（六）陈某某的借款大部分用于投资房产、开办公司，用于生产经营活动与筹集资金规模比例相当

集资诈骗罪的主观要件是非法占有目的，但这往往都是通过客观行为去推定，相关的司法解释对如何推定列明了多种情形。因此在撰写辩护意见的标题时，一级标题肯定是被告人不具有能够推定有非法占有目的的客观行为，不能认定具有集资诈骗的故意。例 5-1-4 中的二级标题第（六）项，意在说明被告人用于生产经营活动与筹措资金比例相当，因此不能认定其具有非法占有目的。这些用语和用词本身就是司法解释中的用语、词句，即“用于生产经营活动资金与筹集资金规模不成比例”，这里反过来运用，用于生产经营活动资金与筹集资金规模比例相当的情形就不能推定当事人有非法占有的目的了。

以例 5-1-5 为反例：

例 5-1-5

一、陈某某向三门县公安机关检举他人贩毒，构成立功 （一）陈某某通过亲自与吸毒人员接触，掌握他人用微信贩毒的具体线索，并提供给公安 （二）陈某某提供的立功线索，符合可能判处无期徒刑以上刑罚的条件，构成重大立功，应从宽处理	一、陈某某在上诉期间，向三门县公安机关检举了他人贩毒，并协助抓捕嫌疑人，依法构成立功，应在量刑中体现 （一）陈某某提供的立功线索来源合法、内容具体、指向明确，并对侦破案件、协助抓捕犯罪嫌疑人起到实际作用

续表

	（二）陈某某检举、协助抓获的犯罪嫌疑人可能被判处无期徒刑以上刑罚，陈某某应认定为重大立功 （三）陈某某提供的立功线索所起的作用大，应当尽可能从宽处理，对其免于刑罚

比较例 5-1-5 左右两边二级标题的第一点，左边的标题是最初的版本，右边的是修改后的版本。左边版本的内容本身没有问题，但用语显得比较生活化。《关于处理自首和立功若干具体问题的意见》对如何认定立功有明确的规定，梳理这些规定，总结起来就是要来源合法、内容具体、指向明确、有实际作用。在这个案件中，是否构成立功是控辩双方的争议点，有必要展开论述，因此修改为右边的版本，即“陈某某提供的立功线索来源合法、内容具体、指项明确，并对侦破案件、协助抓捕犯罪嫌疑人起到实际作用”。因为这些用语是法条用语，内嵌到标题中，整个表述就显得专业、规范。所以在写标题时，可以把一些法条的用语嵌到标题当中，使用法言法语，让标题显得更加规范。

（2）反驳起诉书、起诉意见书、一审判决认定的事实、原有罪供述的表述方式往往在事实辩护时使用，如起诉书认定的某事实不属实，或某事实认定错误，直接使用起诉书和起诉意见书中的一些用语即可。

例 5-1-6

一、一审判决关于“陈某某、章某某、徐某某三人未将以开办公司、开办化工厂的集资款用于企业的经营活动”的认定不属实

二、一审判决认定陈某某以投资公司为由进行集资诈骗的三笔款项错误，陈某某借款理由真实，用途去向明确，无法认定具有非法占有目的

三、一审判决关于“陈某某、章某某、徐某某三人购买了高档别墅和高档汽车属于肆意挥霍集资款”的认定，缺乏事实和法律依据

四、一审判决忽视了对陈某某、章某某、徐某某三人有利的房地产评估报告，导致未正确认定“三上诉人具备归还能力，不具有非法占有目的”

五、一审判决认定“陈某某与章某某、徐某某共同犯罪，并由陈某某总负责”事实不清、证据不足

例5-1-6是一个二审案件，为了指出一审事实认定的错误，直接引用一审判决对事实认定的表述，就能够直接明确指出这个一级标题项下将处理一审认定事实如何不属实的问题。

（3）要有结论，也要有理由

在写标题句时，要点出结论，同时在不违背两行原则的前提下，也可以在标题中表述一些理由，增强标题句的说服力。比如，在表述认定不属实、定性错误时，写清怎么不属实、错在哪里、怎么错，把理由的核心信息在标题中点出来，而更具体的细节信息需要在正文中具体展开。

例5-1-7

一、徐甲具有履约能力、努力、诚意，履约不能有合理客观的原因，款项用途合法正常，足以推定其不具有非法占有目的

（一）从履约能力上看，徐甲转让汉兴公司时，固定资产充足，相关企业及项目可期待回报高，其无须骗取他人财物为自己偿债

（二）从还款能力上看，徐甲部分负债情况得到澄清，债权也得到证实，其不存在资不抵债、债台高筑的情况

（三）从款项去向上看，徐甲对股权转让款的去向存在明确辩解，基本上用于公司经营及项目投资，不存在非法用途

（四）从履约不能的原因看，收到股权款后，徐甲未及时归还袁某债务，系因为当时其企业经营急需资金，并非刻意不还

（五）从履约的努力角度看，徐甲始终参与调解、协商，最终未能妥善解决存在客观方面的因素，有履约的诚意

例5 1 7的背景是一起合同诈骗案件，涉及非法占有目的的认定问题。一般来说，审查合同签订、履行过程中当事人是否有非法占有目的，要从以下几个方面审查：第一，有没有履约能力。签订合同时，行为人有没有履约的能力，一般是看其资产是否充足，包括固定资产和将来可预期的收益。第二，有

没有履约的行为，如签订合同以后，行为人有没有实际履行合同项下的一些行为。第三，款项去向何处，如对方支付了货款后，这些款项有没有用于合同相关的用途。第四，履约不能是客观原因导致的，还是行为人主观行为促成的。如果是行为人主观行为促成的，应认定他有非法占有目的；如果是客观原因，且不能预料的，属于市场变化，不能认定行为人有非法占有目的。第五，有无履约努力，即履约不能后，有没有积极开展措施挽回补救、进行协商。如果履约不能后行为人逃匿或无法联系，没有就接下来如何处理进行协商，此时经常会被认定成有非法占有目的。因此，合同诈骗中有没有非法占有目的，一般从以上五个方面来看。

具体到这个案件标题，可以直接表述被告人是有履约能力的，履约不能是客观原因导致的，款项用途也合法正常，足以推定其不具有非法占有目的。但这样写就很简单，为了增加说服力，在标题里就可以把结论和理由一起写明，如在转让公司时，固定资产充足，相关企业及项目可期待回报高，无须骗取他人财物为自己偿债。把有履约能力的表现表述出来，指出转让公司时有固定资产和相关企业，且项目的可期待性回报高，此时就会吸引人去了解有哪些固定资产，哪些企业或项目有期待性回报。标题项下就要去罗列它的固定资产和可期待性回报的项目。这样的标题，在增加说服力的同时又能够吸引阅读。

关于履约努力方面，如果只写“有履约努力”，具体还要看正文有什么履约努力行为。但此处笔者的表述是“从履约的努力角度看，徐甲始终参与调解、协商，最终未能妥善解决存在客观方面的因素，有履约的诚意”，如此就把他的履约努力表现在标题之中了，具体如何调解、如何协商，可以在正文里详细展开。如此，标题中有结论也有理由，可以增加它的说服力。

（4）正话和反话一起说（是 A，非 B；非 B，系 A）

例 5-1-8

四、退一步讲，即便涉案灰渣系危险废物，张某某主观恶性较小，情节轻微，符合相对不起诉的条件	四、退一步讲，即便涉案灰渣系危险废物，张某某的行为也属于犯罪情节轻微，符合相对不起诉的条件

续表

（一）从本案背景看，张某某对于涉案残渣没有明确意识 （二）从本案动机看，张某某并非为了谋取利益，逃避监管 （三）从本案时间看，整个填埋的时间较短 （四）从灰渣填埋位置看，均填在公司内 （五）事后积极补救，防止损失扩大 （六）从灰渣填埋数量看，数量不大	（一）从事发背景看，福瑞德公司灰渣的性质存有困惑，并非确切明知下故意违法处置 （二）从主观动机看，张某某安排员工填埋是出于安全及解决灰渣存放问题，并非为了谋取利益、逃避监管 （三）从时间空间看，填埋地点在公司围墙内，持续时间较短，并非长期向外环境随意填埋，对环境的损害较小 （四）从填埋的数量看，本案填埋的吨数应为 7 吨左右，起诉意见书认定 21 吨未扣除其中包含的土壤重量 （五）从事后补救看，张某某意识到填埋灰渣不妥后，积极采取措施，防止损失扩大，消除污染，有悔罪表现

例 5-1-8 是笔者曾经办理的污染环境案件，笔者审查后认为，涉案灰渣是不是危险废物存在很大争议；即便是危险废物，当事人的主观恶性很小，情节比较轻微，该案也可以做相对不起诉处理。左边是初版辩护意见中关于相对不起诉辩点部分的一、二级标题，提出了六点理由。根据法律规定，相对不起诉必须是情节轻微，如果是要判缓刑，则要求情节较轻。为了在标题中就将“轻微”“较轻”体现出来，修改形成了右边版本的辩护意见。从事发背景看，犯罪嫌疑人对废渣的性质是有困惑的，并非明知的情况下故意违法处置，通过“并非”两字就把“轻微”体现出来了。从作案动机上看，“张某某安排员工填埋是出于安全及解决灰渣存放问题，并非为了谋取利益、逃避监管”，就把确实没有谋取利益和逃避监管的目的鲜明地体现出来了。从时间空间上看，“填埋地点在公司围墙内，持续时间较短，并非长期向外环境随意填埋，对环

境的损害较小”。通过这种“是 a 非 b，非 a 系 b”的表达，一正一反把观点更加鲜明地展现出来，尤其是在论证是不是犯罪情节轻微、较轻时，效果更为突出。

6. 同级标题之间的关系

同一个级别的标题如何表述，才能让整个辩护意见看起来有层次感、逻辑感，这就涉及同级标题关系的处理。

（1）并列关系

当同级别标题之间是并列关系，表述先后不影响标题之间实质性逻辑顺序时，可以采用句式结构相当、关键词先行的表达方式。

例 5-1-9

> 一、陈某某、章某某、徐某某三人未通谋非法集资，而是各自借款各自投资，不构成共同犯罪
>
> （一）主观合意上，陈某某、章某某、徐某某仅是商量合作投资做生意，并没有通谋非法集资
>
> （二）客观行为上，陈某某、章某某、徐某某向他人借款系个人行为，而非共同故意支配下的行为
>
> 1. 从借款名义上看，陈某某、章某某、徐某某绝大多数借款是各自以自己的名义借款
>
> 2. 从还本付息上看，陈某某、章某某、徐某某是各自承担还本付息责任
>
> 3. 从款项拆借上看，陈某某、章某某、徐某某各自的借款互相拆借需要计算利息，足见并非共同集资
>
> 4. 从款项担保上看，陈某某为章某某、徐某某的借款担保是经过甄别的，并非通过担保共同集资
>
> 5. 从借条签名上看，陈某某在章某某、徐某某在部分借条上签字，是为了事后方便结账，而非代表共同使用

例 5-1-9 的背景是一起非法吸收公众存款的案件，如果三个人的行为能够拆分开，那么犯罪金额就能减少。为了论证三人不是共同集资，而是各自借款，在二级标题中提到从客观行为看，三人是各自借款各自还，并非共同故意

支配的行为，并从五个方面展开论证。五个方面相互之间是并列关系，采用关键词先行且句式相当的表述方式，对仗工整，增加了层次感，标题设计考究，也起到了增加说服力的效果。

（2）阶梯关系

同一个级别的标题之间，如果排序先后有讲究，标题之间往往存在阶梯关系，则不能随意打乱顺序表述，否则会导致逻辑混乱。

例 5-1-10

一、鼎某集团的第一期集资不符合“公开性”和“不特定”的特征，不属于非法吸收公众存款

二、退一步，即便认定鼎某集团的第一期集资是非法吸收公众存款，其款项用于经营活动，且能及时清退，可不作为犯罪处理

三、再退一步，即便将鼎某集团的第一期集资认定为单位非法集资，赵某某也不是其他直接责任人员，其个人不应作犯罪处理

四、还退一步，即便一定要将赵某某认定为单位犯罪的其他直接责任人，其行为情节轻微，也符合相对不起诉的条件

例 5-1-10 的背景是一起非法吸收公众存款的案件，辩护人审查后认为可以对犯罪嫌疑人赵某某作不起诉处理，理由有整体和个体两个层面。这两个层面本身就存在阶梯关系，如果公司集资行为整体不构成犯罪或者不作为犯罪处理，那么作为个体的犯罪嫌疑人自然不构成犯罪，应当作出绝对不起诉决定；如果公司集资行为整体上构成犯罪，那么作为个体的犯罪嫌疑人也还有其他不作犯罪处理或者可相对不起诉的理由，同样也应该作出不起诉决定。整体层面和个体层面各又有两点理由，就形成具有阶梯关系的四个辩点，分别在四个一级标题中表述。这种有阶梯关系的四个一级标题排序先后有逻辑关系，打乱排序逻辑就会产生混乱。

除整体和个体的情形外，这种递进关系还有如下几种情形：定罪和量刑，整体和个体，定性要件和量刑升格要件，事实、证据与法律，等等。这些情形互相嵌套，辩护观点多了，经常会发现观点和观点之间先后是有阶梯的，此时

要怎样来编排，这就非常有讲究了。

阶梯关系的标题前后接续时，有两种表达方式，一种是“进一步”，另一种是“退一步”。

“退一步”的表达方式，是先否定对方，后再提出兜底意见。比如，在审判阶段，先否定控方的观点，认为不构成犯罪，不构成重罪，或者先指出事实不清。再退一步讲，即便公诉机关指控的事实能成立，这个行为也只能定轻罪，或者有诸多从轻、减轻情节。

“进一步”的表达方式，是先肯定指控，后再提供商榷意见供参考。在认罪认罚的案件当中，因为已经认罪认罚了，不宜一开始就讲这个案件定性、事实、证据存在问题；并且因为被告人本人已经认罪认罚，若律师再发表与认罪认罚内容不相吻合的一些辩护观点，公诉人则往往会提出撤销认罪认罚从宽。因此，在表达上可采用“进一步”表达法，首先是肯定对方，认为这个案子定性没有问题，认可公诉机关所指控的犯罪事实、法律评价、已经认定的从轻、减轻的量刑情节，再进一步讲，本案的事实认定、定性或情节认定上存在值得商榷的地方。这种表述方式先肯定，后提出商榷意见供参考，表达较为缓和，更容易被人接受，不易产生反感。

在具体案件中，是采用“退一步”的表达法，还是“进一步”的表达法，可以根据案件类型、沟通对象、诉讼阶段、诉讼策略进行有区别选择。但无论采用何种方法，当存在三个以上的同级别的标题句时，都要注意排序先后，构建出有阶梯关系的标题关系。

7. 上下级标题的关系

（1）拟定

上下级标题的关系处理上要做到能统摄、层次明、不重复。

“能统摄”是指标题的内容能够全面涵盖标题项下下级标题和正文的信息，如果标题和正文名实不符，这明显是不适合的。比如，拟定的标题讲的是 A 事实认定的问题，但标题项下除了论述了 A 事实认定外，又另有大段阐述 B 事实的，那么标题就不能全面统摄标题项下的内容，应该作出调整、修改，要么调整标题，拟定能体现 A、B 事实相关的标题内容，要么修改正文，把 B 事实的内容剪贴到其他标题项下。

“层次明”是指上下级别标题层次清晰，有逻辑感。

例 5-1-11

一、起诉书指控刘某某销售给周某某的围巾系从杭某某处购得一节，与在案证据不符，与常情常理不符，无法认定 （一）刘某某销售围巾价格比杭某某低，不存在从杭处进货加价销售给周某某的可能 （二）刘某某在笔录中向杭某某以外的其他人进货 （三）刘某某销售的假冒围巾品牌比杭某某多 （四）刘某某假冒围巾资源充足，假冒围巾的销售量比杭某某大，不可能从杭某某处进购	一、起诉书指控刘某某销售给周某某的10万元围巾系杭某某处购得一节，事实不清、证据不足，无法认定 （一）刘某某关于“从杭某某处进货再加价转售给周某某”的说法系孤证，且与客观证据、经验法则相悖，无法成立 （二）“10万元假围巾另有其他进货渠道”的辩解有证据佐证，可能性无法排除 1. 刘某某多次笔录中讲到向杭某某以外的其他人进货 2. 销售清单显示刘某某销售的假冒围巾品牌比杭某某多 3. 销售清单显示刘某某假冒围巾的销量大于杭某某

例5-1-11是一起销售假冒注册商标商品的案件，左边是辩护意见标题初版，处理该案的律师认为起诉书指控刘某某销售给周某某10万元围巾是从杭某某处购得的与在案证据、常情常理不符，不能认定。二级标题看起来稍显混乱，尤其是第一点和后面三点并不在同一个层次上，第一点主要讲指控刘某某说法不可信，后面三点讲10万元假冒围巾其他来源的辩解有证据支持。于是对标题进行了修改调整，形成右边的版本，从一正一反搭建标题，上下级标题层次更加鲜明了。

“不重复”是指上下级标题的表述要尽量避免重复、啰唆，力求简洁、明快。

例 5-1-12

二、许甲提供“徐乙”账户的行为系帮助行为，系从犯；其获取的 20 万元资金，因意志以外的原因未得逞，系犯罪未遂；且案发后具有自首情节

（一）许甲提供“徐乙”账户系共同盗窃行为中的帮助犯，相较于李某某，其犯罪地位较低，作用次要，应予认定为从犯

（二）涉案徐乙账户的盗窃金额 20 万元，应认定二人犯罪未遂

（三）许甲案发后主动归案，如实供述犯罪事实，应认定为自首

例 5-1-12 中，一级标题已经明确了被告人具有从犯、未遂、自首情节，二级标题又逐点作同样表述，明显重复、拖沓。在处理上有两种方式，一种是拆开平铺，将所有二级标题升为一级，第一点讲是从犯，第二点讲是未遂，第三点讲是自首；另一种是变换一级标题的内容，改为“许甲有一系列从轻、减轻情节，恳请在量刑当中予以体现”，然后二级标题再逐点展开，一是构成从犯，二是构成未遂，三是有自首情节。这样调整后行文就不再显得拖沓。

（2）编排

在编排上下级标题的时候，要注意越上级的标题越容易引起司法机关工作人员的注意，同样写在前面的标题，也是更容易引起司法机关工作人员重视。因此一般要把重要辩点放在高一级别的标题中表述。如果发现核心观点被藏在下级标题中，在不会影响表达逻辑的时候，为了凸显它，可以把它提升到高级标题中表述。

例 5-1-13

一、本案一审判决并未查清王某、钱某某、“铜芋头”三人的交易细节、关系及地位，以至于未正确认定王某为从犯 （一）根据王某的辩解，王某、姚某某的讯问笔录并未得到如实、全面、精准记录，导致王某行为看似居中倒卖毒品	一、本案一审判决未查清王某、姚某某、“铜芋头”三人的交易细节、作用及地位，导致本案事实不清 （一）根据王某的新辩解，王某、姚某某的供述与辩解并未得到如实、全面、精确记录，导致王某行为看似是居中倒卖毒品

续表

（二）王某的新辩解可以通过调取证据进行初步核实，未能查实也未能排除的部分应根据存疑有利于被告人的原则认定 （三）王某的行为应该定性为居中介绍，而非居中倒卖毒品，进而认定为贩卖毒品的从犯	（二）王某的新辩解影响量刑，可通过调取证据查证，部分事实应根据存疑有利于被告人的原则认定 二、王某的行为是居中介绍买卖毒品，而非居中倒卖毒品，且应认定为贩卖毒品的从犯

例 5-1-13 的背景是一起毒品犯罪的二审案件，根据当事人的辩解，辩护人认为被告人王某的行为是居中介绍毒品的行为，而非居中倒卖毒品的行为。居中倒卖是独立的交易环节，不可能认定成从犯，但居中介绍不是独立的交易环节，就有构成贩卖毒品从犯的可能性，甚至有时行为人会被认定为吸毒人员的代购者。辩护人的观点是本案被告人的行为应该评价为居中介绍，且可以评价成从犯，希望认定从犯情节，从轻改判。因此该行为到底是居中倒卖，还是居中介绍，就成为核心辩点。左边版本的标题框架中的二级标题是遵守事实是什么、证据在哪里、法律如何评价的顺序逐点阐述，但这种表述就将是居中介绍的核心辩点藏在了二级标题最后一点中，无法凸显本案争议焦点在居中介绍和居中倒卖的区别，不容易引起司法机关工作人员的重视。因此对标题框架做了调整，把原来二级标题的第三点拆分出来，独立成为一级标题，如此关于本案应评价为居中介绍，并认定为从犯的辩点就更加鲜明，更容易引起重视。

8. 标题拟定的常见问题及修改对策

在撰写标题时，常见错误类型包括烦琐过度、抽象套话、层次混乱、排序不当、重复累赘、“叠床架屋”、语言生活化。对这些常见的错误可以采取下面的方式进行修改。

第一，标题烦琐过度时，将过长的标题调整控制在一两行之内。

第二，标题抽象套话时，建议表述要结合具体案情，不要把信息藏在段落里。当然，这里的具体案情应该是一些枝干信息，而不是细枝末节的琐碎信息。

第三，标题层次混乱时，如标题之间存在并列关系时，可以采用“句式相当、关键词先行”方式表述；标题之间存在阶梯关系时，要斟酌各标题之间的排序，有策略地选择“进一步”或者“退一步”方式表达。

第四，标题排序不当时，要分清主次，把重要的标题写在前面或者写在高级别的标题中。

第五，标题重复累赘时，可以换个说法，或者减少层级，拆开平铺。

第六，标题“叠床架屋”时，要控制标题级别数，一般案件控制在二、三级即可，再复杂也不超过四级；如果是多事实、多罪名、多辩点的案件，级别数量确实比较多的，可以采分部分，后再按照“一、”“（一）”“1.”“（1）”结构层次标序。

第七，标题语言生活化时，表述不够法言法语时，可以内嵌法条，或者引用经典判决书的语言来修改标题。

（三）语言：辩词的“气质”

一般来讲，辩护意见的语言风格要做到：

第一，简洁凝练，不要太烦琐，用精练的语言把辩护观点表达出来。

第二，法言法语，与庭审的口头发表辩护意见有区别，用词用句要规范，不能像口头表达辩护意见一样，随性通俗。

第三，理性平和，表述一般不宜过分煽情，尽量避免使用情感色彩过浓的词句，也不宜使用问号、感叹号等带有情感色彩的标点符号。

关于辩护意见能不能脱离事实、证据、法律去谈论案子处理的社会影响，笔者认为要遵循三点：

首先，不得在辩护意见中指责司法机关及其办案人员。即便办案人员存在不妥之处，律师还是要围绕案件事实认定、证据审查、法律定性本身展开辩护，撰写辩护意见。

其次，善于把情感问题转化为技术问题。如果案件存在非常严重的非法取证情况，简单的指责甚至在辩护意见大段谩骂相关的取证人员，并不能起到任何辩护效果；相反，可以转化成技术问题，如在辩护意见或者申请书中提出非法证据排除。

最后，可以推及人情、社会和制度。在写辩护意见时，可以适当使用有情感色彩的语言，但是要适当，不要过度。一般在分析事实、证据、法律的基础上，可以升华推及人情、社会、制度，尤其是重大争议的案件、有重大影响力的案件或新型的案件。

例 5-1-14

七、以起诉意见书认定的罪名及损失额来追究杨某某等人的刑事责任，过于严苛，且极易对游戏公司产生不良指引作用

如果按照起诉意见书认定的“破坏计算机信息系统，造成直接经济损失390.3422万元”的定性，追究在案三嫌疑人的刑事责任，那么根据司法解释追诉标准，三嫌疑人都将面临五年以上的有期徒刑（上至十五年有期徒刑）。本案三嫌疑人均是初为人夫人父，仅仅因为偶然得知游戏公司开发的系统存在漏洞，出于对游戏的沉迷，利用漏洞大量复制了装备和消耗品，就将剥夺三人五年以上的人身自由，未免太过严苛；而且还极易给游戏公司传递负面的信号，使游戏公司在编写程序代码时，故意制造漏洞，让玩家复制后再通过刑事手段索赔，从而不利于未来游戏行业的自我约束和发展。

相反，作为法律人，我们如果能够充分发挥司法智慧，在技术上寻找适合的轻罪（非法获取计算机信息数据罪）和妥当的量刑档次（不以复制装备和消耗品的价值认定损失额，在三年以下档次量刑），最终对三嫌疑人科以适度的刑罚，不仅有助于充分发挥刑罚的惩罚和预防的双重功能，而且可以避免游戏公司从自己的错误中获益，引领游戏行业健康发展，实现法律效果和社会效果的统一。

例 5-1-14 的背景是一起涉嫌破坏计算机信息系统罪的案件，依据起诉意见书的认定，涉案行为被定性为破坏计算机信息系统，且造成的经济损失认定为 390.3422 万元。根据《刑法》的规定，此种情形下，犯罪嫌疑人要被判处有期徒刑 5 年以上。以上展示的是辩护意见的最后一部分，此前律师已经就关于本案如何定性，事实是否清楚，存在哪些量刑情节，充分发表了意见。在此基础上，最后推及人情、社会、制度，理性中带着一丝的温情，温情中又饱含着理性，情理交织在一起，起到升华作用，能够引起司法机关工作人员的思考。

（四）论证：辩词的“血肉”

辩护任何案件，论证素材都逃脱不了以下八个方面，论证时，律师可以穷

尽考察以下八个方面，全面论证、充分辩护。

1. 事实

此处的事实多指没有争议的事实，但是这些事实散落在全案的证据中，需要进行归纳。

例如，在一起聚众斗殴的案件中，辩护人审查后认为，被告人只是一般参加者，并不是积极参加者，没有必要追究聚众斗殴的刑事责任。在论述他是一般参加者还是积极参加者时，要把被告人不积极的表现呈现出来，这就要靠事实，而这些事实其实也没有争议，只是散落在全案的证据材料当中，要做一些归纳。比如当时谁是斗殴的提出者、持械行为是否持续、赶往现场是否积极、是否参与斗殴、是否参与追赶等。这些事实是没有争议的，只不过要从在案的证据中归纳出来。

事实论证法经常在从犯的认定、明知的认定、非法占有目的的认定，以及是否适用缓刑中使用。事实的分析作为论证素材时，可以用以下几种方法去论证。

第一，按时间顺序去拆分。比如，常见的强奸案件往往发生在隐蔽空间，需要判断被害人是否自愿与被告人发生性关系。而被告人和被害人各执一词，证据呈现一对一的情况。律师可以按时间顺序，把事实进行拆分，从事前、事中、事后去考察论证被害人是出于自愿还是被迫。比如，事前方面，调查两个人是否相识，是否本身就有暧昧关系，在前往酒店房间时两个人是不是已经很亲密了；事中方面，提炼两个人说法中相互一致的部分去分析不一致的部分，判断到底谁的说法更可信；事后方面，询问被害人有没有马上报警，或者报警的原因是什么，有没有捉奸或一些其他考量，如索要金钱不成，恼羞成怒报警等。

第二，按基础事实拆分。比如合同诈骗案件中，非法占有目的的认定从履约能力、履约行为、履约不能的原因、资金去向和履约努力五个方面去论证，这也是围绕着事实展开论证。

第三，按构成要件拆分。比如，论证能否适用缓刑，首先，要从是否宣告刑期在三年以下，其次是否情节轻微，再次是否认罪悔罪表现良好，最后，有无社会危险性以及是否适合社区矫正等方面进行分析。

第四，按事物性质拆分。比如，从犯的认定，一般来讲从犯意提起、作用地位、参与程度、获利情况等角度收集素材，组织论证。

可见，事实辩护其实是通过不同角度、不同层面去分析是否构成某个情节，是否能认定某事实等。

2. 证据

证据论证可以从以下三个方面展开：

首先，单个审查，要看证据的来源、取证过程和结果形式是否符合法律的规定，是否属于非法证据，是否属于瑕疵证据、不能补证、不予采信的证据。单个证据在论证时，可以参考《关于适用〈中华人民共和国刑事诉讼法〉的解释》第4章的内容对照分析。

其次，双向对比，包括横向对比和纵向对比，主要审查是否形成印证关系。这种印证关系是有独立来源的真实印证还是虚假印证，能不能排除矛盾，有没有存在不能解释的矛盾。

最后，综合认定能不能排除合理怀疑，一方面，要论证控方的证据体系不闭合；另一方面，积极搭建辩方的证据体系，构建辩方的事实，要尽力引用证据去论证这个事实成立，如果缺乏充分的证据，也要论证这个事实有初步的证据线索能够支持，无法排除合理怀疑。

3. 学理

一些社会关注度高的新型犯罪、疑难复杂案件，法律适用不清晰，常常会引发学术探讨，可将学术上的研究成果为辩护人所用，写入辩护意见中。另外，律师更要重视实务型学者撰写的事实认定、证据审查、法律适用的文章。比如，司法机关工作人员写的案例分享，尤其是刊登在《人民司法》《刑事审判参考》的案例，在辩护意见的撰写过程中可以引用、模仿这些案例评析中说理、论证的角度。

4. 法律

法律论证在行刑交叉案件、民刑交叉案件格外重要。

以行刑交叉案件为例，行政法的特点是法律法规有层级，有法律、行政法规、部门规章、规范性法律文件等，上下法如果有冲突，那就涉及选择适用的问题。而且在行刑交叉案件中，往往涉及刑法中空白罪状的理解。

处理行刑交叉案件，首先要整理归纳和提炼法条，找到所有的规定；其次要厘清法律位阶关系，是否新法优于旧法，上位法优于下位法，法律文件是否失效；最后要理解和引用、适用相关的规定。因此，要穷尽检索，正确应用，找到对辩护有利的观点。

5. 司法解释

司法解释包括最高人民法院、最高人民检察院等有权解释机关颁布的司法解释等。此外，也需要关注地方性出台的类司法解释文件、会议纪要等。

实践中需要特别注意一些生僻的司法解释性文件的寻找，因为有些案件处理陷入僵局后，如果能够找到司法解释的依据，就会柳暗花明。如在组织卖淫案件中，犯罪嫌疑人如果有股份，不管有没有实际参加违法犯罪活动，一般会认定成主犯。但该案辩护人穷尽检索，找到了浙江省高级法院的座谈会纪要，其中规定犯罪嫌疑人虽然有一定的股份，但股份比例较小，又没有实际参与经营管理的，可以认定为从犯。二审法院就引用了这一条，认定从犯，减轻处罚。可见，在辩护时要穷尽相应的司法解释、地方性的意见或会议纪要，为辩护寻找依据。

6. 常情、常理、常识

经验法则也是认定事实的一种方式，包括运用常情、常理、常识去分析判断相关事实说法是否可信。往往在证据短缺的案件，律师要充分运用常情、常理、常识分析判断犯罪嫌疑人、被告人的辩解是否合理，相关说法有无可能，相关行为有无异常等。

7. 案例

2020 年，最高人民法院颁布了《最高人民法院关于统一法律适用加强类案检索的指导意见（试行）》，要求人民法院在审理案件时，参考之前裁判的类似案例。因此，辩护人在论证辩护观点时，可以查找或者检索案例，如果是有利于辩护，可以用来辅助辩护观点，也可以制作案例检索报告作为辩护意见的附件，作为论证素材，提交给司法机关工作人员供案件处理上参考。

案例检索也要注意优先性的问题。首先，一般指导性案例和公报案例优先检索，因为根据相关司法解释，指导性案例是可以在判决书当中援引和参照的。其次，检索比较权威的刑事实务杂志、案例集，如《刑事审判参考》《人民司法》《人民检察》，其中的案例有比较强的参考性。最后，再检索中国裁判文书网。检索中国裁判文书网时，要注意以下几个优先级的问题：第一，辖区上级法院案例优于辖区同级法院的案例；第二，情节相似的案例优于案情相似的案例，案情相似的案例优于罪名相似的案例；第三，“举重以明轻”的案例优于“举轻以明轻”的案例。

8. 政策

最高人民法院、最高人民检察院除了出台司法解释、意见类座谈会纪要之外，也会时常出台一些司法政策，甚至有些司法政策是中共中央及相关政府部门联合发文，地方司法机关也会结合地方的情况发布地方性的司法政策。例如，近年来的民营企业及民营企业家的司法保护政策、产权保护的政策等。政策出台后，各地司法机关也有适用的指标、考核要求，律师要充分运用这些政策，在辩护意见中援引政策文件的内容、精神，要求适用。

以上是辩护意见论证的8个素材。作为刑事律师，尤其是青年律师，论证辩护意见时，要从多个角度、多个维度去论证，在事实、证据、法律适用进行分析的同时，也可以加强类似案例、学术文章、实务文章的检索，如有政策依据，也要积极援引，要求适用，全面论证，形成合力说服司法机关工作人员采纳辩护意见。

第二节　申请类辩护文书的制作①

撰写辩护意见，通常有两种形式：一种是辩护意见的形式，另一种是申请书的形式。

① 主讲人：贾小玉。

一、申请书的“道”

申请书的“道”，就是申请书的说服艺术，即为什么律师要采用这样一种申请书的方式而不采用辩护意见的方式来表达意见。因为申请书的方式有更为特殊的用途。

第一，申请书是一个“小”的辩护意见。因为申请书的篇幅一般都是比较短的，属于短小精悍型，更便于办案人员了解律师的诉求。例如，取保候审申请书，办案人员一看标题，就知道律师是要提出取保候审；又如，非法证据排除的申请书，办案人员看到标题就知道律师提出的是非法证据排除的申请，更便于其了解律师的诉求。

第二，申请书是一个“动态”的辩护意见。在办案过程中，随着案件的变化，律师可以在不同的阶段提出不同的申请。比如，在侦查阶段提出取保候审的申请，后续到了审查起诉阶段之后，会有相应的证据材料，阅卷后若发现鉴定意见有问题，可以提出重新鉴定的申请，也可以提出调查取证的申请。总之，随着案件变化，可以有不同形式的申请，并借由这些类型不同的申请，可以和办案人员有一些互动，来增强和办案人员的沟通。

第三，申请书是“辅助辩护意见”的辩护意见。除了“辩护意见”的形式之外，申请书也可以辅助辩护意见的发表。如前述提到的鉴定问题，律师在辩护意见里可以指出鉴定可能存在哪些方面的问题，但是同时也可以提出重新鉴定的申请，或者提出鉴定人出庭作证的申请，以不同的方式来辅助辩护意见的发表，从而引起办案人员对相关问题的重视。

第四，申请书是“多样式”的辩护意见。就同一个问题而言，如果相关的鉴定材料是有问题的，一方面，律师可以通过非法证据排除申请，指出一些物证的程序违法；另一方面，也可以提出重新鉴定的申请。再换一种方式，律师还可以提出要求鉴定人出庭作证的申请，从而通过多种方式来提升律师和办案人员沟通的新鲜感。

二、申请书的“术”

第二部分是申请书的“术”，也就是申请书的撰写要点，主要包括申请书的体例、风格、内容。

1. 申请书的体例

一般撰写的申请书可能会包括两种体例。第一种是申请人、申请事项、相关地址、联系电话、事实理由等的列明，如下：

例 5-2-1

××涉嫌××罪一案

取保候审申请书

申请人：××律师事务所　××律师

地　址：×××××××××××

联系电话：×××××××××××

申请事项：变更强制措施，办理取保候审

事实与理由：

辩护人总体认为，根据××的陈述及辩护人从侦查机关了解的基本案情……观点概述……××符合取保候审的条件。具体意见如下：……具体理由详述［1. 涉案罪刑（是/否）符合取保候审的刑期条件；2. 事实（是/否）已基本查清，证据（是/否）已基本收集固定；3. 嫌疑人社会危险性情况，（是/否）可能妨碍诉讼以及（是/否）有逃跑可能性；4. 嫌疑人的认罪悔罪态度；5. 赔偿谅解情况；6. 政策及社会效果；7. 其他可以取保候审的情节］。

综上所述，辩护人认为……（观点概述），根据《刑事诉讼法》第 67 条、第 81 条规定，特申请贵局考虑上述因素，对××变更强制措施为取保候审。

此致

××市公安局

辩护人：××律师事务所

××律师

××××年××月××日

附：×××

第二种是采用了辩护意见的方式去写申请书，写明一些委托的事由、对事实的判断了解、辩护人观点的陈述、落款等，如下：

例 5-2-2

××涉嫌侵犯商业秘密罪一案

取保候审申请书

××市公安局××区分局

尊敬的承办警官：

××因涉嫌侵犯商业秘密罪一案，已于 2015 年 3 月 27 日由×区人民检察院批准逮捕，现案件处于贵局侦查阶段。受××近亲属委托并经其本人确认，××律师事务所指派我担任其辩护人，依法为其辩护。接受委托后，辩护人依法多次会见了××，详细听取了其供述和辩解，对本案的事实有了一定的了解。

辩护人总体认为……

综上所述，辩护人现根据《刑事诉讼法》第 38 条、第 67 条的规定，提出如上申请，恳请贵局能对××变更强制措施为取保候审！

辩护人：××律师事务所

××律师

××××年××月××日

附：×××

相较来说，第一种形式更直接，更能展现出申请书的特点。

2. 申请书的风格

申请书的风格可以被归纳为以下三个特点。

第一个特点是“精”，意思是申请书一般比较短小精炼，那就意味着我们在写作申请书的时候篇幅不宜过长。

第二个特点是“实”，申请书的内容比较实在，实践中直接提出相应的诉求，要列明相关的理由，列明一定的依据，内容非常实在。

第三个特点是“准”，申请书是直击问题的，能准确地表达律师的诉求。

要有针对性地提出取保候审、非法证据排除等请求，通过这样一种方式来展现诉求。

所以，律师在撰写申请书的时候要注意“精”“实”“准”，这也是申请书所特有的三个特点。

3. 申请书的内容

一是申请书的标题。律师在写申请书的时候可能都会用比较简单的标题，比如取保候审申请书或者调查取证申请书。这种写法会使办案人员一方面不了解具体是哪个案件申请，也不能直接看出申请的事由，只有看具体的内容才能够有一定的了解。基于此，为了便于办案人员能够从标题就读出一定信息，一般要求律师在写申请书的时候概要性地写明当事人、案件名称、申请事项等信息，以便于办案人员在纷繁复杂的材料中，一眼就知道律师递交的材料有何种用途。比如，林某某被判诈骗罪一案，要调取林某某的银行借款来源的相关证据，就可以将相关的诉求体现在标题上，即“林某某被判诈骗罪一案关于调取林某某农商银行两笔借款来源的相关证据的申请书”，以便办案人员可以直接从标题就了解到律师的诉求。

二是申请书的首部。首部是申请书的开头部分，需要写明委托来源（申请人）、申请事项（申请背景介绍），也即向承办人介绍申请人是谁，是基于什么事由递交申请的。

三是申请书的正文。申请书的正文是对申请理由进行详细论述，包括线索来源、线索成立可能性、申请的必要性、申请的可能性、申请的具体内容、申请的法律依据。需要注意的是，第一，作为律师，在当事人提出某一情况后，要先进行审查，判断线索成立的可能性，之后再向法官、检察官反映。第二，律师还要考虑申请的事项有没有必要，它与这个案件的关系是什么。第三，申请的事项有没有可能实现，比如，有一些监控录像记录，可能三个月更新一次，三个月之后是提取不到的，此时律师就要考虑申请的相关事项有没有可能性。第四，申请的具体内容，即具体要调取哪部分的材料，要详详细细地写清楚材料在哪里，材料的具体内容，以及材料的相关线索问题。第五，申请的法律依据，律师要把法律依据作为正文的重要部分，详细地罗列出来。

四是申请书的尾部。律师一般会写明申请人、申请时间，通常情况下也会有一些附件。附件就是律师在提出申请时需要一并提交给办案单位的一些相应的线索材料。

三、申请书的“器”

申请书的“器”，指撰写申请书的工具，即申请的理由可以从哪些方面找。这里罗列了四个方面以供参考。

第一，可以在案件材料里面去寻找。比如，一些案件的电子数据没有数据来源的说明，而根据电子数据的相关规定，应当有数据来源。这个就可以成为申请的理由。

第二，可以从当事人的辩解中寻找。在梳理完案卷材料之后，律师也要去会见当事人，向当事人了解当时所发生的情况是否与案件材料相符。从当事人的辩解中，也可以找到一些申请的事项，比如，当事人提出，当时是被刑讯逼供才签下的笔录，那么律师就可以提出非法证据排除的申请。从当事人的辩解中寻找申请的理由，也是律师发掘申请理由的关键。

第三，可以从一些法律规定中寻找。比如，案件中出现的证人或者有一些证据材料需要律师去调取的，律师就要去检索律师调取相关证据是否有相关的法律规定，以及诸如律师申请非法证据排除有没有相关的法律规定，律师申请证人出庭作证有没有相关的法律规定。又如，二审开庭的申请，律师就要找二审开庭的申请理由有哪些，法律又是如何规定的。这些申请的理由可以从法律规定中寻找。

第四，从常情常理中寻找。这可能涉及具体案件的判断。如当事人辩解称银行账户的一笔钱款并不是赃款，而是朋友的收入，只是转到其账户。经了解当事人朋友的收入渠道合法，收入合理，从常情常理角度出发，当事人的辩解具有可信的基础。

四、申请书的“用”

申请书的“用”，即申请书的具体应用。这里列举了 5 类申请书的示例。

（一）调查取证申请书

1. 调查取证申请书常见问题剖析

调查取证申请书 1：

例 5-2-3

> 申请理由
>
> 被告人赵虎涉嫌故意杀人罪一案于 2014 年 10 月 3 日由滨海市人民检察院向贵院提起公诉。受赵虎及其近亲属的委托，××律师事务所指派我们担任赵虎的辩护人。因案件辩护工作的需要，申请人申请向被害人张某的妻子李某调查取证。依据《刑事诉讼法》第 41 条之规定，请贵院予以批准。
>
> 此致
>
> ××市人民法院

例 5-2-3 的文书，第一部分申请理由“被告人赵虎涉嫌故意杀人罪一案于 2014 年 10 月 3 日由滨海市人民检察院向贵院提起公诉”。律师在论述时只提出申请人申请向被害人张某的妻子李某调查取证，理由是因案件的辩护工作需要。这份文书的问题在于，没有论述张某的妻子李某的身份，她与这个案件有什么关系，如果不说明李某的身份情况，其理由中论述的“辩护工作的需要”就无从体现。

调查取证申请书 2：

例 5-2-4

> 调取、查看证据申请书
>
> 申请人：××，××律师事务所律师
>
> 地　址：×××××××××××
>
> 联系电话：×××××××××××
>
> 申请事项：调取赵虎 2014 年 1 月 18 日接受讯问时的同步录音录像
>
> 申请理由：辩护人在审查起诉阶段会见赵虎时，依法向赵虎核对了其本人在侦查阶段所做的讯问笔录，赵虎称 2014 年 1 月 18 日笔录系经威胁、诱导后记录的不实供述。“我看见的，我想他不会一直拉着的”等相关说法，与其所述不一致，且赵

虎的辩解均没有记载于笔录中。其归案后长时间没有休息，系疲劳审讯，在民警威胁、引诱之下被迫在笔录上签字。

为履行辩护人职责，保障赵虎的合法权益，根据《刑事诉讼法》的规定，特向贵院申请调取赵虎2014年1月18日接受讯问时的所有同步录音录像，以核对赵虎的供述和辩解与笔录中的记载是否一致，查明公安人员讯问中是否存在威胁、诱导、疲劳审讯等不法情形。

调取、查看证据申请书，一般称为调查取证申请书。例5-2-4的这份调查取证申请书，在论述时就引用了犯罪嫌疑人赵虎的辩解，认为赵虎当时的笔录是经过威胁、诱导后记录的不实供述，赵虎归案后长时间没有休息，疲劳审讯，在民警的威胁引诱下，被迫在笔录上签字。这份文书的问题就在于，此处只引用了赵虎的说法，也就是仅以赵虎这一方的陈述为准。作为辩护律师，不仅要看当事人这方的说法，还要找相应的依据，此时当事人的说法相对来说可信度更高，如果能够印证，再提出申请，效果更佳。因此，对于调取的材料，如果不进行一定的审查判断，所提出的调查取证的申请就很容易被驳回。

还有一个问题是，律师通常会遗漏论述调取的证据材料对定罪量刑有哪些方面的影响，有无调取到证据材料的可能性，以及调取的具体法律依据。前述例5-2-3的文书中提到了具体的法律依据，而例5-2-4的文书中却没有提到，直接写根据《刑事诉讼法》的规定。这也是大部分律师在撰写这类申请书的时候会存在的问题。

2. 律师申请调查取证的法律依据

根据《刑事诉讼法》第54条的规定，审判人员、检察员、侦查员必须要依照法定程序收集能够证实嫌疑人、被告人有罪无罪，犯罪情节轻重的各种证据，严禁刑讯逼供，不得以威胁、引诱、欺骗的方法来收集证据，不得强迫任何人自证其罪。还有相应的司法解释对辩护人的权利也进行了规定，提出辩护人在侦查、审查起诉时，如果发现公安机关、人民检察院收集到的无罪、罪轻的证据没有随案移送，律师可以申请人民法院调取。另外，辩护人向证人或者有关单位个人收集调取本案的证据材料，若证人不同意，或者该规定客观条件不成就时，也可以申请人民法院调取。

此外，在《最高人民法院关于适用〈中华人民共和国刑事诉讼法〉的解释》中也有相关规定，但该规定往往应用于向法院申请调查取证的时候。若案件是侦查阶段，律师有没有调查取证的权利？一般在侦查阶段，调查取证属于侦查权的范畴，律师是否适宜调查取证，是否可以调查取证？《公安机关办理刑事案件程序规定》中提到公安机关必须依照法定程序收集能够证实犯罪嫌疑人有罪、无罪、犯罪情节罪轻罪重的各种证据。作为辩护人，就是要为嫌疑人提出无罪、罪轻的相关法律意见，如果证据材料能够证实嫌疑人无罪、罪轻，应当提交到办案单位。如果律师并不确信某个证据材料是否能够证实当事人无罪、罪轻，甚至可能有不利的影响，那么对于调查取证权利的行使还是要慎重，毕竟在侦查阶段，律师并不能够全面掌握案件事实。因此，在这一阶段，律师不太适合去调查取证，除非相关的证据材料能够证实嫌疑人无罪、罪轻，律师可以申请办案单位予以调取。

此外，《人民检察院刑事诉讼规则》中也提到了辩护律师可以申请人民检察院收集调取证据。依据这些法律规定，律师就可以开展相应的调查取证的工作。

3. 调查取证申请书的格式参考

例5-2-5

林某某被控抢劫罪一案

关于调取林某某农商银行两笔款项来源相关证据的申请书

××市中级人民法院

尊敬的承办法官：

受××市法律援助中心的指派并经其本人的确认，××律师事务所指派本人担任林某某被控抢劫案一审阶段的辩护人。本案审理期间，侦查机关补充提交了林某某浙江农商银行账户交易明细。该交易明细的账面显示，林某某的账户在2011年12月18日、27日，以及2012年1月19日、20日分别有一笔2000元、4740元隔天的存取记录。在庭审中，两笔交易款项的来源存在争议，经庭审调查也未彻底查清。庭后，辩护人会见了林某某，认真听取其详尽辩解，并请教银行业从业人员，对该款项的来源有了较全面的了解。

第一部分，对于调查取证申请书，在抬头部分要做一些背景介绍，如在例5-2-5的抢劫案，律师要调取的证据是当事人林某某的两笔银行款项的来源，在开头要解释说明这个款项来源到底存在什么问题。在这份文书中就提到，这两笔款项的来源在庭审过程中存在争议，而且经过庭审的调查也没有查清楚。辩护人在会见了当事人之后，当事人也提出了一些辩解，辩护人认为有必要对该辩解进行核查。即在申请书首部的位置要做背景介绍，说明申请的缘由是什么。

例5-2-6

辩护人会见林某某过程中，林某某辩解其没有在2011年下半年至2012年年初到银行存过现金。其只记得2012年过年前，他和沈某某去过浙江农商银行桐庐分水支行取过一笔4750元的钱。这笔钱的具体来源其辩解如下：2011年上半年，其和沈某某原本在诸暨五泄镇做废纸生意，后来通过房东介绍去了诸暨草塔镇，房东的女儿［“某某丹（音）”］带沈某某去她小姐妹家里“打袜子”。沈某某在这户人家打工了一个月。后来林某某和沈某某要离开草塔，“打袜子”人家的老板说过年时再结算工钱，林某某当时就将其农商银行卡的账号抄给了老板。后来，在2012年过年前，林某某收到了“某某丹（音）”发来的短信，称4740元的工钱汇过来了。于是，林某某便与沈某某去银行将钱取了出来。林某某辩解沈某某应该知道“某某丹（音）”的名字。至于2000元款项的来源其记不清了，但也有可能系他人打款给他，他再取出来的。

第二部分，要说明证据的线索来源是什么，在例5-2-6中指出这两笔款项律师是怎么得知存在问题的。在会见的过程中，林某某自己辩解称其没有存过现金，这两笔钱可能是朋友存过来的，与该案没有关系。通过当事人辩解，律师发现一些线索，通过会见当事人，了解到相关账户资金的来源情况。

例5-2-7

首先，林某某的辩解具有一定的合理性。第一，之前庭审中，林某某当庭回忆款项可能是袜子老板汇款，控辩审三方都将“汇款”理解为转账，庭后经其详细回忆，其辩解也进一步充实，其所辩解的老板“汇款”是指别人打款给他；第二，公安机关出具的说明虽然排除了转账汇款的可能，但不足以排除“别人现金打款，其再现金取款”的可能；第三，从交易明细的存取记录看，4740元汇入林某某的银行账户后，第二天就被取出，这种隔天的自存自取的行为不合乎常理，相反，“别人打款自己取款”则合乎常理；第四，诸暨草塔镇系中国袜业第一镇，家庭作坊从事袜业的众多，林某某称沈民仙在草塔镇一户人家为人“打袜子”赚取收入，具有可信的基础。

第三部分，对线索的可靠性进行分析。经过案件的分析和常情常理判断，律师提出当事人的辩解有一定的合理性。在提出当事人的辩解时，要注意要对辩解进行一定分析，来说服办案单位当事人的辩解具有可靠性。

例 5-2-8

其次，林某某的辩解具有核实的必要性。在本案中，款项的来源关乎本案5万元赃款去向的认定。款项来源是否正常，关乎能否证明林某某夺取了他人财物，继而影响能否认定林某某存在杀人的行为，是本案定罪量刑的关键事实，必须查清。林某某的辩解直接指向其4740元款项有正常来源，确有必要收集、调取证据予以核实。

再次，林某某的辩解具有核实的可能性。能够核实林某某的辩解是否属实存在两方面的证据：第一，沈某某、“某某丹（音）”、房东、“打袜子”老板的证言。根据林某某的辩解，沈某某知道事情的来龙去脉和“某某丹（音）”的名字，通过调取沈某某的证言，进而调取相关人的证言，可以核实林某某的款项来源的辩解。第二，调查款项现金存取所在的支行。如果林某某的辩解属实，4740元存取款所在的支行应该分别是××塔辖区内的支行和××水辖区内的支行。公安机关提供的农商银行交易明细中有“交易柜员”的栏目，经辩护人向银行业工作人员了解，通过查询办理业务时交易柜员的编码，可以查询到办理业务所在的支行。而且如果现金存、取款系柜台办理的，还可以调取到存、取款凭证存根。

第四部分，核实线索的必要性和可能性。一方面，要说明证据线索具有合理性，有一定的可靠性；另一方面，还要解释为什么要核实当事人的辩解，当事人的辩解对这个案件在定罪量刑方面的影响。在例5-2-8中，律师提出款项的来源关乎本案赃款去向的认定，款项来源是否正常，关系到当事人是否夺取他人财物，进而影响当事人是否具有抢劫行为的关键事实的认定，因此核实清楚非常必要。同时也要说明核实的可能性，例如，本案中相关款项的现金存取的银行情况，是否能够调取得到。通过分析该款项的核实情况，对本案定罪量刑有影响，且还具有调取的可能性的，才更容易获得办案单位的许可。

例 5-2-9

最后，申请调取证据有明确的法律依据。《刑事诉讼法》第 41 条规定："辩护律师经过证人或有关单位和个人同意，可以向他们收集与本案相关的材料，也可以申请人民检察院、人民法院收集、调取证据……"《最高人民法院关于适用〈中华人民共和国刑事诉讼法〉的解释》第 52 条规定："辩护律师直接申请人民法院向证人或者有关单位、个人收集、调取证据材料，人民法院认为有收集、调取必要，且不宜或者不能由辩护律师收集、调取的，应当同意……"

综上，为了履行辩护人的职责，协助法院准确查明案件事实，维护法律的尊严，保障林某某的合法权益，根据《刑事诉讼法》第 41 条，《最高人民法院关于适用〈中华人民共和国刑事诉讼法〉的解释》第 52 条，辩护人特申请贵院调取如下证据：

1. 调取沈某某证人证言，通过沈某某的证言明确"某某丹（音）"的名字，并调取她的证人证言，查明 4740 元款项是否为打工款；

2. 向×省农商银行调取 4740 元、2000 元的存、取款凭证存根等书证，或调取工作人员的证人证言，查明两笔款项办理存取款业务时所在的支行。

以上申请望予照准！

最后，将《刑事诉讼法》和相关解释的规定进行罗列，要解释提出的具体申请事项是跟案件有关的，比如，调取相关证人证言，该证人证言确实明确提到某个人的名字；要调取农商银行的存取款凭证，或者调取相关工作人员的证言，来查明这两笔款项的所在支行的情况。

（二）启动非法证据排除审查的申请

1. 启动非法证据排除审查的申请常见问题剖析

启动非法证据排除审查的申请 1：

例 5-2-10

申请事项：申请排除侦查机关于 2014 年 1 月 18 日 2 时 5 分至 2014 年 1 月 18 日 8 时 15 分对犯罪嫌疑人赵虎所做的讯问笔录。

事实和理由：侦查机关对被告人赵虎 2014 年 1 月 18 日所作的讯问笔录采取了引诱、欺骗、威胁的手段，致使其作出了与自身意愿不符的供述。

申请排除此份证据的相关线索及材料为：2014 年 6 月 4 日检察机关对赵虎讯问的笔录内容。

基于上述事实和理由，根据《刑事诉讼法》之规定，申请贵院排除上述非法证据，不能作为认定事实的依据，恳请贵院依法审查后予以排除。

启动非法证据排除审查的申请 2：

例 5-2-11

被告人赵虎在 2014 年 1 月 18 日 2 时 5 分至 2014 年 1 月 18 日 8 时 15 分被询问的笔录不能作为本案判决的依据，应当依法予以排除。

被告人供述的排除理由及相关线索：被告人赵虎因涉嫌故意伤害被刑事拘留，1 月 18 日的询问笔录发生在后半夜，被告人极度困乏，询问时间超过 6 小时，属于疲劳审讯。询问的警察在询问过程中存在欺骗、恐吓、威胁等行为，迫使被告人赵虎作出有罪供述。

申请排除此份证据的相关线索有：2014 年 1 月 18 日询问笔录的起止时间。

基于上述事实和理由，根据《刑事诉讼法》第 56 条的规定，申请人申请你院排除上述非法证据，请予准许。

此致

××市中级人民法院

上述两份申请，需要审查以下四个方面的情况。

第一，例 5-2-10 的申请包含了申请事项、事实理由，写明了赵虎因为被引诱、欺骗、威胁，作出了与自身意愿不符的供述。此时需要考虑威胁、引诱、欺骗的手段方式是否有一定的线索材料予以印证、是否经过核实。在例 5-2-10 所示的申请书中提出了申请排除的此份证据材料是 2014 年 6 月 4 日检察机关对赵虎制作的笔录内容。但该份申请没有具体陈述笔录内容是什么、为什么这份笔录内容反映了相关的引诱、欺骗、威胁的情况。所以，就威胁、欺骗、引诱的事实而言，还要再经过进一步核实。

第二，赵虎相应的笔录是不是非法证据排除的对象。根据《人民法院办理刑事案件排除非法证据规程（试行）》的规定，威胁是指在“严重损害本人及其近亲属合法权益等进行威胁的方法，使被告人遭受难以忍受的痛苦而违背意愿作出的供述”，符合这种情况的才是非法证据排除的范围。

第三，这两份文书都提到了《刑事诉讼法》的具体规定，律师除了要看《刑事诉讼法》适用的具体规定是否准确，还要看《人民法院办理刑事案件排除非法证据规程（试行）》的规定。

第四，诉求表达是否全面。关于诉求，两份文书仅提出申请排除上述非法证据。当然，也可以申请由讯问人出庭作证。这些都可以为提出排除非法证据的审查申请提供佐证。

2. 启动非法证据排除审查申请的法律依据

除了非法证据之外，实务中还存在“不合法证据”，即存在一些证据瑕疵的情况，但没有达到非法证据的程度。律师在向检察官、法官反馈时，肯定要在达到非法证据程度的情况下，才能够予以申请。除了主观性材料外，还有一些客观性材料，比如物证、书证的搜集不符合法定程序，可能影响司法公正的，要予以补正，如果不能补正，应予以排除。具体规定在《刑事诉讼法》第56条、《最高人民法院关于适用〈中华人民共和国刑事诉讼法〉的解释》第123~126条。《最高人民法院关于适用〈中华人民共和国刑事诉讼法〉的解释》第127条还明确了撰写非法证据排除的审查申请时，要提供涉嫌非法取证的人员、时间、地点、方式和内容，这些都可以作为材料内容。

《人民法院办理刑事案件排除非法证据规程（试行）》中详细提到了关于排除非法证据各方面的适用问题。当律师发现案件有此类情况出现时，要提出非法证据排除的审查申请。第5条要求在提出非法证据排除的申请时，要提供相关的线索材料，“‘线索’是指内容具体、指向明确的涉嫌非法取证的人员、时间、地点、方式等；‘材料’是指能够反映非法取证的伤情照片、体检记录、医院病历、讯问笔录、讯问录音录像或者同监室人员的证言等”。

总结起来，启动非法证据排除审查的申请书，要包含四个方面的内容：第一，要说明线索的来源问题。第二，要说明该线索成立的可能性大。比如，为证明刑讯逼供，可以提供一系列如伤情照片或者当事人自己的供述等证据，以说明司法机关工作人员当时是怎么殴打的，使用什么方式方法，又有什么样的材料予以佐证。第三，写明非法证据排除的对象。辩护人经过审查，认为确实属于非法证据的范畴，要求相关部门依法启动排除非法证据的程序。第四，列明非法证据排除的法律依据及具体诉求。

3. 启动非法证据排除审查申请书的格式参考

例 5-2-12

关于启动对赵虎 2014 年 1 月 18 日笔录进行非法证据排除审查的申请书

××市中级人民法院

尊敬的承办法官：

赵虎被控故意杀人罪一案，现已由滨海市人民检察院向贵院提起公诉。受赵虎近亲属委托并经其本人确认，××律师事务所指派我担任其辩护人，依法为其辩护。

在履行辩护职责、查阅本案案卷、依法会见赵虎的过程中，赵虎提出其在 1 月 18 日第三次询问笔录中称“我看到他在拉我的车门”“也就是摊主拉你的车门把手，你是知道?”“我看见的。我想他不会一直拉着。”系在侦查人员威胁、引诱、欺骗的情况下作出的，并存在疲劳审讯的情况。赵虎明确辩称，当时他确实无暇顾及左边车况，是由于询问时间太长，其已经两天没有睡觉，且侦查人员告知他，只要认了就可以从轻处理，并明确说明了他的行为就是故意杀人罪，还威胁他，如果不认，要将其老婆也关进来。

第一部分，线索的来源。该申请书指明该线索是在会见赵虎的过程中，赵虎提出的。赵虎说关于其看到摊主拉着门把手的供述是在侦查人员的威胁、引诱下作出的，并且也存在疲劳审讯的情况。赵虎说当时确实看不到左边的情况，由于被询问的时间太长，两天都没有睡觉，侦查员明确表示赵虎认了就可以从轻处理，并且赵虎的行为就是故意杀人，并对赵虎进行威胁。以上为赵虎自己的辩解内容。

例 5-2-13

经审查案卷材料，辩护人发现，赵虎 1 月 18 日笔录系询问笔录，询问地点为滨海市拘留所，询问时间从 2 时 5 分到 8 时 15 分，也就是完全在夜间进行长时间的询问，严重违背正常人的作息规律，赵某也称其从入所为止一直在办理入所手续，并未休息过，根据公安部《关于规范和加强看守所管理确保在押人员身体健康的通知》的要求，侦查人员并未充分保证其休息时间。

辩护人认为，尽管在此期间，赵虎还未被作为犯罪嫌疑人制作讯问笔录，但该份“询问笔录”实质上正是其本人的有罪供述，从其作出有罪供述为止，已经属于犯罪嫌疑人供述，且该份笔录也作为认定赵虎有罪的证据提交到法院。该份笔录的制作属于非法证据排除的范畴，该份笔录制作采取的方法是通过疲劳审讯达成的，属于变相肉刑的一种方式，并以其近亲属人身自由相威胁，因此该询问笔录属于非法证据排除的对象。

第二部分，陈述线索成立可能性大。辩护人经过审查材料发现，该份笔录中记载的询问地点是拘留所，询问时间是从 2 时到 8 时，基本上是在深夜和凌晨进行的长时间的询问，实际上严重违背正常人的作息规律。而且赵虎也称其入所后没有休息过。即赵虎很有可能是在长期的疲劳状态下，做出这样的笔录。从证据的审查情况来看，可以判断出，赵虎当时的精神状态可能确实是他所说的处于疲劳状态下。赵虎也提到了相关人员存在威胁、引诱的情况。此时，律师就需要给赵虎做一份笔录，提交到相关部门作为证据材料和线索。该份笔录里要写明当时是何人做的笔录，谁威胁、引诱，具体说了什么话，当时的询问时间是从何时到何时，赵虎的精神状态如何。该份笔录就可以作为非法证据排除的线索材料，附在申请书后。经过分析，可以判断，存在非法证据的可能性比较大。

第三部分，表明属于非法证据排除的对象。疲劳审讯以及以近亲属人身自由相威胁而制作的笔录属于非法证据排除的对象。

例 5-2-14

同时，根据赵虎的有罪供述，本案也属于可能判无期徒刑以上的重大案件，根据我国《刑事诉讼法》第 123 条、公安部《公安机关办理刑事案件程序规定》第 208 条之规定，应当对讯问过程进行录音录像。因此，侦查机关应当保存有该时段审讯过程的录音录像。在被告人对笔录进行合法性质疑时，应当提交法庭以供核对。

辩护人认为，本案中赵虎本人对其主观状态的表述直接关系到对其的定罪量刑。且根据上述分析，赵虎的辩解成立的可能性较大，若经核实相关同步录音录像，该份笔录的形成系在侦查人员威胁、引诱、欺骗、疲劳审讯下制作的，则属于非法证据，依法应启动非法证据排除程序，并予以排除。

第四部分，申请核实同步录音录像。辩护人认为，按照当时认定的故意杀人罪，赵虎有可能被判处无期徒刑以上刑罚。这类重大案件，规定要进行录音录像的，那么侦查机关应当保存有这个时段的录音录像，一并提交法庭供核对。所以在例 5-2-14 的案件中，赵虎说其看到了摊主拉着门把手，如果看到了还继续开车，那么就可能是故意，但是如果没看到，可能就是另外一种定罪方向。因此，赵虎关于主观状态的表述会直接影响定罪量刑。从这些可能性来看，对于该证据的核实就非常必要，因为直接关系到罪名的成立与否以及相应的量刑情况。

例 5-2-15

综上，为履行辩护人职责，协助人民法院查清本案的基本事实，保障赵虎的合法权益，根据《刑事诉讼法》第 52、56 条，《最高人民法院关于适用〈中华人民共和国刑事诉讼法〉的解释》第 95 条，《关于规范和加强看守所管理确保在押人员身体健康的通知》，《人民法院办理刑事案件排除非法证据规程（试行）》第 1 条，《关于建立健全防范刑事冤假错案工作机制的意见》第 8 条等，辩护人现提出如下申请：

1. 调取侦查机关于 2014 年 1 月 18 日提审赵虎时的全部同步录音录像，以核实侦查机关是否对赵虎进行了威胁、引诱、欺骗以及赵虎当时的精神状态是否适合审讯、是否存在疲劳审讯。如果存在上述非法取证情形，应当依法排除该份证据；

2. 申请该份笔录制作者侦查人员祝某、白某出庭作证;

3. 如果未能调取相关录音录像且侦查机关及相关侦查人员不能作出合理解释，根据存疑有利于被告人的原则，应当依法排除该份证据。

以上申请，望予照准!

申请人：××律师事务所

××律师

××××年××月××日

附：《会见笔录（赵虎）》复印件1份。

最后，提出相应的法律依据以及诉求。即根据《刑事诉讼法》及其司法解释、《关于规范和加强看守所管理确保在押人员身体健康的通知》、《人民法院办理刑事案件排除非法证据规程（试行）》、《关于建立健全防范刑事冤假错案工作机制的意见》等相关规定，即所有关于保障当事人权利的规定都可以罗列。关于具体提出哪方面的诉求，第一，律师可以提出调取相应的同步录音录像来核实；第二，可以申请相关的侦查人员来出庭作证；第三，如果调取不了相关材料，也无法作出合理解释的，那么应当根据存疑有利于被告人的原则来排除这份证据。另外，要将制作的会见笔录作为线索进行提交。

（三）召开庭前会议申请书

1. 召开庭前会议申请书的常见问题剖析

召开庭前会议申请书1：

例5-2-16

申请理由：

赵虎涉嫌故意杀人一案已经由贵院受理，受赵虎近亲属的委托，××律师事务所指派我担任赵虎的辩护人。为了正式庭审程序能够流畅、顺利、高效地进行，辩护人现根据《刑事诉讼法》第187条第2款、《最高人民法院关于适用〈中华人民共和国刑事诉讼法〉的解释》第227条规定，向贵院申请对赵虎涉嫌故意杀人案召开庭前会议。

此致

××市中级人法院

召开庭前会议申请书2：

例5-2-17

申请事项：请求贵院对被告人赵虎涉嫌故意杀人案召开庭前会议

事实和理由：鉴于赵虎被指控涉嫌故意杀人罪一案，侦查机关具有采取变相刑讯逼供收集证据的情形，相关证据可能会作为非法证据予以排除。为提高本案庭审效率，申请人根据《刑事诉讼法》第187条之规定，申请贵院召开庭前会议，对于本案相关的问题了解情况，听取意见。望予准许。

此致

××市人民法院

例5-2-16申请书申请的理由是，为了正式庭审程序能够流畅、顺利、高效地进行。辩护人根据规定提出召开庭前会议，但没有提出为什么要召开庭前会议，如何召开庭前会议，庭前会议需要讨论的具体事项是什么。实际上，并不是所有案件都需要召开庭前会议。

例5-2-17申请书申请的理由是，该案存在非法证据，相关证据应当作为非法证据排除，且为了提高庭审的效率，申请召开庭前会议。非法证据排除确实是庭前会议的重要事项，但是在这份申请中，如果仅说该案存在非法证据要予以排除，而没有事先向办案单位递交相关非法证据排除的申请及相应的线索，则不符合法律规定。

2. 召开庭前会议申请书的法律规定

关于相应法律规定的引用，《刑事诉讼法》及其司法解释规定，审判人员可以召集公诉人、当事人、辩护人、诉讼代理人，在开庭前了解审判相关事项、听取意见，即可以召开庭前会议。可以召开庭前会议的事项有以下几种：

第一，申请排除非法证据的；第二，证据材料比较多，案件比较复杂的；第三，社会影响比较重大的，为了避免庭审中可能出现的各种各样的状况。《人民法院办理刑事案件庭前会议规程（试行）》也提出了一些情形，如证据材料多，案件疑难复杂，以及控辩双方对于事实和证据存在较大争议的情形的，也可以决定召开庭前会议。这些事项就是在撰写召开庭前会议申请书时要考虑的因素。

因此，只有符合法律规定的召开庭前会议的事项，才能提出召开庭前会议。第一，申请排除非法证据的案件。需要注意的是，在开庭审理前申请排除非法证据，要在庭前会议召开三天前将申请书及相关材料线索递交到相应部门。第二，证据材料比较多、案件疑难复杂的，如重大复杂的涉黑涉恶案件、套路贷案件等。第三，社会影响比较重大的，可能是舆论广泛关注的，召开庭前会议更有利于庭审活动继续进行。第四，控辩双方对于事实证据争议比较大，召开庭前会议能够便于各方聚焦争议焦点，提高庭审效率。

3. 召开庭前会议申请书的格式参考

例 5-2-18

赵虎被控故意杀人罪一案

召开庭前会议申请书

申请人：××律师事务所　××律师

地　址：××××××××

联系电话：××××××××

申请事项：申请召开庭前会议

事实与理由：辩护人认为，鉴于本案存在非法证据排除事由，且案件本身定性争议大，社会影响大，应当召开庭前会议，以提高庭审质量与效率，确保庭审活动集中持续进行。具体理由如下：

一、辩护人已经提交启动非法证据排除程序的申请书，并提供了相关线索，根据庭前会议规程，应当召开庭前会议

为维护赵虎合法权益，充分履行律师辩护职责，辩护人已经于 2014 年 10 月 10 日向贵院递交了《关于启动对赵虎 2014 年 1 月 18 日笔录进行非法证据排除审查的申请书》申请贵院调取相关证据并请求对相应的非法证据予以排除。根据《人民法院

办理刑事案件庭前会议规程（试行）》（以下简称《庭前会议规程》）第2条规定，被告人及其辩护人在开庭审理前申请排除非法证据，并依照法律规定提供相关线索或者材料的，人民法院应当召开庭前会议。

二、本案控辩双方对事实证据存在重大争议，召开庭前会议有利于正式庭审活动围绕主要争议点，提高庭审效率

在审查起诉阶段及当前的审判阶段，辩护人与本案公诉人进行了充分的沟通，但双方对于赵虎的驾驶技术如何、赵虎点刹的目的、赵虎加速时是因为情况紧急没有注意到车辆左侧的情况还是已经注意到车辆左侧的情况而因情况紧急不管不顾等主观事实与客观事实均持不同意见。辩护人认为，鉴于本案存在较多争议焦点，有必要通过庭前会议进行充分梳理，以保障庭审活动围绕争议焦点开展调查、质证与辩论，保障庭审高效、有序进行。

三、本案社会影响重大，舆论广泛关注，召开庭前会议有利于庭审活动顺利进行

本案在案发后，得到社会各界广泛关注，媒体舆论报道频繁，且本案属于应当公开审理案件，因此，也有必要通过庭前会议，规范庭审活动与秩序，为庭审活动可能发生的突发情况提供预案，以保障庭审活动顺利进行。

综上，根据《庭前会议规程》第2条的规定，辩护人请求贵院召开庭前会议，就赵虎1月18日笔录是否应当排除以及控辩双方争议焦点进行归纳梳理，以保障正式庭审程序能够流畅、顺利、高效进行。

首先是申请人、申请事项；其次是事实和理由，即召开庭前会议的具体事项。第一，辩护人已经提交了排除非法证据的申请书，并且也提供了相关线索，依法应当召开庭前会议。第二，控辩双方可能对案件的事实证据存在重大分歧，召开庭前会议有利于围绕主要争议焦点。第三，舆论广泛关注该案，召开庭前会议有利于庭审活动更好地应对可能发生的突发情况，保证庭审活动顺利进行等。

（四）证人出庭作证申请书

1. 证人出庭作证申请书常见问题剖析

证人出庭作证申请书：

例 5-2-19

申请理由：被告人赵虎涉嫌故意杀人罪一案于 2014 年 10 月 3 日由滨海市人民检察院向贵院提起公诉。受赵虎及其近亲属的委托，某某律师事务所指派我们担任赵虎的辩护人。因案件辩护工作的需要，申请人申请向被害人张某的妻子李某调查取证。依据《刑事诉讼法》第 41 条第 2 款之规定，请贵院予以批准。

此致

××市人民法院

例 5-2-19 申请书中只提出要向李某调查取证，但无任何具体的理由。《刑法》《刑事诉讼法》对证人出庭作证作出了具体规定。首先，证人证言对该案的定罪量刑有重大影响；其次，申请证人出庭作证要由人民法院来决定，人民法院认为有必要才准许证人出庭作证。如果律师把申请理由写得充分且事实依据确实，并对证人出庭作证的情况作翔实的说明，办案人员也会予以考虑。

2. 申请证人出庭作证相关法律规定

《刑事诉讼法》第 187 条，《最高人民法院关于适用〈中华人民共和国刑事诉讼法〉的解释》第 59 条。

3. 证人出庭作证申请书的格式参考

例 5-2-20

王某某被控强迫交易、敲诈勒索、寻衅滋事、非法采矿罪一案

证人出庭作证申请书

申请人：××律师，××律师事务所律师，联系方式××××××××

被申请人：李某 2，男，汉族，身份证号码××××××××，住山东省莱阳市山前店镇，联系方式××××××××。

申请事项：申请证人李某 2 出庭作证

事实与理由：贵院受理被告人王某某被控强迫交易、敲诈勒索、寻衅滋事、非法采矿罪一案，其中指控王某某敲诈勒索李某 1，逼迫李某 1 将自己价值 12 万余元的房产过户给王某某名下。王某某对此予以否认，辩称系李某 1 欠其 5 万元，李某 1 提出以自己房产抵债。房产抵债后，房产价值超出债务的部分，王某某拿现金给了李

某1及李某1的亲属。李某2称自己对此知情，愿意出庭作证。

本案关于借款金额及房产抵债后是否有拿现金给李某1及其亲属，被告人及被害人说法不一，证据情况系“一对一”。王某某的辩解是否属实，关系到本案王某某是否有索要超出债务的财产，进而影响非法占有的认定，最终影响本节敲诈勒索事实的认定。

为了维护王某某的合法权益，协助人民法院准确查明案件事实，依据《刑事诉讼法》第197条之规定，特提出申请。

此致

××市滨江区人民法院

辩护人：××律师事务所

××律师

××××年××月××日

附：李某2身份证

在例5-2-20的申请书的事实与理由部分，写明了王某某被控的是强迫交易罪、敲诈勒索罪、寻衅滋事罪等，其中指控王某某敲诈勒索李某1，逼迫李某1把自己价值12万余元的房产过户给王某某，王某某对此表示否认，但李某1说是以其房产抵债的。对于这一冲突问题，辩护人可以提出申请证人出庭作证来说明情况。因为该案中除了王某某和李某1之外，其他人的说法都不一样，实际上这种情况就是“一对一”的证据形态。辩护人核实后，李某2说自己对这个事情是知情的，且愿意出庭作证。因此，在申请书附上李某2的身份证、联系方式和相关情况，由李某2当庭作出说明。

根据证人出庭作证的情况，在撰写申请书时要注明申请人，被申请人，申请的具体事项以及申请背景陈述，证人和案件的关系，申请的理由，证人对案件定罪量刑、事实认定的影响，证人出庭作证的法律依据，落款以及相关的附件。

（五）公开开庭审理申请书

1. 公开开庭审理申请书常见问题剖析

公开开庭审理申请书1：

例 5-2-21

开庭审理申请书

申请人：××

通信地址：×××××××××

联系电话：×××××××××

申请事项：开庭审理赵虎被判过失致人死亡罪上诉一案

申请理由：受赵某近亲属的委托并经其本人确认，××律师事务所指派我担任赵某被判过失致人死亡罪上诉一案的辩护人。赵虎被判过失致人死亡罪上诉一案，已经上诉至某省高级人民法院。本案具有以下应当开庭审理的情形：原审法院对辩护人提出的赵虎未被公安机关立案侦查时便如实供述案件事实，符合坦白的认定条件的辩护意见不予采纳，如认定赵某具备坦白情节，可减少基准刑的20%以下，对该案定罪量刑存在重大影响。

根据《刑事诉讼法》第 234 条第 1 款规定，申请人为切实保障赵虎的合法权益，特此申请贵院对本案进行开庭审理。

此致

××省高级人民法院

公开开庭审理申请书 2：

例 5-2-22

申请理由

被告人赵虎涉嫌故意杀人罪一案于 2014 年 12 月 22 日上诉至贵院。受赵虎及其近亲属的委托，××律师事务所指派我们担任赵虎的辩护人。接受委托后，我们依法会见被告人赵虎并详细听取了其陈述和辩解，并查阅了本案全部案卷，对本案有了充分了解。

辩护人认为本案中存在以下应当开庭审理的理由：

一、一审中出现的非法证据没有被依法排除；

二、赵虎存在投案自首的法定减轻量刑情节一审没有依法予以认定。

鉴于上述事实没有查清，均可能影响到本案的定罪量刑。依据《刑事诉讼法》第 234 条之规定，请求贵院二审公开开庭审理此案，以保障被告人的辩护权和获得公开审判的权利，确保查明案件事实，依法作出经得起历史和法律检验的判决。

公开开庭审理申请书也是常见的申请书，尤其是在二审过程中存在不开庭审理的情形。

例 5-2-21 的文书提到，原审法院对辩护人提出的赵某在未被公安机关立案侦查时便如实供述了案件事实，符合坦白条件的辩护意见不予采纳，认定赵虎就坦白情节可以减少 20%基准刑，因为该情节对定罪量刑有重大影响，所以予以申请。例 5-2-22 文书提到，辩护人认为本案一审中有非法证据未被排除，并且投案自首情节没有认定，因此应当开庭审理。

适用开庭审理的法律规定共有四类，第一类是被告人、自诉人或者法定代理人对第一审认定的事实和证据有异议，并且可能影响定罪量刑的上诉案件。剩下三类是被告人被判处死刑的上诉案件、人民检察院抗诉的案件，以及其他一些应当开庭的其他事项。其中，最主要的就是对事实和证据提出异议，可能影响定罪量刑的，才应当开庭审理。律师要重点论述对事实证据提出异议的问题，论述其是否可能影响定罪量刑。在做二审辩护时，也要对一审的相关事实和证据提出异议。在论述二审的开庭审理申请书时，要与二审阶段的辩护意见加以区分。第一，因为是公开开庭审理，开庭审理的申请书要简单明了，直接说明申请的目的是希望开庭审理。第二，要论述对一审的事实证据有意见并且可能影响定罪量刑。因为是请示公开开庭审理，因此请求书的侧重点应该放在提出的理由和案件事实需要经过开庭审理才能够查清，或者经过开庭审理，更有利于案件处理，因此有必要开庭审理。

2. 申请公开开庭审理的法律规定

《刑事诉讼法》第 234 条、《最高人民法院关于适用〈中华人民共和国刑事诉讼法〉的解释》第 393 条。

3. 公开开庭审理申请书的格式参考

例 5-2-23

赵虎被判过失致人死亡罪上诉一案

公开开庭审理申请书

申请人：××律师事务所，××律师

地址：××××××××

联系电话：××××××××

申请事项：开庭审理赵虎被判过失致人死亡罪上诉一案

事实与理由：

辩护人经与赵虎会见沟通，赵某本人提出，虽然一审判决定性准确，但对其几乎顶格判决，量刑畸重。赵虎本人对一审判决未予认定其系自首以及被害人行为存在异常因素等事实提出异议。辩护人认为，上述基本事实直接影响对赵虎应当以及可以从轻、减轻的情节未予认定，导致判决结果畸重，有必要通过开庭审理查明上述案件事实，从而对本案正确量刑。具体理由如下：

一、赵虎系自首，一审法院未认定，严重影响对赵虎的量刑，应当开庭审理予以查明

根据在案证据显示，赵虎系因与摊主的纠纷被行政传唤，在传唤时已经将全部案件事实予以陈述。根据《最高人民法院关于处理自首和立功具体应用法律若干问题的解释》第1条第1项中的规定，赵虎属于自动投案的情形，且如实供述了案件全部事实，应当认定为自首。而这一法定量刑情节一审法院未予认定，相应的从轻、减轻情节也未能认定，根据×省高级人民法院《关于常见犯罪的量刑指导意见》实施细则关于自首的量刑规定，对赵虎最多可以减少基准量刑的40%，对案件量刑结果影响重大。据此，根据《刑事诉讼法》第234条第1款规定，二审法院应当对本案开庭审理。

二、被害人的行为存在一定异常因素，一审法院未予考量，也影响对赵虎的量刑，应当开庭审理予以查明

本案中，起诉书以及多份证人证言均提及了系摊主拉门把手，并跟着车跑，而不是放手（如证人杨某的证言），该行为本身即属于异常情况，明显超出赵虎意料。被害人存在一定程度的自陷风险的行为。对此，应当适当减轻对赵虎的处罚，一审法院对此未予考量，也影响对赵虎的最终量刑结果，根据《刑事诉讼法》第223条第1款规定，二审法院应当开庭审理。

综上，为履行律师的辩护职责，保障赵虎的合法权益，依据《刑事诉讼法》第234条、《最高人民法院关于适用〈中华人民共和国刑事诉讼法〉的解释》第393条，特申请贵院对本案进行公开开庭审理。以上申请，敬请重视，照准为盼！

此致

××省高级人民法院

辩护人：××律师事务所

××律师

××××年××月××日

例5-2-23的文书提到自首的问题，包括当事人自首情况、到案后是否如实供述。此外，该文书还提到被害人的情况和身份，以及多份提及当时情况的证人证言，这些证据如果在二审开庭审理过程中进行质证，更有利于事实的查清。

第三节　刑事辩护法律文书标准化文本[①]

一、格式规范

此处的格式规范是参照办案机关所遵循的党政机关文书的格式规范进行的改良。如果律师在书写时也采用同样的格式规范要求自己，更容易获得办案机关的认同。

（一）页面设计

结构	格式规范
页面设计	1. 封面设计：封面采用封面专用纸，文字部分分两行。 第一部分：文件名称，如“××涉嫌故意伤害罪一案审查起诉阶段辩护意见”（格式：黑体一号加粗，分两行居中，单倍行距）； 第二部分：律师事务所名称、律师名字、联系方式、提交日期（格式：三号黑体加粗，分四行居中，单倍行距）。 示例： ××涉嫌故意杀人罪一案 审查起诉阶段辩护意见 ××律师事务所 ××律师 联系方式：××××××××××× ××××年××月××日 2. 页眉：中间与文本标题，如“某某涉嫌诈骗罪一案侦查阶段辩护意见”（格式：宋体，小五，顶端距离1.5cm）。

① 主讲人：贾小玉。

结构	格式规范
	3. 页脚：第一行靠右插入律所名称，第二行居中插入页码（格式：第×页共×页，宋体，小五，底端距离 1.3cm）。 4. 页面布局：上下 25.4mm，左右 31.8mm。 5. 文章行距：固定值 27 磅，可根据页面情况调整。 6. 装订：辩护意见的装订可分为“简装”和“胶装”。对于篇幅较短（15 页以内），采取简装装订，封面采用电子版封面（A3 纸直接打印）；对于篇幅较长（超过 15 页），采取胶装装订，一般用淡蓝色封皮。

第一，封面设计。封面应写明案件的基本情况，包括文件名称、律所名称、律师姓名及其联系方式等。在格式上，文件名称的字体是黑体、一号加粗，然后分成两行居中、单倍行距。律所、律师的名称、联系方式、提交日期等，一般是三号黑体加粗，分四行，居中，单倍行距。

第二，笔者建议在页眉部分注明文件名称，办案人员在翻阅时，在每个页面上方都能看到辩护意见的标识；在每页页脚右下方插入律所名称，第二行插入页码，字体是宋体，字号是小五。

第三，行间距，一般是固定值 27 磅，可以根据页面情况进行调整。

第四，装订。辩护意见一般是两种情况，一种是篇幅较短（15 页以内）的，一般采用简单装订；另一种是篇幅较长的，一般采用胶装装订。

（二）文本标题

结构	格式规范
文本标题	1. 标题内容：当事人、案件名称、刑事诉讼阶段、事项 其中，案件的表述因所处阶段的不同而不同，一审阶段为被控某罪一案，之前阶段为涉嫌某罪一案，二审阶段为被判某罪一案。 2. 标题格式：标题分为两行 第一行：当事人涉嫌、被控、被判案件名称（黑体，三号字，加粗，居中，段前间距 1 行）； 第二行：阶段、事项（黑体，三号字，加粗，居中，段后间距 1 行）。

结构	格式规范
	关于特殊文书，第一行不变，第二行可以直接点明主题，如：解除查封房产申请书。 示例： ××涉嫌故意杀人罪一案 审查起诉阶段辩护意见 反例： 李某某冤案无罪辩护意见 辩护词 赵虎故意杀人案一审阶段辩护意见 Tips： 除此之外，如果向同一办案单位递交多份辩护意见，还需要在标题上有所区别，如“××涉嫌××案审查起诉阶段第二次（补充）辩护意见”。

标题主要包括当事人案件名称、刑事诉讼阶段以及事项。律师在撰写时需要注意案件名称的表述同案件所处阶段的不同，连接词不同：一审阶段称为某某人被控某罪一案；如果是之前的阶段，如审查起诉阶段、侦查阶段，因为还没有定案，用“涉嫌”比较准确；到二审阶段，是“被判”某罪一案。

标题格式一般分成两行：第一行是当事人所涉嫌或被判的案件名称，采用黑体三号字加粗；第二行是阶段。有些特殊的文书，如申请书，第二行直接点明主题，如《解除查封房产申请书》。

有的律师会用“辩护词”的说法，但现在大部分律师都是用“辩护意见”，两相比较，后者相对来说能更贴近律师表达。此外，当向同一个办案单位递交多份辩护意见时，在标题上要有所区分，比如，律师要递交第二次的补充意见，在标题上注明第二次补充意见，来与第一次递交的意见进行区分。

（三）称呼

结构	格式规范
称呼	1. 办案机关采用规范名称，如某市某公安局某分局，某市某区人民检察院，某市中级人民法院（顶格，黑体，四号字，加粗） 2. 承办人表述全面、体现尊重，侦查阶段为“尊敬的承办警官”，审查起诉阶段为“尊敬的承办检察官”，审判阶段若法院独任审理应表述为“尊敬的审判长”，若合议庭审理应表述为“尊敬的审判长、审判员、人民陪审员”或“尊敬的承办法官、合议庭各位法官”（顶格，黑体，四号字，加粗，段后1行）。 示例： ×市中级人民法院 尊敬的承办法官、合议庭各位法官： 反例： 尊敬的承办法官 Tips： 有时候为了显得郑重其事，可以加上特定司法机关工作人员的全名，但紧接其后要加上职称，例如“尊敬的××检察长”。

对于办案机关的称呼也要采用比较规范的名称，比如，某市公安局某分局、某市某区人民检察院，某市中级人民法院等，另起一行写“尊敬的×××”，在侦查阶段时，是“尊敬的承办警官”；在审查起诉阶段时，是“尊敬的承办检察官”；在审判阶段时是“尊敬的审判长、审判员、人民陪审员”“尊敬的承办法官”“尊敬的合议庭各位法官”。此外，为了显得郑重其事，可以加上特定司法机关工作人员的全名，如“尊敬的××检察长”。

（四）正文标题

结构	格式规范
正文标题	1. 一级标题：黑体四号加粗，首行缩进2字符。 2. 二级标题：宋体四号加粗，首行缩进2字符。 3. 三级标题：楷体四号加粗，首行缩进2字符。 4. 四级标题同正文字体。 5. 序数依次使用“一、”“（一）”“1.”“（1）”标注，其中一级标题段落之间空一行，其余段落之间不空行，三级标题序号后空一格。标题后不加标点符号。 6. 一级标题内容尽量表述为两行，要既准确又美观。 示例： 二、在意志因素上，赵虎不存在希望或放任××受伤及死亡的主观心态 …… （二）事中，赵虎只想尽快离开，仅以点刹方式逼开摊主妻子，没有意识到摊主还在左侧 1. 案发当时，赵虎急于离开符合常情常理 赵虎向辩护人提及，当时他看到摊主位置上有刀，且周围群众都在拍打他的车窗，摊主还拿起电话打电话，赵虎当时非常害怕，担心自己下车会被殴打，也担心摊主叫更多人来威胁、恐吓他，基于此，赵虎才发动汽车想要离开，这一情况属于正常人的行为表现。 ……

正文的标题部分，一般分4级标题。一级标题，黑体四号加粗，然后首行缩进2字符；二级标题宋体四号加粗；三级标题楷体四号加粗。

关于序数词，一般采用“一、”“（一）”“1.”“（1）”这样的标注方式。标题后面一般不加标点符号，一级标题尽量表述成两行，这样看起来比较简洁明了。

（五）正文格式

<table>
<tr><th>结构</th><th>结构部分</th><th>格式规范</th></tr>
<tr><td rowspan="2">正文格式</td><td>首部</td><td>1. 内容：委托来源+开展的基本工作。
格式：宋体，四号字，行距固定值27磅，首行缩进2字符。
2. 注意：
①委托主体为×××，系“近亲属”而非“亲属”或“家属”；
②在侦查阶段律师不能出现对案件已经全面了解的表述，可表述为“对本案有了一定的了解”；
③申请类文书与意见类文书首部有所不同。
示例1：
××涉嫌故意杀人罪一案
侦查阶段辩护意见
××市公安局
尊敬的承办警官：
受××近亲属委托并经其本人确认，××律师事务所指派我担任××侦查阶段的辩护人，为其辩护。接受指派后，辩护人依法会见了××，听取其辩解，并与贵局沟通，对本案事实有了一定的了解。现提出如下辩护意见，供贵局办理本案时参考。
示例2：
××涉嫌故意伤害罪一案
取保候审申请书
申请人：××律师事务所　××律师
地　址：×××××
联系电话：××××××××
申请事项：变更强制措施，办理取保候审
事实与理由：</td></tr>
<tr><td>总体认为及综上所述</td><td>辩护人总体认为及综上所述等需要办案机关注意的文字，不能是正文标题的简单堆砌。
格式：宋体，四号，加粗，下划线，段前间距0.5行，首行缩进2字符。
示例：
辩护人总体认为，根据××的陈述及辩护人从侦查机关了解的基本案情，即便认定××构成故意伤害罪，××也具备多项从轻、减轻情节……</td></tr>
</table>

续表

结构	结构部分	格式规范
正文格式	结束语	结束语一般表述为“以上意见望重视并采纳!”,“以上意见,望予采纳!”或“以上申请,望予照准!”等。 格式:宋体,四号,加粗,下画线,段前段后空1行,首行缩进2字符。 示例: 以上意见望重视并采纳!
	落款	意见类文书直接落款,不用写“此致××机关”,以免重复 格式: ①单位名称:黑体,四号字,加粗,段前间距2行,首行缩进13字符; ②办案律师姓名、签名下画线及日期:黑体,四号字,加粗,首行缩进17字符。 示例: 辩护人:××律师事务所 ××律师 ××××年××月××日 申请类文书还需写明此致办案单位(“此致”缩进2字符,办案单位名称无须缩进)。 示例: 此致 ××市中级人民法院 辩护人:××律师事务所 ××律师 ××××年××月××日
	附件	如有附件写明“附:”,顶格,使用楷体,小四,序号为:1.2.3.……序号后空一格,每行之间用“;”,最后一行用“。”。 示例: 附: 1. 谅解书; 2. 民事赔(补)偿协议; 3. ××悔过书。

首部通常会介绍委托来源和开展的基本工作。比如，受××近亲属的委托，并经其本人确认，××律师事务所指派××律师担任××侦查阶段的辩护人为其辩护，接受指派后辩护人开展了哪方面的工作，对本案有了哪些了解，现提出辩护意见，供办案单位审查时参考。

如上，首部内容一般分为两个部分，一是委托的来源，二是开展了哪方面的工作。关于委托的主体，一般来说是近亲属委托，有时候可能就写成“受××亲属委托”，与《刑事诉讼法》规定不符，是“近亲属的委托”表述更准确。另外，在侦查阶段，表述时不能使用“我们对案件已经全面了解”的言词，要表述成“对案件有了一定的了解”。因为在此阶段，律师的信息只能来源于当事人的陈述或者办案单位提供的信息，所以对于案件并没有达到全面了解程度。

申请类文书和意见类文书的首部有所区别。申请类文书的抬头是申请人是谁，或是申请的事项是什么，申请的事实和理由是什么；在意见类文书中，律师一般会写明委托的是谁，委托来源等。

接下来除了要介绍委托来源，和开展哪方面工作之外，一般要把观点进行总体的概括，放在第一个部分，即“辩护人总体认为”的部分，相当于摘要，把整篇辩护意见的核心观点表达出来。

正文的部分的最后是结束语，结束语一般表述为“以上意见望重视并采纳”、“以上意见望予采纳”或者“以上申请望予照准”。关于最后落款，意见类文书一般直接落款，但申请类文书要有“此致×××机关”，另外需要提示的是，在辩护意见落款时，“××律师”一般会画横线，由律师来签字署名，予以确认，代表确实是律师提出来的意见。还有对于年月日，要以大写的方式进行书写，显得更加规范。“此致”前面要空两格，××办案单位前面不空格，参照书信的格式。

关于附件，如果意见里有当事人的身份的证明，或者如取得谅解书的，或者有赔偿协议的，或者悔过书的，都可以作为附件提交，能够引起办案人员的注意，这些材料作为辅助性的佐证，也会更加充实辩护意见。

二、基本范式

基本范式一共12篇。其中，侦查阶段基本范式4篇，审查起诉阶段基本范式2篇，一审阶段基本范式4篇，二审阶段基本范式2篇。

(一) 侦查阶段基本范式

1. 取保候审申请书的基本范式

××涉嫌××罪一案

取保候审申请书

申请人：××律师事务所　××律师

地　址：×××××××××××

联系电话：×××××××××××

申请事项：变更强制措施，办理取保候审

事实与理由：

辩护人总体认为，根据××的陈述及辩护人从侦查机关了解的基本案情……（观点概述）……××符合取保候审的条件。具体意见如下：……具体理由详述（1. 涉案罪刑是否符合取保候审的刑期条件；2. 事实是否已基本查清，证据是否已基本收集固定；3. 嫌疑人社会危险性，是否可能妨碍诉讼以及是否有逃跑可能性；4. 嫌疑人的认罪悔罪态度；5. 赔偿谅解情况；6. 政策及社会效果；7. 其他可以取保候审的情节）。

综上，辩护人认为……“观点概述”……根据《刑事诉讼法》第67、81条规定，特申请贵局考虑上述因素，对××变更强制措施为取保候审。

此致

××市公安局

辩护人：××律师事务所

××律师

××××年××月××日

对于取保候审，律师一般按照申请书的格式撰写，申请的事项是变更强制措施为取保候审。事实和理由部分主要是根据犯罪嫌疑人的陈述，或辩护人从侦查机关了解的案情情况来阐述的，辩护人现在的观点未必是正确的，辩护人也是按照目前了解的情况进行陈述，这样就显示出辩护人客观、实事求是的态度。

在取保候审的意见中，在具体理由陈述部分可以注明以下情况，比如，是否符合取保候审的刑期条件，事实是否已经查清，证据是否基本收集固定，嫌疑人的社会危险性以及嫌疑人的认罪悔罪态度等。在结语的部分也要对观点进行概述，并要把法律依据列出来，最后是“此致××市公安局”，然后有附件的附上附件，然后是辩护人的落款签名。

2. 不予批准逮捕的律师意见书的基本范式

××涉嫌××罪一案

不予批准逮捕律师意见书

××人民检察院

尊敬的承办检察官：

××因涉嫌××罪由贵院审查批准逮捕。受××近亲属委托并经其本人确认，××律师事务所指派我（我们）担任××的辩护人，为其辩护。接受指派后，辩护人会见了××，详细听取了其陈述，对本案有了基本（一定）的了解。现根据××的陈述，提出如下辩护意见，供贵院审查。

辩护人总体认为，根据××的陈述及辩护人从侦查机关了解的基本案情……（观点概述）……可以对其不予批捕。具体意见如下：

具体理由详述（不予批捕律师意见书可以在取保候审申请书的基础上根据案件最新的发展情况予以修正，同时需注意不予批准逮捕律师意见书递交单位为检察院，相应的请求应更改为不予批准逮捕，法律规定也应引用检察院关于逮捕的相关规定）。

综上，辩护人认为……（观点概述）……根据《人民检察院审查逮捕质量标准》第×条、《最高人民检察院、公安部关于逮捕社会危险性条件若干问题的规定（试行）》第×条，××可以认为没有逮捕必要，恳请贵院对××不予批准逮捕！

以上意见供贵院参考，望予采纳！

辩护人：××律师事务所

××律师

××××年××月××日

该份文书主要发生审查批准逮捕环节，由律师向检察官提出，称为不予批准逮捕的律师意见书。具体格式就是“××检察院检察官：××因涉嫌某罪由贵院审查批准逮捕，受××近亲属委托，辩护人会见了当事人，听取了陈述，对本案有了基本的了解。根据当事人的陈述，提出……意见。”对于这个阶段提不予批准逮捕的请求，具体理由可以参照取保候审的理由。因为也是要求变更强制措施为取保候审，所以在理由陈述上，可以根据案件的最新情况，在取保候审申请书的基础上进行一定修正。同时要注意，不予批准逮捕的律师意见书的递交单位是检察院，相应的请求也要更改为请求检察院不予批准逮捕，相关法律规定也要改成检察院关于批准逮捕的相关规定。最后的诉求是认为当事人没有逮捕必要性，恳请检察院不予批准逮捕。

3. 侦查阶段辩护意见的基本范式

××涉嫌××罪一案

侦查阶段辩护意见

××市公安局

尊敬的承办警官：

受××近亲属委托并经其本人确认，××律师事务所指派我（我们）担任××的辩护人，为其辩护。接受指派后，辩护人依法会见了××，听取其陈述，并与贵局沟通，对本案事实有了一定的了解。现提出如下辩护意见，供贵局办理本案时参考。

辩护人总体认为，根据××的陈述及辩护人从侦查机关了解的基本案情……（观点概述）……具体意见如下：

……具体理由详述（1. 侦查阶段律师了解案情不够全面，因此在发表意见前，需注明是根据嫌疑人的陈述或者从侦查机关所了解的情况；2. 意见的提出应当表达诉求，侦查阶段律师应请求侦查机关撤销案件或请求取保候审或请求在移送审查起诉时认定更轻罪名或更轻情节）。

综上，……（观点概述）……辩护人恳请贵局认真审查本案，对××取保候审/撤销本案/以××罪（更轻罪名）移送审查起诉，认定上述从轻、减轻情节。

以上意见，望予采纳为盼！

辩护人：××律师事务所

××律师

××××年××月××日

通常，律师在侦查阶段对案情了解得不够全面，发表意见时依据的是嫌疑人的陈述，但是可以对嫌疑人的陈述进行分析，提出观点是具有可能性的，作为理由阐述、发表意见的基础。另外，在表达意见时，要注意表达诉求。比如，在侦查阶段，若这个案件不构成犯罪，要求侦查机关撤案；若社会危险性比较小，申请取保候审或者请求认定一个更轻的罪名；若存在法定情形，也可以要求认定更轻情节，如当事人有自首情节、有从犯情节，可以要求在移送审查起诉时认定轻的罪名、认定轻的情节。

4. 羁押必要性审查申请书的基本范式

××涉嫌××罪一案

羁押必要性审查申请书

××人民检察院

尊敬的承办检察官：

因××涉嫌×罪于××××年××月××日被贵院批准逮捕，现案件处于侦查阶段。受××及其近亲属的委托，××律师事务所指派我（我们）担任其辩护人。接受指派后，辩护人多次会见了××，对本案事实有了一定的了解。

辩护人总体认为，……（观点概述）……不宜对其继续羁押。主要理由如下：

……具体理由详述（案件定性、认罪悔罪、主观恶性、证据情况、社会危险性、赔偿谅解、平时表现、政策情理……羁押必要性审查申请在逮捕后随时可以提，案件出现新的情况如已达成赔偿谅解等，申请的理由应将新的情况首先列出、重点强调）。

综上，根据《人民检察院办理羁押必要性审查案件规定（试行）》、《关于贯彻执行〈人民检察院办理羁押必要性审查案件规定（试行）〉的指导意见》第×条之规定，恳请贵院能够及早启动羁押必要性审查，依法建议公安机关对××变更强制措施为取保候审。

辩护人：××律师事务所

××律师

××××年××月××日

羁押必要性审查申请书的基本格式是××检察院、尊敬的承办检察官，××因涉嫌某罪，××××年××月××日被贵院批准逮捕，现在案件处于侦查阶段，辩护人对于本案有了一定了解，具体的理由详述等。虽然逮捕后可以随时提出羁押必要性审查申请，但是实际上，如果逮捕后立刻提出，也没有什么新的情况，办案单位一般不会同意。所以还是要等有一些新的情况出现，如达成了赔偿谅解，相应的申请理由要把新的情况列上并加以重点强调，此时提比较合适。另外，在申请羁押必要性审查时，要把相关的规定列出来，主要涉及《人民检察院办理羁押必要性审查案件的规定（试行）》以及相应的指导意见。

另外需要注意的是，这个阶段律师要求检察院去审查羁押必要性，检察院是没有权力直接变更强制措施为取保候审的，所以在书写时只能要求检察院建议公安机关变更强制措施为取保候审，而不是希望检察院变更强制措施为取保候审。

（二）审查起诉阶段基本范式

1. 审查起诉阶段辩护意见的基本范式

××涉嫌××罪一案

审查起诉阶段辩护意见

××人民检察院

尊敬的承办检察官：

受××近亲属委托并经其本人确认，××律师事务所指派我（我们）担任××的辩护人，为其辩护。接受指派后，辩护人依法进行了阅卷，认真研究了本案的全部卷宗材料，并多次会见了××，听取其辩解。现提出如下辩护意见，供贵院审查时参考。

辩护人总体认为……（观点概述）……具体理由如下：

……具体理由详述……（对案件定性的意见建议、罪轻情节、需要调查的其他有利事项、其他需要反映的事项等）。

综上……（观点概述）……建议贵院立即对××取保候审/向法院提出……量刑建议。

以上意见，望予采纳为盼！

辩护人：××律师事务所

××律师

××××年××月××日

在这一该阶段，律师已阅过案卷，对案件的事实有了全面、充分的了解。所以在陈述时，可以对案件的定性提出具体意见，可以对案件的情节、有罪、无罪、罪轻的情节进行梳理。还可以提出申请调查其他有利情节，最后也要提出自己的诉求，比如，希望贵院能够对××取保候审，或者说希望贵院能够向法院提出什么样的量刑建议。

2. 审查起诉阶段取保候审申请书的基本范式

××涉嫌××罪一案

取保候审申请书

申请人：××律师事务所　××律师

地　址：××××××××××

联系电话：×××××××××

申请事项：变更强制措施，办理取保候审

事实与理由：

辩护人总体认为，……（观点概述）……符合取保候审的条件。具体意见如下：

……具体理由详述（审查起诉阶段提出取保候审，相较于侦查阶段，应根据最新阅卷情况、案件发展情况提出新的理由）。

综上，根据《刑事诉讼法》第67条、《人民检察院刑事诉讼规则》第88条规定，特申请贵院考虑上述因素，对××变更强制措施为取保候审。

此致

××人民检察院

辩护人：××律师事务所

××律师

××××年××月××日

审查起诉阶段申请取保候审，需要注意需要根据最新的阅卷情况和案件的发展情况提出新的理由。另外，依据的法律规定也要发生变化，要依据检察院取保候审的相关规定如《人民检察院刑事诉讼规则》。

三、一审阶段基本范式

1. 召开庭前会议申请书基本范式

××被控××罪一案

关于召开庭前会议的申请书

申请人：××律师事务所　××律师

地　址：××××××××××

联系电话：××××××××××

申请事项：召开庭前会议

事实与理由：

辩护人认为，鉴于本案……应当召开庭前会议，以提高庭审质量与效率，确保庭审活动集中持续进行。具体理由如下：……（观点详述）……

综上，根据我国《刑事诉讼法》第187条第2款、《最高人民法院关于适用〈中华人民共和国刑事诉讼法〉的解释》第227条、《人民法院办理刑事案件庭前会议规程（试行）》第2条规定，辩护人请求贵院召开庭前会议，就……进行归纳梳理，以保障正式庭审程序能够流畅、顺利、高效进行。

此致

××人民法院

辩护人：××律师事务所

××律师

××××年××月××日

关于召开庭前会议申请书，首先，要明确召开的理由，如排除非法证据、材料比较多、案件疑难复杂、社会影响大等。其次，申请的目的是保证庭审有效、集中、持续进行。最后，也要把相应的法律依据列明。

2. 启动非法证据排除审查申请书的基本范式

关于启动对××××年××月××日笔录

进行非法证据排除审查的申请书

××人民法院

尊敬的承办法官、合议庭各位法官：

××被控×罪一案，现已由××人民检察院向贵院提起公诉。受××近亲属委托并经其本人确认，××律师事务所指派我（我们）担任其辩护人，依法为其辩护。

在履行辩护职责、查阅本案案卷、依法会见××的过程中……（非法证据内容）

辩护人认为……（申请排除的原因和法律依据，可从证据在案件中地位、作用提出非法证据排除的原因，并且提出相应的法律依据）

综上，为履行辩护人职责，协助人民法院查清本案的基本事实，维护法律尊严，保障××的合法权益，根据……规定，辩护人现提出如下申请：

1. ……

2. ……

以上申请，望予照准！

申请人：××律师事务所

××律师

××××年××月××日

附：非法取证的线索与材料：《会见笔录（赵某）》复印件壹份

关于启动非法证据排除审查的申请书，在申请理由部分，要说明排除非法证据的线索来源是什么。经过审查发现线索的可靠性，调取这个线索，排除这个线索，在本案的地位、作用，这个线索有调取的可能性，提出的法律依据是什么。另外，附件也非常重要，例如，会见赵某时，赵某提出自己的笔录是在威胁、欺骗、引诱下做出的，律师要给赵某做一份笔录，作为材料的附件，交到办案单位，作为线索材料。

3. 调查取证申请书的基本范式

××××案

关于调取×××××××××的申请书

××人民法院

尊敬的承办法官、合议庭各位法官：

受××近亲属委托并经其本人确认，××律师事务所指派我（我们）担任其辩护人，在一审阶段为其辩护。接受委托后，辩护人认真查阅本案全部案卷材料，依法多次会见了××。

在辩护人会见××时，××提出……证据线索来源……

辩护人认为，……该份证据在案件中的重要性以及调取的可能性并且提出相应的法律依据……

综上，为准确查明案件事实，维护法律尊严，保障××的合法权益，根据《刑事诉讼法》第52、122条，《最高人民法院关于适用〈中华人民共和国刑事诉讼法〉的解释》第××条之规定，辩护人特申请贵院调取……以……（调查取证的目的）……

以上申请，望予照准！

辩护人：××律师事务所

××律师

××××年××月××日

对于调查取证申请书，首先要说明线索来源，及线索的重要性和调取的可能性，同时提出相应的法律依据。

4. 一审阶段辩护意见的基本范式

××被控××罪一案

一审辩护意见

××人民法院

尊敬的承办法官、合议庭各位法官：

受××近亲属委托并经其本人确认，××律师事务所指派我（我们）担任××的辩护人，依法出庭，为其辩护。接受指派后，辩护人认真查阅了本案全部案卷材料，多次会见了××，听取其辩解，并参加了庭审，对案件事实已有了充分的了解。现提出如下辩护意见，供贵院审查。

辩护人总体认为，根据本案的证据情况以及庭审情况，……（观点概述）……综合以上，辩护人恳请贵院……（基本诉求）……具体意见如下：

……观点详述……

以上意见，望予采纳为盼！

辩护人：××律师事务所

××律师

××××年××月××日

对于一审阶段的辩护意见，要注意开头要有些变化，一般是“作为某某辩护人，依法出庭为其辩护，接受指派后辩护人认真查阅了材料，会见、听取了辩解，并参加了庭审，对案件有了充分的了解”。总体要根据庭审情况去说明观点，表达诉求。

四、二审阶段基本范式

1. 公开开庭审理申请书的基本范式

××被判××罪上诉一案

公开开庭审理申请书

申请人：××律师事务所　××律师

地　址：×××××××××

联系电话：×××××××××

申请事项：开庭审理××被判××罪上诉一案

事实与理由：

辩护人经与××会见沟通，××对一审判决涉及的事实及证据提出异议……辩护人认为，上述基本事实，直接影响对××的罪名认定/对××应当以及可以从轻、减轻的情节未予认定，导致判决结果畸重，有必要通过开庭审理，查明上述案件事实，从而对本案正确量刑。具体理由如下：……（观点详述）……

综上，为履行律师的辩护职责，保障××的合法权益，依据《刑事诉讼法》第234条、《最高人民法院关于适用〈中华人民共和国刑事诉讼法〉的解释》第393条，特申请贵院对本案进行公开开庭审理。

以上申请，敬请重视，照准为盼！

此致

××人民法院

辩护人：××律师事务所

××律师

××××年××月××日

因为大部分二审案件都不开庭，如果开庭，司法实务中改判率稍高，所以律师都会尽量争取开庭，此时就需要撰写公开开庭审理的申请书。申请书中要说明申请公开开庭审理的理由。

2. 二审阶段辩护意见的基本范式

××被判××罪（上诉、抗诉）一案

二审辩护意见

××人民法院

尊敬的承办法官、合议庭各位法官：

受××及其近亲属的委托，××律师事务所指派我（我们）担任其二审阶段的辩护人，为其辩护。接受指派后，辩护人认真分析了一审判决书，再次详细查阅了本案全部案卷材料，多次依法会见了××，详细听取其辩解，现发表如下辩护意见，供合议庭审查。

辩护人总体认为，……对一审判决提出异议……综上，恳请贵院查明本案事实，纠正一审判决错误之处，对××变更罪名为……（更轻罪名），并认定其……情节（从轻、减轻情节)，对其从轻、减轻处罚/对其适用缓刑。具体意见如下：

……观点详述……

以上意见，恳请贵院重视，并采纳为盼！

辩护人：××律师事务所

××律师

××××年××月××日

二审阶段辩护意见可能会出现一些情况，比如，对于抗诉或者上诉案件，标题就要说明××被判×罪上诉一案或者××被判×罪抗诉一案。二审阶段辩护意见的首部也要做一些改动，比如，参加分析了一审的判决书，仔细查阅了全部案卷材料，依法会见了当事人。在内容上，辩护人主要针对一审判决提出相关异议。最后，综上，恳请贵院查明事实，纠正一审的错误之处，也要提出具体的诉求，如要求变更罪名，或者要求认定从轻、减轻的情节，或者要求适用缓刑等。

第四节　刑事法律文书常见的47个问题①

问题1：律师进行轻罪辩护时，直接表述嫌疑人构成轻罪，是否合适？

答：律师直接表述嫌疑人构成轻罪仿佛辩护人站在了公诉人的角度，所以一般情况下，需要采取一种比较妥帖的表述方式，比如，嫌疑人不构成A罪，至多涉嫌B罪。

问题2：审查批准逮捕阶段律师提交给检察院的不予批准逮捕意见文书该如何撰写标题？

答：关于律师提交检察院的审查批准逮捕阶段的意见标题要如何写的问

① 主讲人：贾小玉。

题，一般写为“某某涉嫌某罪一案不予批准逮捕的律师意见书”，既说明申请的主体，也说明诉求，表达更为全面。

问题 3：律师提出意见是否都需要有法条依据？

答：很多律师在提出辩护意见时，把大概的理由罗列，就恳请检察院、法院从轻减轻处理，没有相应的法律依据。很多时候在提出诉求时，检察官、法官都会反问律师提出该诉求的依据是什么。所以，在撰写法律意见时要把相应的法条依据列明。

问题 4：申请羁押必要性审查时，是否可以直接向检察院提出依法变更强制措施？

答：很多律师在申请羁押必要性审查时，会直接要求检察院变更强制措施，实际上这个环节检察院没有权力直接变更，只能是建议公安机关变更强制措施，所以要准确表达相关诉求。

问题 5：侦查阶段撰写意见时是否可以表述称了解案件的全面情况？

律师在撰写侦查阶段辩护意见时，会无意识地表述称其已经了解案件的全面情况。而实际上，侦查阶段律师未阅卷，无法全面了解案件情况，律师所掌握的信息来源只是会见当事人所了解的，或者是通过办案单位了解的，但是这些情况并不如办案单位了解得更全面。所以，建议表述为“对案件有了一定的了解，根据当事人的陈述，提出如下辩护意见”。基于这样的说法，体现出来辩护律师是客观的，是比较有正义感的。

问题 6：律师在侦查阶段是否可以建议公安机关对当事人从轻、减轻处罚？

答：律师在侦查阶段恳请办案单位对当事人从轻、减轻处罚，而侦查机关在此阶段往往不会考虑后续案件的量刑问题。从这个角度看，律师恳请公安从轻、减轻处罚，作用较小。所以在侦查阶段，提出的诉求应是针对公安机关权力范围，如该案不构成犯罪，应予撤案；要求变更强制措施为取保候审；当事人有自首、立功等情节，要求公安机关在移送检察院审查起诉时，对这些自首、立功等情节予以认定；请求对无关财产予以解封、予以解除扣押；等等。

问题7：律师在侦查阶段的文书措辞是否可以过于绝对？

答：有律师在侦查阶段撰写意见时会出现过于绝对的表述，如“当事人对当时发生的情况没有任何可预见性”。如果办案单位在侦查过程中根据周围情况的佐证能够得出当事人可以注意到该情况的结论，而律师在意见中却说当事人根本没有任何可预见性，会使办案人员对律师意见的真实性产生怀疑。所以在侦查阶段，文书表述要谨慎。

问题8：律师在侦查阶段是否可以提出具体量刑？

答：公安机关在侦查阶段一般不会考虑量刑问题，因此，除非是在侦查阶段认罪认罚的，律师可以和侦查机关就量刑问题进行协商。

问题9：律师阅卷后是否可以仍然认为定性有争议？

答：有些律师阅卷后还是会在意见中表述“本案的定性有争议”。一般在阅卷之后，律师在意见表述中要有倾向性的意见，这样对于法官或检察官来说更有着力点。

问题10：侦查阶段，律师能否“恳请公安机关进一步查证”？

答：律师在侦查阶段最后环节要不要请求公安机关查证，就要看律师掌握的线索和材料是不是对当事人绝对有利，如果能确定绝对有利，肯定要提请公安机关进行调查取证；如果不能确定到底是否有利，就不适合提出。所以“恳请公安机关进一步查证”的说法不太妥帖，需要斟酌用词。

问题11：检察院阶段，律师能否建议对当事人从轻、减轻处罚？

答：该建议没有针对检察院的权力范围。在检察院阶段，律师的诉求可以是不起诉，认定一些从轻的情节，或者是申请对一些证据调查取证，或者申请重新鉴定等，如果只是概括地要求从轻减轻处罚，检察官也并不清楚律师的具体诉求。

问题12：律师是否可以在意见中表述为“可以取保候审”？

答：“可以取保候审”的说法对于办案单位来说显得没有力度，其意思是办案单位可以取保候审，也可以不取保候审。因此，建议申请取保候审不妨采取一种比较中性的说法，“符合取保候审的条件”。

问题 13：法院阶段，律师是否可以概括性提出从轻、减轻处罚的诉求？

答：这一诉求过于宽泛，律师提出的诉求要有明确具体的表达，只是概括地提从轻、减轻处罚，法院也不知道具体诉求是什么。

问题 14：律师是否可以在表述时称“根据犯罪嫌疑人的辩解”？

答：“辩解”这个词有一定的情感色彩，犯罪嫌疑人的供述中对其自身有利的才叫“辩解”。但是作为辩护人，如果在意见中表述为“根据犯罪嫌疑人的辩解”，可能让办案单位觉得律师有所偏颇，因为案卷材料里肯定还有嫌疑人的有罪供述。所以建议采取一种比较中性的词——“陈述”，同时包括嫌疑人的供述（有罪的部分）和辩解（有利的部分）。

问题 15：律师是否可以直接在意见中提出“本案定性错误”？

答：一些律师在意见中直接提出“本案的定性错误”，这种说法很容易激发律师和办案单位的矛盾，所以建议使用如“本案的定性值得商榷”等更容易获得和办案单位沟通机会的表述。

问题 16：律师是否可以表述称“该案已移送贵院审查逮捕”？

答：检察院在这个环节的职责是审查批准逮捕，因此表述为“该案已移送贵院审查批准逮捕”比较合适。

问题 17：律师是否可以表述称“案件材料”？

答：一般称“某某案件案卷材料”。

问题 18：律师使用取保候审申请书格式时是否可以在申请理由部分再次陈述委托关系？

答：取保候审申请书的格式为申请人、申请事项、申请理由等，在申请人一栏已经表明了委托关系，无须在申请理由部分进行重复陈述。

问题 19：律师表述的总体认为部分是否有必要？

答：律师撰写的意见中会有总体概括辩护意见的部分，相当于论文的摘要部分。对于该部分，建议律师以简短的语言表述出来，作为摘要性的材料递交给办案人员，以便办案人员一看该部分就大概知道意见的观点。

问题 20：律师提交的意见是否可以无任何附件？

答：大部分律师在提交意见时没有附件，其实每份意见都可以附上一些材料作为辅助性的材料，以显得辩护意见比较翔实。比如，以此证明当事人表现优秀的一些获奖证书，单位出具的人品证明或者悔过书，以及其他查询到的案例资料等。

问题 21：律师表述称“赵某主观无心杀人”“以上意见如无不妥”是否恰当？

答：该表述过于口语化、过于谦逊。第一，主观的心态有两种：故意与过失，而“主观无心杀人”的表述含混不清，建议使用法言法语，清楚说明具体的主观心态。第二，“以上意见如无不妥”的表述过于谦逊。作为辩护人也不能过于谦逊地表达意见，要根据客观事实，客观公正地提意见，因此也没必要表述为“如无不妥”，建议使用“以上意见恳请采纳”的中性表述。

问题 22：律师提交的意见中是否可以表述称“供承办检察官办理本案时参考”？

答：该表述中的衔接词使用不当。警察作为侦查人员时，搭配使用“办理”一词；检察官则类似于审查起诉环节的“法官”，不宜使用“办理”一词，而应是“审查”案件；法官则是“审理”案件。

问题 23：律师是否可以仅含糊称“依据法律规定”？

答：很多律师撰写意见的时候都会有这样的问题，在提出法律依据时，就是“根据《刑事诉讼法》的规定”。笔者建议律师在书写意见时具体列明根据《刑事诉讼法》的哪一条规定，以及除了《刑事诉讼法》的规定之外，还有哪些规定可以支持提出的诉求，以体现出专业性。

问题 24：律师是否可以在提出羁押必要性审查申请中仍然使用取保候审的说法？

答：很多律师在向检察院提请羁押必要性审查时，就表述为“当事人没有羁押必要性，恳请对当事人取保候审”。但实际上对于检察官来说，这一环节仅是审查羁押必要性。所以律师在提申请时要有针对性地使用“羁押必要性”的措辞，如“没有羁押的必要性”。即使申请取保候审也是恳请检察院建议公安机关取保候审，因为在此环节检察院没有权力直接取保候审，但可以建议公安机关取保候审。

问题 25：律师在表述时对证据仅列明内容，是否可以不解释证明目的？

答：很多律师在撰写意见的时候，只罗列了证人证言，并不说明证人的证言说明了什么问题。为体现专业性，律师在撰写意见时要对证据进行分析，不能只列明内容，还要解释罗列出来的目的。

问题 26：律师撰写意见时称呼可不可以不顶格？

答：党政机关出具的文书都有相应的格式规范，建议律师也予以参照，以获得司法机关的认同感。

问题 27：律师撰写意见时是否可以在大标题后加标点符号？

答：有些律师撰写意见时会在大标题后加标点符号，不符合标点符号的使用规范。

问题 28：律师是否可以直接申请某一涉嫌较重罪名的犯罪嫌疑人取保候审？

答：有些律师直接申请涉嫌较重罪名的犯罪嫌疑人取保候审。以故意杀人罪为例，虽然法律规定逮捕的条件之一是可能判处有期徒刑 10 年以上，因此可能判处 10 年以下的就可以不逮捕。但是司法实务中把握的标准一般是 3 年以下、能适用缓刑，而故意杀人罪可以判处有期徒刑以上，因此，不合适直接申请取保候审。但是如果在意见中对故意杀人罪也提出意见，如嫌疑人可能不涉嫌故意杀人罪，最多涉嫌过失致人死亡罪，更为适宜。所以若对重罪直接申请取保候审，首先要把定性改过来，然后再申请取保候审。

问题 29：律师申请调取同步录音录像的文书是否为"调查取证申请书"？

答：按照法律规定，同步录音录像不一定随案移送，而且其是否属于证据在实务中存在争议。在有争议的情况下，如果按照调查取证申请书的格式来申请调取，不是特别合适，所以建议写成"调取某某某年某月某日同步录音录像的申请书"。

问题 30：律师是否可以表达诉求称"以过失致人死亡罪酌情作出三年以下有期徒刑并宣告缓期执行"？

答：律师提出的诉求中杂糅了三方面的内容：罪名、刑期、执行方式。笔者建议分开阐述。宣告缓期执行这种说法也不太合适，建议修改为"适用缓刑"。

问题31：律师是否可以表述称当事人“自首且初犯，如实供述且悔罪”？

答：这一表述内容重复且杂糅。如实供述是自首的一个方面。主动到案且如实供述才能认定为自首，前面提了自首，后面又提如实供述，没有必要。表述“自首”“初犯”“悔罪”，也是将三方面内容杂糅到了一起，建议分开论述。

问题32：律师是否可以表述称“赵某没有杀害张某的主观故意”？

答：该表述没有说清楚赵某有没有放任的故意。

问题33：律师是否可以表述称“本案案情存疑”？

答：“本案案情存疑”一般应当表述为“事实不清、证据不足”，律师在撰写意见时，表述上要使用法言法语。

问题34：律师意见的标题是否可以仅写“证据方面”“适用法律方面”“起诉量刑方面”？

答：有些律师写意见时，标题名称是“证据方面”“适用法律方面”“起诉量刑方面”，然后进行论述。也就是说单看标题看不出证据方面提出了什么问题，需要办案人员在各种文字里去寻找到底提出了什么问题。因此，建议在标题上直接把问题点明，便于办案人员翻阅。

问题35：律师是否可以在侦查阶段辩护意见中对案件事实的基本情况进行总结？

答：侦查阶段律师并没有全面地了解情况，所以总结出来的内容，也未必是办案机关真实掌握的情况，因此，建议在这个环节避免对案件事实提出先入为主的意见。

问题36：律师是否可以在意见中表述称“综合以上考虑意见，对赵某作出不予逮捕决定为盼”？

答：在审查批准逮捕环节，律师的说法各有各样，而检察院的职责是批准或者不批准逮捕，因此表述为“不予批准逮捕”，更为合适。

问题37：律师在辩护意见中表述称“赵某采取点刹方式逼周围人让开，尽可能控制危害结果的发生”是否准确？

答：“尽可能控制危害结果的发生”，有当事人知道危害结果肯定要发生，但是尽量控制的情感色彩。但该案件中赵某主观心态是防止危害结果发生，而不是尽量控制危害结果发生，因此表述为“为了防止危害结果发生，所以让周围人都避开”，更符合辩护人的辩护角度。

问题38：律师是否可以在侦查阶段表述称“被害人在一定程度上存在过错”？

答：不建议律师在侦查阶段做此表述。被害人在案件中的地位比较敏感，律师直接做此表述，尤其是在侦查阶段提出，定性过早。

问题39：律师是否可以表述称“当时现场混乱，导致赵某预见能力降低”？

答：“预见能力降低”的说法一般出现在认识因素上，即行为人有没有认识到事情发生，应当预见没有预见的原因是什么？表述为“预见能力降低”，无法清楚表示到底是能预见还是不能预见，是否预见。

问题40：律师是否可以表述某被告人没有适用实刑的必要？

答：该表述存在问题。表述为“适用缓刑”或者“没有判处实刑的必要”更为合适。

问题41：律师是否可以表述称“赵某的犯罪行为存疑”？

答：该表述欠妥，笔者建议表述为“犯罪事实不清、证据不足”，而非“犯罪行为存疑”。

问题42：律师提出非法证据排除申请，意见标题是否可以是“非法证据排除申请书”？

答：这一表述不当。律师申请排除非法证据，首先要确定是非法证据，而非法证据是要经过审查的，所以提出的申请应该是启动非法证据排除审查的申请。

问题43：律师是否可以表述称“赵某对张某的死亡危险没有认识因素”？

答：分析主观方面时可以从两个方面来着手，即认识因素和意志因素，认识因素是指行为人是否认识到行为可能会发生危害结果，意志因素是行为人是否希望或者放任危害结果的发生。所以表述时可以直接表述为赵某对张某的死亡危险没有认识。认识因素作为主观要件的一个层面，在这里的表述不符合行文习惯。

问题44：律师是否可以表述称“本案没有同案犯，对赵某取保候审不存在串供可能”？

答：该表述不严谨，同案犯可以串供，证人也可以串供，并非没有同案犯就不存在串供的可能。

问题45：律师是否可以表述称“检察院以抗诉手段变相剥夺了被告人的辩护人权”？

答：该表述不当且过激。抗诉是检察院的法定权力，且没有强制性规定检察院如果抗诉需要通知辩护人，因此，抗诉是对辩护人辩护权的剥夺的说法是不准确的，并且这一说法也过于偏激，易使律师与办案单位产生矛盾。

问题46：律师是否可以将标题表述称“关于对赵某涉嫌故意伤害案变更强制措施的申请书”？

答：该标题内容不明确，笔者建议表述时直接写出变更为某一具体强制措施。

问题47：律师是否可以表述称“本案中赵某的量刑存在问题”？

答：该表述内容不明确。对于量刑问题通常表述为量刑畸重或者量刑过高，能更精确的表达对量刑的意见。并且这一表述只提出赵某的量刑存在问题，却没有将具体的问题点出，建议写成“一审中对赵某的自首情节未予认定，二审要予以认定，并对其减轻处罚”，不仅更明确，还更易让办案单位知晓律师这方面的意见。

PART 6

第六章

刑辩律师沟通技能

自认罪认罚制度实施以后，律师在法庭上进行控辩式的辩护已经逐步转化为在庭下协商式的辩护。而协商式的辩护离不开沟通，包括跟警察沟通、检察官沟通、法官沟通，特别是在认罪认罚程序中与检察官的沟通尤其重要。

接下来讲一讲沟通的各方面技能。我们采用实战式演练、案例式教学的方式，由律师来扮演警察、检察官、法官与我们的律师来进行演练。在沟通的过程中，会碰到各种各样的问题，我们将逐一地探讨、点评、讲解。

首先来看一段律师和警察的沟通。

第一节　刑辩律师与公安人员的沟通

实战演练[①]

律师：请问是祝警官吗？我是赵虎涉嫌故意伤害案的律师，想跟您沟通一下这个案子的情况。

警官：你好！我是祝警官，你要沟通赵虎这个案子，沟通什么问题呢？

律师：因为我跟家属沟通了之后，刑拘通知书上写的罪名是涉嫌故意伤害。我想跟您确认一下，这个罪名有没有商榷的可能性？

警官：你觉得呢？律师你觉得应该定什么？

律师：我前两天会见过赵虎本人。根据他自己跟我陈述的案情，我认为可能这个罪名定过失致人死亡更合适一些。

警官：你这说的好像我们公安人员办案子很不专业一样。

律师：倒不是这个意思。我看赵虎本人也是学生，态度也比较诚恳，我们也反复跟他确认过。他本人也一直强调说在民警提审的时候，他才知道被害人死亡的情况。所以，从他本人陈述的情况来看，他是没有故意伤害的主观故意的。所以，罪名上是不是还可以再探讨一下？

警官：这个案子的基本事实我相信你已经觉得没问题了吧？那么到底怎么定性交给检察院吧。

---

① 演练人：李莉莎扮演警官，倪雨苗扮演律师。

律师：但是公安阶段也比较关键，所以我想再跟您探讨一下，耽误的时间也不会很久，5分钟就可以了。我刚刚也提到了，我们已经会见过赵虎本人，他自己也讲到他没有看到左侧有被害人的情况。

警官：这个情况，因为你们律师现在看不到案卷，了解的情况肯定是不全面的，这个事情他自己都是承认的。

律师：确实也存在信息偏差，因为我们律师在这个环节也不能阅卷，所以也想通过跟您沟通了解更多的案情。我们大家都是法律人，从我们对他的了解来看，主观上我们认为他没有预见到左侧有被害人这个情况。他主观意识上也不想造成被害人死亡，他根本就没有希望或者积极追求被害人死亡的一个意志因素。所以，从这个角度来看，我们觉得定他故意伤害可能不是很妥当。当然，对于造成如此严重的后果，赵虎及其家人也希望向被害人家属道歉，并取得谅解，祝警官您这边能不能提供一下被害人家属的联系方式，或者说你们能不能帮我们居中协调一下？

警官：这个你有点为难我们了，你也知道的，我们也是有规定的，不方便来处理你们谈谅解的事情，但是电话还是可以给你一个的，你们去谈一谈，有总比没有好。

律师：希望祝警官这边也能帮我们居中协调一下，因为确实家属跟赵虎他本人表达过强烈的希望，希望取得被害人家属的谅解，也愿意给予一定的赔偿。您有没有可能帮我们这边也沟通一下，或者说对方有没有律师，这样沟通起来可能更方便一些。

警官：我最多只能把对方的联系方式给你了，这个你们自己去谈，能谈到什么程度，你看给人家造成了这么大的一个影响，一点赔偿肯定不足以抚慰人家家属的内心的。所以你们去谈，我们确实不方便参与。

律师：如果说能够及时有效地达成谅解的话，那么您这边有没有可能考虑给他取保候审？这个也是今天想与您沟通的。

警官：取保候审？我只能这么告诉你，谅解肯定是有比没有好，但是这个案子我们肯定是要报捕的。

律师：但是，我个人感觉因为这个罪名本身也值得商榷，如果说取得谅解的情况下，哪怕定故意伤害罪，有自首情节的话，那么，也是10年以下的量刑，法律规定也还是有取保的空间的。当然，从赵虎本人平时的表现来看，他是大学生，在学校的表现也是非常好的，我带来了一些材料，是学校出具的一些证明，证明他平时为人处世都非常好，而且也获得过“三好学生”，还有国家奖学金这方面的一些凭证，交给您。

从另外一个角度来讲，我们认为赵虎本人供述还是相对比较稳定的。对于他主观上知不知道左侧有人的情况，因为这个情况只有赵虎本人是最清楚的，旁人对这个情况只能说是一个主观的推测，或者说只能说印证有没有这种可能性。赵虎也表示了非常大的悔过意思，我认为取保后他是不会去影响或者妨碍他人作证，更加不可能去毁灭证据的。

再从另外一个角度来讲，他们社区也愿意出具一定的担保，监督他在取保候审期间的行为，并且家属也愿意作为保证人或者提供相应的保证金，所以希望祝警官这边能够综合考虑一下这个案子的情况。

警官：这样吧，这些材料你给我，我答应你肯定会附卷的。但是你也知道这个案子社会影响力非常大，造成了多少恶劣的影响，能不能取保我个人现在不能承诺或答复你的，需要我们进行讨论。另外，我这里可以告诉你，报捕是肯定要报捕的。

律师：刚刚您提到这个社会影响比较恶劣的问题，我们也关注到有一些社会报道，实际情况跟我们了解到的还是有一定出入的，希望您这边也不要受相关媒体报道的一些负面影响。

警官：这你放心好了，我们肯定会公正处理的。

律师：我今天带了比较详尽的书面意见，现在转交给您，希望您这边能够仔细考虑一下。

警官：好的，材料我都收到了，我们会附卷的，辩护意见我们也肯定会认真考虑的，这个案子我们也非常重视，好吧？

律师：好的，我顺便问一下，这个案子也过了好几天了，你们进度会比较快还是比较慢？

警官：这个我就要说你了，你好像有点在催我们公安机关办案子，这个不大好吧？我们肯定会按照程序来办的。

律师：那也不是，我们只是希望你们能够审慎地审查这个案子，反正进度由你们来掌握。祝警官，我看您人也比较好，我们能不能加个微信，因为我前几天一直打您办公室电话，都联系不上您，您看就是手机号码方不方便提供一下？

警官：好的，看你也挺好的，那就加个微信吧。

点评[①]

律师和警察聊得还是不错的，连手续都忘了交了。与公安机关沟通其实是比较难的，在实践中，我们有的时候向公安机关递交一个手续，他们可能会说不用交，还会说是否递交并不影响会见，所以不用交，甚至有时拒绝接收。不过，递交手续是我们办案过程中一个基本的工作内容，与公安机关的办案人员约一约、见个面、聊一聊，这都是我们最基本的办案方法。不能因为公安机关的办案人员说“你不用交手续也不影响你的会见”，我们就不去交。手续是应该交的，根据《刑事诉讼法》的规定：律师接受委托以后要及时告知办案单位，所以这是一个规定程序。递交手续的时候就可以与公安人员进行沟通，在侦查阶段与公安人员的沟通至少要进行 3 次。

第一次，是递交委托手续时，同时我们可以了解基本情况。在递交手续的过程中，我们可以向公安人员了解罪名、基本事实、诉讼进程、取保可能性等，最好能够建立一个联系，像前面说的加微信的方式。

第二次，是报捕以前。一个案子可能报捕，也可能取保候审，需要我们与公安人员进行沟通。这次沟通的目的就是递交取保候审申请书，因为这个时候递交取保候审申请书后，公安机关批准就是决定取保了，说明我们的辩护意见被采纳了。不批准那就是报捕，也不会因为我们递交了申请书，就对下一次他们同意取保产生阻碍。

第三次，是侦查终结前。去沟通我们律师的主要辩护意见，比如说定性能不能改？有什么证据需要再调查？如果侦查实验没有做，我们还可以申请做个侦查实验。提出意见、提出诉求是侦查终结前律师应做的工作。

① 主讲人：徐宗新。

所以在侦查阶段，我们跟公安人员有 3 次必要的沟通，没有的话，我们办案的质量就会打折扣。我们跟公安人员沟通需要讲究以下几点内容：

首先，我们对沟通这个问题要有一个正确的理解。大家都觉得，律师沟通难，公检法“门难进、脸难看、事难办”。沟通其实不是只有律师才碰到的难题，公、检、法内部及相互之间的沟通都存在一定的问题。

其次，我们要解决沟通的基本目的。如果沟通的时候，你跟公安人员打了个电话说“我要来了”，公安人员会问“你来干吗”？所以，沟通有没有一个指导性的目的或一个原则？我觉得是有的，那就是“存异求同”。异，我们站在当事人的角度提出不同的意见；同，都是维护法律的公平公正实施。所以我们跟公检法沟通，要本着“存异求同”的目的去。要想一想，我们本身是异的，大家都知道律师来肯定是为自己当事人说话的，绝对不会为公安机关说话，你肯定不会到公安机关去说“给我当事人重判一点、查实一点，还有余罪要查清楚”。为了让公安机关可以坐下来跟你沟通，我们的目的要树立起来，要“存异求同”。也就是说，在双方各自为自己的工作目标服务的时候，中间还有一些共同努力的目标，我们尽量在诉讼进程中达成一致。这样的话，沟通往往可以取得阶段性、实质性效果。

所以，我们沟通的基本规则，就是要带着“存异求同”的目的。之所以讲它是一个规则，也就是说我们要找出它的意义在哪儿，比如一个案子我要作无罪辩护、轻罪辩护或者罪轻辩护，而办案单位一般来讲会有有罪、罪重、重罪的倾向，这个是异；保障人权，保障案子的质量，保障法律公平公正的实施，既维护人权又实现公平正义，这里面就有求同的地方。所以我们每一次去沟通都要想，我们异在哪儿？同在哪儿？比如认罪认罚案件，我们异就异在罪重一点还是罪轻一点；求同就同在认罪就快审快结、案结事了、快审轻判。所以，我们把“存异求同”的目的先放在心里面，然后来指导我们的每一次沟通工作，为此我们可以从以下几点做起：

第一，我们要确立沟通的目标，明确我们这一次去沟通要做什么，并不是去嘘寒问暖，多认识一个人。第一次沟通是为了递交手续、建立联系、了解案情，比如可不可能取保候审？这个案子是不是复杂？刑拘 7 天还是刑拘 30 天？

是不是有什么背景？是不是上面有督办？可能涉嫌几个罪名？了解罪名、案情，建立基本联系，是我们沟通的目的。第二次沟通目的就是要取保候审。公安机关决定是取保候审，还是报捕。此时，不管他们同不同意，我们这个时候都要直接提出自己的意见。存异，大家角度不一样；求同，如果我们的意见被采纳了，既维护了犯罪嫌疑人的合法权益，又保障了法律的正确实施。所以，我们提出一些不同的意见，有的时候公检法机关是很欢迎的，这也是从另外一个角度来保证他们办案的质量。第三次沟通的目的就是希望我们的辩护意见被采纳，并被采纳到起诉意见书里面去。比如说一些认定为从犯、自首，证据需要调查，非法证据排除，定性是否可以改变，等等。而且我们大家都知道跟公检法机关约见面，并不是一件容易的事情，第一次好约，第二次相对较难，所以我们一定要重视、要珍惜，不打无准备之仗。

第二，我们要了解这个案件的走向。因为每一个案子都是有案发原因的，这个案子是重是轻，是什么类型，都会有一个走向。比如说有些案子的定性，是往轻里去，还是严厉打击、不断扩大“战果”，我们都可以了解。

第三，我们要考虑有没有证据需要调查。比如，律师调查某一个证据有困难，但是这个证据一旦调查到，对当事人肯定有利。律师提供的证据、提供的证据线索以及申请调查的证据，不可能对当事人不利，只有对当事人有利的证据才可以申请，申请调出对当事人不利的证据是不符合律师职业道德的。所以，要尽量避免因为律师执业行为的不当，给当事人带来不利后果。

第四，就是反映诉求。比如说前面讲能不能取保？能不能改定性？能不能不受媒体的左右和影响？律师肯定要反映各种各样的诉求。我们沟通有一个基本的方法，在大的方向上我们肯定要说他们可能存在的问题，比如说非法证据，第三次审讯在凌晨，有疲劳审讯、威胁、引诱、欺骗的嫌疑，能不能非法证据排除？这个案子受媒体炒作得厉害，会不会受媒体的影响？甚至可能已经受媒体影响了，我们希望不要受媒体影响。面对面提出这种要求需要掌握基本的技巧和方法，比如我们谈事情找个中间人，这样特别伤面子的事情就可以回避一下。但是，一般情况下我们如果要指出公安机关在办案方面有什么问题，或者说我们有什么建议，在表述时不要说是自己说的，可以说有人反映，或者家属担心，或者检察院对非法证据这部分把握得比较严，等等。然后再说“据当事人的说法，笔录还是有一些合法性的问题，请公安重视核实一下。根据非法证据排除的相关规程，如果知道有问题，以后通过合法的方式调取，如果当事人还是这样讲的话，当然是有效的；如果不这样讲的话，那么这一份笔录当然是个问题。所以我们希望重视这个问题，以后通过合法的方式来调取证据，把这个问题化解在侦查阶段”。总之，对方的工作有问题、有瑕疵，最好要说是别人可能会有意见，避免使用“我看你就是非法取证，刑讯逼供，至少要处分，甚至还要坐牢”的说法。另外，我们律师“提”出来的好的建议，比如说退赃、退赔、达成谅解、认罪认罚等，给足对方面子，从而有利于双方沟通。

第五，对于律师来说建立联系很重要。我们需要主动一点，像前述模拟沟通就挺好，打电话打不通，有些事情联系不方便，那就问能不能加个微信，我觉得都比较得体。加个微信之后，有的时候他们朋友圈里的一些专业活动、好的文章我们都能看到，有的时候也能成为业务上学习的一个途径。加微信可以是一种工作途径，也可以成为朋友交往方式。所以不管怎么样，他们相对高冷一点，我们律师主动一点、热情一点。

这就是我们沟通的目的，确立沟通的目标，了解案情，了解走向，调取证据，反映诉求和辩护意见，建立联系。有的时候是一种，有的时候是多种，这些在我们去沟通前都要写下来。当然，有的时候主动加人微信，即使是资深律师也有被拒绝的时候，对方可能会说不方便，打他办公室电话就好了，那就不加，也没关系，一般来讲都没问题。

最后，沟通需要技巧。

第一，框定占用的时间。比如说你联系警官时可以问他“明天上午能不能抽 5~10 分钟的时间，我过来与您见个面，递交一下手续。反映一下我们初步的意见”，而不要直接问他“明天上午有没有空”，或者“你下周有没有空”，避免占用对方太多时间，这样对方也容易答应。一般来讲，见面后用 5~10 分钟了解一下情况或者反映一下意见是合理的，如果聊的内容确实比较丰富，超时也很正常。

第二，从配合工作的角度。“我们律师有哪些工作好配合？”的说法听起来比较顺耳。配合，就是说我们不仅要从辩护的角度，还要从公安机关侦查的角度来做。从配合的角度，我们可能有些问题问的都不一样，比如律师说“我要了解案情，跟我讲这个案子涉案金额是多少？”公安机关会说“这是侦查秘密，不能透露”。那么我们就需要换一种问法，“家属要退赃，你看退多少合适？”你站在配合工作的角度，他就会告诉你了。所以，我们要思考一下怎样提这些问题符合对方的职业需求。同样一个问题，不同的问法，既符合警官职业纪律的规定，又达到了我们了解沟通的目的。

第三，从有利于侦查的角度。公安侦查是一个有罪推定前提下的调查，一个命案现场，公安一般先假定它是一个凶杀案，然后通过调查排除他杀，最后确定自杀。所以，公安机关是带着一个有罪推定的思维去侦办案件的。但是，公安机关也要保证案件质量，关于案件中影响案件质量的问题，他们还是很关注的。我们可以从保障案件质量的角度提出辩解，比如提出犯罪嫌疑人的身份、年龄有问题，他的户口簿、身份证上的年龄是为了报大而增加了两岁，其实他还未满 16 周岁，这样公安机关一下子就高度重视了。关于追赃的方面，我们可以提供赃款的去向，以追赃挽损，从而作为我们当事人从轻、减轻处罚的一个情节。再如，劝同案犯投案自首，当案子差不多明朗了，也确实可以定罪，而同案犯还在逃，了解到这个情况以后，写信给家属，劝同案犯自首，跟公安机关协调好，公安机关会很感兴趣。所以，有的时候，我们辩护工作与公安机关也不是完全对立的，是一种“存异求同”的关系。

第四，做好一些准备。我们既然要去与公安人员沟通，警官叫什么名字？什么学校毕业的？他们单位有没有什么辞职的人在律所做律师？我们也了解一下，这不是说去搞什么关系，而是做一些准备，有利于提高沟通效率、提升沟通效果。我们不能打无准备之仗。

第五，口头和书面相结合。在之前的演练中，律师提出来书面的意见都准备好了，口头先讲、递交书面，这个很有必要。因为你把警官讲明白了没有用，警官向领导去汇报，他不可能把你讲的观点又讲一遍。有一个书面的材料，领导一看材料，会觉得这个律师很认真。有空的时候他还可能翻一翻，会觉得讲的是有道理的，这个效果就不一样了。所以不同的反映形式的功能不一样，所以我们要书面和口头相结合。有很多律师去沟通的时候，会觉得效果很好，很兴奋，但是你没有书面材料，即使警官连连点头，他的领导却一点都不知道，因为你没有东西给他汇报。另外，我们的包里最好再准备一些书面的资料，比如说律所的简介、个人的简介等，便于警官了解我们。有些警官或许对你及你所在的律所很感兴趣，可能在翻资料的时候或突然发现有一个他的校友，或突然发现他跟你们主任很熟，这样就可以拉近双方之间的距离。有一句话叫“工夫在诗外”，有时候聊天让人觉得挺对路的，就容易对你的观点产生信任。人不错，观点也不会差，往往也有爱屋及乌的效果，这个都是很正常的心理。

第六，寻找共同点，看一看他有什么爱好，你也有这个爱好，寻找一点共同点，大家可以聊得充分一些，这个就靠我们律师的观察和情商了。

所以，我们的技巧就是以上六个方面。总而言之，我们要“存异求同”，要确立一个目标，然后采用一些技巧，从有利于解决纠纷、提升办案质量、保障人权和确保案件公平公正办理的角度去安排沟通。

接下来是跟检察官的沟通，应该来说与检察官的沟通是我们刑辩律师在现阶段的一个非常重要的辩护工作，法庭上是抗辩式的辩护，现在演变到法庭下就是协商式的辩护。

第二节 刑辩律师与检察官的沟通

实战演练[1]

律师：于检察官您好！我是赵虎涉嫌故意杀人这个案子的辩护人，我姓李。

检察官：李律师你好。

律师：于检察官是这样子的，给您打电话，主要是想跟您约一下，当面沟通一下赵虎这个案子，占用您五六分钟时间，您看您方便吗？

检察官：你电话里跟我说就好了。

---

① 演练人：倪雨苗扮演检察官，李莉莎扮演律师。

律师：是这样，我们除了沟通以外，还有一些书面的材料要递交给您，所以，想约您当面沟通几分钟。

检察官：书面材料你放案管吧。

律师：放案管啊，是这样的，于检察官，我曾经碰到过我放在案管的材料丢失的情况，所以还是当面交给您吧。

检察官：不然你直接邮寄给我也可以。

律师：邮寄的话，时间来说也比较长，现在我已经在你们检察院大楼下面了，我直接上来找您可以吗？

检察官：也可以，你尽量快一点。

律师：好的，占用您五六分钟就行了，谢谢！

检察官：可以。

律师：于检察官，您好！

检察官：你好！

律师：我就是刚刚跟您约过的李律师，这是我的委托手续，您看一下。

检察官：你快一点，我还有很多认罪认罚的手续要去签一下。

律师：您提到认罪认罚，其实我觉得赵虎这个案子，如果说我们定性能够做个调整的话，也能试试走认罪认罚的。

检察官：现在谈这个还早吧。

律师：审查起诉阶段了，也不早了。

检察官：我们手头案子很多的。

律师：所以我今天过来也就是想跟您探讨一下这个案子的定性问题，现在定的是故意杀人这个罪名，我们觉得罪名是不是调整为过失致人死亡罪比较合适。

检察官：我们双方看到的案卷材料都一样的，到底怎么定罪，反正大家自有定论的。

律师：是的，所以我觉得我们现在还是一个可以探讨的阶段，定性还是值得研究一下。定论为时尚早，您看一下我这里有一份关于审查起诉阶段的意见，还有另外一个羁押必要性审查的意见。我把这两份意见带过来，主要就是觉得这个案子最关键的现在定性还是……

检察官：你要提取保？不可能的。

律师：您先听我说完，然后我们再看一下有没有这个可能。首先，就是定性的问题，定性的话，从我们的角度，结合案卷综合看下来，觉得赵虎确实是疏忽大意的过失。为什么这么说呢？您看一个正常人在那种没看到的情况下，被认定为故意要造成被害人死亡的结果，我们也觉得挺难理解的……

检察官：他自己笔录当中也有承认的，律师你有没有仔细看案卷材料？

律师：笔录当中确实是有那么一份笔录，在第三次的讯问笔录里面他提到自己看到了，但是这次笔录我不知道您有没有关注到是非法证据，我们在会见他的过程当中，他明确提到说这次笔录他是在公安机关对他有威胁、引诱、欺骗的这种情况下所做，公安机关威胁说"你不说我要把你女朋友抓进来了"，还跟赵虎说承认没关系的，这种情况很轻的，我觉得公安这种行为，作为检察官您来说也得去监督一下。

检察官：我们会监督的，我们在仔细地研究同步录音录像之后，会作判断的。

律师：好的，我今天也正好提一个查看同步录音录像的申请。

检察官：除了赵虎他自己本人承认之外，那么客观的证据也能够看得出来，包括证人证言也提到了，他应该是看得到的，我相信你都看到了。

律师：既然您提到了证据的问题，我也正好跟您沟通一下证据。目前来说，刚才我说了只有他自己的第三次笔录是说看到的，其他能证明他看到的证据就是在案的证人证言，但是证人证言看下来，这些证人确实都是猜测，都是"应该看到"这种表述，所以都是主观臆测。还有一个证人就是被害人的妻子，我相信您也知道，作为他的爱人肯定会说嫌疑人是看见的，就是说证据的证明力极弱。我们也做了一个详细的梳理，一会儿提交给您。客观证据来说，像侦查实验，也都不能够证明他确实有可能看到。

检察官：侦查实验不是都提到能够看得到的吗？

律师：侦查实验是这样，我相信您也看到了有两份侦查实验，两份侦查实验的结论是不一样的，而且我也想提重新做侦查实验的申请，这申请比较多。

检察官：是有点多。

律师：我们都梳理得很清楚，理由也都还相对比较充分，您可以看一下。侦查实验做的时间不对，案发应该是在深夜，但是侦查实验做的都是在白天。我之前看到过您的一篇关于侦查实验的文章，写得非常好，我有认真学习。文章里面也提到说，侦查时间要尽可能地还原当时案发现场的一个时间。所以您看时间确实相差太多了，结论肯定不正确。另外一个就是做实验的时候，记录里面说是静态的一个过程，实际上赵虎是在打方向盘的时候正在看右前方被害人的妻子，所以实际是一个动态的过程。

检察官：你这个律师还可以，挺认真的，哪个所的？

律师：谢谢，我正好带了名片。看来您对我们律师职业也挺感兴趣的。

检察官：法律共同体嘛。以后有机会的话也可以考虑一下。

律师：好的，那我们一会儿加个微信，我们平时活动很多，正好通过朋友圈可以多了解了解我们，也欢迎加入律师队伍。

检察官：反正后面再看。

律师：现在证据我们全部阅下来，好像有一个证据没有看到，但是我感觉还是比较重要的。我们现场去看了一下，赵虎是在人民东路，另一头是有一个摄像头的，但是摄像头所记录的内容目前来说，在案证据里面没有看到，所以我觉得如果能够调取录像，而录像又拍清楚了的话，赵虎当时有没有看左侧、能不能看得到左侧有人站在那儿还是比较直观的。另外，这是关于重新进行侦查实验的一个申请，递交给您。

检察官：这个不现实，他人在车里监控应该拍不到的。

律师：但可以看到外面人当时是怎么样一个位置，以及整个动态的过程，比如车子是怎么移动的。因为侦查实验里面也有说，他往前移一点，这个角度从镜子里面是可以看得到有人的，但这个时候如果死者站的位置靠后就看不到了，死者如果站到车的前中间或者前段是有可能看到的。

检察官：要不你写个申请给我们吧。

律师：这个已经准备好了。

检察官：可以的。你快一点，还有什么要讲的？

律师：还有一个就是刚才您提到的同步录音录像的事情，您也提到了会去审查，但我们律师想申请看一下，这样也为你们节约时间，不知道方不方便给我们律师看一下，这是申请书。

检察官：你去法院申请好了，我们决定不了的。

律师：反正申请我也交给您，还有羁押必要性审查申请。

检察官：我们会仔细审查。羁押必要性审查申请？这个案子因为影响比较大，情况也比较复杂，我一个人也决定不了的。

律师：好的，一会儿我也多给您留几份意见，希望您跟领导汇报的时候，你们讨论的时候，能够把我们的意见也反馈给各位领导。

检察官：我们现在认为故意杀人罪的话，不太可能取保的。

律师：确实，这也是我想补充的，关于罪名定性的问题。赵虎处在一个非常嘈杂的环境下，其实我觉得设身处地地站在当时的环境里去考虑，前面孕妇在右前方，然后周边又围着四五个人，他女朋友还在一直跟他争吵，整个注意力都是被牵扯掉的，确实没有办法关注到左侧情况，从证据上面也确实能够体现出来。所以定性确实值得商榷。

检察官：反正你讲来讲去就是一句话，他没看到左边有人是吧？

律师：是的，疏忽大意了，作为司机来说他确实应该看到，但是确实疏忽大意了。

检察官：我们作为检察官的话肯定会全面审查证据材料来综合认定的，也不是说你律师讲几句话就能改变实际情况。

律师：好的，相信您会认真审查的。这是定性方面，关于量刑，这次过来也想交一些比较重要的材料，一个是谅解书，赵虎在看守所里一直委托律师转达家属，要对被害人表达歉意，家属也一直在与被害人家属谈谅解，现在他拿到了谅解书，您看一下。

检察官：赔偿到位了没有？

律师：已经超过额度赔偿了。小孩子确实不懂事，谅解书给到您，等于说社会危害性基本已经消除了，那么希望您能基于这个情况再审查一下是否有羁押必要性，考虑一下取保。另外，意见中的附件三和附件四是关于学校里面表现的，因为他现在还是个在校生。

检察官：他不是休学了吗？休学跟在校学生有什么关系？

律师：但是他以后还是要回到学校里面去学习的。也就是说希望能够让他尽早出来，重新回到学校去学习。他在学校时学习成绩非常好，拿过各种荣誉，你看学校还给他出具了获奖证书，各种品格证据，此外还有社区给的，您看一看这是社区给他出具的……

检察官：你们律师是不是基本上都是这种操作的？对我们来说没什么用的。

律师：品格证据可以的，有相关的规定说品格证据可以起到一定的作用，所以才交给您，希望您能考虑一下。

检察官：那你先交过来，有没有用，我们自己会审查的。

律师：好的，我相信人心都是肉长的，确实太可惜了。

检察官：人心都是肉长的，有没有想过被害人这边的心呢？

律师：当然，所以赵虎他自己包括我们去见他时，每次提到因为自己的过失造成的结果他都是痛哭流涕的，家属们也真的是很惭愧。另外我们还收集了一些判例，这些判例中也有咱们法院原来办过的案子，那么这个案子我看……

检察官：这个案例的话，反正每个案子的情况也不一样，没什么参考价值的。

律师：现在最高人民法院有规定要进行类案检索……

检察官：那是法院的规定，跟我们检察院没关系。

律师：都是法律共同体嘛，并且案子后期还是会到法院，结合已决判例，尽早确定合适的定性岂不是更好，还是希望能够同案同判。您看，当中有很多案子都是判了缓刑的，所以如果说我们现在能够变更羁押方式，那么，能够给之后更好地、更公正地处理本案提供一个条件。

检察官：倒还是挺仔细的。

律师：您看判例，其中有两个是我们滨海法院判的，甚至他的情节都比我们这个案子重，最后都是判了个缓刑。

检察官：好吧，要么今天这个材料先留着。

律师：好的。

检察官：我马上要开会了，先这样吧。

律师：我们加个微信吧？

检察官：可以。

点评[①]

作为律师来讲，毕竟是上门反映意见，求人办事，姿态低一点是常态。当然，现在我们检察官的素质越来越高，工作态度也越来越好，这也是未来发展的趋势，但是，这并不等于我们律师以后就不需要在沟通方面做一些训练，这两者并不矛盾。因为，谁都不能保证碰到的检察官都是好沟通的，所以，我们还是要做一个充分的事先准备。

刚才我们演练的是在检察院审查起诉阶段的沟通，在这个阶段我们也要树立目标。在这个阶段，我们肯定要提出辩护意见，决定是无罪辩护、轻罪辩护，还是罪轻辩护，然后再想要怎么样来反映。我们的目标就是检察官能够重视和采纳我们的辩护意见。当然，现在辩护意见被采纳是非常难的，所以，我们到底怎么提也是一个问题。一般来讲，无罪的意见尽管提，特别是法律定性无罪的，因为该意见不会对被告人不利。对于证据不足的无罪案件，我们要考虑我们说的会不会成为补证提纲，把证据补足。如果说证据本身是存在的，即便有这些证据认定也不构成犯罪，那这种意见可以提。关于罪轻意见，我们就要考虑认罪认罚协商，这就是我们沟通的基本目标。我们树立的基本目标中还有小的目标，比如说我们提出非法证据排除、申请调取证据等，刚才演练中的律师提了很多这方面的申请，这些都是我们的小目标。也就是说，我们按照这个目标，提出我们的诉求，比如非法证据排除的诉求、重新侦查实验的诉求等。

我们也要注重沟通技巧。前述跟公安机关的沟通技巧也通用于检察阶段，也就是说大家确实也要找共同的话题、共同感兴趣的点。比如在前面这段演练中，律师就发现了一个大家非常感兴趣的点，就是“公职人员辞职做律师”这个话题。据我这么多年的经验，这是公检法工作人员最感兴趣的话题之一，至少排在第二，第一是“律师收了多少费”，当然这个不方便问，也不好回答。

---

① 主讲人：徐宗新。

但是对于辞职做律师这个问题，每次一聊都能聊得很尽兴，这就是说大家要善于找到合适的时机、合适的话题，这样双方就容易接近，提升沟通的效果。

这里要补充一些技巧。沟通要有互动性。互动，要将几种表达的方式进行结合。第一是“说”，说意见、说要求、说观点，以说为主。第二是“问”，什么时候提起公诉，什么时候退查，定性有没有可能改变，等等。每一次沟通至少要准备 20 个问题，否则沟通的时候会容易冷场，你不说了，对方也不说了，5 分钟到了，走人结束了。所以，我们要问，要以备不时之需，不能让气氛冷下去。第三是“评”，就是评论，比如“我们提出公安非法证据的问题，公安笔录合法性涉及变相肉刑、疲劳审讯、威胁引诱欺骗，我们这里有一个证据线索，笔录提交检察官审查”。我们都知道现在非法证据部分是检察机关的审查重点，若我们对它进行评论，检察官会很重视。第四是“聊”，有的时候闲聊几句也是可以的。我们讲沟通是双方的，如果你不在乎对方的感受，单方讲述，人家可能根本就没在听，那是没有效果的，所以一定要互动。综合运用说、问、评、聊四种表达方式，让我们的沟通具有互动性。你说到他的脑子里面了，他接收了信息、思考了，然后他再反馈，我们再说明，双方互动交流起来，这样一来二去信息就对称了，我们就达到了沟通的效果和目的。

此外，口头和书面相结合的方式在检察阶段也很重要。辩护意见、羁押必要性审查申请书，还有一系列的申请，需要我们书面递交过去。在前述演练中，律师也递交了几份文书，一式多份，请检察官转交给领导看看，这种做法是比较合适的。有的时候我们直接向领导反映，承办人会有意见，他觉得你以后都找领导办好了，不要来找我了。我们多交给承办人几份文书，和他说如果有必要的话，让他转交给领导，这样万一这个案子要讨论也方便一点，不用去复印了。如此一来就合情合理多了，而且还显得律师善解人意，情商高。这也是一个小技巧。

最后就是对量刑提出意见。比如对认罪认罚的案件量刑提出意见，意见提出一定要及时，一定要具体，一定要有依据，掌握量刑的主动权。现在检察机关对认罪认罚案子非常注重发挥律师的主观能动性，强调量刑中要与律师积极充分协商。所以，以后我们跟检察官进行沟通时，注意根据上述各种情况，综合运用各项技巧，争取达到我们的沟通目的。

第三节 刑辩律师与法官的沟通

实战演练[①]

律师：李法官，您好！刚刚我们电话约过了，很不好意思，麻烦您百忙之中听听我们律师的意见。

法官：没事，正好还有几分钟时间，你抓紧。

律师：我们律师过来主要有三个方面的事情需要沟通一下，第一个是我们认为1月18日的笔录是非法证据，所以要提出申请排除。第二个就是关于召开庭前会议。第三个就是庭前有一些意见，因为这个案子定性有争议，我们跟检察院也没有达成共识，所以想在庭前先跟您沟通一下。当然，证据方面也有一些问题，双方的意见不太一致，我们没办法了，只能到法院这边来打扰您了。

法官：你意思就是要召开庭前会议是吧？

律师：对，我们在会见赵虎过程当中制作了一个笔录作为非法证据排除的线索，内容是关于1月18日讯问笔录他是怎么制作的，我们也详细地问过他了。他认为在这个过程当中，侦查人员存在威胁、引诱、欺骗、疲劳审讯的情况。我们认为这个过程当中确实是存在这种现象的，比如就威胁这一块儿，公安说你如果不如实供述的话，把你女朋友也要抓进来；引诱的话就是让他承认是故意杀人，如果供述故意杀人，那么可以给他从轻；欺骗差不多也是这个情况。疲劳审讯，您应该也看到了，他的笔录制作时间是2时到8时，那么这个肯定是不符合看守所的相关规定的。正是基于这样的情况，我们想申请查看同步录音录像，在公诉人那边我们也申请过了，但是当时他也没有同意，所以我们只能再重新申请一下。除了这个情况之外，我们也想申请当时的侦查人员出庭，通过法院全面审查，看看是不是存在这种现象。如果确实存在这种情况，

① 演练人：李莉莎扮演法官，倪雨苗扮演律师。

或者公诉人无法提供当时的同步录音录像，那么，我们认为应当遵循存疑有利于被告人原则，排除这份证据。所以，申请我们也写得比较详细，现在提交给您看一下。

法官：对于你刚才说的同步录音录像的事情，你跟我的书记员联系一下，可以给你安排，你到法院来看是可以的，但不能拷贝。

律师：已经很感谢了。既然有非排的情况，所以我们也认为应当要召开庭前会议，这个是有法律相应规定的。

法官：是的，我看一下你这个意见，如果说这份笔录确实是有非法取证的问题，那么我们按照规定可以考虑开一个庭前会议。

律师：除了这个理由之外，我们也不是说只是非法证据排除这么一个简单的问题。因为这个案子确实争议比较大，可能大家对证据的认识也不太一致，至于到底是放任的间接故意，还是说疏忽大意的过失，意见都很不一致。关于这个问题，我们认为有些证据需要在庭前会议当中提前梳理一下，这样的话可以节约开庭时间。

法官：你这个律师考虑得还是比较全面的。

律师：案件影响比较大，我们也想召开庭前会议，到时候万一有媒体进行全程报道，那么庭审相对来说可以经得起历史考验。

法官：关于媒体一事，我们已经通知媒体到时候要到场了。

律师：可以申请媒体不要来吗？因为家属其实有这样的顾虑，在侦查阶段就有大篇幅关于这个案子的报道，都提到“富二代”这种比较敏感的字眼，其实我们不是很希望媒体进行报道，毕竟被告人还年轻，以后还要正常生活。

法官：你们有书面申请材料吗？要不这样，你写一个书面材料，我跟领导汇报一下。

律师：也可以考虑媒体不出席，是吧？

法官：这个你们提出诉求，写明依据理由，我们去研究一下。因为现在这类案子没有特殊情况，你说不让媒体参与，也说不过去。

律师：我们还是写个申请好了。除了这两个申请之外，主要是庭前我们也想沟通一下这个案子，无论是罪名也好，还是量刑也好，我们都想全面地沟通一下。

法官：不是还要开庭嘛，这些意见开庭的时候再发表好了。

律师：如果我们庭前做了沟通的话，庭上我们会相对节省点儿时间，不会这么大篇幅地去进行详细的论证与辩护，我们主要是想在庭前时就我们主要的辩护意见给法官您这边留下个印象，这样开庭时您也可以有重点地听取意见。您看是否可以考虑一下将定性变更为过失。在该案的定性上，我们认为至多只能定过失致人死亡。因为从认识因素上来看，我们认为赵虎的供述已经比较明确了，虽然第三次笔录可能存在有罪供述的情况，但我们认为其是非法证据，应当予以排除。然后在案的证人证言，都是猜测性的证言，按照法律规定，不应当直接作为证据使用。在案还有一些客观证据，比如勘验笔录之类的最多只能证实现场的情况，并不能证实赵虎主观上有没有认识到左边有人这个情况。从意志因素上来看，我们认为赵虎是反对结果的发生的，他没有希望或者放任这个情况发生，因为这么小的一个纠纷，不至于让他去撞死一个人，更何况赵虎他又是在校的大学生，我们认为他人还是比较善良的，不可能说为了这点小事就动了杀人的念头。那么他逼停被害人妻子主要也是为了早点离开现场，因为确实小摊上有刀什么的，被害人当时又在打电话，他也担心被害人的朋友可能过来，那么他更加没办法脱身了，而且他女朋友在旁边也在尽力协调这件事情，当时也说过要赔偿，虽然没有谈妥。所以综合主观方面的情况来看，我们认为定故意杀人还是值得商榷。不知道您怎么认为？

法官：是这样，这个案子因为刚到法院，我们案子也比较多，案卷我还没有看过，你刚才说的这些情况我听着也蛮有道理的。你如果有书面意见的话，也在我这儿留一份吧？

律师：书面意见我已经详细地撰写过了，其中很多内容其实跟检察官也沟通过，但是他们决定还是定故意杀人这个罪名，所以我们只能在法院环节尽力争取。我们今天也带了一些当时给检察院提交过的材料，比如说一些量刑方面的证据，像取得谅解的情况，社区出具的一些证明品格的证据，他当时在学校的获奖的一些证明，可以证实赵虎这个人还是比较积极上进的，希望法院能够从这些角度考虑对他从轻处理。当然除了从轻以外，我们还是希望您能够考虑看能不能改罪名。在过失犯罪的情况下，量刑建议是缓刑，因为其实他还存在一个情节，他在行政传唤的过程当中就已经把实际情况、案发的整个情况都讲清楚了，法官您后续看材料的时候可以关注一下。

法官：那么你觉得是自首？

律师：对，可能公诉人并不认可是如实供述，但是我们认为他已经把实际情况都讲清楚了，希望法官能够考虑一下自首的问题，因为当时还没有被采取强制措施。

法官：好的，我们会考虑的。

律师：而且对于在校大学生或者年纪比较轻的人，现在的一些政策也是比较支持施以宽严相济的刑事政策的，能不能从这些角度也考虑给他从轻？

法官：确实，蛮可惜的这样一个小孩子。

律师：可能从小也是因为家庭环境比较好，没遇到过什么挫折，碰到有些事情就想逃避。但是，我们认为他还没有想杀害被害人的胆量，不可能有这样的一个心态。所以我们希望法院这边能够考虑一下罪名的改变。当然，我们也梳理了很多的案例，包括贵院的一些判决，其实有类似的案例我们也搜索到了，尤其是没有自首情节，也有判了缓刑的情况。

法官：是我们法院？

律师：对。因为这些案子也是取得谅解的，我们这个案子被害人家属这边确实也赔偿到位了，取得谅解了。

法官：他们已经赔偿了是吧？

律师：对，家属这边经济条件还可以，赔偿的金额也相对来说还是比较高的。当然还有一个问题，关于媒体报道方面，我们怕这个事态继续发展，所以法院判决后，这个判决文书能不能不要在网上公开？

法官：判决文书是否上网的问题，到时候我们会征求你们意见的。

律师：因为赵虎也比较年轻，如果说后续这个案子判下来，不管定性怎么样或者量刑怎么样，可能对他后续成长学习方面会有比较大的影响。

法官：你还有什么要跟我沟通的吗？我一会儿还有事。

律师：如果说定性能够改的话，被告人这边是愿意认罪认罚的，被告人本身这个态度也比较好，也积极配合侦查机关的调查。

法官：这个我们和检察院这边再去沟通，去了解一下他们的意见。

律师：当时在审查起诉阶段，我们也向检察官全面反映了我们的意见，但是不知道什么原因，可能是因为影响比较大，定性一直也没有改，我们只能在这个环节努力了。

法官：这个案子我们肯定很重视的，会好好研究的。有什么需要你们配合的，到时候再联系你们吧。

律师：法官您这边有什么是我们可以配合的？我们肯定是会全面配合。

法官：等庭审过了以后再说，好吧？

律师：好的。庭审之后，我们还是希望能够当面沟通一下。因为除了家属有这么一份迫切的愿望之外，我们作为律师也是想尽全力去争取的。

法官：好的，你们的意思我已经了解了。

律师：相应的谅解书也好，赔偿协议也好，包括他本人也写了一封悔过书，确实也挺诚恳的，附在这个意见后面，您可以看一下，确实因为这件事情他也成长了很多。希望法官能够综合考虑一下。

法官：是你们律师让他写的吗？

律师：倒也不是，我们第一次会见的时候，他就表达了这样的一个想法，但是因为侦查阶段民警也没有过多地考虑这方面的因素，所以我们还是希望他能够在法院环节提交上来，现在我们就全部都附在后面了。

法官：你交给我，我到时候看一下。

律师：法官，要不留个联系方式？

法官：联系方式就算了，有事你都联系我的书记员好了。

律师：书记员？我们现在很多案子好像都会拉个群什么的，这样通知方便一点。

法官：拉个群？法官和律师拉个群？

律师：对啊，还有书记员都在群里沟通。

法官：这不合适吧。

律师：很多这样操作的，方便沟通。

法官：这样吧，你跟书记员联系一下，然后到时候如果她要拉群的话，她给你们拉个群。

律师：可以，好的。

法官：另外，开庭时间我要跟你说一下，这个案子开庭大概再过两个月，因为这个案子刚到我们手上，我们的事情也很多，到时候书记员会排庭，确定以后再通知你们。如果还有什么需要你们配合的会提前联系你们。

律师：好的，再见。

点评[①]

律师与法官的沟通，流程上分为庭前沟通、庭上沟通和庭后沟通；阶段上分为一审沟通、二审沟通；方式上分为电话沟通、书面沟通。

（一）庭前沟通

庭前沟通，要分以下几种情况。第一种是认罪认罚的案件。这一类案件一定要提前沟通。庭前把我们的辩护意见提交上去，跟法官说明我们为什么跟检察院达成了这样的一个量刑一致的意见。如果法官觉得挺好，我们就这么定了，也确保了法院阶段不会产生什么变化。当然，为了维护当事人合法权益的最大化，我们可以在庭前沟通的时候再和法官讲，比如“具结书量刑 10 个月，我们觉得还是偏重，我们也检索到很多案例，觉得 8 个月是比较合适的，但是检察院一定要坚持 10 个月，我们也没办法”，这时可以让法官看看这些案例，案例都是本院判的，甚至其中一个还是本案法官判的。现在允许法院建议检察院调整，如果检察官不调整法官直接判决，也是可以的。我们可以让法官看看能不能考虑一下，说不定就采纳了律师的意见。

第二种是简易程序的庭前沟通，有些案子认罪认罚，但是没有对量刑达成一致意见，却愿意对案子作普通程序简易审理。这种情况之下，律师也要和法官提前沟通，提前把辩护意见、量刑意见给他，因为法官有可能会当庭判。像有些简易程序的案子，如果你不提前跟法官沟通，法官已经在庭前确定好刑期了，你还怎么辩？辩护效果很差，给家属的观感也很差。所以简易程序的案件

① 主讲人：徐宗新。

一定要庭前交辩护意见，并跟法官沟通，提出具体的量刑意见，尽量跟法院达成一致。当然，速裁程序也是一样。

第三种是无罪轻罪辩护的案件。我们作无罪辩护、轻罪辩护，在庭前也尽量作个沟通。那么，会有两种沟通：一是在庭前会议之前，我们与法官有一个沟通。召开庭前会议的理由，法律是有规定的，有非法证据排除的肯定要召开，其他的是否召开由法官来定。证据很多需要证据交换，案件疑难复杂，影响力大，等等，都可以成为庭前会议召开的理由。所以，我们律师跟法官庭前的沟通，其中一种就是是否要召开庭前会议的沟通。庭前会议的召开可以把庭审中可能出现的问题一一确定下来，比如，案件非常重大，召开一个庭前会议，可以防止被告人或者律师当庭提出来申请回避。二是正式召开庭前会议。对于庭前会议，我的理解是庭审前律师又多了一次辩护的机会，因为在庭前会议上，律师可以发表辩护意见，发表对证据的意见。而且庭前会议氛围比较轻松，法官往往比较专注，因为他是带着解决问题的想法坐在那里，注意力都在案子上。而庭审中法官有的时候比较紧张，有的时候会走神，反倒庭前会议比较实在。所以，在庭前会议上简洁明快地提出一些辩护意见，会让法官产生一定的印象，甚至印象深刻，所以，这是非常好的一次辩护机会。也有律师说，我们庭上辩护意见在庭前会议上讲过以后，公诉人就去准备了，搞得我们庭上的效果就不够好，这也有一定的道理。但是，我个人认为真金不怕火炼，你的意见是对的就是对的，哪怕公诉人回去准备了，我们法庭上讲的还是非常有依据、非常有道理，这样的意见才可能真正被采纳；只追求表面的效果，虽然庭上效果好，但是最终未被采纳，也等于空。所以，如果我们在庭前多一次辩护机会的话，就要抓住这个机会。我个人是这样理解的。但是每个案子每个律师操作风格不同，这都可以理解。还有一些有共同被告的案件，有些律师之间没有接触过，各自如何辩护原来没有沟通过，甚至有些律师作有罪辩护，有些作无罪辩护，有些律师经验足一点，辩护得充分一点，有些律师可能经验不是很足，他可能提的观点简单一点。那么，在庭前会议上我们就可以发表意见，从第一被告到最后一名被告的律师把意见都讲一讲，然后大家把意见进行交换、沟通、统一。比如，第一被告律师提无罪，第二被告律师却说我们对于构成犯罪不持异议，讲几点从轻的理由，那辩护效果就掉下来了。至少第二被告律师要这样讲“我们刚才听了第一被告律师的意见，首先，我们认为是有理有据的，恳请法庭予以重视。如果这个观点成立，我们当然非常赞同。其次，为了充分保证被告人的合法权益，我们从一旦构成犯罪，也有以下法定酌定从轻理由，提出一个量刑的辩护”。分两个层次，这样就非常符合逻辑，对前面律师的辩护是一种支持，对当事人权益也是一种保护，两个方面都到位了。所以庭前会议对我们来说是有益处的，我们可以跟公诉人沟通，与法官沟通，律师之间还可以沟通。如果我们不认识公诉人，直接上法庭，就会有一种陌生感，容易怼起来。有句话叫一回生二回熟，开一个庭前会议交流一下，开庭的时候就变成熟人了，就可以避免一些细微问题上的争执，避免引发不快，这也是庭前会议的功能之一。

另外，若不召开庭前会议，建议考虑组织庭前沟通，比如一些重大案件、职务犯罪案件，原单位可能会有几百人来旁听，影响很大。我们觉得需要对举证质证的方式、主要的辩护观点、被告人是否认罪认罚等重要问题提前沟通商量，避免庭上出现混乱。这种案件虽然不符合召开庭前会议的规定，但是我们还是可以建议法官把公诉人和我们辩护人召集到一处，对庭审的几个重要问题先交流一下。大家都了解了重点，庭审就会很顺利。所以，即便没有召开庭前会议，也是可以申请组织控辩双方跟法官一起作一个庭前沟通。

庭前的沟通，对正式的开庭还是比较重要的。比如刚才演练中说能不能不通知媒体，能不能判决书不在网上公开，赔偿协议上面的内容、赔偿的金额能不能不在法庭上宣读等问题，都很重要。因为如果赔的数额比较多，“以钱买刑”这种舆论就可能要出现，就会影响这个案子的判决。如果判轻了就是“以钱买刑”，判重了“赔偿也没用”，两头都不对。所以避免舆论的进一步炒作对案子产生影响，这些细节问题我们都要提出来。还有被告人要不要戴戒具？穿什么衣服？要不要坐下？要不要喝水？这些问题也要跟法官作一个沟通。比如，之前的一些领导干部、企业家的案件，被告人都是有身份的人，我们要给他体面的服装，或者让他坐下受审，或者给他一瓶水，这些都要在庭前沟通好。庭前提一下，法官就有数了，否则的话有的时候法官一开庭就可能忘记了。当然，我们也要因案而异，一般来讲，有身份的被告人在庭审时身着体面的服装，还是有必要的。就像是无罪推定的效果，着装得体的被告人看上去就会像无罪的人，这都是要在庭前沟通的时候予以解决，不解决的话，上了法庭会乱套。沟通也不一定要碰面，打电话也行。再如，举证质证的方式，可以庭前跟公诉人确认好，是一证一举一质一辩，还是一组一举一质一辩，还是说整个案子所有证据举完再质证，然后再来一次证据的辩论。疑难复杂的案件，最好让公诉人把举证提纲也发给我们一份，因为这样一来我们就可以按这个顺序来提出质证意见，可以避免有所遗漏，有利于提高庭审的效率。否则有些罪名多、证据多、卷宗多的案子，举证时若不按顺序来的话，被告人难以质证，律师也难以质证。所以，这些都是庭前需要沟通的内容。刚才演练的时候“法官”考虑得挺细的，律师必须细，我们不能出任何的纰漏。

（二）庭上沟通

庭上沟通是庭上除了正常的庭审动作、庭审行为以外，对于涉及庭审中的问题，律师跟法官可以做一个交流。比如，被告人之前是认罪的，到法庭突然不认罪了，或者本来作认罪认罚辩护的，被告人不认罪要作无罪辩护了，这时候应当向法官申请休庭，最高人民法院、最高人民检察院、公安部、国家安全部、司法部印发的《关于依法保障律师执业权利的规定》中有相关条文，被告人情绪异常，律师可以申请休庭，这就属于庭上沟通。又如，对于公诉人的一些行为，我们认为不符合控辩平衡的原则，辩护人没有在同等的权利基础上进行发言，我们也可以和法官进行沟通，如果很激烈的话，还可以申请休庭。注意，此处用的是“沟通”一词，因为有的时候我们却把它做成了一种庭上的对抗。比如法官要做一些指挥，律师反对或者申请回避，这就形成了一种对抗。从诉讼原理上来讲，法官是法庭的最高权威者，《刑事诉讼法》规定检察院发现法院审理程序违法，也是要在庭后提出纠正意见的。那么，律师在法庭上发现法官有程序违法，虽然没有规定什么时候提，但也参照这样的一个规定提比较符合法庭礼仪。所以，我们律师的操作方法各种各样，我个人还是比较认同在法庭上尊重法官的权威，听从法官指挥的做法。如果真的有不妥，我们可以提出休庭的意见，和法官进行沟通。当然，现在辩审之间关系并不那么融洽，有的时候律师提出休庭，法官会认为你捣乱。我认为首先我们申请休庭，和法官做一个沟通，法官如不同意，也要讲明理由；如果法官坚持自己的错误做法，我们也可以保留意见，尊重法庭的指挥。庭后我们依法提出意见，恳请检察院公诉人予以关注。这是我个人的做法，供大家参考。

（三）庭后沟通

最后就是庭后的沟通。开完庭了，律师还是要有沟通这根弦，不能说开完庭了，我们把辩护意见一交，就直接等判决了。一般来说，庭后我们会在 3 日以内把我们的辩护意见根据庭审的情况修改好、制作好并递交。修改好、制作好是指我们把原来的版本，也就是庭审版，根据庭审情况调整后附上附件，装订成册。比如说我们引用到什么证据，可以把证据复印出来，把关键的内容用红笔画出来；有什么判例，我们也附上去，其中相同的内容、规则把它画出来；有什么学理文章，我们把它复印下来，可以借鉴的内容画出来，重要的资料附在后面。尽量争取法官看了我们的辩护意见以后，不需要再去翻卷宗，该有的关键内容里边都有，这样的话法官看起来就会比较舒服。关于提交辩护意见的份数，建议合议庭交 3 本，如果需要审判委员会讨论，则准备 10 本，一并提供给法官，这样方便一点。这一点也很重要，因为如果审判委员会讨论了，每一个领导都有一本律师的辩护意见，这和承办法官口头介绍案件的效果完全不同。如果是由法官介绍，审判委员会可能还会将信将疑，会觉得法官有所偏向，法官也会畏首畏尾的，会觉得是不是太偏向律师了；用材料说话，每人发一本，也会显得律师准备得很充分。

这都是我们庭后的一些工作，庭后的沟通主要针对案件的要点、难点、重点展开。要点，比如前述这个案子的争议就是疏忽大意的过失和间接故意，有什么学理性的文章、经典的判例，如果我们找到就马上提交给法官。要点、重点、难点，这几个方面我们跟法官多沟通交流，用上什么文章、什么判例、什么原则，是庭后沟通的重点。当然，我们庭后应当保持一个常态的沟通，要了解这个案子的进展，比如什么时候判决，有什么工作我们还可以配合等，做一些常态化交流，还是很有必要。

（四）二审沟通

二审阶段的沟通就更重要了。二审开庭率比较低，所以很多庭上讲的话都要在与法官的当面沟通中完成。我们要利用好跟二审法官面对面沟通的机会，不要随随便便简单沟通就结束了，因为你下次再约他的时候，法官就未必有空了。一般来讲，书面意见先交过去，然后等法官研究得差不多了，再约见面沟通比较合适，这也是对人的一种尊重，否则沟通就没有互动性，因为他材料可能没看。二审的沟通必须把它当成开庭，是指把二审跟法官的面对面沟通当成开庭，必须全面反映辩护意见，不可有遗漏，这个时候遗漏了就没机会了。当然，我们也要注重沟通的方法，结合多种形态表达，有说、有评、有问、有聊，把我们的辩护意见充分表达出来，根据你的观察，把意见都送到法官的脑子里面去，这是二审沟通的重要性。我们与法官要保持一定频率的联系，要了解审限会不会延长、案子是否安排下去了等问题。因为二审裁判是委托一审法院代为宣判、代为送达的。如果法官说下去了，你要马上跟一审书记员联系、跟进。这些都是我们与法官在日常沟通时需要解决的问题。如果不跟紧一点，案子已经宣判了，当事人家属都知道了，辩护人还不知道，会十分尴尬。

（五）电话沟通

我们离不开电话沟通，就像刚才演练的时候电话沟通多重要，公检法的人会说你律师打电话就行了、材料放案管、有什么材料寄过来好了等，现实中确实是存在这些情况。所以，很多时候我们只能电话沟通，我们如果电话沟通能力强，还是能够发挥作用的。电话沟通，要把握以下三个“感”。

一是节奏感。一个案子，在一个时间节点进入下一个阶段时，这个时候要问一下是移送审查起诉还是案子延长审限，审查起诉期间是不是延长 15 天，会不会退查，等等。再比如开完庭，过个 15 天问一下大概什么时候判，再过个 15 天了解一下，审限差不多了，可以问法官是在审限内判还是会延长。把握好节奏感，每次问都是要有依据的，这样法官才不会反感。或许是法官应该主动告诉你的，你去问了，法官也很高兴，省去他的麻烦。

二是新鲜感。打电话时不要开口就问这个案子怎么样了，对方可能会说不怎么样，你相当于没问，他也没回答。或者你会问法官案件什么时候判，法官可能会说法定期限内判，噎得你一句话都说不出来。我们沟通肯定要有新鲜感，每一次问的问题都让人家觉得是很有必要的。比如说律师找到一篇与案子有类似的观点可以借鉴的文章，电话里可以问问能不能加个微信，以便把文章直接转发给法官。下一次沟通，我们就再找一个案例，找一个新情况，或有一个新情况需要反映，以引起法官的重视等。沟通要有新鲜感，让大家觉得不尴尬、不老套。

三是成就感。我们提出的这些意见，不要仅从辩护人的角度去提，就像故意杀人的这个案子，我们要从可行性的角度提，这就是成就感。怎样让法官、检察官、公安人员觉得采纳你的意见是他本职的工作，或者说为了保证案件的质量他就应该采纳你的意见。比如说这个案子违法性必须解决，或者这个案子有些问题，看类案这样判，如果本案不这样判，判决的结果就不一致，甚至引发舆论。从公检法要严格依法办案，所办案件要经得起历史检验的角度，提出我们的观点。有一句话说，我们律师都是法官检察官的助手，也是这个意思。我们提供这些材料，让他们准确办案，他们就有成就感。他们会觉得你这个意见提得很好，让案子判得公正，避免冤假错案。如果你只顾自己一方的考虑，从一个角度来看问题，要求他们采纳你的意见就是一厢情愿。所以，电话沟通要做到有节奏感、新鲜感和成就感。

（六）与公检法沟通的心法

与公检法之间沟通的心法，概括下来是五个“气”。

第一，气场。我们要有一个法律共同体的气场，律师、法官、检察官、公安人员都是平等的，只是职责不同。虽然律师是接受当事人的委托，但是根据法律的规定，律师也要维护社会公平正义。所以我们与法官、检察官、公安的目标是一致的，无非是角度不同。律师的职责特点要求我们要将维护保障人权和维护公平正义两者兼顾。其实，公检法也有这个职责，他们也不只是为了打击犯罪，也需要保障人权。我们律师是专司保障人权，所以都是平等的。所以我们进出司法机关时，要抱着法律共同体相互平等的心态，无须低三下四。我们自己要养成这样的一个习惯：去，就平等沟通。当然，我们在演练里也看到了，我们律师态度都比较和蔼、满脸微笑，公检法相对来说比较严肃，这没关系，毕竟我们是上门反映意见，我们的意见是供人家评判的，客气也很正常。我们自己要有气场，尊重他人，态度和气一点、客气一点，我觉得这是素质高的体现。但是内心千万不要把自己摆得低人一等，反而让人家看不起你。

第二，气度。律师不是为了自己辩护，而是为了当事人的利益辩护。律师受气也是有的，比如到看守所、公安、法院、检察院的时候，虽然我们认为与他们平等，但他们有的时候可能认为自己高人一等，说一些伤人心的话，我们这个时候要有气度。我们是受人之托、忠人之事，不要因为我们气量小而把事情办砸了，影响当事人的利益。为了当事人的利益，我们有的时候也要忍一忍，这就叫气度，这种气度是值得尊敬的。

第三，气节。气度是有限的，对方如果太过分，不断人身攻击，甚至已经影响到我们律师群体的形象，那律师也不得不说话了。不是说要互相攻击，而是我们把话说明，要说“我们都是法律共同体，地位是平等的，要互相尊重。其实这些语言已经对我进行人身攻击了，但是我为了当事人的利益不说话，只要当事人得到公正的处理，我们律师遭受点儿攻击也能忍。但是现在的说法已经影响了我们行业的形象，影响到我的形象”。如果在庭审中我们可以说“希望法庭制止，希望公诉人不要有类似的言行”，就这样直接讲出来。我想公诉人如果讲错话了或者一时激动讲了不应该讲的话，以后也不会再讲了。我们既秉持了我们的气节，同时又体现了我们的气度，也维护了法律共同体的良好氛围。

第四，气质。辩护人必须有辩护人的气质，辩护人的气质来自三个“专”。首先是专注，即对这个案子要专注。没看材料就是不专注，专注是对律师最起码的要求。案子的材料应当烂熟于心，法官讲一个证据，你知道这个证据在哪里，法官某一个证据引用错误，你知道他讲的不对，几轮下来法官认为你这个律师不得了，材料怎么这么熟，也自然会重视你的建议。如果材料不熟悉，沟通往往难以达到效果。其实，我也很怕有什么材料看得不细，或者说没有看到，在开庭或者沟通的时候被人家发现，那么我一世清名就毁了。别人会讲徐宗新不看案件材料，这话一传出去会极大地损害我的声誉。所以这个问题大家要引起重视。其次是专业。律师在刑事业务上，包括诉讼程序、办案的流程、刑事证据的规则、相关的司法解释等必须专业，表达使用法言法语，抓住焦点干脆利落，这样对方会觉得你是专业人士，不比公检法的人差，也就可以跟你对得上话。当然，专业非一日之功，像我们专门搞刑事业务的人，在拿到案子的时候可能会显得专业一些，但是就算不经常搞刑事案件的人只要用心去搞一个案子，在某一个案件上也是能够体现专业的，关键是时间问题。最后是专家，一个律师在法律领域称为专家是很难的。但是，律师可以针对某一个案件把它研究透彻，成为这个案子的专家。材料全装在脑子里，信手拈来，熟练得不得了。做到这个案子所涉及的刑事、民事各个方面的法律都研究过了，判例也研究过了，所有的专家对这种案子的观点也都研究过了，最后说结论是有什么样的时候可以做到全脱稿，这一类的事情你都搞懂、搞通了，那就是专家。如此跟公检法去沟通，就很容易成功。专注、专业、专家，我们在个案上肯定可以做到。所以，我们去沟通，必须把握这三个“专”，腹有诗书气自华。

第五，气门。所谓门就是一个出路。案子都要有个出路的，这个出路是什么，需要我们律师去发现。这跟我前面讲的法律服务方案的全面性是密切相关的，要给人一条路，这一条路就是存异求同，大家都认可的一个解决方案。比如说我们前面讲，赵虎这个案子如果走认罪认罚的话，就算定故意杀人，我们认罪认罚判 7 年行不行？说不定就行。这样既避免了重罪，同时检察院这边也交代得过去。所以我们反映意见的时候不是说不构成犯罪就完事了，讲完以后扭头走人，他们怎么办？真的会给一个无罪判决吗？有那么简单吗？所以我们要考虑气门。这就是我讲的沟通五“气”心法，供大家参考。

PART 7

第七章

刑事辩护庭审发问技能

辩护人庭审的发问是非常重要的，因为庭审发问问出的是事实，问出的是真相，庭审发问是法庭调查一项重要的内容。那么辩护人应当如何发问，如何通过发问来为我们的辩护打好基础，是我们刑辩律师开好庭的一个非常重要的工作，所以我们需要探讨一下辩护人在法庭上如何进行更好的发问。

第一节　我国目前的刑事案件庭审发问的主要特点①

一、先讯问再释证

英美法系的国家不大存在先讯问的问题，直接就是举证，并且可以对证据提出质疑。当被告人要求发言时，是可以被允许的，但是被告人的发言也被作为一种证据，如果被告人的发言对其自身不利，要承担不利后果。

在我国的法庭上，检察官对被告人先进行讯问，之后律师发问，然后再举证。讯问后，会区分是供述还是辩解。如果是供述，即被告人承认有罪，相对来说，举证、质证和辩论的环节要简要一些；如果是无罪辩解，讯问的环节会问得很详细，举证、质证和辩论的环节也更复杂。可见，我国刑事案件的法庭审理，是围绕着被告人的供述和辩解展开的。

当前，我们正在经历庭审改革，而每个法官有自己的审理特点。有些法官认为，庭审中先举证质证，然后再对被告人进行讯问、发问更合理，可不依赖被告人认罪，这也是无罪推定的体现。那么是先问再证，还是先证再问，二者谁更加合理呢？其实也各有利弊，先问再证，可以围绕庭审焦点进行，但容易造成对口供的依赖；先证再问，强调证据的充分性，但如果撇开被告人供述，很多证据的体系不能完整形成。笔者认为先证再问，更符合无罪推定的原则，更能体现证据的确实充分性，减少对口供的依赖性，更能保证案件的质量，更能体现人权保障。

我们的理念应当是既要查清案件的事实，也要充分保障人权。如果树立这

① 主讲人：徐宗新。

样一个理念，通过这两种程序都可以对一个案子进行充分的审查，并且保障被告人的合法权益。如果没有这样的一个理念，程序极易成为有罪推定思想下的“走过场”，任何一种程序都很难达到公正裁判和充分保障被告人合法权益的目的。

如果带着有罪推定的理念，即使先进行举证，却不让证人出庭作证，以言词证据为直接证据，以书面证据作为定案依据，被告人最终的辩解也就显得不重要了。

所以，理念对整体的断案思路是更加关键的决定因素，先讯问再释证，反而会显得我们的发问是更加重要的。法庭的审理是从发问开始的，我们通过发问来寻找真相、发现事实，否定案卷上已经记录但与真相不符的内容。

我们认为，刑事诉讼以审判为中心，审判以庭审为中心，庭审则是以发问为中心。通过发问，可以问出和卷宗中不一样的证据内容。如果连发问都没有，那就是卷宗主义了，也就不存在以庭审为中心的刑事诉讼了。如果真正实现以庭审为中心，做到真相查明在法庭，证据展示在法庭，争议解决在法庭，裁判形成在法庭，辩护人的发问技术就非常重要了。辩护律师对发问的这些技能一定要进行认真的研究，我们的发问能不能问出真相、问出有利、问出辩点，这要求我们问的问题是必须经过深思熟虑的。因此先讯问再释证，更凸显我们发问技术技能的重要性。

发问既包括对犯罪嫌疑人、被告人的发问，也包括对证人和其他的被告人、鉴定人的发问。

二、讯问和发问的区别

《刑事诉讼法》规定被告人在法庭上，公诉人和法官对他的发问，叫作“讯问”，辩护人对被告人是“发问”。这两者是有区别的，“发问”相对来说平等一些；“讯问”是不平等的，措辞可以更加的严厉，这其实隐含着有罪推定的思维。

我们认为，这个区别是不合理的，是有罪推定的思想导致了这个区别。既然法律已经有规定，那我们需要给被告人解释：检察官、公诉人和法官，他们是对你进行讯问，有可能态度会比较严肃，有些问题可能很难回答，但根据法律规定，作为犯罪嫌疑人（或者被告人）应当如实回答与案件有关的问题。

我们需要让当事人做好充分的准备，若不做好充分准备，他可能会惊慌失措，可能会做出一些不符合当事人本意的回答。所以我们要提示当事人有这个区别。

三、我国《刑事诉讼法》没有规定交叉发问

英美法系国家有交叉发问，交叉发问也有各种各样的技巧，包括可以进行诱导式的发问。我国没有这样的规定，实践中一般是控方问完辩方问，辩方问完是审判长补充发问，如果一轮发问结束后有补充的，还可以申请进行补充发问，因此我国刑事诉讼模式里没有交叉发问。而且一般来说，只允许直击这个案件事实的发问，不允许有诱导式的发问，这也是《刑事诉讼法》对发问最基本的原则规定。

辩护人的发问要直接针对案件的事实，如果法官认为你的发问具有诱导性，他就会制止，所以我们要注意这个问题。在问题的设计上，要尽量避免诱导式问题，同时也要避免一些其实不是诱导，却被审判长误认为是诱导的问题。

四、禁止诱导性的发问

法官要求辩护人直接发问的时候，如果辩护人设置一个带有答案前提的问题，然后进行发问，法官会打断提问，公诉人也会提出反对，所以我们在问题设置的时候就要注意设计和区分，这可以避免让法官误认为你的发问是诱导式的发问。比如，我们问一个带有答案的问题："A，当时你是不是在 B 地点看到过 C？"这个问题其实是带有一定的诱导性的，因为在 B 地点看到过 C 是带有答案的，还有一定的诱导性，而如果这个带有一定诱导性的问题被法官打断了，我们就应该把它拆分成几个问题，如"B 地点你有没有去过？""C 你是不是认识？""你去 B 地点的时候有没有碰到 C？"

拆分成这三个问题，可以避免检察官的反对和法官的制止。值得注意的

是，如果一定要用带有诱导性的词来发问，也要讲清楚。比如，“你的笔录里曾经讲过这样的情况，是否属实?”是可以问的，而且这样的问法还比较保险，如果这句话对当事人有利，辩护律师直接这样问是最保险的。如果说这句话对当事人不利，那就不能这么问，而是要先问其真实情况，如果真实情况与笔录一样，那就算了；如果问出来的情况与笔录内容不一样，那么就要问“你刚才回答的是事实吗?是事实的话那么你在笔录上记录的内容怎么与你说的不一致?笔录你看过吗?这句话你看到过吗?你现在确认吗?”通过这样的方式，才有可能充分审查笔录的客观性。

人的潜意识里一般都不会否认自己做过的事，如果你问他笔录是不是对的，一般人都会回答是对的。如果你再问他为什么这么说，他就会为维护这句话的正确性而去找理由。所以，如果要引用笔录问他是否属实，只有在确认有利的情况下才能这样问。如果这个笔录是不利的，我们就应当先问他实际情况，问出来跟笔录不一致的地方，然后再结合笔录的合法性和客观性进行发问。

如果被问者回答“我不记得了”，那么辩护人就要把大问题拆分成一个个小问题来进行发问，让他确认各个小细节，从而连成一片大事实，去审查是否与笔录相符。

五、控方主导，辩方补充

我国的庭审发问是公诉人先进行讯问，公诉人讯问一般是从头到尾详细地问一遍，然后由辩护人进行补充式的发问。一般情况下，审判长会说，公诉人已经进行讯问了，辩护人有什么问题可以补充发问。这种补充发问就是不能让你重复发问。否则，公诉人问一遍了，每个辩护人再问一遍，法官再问一遍，这样庭审效率太低了，所以，以公诉人讯问为主，辩护人发问为补充。

当我们在知道这个原则以后，在公诉人发问时，就要认真听，我们事先要准备一个发问提纲，在听的过程中，如果有公诉人问过并且已经得到了明确答案的问题，我们就把这个问题划掉。

在轮到辩护人发问时，辩护人先说一句“现在辩护人在公诉人讯问的基础上，再补充发问几个问题”，法官一听就很高兴，认为辩护人很专业，自然会对律师的发问更加关注。

辩护人如果认为公诉人提的问题被告人还没有回答到位，辩护人需要进行补充发问的，就做个记号，等轮到辩护人发问时作进一步追问。如果对公诉人问的问题，被告人的回答是不利的，而且他这个问题还没有答完，需要被告人再解释时，公诉人已经继续问下一个问题了。对于这种情况，辩护人也要做一个记号，下一步对这个问题还要继续追问。我们知道法官担心律师会重复发问、诱导发问，所以我们要避免重复发问和诱导发问。即便是重复，也应当定位为“追问”。即便是诱导，也必须有个发问必要性的“铺垫说明”，如“被告人，你刚才的回答还没有解决一个问题，你到底有没有听到第二被告人说了一声去打回来?”这样的问话，法官不会打断。

总之，辩护人要了解控方主导、辩方补充的发问特点，对已经问过了有明确答案的，不再问；已经问过了，是不利答案的，需要追问的，要追问；已经问过了，答案还没有明确的，要追问；公诉人没有问过，对被告人有利的，必须问。

第二节　庭审发问的原则

一、辩护人的发问原则

（一）问出辩点，问出有利

辩护人通过发问，把辩点展示出来，这是辩护意见的基础，然后在举证质证程序发表质证意见时再加固这些辩点，最终在法庭辩论阶段综述这些辩点及其依据，这是一个有机配合的系统工作。

辩护人发问，只有问出辩点，才有价值和意义。你不问辩点，而仅问事实，可能会越问越严重、越问越不利，则不如不问。比如：

问：你认为杀人分尸的情节是不是比较严重?

答：是的呀。

问：前科有没有？

答：有的。

问：你认为构成犯罪，还为什么要去做呢？

答：我糊涂。

问：你跟被害人是不是有什么矛盾？

答：深仇大恨。

问：你是怎么样准备工具的？

答：我抢了一辆出租车去隔壁小镇上买的刀。

辩护人问关于被告人有罪、罪重的问题，于辩护而言，毫无意义，这不是我们的工作，是公诉人的工作。辩护人的职责是提出被告人无罪、罪轻的材料和意见，所以我们一定要记住：凡问必有利。要精心设计好问题，只问有利的，不问不利的，可能不利的问题，我们就不能轻易问，问了要有后手，防止不利回答给当事人带来不利。

（二）问出模糊

对当事人不利的被告人供述、同案犯供述及证人证言，辩护人的职责就是问出模糊。问出模糊，就是对证词中对当事人不利的内容进行质疑式发问，一直问到模糊，问出证据的确定性的欠缺，直到不具有可采性为止。

比如，被告人有份笔录承认自己收受了80万元的贿赂，但开庭时又否认了，对其该份笔录，辩护人就要以“问出模糊”的原则来发问。

问：你说你没有收受这80万元？

答：是的。

问：那你的第三次笔录为什么承认你是收受了这80万元？

答：侦查人员威胁我把我关到西北去，还要把我老婆抓起来，限制我小孩出国读书，所以我就说收了这个80万元。

问：你是收到这80万元但没有受贿的想法呢，还是根本就没有收到这个80万元？

答：根本没有收到这个80万元。

问：你笔录讲收到这80万元后存到银行了，而确定当天有个70万元的银行存款记录，这个你怎么解释？

答：那是我为了买房子，从亲戚朋友那里借的，还有我们自己的工资凑的，不信的话，可以向我亲戚朋友调查核实，我们从工资卡上取钱的记录也都是有的。

问：你认为这80万元根本没有收，那行贿人会冤枉你说你收了他这80万元吗？

答：这我不知道，我都被迫承认了，他也有可能被迫编造。

问：当时审讯你时有同步录音录像吗？

答：有的。每次提审时都要先告诉我有同步录音录像的，我都签字的。

问：你的上述回答，能经得起同步录音录像的检验吗？

答：当然，我讲假话，天打五雷轰。

通过发问，使被告人曾经作出的有罪供述笔录出现了合法性及客观性问题，产生了模糊，必须核对同步录音录像及向证人核实并审查相关书证才能判断其合法性和客观性。

再举一个对同案犯发问的例子。如同案犯的笔录里提到我们的当事人王某设计了非法吸收公众存款的资金路线图，辩护人对该同案犯进行发问。

问：你是怎么知道王某设计了非法吸存资金的转账路线的？

答：因为他是财务部的负责人。

问：你有直接跟王某对接过资金转账路径设计的工作吗？

答：没有。

问：你有亲眼看到王某在对公司资金进行安排吗？

答：没有。

问：那你是怎么确定非法吸存资金的转账路径是王某设计的呢？

答：是他们财务部的人说的。

问：那你是听说的了，对不对？

答：是的。

问：那你知不知道，公司财务部的负责人其实不是王某？

答：是吗？那我倒真的不知道。

经过发问，律师把这位同案犯的指证，从原始证据问成了传来证据，问出了模糊。

很多笔录有个特点：只记结论，不记结论的依据。而辩护人发问的重点，就是对结论的依据进行刨根问底式的发问，一直问到不确定、问到模糊为止。模糊了，就不具有证据的确定性，不具有确定性就不具有证明效力。

二、公诉人的发问原则：展示犯罪和揭露犯罪

对认罪的案件，公诉人也不能什么问题都不问，因为法官不清楚这是一个什么案件，还没有形成自由心证，就算被告人认罪态度好，法院因为不了解，也没有办法裁判。所以，检察官必须通过发问，当庭展示犯罪，让法官知道主要犯罪行为是什么，本人认不认，怎么认。

对于被告人不认罪或认罪态度不好的，检察官也不能不问就直接宣读证据，而是要通过发问，揭示矛盾，揭露犯罪，先把不实的辩解问出来，等一下出示证据时有的放矢，证明其辩解不实。

第三节　对于庭审发问的准备

一、问什么

我们在发问之前，要进行大量的准备工作，不是上了法庭随便发问，而是要根据庭审中不同的诉讼参与人，设计准确的问题。

比如，对于自己的当事人也就是被告人进行发问时我们要问什么？

一是问出辩点。如果被告人不在现场，那就必须问他在什么地方，有什么证据证明；如果想辩他有自首情节，就必须问他归案经过；如果想辩从犯，就必须问他在本案中起的作用；如果有立功情节，必须问他有无检举揭发。

二是问出辩解。被告人对起诉书指控的主要事实有什么辩解，必须问出来。比如，被告人被指控系黑社会性质组织的领导者，律师就要问他有什么意见；再如，被告人被指控指使他人行凶，就要问他是否指使，为什么有人会指

证。辩解分为有证据证明的辩解和没有证据证明的辩解。没有证据证明的辩解又分为合理辩解和不合理辩解。对合理的但又没有证据证明的辩解，我们在法庭上尤其要注意把它问出来，如果不问出来，这个辩解大家就不知道。问出来了，是个合理辩解，排除不了成立可能，就不应认定相应的指控事实。

比如，被告人在没有偿还能力、履行能力的情况下，与被害人签订了合同。我们就会问被告人在签订合同的时候有多少资产，有多少应收款，是否没有履行能力。他说，“我有的，我有这些资产，我还有这些应收款，我还有这些预期利益，怎么能说我没有履行能力”。这就是问出了他的辩解，说明他没有非法占有的故意，就不能定诈骗罪。

被告人讲出了他的辩解，辩护人在接下来的举证质证阶段，就能围绕着他的辩解来展开，看这些证据到底能不能驳斥他的辩解，如果不能驳斥，就无法排除他的合理怀疑，指控的证据就不充分。

前面提到，我国的庭审是先讯问再举证质证，所以辩解非常重要，这个时候把辩解问出来，法官就可以以此为审查重点。

二、怎么问

对自己当事人的发问，我们要进行庭前辅导，要全程、全面、到位。对要发问的问题，必须全部列出来，问一遍，让他答一遍，确保万无一失。

这个演练，大家不必有顾虑，这不是教被告人怎么回答，而是对庭审的准备。这些问题和答案，案卷上都有，原来也交流多次了，无非就是为了开庭，把这些内容整理起来，不涉及违规执业。

在庭前辅导中，不仅对辩护人将要问他的问题进行演练，还要将公诉人、法官、同案犯律师，甚至其他被告人要向他发问的问题也与他进行演练，提前帮他考虑到，要求他进行准备。

也有被告人会提出来问题太多记不住，能不能拿张纸把问题记下来，把答案背出来。这里作一个提醒，千万不要死记硬背，那样会显得这些回答很假，要让当事人充分理解问题后面的含义，根据问题来准确回答，死记硬背会弄巧成拙。有些被告人回答公诉人的问题，吞吞吐吐，而回答辩护人的问题，对答如流，有些还会抢答，有些忘记了还会问辩护人“那天你跟我讲要怎么回答”，这些都是没有把演练工作做到位。我们不是让他背答案，辩护人的工作是让他知道这个问题后面的含义，这样才能问出辩点，问出辩解，而不是为了答而答。

一个问题问的是什么意思，要让被告人理解，让他用他自己的语言来回答。理解最重要，理解好了怎么回答都是对的，理解不到位，无论怎么背，都不会达到很好的效果。被告人要按照自己经历的事实，结合问题问的目的，自然地答出来。

三、怎么答

辩护律师向自己当事人发问的问题可以事先演练，所以回答难度不高。但是，公诉人、审判长、同案犯的辩护人以及被害方的诉讼代理人都会进行发问，他们的态度和问题不可能都完全预料到，那么被告人要如何应对，怎么回答呢？

我们要跟被告人讲清楚，公诉人、审判长会对你进行讯问，你要听清他们的问题，根据这个问题的内容，知道隐含的含义，再根据自己了解的情况进行准确的回答。

而且我们还要跟被告人强调，你要抓住公诉人、审判长问你的机会，把你的辩点讲出来，把你的辩解讲清楚。虽然公诉人的问题可能很尖锐，但这恰恰就是指控最重要的方面，如果提出的辩解让公诉人无话可说，那样的效果更好。尤其是法官问的问题，都是他最关心的关于定罪和量刑的核心问题，必须回答好，说出辩点，讲清辩解，一定要让法官听明白原来是这么回事。千万避免以下情形：公诉人或者法官一问，就紧张地作有罪供述；辩护人一问，就回答不是自己干的，自己是无罪的。不管是哪一方，在法庭上发问，代表的都是法庭，回答出来的都是证据。

大家对法官的印象通常是不偏不倚地听各方意见，深思熟虑后再宣判。当然，有些法官容易与被告人起辩论，被告人有辩解，法官就反驳他，互相辩论。如果真碰到这样的法官，首先，心态要理性，不要乱了方寸；其次，要讲出依据之所在；最后，以诚待人，以理服人，以情感人，从当事人的角度说服法官。

对于其他同案犯的律师的提问，也分两种。

第一种是同案犯的律师要向被告人求证对大家都有利的问题。比如，针对共同贪污的指控，辩护人们都辩称是私分国有资产，所有的被告人律师都要问一下，被告人是不是曾经开会讨论过，以及被告人的工资水平是否符合被告人的实际要求。这些人的回答肯定都要互相印证，都会说有开会的，工资水平都是符合实际要求的。这些问题是对大家都有利的，律师问了他自己的当事人，又向其他的被告人来进行求证。这没有利害冲突，对这些问题，当然要依照共同有利的原则来回答。

第二种是对他的当事人有利的提问，而这又分为两种，一种是对他自己的当事人有利，但是不会对其他同案被告人产生不利。比如问其他同案被告人有没有在现场看到自己的当事人，这个问题的回答，就对他的当事人有利，同时不会对其他被告人不利。另一种是对他的当事人有利，对其他当事人不利。比如问开会的决策由谁作出的，如果是其他当事人作出的，那就对他的当事人有利了，对该案其他当事人不利。所以我们有些被告人对其他辩护律师的发问会特别警惕，有些甚至认为其他律师的发问一律都是陷阱，拒绝回答。其实有的时候这样认为反而会失去了一个对大家都有利的机会。因为我们辩护人之间虽然在庭前会有一些沟通，但是不会沟通得特别细致，对其他辩护人可能发问的问题我们未必了解，但是可以告诉我们的当事人，其他辩护人发问的目的无非如此。如果都有利，就依事实顺着回答；如果对其他当事人不利，对自己有利，就朝着对自己有利的方向回答；如果对自己不利，对其他当事人有利，并且不符合事实，原来笔录也没有这样讲过，就要否认。我们讲的“有利”“不利”是一个抽象的评判，庭审中当然要以自己原来的说法为事实前提。

现阶段庭审很大程度上还需要依靠卷宗与笔录，不可能脱开笔录去谈庭审，以庭审上展示的证据为唯一的定案依据是不可能的。在法庭上翻供没那么简单，还要审查审前证据的合法性和客观性。并不是说以庭审为中心，就否定了所有的审前证据。

对于怎么回答发问，需要从利益导向的角度来考虑，也要看被告人自己原来的供述与辩解。当然，被告人的供述、辩解也是要经过查证属实。确实是被告人说的，而且没有非法取证的因素，就可以作为一个评判的依据。所以我们要告诉当事人，其他同案律师的发问以其当事人的利益为导向，他在回答时要结合自己原来笔录的内容作出回答，不要一概不回答不配合。

四、对同案被告人发问怎么设计问题

对于其他同案的被告人，我们在设计问题的时候，要考虑的是要不要问，要问什么。

有些被告人之间是存在冲突的，如主从犯之争。我们需要考虑的问题，首先是有什么不利的笔录。比如，两个同案被告人，第一被告人笔录中提到，诈骗行为都是第二被告出主意的，第二被告出资的，运作过程第二被告都知情的，而且分的钱还比自己的多。作为第二被告人的辩护人，对不利的笔录内容，不可回避，不能掩耳盗铃，必须面对。我们应该这样想，反正笔录上是不利的，在法庭上问的最坏结果还是笔录上的内容，但是如果问出不一样，问出模糊，问出有利，我们就是百分之百的胜利。

比如，一个黑社会性质组织犯罪，被列为第一被告人的笔录里面，辩称第二被告人才是他们黑社会性质组织的首要分子。作为第二被告人的辩护人，我们在法庭上就可以这样问他：

问：你认为自己的组织是否属于黑社会性质组织？

答：不是。

问：你认为自己是老大吗？

答：不是啊。

问：既然你都认为你这个组织不是黑社会，你也不是老大，那么你为什么认为第二被告人是你这个黑社会性质组织的老大呢？

答：第二被告人也不是什么黑社会老大。我都不认为我们这个组织是黑社会，第二被告人又怎么会是黑社会的老大呢。

凡是对我们当事人不利的内容，辩护人是一定要追问到底的。有些律师觉得不利的内容在法庭上就不要去点了，担心点得过多的话，会给法庭留下不好的印象，如果同案被告人说得更加严重，那就更不利了。但其实，这个问题不用担心，如果他真的会这样讲，公安机关早就问清楚记到笔录上去了，公安对有利于指控的证据内容是不会漏记的。所以，在庭审中对不利的内容，辩护人必须发问，在绝望中寻找希望。

如果同案被告人笔录内容中有传闻证据，我们就要问传闻证据的来源。比如“是不是你亲眼看到的？你怎么判断的？你有什么依据？你说听说A很凶狠，那是听谁说的，为什么说他很凶狠？是你自己想象的，还是真的有人听说？他又是哪里听来的？”

对同案被告人亲历证据的发问很重要，没有亲历，则为传闻，或为猜测，均不确实，不可采信。

如果问出不同，跟其确认答案后，就抛出笔录内容，让其当庭否认原来笔录的内容。如前面这个例子，律师可继续发问。

问：你是说，你这个组织不是黑社会，你不是老大，第二被告人也不是老大，对吗？

答：对的。

问：确认吗？

答：确认的。

问：那你的笔录怎么有第二被告人是黑社会老大的内容？

答：那个笔录不是我说的，是公安自己记上去的。

问：那你为什么签字？

答：他们对我刑讯逼供，我受不了了，他们记什么我签什么。

第四节　对被害人发问的规则

一、申请被害人出庭作证的几种情况

（一）被害人笔录十分不利

被害人笔录一般都对被告人很不利的，往往是指控被告人犯罪最重要的证

据，如果要否定犯罪，必须先否定被害人笔录。因此，一般而言，律师要申请被害人出庭作证。但是，如果被害人作的是客观陈述，如被抢劫了、被抢夺了等描述客观的话，就无申请其出庭的必要。

（二）被害人当庭陈述可能有利

通过对其笔录的分析，对全案证据的把握，预测到一些关键问题可能会对当事人有利，则应申请被害人出庭，通过法庭上的发问，问出矛盾，问出对当事人有利的内容。

（三）被害人陈述是指控的核心证据

比如，强奸案、诈骗案的被害人，其陈述往往在证据体系里起到核心作用，一旦这个陈述内容被否决，当事人就不构成犯罪。所以对这类被害人都是必须要申请出庭作证的。

虽然符合这三种情况时，被害人一定要出庭。但实务中我们提出申请，被害人是否出庭还是取决于法院的意见。辩护人必须将被害人陈述中不是事实之处、自相矛盾之处、模糊不清之处，揭示出来，作为申请被害人出庭的理由，强烈并坚持法院通知被害人出庭作证。

二、向被害人发问的问题设计

（一）凡是不利的内容都要问其本人是否亲历

亲历的证明力强，传来或猜测的证明力弱。比如，被害人说被告人没有资产，诱骗他来签这个合同的，那就要这样问他：

问：你有什么证据证明被告人没有资产？

答：有资产还会还不上钱？

问：有没有什么事件让你觉得被告人已经没有资产了？

答：就是他还不出钱了。

问：那你是以还不上钱的结果来推断他当时是没钱的了？

答：是的。

（二）凡是主观判断都要追问其判断的理由

凡是主观判断都要追问其判断的理由，要对其理由不断追问。如一个黑恶案件，被害人在家门口被打了，其笔录说打人的肯定是某某叫人来干的，因为某某是黑社会老大。那我们就要这样问：

问：打人的人你认识吗？

答：不认识，一看就是社会上的。

问：村里跟你有矛盾的人你能报一下吗？

答：好的。有张三、李四、王五等人。

问：那会不会是这些人叫人打的你？

答：不会，这些人都很文雅的。

问：凭什么你认为是某某指使的？

答：因为他是黑社会老大，这些人都是听他的。

问：你有没有看到或听到是某某在指使？

答：没有。

问：那你怎么说是他指使的呢？

答：因为他是黑社会老大，他有钱有势，又跟我有矛盾。

问：没有直接的证据，只有你的猜测对吗？

答：是的。

（三）凡是有漏洞或是可能有利的，都要把口子撕大

例如，一个强奸案件，被害人说发生性关系是违背其意愿的，而事实上当天却是被害人带着产品，到被告人住的宾馆去找他推销。那么我们就怀疑她有没有可能生意谈不成，然后反告他强奸。我们就要考虑把口子放大。问被害人“你找他的目的是什么？”“带来这个产品干吗？”“谈生意，是怎么谈的，怎么样一个过程，有没有谈成？”“没有谈成你觉得你是高兴还是不高兴？”这就是把这个口子放大。

有些被害人说被告人欺骗他，没有钱来还债，但是后来双方在还钱过程中又签了一个补充的还款协议，协议里面确定了还款的一个时间表，对这些问题

我们就要抓住了。诈骗需要受对方的欺骗而陷入认识误区，现在对方没有还款能力，还签订一个还款协议，被害人的主观方面还是明知的。对这个认识，我们需要把口子放大。

再如，一个承包方在做一个工程时，业主方认为包工头在其中的一张签证单上作假，把一个没施工的工程，做了一个已施工的签证单，并且签字让业主方支付了200多万元的工程款。业主方为了说明这是诈骗，在笔录里提出他每天都到工地去看这个工程，一直没有施工，所以承包方的行为是诈骗。

这就是一个漏洞了，我们要把它撕开。诈骗需要受蒙蔽陷入错误认识。业主方既然知道这个工程没有施工，为什么肯付他这个钱呢？所以不存在受蒙蔽的情况，愿意付款也是有其他原因。在结算的时候，业主方还给承包方核减了三十几万元，其他的200万元给他了。种种证据显示，工程没有施工业主方都是明知的，仍然愿意付钱，甚至核减了三十几万元，显然没有受蒙蔽陷入认识误区。这时要把这个口子撕大。

（四）对回答的答案要有预测，要有后手

比如，向强奸案件被害人发问，问其是否愿意，被害人回答“我不愿意”，此时，不能就这样结束了发问。事实上还需要继续发问，如“你不愿意你怎么还配合？”“你不愿意怎么在电梯上还搂搂抱抱？”“你不愿意这个事情发生以后，还在房间里待了那么长时间？”这样有一连串的后手，问出矛盾，问出模糊，不能浅尝辄止。

第五节　对证人发问的规则

一、申请证人出庭的几种情况

（一）证人的笔录十分不利

比如，一名证人，亲眼看到了事情的经过，指证被告人实施了犯罪行为，这肯定很不利，那么律师肯定要申请证人到庭核实，否则直接按照笔录上的内

容认定，那将是辩护工作的一个遗憾。如果出庭证实原来的笔录属实，那么就依此事实进行辩护；如果出庭情况有所改变，那么就可以寻找新的辩护空间。

（二）证人当庭的证言可能有利

辩护人通过对证人笔录的研究分析会发现一些问题和矛盾，通过发问，挖掘不实，扩大模糊，凸显矛盾，就会产生新的辩护机会。对有利可能性较大的，就应当申请其出庭作证。根据经验，凡是申请出庭作证的，或多或少都能够发现一些辩护机会。

（三）证人笔录存在疑问，对定罪量刑有重大影响

《刑事诉讼法》规定，当证言存在疑问、对定罪量刑有重大影响、法庭认为有必要的才通知证人出庭。所以辩护人在提出证人出庭申请的时候，必须对该证人的证言进行充分的质疑，主要是对客观性的质疑。比如，指证其是否亲历，这个观点的依据在哪里，笔录内容存在自相矛盾，笔录和其他证据存在矛盾，如何对定罪量刑有重大影响。只有像这样符合法律规定的申请书递交给法院，法院才可能通知证人出庭作证。

申请重要的控方证人出庭作证，申请被害人出庭作证，都是无奈之举，于危机中寻找转机。

（四）未制作过笔录的有利于当事人的证人

如果我们了解到还没有制作过笔录的证人可以证明对当事人有利的事实，那就有必要申请其到庭作证，通过发问，让他当面向法庭陈述其证言。

对有利于当事人的证人，如果其笔录上的内容是有利的，那就不需要申请其出庭作证，直接引用作为辩护依据。如果申请其出庭，万一说得不利，效果适得其反。

（五）已调查过但记录缺少有利证言的证人

这位证人虽有笔录在卷，但是他的笔录里没有记录他了解的对当事人有利的内容，他要讲的情况对本案的卷宗来讲是一个新的证据，我们就要申请他到庭作证，让其当庭把有利于当事人的事实陈述出来。

二、申请证人出庭的准备

第一，跟证人确认好出庭作证的内容，确保出庭的证言是有利的，而不是不利的。辩护人在申请证人出庭之前，需要向证人说明，其出庭必须忠于事实，作伪证是要承担伪证罪的责任的。证人的证词也必须保证对己方当事人有利，如果不利或可能不利，辩护人不能申请其出庭作证，否则变成辩护人在提供对当事人不利的证据。

第二，列好发问提纲，不仅有问题，还要预判答案，对不利于己方当事人的答案要有追问问题的设计。翔实的书面发问提纲是成功发问的根本保障。

第三，公诉人申请出庭的控方证人是公诉方的重要武器，辩护人必须高度重视，要做好充分的准备，制作详细的发问提纲，在公诉人的发问之后进行追问，尽可能问出矛盾，问出模糊。

三、如何设计发问证人的问题

（一）客观陈述都要问是否其本人亲历、亲眼看到、亲耳听到

比如，某证人称当事人是他的领导，分管财务。那么就可以作如下发问设计。

问：你说某某是你的领导，有什么依据？

答：因为我有工作的事都要找他汇报。

问：你有看到任命他是你部门负责人的文件吗？

答：没有。

问：是谁让你向某某汇报工作的？

答：是大老总。

问：那么你的工作向某某汇报后，某某是否可以决定你怎么做？

答：不可以的。是要大老总决定的。

问：那你向某某汇报不汇报，从工作的角度讲，有什么意义呢？

答：没有什么意义，反正大老总让我把工作都向某某汇报一下。

问：你具体向某某汇报了什么工作？

答：其实想想也没有汇报什么工作，就是感觉到他是帮大老总来看着大家的。

（二）主观判断都要追问他判断的理由

比如，有个证人称某某是黑社会老大，可以作如下发问设计。

问：你知道什么是黑社会吗？

答：就是社会上打打杀杀的组织。

问：某某这个人你认不认识？

答：我不认识。听说过。

问：你知道他这个黑社会做了哪些坏事吗？

答：知道一些。

问：是你自己看到的，还是听说的？

答：都是听说的。

问：某某在这个所谓的黑社会里是做什么的？

答：听说是老大。

问：怎么个老大法？

答：这我也不知道，我都是听说的。

问：听谁说的？

答：也是随便聊天，亲朋好友东一嘴西一嘴说起的。

问：你觉得听说的事情肯定是真实的吗？

答：那不一定的。

（三）凡是漏洞或可能有利的都要把口子撕大

辩护人对证人的笔录要进行充分的分析，对证人的回答要有预判，对不利的回答要有后手。比如，一件共同非法吸收公众存款案，第一被告人称第二被告人分管财务，但在回答公诉人问题时改为第二被告人其实也不分管财务，第二被告人的辩护人马上发现这个契机，对第一被告人进行追问，让第一被告人详细解释了为什么第二被告人不分管财务的理由，否定了其称第二被告人分管财务的笔录内容。

第六节　对侦查人员发问的规则

一、申请侦查人员出庭作证的情形

（一）侦查活动存在肉刑或者变相肉刑、威胁、引诱、欺骗等非法取证的极大可能

非法证据排除的审查方式之一是要求侦查人员出庭作证，或者是作出情况说明。比如，有个案子，被告人的一份笔录显示，从 2 时至 8 时进行过审讯，这涉嫌疲劳审讯，被告人还辩称有威胁、引诱、欺骗的行为，这就涉嫌非法取证了，辩护人就要申请侦查人员出庭作证。

（二）侦查取证活动存在违法或违法的可能

经过阅卷，发现侦查活动明显存在程序违法，律师就需要申请侦查人员当庭作证，以固定其侦查取证的违法性，从而否定所调查取证的效力。如在一起生产销售有毒有害食品案件中，警察出警到现场，对现场的原材料进行提取以及拍照固定，没有见证人，也没有录像，物证的提取缺乏关联性证明。通过申请警察出庭作证，当庭查明该现场勘验笔录是由两次勘查所形成的，第一次和第二次的物证进行了混同，见证人也是协警等影响证据客观性和合法性的问题，从而排除了该证据。

（三）对重要量刑情节能够起到证明作用

比如，被告人辩称系自首，但公诉人不同意，辩护人就可以申请抓捕民警出庭作证，证明其归案经过及认罪态度。特别是特殊自首，在被告人归案前掌握了什么犯罪事实，是同类还是不同类，是需要侦查人员出庭来予以说明的。再如，立功，被告人提供重要线索抓获其他犯罪嫌疑人，这线索到底起到了多大的作用，也必须由侦查人员出庭讲明细节。

当然，上述情况也可以申请法庭去补充调查，但作为辩护人很难了解调查过程，所以还是申请当庭作证更能保障效果。

二、向侦查人员发问的问题设计

直接问侦查人员有没有刑讯逼供，有没有违法办案，显然不会得到肯定回答，甚至引发出庭侦查人员的嘲笑。在如何设计发问问题上，笔者有以下思考。

一般而言，对侦查人员的发问分为两种模式。

一种是全景式，即根据审讯的工作流程、工作时间、工作顺序，从头问到尾，然后根据其回答，抓住其漏洞，展示其矛盾，揭露其违法。比如，前述这个案例就可以从犯罪嫌疑人什么时间到达派出所、侦查人员有没有及时对他进行讯问、为什么要从 2 时开始、为什么连续 6 小时的审讯却只有两页纸的笔录、政策教育是哪些方面、有没有考虑到他有休息权。然后把答案串联起来，以证明存在非法取证或无法排除非法取证的可能，就能体现是否进行了刑讯逼供。

另一种是焦点式，即抓住审讯中的焦点问题，询问其是怎么做的，依照法律规定应该怎么办，反复比较，不断地深入挖掘，刨根问底，以凸显其违法性。比如，有个案子，侦查人员涉嫌违规给犯罪嫌疑人戴戒具，明明是一般犯罪嫌疑人，却给他戴上了死刑犯的戒具，涉嫌使用变相肉刑。就围绕着戴戒具的法律依据和事实依据，辩护人就要不断地追问，是谁做的，是谁决定的，是如何决定的，到底有没有法律依据，没有法律依据又为什么这么做。

第七节　对鉴定人员发问的规则

一、申请鉴定人员的必要性

鉴定意见对于定案一般都具有直接且重要的作用，如对故意伤害的伤情鉴定、对文物的鉴定、对于涉案物品价值的鉴定、对于商业秘密的鉴定、对于环境污染危险废物的鉴定、对环境修复损失的鉴定、精神病鉴定等，对定罪与量刑都起到关键的作用。如果被告人对鉴定意见有意见，或辩护人发现鉴定意见的程序、依据及论证存在问题，导致鉴定意见的结论错误，那就必须申请鉴定人员出庭作证。根据《刑事诉讼法》规定，通知鉴定人员出庭而不出庭的，鉴定意见不得作为定案依据。因此，只要找出鉴定意见中存在的严重问题，法院借此通知鉴定人出庭作证，鉴定意见就有可能被质疑甚至推翻。

二、申请鉴定人出庭的理由

（一）鉴定意见不具有合法性

辩护人要审查：鉴定主体上，鉴定机构是否合法？是否有资质？是否有司法鉴定的资质？是否具备该专业的鉴定专业能力？鉴定人是不是该专业的专家？

在鉴定依据上，审查依据出自哪里？依据的法律、法规等规范性文件是否适格？鉴定样本是否适格？公安提供的委托材料是否与本案存在关联？委托材料是否有倾向性的意见？

（二）鉴定意见不具有客观性

一是鉴定的基础材料不确实。如检材与样本被污染；据以比对的资料不确实、不充分。

二是引用事实不客观。在引用的事实上，就已经是片面的事实，已有倾向性的观点，依据委托方的鉴定目的进行形式鉴定。

三是鉴定规程不符合要求。比如，一个鉴定意见，如果按照它的全部规程走下来，需要4小时，但结果鉴定流程2.5小时就做完了，那就可以确定鉴定不符合工艺流程，鉴定过程不客观。鉴定是有规程的，每一类的鉴定都有每一类的规程，每一类的规程都需要严格执行规程，这样才会得出正确的结论。

四是专家认为鉴定意见不能成立。对鉴定这一专业性的工作，我们需要有“用专家对付专家”的思维。我们只是法律工作者，不可能样样精通，所以碰到专业问题，一定要请教专家。法医鉴定请教法医专家，精神病鉴定请教精神病专家，商业秘密鉴定请教商业秘密的专家，要通过专家来对鉴定意见提出专家意见，进而申请鉴定人出庭作证，以及申请专家证人出庭作证。

在专家的指导下，提出相反的例证。比如，针对商业秘密，我们进行检索后发现，在当时国内国际上有很多相同的技术。我们可以发问，“你对这些相同的技术怎么看？为什么说是你的商业秘密呢？我们认为这是公知技术”。

在专家的指导下，提出相反的权威的观点。我们检索到的权威的观点、论断都可以提出来，让专家来评判。一般在学术界也有一个排序，一些权威专家提出的观点，还是有比较大的影响。

在专家的指导下，提出鉴定意见中的核心不足，要求法庭进行调查。对鉴定人怎么发问，法庭要重点审查什么，这都要专家证人协助确定。当然最好的情况是由专家本人作为专家辅助人出庭，当庭提出质疑，专家和专家形成对抗。当然这种场景实践中很难发生，《刑事诉讼法》中无此程序规定。另外，辩护人还是要注意对专业知识的理解和消化，不能完全依赖于专家。

对于专家证人，越专业越好，专业越对口越好，级别越高越好，机构越权威越好。

专家证人除出庭作证外，还可以向法庭出具书面的专家咨询意见。

第八节　辩护人庭审发问的规则

刑事案件辩护人的庭审发问重在准备，重在设计，如果没有充分准备，没有经过设计，到了法庭随意地发问，是不可能问出有利来的。发问不能打无准备之仗，而且一旦问错，后果很严重，所以发问一定得提前准备，提问之前一定要思考再三，不能说问问试试看，或者说我们感觉这个问题要问一下。这个是不能试的，一旦试出问题、试出不利的答案，就会对辩护工作产生被动影响。以下是辩护人庭审发问的基本方法与要求。

一、发问应当分组

辩护人在庭审中的发问需要分组设计，层层推进，不能一个问题从头问到尾，把一天的过程都问出来。这就需要分组设计问题，按照时间、地点、待证事实来进行分组发问。

（一）按照时间分组

这种情况比较多，也比较便于组织发问问题。缺点就是不能突出重点，比较耗时间。比如，某个案件非法拘禁的犯罪行为持续了多天，就可以以每一天来分组。

问：我们来问第一天的情况，你那天是几时到现场的？

答：我第一天是9时到现场的。

……

问：好，我接下来问你第二天的情况，那天你是几时到现场的？

答：我也是9时到的。

（二）按照地点分组

对有多个现场的案件，则最好是按地点分。比如，一个共同故意杀人案件，分别是在被告人家中预谋、在A市买杀人工具、到B市寻找目标、在高速公路上动手杀人、在C市乡间小道上分尸抛尸。这么多现场，只有一个一个现场分别作为一组问题对被告人进行发问，才问得清楚，听得明白。

（三）按照待证事实分组

发问的目的是问出辩点，问出有利或问出模糊。问出来的答案，都指向相应的待证事实，如果没有指向任何待证事实，那就是无效问题，如被告人是男是女、家住在哪里、平时喜欢吃什么。在单节事实的指控案件中，针对待证事实进行发问，是常用的方法，比如，是否在案发现场，是否组织、指挥，是否参与了某一具体犯罪，是否起到次要作用，是否属于投案自首等。这里举个例子：

问：关于你归案的经过，我问你几个问题好吗？

答：好的。

问：你是在哪里碰到公安并被公安带走的？

答：医院。

问：为什么去医院？

答：我看到把被害人打伤了，我马上送他去医院，在路上我报警了，告诉警察有人被打伤了，在第一人民医院急诊室，让他们尽快派人来处理。

问：你有没有讲是你把人打伤了？

答：因为时间紧，我没有明确讲，我想等警察到了，我跟警察讲，打人的就是我。

问：你在医院的时候，是明知道警察会来调查的，是吗？

答：是的。

问：那警察来了后，你是什么时候表明你就是打人者？

答：警察来了后，问是谁报的警，我说是我报的警，人也是我打伤的，警察留下一个守着被害人，另一个就把我带到派出所去做笔录了。

问：你是否如实陈述了打人的经过？

答：那肯定是的。

每一分组发问后，我们还可以对被告人的回答作一句话的概括总结，指出其待证事实。比如，上面这个例子问完后，律师可以向法庭说“根据被告人的回答的情况，属于投案自首”。当然，有些法官会让律师不要重复，这一般是因为法官他听明白了，其实也不是坏事，如没有听明白，你再总结一遍，让他听明白，也有必要。

上述三种分类方法，也不是截然分开的，可以交叉组合运用。比如，按时间分组发问时，对某个时间点发生的案情，可以按照关键的待证事实来问。归根结底，发问是为了问出有利的待证事实。

二、问题应该具体

第一，不要问观点。如：“你对这件事怎么看？”“你认为他做得对不对？”观点只是看法，不能作为证据。

第二，问题不要太大。不要问太大的问题，如：“后来呢，发生什么事了？”“某年某月某天，你做了什么事？”“你在A公司做了十年，都做了些什么事？”问题太大会让对方无法回答，或无法准确回答，很难与本案建立关联。所以要尽量改问一些小的问题，问一些具体的问题，如问具体的行为，层层推进，拆解提问，步步为营。几个小问题答好了，就解决了一个大问题。

第三，问题不能太浅。如一起轮奸案件，辩护人问当事人的情况如下。

问：你们俩把被害人带到房间是想干什么？

答：休息。

问：你与被害人发生关系的时候，同伴在不在现场？

答：不在，他在洗澡。等他洗好，我已经发生好关系了。他出浴室，我就洗澡了。

问：你洗澡的时候，他在干什么？

答：那我不知道。

问：他有没有也跟被害人发生性关系？

答：那我不知道的，我只管我自己。我洗好澡就走了。

构成轮奸的关键在于共同犯罪人的共同犯罪故意，故意分为直接故意和间接故意，这里只问了直接故意，没有问间接故意，无法排除两人有概括的轮奸的故意，对同伙强奸被害人持放任的故意，甚至客观上起到支持和帮助的作用。因此，这个问题设计得太浅，不足以对抗轮奸的指控。

第四，问题不能太偏。虽然我们关心的是有利的待证事实，但也要用中立的问题把答案问出来，而不要带着答案去诱导。比如，问同案犯：“你们去打架不是第一被告人叫你们去的吧？”“你们怎么可能在大白天杀人越货呢？”这样明显诱导的问题哪怕问出肯定的回答，法官内心也不愿意相信。

第五，问题不能太复杂。一个问题，只能有一个求证事项，不能有两个以上未知的事实要素。比如，有这个问题，“你有没有在打架现场上见过某某？”这个问题含有两个事实要素，一是“你”到过现场，二是可能看到某某了。如果被问者没有到过现场，那就不存在是否看到某某的问题。再如，“国家是什么时候不允许买陆龟的？你是否知道？知道为什么还要买呢？”连续几个问题一起问，这就让被告人难以回答，法庭也不太容易抓住要领。

三、善用“反对”，勇于接招

在英美法系的法庭上，其中一方发问时，另一方随时可以提出“反对”，法官即时裁决，然后继续发问，双方都理性平和，反对乃家常便饭。但在中国，法律人还不习惯“反对”。有些公诉人会认为辩护人提“反对”是对公诉人的不尊重；反之，辩护人对审判长、公诉人打断其发言也会深感不满，认为这是利用公权力侵犯律师的执业权利。这个观念一时无法改变。所以，在中国庭审中，笔者一般不建议辩护人在公诉人发问时说“我反对”，毕竟国情不同。但是，我们也不能没有任何的应对措施，这个措施就是对被告人做好庭前辅导，让被告人本人能够应对各种难题。只要在庭前辅导好，随便公诉人怎么问，他都能够很好地回答。既然当事人都能够应对各种各样严厉的讯问，那我们也没有必要去反对公诉人，除非公诉人的讯问明显违法且被告人难以应付。这就是“非必要不反对”原则。

比如，公诉人对被告人进行威胁式的讯问，被告人手足无措，难以应对，辩护人这时就要及时提出反对。在提反对时，切入要快，嗓门要响，语句要短，一般这样表述：“反对，公诉人在威胁性（诱导性或重复性）讯问，请法庭予以制止！”话音落了，法官也听明白了。在实践中，辩护人反对不及时，或反对意见太长，或向法官示意要提反对意见，都容易被法官打断，并被指示不要在法庭没有准许的情况下擅自发言，导致提不出“反对”，或影响“反对”效果。所以在提“反对”时，要运用上述技能。辩护律师要练一练这句“反对”，以讲得又响、又快、又准。

另外，在我们辩护人发问的过程中，如果公诉人提出反对，或者审判长进行打断，我们一定要有个好心态，不要认为他们不尊重我们而生气，说“请不要打断辩护人的发言！”也不要以牙还牙，说“审判长，未经法庭允许，公诉人怎么能擅自发言，请予以训诫！”更不要与法庭辩论，说“你这个法官怎么这么不尊重律师，你这样打断，我还怎么发问呀！”我们不要忘记，我们自己在必要时也会反对公诉人发问，甚至有时会反对审判长发问的不当问题。这只是个技术问题。公诉人、审判长反对或制止，说明他们听得很认真，这是好事。

有了好心态，我们再看应该怎么办。

公诉人如果反对说辩护人是重复发问，我们辩护人则说明一下是追问，是新问题，继续问；公诉人说是诱导发问，我们说明这是笔录中有的，或者换问题也行；审判长如果打断也一样，辩护人可以换个问题，也可以说明一下继续问新的问题。这叫勇于接招。不能因为公诉人、审判长一打断，就乱了主张，问不出新问题，或干脆对剩下问题放弃发问。

第九节　辩护人庭审发问的风险控制

一、不问“没有底”的问题

所谓“没有底”就是你不知道答案的问题。一般来说不要问，你如果问了对你很不利又没有后手的问题，会很尴尬、很被动。

二、不问铺垫过长的问题

如果铺垫很长，这不是发问，而是在发表辩护意见，问就简简单单地问事实。

三、不问混合型的问题

比如，“你对张三做的是件什么事情？你当时在不在现场？”就是混合性的问题，对张三做的事情跟你在不在现场是两件事情。你要先问他在不在现场，有没有看到张三，然后问张三有没有做什么事情？这三个问题不可以混在一块。

四、不问没有关联性的问题

“请问你的外号叫什么？是小老鼠还是老鼠？”因为辩护人觉得起诉书上面把当事人的外号写错了，“小老鼠”写成“老鼠”，辩护人认为小老鼠比老鼠要小一点，危害性小一点，认为可能有关联，其实没有太大的意义。一定要问关联性强的问题，就是问出辩点，问出模糊，问出辩解，紧扣本案的事实、指控的事实、被告人的辩解。

五、不问诱导性、误导性的问题

诱导性问题容易被法官打断，误导性的问题容易误导当事人，下一次也问不出有利的答案了。

有些律师发问的口气就好像很希望自己的当事人作出肯定的回答，但是偏偏对他有利的回答是需要他回答否定。比如，问当事人“原来笔录是对的吧?”这个口气听起来，他需要回答“是对的”，其实你是希望他提出一个质疑。此时，你就要考虑要换一种问法，比如，“你对你原来的笔录有什么意见”，这样他可能就会说“还有这么几点意见”。所以这些问题都需要我们提前准备。我们要充分考虑到不同的语气、语调、文字会给被告人和被发问的人一些暗示，不要误导导致问出坏的问题。

六、不要问过于专业的问题

表述过于专业的问题，比如，问被告人是间接故意还是疏忽大意的过失，被告人说“我是疏忽大意的过失”，法官会认为答案太专业了，不真实。所以我们问的一定是生活语言，而不是法律语言。

七、不问争论式的问题

对于不利的问题，不要争吵。有个证人或者同案的被告人的回答是对当事人不利的，辩护人如果说“你怎么会这么想呢?”“你怎么这么认为?”这样跟他进行争论，甚至吵架，是不合适的。我们辩护人应该理性平和，不显山露水，真的有杀机也是暗藏杀机，当然也有些辩护人说“我就是要问得他情绪失控，然后回答出有利的答案”，当然也是有这种方法的，如果能控制也不是不可以。

而且对于自己当事人以外的当事人，千万不要揭露他，不要跟他形成对立，否则对方根本就不回答你的问题。比如，一个案子的第一被告人和第二被告人之间存在有矛盾的，作为第二被告人的辩护人，问第一被告人一些问题，说“你跟第二被告人是不是有矛盾?”他说“是的”。辩护人说“虽然你跟他有矛盾，今天我作为他的辩护人问你一些问题，你能实事求是的回答吗?”他说“我能啊”。辩护人说“你不会因为跟他有矛盾，而对我的问题不实事求是的回答吧?”他说“那不会的”。这样铺垫好以后他就很配合。

如果说你不采取这样一个方式，你说“原来你们之间是不是有矛盾，你原来的笔录对他都是不利的，你是不是想让他判重一点?”把他激怒了以后，他就不愿意来回答这个问题了，他可以闭口不说话。既然是发问，一定要让对方愿意开口。

八、不问意见性、猜测性的问题

对控方的证据，如果是意见性、猜测性的内容，我们辩护人都是要提出质疑的。作为辩方也就不需要再问这种问题了。比如，问自己当事人认为自己是有罪还是无罪，这没有什么意义。现在我们认罪认罚，有些被告人没有文化，还不知道什么是犯罪，你问他认不认罪，他说我认罪，再问他知道什么是犯罪，他说不知道。这有什么意义呢?其实笔者认为，认罪只要求被告人愿意承认自己的犯罪行为，表示愿意接受处罚，至于认什么罪，必须在他有认罪能力的前提下才可能回答，否则这个问题也是毫无意义的。

九、不问假设性的问题

以“如果”开头的问题，是假设，答案毫无意义，而且这样问也很容易被打断。所以，要直接问实际已经发生的、实际听到和看到的问题，不问没有发生的假设。

第十节　发问策略

借鉴三十六计，来谈几点发问中的策略和技巧。

一、瞒天过海

比如，某银行行长受贿案件，其拿到的款项是贿款还是帮助购买存款的代收代付款是核心事实，所谓的行贿人出庭作证时我们就要问清楚这个问题。为了避免干扰，我们把前提直接藏在向证人发问的问题里面，直切主题。

问：贷款不能用增值税专用发票以后，你们公司怎么解决贷款的担保问题？

答：通过银行向有存款的公司买存款。

问：你们要付出什么对价？

答：支付存款回报，由银行代收，代为支付给卖存款的企业。

问：这个回报，是送给银行行长的，还是给卖存款的企业的？

答：当然是给卖存款的企业的。

二、围魏救赵

一起斗殴案件，同案犯说自己不是主动参与斗殴行为的，而是被被告人胁迫参与的。律师发问。

问：你说自己不自愿，但是你怎么主动拿刀砍人砍了二十多刀，还说自己不自愿？

答：哪里有二十多刀，只有十几刀。

问：你既然不愿意，又怎么会主动砍人？

答：……

三、借刀杀人

同案犯的笔录对我方当事人不利，辩护人发现该同案犯在法庭上有非法取证的辩解，于是发问。

问：你说你的笔录都是非法取证形成的，不是你的真实意思？

答：对的。

问：那么这些笔录你都不认可是吗？

答：是的。

问：那么笔录里面说去打架是跟我当事人一起商量后叫人去打的，你也不认可喽？

答：是的。

问：也就是说，你没有和我的当事人一起商量并叫人去打架？

答：对的。

四、以逸待劳

对被害人的发问必须要全程。被害人回答发问，肯定会对重点问题避重就轻，你问她发生性关系是不是出于自愿，她肯定说不自愿。所以必须从头问到尾，让她自然地把全过程讲出来，讲着讲着，肯定要讲到事实情况，就会露出马脚。一旦发现矛盾和漏洞，辩护人马上组织反攻，其笔录的不客观性就会展现出来。对重要的证人，也要考虑运用这种全程式的发问方式。

五、趁火打劫

在其他被告人、证人回答问题的答案有利的时候，我们趁机也获得一份有利。比如：

问：被告人，你刚才回答你的辩护人说，你的笔录都是不属实的？

答：对的。

问：那你笔录里讲到我当事人给你出主意是不是也是不属实？

答：是的，不属实。

对方只有回答是的，他才可以自圆其说。所以其他被告人、证人出庭作证时，我们一定要认真听，随时捕捉战机，获取有利情况。

六、声东击西

先问其他的问题，得到否定的回答后，进而问其目标问题，得到想要的答案。比如，一件单位经营赌博游戏涉嫌开设赌场案件，有员工指证老总在主观上是明知的，老总的辩护人在法庭上发问员工。

问：你知不知道代理商用你们公司开发的游戏用于赌博？

答：我不知道。

问：你知不知道公司其他人知不知道有代理商用你们公司开发的游戏用于

赌博？

答：那我怎么会知道他们知不知道呢？

问：那么郑总知不知道呢？

答：我也不知道他知不知道。

问：那你的笔录怎么说郑总是知道的？

答：我笔录有这么说吗？这根本不是我的真实意思。我自己都不知道，又怎么会知道其他人知不知道。如果我知道其他人知道了，那就说明我也知道了，所以我是不知道的。

七、无中生有

我们有时可以做一些别人听不出来的假设，但是一旦被听出来，就会被法官打断，因为前面讲过假设的问题是不能问的。无中生有的意思是把没有的事说成有，让被问者误认为我们已经掌握了，把真实的情况问答出来。比如，有个证人说被告人在现场打人，但被告人辩称该证人当时在距离 2 公里开外的菜地里，根本不在现场。那么辩护人对其进行发问。

问：你确实看到被告人在现场打人吗？

答：是的呀。

问：但是有人看到你当时在菜地种菜，距离现场 2 公里多，根本就不在现场。你可不要撒谎，群众的眼睛是雪亮的。

答：让我再想想。噢，是的，我是在菜地种菜，被告人现场打人，我是听路过的人说的。

八、暗度陈仓

在麻痹对方的过程中达到我们的目的。比如，一起强奸案，辩护人问被害人。

问：你的多次笔录对被告人强奸你的具体姿势讲的都不一样，你能不能在法庭上具体讲一讲？

答：是这样的一个姿势（比画）。

问：你确定吗？

答：确定。

问：记得清楚？

答：清楚。

问：你不是说酒喝醉了，根本想不起来是怎么发生性关系的吗？

答：……

问：你到底是清醒的还是喝醉了？

答：我……

九、隔岸观火

其他被告人发生争执，我们不参与争执，只关心自己当事人利益。比如，一起共同犯罪案件，第一被告人、第二被告人互相指证对方是黑社会老大，第三被告人的辩护人对第一被告人进行发问。

问：你说第二被告人是老大？

答：是的。

问：那你呢？是老几？

答：我说不上来。

问：你们有没有排过座次？

答：没有的。

问：那第三被告人是排在老几？有没有这么排过？

答：没有的。

问：反正他不是老大？

答：对的。

问：他是听谁的？

答：不知道，反正不是我。

十、笑里藏刀

辩护人在对警察发问以及对被害人发问的时候，要态度和蔼，理性平和，不要让对方产生反感情绪。曾经有一个案子，有位辩护律师向警察发问凶得不得了，搞得警察很反感，后来拒绝回答辩护律师问题。我们要态度和蔼，和风细雨，让对方在放松的心态下回答，不要露出发问的目的。直接问警察有没有刑讯逼供，不会有警察承认，所以我们要通过大量的小的问题来让他回答，在回答的过程中让他露出马脚。比如，问他“警察都要依法办案的吗?”他会说“是啊。”问他“是不是要保证嫌疑人的休息权?”回答“当然了。”再问“你为什么要通宵审讯呢?”他就噎住了。通宵审讯是无法保障嫌疑人休息的权利。

以上种种，笔者将三十六计参考到庭审发问中来，不一定非常贴切，但希望能有所启发。归根结底，刑事案件的办理因人而异、因案而异，具体案件的办理使用不同的办案技能。每个人的性格、观点、动机、表达方式、交流的语气、现场的环境都不一样，回答的问题也都会不一样，所以我们只能在发问前做好充分的准备，在具体发问的过程中不打无准备之战，不问没有准备过的问题，任何的问题都要有后手。然后充分运用当事人的心理，运用原来的证据，问出有利，对不利的问题问出模糊。

PART 8

第八章

刑事辩护举证质证技能

刑事案件庭审的举证质证环节是辩护律师在庭审上发挥作用的非常重要的环节。对于公诉人的举证，我们如何进行准备、如何进行质证，以及我们辩护人如何举证，是这一阶段的主要工作。那么这个阶段的工作我们如何开展？

第一节 质证的准备①

我们质证要有一个准备，具体来讲要做以下工作。

第一，我们要向法庭和公诉人确认证据的种类与数量，不能遗漏，开庭前我们要跟法院再确认一下，到底本案的证据材料有哪些，辩护人是不是已经全部阅取到位。同时，还要跟公诉人确认一下，庭审上除了移交法院的证据，是否还有其他要出示的证据。

有个案件，律师派助手去阅卷说是 35 份卷，结果到了法庭上，公诉人说有 100 份卷，所以助手没有跟法院和公诉人确认好本案的案卷到底有多少。那么该律师只得申请休庭，并且还要再阅卷，使法院对他印象不好。所以我们质证的前提是要了解到底有多少证据，同公诉方和法庭保持信息的同步，确认无误。

那么如何确认呢？我们在法院审判阶段还要认真仔细地阅卷。有些辩护人认为自己在检察院阅过卷了，法院的材料也一样，应该没有什么其他材料，就不阅了，这种做法和想法是不对的。到法院审判这一新诉讼阶段，我们必须重新做一遍阅卷的工作。同时也询问一下公诉人，除了原来的材料，在审查起诉阶段还补充了什么证据，是否都已经移交到了法院，以及是否还有材料在补充，如重新鉴定的鉴定意见。另外，如果审查起诉阶段公诉人对被告人的讯问笔录对当事人有利，我们要申请公诉人提交给法庭，以便辩护人在庭上发表质证意见。质证的前提是：确认我们的证据和法庭公诉人保持信息的同步。

第二，证据要向被告人开示、核对，听取意见。所有的证据要在法庭上出示，先听取的是被告人的意见，所以要先向被告人出示、核对，让他知道该怎

① 主讲人：徐宗新。

么发表意见。之前我们讲到，在审查起诉阶段和审判阶段，律师向犯罪嫌疑人、被告人开示证据的原则是不一样的。

在审查起诉阶段，我们向犯罪嫌疑人直接阅看核对证据的范围是：犯罪嫌疑人的笔录、书证、物证、鉴定意见、勘验检查笔录等。同案犯的供述、证人证言中对犯罪嫌疑人有利的部分，可以直接告诉犯罪嫌疑人，对他不利的部分，我们要以人证分离的方式来进行核实，防止串供、伪证、毁灭证据等妨害诉讼风险的发生。

到了审判阶段，根据最高人民法院的《人民法院办理刑事案件第一审普通程序法庭调查规程（试行）》，在被告人不到场的情况下，辩护人在庭前会议上可以代被告人发表质证意见，也就是说在庭前会议以前，被告人有权了解有什么证据，而且有权直接提出质证意见。所以在审判阶段，律师就可以把所有的证据展示给被告人，让他提意见，并且把他的意见记录下来。如果被告人能够亲自到庭前会议上，就由他自己发表；如果他庭前会议无法到场，就由律师来发表。所以在审判阶段，辩护人可以全面充分地向被告人展示证据，核实证据，听取意见，不必再采用“人证分离”的原则了。当然律师也要告诉被告人注意不要有妨害诉讼的行为，如果有妨害诉讼的行为，他将承担不利的法律后果。

被告人自己对证据的意见，是律师审查证据的重点，是质证意见的基础。律师必须在被告人质证意见的基础上来研究，然后提出质证意见。

第三，与被告人做好庭审分工，确定各自的具体质证内容。关于辩护人与被告人在庭上质证的分工，一般规则是，被告人负责证据的客观性，辩护人负责证据的合法性和关联性。因为被告人当时在犯罪现场，并且亲历了案件，对这些证据是否符合事实，具有发言权。他对证据提出一些意见，既是他本人的权利，也是一个很有利的在场人的证明内容。对于证据的关联性和合法性，具有较强的专业性，律师来发表意见较为合适。当然，律师也不是不对客观性发表意见，而是要从全案的角度来评判该证据的客观性。同理，当事人对证据关联性和合法性也可以提意见，用生活语言提，比如，他说“这个证人我不认识”“这个书证我没有看到过”，就是关联性问题；再如，他说自己的笔录不属实，是被逼供逼出来的，那是合法性问题。此处的分工是相对的，当事人侧重于客观性，辩护人侧重于合法性和关联性。

第四，对众多的材料作为一组证据出示的举证，被告人如何质证。一证一举一质一辩，对被告人来说还记得住证据，可以正常发表自己的意见。但是，如果是证据繁多的复杂案件，如黑社会性质组织犯罪的案件，一节事实有几十项证据，公诉人不可能全文宣读，只是摘要宣读，此时被告人要如何质证？笔者的经验是，对被告人认罪认罚没有辩解的案件，被告人当然对所有的证据说没有意见；但对被告人有辩解的案件，在遇到众多的证据作为一组证据出示的情况时，如果被告人能够记得对证据内容的异议，可以直接发表“我对某某证据有意见，其他由我律师发表”，如果不记得了，被告人就可以说“凡是与我当庭讲的一样的，我都认可；凡是与我当庭讲的不一样的，我都不认可。其他的意见由我律师发表”。特别是无罪辩护、疑难复杂的案件，被告人不要轻易地对证据说“没有意见”，用前文这句话来表达自己的意见，更为恰当。

当然，对证据众多、争议较大的复杂案件，比如，黑社会多罪名的案件，在被告人在庭审上没有能力充分发表意见的情况之下，我们也会向法庭建议，在公诉人举完一组证据之后，先由辩护人发表质证意见，然后再问被告人有没有补充。有些法庭是同意的，因为法庭也希望质证能抓住要害，而律师简洁明快地提出意见，便于他整理审判思路，公诉人一举证，辩护人一质证，法官马上就了解了这个争议焦点。

第五，制作详细的书面的质证提纲。质证提纲分为三种形式。第一种是注释式。简单的案件，笔者的习惯是在打印出来的这份证据上划出来，写上证据“三性”意见。实践中也有在电子版证据上用注释功能写出意见，再打印出来使用的做法。这样的好处是可以在提质证意见的时候有一个证据的全貌，庭审上发表意见可以充分一点，也便于检索。

第二种是摘录式。把有异议的内容摘录下来，注明在第几页第几行，然后写上意见。摘录下来的好处是，公诉人举到某一个证据，我们马上就能够对证据的内容提出系统的质证意见，效率比较高，也比较清晰。它的缺点就是筛选出来了以后，不能展示证据的全貌，如果公诉人宣读的内容超出事先准备的质证范围，还需要结合阅卷笔录来进行对照审查。

第三种是引用式。严格按照证据的“三性”来罗列，即列明某一个证据合法性的问题有几点，客观性的问题有几点，关联性的问题有几点，内容分别是什么，在哪一卷哪一页。在法庭上，只要公诉人提到某一项证据，辩护人就能直接发表对该证据“三性”的质证意见。同时，该份提纲还可以作为辩护意见的附件，在庭后提交给法庭。

这三种质证提纲，各有优劣。其实我们可以结合三者的优势，即必须要有个注释式的版本，然后摘录出要重点发表质证意见的内容，对所有的意见整理成总的引用式的质证意见，这样就比较全面，也便于庭上向法庭提交。

第六，要与公诉人、法官商定举证方式。法庭上要如何举证？第一种是“一证一举一质一辩”。就是公诉人每次只出示一个证据，由辩护人发表质证意见，公诉人对辩护人的质证意见进行答辩和说明，再由辩护人对公诉人的答辩和说明进行答辩。这种方式的质证效果最好，审得最细，案件质量最有保障，但耗费的时间太长。所以适用的往往是重大案件，而且证据材料又不是特别多的，如故意杀人案、重大贩毒案等。

第二种是“一节一举一质一辩”。公诉人将指控的某一情节的所有证据作为一组证据一并出示，由辩护人对该组证据发表质证意见，由公诉人答辩，辩护人再有针对性地发表答辩意见。这种举证方式适用于有多节犯罪事实的案件，好处就是每一笔的证据情况可以较为清晰地展示出来。

第三种是“一案一举一质一辩”。公诉人将整个案件的证据一次性全部出示完毕，由辩护人一次性发表质证意见，双方再就证据“三性”问题辩论一轮。这往往适用于认罪认罚案件或控辩双方对事实和证据没有任何争议的案件。

第四种是“一组一举一质一辩”。公诉人把所有证据依照一定的规律，或证据类型，或时间顺序，或犯罪地点，或犯罪实施阶段，分成几组，每出示一组，法庭就组织一次质证和对这组证据的辩论。这往往适用于单笔复杂犯罪，如跨度长达 10 年的集资诈骗案，将证据分为公司管理架构、募集资金情况、项目投资及经营情况、返还投资款及支付利息情况、资金去向等几个方面来分组举证。

第五种是复合式。公诉人对待证事实单一的大量证据作为一组证据来出示，对重要的关键证据如被害人陈述单独作为一份证据来出示，将待证事实多但情况雷同或相关联的证据作为一组出示，这样既可以提高庭审效率，又可以紧抓庭审焦点。

第六种是公诉人举证后，只由被告人发表质证意见，在全案（组）举证完毕后再由律师系统发表质证意见。这种方式非常不利于辩护人充分发表质证意见，而且因为质证意见失去了适时性，所取得的效果也会大打折扣。虽然这种举证质证方式比较少见，但实践中也是有的，笔者建议辩护人在庭前尽量说服法官避免采用这种举证质证方式。

第七种是公诉人举证后，只让辩护人发表质证意见，不组织辩论。这种方式也是比较常见的。辩护人如果对公诉人质证意见的答辩意见当场有意见，必须向法庭申请发言，但发言一定要简短有力，紧紧围绕证据三性。

鉴于有这么多种举证质证方式，辩护人务必在庭前与公诉人、法官商定举证质证方式，以便充分准备，也避免因举证质证观点不同而在庭上发生辩诉冲突和辩审冲突。

在与公诉人、法官商量举证质证方式的过程中，我们还可以向公诉人提出其能否提供一份举证提纲，这样便于辩护人根据公诉人举证提纲的顺序和内容有针对性地提出质证意见，提高庭审效率。

不管公诉人是否提供举证提纲，也不管商定的举证质证方式是哪一种，辩护人都要做好质证的充分准备。因为法庭审理瞬息万变，辩护人只有准备充分了，才能以不变应万变，以万变应不变。

第七，申请证人出庭，申请调查证据，申请重新鉴定。这些申请应该在庭前提交书面申请，说明理由与法律依据，并附上线索和材料。我们在对证据进行审查并提出质证意见之后，是否就万事大吉呢？这远远不够，还要有一些配套工作。比如，对某一位证人的证言提出了书面的质证意见，我们还要考虑是不是要申请该证人出庭作证，如果证言地位重要，证人不到庭不足以否定其证据效力，那就必须申请证人出庭。又如，对证据进行审查后，我们认为还要申请调查其他证据，那就要写调查取证申请书，说明理由和法律依据，并且附上线索和材料。这些线索和材料，是指申请调查的理由、途径和要点。再如，对鉴定意见的质证意见，可以列出相关意见的法律依据，条件允许的话，可以提交专家咨询意见，也可以作为申请重新鉴定的申请书上所附材料。

第二节　庭前会议发表质证意见

一、证据开示

庭前会议上，对证据材料众多的案件，法官一般会组织证据开示。关于证据开示，实践中有几种做法：第一种做法是双方证据交换一下，确认辩方有没有新证据要出示，辩方是否都拿到了控方的证据，确认一下开庭时要出示的所有证据，确认好就结束了。

第二种做法是控方在庭前会议上将所有要出示的证据展示一遍，审判长问辩护人对这些证据中的哪些证据有意见、哪些证据没有意见，就没有意见的证据指示公诉人在庭上仅需宣读证据名称、简要说明待证事实；就有意见的证据，指示公诉人在法庭上详细举证，由辩护人在庭上详细发表质证意见。

第三种做法是审判长要求公诉人在证据开示时，说明证据的待证事实，要求辩护人概括地发表质证意见，归纳争议焦点，便于庭上安排重点审查的案件事实与证据。

二、充分辩护

庭前会议中，辩护人也要进行充分的辩护。有律师反对前述证据开示的第三种做法，认为这是庭前会议替代了庭审，会架空律师的辩护职能。笔者认为，还是要重视庭前会议。根据《人民法院办理刑事案件庭前会议规程（试行）》，如果在庭前会议上法官认为这个案子明显事实不清、证据不足，可以建议检察院撤回起诉，如果检察院不撤回，法院开庭审理后，没有新的事实和理由，一般情况下，检察院就再也不能撤回起诉了。由此可见，庭前会议还有一种实质审查的功能。既然它有实质审查的功能，那么我们律师就应该抓住这次辩护的机会，认真地辩一场。这个场合相对于正式开庭要宽松得多，律师就当成一次庭前沟通，好好向法官反映一下辩护意见，引起法官足够的重视，明确争议焦点，以便于更准确地审理案件。为什么说庭前会议上律师也要充分辩护？因为庭前会议和正式庭审氛围不一样。庭前会议氛围宽松，法官全神贯注，注意力全集中在案件上；正式庭审中，法官要照顾到方方面面，在律师发言的时候，他还要兼顾庭审的秩序，如下面谁打电话，谁随意走动，他发现后要叫法警去制止，其注意力必然有所分散，律师的发言效果未必如庭前会议好。

关于在庭前会议上律师详细发表意见，对共同犯罪案件而言，还有利于互相借鉴、沟通和统一辩护观点。在共同犯罪的案件中，辩护人之间互相不了解彼此的辩护意见，公开发表了之后，辩护人就可以互相了解各方的辩护意见，有利于借鉴别人的好观点，有利于统一辩护思路，避免出现矛盾。

三、发表质证意见

庭前会议上发表质证意见，要拿捏好分寸，发言要详略得当，防范风险。当然，在发表质证意见时，也要注意一个风险，就是辩护人详细发表质证意见以后，可能会变成侦查机关补证提纲，到时候通过几份简单的笔录把这些漏洞都补上，从而给我们质证这些证据带来障碍。一般而言，合法性问题可以大胆地讲，关联性和客观性的问题要斟酌，只有不可能补正的我们才可以大胆地讲；如果简单补个笔录就堵上漏洞，那么就暂时不提，到庭上提。

第三节　正式开庭时发表质证意见

一、证据“三性”的理解

证据的关联性分两个层面：第一个层面是有没有关联，指的是这个证据跟这个案子有没有关联。若公诉人指控被告人犯有诈骗罪，那么他所举的所有证据都必须与本案指控的诈骗行为有关系，或证明该诈骗行为的存在，或证明相关的量刑情节。例如，公诉人列举了一份学历证书，如果该案的指控没有涉及学历问题，就没有关联性。再如，有些毒品案件里扣押的物证毒品没有来源，无法证明该毒品是我们这个案子里面的毒品，这个物证与本案就没有关联性。第二个层面是与本案有什么关联，即这一份证据它的待证事实是什么。比如，一份证人证言，证明公司的领导在开会的时候谈到过对外吸收资金的问题，这就证明该领导是参与过这个事情。一般来说，公诉方的证据与对被告人的指控绝大多数是有关联性的，除非确实无关或无法建立关联，我们才提无关联性的质证意见。重点是判断有什么关联，即对该证据的待证事实进行整理，然后准确地对该证据的证明能力进行充分分析，结合其他证据来判断是否足以定案。

证据的合法性是指取证是否合法。证据的合法性也分为两个层面：第一个层面是非法证据，也就是《刑事诉讼法》第52条和第56条中讲的非法证据，即侦查人员通过肉刑、变相肉刑、威胁、引诱、欺骗所取得的供述和暴力、威胁取得的证据。对于非法证据，需要先进行非法证据排除的审查，再判断是否属于非法证据，如果是，就要予以排除；如果不是，就可以在法庭上出示，但未必能作为定案依据。第二个层面是不合法的证据，比如，单人提审，现场勘查没有见证人，未成年人被询问时无法定代理人在场等。辩护人不能只关注非法证据排除问题，也要重视合法性审查。不合法的证据如果不能补齐其合法性，该证据也不得作为定案依据。

证据的客观性就是证据必须客观、真实。一般来讲，客观性和真实性讲的都是一回事，是通用的。对于如何判断证据的客观性，笔者总结了三个标准：一是与查明的客观事实是否相符。经查明某一事实发生在白天，而某证人讲的是黑夜，显然某证人证言不客观。二是与其他证据是否相符。张三说是李四干的，李四说是张三干的，这两个证据相矛盾，客观性肯定有问题，必有一假，或者都假。出现这种情况，证据的客观性就肯定存在问题了。三是与常识、常情、常理是否相符。有个行贿人说受贿人生病了，送了20万元，对该20万元的性质，有两种说法，一种说是看望病人的费用，这个数额显然与日常看望病人的数额不相称；另一种说是受贿人因为要换肾向他借的，相对而言，换肾的医疗费用与该20万元相当，符合常理。

二、辩护人在法庭上对证据提出的是“意见”，而不能只是“异议”

辩护人在法庭上对证据提出的是“质证意见”，不能仅是“异议”。“异议”是对证据的不同的意见；“意见”既包括不同的意见，又包括认可该证据的内容而仅针对待证事实表示的意见，范围更广。即辩护人在发表质证意见时，既可以对不利的内容提出异议，也可以对有利的内容提出自己的看法。最高人民法院的《人民法院办理刑事案件第一审普通程序法庭调查规程（试行）》的规定就很明确，辩护人对证据发表的是“质证意见”。

所以，辩护人一定要知道这个概念的重要性，千万不要因为没有异议就提没有意见。比如，前文中涉及的赵虎案中，赵虎女朋友的笔录对赵虎有利，辩护人没有异议，但辩护人可以发表“对该证言的证据‘三性’没有意见，在待证事实上提一点意见，就是该证言证实了被告人赵虎的辩解，他的注意力都在右边，所以被告人存在对左边危险情况的疏忽预见”。这个意见很重要，辩护人不提这个证据就划过去了，待证事实就没有得到恰当的揭示，对辩护工作而言，就是个遗憾。

另外，有时审判长会让辩护人质证时尽量简单，可以在辩论阶段再详细发表，辩护人千万不要随便附和。质证阶段对证据发表意见，可以让法庭印象更深刻，与辩论阶段综合论证完全不同。我们建造一幢大楼，每块砖都是检验合格后才砌上去的，这样的楼才牢固，而如果先把砖彻上去，再去检验砖的质量是否合格，这个楼的质量就是有问题的。质证是基础，该提的意见一定要提出来。

三、发表质证意见时，对“三性”如何排序

笔者认为，辩护人对“三性”发表意见时，可以按照如下建议进行排序：

首先，讲关联性，即有无关联。如果没有关联性，就不必讲合法性和客观性了，所以辩护人应当先考虑讲关联性问题。比如，公诉人出示了一个毒品物证，但又缺乏来源证明与本案有关，所以辩护人就说“这个毒品物证，证明不

了来源，所以无法证明本案事实，与本案缺乏关联性”。因为没有关联了，所以也不用提合法性和客观性的问题了。如果有关联，那么就把关联性放到最后一点去讲，讲一讲有什么关联，就把合法性排到第一位来考虑。

其次，讲合法性。合法性有两个层面，第一个层面是非法证据。一般来说，辩护人、被告人提出非法证据排除，必须要召开庭前会议，庭前会议上如果把非法证据排除掉了，就不进入法庭出示了；庭前会议上如果没有把非法证据排除掉，该份证据要进入法庭。公诉人进行了举证，辩护人还是可以提非法证据排除的意见的。庭前会议不是实质的开庭，不能否定律师在庭上发表意见的实质权利。庭前会议认为不属非法证据一般有两种情形：一是非法取证的依据不足；二是即使存在非法取证的行为，也没有达到非法证据的程度，不属于非法证据。不管是哪一种理由，都不影响辩护人仍然对这一份证据提出非法证据排除的意见。包括在法庭辩论阶段，辩护人仍然可以提出非法证据排除的意见。非法证据，是指《刑事诉讼法》第 52 条和第 56 条中规定的侦查人员通过肉刑、变相肉刑、威胁、引诱、欺骗等方式所取得的供述和暴力、威胁取得的证据。威胁、引诱、欺骗往往被司法机关认为是侦查策略，但对危及家人和他本人的身体健康的严重威胁，在最高人民法院的《人民法院办理刑事案件排除非法证据规程（试行）》中，属于非法证据。另外，通过非法限制人身自由而取得的供述也是非法证据。一般的威胁、引诱和欺骗，虽然没有规定直接作为非法证据排除，但至少是不合法的证据，辩护人应当提出，不得作为定案的依据。

合法性的第二个层面就是不合法的证据，即除非法证据以外的取证程序不符合法律规定的证据。比如，现场勘查没有见证人，讯问犯罪嫌疑人应该全程录音录像而没有录音录像，都属于不合法的证据，辩护人就要提出法条规定和违法的行为。

对非法证据，辩护人提出的是“该证据属于非法证据，应当予以排除，不得进入法庭”；对不合法的证据，辩护人提出的是“该份证据不具有证据的合法性，不得作为定案依据”。二者的提法也是不一样的。

从广义上讲，非法证据包含在不合法的证据范围之内，非法证据都是不合法的证据，不合法的证据包括非法证据，提出非法证据要有事实和法律依据，不属于非法证据不等于就是合法证据，还要排查是否属于不合法证据，提出非法证据不一定会导致证据被排除，仅提出不合法的证据不等于该证据不被排除。所以，辩护人在实践中对证据的合法性要从两个层面来审查，提出全面的合法性意见。

再次，讲客观性。客观性的评判标准有三个，一是用已经查明的事实为标准，如果证据与已查明的事实不符，直接表达“该证据内容与查实的××事实不符，不具有客观性”；二是用其他证据为标准，如果与其他证据不一致，则表述为“该证据与××证据内容不一，客观性存疑，结合××证据，不具有客观性”；三是用常识常情常理为标准，如果证据与常识常情常理不符，则表述为“该证据违背××常识常情常理，不具有客观性”。对客观性问题，不必长篇大论，只要抓住要害，言简意赅地说清观点即可，对证据体系的论证分析，留在辩论阶段再发表。

最后，关于证据有什么关联，就是讲明这个证据是否能证明公诉人或者辩护人所称的待证事实。另外，对公诉人还没有宣读到的证据，若有对被告人有利的证据内容，辩护人可以补充宣读。

四、注意随时调整质证意见

公诉人举证和发表意见的时候，辩护人应该认真听，并随时调整质证意见。公诉人举证的时候辩护人要认真听，并对照事先准备好的质证提纲，核对公诉人出示了什么证据，记录公诉人认为某个（或者某些）证据证实了什么待证事实，同时对举证提纲进行相应的调整。

比如，被告人共有 8 份笔录，公诉人未必 8 份都进行出示，可能仅出示其中的 3 份，所以辩护人要认真听，对出示的这 3 份笔录要进行质证，标注其他未出示的 5 份笔录。辩护时，辩护人首先应向法庭说明该 5 份笔录尚未出示，其次对已出示的 3 份笔录进行质证，最后再对该 5 份笔录提出质证意见或提出举证要求。如果公诉人补充出示了，辩护人补充发表质证意见；如果公诉人不出示，辩护人可以将该 5 份笔录作为辩方证据在辩护人举证阶段予以出示。这里千万要注意，公诉人出示的证据范围很广，但当庭宣读是摘要宣读，辩护人不仅要对公诉人宣读的部分发表质证意见，还要对该出示的证据的未宣读部分发表质证意见。因为没有宣读的部分可能含有对被告人不利的内容，公诉人虽然没有出示，但是不等于该部分不作为证据使用，如果辩护人不提出意见，万一法庭采信了该证据内容，就会对当事人不利。

关于证据证明什么待证事实，辩护人一定要听公诉人是怎么表达的，一是看公诉人对证据的理解归纳准确不准确，二是看公诉人提出的待证事实是否全面。比如，一起办事骗财型诈骗案，有证人称这件事“办成难度大”，公诉人称待证事实是“事情办不成还收钱”，所以是诈骗。辩护人就要提出，公诉人这个待证事实的理解与归纳不准确，事情不是不能办，是难办，还是有可能办成的，不能得出“事情办不成还收钱”的待证事实。另外，在该份证言中，还提到双方就事情办理还签订了合同，这对被告人有利，辩护人在发表质证意见时就应当把这个有利的内容讲出来，作为有利的待证事实展示给法庭。

在听的同时，我们要记录公诉人已出示的证据以及待证事实，对质证提纲作相应的调整。一是哪些证据已经出示了，要针对已出示的证据发表质证意见；二是哪些证据未出示，待本轮举证结束是要求控方出示，还是由辩护人举证时出示，予以确定；三是公诉人发表的待证事实意见，哪些是不对的，提出不同的质证意见；四是公诉人发表的待证事实意见，哪些是对的，有利于当事人的，予以肯定和确认；五是公诉人还未讲到的、对当事人有利的待证事实，予以补充发表。这样的调整，让辩护人的质证意见更有针对性、更加全面、更有现场感，也让法官听得真切，能够抓住要害，印象更加深刻。

五、及时调整质证提纲

结合被告人发表的质证意见，及时调整质证提纲。在发言顺序上，公诉人出示完证据后，先由被告人发表质证意见，辩护人要认真听、认真记，对事先准备好的质证提纲进行相应的调整。这里有三种情况：一是没有新的质证意见，则向法庭表达“请法庭重视被告人的辩解”。特别值得注意的是，在法庭上被告人发表了质证意见以后，辩护人千万不能说没有意见。如果辩护人讲没有意见，至少可以讲一句“请法庭重视被告人的辩解”。当然，有时辩护人从专业角度来看被告人的辩解与本案无关，或者显然没有什么道理，或者在庭前沟通时辩护人本身不赞同，我们辩护人固然可以保留意见，但还是要尽量发表一些意见。不能反驳当事人，说当事人观点不对，应当进行相应的补充。从质证意见分为对不利意见的辩驳和对有利意见的展示的原理看，只要想提，肯定有意见可提，所以在这种情况之下，简要提出一些待证事实也是必要且合适的。

二是如果有补充质证意见，则向法庭说明在被告人质证意见基础上的补充意见内容。如“刚刚被告人说这个袋子他没有见过，辩护人补充一点关联性意见：被告人笔录一直称他看到的袋子是绿色的，而这个袋子是白色的，显然与本案没有关联”。

三是被告人仅提出“有意见，具体意见见委托辩护人发表的情况”时，辩护人应当全面地对证据“三性”发表质证意见。这种情况下，辩护人要按照准备好的质证提纲，结合公诉人的举证和对证据的观点，来发表质证意见。

这里必须强调一下，辩护人不仅要听自己当事人的质证意见，将其结合到之前准备的质证提纲中去，还要认真听取其他同案被告人的意见，并结合到质证提纲中去。比如，我们当事人说“这个证人说我在现场是不对的，我没在现场”，第二被告人说“是的，我没看到他”，我们辩护人就可以把第二被告人的质证意见进行强调，对该证人证言提出客观性方面的质证意见。同案被告人如果在发表质证意见时，提出对当事人不利的意见，辩护人更加不能视而不见、装聋作哑，而是要主动回应说明，否则将对当事人不利。比如，某个证人提到是第一被告人（当事人）指使的，第一被告人否认，第二被告人发表意见时说是第一被告人指使的，辩护人在质证的时候，就必须对证人及第二被告人的意见提出质疑，“对该证人笔录的客观性有异议，与第一被告人的陈述不符，第二被告人与第一被告人有利害关系，其法庭所说与其原笔录不一致，故该证人证言不具有客观性，不应当采信作为定案依据”。

六、辩护人质证的具体用语

公诉人举证的时候，一般这样表述：“公诉人现在出示××证据，在卷宗第

××页，该证据证明××事实，请法庭组织质证。”如果是一组证据，则这样表述“公诉人现在出示第×组证据，该组证据证实××事实，请法庭组织质证”。

如果是单份证据，辩护人的质证用语是：“辩护人对该份证据的合法性（客观性、关联性）有三点意见，第一……第二……第三……辩护人质证暂时到此。”如果是一组证据，辩护人的质证用语是：“辩护人对该组证据中的以下证据有意见，第一，对某份证据的合法性（客观性、关联性）有三点意见……第二，对某份证据的合法性（客观性、关联性）有三点意见……第三，……”

在辩护人发表质证意见后，公诉人在继续举证之前，可能会对辩护人的质证意见进行答辩，是这样表述的：“公诉人在举证之前，先对辩护人刚才发表的质证意见作个说明，我说明×点……现在公诉人继续举证。”

此时，辩护人认为需要当场回应的，应当向法庭提出“审判长，对公诉人刚才的说明，辩护人也要说明一下，请予准许”。准许后，应表述为“公诉人刚才提到××观点，我们认为不能成立，理由是……说明完毕。请公诉人继续质证”；如果法庭不准许，可以坚持要求发表意见，可以这么讲：“根据《刑事诉讼法》第198条的规定，质证阶段允许辩论，请法庭准许。”这样一说，法庭一般都会同意。如果还是不允许，就把意见记录下来，在下一轮发表质证意见时发表，或在辩论阶段时结合辩护意见予以详细阐述。这里要注意，对证据质证时的辩论，一定要紧紧围绕着证据“三性”展示，不能讲成系统的辩护意见。

在具体表述质证意见时，应当及时地把意见梳理得更具有条理性，表达时可以说“对公诉人刚才举出的某某证据的某某性有×点意见，第一，……第二，……第三，……”这样法官一听就很清楚。法官最怕不分点的意见，不知道何时结束，所以往往会打断律师。律师事先表达了意见的点数，法官心里就有数了，不会轻易打断，也有利于质证意见的吸收。

七、如何进行质证阶段的辩论

质证阶段的辩论与法庭辩论阶段的辩论是有区别的。经常有人问，质证阶段已经充分辩论了，法庭辩论阶段还辩什么？如果质证阶段不辩论，法律作出如此规定又有何意义？笔者的观点是，质证阶段的辩论是围绕着证据“三性”展开的，并非全案证据的论证分析。

比如，公诉人出示了一份被告人的笔录，辩护人提出这是非法证据，公诉人答辩说不属于非法证据，“被告人该份笔录作出时，他本人没有受到肉刑、变相肉刑、威胁、引诱、欺骗，我们已经看过录像，他头脑很清醒，有说有笑，笔录他都自己看过、改过，然后签上他的名字并按了手印，看不出存在违背他的意愿的情况”。“辩护人就合法性，针对公诉人的答辩进行答辩，录音录像中×时×分有威胁，×时×分有不让休息和吃饭，看笔录改错字是侦查人员提示的，不是他自己提出来的，所以还是存在非法取证的情形，该份证据属于非法证据，应当予以排除。”质证阶段的辩论不要展开对全案的证据体系进行论证分析，不要逐渐变成对全案事实是否清楚、证据是否充分发表意见。

再如客观性，辩护人提出某个证言是不客观的，跟其他证据讲的不一样。公诉人答辩称，“综合全案证据，还是能够证明案件事实的”。辩护人答辩，“根据全案证据，也无法证明这个证言的客观性，该份证据是孤证，不能确认案件事实。至于如何分析论证，待公诉人出示全案证据后，在辩论阶段再详细阐述”。

八、如何进行举证

辩护人的举证，需要把握以下几点：

（一）辩护人所举之证必须对被告人有利

辩护人提交法庭拟出示的证据，必须保证有利，不可以有冒险精神，“交上去再说”是不可以的。比如，提交一个书证，书证的部分内容是对被告人有利的，但书证上还有被告人其他犯罪的线索，提交上去，可能导致增加被告人的犯罪事实，此时就要听取被告人的意见，评估一下对被告人不利的风险，作出正确的决定。

辩护人所举之证，必须保证证据“三性”，依法调查，告知法律责任，防止被污染，确保没有伪证因素。比如，被告人家属提供了一个证人，证人所做笔录的内容对被告人十分有利，辩护人提交法庭。经查发现，该份证据是被告人家属对证人进行贿买所作的伪证。这样的效果就适得其反了。所以辩护人取证要十分谨慎，对家属提供的证人，我们在对客观性把握不准的情况之下，可以直接申请其出庭作证。

（二）辩方证据的分类

辩护人举证的目的是证明指控不成立或建议量刑从轻，从所举证据的类别上来看，可以有以下分类。

根据证据的功能的不同，可以分以下几类：一是反驳类，即证据的功能是反驳控方的证据和观点。比如，公诉人指控被告人非法经营，辩护人出具被告人公司的经营资质，证明是合法经营。二是证明类，即证据的功能是证明某一事实、情节。如和解协议和谅解书，证明存在和解、谅解的从轻情节。三是质疑类，即证明公诉人的指控证据是存在疑问的。比如，公诉人出示了一份证人证言，辩护人出示了该证人在精神病医院就诊的病历材料，来质疑其作证能力；又如，公诉人出示了一份鉴定意见，辩护人出示了一份专家咨询笔录，质疑鉴定意见的理由和结论。质疑是为了说明合理怀疑的存在，为证据不足的辩护目的服务。

根据证据的证明目的的不同，分为定性类和量刑类。定性类，是围绕有罪还是无罪、此罪还是彼罪展开，如没有在场时间，主体不是国家工作人员等。量刑类，是围绕量刑情节展开，如被告人出生证明证明其不满 18 周岁，被告人平时表现较好的证明，被告人身体有严重疾病的病历资料等。如果法庭审理将定性与量刑分开，那么对此的举证也得分开，这样分类就便于适应法庭的审理安排。提前做好分类的证据材料也有利于展示，取得更好的出具效果。

按照证明力的不同，可分为证据和证据线索。证据，是指具备关联性、合法性和客观性，能够证明案件事实的材料。证据线索，是指虽然具有关联性，但取证程序和该材料的形式本身不符合法律规定的要求，通过该材料可以调取到有价值的证据的材料。比如，辩护人从被告人家属处拿到一份财务报表的复印件，该复印件证明被告人了解到公司状况是正常的，没有帮助公司集资诈骗的故意，其对公司的财务情况的了解系受董事长的蒙蔽，因此辩护人就可以申请法庭依据这个证据线索向涉案公司调取该财务报表的原件，以确认被告人的辩解是否成立。凡是辩护人不确定的，对被告人有利的，通过辩护人本人调查核实有困难，需要公权力去调查核实的证据材料，都可以作为证据线索向法庭提交，如此，既可以保证合理怀疑和辩解的提出，又可以避免给律师执业带来风险。比如，辩护人向行贿人做了调查，与卷宗笔录有所差异，辩护人就可以将该笔录作为证据线索向法庭提交，请求进行核实。辩护人不将其作为证据使用，也就不存在提供虚假证据的风险。这需要我们律师去准确把握。

（三）辩方证据的基本要求

首先要有关联性，与定性或者量刑有关联。如被告人以前的立功证明、村委会对其表现好的情况证明、企业要求对被告人从轻处罚的报告等，这些与犯罪事实没有关联，但是对量刑有关联，属于量刑证据，辩护人在举证时要向法庭讲明白，否则容易被法庭认为与案件无关，缺乏关联性而不准许出示。其次要有合法性。如果是辩护人制作笔录，一定要规范，两位律师人员中一名必须是辩护人，形式上要符合法律的规定，有当事人的签字捺印确认；如果是调取书证，必须有提供人的签名捺印确认，并制作提取笔录加以佐证；如果是调取物证，必须现场录像、封存，在封存件上由提供人签名捺印确认。总之，辩护人取得的证据必须依《刑事诉讼法》中侦查人员调取证据的要求进行，否则会因不具备合法性而被否定效力。最后要有客观性。辩护人收集的证据，必须保证其客观性，不得伪造。如果了解到可能存在伪证，必须排除这种可能性再调查取证。如果难以确定，但证据可能十分有利，就作为证据线索呈交法庭，由法庭查明其真伪。

第四节 举证的具体动作

第一，庭前提交待出示证据。辩护人应当将需要在庭审上出示的证据在庭审前 5 天提交给法庭，并制作证据目录，与证据的复印件制作成册，在证据目录上写明证据名称、证据来源、证据形式、待证事实，以及页数。一般需要一式两份，提交给法庭，由法庭转交给公诉人一份。如果案件比较疑难复杂，有多位共同被告人，需要各位被告人了解的，可以给每位辩护人提供一份。比如，某个案子，辩护人看了同步录音录像后，发现被告人的说法与笔录完全不一样，称笔录系非法取证而形成，完全不属实，同时该份笔录也涉及对其他被告人行为的描述，所以辩护人除了把录音录像的审查报告提交法庭外，还应当提交给其他相关同案被告人的律师，供其审查，以利于全案辩护。有人问，这属不属于串供，会不会被认为是妨害诉讼？不会，因为这个证据本身就是要开示的，而且录音录像是客观的，不会因为其他因素而改变。在审判阶段，辩护人都有阅卷权，有权了解所有证据，不存在妨害诉讼的问题。

第二，在庭上举证时，应当要带上原件，如果原件在辩护人这里放着责任太大，我们可以让被告人家属在开庭的时候直接带到法庭，法庭核对以后，让家属再带回去。这种方式比较妥当。

第三，关于举证方式，辩护人要跟审判长沟通好，是“一证一举一质一辩”，还是“一组一举一质一辩”。如果是重要的证据，我们还是要单独出示。这个规则和前面公诉人的举证要求一样，事先要与法庭和公诉人沟通。

第四，在举证时，可以以证据目录为蓝本，结合争议焦点进行着重说明。比如，辩护人表述“现在出示第三份证据，该证据是一份书证，是涉案公司的会议纪要，没有被告人的签字，证明被告人当时不在场，说明起诉书指控被告人在场是不能成立的”。

第五，公诉人没有出示案卷中对被告人有利的证据时，辩护人可以在举证时作为辩方证据进行出示，并说明其待证事实。

第六，举证可以通过视频播放、PPT 演示等多媒体方式来实现，增强说服力。比如，在一开设赌场案中，公诉人说网络游戏公司的游戏被别人利用来开设赌场，被告人辩称对此不知情，因为在技术上不需要明知，也不可能明知。辩护人通过视频展示公司经营该游戏的流程，说明了在公司的经营和推广程序之下，确实对别人利用该游戏来开设赌场的情形无法了解，也尽可能地采取了禁赌措施，同时针对几家全国排名前列的游戏网站也作了流程演示，跟当事公司一模一样，建议不作为犯罪处理。这样出示证据，非常直观，起到了极好的示证效果。目前，网络犯罪高发，而司法机关工作人员非计算机专业人员，关于行为人是怎么侵入计算机系统的，是侵入、破坏，还是一个正常的授权行为，辩护人可以通过手机的现场演示，或者拍成视频在法庭展示并提交法庭，这样效果更直观、更好。其实，有些问题说起来深奥，看起来也很简单。所以，我们在示证时要动脑筋，看有没有更好的方法来展示证据。

第七，申请辩方的证人出庭，当庭问出有利证言。一般而言，在控方举证完毕后，由辩方举证。如果之前申请证人出庭，先申请证人到庭提供证言。辩方证人到庭，先由辩护人发问，辩护人应当将申请该证人出庭的证明事项全部准确地问出，同时把后路堵死，不能让公诉人在之后的发问中“问出模糊”来。

第五节　辩护人对公诉人质证意见的答辩准备

答辩，也要紧紧围绕证据的“三性”进行，可以分为以下几种情况：

第一种情况是公诉人认为证据（主要是书证、物证）的形式要件不符合法律要求。辩护人则答辩称，该证据形式是符合法律要求的，至少该证据内容与案件有密切关联。如果形式上有缺陷，且辩护人可以补正的，辩护人应尽快补正提交法庭；如果辩护人没有能力补正，辩护人申请法庭予以调查核实。

第二种情况是公诉人认为证人证言的内容不客观。辩护人则答辩称，证据的内容通过其他证据的印证，印证了被告人的辩解；退一步而言，至少是一种合理可能。如果公诉人对该证人证言的客观性存有疑问，我们申请证人出庭作证，当庭判断其客观性。

第三种情况是公诉人认为证据与在案材料相互矛盾，不具有客观性。比如，一个合同诈骗案的被害单位向侦查机关提供了一份合同，而被告人单位又向辩护人提供了一份补充合同，辩护人向法庭提交了该补充合同，证明被害方对被告人不能履约的情况了解并且同意以新方案来替代原来的合同，不存在被骗的情况。公诉人质证认为，该合同与在案合同不一致，不具有客观性，而且是被告人诈骗后，被害人无奈的妥协之举，不能否定之前合同诈骗行为的存在，同时，也可以认定是被告人继续诈骗之举。辩护人则答辩称，该合同显然是客观的，双方签字盖章，系双方自愿，且被害人故意隐瞒此合同，一直未予提供，说明他想掩盖自己明知被告人履行能力不足的情况，之前合同并无虚假因素，造成履行能力下降是因为银行提前收贷这一外界因素，因此，将此补充合同与其他证据比对分析，该补充合同具有客观性，完全可以证明被害人没有陷入错误认识，没有被骗。

第四种情况是公诉人认为证据与本案缺乏关联。如公诉人对辩护人所提交的被告人的病历资料、单位请愿书、居委会表现好的证明等，提出与本案没有关联。辩护人则答辩称，这些与定性无关，但与量刑有关，辩护人是作为量刑证据提交法庭的。

PART 9

第九章

刑事辩护法庭辩论技能

法庭辩论是辩护人辩护工作的整体展示，综合体现了律师准备工作认真与否、依据和理由充分与否、律师的专业能力如何，其与公诉人、审判长的沟通是否顺畅。法庭辩论是非常重要的一项技能，辩护人应当掌握和不断锤炼这项技能。在一些大律师出庭的庭审过程中，发问、举证质证阶段旁听人不多，但在辩论阶段，法庭的观众人数剧增，这也说明法庭辩论是大家最为关心，也是体现律师水平、展示律师才华的一个非常重要的阶段。

第一节　做好充分的庭前准备工作[①]

要搞好法庭辩论，首先还是要做好充分的准备，不打无准备之仗。无准备之仗，难免片面、肤浅且有所遗漏。充分的庭前准备工作是保障庭审辩论成功的重要基础。

一、做好庭前辅导

（一）何时说、说什么、怎么说

对被告人进行庭前辅导，要做到全程、全面、到位，其中就包括明确告知其在法庭辩论阶段，应该在什么时候说、说什么、怎么说。一般而言，被告人在法庭辩论阶段需要发表两轮辩论意见。在公诉人讲完公诉意见之后，首先是被告人来发表意见，此时被告人应该在什么时候说、说什么、怎么说，需要辩护人事先给被告人进行辅导。

庭前辅导主要分为以下三种情况：一是如果被告人文化程度较低，口才不太好，被告人就不需要说太多内容，辩护人可以建议被告人说“请求法院公正判决，其他的由我的辩护律师来发表辩护意见”。

二是如果被告人文化水平较高，且对于案件情况了解很透彻，可以先发表相关的辩护意见。比如，有一定级别的领导干部，或者被告人自己准备了很充

① 主讲人：徐宗新。

分的辩护意见，辩护人可以建议他本人尽情地发表他的辩护意见。当然“尽情”不是长篇大论，要建议他抓住要点，重点阐述核心观点。

三是如果案件非常复杂，被告人很难有效概括，辩护人可以建议法庭让辩护人先发表辩护意见，然后由被告人补充发表辩护意见。

作为辩护人，在第一轮辩论中，必须结合全案证据和庭审中的情况，全面地发表辩护意见。

在第二轮辩论中，在公诉人发表完答辩意见后，我们一般建议被告人直接向法庭提出公诉人意见中对于事实陈述部分的不正确之处，比如，公诉人在公诉意见中讲到被告人有什么行为，而被告人对此有异议，就直接在第二轮辩论时，向法庭提出“刚才公诉人说我做了什么事情，这是没有的”。因为被告人自己就是当事人，对事实的陈述和辩驳往往更有力，所以由被告人对异议事实提出辩论意见效果更好。当然，如果被告人素质较高、口才较好、准备充分，也可以对全案发表详细的第二轮辩论意见。

在被告人针对公诉人意见发表辩论意见后，辩护人再针对公诉人的第二轮辩论意见发表全面而深入的辩论意见。

被告人表达自己的意见应该用合适的方式。第一，态度要诚恳，让法官、公诉人觉得被告人是个坦诚的人。第二，应该用生活语言，不一定要用法言法语，要说符合自己知识状况的话。比如，被告人如果说“审判长，我觉得我不构成掩饰、隐瞒犯罪所得罪，而涉嫌的是帮助信息网络犯罪活动罪”。这个就太专业了，在法官面前谈法律，有班门弄斧之嫌，如果改说“审判长，我不知道这个钱是非法的，我只知道我提供银行卡转移资金的行为可以帮助别人进行网络诈骗或网络赌博”就相对来说合适得多。审判长、公诉人将其翻译成法律用语，其实就是“不构成掩饰、隐瞒犯罪所得罪，涉嫌的是帮助信息网络犯罪活动罪”的意思。第三，善于求助法庭，把法庭当成能够帮助自己的人，有困难找法庭。如公诉人限制被告人发言，被告人要向法庭求助；证据想不起来，要恳请法庭核实；有什么要求，要恳请法庭重视与照准。第四，善于以情动人。任何犯罪，都是有原因的，没有谁生来就是要犯罪的，或过失，或先被害，或生活所迫，或被情义所困，作为当事人，要把自己的犯罪动机、犯罪的起因陈述给法庭，带着感情来表述案情、表达观点，这样往往能打动法官。

（二）明确被告人与辩护人的分工

被告人不能完全取代辩护人，辩护人当然也不能完全取代被告人。法庭上有时会发生这样的场景：有些辩护人在发表辩护意见的时候，被告人叫律师别说了，认为律师说得越多，法院会判得越重；也有些辩护人认为被告人口才好，就让被告人多说一些，律师作一个补充，被告人就认为意见都让自己发表，那律师的意义何在；还有些辩护人让被告人最好一句话都不要说，都由律师来说，这个也是不对的，没有充分发挥被告人的作用。其实对于一些事实问题，带有情感的一些诉求，由被告人来表达是最合适的。相对而言被告人会感性一些，辩护人会理性一些，把理性和感性结合起来，才是最好的辩护意见的表达方式。

被告人存在“何时说，说什么，怎么说”的问题，辩护人也存在“何时说，说什么，怎么说”的问题，二者如何分工，都要在给被告人进行庭前辅导时确定下来。

一般而言，被告人与辩护人之间有分工原则，被告人主要负责事实问题，提出事实方面对公诉意见认定内容的辩驳以及情感方面的诉求，而对全案的证据分析、事实认定、罪名分析、依据分析、法理分析，则由辩护人来发表。同时辩护人也要根据每一个被告人的个人能力，做出一定的调整。

曾经有一个案件，在法庭上被告人法庭辩论讲得时间特别长，有两个多小时，内容却在不断重复，法官也试图打断了好几次，辩护人也提醒被告人不要重复，让他发表意见简洁一点，结果被告人心里还不高兴，认为辩护人不应该打断他，气氛就搞得很尴尬。之所以在法庭上出现问题，都是因为辩护人在庭前没有与被告人做好充分的沟通。因此，关于被告人和辩护人分别在法庭上具体要说什么，什么时候说，怎么说，庭前都要提前安排好，使在法庭上被告人和辩护人可以发挥各自的优势，配合默契，抓住要害，表达精准，恰到好处，以达到更好的辩护效果。

二、准备好书面辩护意见

辩护人要养成准备好书面辩护意见的习惯。有的辩护人认为庭还没开完，庭上可能有很多变化的情况，所以先列一个提纲，根据法庭具体情况来发表意见；有的辩护人认为书面的辩护意见太过详细，发表意见时会对书面辩护意见形成依赖，从而影响庭上脱稿发表意见的效果，所以就列一个提纲上法庭发挥；有的辩护人会准备很详细的辩护意见，到了法庭进行宣读。

这几种做法都有其道理。我们要求所里的律师在开庭前必须要有书面的辩护意见，而且要准备两个版本。一个版本是详细版的书面辩护意见，包括辩护人的每一个观点，如被告人为什么不构成重罪？为什么涉嫌的是轻罪？理由分别是什么？控辩双方争议焦点的分析及辩方观点成立的详细理由是什么？列明事实依据、法律依据，附上重要证据、判例、法理、专家论文、政策文件及根据相关证据梳理的图表等附件，把重点的内容用红笔标注出来。详细版的辩护意见应该详细到法官在阅读辩护意见时不需要去翻阅卷宗的程度，同时，在制作辩护意见的过程中，律师也能够将案件情况烂熟于心，这样也会增强信心。

不可否认，有些辩护人只用简要提纲，也能把出庭意见发表得很精彩。但同一个案件，开庭只有一次，精彩与否无法比较。如果辩护意见有一个书面的提纲，它本身的基础就是60分，在此基础之上发挥得好可能达到80分；但如果准备了详细的辩护意见，完全发挥好就是100分，哪怕在庭审上的表现打了折扣也有90分。提纲式的辩护意见有个问题，就是难免会有一些内容的疏漏，因此准备详细版的辩护意见，可以保障辩护人发表辩护意见的质量。

另一个版本是口述版的辩护意见，即把要点列出来，结合庭上的情况进行相应的增减，强调要表述的重点内容，结合现场发表更有说服力的口头辩护意见，避免枯燥的照本宣科。开庭时即便辩护人准备了非常充分详细的辩护意见，在法庭上一字一句宣读也是不现实的，特别是复杂案件的辩护意见动辄几万字。而且法条的内容也没有必要在法庭上读，只需要指出具体的条文内容即可，笔录内容也不需要全部读一遍，摘重点用以论述观点即可。庭后，辩护人可以再提交详细的书面辩护意见。

三、确认是否庭前提交辩护意见

庭前提交辩护意见有三种情况：第一，对于认罪认罚案件，书面的辩护意见应当庭前提交。因为认罪认罚的案件已经跟检察院签订了具结书，到了法院阶段辩护意见要提前提交给法院，主要目的就是向法官说明被告人与检察院达成的量刑意见是有依据的，而不是随意的。由于公诉人提交的是一个标准的法律文书，只写明定什么罪，是否认罪认罚，量刑建议是多少，但没有一个很详细的理由和说理过程，因此这个任务就落在辩护人的身上。认罪认罚案件如果辩护人没有在庭前提交辩护意见，即便当庭发表得很详细，也不利于法官当场予以考量，从而影响当事人利益。

第二，适用简易程序和普通程序简易审理的案件也应当在庭前提交辩护意见。这类案件的事实和证据基本上没有太多的问题，有些仅是因为量刑无法达成一致，才没有进行认罪认罚具结。这两类案件当庭判决率都是非常高的，所以对于该类案件一定要提前把辩护意见交给法官，并且跟法官进行沟通。比如，告知法官为什么没能和检察院达成认罪认罚具结，是因为在量刑意见上达不成一致，辩护人认为的量刑建议是多少，理由是什么，如此法官就可以提前了解辩护人的观点，即便要当庭宣判也能考虑充分。

第三，案情特别复杂，但事实证据不会因庭审而变化的案件，需要提前让法官了解辩护意见，也可以庭前提交辩护意见。法官坐在法庭上主导庭审，时间一长注意力很容易转移，因此对于辩护人当庭发表的辩护意见，法官并不一定每个要点都能全神贯注听进去。为了使法官能够不遗漏辩护人的辩护观点，辩护人往往会在庭前给法官提交辩护意见，让法官提前了解辩护要点，对于有疑问的部分，法官也会在庭审中特别注意，着重进行审查，有利于提高沟通效率。

在提交庭前辩护意见时也要注意，对于案情比较复杂，庭审中可能会发生一些证据变化的情况，比如，被告人又有新的辩解，同案犯有一些新的说法时，辩护人准备的详细版辩护意见，就不适合提前交给法庭了。法官容易先入为主，提前产生一些自己的看法，如果庭审中又临时发生一些变化，提前提交的详细辩护意见就显得不够严肃。因此对于庭审可能发生事实、证据变化的案件，律师最好庭前提交辩护提纲，让法官了解要点，即使个别的事实证据发生变化，也不会影响提纲上观点的成立。

四、确认庭审时间安排

辩护人要预估开庭时间的安排，如果近期有开庭及其他工作安排，提前告诉法庭并申请错开。辩护人也可以向法庭了解庭审大概要开多长时间，是半天还是一天，如果开不完是晚上继续开还是分成几天进行。有时庭审时间比较紧张，辩护人就要考虑如何用高度概括的、更加简练的语言来发表辩护意见，抓住最关键的问题；如果时间相对宽裕，就可以把辩护意见讲得详细一点，透彻一点，把所有问题当庭讲透彻，让法官当庭就听明白，听进去。

如果在法庭上简洁发表辩护意见，书面意见就必须详细，在庭后合适的时间，也可以再跟法官进行电话沟通或者当面详细沟通，这样的效果也不会差。作为辩护人要练就无论是“长话”还是“短说”均能说明问题的技能，要有意识地去锤炼，让自己的发言“能屈能伸”。

第二节　注意聆听他人意见

一、认真聆听公诉意见

在公诉人发表意见时，辩护人必须认真听，玩手机或者处理其他工作是不合适的。虽然公诉意见的结构有类似之处，一般都包括以下四点：第一点“本案事实清楚，证据确实充分，足以认定”，第二点“本案构成了××罪名”，第三点量刑建议，第四点法制教育。但是公诉意见并不是随便发表的，是经过检察院慎重研究的，里面的每一句话都有它的含义，辩护人必须要认真聆听公诉人的观点和理由，只有这样才能在发表辩护观点时有的放矢。

每个公诉人都有自己的习惯，有的公诉人在第一轮意见中除了上面四点常规意见外，还会把庭审的争议焦点概括出来，然后对此发表其看法，这就相当于把第二轮互相辩论的内容提前到第一轮。

这样做主要是考虑到辩驳权的对等性。如果第一轮公诉人是常规的、按部就班地发表四个方面意见，辩护人则是针对公诉意见来发表辩论意见，然后公诉人再针对辩护人的辩论意见发表反驳意见，而接下来辩护人还可以再对公诉人的反驳意见进行一次反驳。从双方对等的角度来看，辩护人可以作两次反驳，而公诉人就只能作一次反驳，所以一些有经验的公诉人，会在第一轮的辩论意见中包含第二轮辩论意见的内容。公诉人在庭审过程中根据律师的发问和质证，判断出辩护人的主要意见，归纳出本案的争议焦点，在第一轮辩论时就先提出来辩驳一番，如此双方就对等了，每一方都有两次反驳的机会。

我们还要注意，在实践中，有时审判长只安排一轮法庭辩论，所以辩护人必须在第一轮发言中，对公诉意见及本案的焦点进行充分的辩驳论证。

另外，有些法庭为了保持控辩双方在辩驳权上的平等性，在辩护人第二轮辩护意见发言后，还给公诉人一次辩驳的机会。当然，为了辩清观点，有的审判长会安排三轮甚至更多轮的辩论，直到双方没有新的观点为止。

针对上述情况，公诉人发表第一轮辩论意见时，辩护人就更应该认真听，看公诉人的观点有没有变化？总结的焦点对不对？公诉人反驳的理由成立不成立？辩护人发表第一轮辩论意见，就不能拘泥于原来准备好的辩护意见，而是要针对公诉人的辩论意见进行有针对性的答辩。比如，公诉人在发表意见时认为，被告人虽然签署认罪认罚具结书，但在庭上又否认犯罪，故当庭撤回对被告人认罪认罚的具结。如果辩护人不认真听，不在辩论时对此观点进行回应就会酿成辩护事故。又如，3 次普通的寻衅滋事行为构成一次犯罪，那么 3 次普通的寻衅滋事行为是否就构成 3 次寻衅滋事犯罪，量刑在 5 年以上呢？关于这个问题司法实践中有争议，公诉人到底是什么观点，辩护人必须认真听，才能有针对性地发表意见。

此外，公诉人在发表意见时难免会出现一些口误，辩护人也要及时记下来进行澄清。比如，一个职务侵占案件，公诉人口头说的是数额特别巨大，但起诉书上写的是数额巨大，二者说法不一致。辩护人在答辩时就应该问清楚，是以发表的公诉意见为准还是以起诉书为准，及时澄清口误，以免法官受到误导。

在公诉人发表观点的同时，辩护人要及时并有效地记录，不断调整发言提纲。在公诉人发表第一轮意见时，辩护人以事先准备好的辩护意见为蓝本，在相关的内容中注明公诉人的观点与理由，在发表意见时予以充分的反驳与强调；在公诉人发表第二轮意见时，在一张纸的中间由上至下画一条线，公诉人意见写左边，辩护要反驳的观点和理由写右边，便于有针对性地进行反驳论证。当然并非对公诉人的所有意见都要反驳，对于其中正确的观点，如果辩护人强词夺理，会影响法庭对辩护意见的整体印象，影响到对正确观点的采纳。因此，辩护人只反驳有依据反驳的，不能脱离事实、证据与法律，为了辩而辩。

在认真聆听的过程中，辩护人还要注意公诉人有无不当言论，如对辩护人进行人身攻击，说辩护人工作不认真，断章取义，甚至违法违规办案，此时辩护人毫无疑问要马上提出反对，请法庭制止公诉人的不当发言。再如，公诉人引用了一个错误的事实或证据，以此为依据，展示论证，辩护人可以选择在自己发言时再反驳说明，但如果有紧迫性要求，也应当场向法庭提出说明，以免法庭受到误导。如果仅仅是观点上的分歧，辩护人不适合当场提出反对，可记录下来在自己发言时结合进行反驳论证即可。

二、听取被告人的意见

公诉人发表公诉意见之后就是被告人发表辩论意见。被告人发表意见时，辩护人也要认真听，听被告人对本案的事实、证据、法律适用提出了哪些观点。一般来说，被告人提出的辩论意见都比较简单，或陈述对起诉书指控的意见，或再次表明自己没有犯罪行为，或再次陈述一遍自己的行为，或简单地表态。仅有为数不多的被告人会用较长时间来详细地陈述自己的辩论意见。前文已述，是复杂还是简单，怎么表达意见，在庭前辩护人应该都跟被告人商量过，辩护人要求被告人讲有价值的内容，场面一般不会失控。

被告人往往会用通俗易懂的生活语言来进行表达，辩护人要注意听，在发表辩论意见时，可以予以引用，并将生活语言翻译成法律语言，向法庭阐明被告人的主观心态，形成有效的配合。

被告人所说的意见，往往讲的是他对案件事实的感受、他的经历、他的观点，其中需要引用和说明的内容，辩护人要及时地将之添加到即将发表的辩护意见之中，相互呼应，加深法庭印象。比如，被告人提出与被害人是义父子关系，不可能去诈骗，辩护人就可以在发表辩论意见时运用这个素材，说明被告人没有诈骗动机。又如，被告人表示愿意赔偿，追悔莫及，辩护人就可以提出“被告人刚才真诚忏悔，积极赔偿，说明其主观恶性较小，悔罪表现较佳”。辩护人应根据被告人的意见及时调整辩护意见，或引用，或强调，或说明，与被告人的自我辩护有机地结合起来，发挥出“一加一大于二”的辩护效果。

三、听取同案辩护人的意见

（一）借鉴、应对和补充

共同犯罪案件一般有多位被告人和辩护人，应该认真听其他辩护人发表意见。这一般有三种情况。

一是其他辩护人对全案的观点讲得很到位，作为后面发言的辩护人，就完全可以借鉴，引用并强调，作为自己的辩护观点，然后重点阐述对自己当事人的辩护意见。例如，作为第二被告人的辩护人，要为第二被告人作非法吸收公众存款罪的罪轻辩护，但第一被告人的辩护人提出了无罪辩护，我们就可以在发表意见时说“刚才第一被告人的辩护人对第一被告人作了无罪辩护，其理由恳请法庭予以考虑，如果他的观点被法庭采纳，那么我的当事人也是无罪的。如果我的当事人涉嫌了犯罪，那么还有以下法定和酌定的从轻理由，恳请法庭予以重视”。

二是其他辩护人对某些问题的观点是正确的，则我们在论据上还可以补充加强论证，可以加上一些素材增强论证效果。比如，第一被告人的辩护人提出案件不是诈骗，因为约定办事的期限还没有到，不能体现被告人非法占有的故意和结果。作为被指控共同诈骗的第二被告人的辩护人就可以补充“刚才第一被告人的辩护人提到非法占有故意尚难以确定的观点，我们认为非常正确，从办事双方的合意来讲，要认定诈骗，一方要欺骗，另一方要陷入错误认识，目前被害方没有陷入错误认识，被告人正在办这件事，办成的概率很大，而且办事期限还没有到，被害人有权收回该办事款，根本没有放弃对该办事款的所有权，还没有非法占有的结果，又怎么能证明各位被告人有非法占有的故意呢？”

辩护人之间相互配合、前后呼应，可以使辩护意见更加充分，论证更加有力。

三是其他辩护人的意见对本方当事人不利。最常见的就是其他被告人是主犯，而自己的当事人是从犯。辩护人就必须予以说明和回应。比如，第一被告人的辩护人称真正组织、指挥犯罪的是第二被告人，第一被告人仅仅是参与了部分犯罪行为，应属从犯。第二被告人的辩护人应当要予以回应，按本案事实和证据提出起诉书认定的排序是正确的观点。当然，都是不同被告人的辩护人，只说自己当事人轻，不说其他当事人重，因为指控不是辩护人的职责，是公诉人的职责，而且在法庭上指控其他被告人，观感也不太好，既要说明问题，也要避免当事人之间和辩护律师之间产生不必要的冲突。

（二）平衡当事人之间的利益

在共同犯罪案件中，有的律师作认罪认罚，有的律师作无罪辩护，有的律师作轻罪辩护，那么如何才能让当事人的利益最大化，律师必须予以考虑相关的处理规则。

首先，作认罪认罚的律师要分两个层面来发表意见。第一层面，要向法庭提出必须重视无罪（轻罪）辩护律师的意见、其他当事人无罪我方当事人也无罪（轻罪）的观点。第二层面，提出认罪认罚的罪轻意见时，不能否定无罪辩护，万一法院采纳无罪辩护，那作罪轻辩护就是错误和失败的。

其次，作无罪（轻罪）辩护的律师必须一分为二地看待认罪认罚的当事人的笔录。一方面，其法庭上认罪认罚是为了从宽，对事实的认可含有诉辩交易的内容，不能将其在法庭上的认罪当成案件本身的事实。另一方面，要结合该当事人原来的笔录和其他证据，将全案的事实用认罪认罚之前的证据来加以固定，减少部分认罪认罚的当事人对己方当事人作无罪辩护的影响。

再次，如果当事人同意其律师作无罪辩护同时还要作量刑辩护的，辩护人要在量刑辩护上注意衔接其他辩护人的辩护意见，在罪轻辩护上体现出整体性。

最后，辩护人在为自己的当事人辩护时，尽量不要影响其他当事人的权利，要把握好二者的度。辩护人与辩护人的关系，不是你死我活的关系，而是多点突破，一旦一点得以突破，全员受益的互助关系。

（三）全案考虑，防范风险

对于共同犯罪的案件，每位辩护人首先要考虑全案该如何进行辩护，其次是考虑己方当事人怎样能够获得更有利的裁判结果。有一句话叫“覆巢之下，焉有完卵”，如果整个案子的辩护效果都不好，具体的每个当事人也很难有好结果，所以一定要树立共同犯罪全案辩护的思想。对无罪、轻罪和罪轻各种观点都有的共同犯罪的辩护中，辩护人要特别注意在自己的意见中囊括其他辩护人的合理意见，一方面争取当事人的最大利益，另一方面也防止判决结果与辩护意见相差太大而造成当事人对律师服务产生不满，产生投诉风险。比如，一起指控三位被告人共同故意杀人的案件，有的辩护人提出是间接故意杀人，有的辩护人提出是过失致人死亡，有的辩护人提出定罪的事实不清、证据不足，那么辩护人应该如何来陈述自己的观点？如果只讲有罪、重罪，万一判了无罪和轻罪怎么办？如果只讲无罪和轻罪，万一判了有罪和重罪怎么办？所以在发表辩护意见时，辩护人要非常注意其他律师的意见，把其他辩护人的意见纳入自己的辩护意见之中。如此案，持间接故意杀人观点的律师就可以说，“我们也发现本案中存在的事实和证据问题，恳请法庭予以重视；对被告人是故意和过失问题，恳请法庭考虑各位被告人对结果发生的意志因素，有辩护人提出被告人是反对危害结果的发生，本辩护人认为也具有合理性。最终期待法庭查清事实，准确定性，公正判决”。如果是持过失致人死亡观点的辩护人可以说，“本案事实和证据确实还存在很大的争议，在法律适用上也存在主观故意是直接故意还是间接故意、故意还是过失的争议，我们认为还是过失，这样更能体现其主观恶性，更加符合罪刑均衡原则”。持事实不清、证据不足意见的辩护人可以说，“本案的证据存在明显缺陷，如果不能补强，本案达不到定罪的证据标准，更达不到死刑案件的证明标准”。这样调整，是当事人利益最大化的需要，是防范执业风险的需要。

而对于之前发言的辩护人的一些错误观点，如果与己方当事人无关，就不需要进行纠正和点评了，只有当影响到自己当事人的利益时，才有必要提出不同意见，同时也要注意措辞，平和地提出意见和依据，避免辩护人之间产生争吵，提请法庭重视己方的辩护观点即可。

（四）必要时提出反对

如果其他辩护人对己方当事人的隐私或商业秘密进行暴露，或对当事人及其辩护人进行人身攻击，或引用了错误事实和证据对己方当事人进行错误的指控时，作为该当事人的辩护人，应当及时提出反对，请求法庭予以及时的制止，以防止法庭受到误导，也防止当事人正常的心态遭受破坏。

第三节　发表第一轮辩论意见

辩护人在辩论阶段发表意见，不能照本宣科，照稿子从头读到尾；也不能没有任何稿子，天马行空，想讲什么就讲什么，讲到哪儿算哪儿；更不能没有任何事实和法律依据随意地发表观点。

一、现场感

现场感就是结合现场因素来发表意见，让听众如临其境。现场的因素有：被告人关于案情的供述和辩解；公诉人发问的内容和被告人的回答；各方提出的观点和意见；审判长发问的内容和被告人的回答；其他辩护人的意见；审判长和公诉人的观点；庭审各方的言行甚至旁听群众的反应。这些都是辩护意见可以结合的现场因素，一结合就显得是在现场讲评案件，让大家感觉身临其境，感觉发言与自己相关，密切关注并思考，从而增加宣讲效果。

比如，某故意杀人案件开庭时，被害人家属在旁听席拉横幅，要求判处被告人死刑立即执行，辩护人在发表意见时可以这样结合："我们注意到被害人家属今天在法庭上拉起了横幅，要求对被告人判处重刑，他们的心情我们是可以理解的。但是，冤有头，债有主，根据本案的证据，被害人的死亡难以认定是被告人所为，被害人的死亡，无法排除另有凶手。我们与被害人家属一样，都希望查清事实，将真正的凶手绳之以法，依法判决！"一方面回应了被害人家属的情绪，另一方面也表达了不顾证据草率判决是对被害人家属权益的侵害。

又如，有个受贿案件，纪委同志来旁听，搞得被告人很紧张，法官和公诉人也挺有压力，辩护人也担心纪委当场监督会让案件拔高处理，所以在法庭辩论时这样说："今天，纪委同志也来旁听了，他们关心一个领导干部的罪与罚。我们都知道，纪委调查的事项，分为违纪和犯罪，经过今天的庭审，被告人涉及的部分事实，显然构成违纪，并不构成犯罪，相信法律能够作出准确的评判，也相信纪委会尊重事实和法律，进行准确的处理。"这样说，一方面可以给法院减轻判案压力，另一方面也请纪委同志考虑一下本案是违纪还是犯罪的问题。

总体来说，辩护人要对原来准备好的书面辩护意见进行庭审口语化调整和转化。如引用证据时，按原来的辩护意见，表述为"某某某供述证实某某情况"，如果按现场感的要求，就可以表述为"刚才的法庭发问中，被告人称某某情况，这与其他某某证据相互印证，证实了某某事实"，也就是说，要把辩护人从卷宗里梳理出来的书面辩护意见，转化为法庭上以发问、举证质证为基础并综合各方意见的口头辩护意见，营造出法律共同体探讨案件、交流观点的氛围，争取在法庭现场解决问题，而不是走过场后再看案卷材料。

在发表意见时，我们还可以配合一些肢体语言，比如，辩护人在讲道"刚才公诉人认为"时，就可以朝公诉人看一看，讲道"刚才审判长在法庭调查的时候提到的内容"时，也可以朝审判长看一看，起到提示他人集中注意力的作用，增加现场感。同时也要注意，配合肢体语言一定要适度，法庭毕竟不是舞台，发表辩护意见也不是在表演，不能哗众取宠。

二、层次感

辩护人发表意见一定要有层次，没有层次的话，别人就会觉得"眉毛胡子一把抓"，听得云里雾里。所谓层次，就是指内容的次序。因为是面对面发表意见，合议庭法官是通过耳朵听来了解辩护意见的，辩护人的意见必须中听，让法官听得进。而层次感，是让辩护意见显得更有条理，要点更加突出，加深听众印象的必须保证。比如我们讲三个观点，那就是第一、第二、第三；如果讲三点理由，那就是首先、其次、再次；如果从构成要件方面，那就是主体、客体、主观方面、客观方面；如果分析主观方面，要从认识因素和意志因素着手；如果从论证的两个层面，就分为事实层面和法律适用层面；如果从论证指向看，分为定性与量刑两个方面。

辩护意见所分的层次，一定要注重逻辑性，划分标准要统一，不可凌乱无章，为了分而分。比如，讲无罪观点，从四个构成要件来分析是合适的，但同时又提出主观恶性较轻，这就混淆了有罪与无罪的主观方面，让听者无所适从了。

辩护人在对一个案件进行研究或者组织辩护意见时，一般分六个层次来分析或表达。

第一，事实。案件事实是什么？控辩双方认为的事实是否一致？不一致在哪里？事实是定性的基础，必须先搞清楚事实。如果事实都搞不清楚，或者说指控的事实模糊不清，就不用再讨论其他层面的问题了。

第二，证据。本案的证据存在什么问题？哪些证据缺乏证据资格？哪些证据不具有证明力？控方的证据体系存在什么问题？辩方的证据体系是否完善？是否存在非法证据问题？是全案证据的证据体系有问题，还是部分事实的证据体系有问题？在案证据是否足以证明所指控的事实？事实与证据是有区别的。事实是指案件发生的经过，而证据是指证明案件事实及情节成立或不成立的证明材料，两者范围不同，形式不同，考察的方法不同。我们常讲的“事实不清，证据不足”将事实与证据分开来表述，就说明二者不可以混为一谈。对证据的分析，是辩护意见中很重要的一块。绝大多数案件的争议，都是证据上的争议，纯法律争议很少，因此，在辩护意见中，证据分析是重中之重。

在质证阶段，辩护人对证据的“三性”提出过意见，在法庭辩论阶段，对证据的意见，主要体现在对证据体系的分析上，对在案证据是否能证明指控的事实、能否排除合理怀疑进行详细的分析与辩论。如果辩护人能成功地将本案论证成“事实不清，证据不足”，也就不必再考虑法律适用问题了。

第三，法律。事实确定后，就要考虑法律的适用。刑法、行政法、相关民事法律以及立法解释、司法解释、会议纪要，都是辩护人要找的法律渊源。只有对照法律条文，事实与证据才有法律意义。

第四，法理。如果法律还不足以解决争议，那就必须运用法理。比如，被告人在担任公司法定代表人期间，总经理虚开了大量的增值税专用发票，那么被告人是否应当承担刑事责任？法律只规定单位犯罪追究的是主管人员和直接责任人员，如果要准确定性，必须运用“主客观相一致”的刑法原则，即主观上必须明知公司存在虚开增值税专用发票的行为，客观上又有指使、纵容和放任不管的行为，才可以追究刑事责任。在司法实践中，对法律的正确适用，离不开法理的运用。

第五，判例。虽然我国不是判例法国家，但是在司法实践中判例越来越受到重视，最高人民法院、最高人民检察院相继颁布了一批指导性案例，明确了案例的参照规则。作为辩护人，也应将检索案例作为辩护工作的基础性工作，无论是什么案件，都要检索是否存在相关的判例，从中提炼出规则，应用于本案。既有的类似判例，比单纯的论证分析更有说服力，更容易让法官接受律师的观点。

第六，常识、常情、常理。常识，是指人所共知的知识；常情，是指每个人都会有的情感需求；常理，是指每个人都认同的道理。比如“许霆 ATM 取款案”，虽然有危害性，但从一般人朴素的是非观来看，是 ATM 主动吐钱，老百姓“不拿白不拿”，显然与典型的盗窃行为不可相提并论。又如，有个案件，一个大股东为了拿回小股东欠他的钱，虚开了几张发票把小股东欠他的钱从公司里报销出来占为己有了。表面上看是职务侵占，但从常理上看，大股东侵占的钱，主要还是自己的钱，小股东仅占有很小一部分，而小股东欠大股东的钱远远不止大股东多拿的钱，这样一分析，大股东是否构成职务侵占就有待商榷了。

辩护人办任何一个案件，从以上六个层面来分析，基本上就能够分析透彻了，事实是什么样？证据情况如何？依据法律会进行什么样的认定？有争议的问题有哪些法理可以解决？是否有相关判例？结合常识、常情、常理应当作出怎样的判断？这既是分析案件的层次，在具体发表辩护意见时也可以直接作为意见的层次，可以灵活组织，因案而异，作相应的增删，使层次更加清晰，贴合案件。

在法庭表达时，千万不要说第一大点，第一小点，第一小小点，这样表达，听者也记不住。还是要口语化，用一、二、三，首先、其次、最后比较合适，哪怕有所重叠也不要紧，必须要让听者觉得层次清晰。当然，如果辩护意见很长，完全可以将辩护意见先提交给合议庭成员每人一份，在辩护人讲的时候，合议庭成员可以对照着看，这也是增强感染力的一个好做法。

三、正义感

正义感，是指辩护人的发言，要有凛然正气，必须依据本案的事实、证据、法律和法理进行，不能曲解证据，不能曲解法律，要让听者有强烈的感觉：这位辩护人是讲道理的，讲的都是道理。

虽然律师担任的是被告人的辩护人，为被告人说话，但律师如果是无论有没有道理的话都说，甚至强词夺理，是极不合适的。辩护人出庭在法庭上提出辩护观点，目的是说服法官采纳自己的辩护意见，采纳的前提是什么？是提出的观点有道理。辩护人在法庭上不是为了说而说，如果是没有道理、不能成立的观点，即便说得天花乱坠也没有意义。而所谓的“道理”则来自律师对案件事实证据正确的判断，对法律正确的适用，对法理正确的运用。

首先，我们要正确理解证据，不能曲解证据。比如，一位官员的妻子正在考虑买房子，一个有求于官员的老板在考虑对官员进行行贿，此时官员说了一句话：“你不要总是考虑送钱的事。”对于这句话的正常理解，一般人会认为是拒绝受贿，但有人解读成“不要总是考虑送钱，可以考虑送房子”，这种理解相对而言就不符合大家的认识，属于曲解。

辩护人可以大胆提出合理怀疑，但前提是需要合理。比如，在遇到己方被告人被诸多同案被告人或证人一致指认，仍然拒不承认的情况时，辩护人如果只向法官简单地提出己方被告人是被冤枉的，其他的指认都不能成立，显然很难得到支持。此时可以换一种表达方式：“审判长，本案的证据我们都向被告人展示过了，被告人在庭审之前也知道这些人的说法对他不利，我曾经劝过被告人，法庭很有可能会采纳这些证据，如果拒不认罪可能会从重处罚，但是他仍然不认同这些证据。被告人认为这些人处在与他矛盾的对立面，办案单位办理这个案子时，他正好出逃在外，这些人为了推卸责任在此期间建立了攻守同盟，共同把罪责都推到被告人身上，因此即便会被重判，被告人也拒绝承认。对此辩护人认为被告人的辩解具有合理性，请法庭务必考虑。”如此措辞则相对更加容易被法庭采纳，得到认可。

其次，不要曲解法律规定。曾经听到一个笑话，说法律规定“一夫一妻”，是允许男人娶一个夫人一个妻子两个老婆，这就是典型的对法律的曲解。在辩护的过程中，辩护人要善于发现和抓住法律的漏洞，对法律作出有利于被告人的解释，但是绝对不能曲解。

最后，不要曲解法理。在法理的运用上，要用大家公认的通说，不能用歪理邪说和奇谈怪论，否则论证是没有说服力的。

综上所述，所谓正义感，就是辩护人虽然坐在辩护席上，但对于引用的证据、证据的分析、法律的运用、法理的理解、判例的应用，应当与公诉人和法官的技术、规则、方法、标准一致。只有这样，辩护人得出的结论才更可能被采纳。

第四节　发表第二轮辩论意见

第一轮辩论意见发表完之后，由公诉人进行答辩，辩护人应当认真听，在公诉人第二轮答辩结束后，先由被告人来发表第二轮辩论意见，再由辩护人发表第二轮辩论意见。在发表第二轮辩论意见时，有以下规则供参考。

一、针锋相对

第一轮辩论辩护人是详细发表整体的辩护意见，而第二轮辩论则是控辩双方观点碰撞，因此需要针锋相对，有针对性地发表辩论意见，而不是再次全方位地论述辩护观点。需要注意的是，虽然控辩双方在法庭上处于对立面，第二轮辩论讲求针锋相对，但并非公诉人发表的所有意见辩护人都要进行反驳，对于公诉人发表的客观、正确的观点，对己方当事人有利的观点，虽然值得商榷但与己方当事人无关的观点，辩护人不需要反驳，而且对有利的观点，可以表示赞同并进行强调。

二、言简意赅

在第二轮法庭辩论时发表的意见，辩护人要尽量简洁明了地提出观点和理由，不要长篇大论，使情况变得纷繁复杂，也不能重复第一轮法庭辩论以及说过的内容，否则容易引起法官的反感而被打断。应该是这样一个三段论：公诉人某观点不对——我方观点是什么——理由是什么。三言两语，突出焦点，展开辩论。

三、引经据典

解决争议最好的办法，就是拿出确凿的依据。对公诉人的观点，直接引用证据、法律、法理和常识、常情、常理来反驳，不必长篇大论。比如，一个涉嫌生产销售有毒有害食品罪的案件，当事人被指控用废弃的猪肉熬制的猪油制作月饼，在法庭上公诉人为了说明危害性，引用了一个证人的证言，说月饼发出一股恶臭，辩护人印象中并无此证据，马上翻阅卷宗进行核对，发现确实没有相关内容，于是在答辩时提出公诉人引用的证据不实，后来公诉人翻阅材料发现确实没有，当庭撤回了该观点。

引经据典也包括引用法条，比如，公诉人称威胁手段获得的供述不属于非法证据，辩护人引用《人民法院办理刑事案件排除非法证据规程（试行）》，指出以严重危害被告人及家人的身体健康进行威胁而获得的言词证据属于非法证据，就可以起到直接驳倒的效果。

引经据典还包括法理，如公诉人提出被告人采用虚假手段骗取对方财物并非法占有构成诈骗罪，辩护人引用法理称："被害人尚欠被告人 300 余万元，被告人虽然有使用虚假手段，但目的正当，有权利依据，不具有非法占有的故意，不构成诈骗罪。"

四、总结提升

控辩双方的辩论如果仅仅停留在比较浅的层面上，有时各执一词，难分高下。但如果把双方的观点总结出来，上升到理论问题，用理论来破解，往往能起到拨云见日、一锤定音的效果。比如，前面实战演练中的赵虎案，关于赵虎主观上是故意还是过失，在第一轮中控辩双方都表明了观点，辩护人在第二轮辩论中，可以将双方的争议归结为间接故意和疏忽大意过失的区别，然后从认识因素上“是否认识到车辆左侧有危及生命的危险”和“意志因素上是否反对危害结果的发生”两个方面来分析。主观见之于客观，再从被告人的客观表现来论证在认识因素上没有预见被害人处于生命危险之中，以及在意志因素上是反对危害结果发生的，从而有效地说明辩方观点。

某国有企业连续几年套出一部分钱来，给单位员工发福利，领导发得多一点，员工发得少一点。检察机关和一审法院都认定构成贪污，认为从表面上看，该案好像是私分国有资产，但是领导分的钱较多，因此认为是以私分的形式来达到贪污的目的，一审认定构成贪污罪，量刑 10 年以上。辩护人认为是属于私分国有资产，在二审法庭辩论的第二轮辩论时辩护人最后总结出了六对概念进行辨析：第一，合规与合理，不合理与不合规是有区别的，单位分这笔钱虽然不符合规定，但是合理的；第二，超标发放与为私发放，整体上看每个人得到的福利都超出了标准，但并非为少数的私人而是为公；第三，奖金与收入，实际上被告人是把该福利根据各个员工的收入标准进行发放，作为应有的收入而非额外的奖励；第四，隐蔽与隐私，办案单位认为资金的发放与发工资相比显得比较隐蔽，辩护人认为员工的收入属于个人隐私，不对外公开很正常；第五，机关与企业，国企虽然是国有的，但并不是机关而是企业，企业就会有激励措施，发放福利总体上是基于一种激发员工积极性的措施；第六，单位与以单位名义，私分国有资产本质应该是单位的行为，而贪污属于个人行为，比如，个别人以单位名义中饱私囊，本案单位发放福利是经过党委领导决策、符合程序的单位行为。经过这样的总结提升，辩护人透彻地分析了两罪的区别及本案的定性，最终法官采纳了辩护人的观点并将上述辩论意见全文写入了二审判决书作为改判理由。因此，辩护人在第二轮的辩护意见中要有意识地及时总结争议焦点，站在更高的层面提出意见和理由，让法官更容易理解和认可辩护观点。

第五节　发表辩论意见时遇到的常见问题应对

一、辩论发言总是被法官打断怎么办

辩护人在辩论发言的过程中，有时会被法官打断，要求说得简单一点，或者对当前问题不要再说了；有时辩护人读法律规定的内容也会被打断，说法律规定大家都懂。导致有些辩护人心中有气，严词要求法官不要随意打断，指责法官侵犯了执业权利，发生庭审上辩审双方的冲突。虽然大多数法官都会比较注意保护辩护人的合法权利，但如果辩护人遇到了辩论被打断的情况，还是尽量以适当的表达方式来解决比较好，如表示既然法官清楚，那这个条文就不宣读了，尽量简洁地阐述其中的要点。

如果法官打断的频率很高，影响到了辩护意见的发表，此时辩护人确实应该提出自己的意见，如表示自己还需要 15 分钟来发表，如果真的赶时间是否可以先休庭下午再开。一般而言法官会进行考虑，如果真的遇到了很过分的法官，辩护人还可以向检察官求助，因为检察官不仅负责指控犯罪，也负责监督，在辩审双方产生冲突时可以作为中间人发表意见。

二、法官限制发言时间怎么办

法庭辩论有时会被法官限制时间，比如，法官要求第一轮辩论每人发言不超过 10 分钟、15 分钟。首先，作为辩护人需要练就长话短说与短话长说的技能，既可以用几分钟表达清楚自己的观点，也可以用一个小时来论述却不显得啰唆。其次，当法官限定的时间与自己准备的预计时间存在差别，就要实时进行调整，比如，每人有半小时发言的时间，但是辩护人准备的内容只需要 20 分钟，那就可以对重点问题进行进一步的扩展，充分阐述；如果准备了半个小时的内容却只给 10 分钟时间发言，辩护人就要对内容进行缩减，同时说明被缩减的内容在书面意见当中有详细的阐述并附有相关的材料，恳请法官予以重视。若实在时间紧张，也可以向法庭申请延长几分钟，为了保证辩护质量和尊

重辩护人的合法权利，法官一般也会同意。

三、公诉人曲解事实、法律和证据怎么办

有时公诉人的观点有失偏颇，会对法庭产生很大的误导作用。此时辩护人应当就事论事，公诉人曲解了什么，辩护人就要指出来，但同时要注意措辞，不能指责公诉人，像“公诉人没搞清楚，作为代表国家的公诉人，堂堂检察官还把证据搞错”之类的话不要讲，只要就事论事，把公诉人说得不准确、不全面的内容指出来，请法庭重视即可。

四、公诉人对辩护人进行人身攻击怎么办

面对这种情况，辩护人要马上提出反对，当场指出并要求审判长制止。有的辩护人是等轮到自己发言的时候再反向攻击回去，但笔者认为这对于案件的审理毫无意义，而且容易被法庭打断，互相攻击是两败俱伤。还是当场提出反对，指出公诉人的言论属于人身攻击，要求法庭予以制止为妥。法律共同体还是应该相互尊重。

五、被告人要求辩护人不要辩护了怎么办

前文也有提到，有的被告人认为辩护人说得太多，害怕法庭因为对辩护人的观点不认同从而对其进行重判。一般而言，如果庭前准备工作充分，基本不会出现这种情况，即使遇到被告人不认可辩护人的意见，辩护人也不能指责被告人不懂法，而是可以解释辩护人发表的辩护观点是对被告人有利的，请法庭尊重被告人的意见。

六、被同案犯的辩护人攻击怎么办

有时同一个案件的辩护人发表了对自己当事人有利、对其他当事人是不利的意见，其他的律师有可能会攻击这位律师。作为同行，互相攻击是不合适的，还是要根据事实和客观证据讲明观点，说清理由，互相尊重，遵守法庭的指挥。面对攻击，辩护人也应当当场指出，请求法庭予以制止，而不能互相进

行人身攻击。

七、被告人的意见突然产生变化怎么办

在庭审中可能会碰到被告人的意见突然变化，比如，原先认罪的被告人突然不认罪，此时辩护人可以申请休庭，等达成一致意见之后再继续开庭。曾经有一个案子的当事人原来认罪，但在法庭上又不认罪了，于是辩护人马上申请休庭，问他真实的原因。被告人说他也不是真正的不认罪，只是对于某个情节有异议，这样的话，辩护人与被告人沟通好了以后就继续开庭。

八、同时有两位辩护人时怎么进行分工

辩护意见无非有三种，第一种是无罪，第二种是轻罪，第三种是罪轻。如果两个辩护人意见一致，比如，都做无罪辩护，就会产生重叠，此时可以一个从事实证据的角度，一个从法律定性的角度进行分工，或者根据罪名进行分工。如两位辩护人意见不同，一个进行无罪辩护，另一个进行轻罪辩护也是可以的，相关的司法解释允许辩护人在提出无罪辩护的同时，还可以提出量刑方面的辩护，即可以进行“骑墙式”的辩护，同一位辩护人来讲两种观点看上去不合适，由两个辩护人来分工发表就显得很自然。此外，还可以从法庭流程进行分工，如一个辩护人负责质证，另一个辩护人负责辩论，或者一个负责第一轮辩论，另一个负责第二轮辩论。

九、辩护意见要不要脱稿发表

辩护意见能脱稿肯定效果更好，但要注意与法官以及公诉人进行眼神交流。发表辩护意见有四个发展阶段，第一阶段是读稿子，第二阶段是边读稿子边抬头进行眼神交流，第三阶段是完全脱稿，第四阶段是以脱稿为基础，在引用一些证据、法条以及观点案例时，看稿子照着读，这样显得比较郑重，体现出权威感，并在强调时适当与法官进行眼神交流。

十、律师在法庭上要不要煽情

根据具体案件的情况，辩护人可以说一些情感方面的内容，但是不需要煽

情，客观讲述一下被告人的情况即可。比如，被告人的成长路径，家庭曾经陷入过怎样的困境等，特别是一些女性犯罪、未成年人犯罪、学生犯罪的案件，情感成分就相对会多一些，但是也要注意篇幅不要太长。

如果情感表达有利于增加理性的说服力时，辩护人需要加入这些内容，如果只是一种不必要的情绪上的宣泄，就不需要煽情了。作为辩护人，应当从技术上解决问题，哪怕是带有政治背景的案件，也要学会把它转化为法律问题，把法律问题转化为技术问题，如此才能发挥作为专业人士的作用。

PART 10

第十章

认罪认罚的量刑辩护技能

引 言[①]

认罪认罚从宽制度实施以后，给刑事辩护工作带来重大的挑战。律师开展辩护工作需要考虑，如果案件走认罪认罚，能够得到什么样的量刑实惠？过去，一起案件该怎么辩护就怎么辩护，而认罪认罚从宽制度实施后，当事人经常会向律师提出："律师，我要不要认罪认罚？办案人员说我认罪认罚，可以判轻一点。"也有些当事人对认罪认罚完全陌生，问律师："认罪认罚是什么，我要不要认罪认罚？"

所以律师如何在辩护中运用认罪认罚从宽制度，确实是一个迫在眉睫的大问题。最高人民检察院统计，2020 年，认罪认罚从宽制度全年适用率达 86.8%，量刑建议采纳率 94.9%；一审服判率 95.8%，高出其他刑事案件 21.7 个百分点。

第一节 认罪认罚的基本理念[②]

一、认罪认罚是一项方案

认罪认罚是一项方案，因为走认罪认罚程序是其中一个辩护思路，而不是全部的辩护方案。在具体的操作中，到底"认不认""什么时候认""认什么"，在不同的阶段有不同的考虑。不能案子一接触，律师就走认罪认罚。比如，律师一去会见，当事人说认罪，就走认罪认罚，不能这么草率；反之，当事人不认罪，律师不管在案有罪证据是否充分，也不管当事人的无罪辩解是否合理，更没有为当事人进行全面分析，就无罪辩护到底，这也是有失偏颇的。这就要求律师在整个辩护工作当中，要将认罪认罚作为一项方案时时刻刻予以考虑。

①② 主讲人：徐宗新。

1. 认不认

“认不认”是可以权衡的。如果当事人提出作无罪辩护，有可能导致其长期处于羁押状态，最终无罪辩护失败法院判处实刑。在这个过程中，律师是不是可以考虑，如果认罪了，跟检察机关达成协议，反倒可以为当事人争取从轻处理，取保候审、缓刑甚至不起诉。当然会有人提出异议，认为构不构成犯罪、有没有犯罪事实是原则性问题，怎么能够进行妥协、交易？根据案件的发展，可能现在证据不足；但是不等于以后证据不足；又或者可能案子确实有问题，但查明案件真相或许是一段十分漫长的过程，而这个过程的代价是当事人被长期羁押，失去自由之身。如果当事人愿意以较小的代价结束这个案件，那也是当事人利益的最大化。至于当事人有没有犯罪、犯了什么罪，是客观事实问题。

2. 何时认

何时认，是侦查阶段认，还是审查起诉阶段认，或者是审判阶段认，律师都要依据案件具体情况考虑。有些案子在律师会见当事人之前，当事人就已经认罪了，如不存在刑讯逼供等情况，应当继续保持其本人供述稳定。等到审查起诉阶段，律师看了材料以后，如果仅有当事人的有罪供述，仍然可以提出做证据不足的无罪辩护。有的案子如果一开始当事人没有认罪，律师不能轻易劝当事人认罪。比如，当事人始终没有承认，认为自己不构成犯罪。而侦查阶段律师看不到案卷，如果公安机关说定罪证据充分了，律师也不能盲目听从，应该向当事人强调：“你认为没有犯罪事实，你自己要结合律师之前提供的法律咨询，尤其是相关的构罪条件做一个评估，到底有还是没有？你有权提出辩解，但你的辩解要经得起证据的检验。待审查起诉阶段，律师看了案卷以后，再来判断证据是否充分，如果充分，建议你认罪认罚为妥；如果不足，仍然做无罪辩护。”

3. 认什么

认罪认罚从宽制度中的“认罪”，是指犯罪嫌疑人、被告人自愿如实供述自己的罪行，对指控的犯罪事实没有异议。“认罚”，是指犯罪嫌疑人、被告人真诚悔罪，愿意接受处罚。其中最关键的就是“认什么事实”和“认什么罪”

的问题。

认可事实，但不认可罪名，原则上不属于标准的认罪认罚。因为不认可罪名，无法形成相应刑罚的具结。另外，认罪具体是认哪些事实，可不可以只认可一部分的犯罪事实？根据《关于适用认罪认罚从宽制度的指导意见》第6条的规定，犯罪嫌疑人、被告人犯数罪，仅如实供述其中一罪或部分罪名事实的，全案不作“认罪”的认定，不适用认罪认罚从宽制度，但对如实供述的部分，人民检察院可以提出从宽处罚的建议，人民法院可以从宽处罚。

综上所述，“认不认”“何时认”“认什么”都要根据案件的发展，根据每一个阶段的情况，根据律师掌握的信息和证据，来进行分析判断，协助当事人作出是否认罪认罚的决定。所以认罪认罚是一项方案，不是固有的，也不是绝对不用的，而是随时都要考虑的一个方案。

二、认罪认罚是个技术活

办理认罪认罚案件并不是很简单的一项工作。有的律师认为认罪认罚从宽制度实施以后，律师业务下降明显，大量案件交由值班律师处理。一些当事人也认为既然认罪认罚了，指派一个法援律师就行了，律师好像没什么作用。但事实上，办理认罪认罚案件是个技术活，并不简单。判断一个案子是否构罪就是一项复杂的工作，如犯罪构成怎么理解、如何适用，证据怎么把握、是否达到确实充分的要求等。

1. 罪是否构成

是否构罪本身就是一个疑难的问题。认罪认罚的法律制度要求，不构成犯罪的不适用认罪认罚，因此肯定是构成犯罪，才可以去适用认罪认罚制度。而判断是否构成犯罪，本身就是一项很专业的工作。如果律师认为认罪认罚很简单，无非就是签个字、谈个刑期，那就大错特错了。不管是委托律师、法援律师还是值班律师，检察官通知律师去参与认罪认罚具结的时候，律师完全有必要详细审阅案卷，研判当事人到底是不是真的构成犯罪。如果律师的经验不够丰富，甚至从来没有接触过刑事案件，去判断是否构成犯罪显然是有难度的，甚至很容易判断错误。因此，还是要让有经验的律师去做。毕竟刑事案件涉及他人的人身自由，涉及《刑法》是否正确地实施。

律师要认真审查：第一，当事人是不是自愿地供述，供述是否稳定？第二，除了其本人的供述以外，还有什么证据可以证明其构成犯罪？有哪些旁证，哪些证人证言，哪些客观证据？如果确实都有，可以判断当事人构成某罪。

当然，在不构成犯罪、目前的证据不充分、当事人有辩解的情况下，是不是可以做认罪认罚，更是一个技术活。因为当事人提出自己无罪，证据也不足，律师还要叫他认罪认罚，如果判重了怎么办？律师要承担巨大的责任，在这种情况下认罪认罚更是一个技术活。

2. 刑期具体到月

在认罚的协商中，律师提出量刑意见，不能毫无依据或简单粗略地提，律师应当提出具体到月，甚至具体到日的“罚”的意见，并应当要有充分的依据。

要全方位地分析当事人的行为性质，考量法定、酌定、从轻、从重的情节，包括认罪认罚从宽和自首、坦白以及其他从轻情节，以解决量刑幅度的重叠问题。有些律师一算这个基准刑减30%、那个减40%、那个再减20%，加起来已经超过100%了，所以向检察院提出赶紧放人，出现这种情况说明律师对量刑的规则还不够了解，没有考虑认罪认罚从宽与自首、坦白等情节的重叠问题。

具体如何运用量刑规则？除了把所有的量刑情节和法律规定的最大的量刑幅度和最小的量刑幅度全部列出来，落实到月以外，还要查找大量的判例。但是往往很多判例都是比较早的，当时认罪认罚从宽制度还没有实施，所以，找出来这些判例的同时，律师也要提出哪些案例可参照，哪些案例不可参照，其中的理由是什么，同样的情形在哪里。

因此，律师要提出一个认罪认罚的“罚”的意见，要花很多工夫，并不是检察官提出来多少刑期就行了。

一旦认罪认罚协商机制进一步成熟，要求主动先听取律师的意见，让律师先提应该判多少刑期，必然要求律师加强量刑意见的说理性和科学性。所以认罪认罚的“罚”到底罚多少？律师肯定要花精力去研究计算，工作量其实是很大的。

3. 罚金的数额

罚金的确定，要看本案非法所得是多少？非法经营额是多少？1 倍到 5 倍是多少？到底是 1 倍还是 5 倍？2 倍以内选择什么数字？是承担连带责任，还是分别承担各自的份额？罚金的空间更加大了，那都要有相应的规则。如果律师能够将罚金都确定下来，说明律师的工作足够细致。但是目前的认罪认罚机制还不够成熟，有些检察院把刑期定下来，至于罚金、没收非法所得没有落实清楚，律师到法院阶段处理，如果处理得好，还可以体现在量刑里面。

4. 强制措施的变更

对于不批准逮捕、取保候审的案件，认罪认罚都是一个契机或者条件。有些案件如果认罪认罚了，可以变更强制措施为取保候审。有的时候，一个案件在侦查阶段，当事人还没认罪，被刑拘，随后报捕了，如果当事人继续不认，证据充足的话就会被批捕；如果他认罪认罚，且涉嫌的犯罪较轻，按照法律规定，就没有必要逮捕。所以，此时认罪认罚机制对强制措施的变更可以起到关键作用。

但这种情况对律师是很大的考验。律师劝当事人认罪，如果认了还是被逮捕了，怎么办？反之，律师不劝其认罪，本来认了可以不被逮捕，因为不认罪被逮捕了，又怎么办？所以，这对律师是一个很大的挑战。律师要充分考虑案子的证据状况，要有个专业的评判，比如，这个案子不应该认，因为认了以后无罪的空间彻底被堵上；而且若当事人有一定的辩解，律师不能违背其意愿，这种情况下律师就不能建议其认罪。

如果证据确实比较充分，并且据律师了解认罪认罚有助于实现取保候审，律师应当向当事人建议：“据我们了解，案子定罪可能性比较大，现在考虑各方面的情况，认罪认罚后不逮捕、取保候审是可行的。”如果律师有十足的把握，就可以告诉当事人，走认罪认罚，人先出来。

随着制度的深化、调整、更加科学，要求律师必须有更精细化的操作，这样才能充分维护当事人的合法权益，体现律师的作用。

三、认罪认罚应以当事人利益为中心

认罪认罚是一种方案，要以当事人利益为中心，由当事人来决定。

1. 有罪才认

律师审查完证据材料，认为证据材料比较充分的，可以建议当事人尽早认罪认罚。从侦查阶段就开始认罪认罚，到审判阶段最多可以减30%。而且早点认罪认罚，争取早日案结事了、快审轻判，在刑罚执行阶段，还可以多减刑、早假释。

因此，律师应当快速审查案卷材料，尽快抓住问题的焦点，作出快速且精准的判断。有的时候当事人的要求是不切实际的，律师也要指出来，比如，当事人说自己是冤枉的，自己受贿没有违反国家的规定，表示收钱是给人家办事的，不是收钱不办事，且都是办好事，真正解决他人的困难，认为自己不构成犯罪，其实这是对法律的错误理解。针对这种情况，律师要为其进行专业的分析，向其释法说理，当事人听明白了，也愿意认罪，就要将认罪认罚方案抓紧落实。

有的时候，最简单的方案就是最好的方案。当然会有当事人表示，自己请了一个大律师，居然让自己走认罪认罚，岂不是没有发挥出大律师的作用。律师要向其解释清楚，认罪认罚是一个方案，不认罪可能会更不利。经过对几个方案进行比较后，律师认为这可能是最佳方案，但最终的方案还是要由当事人本人选择决定。

2. 无罪也认

有些疑难复杂案件，证据也不是特别确实充分，但是证据还在补充，即犯罪嫌疑人有罪还是无罪正在审查研究中。针对这种焦灼状态，律师要向当事人释明，继续无罪辩护是可以的，但还有一个方案，就是如果认罪认罚，法院可以判缓刑，或者检察院可以作相对不起诉，问当事人是否同意。有些当事人只希望早一点出去，认为被羁押在看守所一两年，最后即使无罪也于事无补，相比较而言，早一点恢复自由之身更有意义。当事人愿意认罪认罚，再由律师去沟通、协商，最终得到一个相对不起诉，或者二审改判缓刑的结果，实现当事人利益最大化，体现以当事人利益为中心。

所以，认不认罪应该由当事人根据其自身利益的需求自行决定。有些当事人只在意名节，表示不管被羁押多久，一定要无罪辩护，哪怕判一个轻罪，哪怕只判几个月也不愿委曲求全，其认为名声重于泰山，这是他的最大的利益。有些当事人要自由，只希望早一点出去就可以了，这是他的最大利益。有些当事人看重财产，宁愿坐牢，也不愿意多出钱。所以每个人的利益需求是不一样的。

3. 有罪不认

比如，一个案子证据非常确实充分，有罪证据全部指向该当事人，当事人辩解，其他人为了逃避责任，串通做了虚假的陈述，在案的客观证据也都是其他人伪造的，坚决不承认自己有犯罪事实。律师调阅案卷后，审查证据的合法性、真实性没有问题，但当事人的这一辩解缺乏合理性。律师反复与当事人分析案件证据情况，但当事人坚决不认罪，始终认为是他人诬陷自己。

这种情况本来走认罪认罚更合适，但律师也要告知当事人不认罪认罚可能产生更不利的后果，若当事人始终坚持要求无罪辩护，缺乏认罪认罚的自愿性，即使认罪认罚结果再诱人也不能做。所以，认罪认罚应该以当事人的利益为中心，遵从当事人本人的意愿。

认罪认罚是一项方案，是一个技术活，要以当事人利益为中心，同时它是有利也有弊的。

第二节　侦查阶段的认罪认罚工作[①]

一、判断是否有罪

1. 已经供述有罪

律师会见当事人时，当事人交代称已经供述有罪了，对其有罪供述，律师

① 主讲人：徐宗新。

要判断是真有罪，还是假有罪、真无罪。比如，律师会见当事人，了解到侦查笔录内容中当事人是认罪的，但当事人向律师反映有罪供述实际上并非其真实意愿，有方方面面、多种多样的因素，这个时候律师就要研究这种情况。

（1）真有罪

如果其笔录供述有罪，经过核实是自愿供述的，确有其事，并且律师要排除顶包的情况，即确定真有罪的情况后，建议其认罪认罚，律师向其阐明认罪认罚制度，推动在公安阶段签订认罪认罚的意见书，快速移送检察院，轻罪案件走速裁程序，争取快审快结快执行。

（2）假有罪

对于假有罪的情况，律师要了解当事人之前作有罪供述的原因，判断是否存在肉刑与变相肉刑、威胁、引诱、欺骗等非法取证的情形，如果有，律师要提出非法证据排除。如果没有非法证据的情况，而是当事人对一些情况有误解，比如，当事人是做了有罪供述，但后来发现涉及的罪名责任太大，当事人不想顶包了，律师也要提出相应的意见。针对假有罪真无罪的情况，律师该提出非法证据排除就提出非法证据排除，该提出相关的意见就提出相关意见，除了以上的情况，实践中有些是有难言之隐，有些是为了维护更重要的人或利益。针对不同的情况，律师要作出不同的处理。

2. 尚未供述

如果律师会见比较及时，当事人在公安提审时还没有交代，律师会见时不可要求当事人直接讲一下犯罪事实怎么样。在此之前，律师应向其进行详细的法律咨询，包括涉及的罪名、相关的罪名、可能有的罪名等实体性内容，要详尽全面地向其阐明。此外，程序性的规定也要全面详尽地向其释明。认罪认罚的法律规定同样要阐述清楚，包括什么叫认罪认罚制度、当事人有什么样的权利、如果认罪认罚会得到什么样的从轻处理等。

一般来说，针对重罪，情况会比较复杂，律师要谨慎运用认罪认罚；针对简单的盗窃、强迫交易等轻罪，认罪认罚会有一个快而轻的处理，可能会较多适用。但对于重罪，律师一般会建议当事人先了解法律，然后作出准确的供述和辩解，至于下一步到底认还是不认、认什么、怎么认，律师要看了证据材料，再分析、再研究、再商量。

3. 由当事人决定是否认罪认罚

至于最终是否选择适用由当事人自己决定，让其自行决定是不是认罪认罚。

二、与公安机关沟通

律师接受委托之后，应当及时向办案单位递交委托手续，并在递交手续过程中跟公安机关办案人员进行一个简单的沟通。

1. 了解罪名和涉案的事实

律师与办案人员沟通要了解当事人目前涉嫌的罪名是什么，是一个罪还是几个罪。同时，律师要了解涉案事实大概情况。在侦查阶段，办案人员一般不会详细地告知。但经过会见，律师也能了解到大概情况。根据会见的情况，律师可以向办案人员去了解核实，以判断当事人所反映的事情与公安机关掌握的事实是否相差不大。

有的时候，当事人会提出无罪的意见，律师向公安机关办案人员转达当事人提出的无罪的意见时，办案人员会答复："这个案子你们还提无罪啊……"律师从公安机关了解到证据已经非常充分，但从犯罪嫌疑人这里一听好像没什么事，这种反常情况也是经常碰到的，律师要综合各方面信息进行专业的判断。公安机关通常情况下肯定是有一定的证据、线索、依据才会立案，才会对当事人采取强制措施。所以律师就要判断，公安机关到底掌握了什么情况，结合当事人的供述和辩解进行判断，分析有没有无罪的可能，或者当事人的有罪供述是否得到了充分的证据证明。

2. 提出取保候审的诉求

律师与公安机关办案人员沟通的时候，可以提出取保候审的申请，如表示本案有多个罪名，嫌疑人原来是累犯，案子还在侦查中，还有通过同案犯提出取保候审的诉求，了解办案人员会怎么样来答复。如果是单独一人犯的轻罪，通过认罪认罚争取取保候审，可能性是比较大的。

假如团伙犯罪的案件还有同案犯在逃，哪怕当事人认罪认罚，案子也快不了。这个时候律师只能跟被告人说明，如果其有认罪的态度，可以笼统地表态，向公安机关表明，自己愿意认罪认罚，如果定罪也愿意认罪、愿意认罚，这样笼统地表态比较合适。

如果当事人有辩解，对于是否构成犯罪也不确定，又是多人的共同犯罪，这个时候提出认罪认罚没有意义，既快不了也轻不了。所以律师对自己的当事人是否认罪认罚、认什么，要有一个判断。

3. 可能无罪的，按照标准化的程序来辩护

如果是可能无罪的情况，就要按照标准化的程序来辩护。比如，经过会见，当事人不认可指控事实，并做无罪辩解，经过律师的沟通了解发现，案子确实存在一些问题，律师就要按照标准化的程序，通过侦查阶段会见 6 次，通过接待家属、反映意见、向检察院提出意见，一步一步地把每一步工作做扎实、做到位，提出无罪辩护。

在侦查阶段，因为有无罪的可能，不能轻易认罪。除非在律师对整个证据情况非常了解，当事人不认罪对其很不利，认罪就可以取保候审或者轻判的情况下，律师才会建议当事人是否考虑认罪。除此之外，在侦查阶段不能轻易地让当事人作认罪认罚。对有些定性争议比较大的案件，如果当事人认罪，可能就会让司法机关觉得这个证据是充分的，会强化司法工作人员的心证，更加认为本案构成犯罪。

4. 确定有罪的，提出认罪认罚

如果当事人作出有罪供述，证据也确实充分，跟办案人员沟通的时候情况也非常明朗，外围的情况都很清楚，律师可以建议当事人早一点认罪认罚，实现快审轻判。

有些共同犯罪的案件，甚至有些黑社会、集团犯罪的案件，涉案嫌疑人有几十上百个，办案周期可能要拖个两三年，甚至当事人判都判不了两三年。这个时候律师要注意，如果当事人认罪态度比较彻底，就早一点走认罪认罚。

对于共同犯罪的罪名可能有异议的，比如，黑社会案件，首要分子还在侦查阶段，如果“马仔”认罪，当事人认的罪名可能会对其他当事人的罪名产生影响，律师不能简单强调快审快判抓紧认，而是要先提出强制措施的变更，等

主犯判了以后，律师再做一个认罪认罚的具结，更为妥当。因为变更强制措施，只要确保当事人先解除羁押状态即可，避免日后陷入被动。

三、认罪认罚相关工作

1. 会见

律师通过会见当事人，让其理解和确认是否走认罪认罚。比如，会见时，律师要跟当事人讲："这个案子，我们审查过了，你也认罪的，目前定罪证据充分，我们建议走快审、快结、轻判的道路，你同意不同意？如果同意，我们会尽快与公安沟通，届时公安拿认罪认罚意见书、意向书给你签的时候，你就抓紧签字。"要注意的是，认罪认罚的法律后果也要跟当事人阐明，让其理解清楚。

2. 摸底论证

虽然侦查阶段认罪认罚只是一个笼统的认罪表态，不涉及具体量刑，但不等于律师不用去评估量刑结果。因为当事人对认罪认罚的自愿性，根本还在于其对具体刑罚是否达到内心接受的程度。因此，在侦查阶段正式决定走认罪认罚之前，律师应根据相关法定、酌定、从重、从轻情节，结合量刑规则进行摸底评估，提前给当事人提供大致的量刑区间，使其心中有数。

3. 催促公安机关尽早结案

既然确定走认罪认罚，当事人肯定希望尽快结案，甚至走速裁程序。律师就要与公安机关沟通，催促公安机关能够尽早结案。

4. 挖掘、完善、制造从轻减轻量刑情节

律师要挖掘、完善、制造从轻减轻量刑情节，提醒公安机关在起诉意见书中予以认定。比如，当事人是不是从犯；比如，当事人是被电话通知的，电话通知以后过了好几天他就到案的，是自首，那么抓获经过必须固定到位，不能说是传唤到案；比如，当事人可以检举揭发立功，可以劝同案犯自首，制造从轻减轻量刑情节。自首、从犯这些情节，在起诉意见书中予以认定，对下一步的工作是有好处的。

第三节　审查起诉阶段的认罪认罚辩护[①]

一、听取辩解

首先，律师要听取犯罪嫌疑人对起诉意见书的意见。根据会见的标准化工作安排，拿到案卷以后3日内要去会见，听取嫌疑人对起诉意见书的意见。当然如果前面已经按照认罪认罚程序一路走下来，这个工作会简单一点，但是绝不能没有。万一有的时候起诉意见书多认定一笔，或者有些从宽情节没有认定，犯罪嫌疑人可能就会有异议，所以首先要听取他对起诉意见书的意见。

1. 无罪

如果犯罪嫌疑人提出来无罪，对起诉意见书认定的事实、定性有意见，这样律师就要进行标准化程序的辩护，即标准化、精细化、过程完美化、当事人利益最大化、工作的可视化。

2. 轻罪

如果犯罪嫌疑人提出来是轻罪，比如，指控重罪仅认轻罪的，不属于认罪认罚里面的认罪。认罪一定是认指控的罪，不是认其他的罪。律师对这种轻罪辩解的案件，也要走标准化辩护，按照“五化”的要求来辩护。

3. 罪轻

犯罪嫌疑人对罪名、事实没有意见，但是认为存在很多从轻减轻情节，这就可以适用认罪认罚了。

二、研究案卷，形成结论

第一步是听取辩解，分为无罪、轻罪、罪轻三种情况，这三种情况还不足以决定是否要走认罪认罚，律师还要看证据，第二步是研究案卷，形成结论。

① 主讲人：徐宗新。

1. 无罪辩解

当事人提出无罪辩解，但是认定其有罪的证据很充分，律师可以建议他走认罪认罚。

如果当事人对证据还有异议，认为涉案证据是虚假的，那律师只有给他作无罪辩护。律师的法律服务方案必须征得当事人的同意。如果不与当事人解除合同，律师只有按照当事人的意愿作无罪辩护。这个时候证据再充分、再有罪，也不能走认罪认罚。

同时律师要注意，不能轻易去否定当事人的辩解。如果当事人提出这样的一个辩解，肯定有其合理性，律师不能简单地从证据的表面来看，证据的证明力还要去挖掘。律师要一个一个证据跟当事人核实，如这个证据有什么不利的内容，有什么意见，怎么来反驳。

我们要挖掘证据中的问题，如果证据确实存疑，就可以提出无罪辩护。当然，如果认罪认罚可以轻判，我们可以提议，由当事人决定。

2. 轻罪辩解

当事人有轻罪辩解，但证据不支持，律师也要进行充分的论证，找出证据的疑问，尽量在轻罪上面达成认罪认罚。

3. 有罪供述，但证据不足

当事人供述有罪，但是除了当事人自己的供述，没有其他证据，或者其他证据不能形成完整的证据锁链，没有直接证明犯罪的证据时，根据《律师办理刑事案件规范》，律师的辩护方案要征得当事人的同意，我们可以跟当事人讲："这个案子虽然你认罪，但是我们看了证据，我们还是要给你做无罪辩护，因为仅有被告人供述，没有其他证据证明，不得认定为犯罪事实，这是刑诉法明文规定的。"

要注意，律师审查后认为有无罪可能，不能建议当事人直接翻供，可以先做无罪辩护，不成功再做认罪认罚。因为每一个人对每一个案件的观点可能有所偏差，律师认为无罪，办案单位认为有罪；律师认为有罪的，办案单位认为无罪，都有可能。所以律师提出自己的观点，先沟通，如果办案单位不采纳，律师也要听一听不采纳的理由，如果不采纳的理由确实有道理，律师再走认罪认罚，这就是对当事人权益最大的保障。

当然律师也要注意，有罪供述、证据不足，经审查确实是存在这种情况，也可以考虑作一个相对不起诉。相对不起诉对公安、对检察院来讲是定罪，但是对当事人来讲，未经过法院判决的定罪不叫真正的定罪，实际上对当事人来讲是无罪的。所以，对于解决有争议的案件，相对不起诉是最好的解决方式。

4. 有罪供述，证据也充分

对于当事人进行了有罪供述，证据也充分的案件，毫无疑问，那就走认罪认罚。

三、审查、挖掘量刑情节

审查、挖掘量刑情节，这是律师的任务。要审查、挖掘、量化具体刑期，就是要把具体刑期量化到几个月。当然，量化具体刑期也不能简单化，不能说都按照最高的幅度来，40%+30%+20%+……，一直加到超过100%，这是没有用的。

一方面，律师要找出情节，找出量刑规范，明确减轻的幅度；另一方面，要考虑当事人的行为在幅度内定多少为宜，不能动辄按照最大幅度来计算。然后，寻找相关的案例，提出有理有据的一个量刑幅度，甚至律师可以比较类似判例，将案例中的各种量刑情节罗列出来，进行表格式对比。

四、提交意见，反复争取

律师提出具体化的量刑，尽量反复争取最低量刑。反复争取是律师的一项工作，但实践中一定要跟检察官讲清楚低的理由在哪里。反复争取的态度要有，律师要想各种各样的办法、各种各样的理由，反复争取，说不定哪一句话、哪一个理由就打动检察官了。

五、与检察院协商

1. 了解案件进程

律师要了解检察院处理的基调和节奏，快、慢、分、合，要了解一下这个案子审查起诉时间到底是多少，怎么个进程，律师一般都要快一步才行。如果检察院第一时间就提审，第一时间提出量刑建议，通知律师去做量刑协商，那就说明律师工作迟了，当然有法律援助、值班律师的除外。案子整个会重一点处理还是轻一点处理，是退回补充侦查还是起诉，是分案还是一起处理，会快一点还是慢一点，是羁押的先起诉还是和取保候审的一块起诉，对于这些问题律师都要了解清楚。

2. 提出认罪认罚程序

认为事实清楚、证据确实充分，可以走认罪认罚程序的，律师要主动提出来，抓紧提。

3. 提出量刑的具体意见

律师要及时提出量刑的具体意见，化被动为主动，等检察院提出来就来不及了。虽然现在量刑都要求精准化，律师也可以提出一个区间。在这个区间提出来之前，律师一定要征得当事人和家属的同意，他们如果不同意，律师自说自话，到时候当事人和家属可能会不满意。有的时候律师觉得差不多了，当事人和家属觉得太重；有的时候当事人自己满意了，家属觉得太重。所以必须统一，当事人和家属给一个幅度，授权律师去谈判，一定要这么操作。

4. 抓紧签署具结书

对相关的情节律师要申请调查和促成，如果确定了，要催促检察官办理，抓紧签署具结书。

第四节　审判阶段的认罪认罚辩护[①]

一、检察院提出认罪认罚的案件

对于检察院提出认罪认罚的案件，律师要注意以下的情形。

① 主讲人：徐宗新。

1. 与公诉人一起共同说服法官

对检察院提出认罪认罚的案件，律师要和公诉人一起共同说服法官采纳辩护意见。因为有些案子法官还不了解，像有些重罪的案件，为什么不判无期、要判有期，律师必须向法庭说明。因为公诉人讲得往往比较精练，可能法官没来得及听明白就结束了。律师就要把当时为什么跟检察院达成这样一个量刑的意见和理由向法庭陈述清楚。

如果律师没说透彻，法官有可能被表面现象蒙蔽，可以推翻检察院跟律师达成的量刑意见。如果改了，律师前面的功夫就白费了。律师要像当初说服检察官那样去说服法庭，好不容易达成的量刑意见，如果因为律师简单化处理，到时候被法官改了，之前的努力就会付诸东流。所以，律师一定要重视。

2. 有新情节的申请变更量刑建议

如果有新的情节，律师可以申请变更量刑建议。案子达成量刑意见、起诉了以后，突然有立功的情况说明，在此新的基础上，律师可以要求检察院调整或者希望法院建议检察院调整量刑建议，对新的情节体现出多少个月、多少年的从轻减轻。

3. 有幅度量刑的，做最轻的量刑辩护

有幅度量刑的，要结合事实、证据、法律，做最轻的量刑辩护。虽然现在要求精准量刑，但是有些疑难复杂案件，一些吃不太准的案件，检察院也会提出幅度量刑。这个时候律师就要重视，要尽全力从最轻的量刑目标出发，进行全力的辩护，有事实证据存疑有利于被告人的可以讲，原来一些无罪辩护观点都可以纳入量刑的观点下面，作为理由。

4. 分两个层次发表量刑意见

为了保证当事人利益的最大化，律师可以分两个层次发表量刑意见。

曾经有过统计数据，法院改变检察院认罪认罚量刑的比例，大概是3%~5%，有改重的也有改轻的。对于有存在低于认罪认罚量刑可能的，律师首先可以要求法官采纳公诉人的意见，如果法院认为在此之下量刑更符合本案的事实、证据和法律，律师表示同意和服从。

从深层次来分析，这里面就是当事人利益最大化的问题，因为法律规定，法院可以调整、可以建议检察院调整。万一还有轻判空间，律师要启发一下法官的思维，要记得带上这句话。

二、检察院没有提出认罪认罚的案件

1. 听取嫌疑人对起诉书的意见

律师要注意跟被告人核实起诉书，听取被告人对起诉书的意见。要听清当事人的意见，是没有行为事实，还是法律定性不能成立。

2. 审查案卷

对案卷材料进行仔细的审查，分析，撰写意见。

3. 向法官提出意见

向法官提出辩护意见，陈明是要作无罪、轻罪还是罪轻辩护。

无罪辩解证据充分的，律师要进行标准化辩护，不劝当事人做认罪认罚；如果证据存疑被挖掘出来，律师可建议诉辩交易。当事人进行有罪供述的、证据不足的，律师要告诉当事人，律师要作无罪辩护，向法院先提无罪意见，如果法院说还是要定的，再走认罪认罚，争取最低刑。如果当事人进行有罪供述、证据也充分的，律师可以建议走认罪认罚，当然也有案件可能因为社会影响大，不适用认罪认罚。认罪认罚也未必从轻。所以也要考虑到有些不适用的情况。但是，即便是不适用的情况，对律师而言，肯定也要提出，适不适用是法院的事，律师认为认罪认罚应该从轻。同时，还要审查、挖掘量刑情节，量化具体刑期，提交可以适用认罪认罚的意见和方案，争取最低量刑。

经过会见、阅卷，律师分别做出几种处理。

第一种，无罪、轻罪当然进行标准化辩护。该怎么开庭就怎么开庭，走普通程序，把辩护精细化，每一步操作好，理由提充分，这很关键。在庭审实质化下，控方指控，辩方辩护，法官按照事实和法律居中裁判，有“刀光剑影”也没关系。真正的无罪辩护、轻罪辩护，充分体现律师的能力、素质和水平，所以法官是高度重视的。所以在法院阶段，该提出无罪辩护、轻罪辩护，那就大胆地提出来。

第二种，有罪、罪轻进行认罪认罚的辩护。有罪、罪轻的情况走认罪认罚，在法院阶段也可以倒回去跟检察院商量量刑。在法院阶段，律师不能跟法院商量，在法院的主导下，律师跟检察院进行量刑协商是可以的。有的时候，对于一些新型案件、复杂案件，检察院也不知道怎么提量刑建议，所以等法官有一个倾向性意见以后，律师跟检察官再进行协商，也是有的，这个都可以提出来。就是说，经过开庭，在法院的主导下，在什么范围之内，跟检察官再进行一个量刑协商，愿意走认罪认罚、签订具结书也是可以的。我们要把各方面情节都落实到具体的量刑当中。

三、认罪认罚案件的上诉问题

1. 判决超出量刑意见的

一审判决超出量刑建议，当然可以上诉。比如，检察官量刑 10 个月，法官判了 16 个月，那肯定可以上诉，毫无问题。

2. 在量刑意见范围之内判，但情节未认定的

在建议的量刑范围之内判，但情节未认定的，可以上诉。比如，检察官建议量刑 10 个月，原来认定了自首情节，法官把自首情节拿掉了，当然可以上诉。上诉了以后，如果二审法官把自首定上去有可能还可以减。

3. 在量刑意见之内判，但事实发生变化的

在量刑之内判，事实发生变化了，可以上诉。比如，法官判 10 个月，但是事实发生了变化，检察院指控的事实不能成立，这当然可以上诉。

其余的不建议上诉，签下来多少就是多少，不建议上诉，上诉很有可能引发抗诉。

第五节　审查起诉阶段认罪认罚的演练与点评

实战演练

律师：检察官，您好，我是赵虎的辩护律师，我叫蔡国建。今天过来是因

为律师已经阅卷了，全面看了材料，主要想问一下目前检察院对于赵虎这个案子，罪名有没有可能变更?

检察官：目前还没有结论，这个案子现在已经延长期限了，而且案子比较复杂，应该也是要第一次退回补充侦查的。

律师：我们阅完卷之后，持续地去会见了赵虎，赵虎对于认罪认罚的想法，我们今天想跟您再反映一下。

检察官：我提审过他了，他坚决不认罪，态度很明确。还有变化吗?

律师：他不是不认罪，而是认为起诉意见书指控的故意杀人罪，他是不认可的，但是他也知道这个事情自己肯定是有责任的，也愿意接受处罚。所以，他也明确表示，如果定的是过失致人死亡，他是愿意认罪认罚的。

检察官：罪名都不一样，怎么能叫认罪认罚?这样没有办法谈。

律师：所以，罪名这个问题也是今天我来找您沟通的目的，这是一个定性上的事情。我们看完整个证据材料，认为这个案子目前认定故意杀人还是存疑的，我们发现赵虎应该还是属于一个疏忽大意的过失。我们今天过来也是跟您简单地表达一下，后面还是会提交一个详细的书面意见。

我们核心的观点，认为这是一个疏忽大意的过失，原因主要有两方面：第一，在认识因素上，我们认为要考虑当时的客观环境，赵虎没有预见到他的驾驶室的左侧有人在拉门把手。一方面，当时是黑夜，视觉条件肯定比较差，而且证据上也体现出来，证人证言显示，赵虎当时在应付整个突发情况的时候，他的整个注意力都是在右前方被害人的家属李四身上；另一方面，他在跟女朋友争吵，那么在这样的情况下，赵虎当时比较紧张、害怕，所以我觉得这个情况在证据上还是比较清楚的，能够证实他当时没有注意到左侧的情况，这是一个认识因素上的问题。

检察官：我不知道这结论是从什么证据当中得出的，在场的证人，包括赵虎自己都已经认可，他是看到过被害人拉门把手的，我不知道你对这个事情怎么看?

律师：关于赵虎本人的辩解，我们也注意到他在第三份笔录当中确实有提到过这个情况，但是后续我相信您提审的时候，赵虎应该跟您也表示过，当时是一个疲劳审讯的状态。侦查人员有一定的欺骗和威胁。所以赵虎当时作出了违心的供述，而且他其他的在案笔录和第三份笔录也存在矛盾，这是第一个层面。

第二，关于证人证言部分，都是一种猜测性的说法，他们认为赵虎应该是听得到，应该能看到有人在拉把手。我们认为这是一个猜测性的说法，也不能作为定案依据。

检察官：是不是猜测性的证据，到底要采信哪一份证言，我们会综合全案证据来判断。但是我看到还有一个侦查实验报告讲得很清楚，只要看到后视镜，就能看到有人在拉门把手，第二份侦查实验报告讲得更加清晰了，是能够看到的，或者说余光就能够看到的。

律师：我们也注意到有两份侦查实验报告，这两份报告其实是有矛盾和不同的，这是第一方面。第二方面，我们也注意到，侦查实验跟本案的案发时间是不同的，本案案发是黑夜，而侦查实验是在白天，所以我们认为这种实验不能够客观、真实地反映出当时赵虎所处的情况。

检察官：不管侦查实验报告是不是有瑕疵，从在案证据已经看得到，有这么多人当时在拍窗户，有人拦截、有人拉车门，拉车门“砰砰”这样的声音其实是很明显的，如果听不到，我觉得这还是不太符合常识。

律师：如果是在一般的情况下，当窗外有人在拉车门，那么车里的驾驶人员没准能够看到，但是在当时嘈杂、混乱的环境下，赵虎的注意力都是在应对右前方被害人的家属，以及跟女朋友争吵，而且外面也有人拍窗户，这种情况下注意力下降也是具有合理性的。

检察官：这个问题可能我们看法完全不同，你是作为他的律师的角度，我是控方的角度。其实你换个角度来看，周围人这么多，紧贴车边的人也很多，就这样子猛踩油门，你说没有预见到危险也有点说不通。

律师：故意杀人要有对于人的生命安全产生紧迫危险的认识，而不是一个一般危险的认识。赵虎有可能是知道旁边有人，但是他没有办法去预见到会因此产生一种生命上的现实紧迫的威胁。

检察官：开车撞人怎么会产生不了生命危险？

律师：开车撞人的问题，我们认为恰恰在证据上能够体现出赵虎没有这样的一个意图。因为在赵虎对右前方被害人家属的一个应对措施来看，他是采用点刹，一耸一耸，而且在被害人家属已经摔倒出去的时候，他还有意识地把方向盘往左侧转动，足以说明赵虎其实是一直在控制风险，所以我们认为，赵虎追求或者放任生命危险是不符合客观事实的。

检察官：而且赵虎还是无证驾驶，开车时间也不短了，你说他预见不到风险，我觉得，从证据上看已经是相当清楚的了。而且赵虎现在的认罪态度也没有，这个阶段肯定是做不了认罪认罚，我希望你能理解。

律师：我们这次是过来协商，努力看控辩双方能不能达成一致。今天其实来也想提两套方案，第一套方案就是这个案子有没有可能定性上改为过失致人死亡。

检察官：现阶段我是没有听到这个说法。

律师：第二套方案是故意杀人罪量刑是否可以认定为情节较轻，在3~10年这么一个区间，这个是我们的第一个观点。

第二个观点，我们注意到赵某的到案情况，也是可以构成自首的。那么结合他本人、家属进行了积极赔偿，也获得了被害人家属的谅解，有没有可能还是定故意杀人罪，只不过在刑期上能够体现一下本案的一个特殊情况，也符合刑法的罪责刑相适应的原则。

检察官：如果说赵虎对故意杀人罪没有意见，愿意认罪认罚，我们肯定是欢迎的。这个案子舆论压力比较大，领导很重视这个案子，我会向领导如实反映你们的意见。之后，如果有什么新的情况，我再跟你联系。

点评[①]

实战演练中的协商体现了律师把认罪认罚作为一个方案去落实，并且跟检察官协商的这么一个过程。律师先提出来一个轻罪辩护，如果可以达成3~7年，甚至缓刑这样一个目标，那么当然就是最成功了。结果检察官提出来这个方案不行，律师又抛出一个新的方案，故意杀人罪认定为情节较轻，量刑在3~10年并且认定为自首，这时明显检察官对该方案比较感兴趣。所以法律服

① 点评人：徐宗新。

务方案要考虑全面，争取当事人利益最大化。

认罪认罚制度实施以前，律师提出意见，检察官说这个不能定，我们就上法院去开庭、由法院判，如果这个案子正常审理，也可能判过失致人死亡罪。认罪认罚制度就会产生这样的协商，最终可能协商之后，定故意杀人罪，量刑7年。另外，笔者认为，这种案子如果走认罪认罚，检察官还要给赵虎做一份笔录，让其供述承认自己看到边上有情况，才可以定故意杀人罪，才可以走故意杀人罪的认罪认罚。

律师提出这样一个方案是比较全面的，也是一个技术性很强的沟通工作，因为这一切都是未知，律师只有去跟检察官做了沟通，才会知道有没有可行性。

关于具体的量刑依据，在演练中，律师提出了一个比较笼统的观点，如果检察官感兴趣，觉得可行，下一步还有具体的磋商。具体的磋商要把各种各样的情节，法定的、酌定的情节全部列出，落实到具体的刑期，然后双方进行磋商。比如，他如果有自首、有赔偿、获得谅解等这些情节，我们都落实到具体的量刑，这样跟检察官才有更准确、更有效的关于量刑的洽谈。

关于沟通的技巧，沟通包括电话沟通、见面沟通、书面沟通，几方面沟通都要结合起来。因为律师不可能总是要求与检察官见面沟通，有的时候电话沟通很有必要，当然，电话沟通有时候不够充分，双方还要面对面来洽谈刑期、阐述理由、交流证据，所以还要见面沟通。另外，仅仅是见面沟通，如果谈得不具体，还是不行，所以律师还要提供书面的材料进行详尽阐述。电话、见面和书面结合起来沟通，才会达到效果。

而且认罪认罚要及时，阅卷后马上就去。主动提出认罪认罚协商的方案，主动提出认罪认罚量刑的意见、具体的刑期，争取主动。

第六节　审判阶段认罪认罚的演练

实战演练

律师：法官您好，我是赵虎的辩护律师。这个案子庭也开过了，我们庭后递交的辩护意见您这边收到了没有？

法官：我收到了。这么厚一本，我已经翻过一遍了。

律师：意见您看了，我们还是认为应该定过失致人死亡。对现有证据能否证明存在间接故意的问题，我们当庭也阐述得比较清楚，不知道这个案子合议庭评议了没有？法院是什么意见？

法官：这个案子争议确实很大，院里面意见也很多，对于能不能定间接故意也各有说法，院里面还需要研究，还要讨论，还没有结论性的意见给你们。

律师：既然法院也是认为争议比较大，也不是说就像控方讲的证据很充分，一定是定故意杀人了。赵虎当庭说，如果定过失致人死亡罪，他是愿意认罪认罚的。如果法院最后评议下来，认为这个案子属于过失致人死亡罪，烦请考虑赵虎的一个认罪认罚态度，能不能考虑到这种情节，对他从轻处罚。

法官：你说的认罪认罚是有条件的，有条件、有前提的认罪认罚也不真诚。

律师：并不是认罪认罚不真诚，而是这本身是一个对于行为性质的合理辩解，而且这个证据上确实也是有问题。我们认为赵虎认罪的态度还是比较真诚的，尤其悔罪的表现也是比较真诚的，家属在这个案子一开始就赔付了被害人家属。

关于自首，我们的书面意见阐述得比较清楚，希望法院采纳。如果认为不构成自首，对于赵虎整个的表现，我们认为他配合调查，至少也要构成坦白，当然可能对于一些主观上的东西，其实在理论上是有争议的，对于主观上的辩解到底属不属于坦白，属不属于如实供述，本身是有争议的。另外，我觉得这个案子毕竟是有积极赔偿经济损失，以及被害人家属这边做出了谅解，那么根据量刑指导意见，也是可以减少基准刑的40%以下。

我们到时候也会提供相应的依据，我们今天过来的目的也是希望能够促成认罪认罚。后续如果需要我们提供一些案例，或者是提供一些相关的依据，我们肯定也会及时地提供。

这个案子的证据本身争议比较大，我们始终希望跟检察院达成一个认罪认罚，当然在法院的主持下，我们希望这个案子有这种可能性。一方面能够给赵虎本人带来实惠；另一方面，这个案子在公正审理之后，也给社会一个明确的答复，能够体现出社会效果。

我个人始终认为，这个案子是一个过失致人死亡罪，我们也收集了相关法院，包括贵院的一些判例。在这样的情况下，如果有积极赔偿经济损失，以及被害人家属做出谅解，在这些案例当中，有很多都是判缓刑的。

法官：你的意思是要适用缓刑？跨度有点太大了。这个案子的社会影响非常恶劣，适用缓刑不太现实。

律师：这个案子即便是判实刑，那么考虑到如果是定过失致人死亡，刑期是3~7年，那么能不能尽量地靠在3年？也是主要考虑到赵虎现在还是一个大学生，早一点出来也是早一点回归社会、早一点再重新回到学校，这也是体现社会效果的一种方式。

法官：赵虎从头到尾就没做对一件事。行为性质还是比较恶劣的，又是无证驾驶。最开始是一个很小的纠纷，也逃逸了，逃逸又回来，既然是大学生，就至少有基本的为人处世的道德标准，就这个案子而言，年轻大学生这一点我觉得不是一个从轻考虑的理由。

律师：行，我明白您的意思。我觉得这个案子无论如何，还是要实现一种平衡。围绕罪责刑相适应原则和罪刑法定原则，还围绕本身证据。当然是相信法官也有自己的判断，如果说需要律师做相应的配合，比如确实有一个推动认罪认罚的意思，我们愿意配合的。

我们希望刑期就是能够达到赵虎本身心里的预期，至于什么罪名，其实实惠就行。我觉得只要他本身对于刑期能接受，那么做一个认罪认罚，律师也会配合，包括跟他解释。

如果这个案子确定要上审委会，您看是否把给您的庭后意见也相应地交一份给审委会的委员，这是一方面。另一方面，认罪认罚是征询了赵虎本人的意见，律师也拟一个书面的认罪认罚方案，提出一个我们认为合理的量刑意见，也把为什么提出量刑量到某个点或量到某个区间的法律依据，再详细阐述一遍。前面沟通我们主要针对的是定性，那么还有一些量刑情节，具体觉得他要判多久，我们也想提一点小意见。

法官：可以，不过这也是你们单方面的一个观点，作为辩护观点，我们会充分考虑的。

点评[1]

认罪认罚制度实施以后，辩护工作确实发生了变化。法院阶段开完庭以后，律师还可以去做认罪认罚的工作。

如果说改成过失致人死亡罪了，那么当事人本身一直都是认这个罪的，我们要体现对这个轻罪的认罪认罚量刑政策。所以，认罪认罚确实是促使律师工作产生很多变化。

另外，我们也注意到，律师还提出了一个在法庭上没有提出来的观点：万一法院认为定故意杀人，量刑能不能适用情节较轻这一档，3~10年。这个其实对法官来讲是一个很大的挑战了，律师法庭上没提，私下里协商，如何写到判决书的意见里面？如果真的要对这个量刑来协商，法官应该会说，那你跟检察院去商量，你们直接商量好，是故意杀人罪的量刑3~10年，我们也会考虑。

其实，跟检察院如果商量不好重罪的认罪认罚，那么到了法院阶段私下里跟法院去讲，也是不合适的，除非你在法庭上讲。如果是重罪，我们认为是怎么量刑，如果是轻罪，我们认为是怎么量刑，可以公开讲。如果私下里讲，要注意会不会影响法官的自由心证。如果反而使他产生不好的印象，我们还不如不做；只有不会使他产生不好的印象，这个才可以做。

有的时候，存在确实要私下沟通的情况，法庭上有些话不能讲，必须私下讲。比如，在故意杀人案件中，在法庭上不好讲被害人过错，讲了会激化矛盾。但是我们在辩护意见里面可以写，写了以后私下跟法官提一下，“我们法庭上不方便讲，在书面意见里有的，到时候这个意见你考虑一下”。

有些案件我们在法庭上作无罪辩护，再提罪轻辩护不合适，逻辑上很难成立，所以就彻彻底底提一个无罪辩护，但是当事人也愿意接受轻罪的结果。像这种情况，律师可以私下里跟法官去说一下，“这个案子我们提了无罪辩护，但是如果量刑到什么之内当事人也认可的，我们律师会配合做好相关工作的”。

---

① 点评人：徐宗新。

这种情况也是有的。

也就是说，第一，我们的这种协商、这种意见、这种妥协，千万不要影响案件实质性改变，提出的必须是一种出路、一种解决的方案，而不是案子在法律上的准确定性，这个区别一定要搞清楚，否则效果适得其反。第二，我们跟法官商量认罪认罚，可以对量刑进一步提出精准的建议。我们在法庭上提的可能笼统一些，但是在认罪认罚协商中，借此机会可以提出精准的量刑建议。第三，对于不知道法院怎么定性，但是一定会判有罪的案件，我们可以尝试让当事人写一个认罪认罚书或者认罪认罚意见书交给法院。当事人对这个事情认错了，但不懂法不知道定什么罪，但是愿意认罪认罚，请求法院从轻处理。律师在辩护意见里面就要求写上，按照认罪认罚的政策还是要予以兑现。这些都是为了维护当事人利益的最大化。

认罪认罚是一个新的制度，是一项律师辩护不得不重视的制度。所以我们要精研这一项制度，锤炼认罪认罚的辩护技能，包括确认是否有罪、挖掘量刑情节、提出具体的量刑建议以及跟检察官、法官的沟通技能，熟练掌握相关法律，这些都是非常有必要的。

当律师都深谙认罪认罚辩护之道，让大家都觉得认罪认罚不是一个简单的工作，不是一个靠值班律师和法援律师就能够简单完成的工作，那么仍然会有很多的案件要请专业的律师来进行辩护。随着我们对认罪认罚案件辩护工作技能研究的深入，还可以促使刑辩市场一个重新的发展。认罪认罚是一个挑战，当然也是一个机遇。

跋　有效辩护之“五化”服务

徐宗新

何为有效辩护？

有两个标准：一是取得实效；二是当事人满意。

取得实效，即案子取得好的效果。如取得无罪（包括不立案、撤案、不起诉、无罪判决）、轻罪（重罪改轻罪）、罪轻（从轻情节认定、取保、缓刑、免刑）的结果。

当事人满意，是指当事人认可辩护工作。对结果好不好和当事人满意不满意，有四种情况：

一是结果不好，不满意。这是很正常的。当事人请了律师，结果辩护效果没有体现出来，还是判了重刑，自然对律师不满意。

二是结果好，不满意。最常见的是：人被取保了，甚至撤案了，检察院做不起诉了，当事人来找律师退费，说本来就没有什么事儿，律师没起到什么作用。

三是结果好，满意。案件结果好，达到当事人的要求，当事人对律师工作表示满意。这是最好的结果。当事人与律师都达到了目标，皆大欢喜，是当事人与律师共同的追求。

四是结果不好，满意。案件结果不好，但家属对律师工作还是满意的。最常见的是：一审判决很不利，当事人仍然委托该律师上诉，甚至二审维持了，还继续委托该律师申诉。这个很难，但对律师来讲，很有必要研究，毕竟刑事指控结果不好的概率不低，为什么有些案件结果并不好，当事人还那么信任律师，继续委托其辩护呢？

概括一下，律师为当事人服务，追求的目标是“结果好，当事人满意”，避免“结果好，当事人不满意”，杜绝“结果不好，当事人不满意”，争取“结果不好，当事人满意”。如果做到“结果好，当事人满意”以及“结果不好，当事人满意”，都是有效辩护。

但有人会说，那就以“当事人满意”为唯一标准好了，还管什么结果呢？辩护工作毕竟是项专业工作，律师是专业人士，辩护必须以追求有利于当事人的结果为目标，离开对结果的追求，就变成放之四海皆准的标准，不能体现律师行业的特性。“结果好，当事人满意”与“结果不好，当事人满意”中“当事人满意”的满意程度是不一样的，如果说前者是 100 分的话，后面只能是 60 分。万万不可追求当事人 60 分的满意，而忽视对案件的全力辩护，错失当事人 100 分的满意。

有效辩护，靠什么来保障？

我从检察院辞职当律师 20 多年来，我都在考虑这个问题，总结了辩护工作的“五化”服务，认为可资保障。

1. 服务流程的标准化

什么叫标准化？标准化就是：刑事辩护工作在什么时间点、应该做什么事、应该怎么做事。按此标准辩护，就能保证基本办案质量；没有达到这个标准，就会产生质量问题。

靖霖所研发的《刑事辩护标准化文本》，就是对刑事辩护全流程工作的标准化提示。例如，此书中的接待 17 次，会见 21 次，每一次接待和会见，在什么时间点必须做，每次需要交流哪几项工作，这个就是标准化。按照这个标准，辩护工作几近滴水不漏，就可以保障案件质量。又如，本书的法律文书的撰写一章，就是讲每一类法律文书怎么写，这里也有个标准。

其实，在这本书里面，针对刑事办案的全流程，将靖霖律师办理刑事案件的要求全部写出来了。接待、会见、阅卷、沟通、撰写法律文书、检索、发问、质证、辩论、认罪认罚辩护，每一项工作的要求都写明白了。这就是辩护工作的标准化。

标准化可以解决刑辩难题。

比如，办案难。怎么办案子？有些律师没有办过刑事案件，接了个刑事案件怎么办？在什么时间做什么样的事情？要怎么做？标准化流程可以帮助你。

又如，收费难。刑事案件怎么收费？既然是标准化的服务，自然有标准化的收费。依工作量计时，最为标准。只要把工作量定下来，与每个律师的资深程度的单价相乘，就是标准的律师收费，便于计算，童叟无欺。

再如，反馈难。什么时候要向家属反馈？反馈什么情况？会不会泄露国家秘密？以律师办案独立为由不反馈行不行？这个也有规则可循。

举个例子，刑事案件侦查阶段律师辩护标准化服务是怎么样的？这里分为：8 次接待、6 次会见、3 次公安沟通、2 次检察沟通、3 份书面意见。

第一，8 次接待。

每次会见前，要跟家属沟通有什么话要带给当事人。每次会见完，要跟家属通报会见情况。侦查阶段会见至少 6 次，这里就有 12 次接待了。另外，还有每个阶段法律服务方案的商讨，也是必须要与家属沟通的。总而言之，8 次是至少的，每次会见必须接待 1 次，另外 2 次则是首次会见后的接待和逮捕后的接待。依本书接待的要求，在逮捕前后、羁押必要性审查时间节点都有接待的必要性。律师工作，不管大小，必须向当事人通报。会见对律师来讲是家常便饭，对家属来讲，是天大的事，他们只有通过律师会见才能了解当事人的情况，律师会见从某种程度讲，就是代表家属的看望。案件的情况要及时通报，案件的解决方案要与当事人适时商量。只有接待工作做充分了，才能让当事人知道律师做了什么，他们才知道自己应该配合什么。前面讲的“结果好，当事人不满意”，绝大多数是因为律师与当事人不沟通或沟通不充分所致，当事人不了解律师的工作，就谈不上对律师工作的认可。而“结果不好，当事人满意”的，基本上是因为律师注意与当事人和家属沟通，让他们同步了解案件进展和律师工作，并且让他们参与辩护工作，对法律服务方案有清晰的了解，对案件的结果有清醒的预判，最终就算结果不理想，当事人自然会想到“努力过了，没有遗憾了，结果已经是可能实现范围内的最好结果了”，从而仍然认可律师工作。因此，接待工作非常重要，甚至从当事人感受的角度讲，比专业辩护工作更重要。

第二，6 次会见。

第一次会见，是我们接到案子后的首次会见，去给当事人进行法律咨询、了解案件的情况、商讨辩护方案。

第二次会见，在刑拘以后，报捕以前。要告诉当事人，取保候审申请书已经交了，可能取保，也可能报捕，要做好心理准备。

第三次会见，在案子移送审查批准逮捕的初期。我们要进行检察官提审前的辅导，告诉当事人检察官会问什么，他要答什么，应该怎么答，以取得最好的沟通效果。

第四次会见，在逮捕以后两天内。当事人被逮捕后，当事人心情往往不好，律师心情也不好，律师会想反正也没有什么好说的，逮捕时间有两个月，过一段时间等他心情好了，情绪稳定了，再去会见。其实，逮捕以后当事人最受打击，这个时候是当事人最难的时候，最痛苦的时候，最需要见律师的时候。所以律师这个时候最应该去见他，一是安慰，二是分析逮捕的原因，三是提出下一步工作方案。在当事人最困难的时候律师不帮助，当事人怎么可能对律师满意呢？

第五次会见，在逮捕后的 1 个月左右的时间点。一是介绍辩护工作；二是了解下提讯情况；三是对羁押必要性进行研究；四是对法律服务方案进行商讨。

第六次会见，在侦查终结前。告诉当事人侦查机关还要做一份总的笔录，让他注意在这次笔录中提出辩解，在笔录中确认辩解，听取当事人对全案的意见，商量是否向侦查机关提出辩护意见，以及提出什么样的辩护意见。

侦查阶段的会见，至少 6 次。但是不是只需要 6 次呢？并不是。如果案子疑难复杂，申请市检察院延长 1 个月，这样变成 3 个月了。再疑难复杂一点申请省级检察院批准延长 2 个月就变成 5 个月。不管怎么延长，我觉得至少每个月要会见 1 次。比如说延长 1 个月，在这个月里面增加 1 次，就变成 7 次了。如果说省检再批准延长 2 个月，又要增加 2 次，那就是 9 次。

这 6 次是最起码的会见要求。所谓标准化，如果做到了叫达标，如果没有做到就没有达标，质量就肯定有问题。这 6 次会见哪一次不去做都会产生质量问题。如果都做到了，就基本上保证了这个案子的质量。

第三，与公安3次沟通。

第一次沟通，是递交委托手续，与侦查人员建立联系，了解案件的基本情况，口头提出取保候审要求，了解取保条件。

第二次沟通，是在临报捕前提交取保候审申请书，供侦查机关决定。

第三次沟通，是在侦查终结前，向侦办人员了解案件侦查的基本情况，提出辩护人和当事人的合理诉求。

第四，2次检察沟通。

第一次检察沟通，是案件移送到检察院审查批准逮捕，律师向检察院提交意见，并当面沟通。

第二次检察沟通，是逮捕以后1个月左右的时间点，针对羁押必要性审查的问题与检察官沟通。

第五，3份书面意见。

第一份是在报捕之前的取保候审申请书。一般在报捕前3天提出，而且一定要提。如果是10年以上的，必须找到可能10年以下的理由作为依据提。刑拘期满，要么报捕，要么取保候审，此时提书面的取保候审申请十分必要，且肯定不会产生不好的影响。

第二份是在检察院审查批捕阶段，律师提交给检察官的《不予批准逮捕的律师意见书》，针对是否达到逮捕条件和逮捕必要性而撰写的辩护意见，这是一份非常重要和必要的法律文书。

第三份是在逮捕后1个月左右的时间，向检察院提出《羁押必要性审查申请书》，对逮捕后当事人不必羁押的情形专门作一梳理，提出羁押必要性审查申请。

2. 具体辩护工作操作的精细化

所谓“精细化”，是在标准化的基础上，把具体工作做精做深。在具体操作过程中，律师要经常问自己两个问题：一是“还有什么工作可以做?”；二是“工作怎么样可以做得更好?”。

比如，本书讲到的首次会见七步法，就是精细化操作的体现。一般大家都用四步法，而我们依七步法来操作。第一步，告知委托；第二步，告知监听的风险；第三步，进行全面而充分的法律咨询；第四步，了解当事人制作笔录的内容和过程；第五步，问当事人有什么辩解；第六步，商讨法律服务方案；第七步，家事传达。这七步，既可以让当事人得到律师充分的专业法律咨询帮助，又可以防范其风险，还可以防范律师的执业风险。相较四步法而言，七步法就是精细化的操作。

又如，辩护意见的撰写和提交，按照精细化的要求，律师就不能是简单的几页纸，要看看有什么附件，能不能装订成册，外观尽量美观大方一些。举个强奸案件的例子，除了辩护意见本身外，还要附有：（1）被害人的谅解书；（2）当事人妻子恳求从轻处理的申请书；（3）当事人所经营企业的情况及员工签名的从轻处罚申请书；（4）相应国家政策与法律文件；（5）相关判例。用红笔把关键的可以参照的内容画出来，装订成厚厚的一本。检察官一看，就觉得辩护人有备而来，而且有根有据，肯定会高度重视意见。

作为辩护人，每天都要问自己这两个问题：还有什么可以做？工作怎么样可以做得更好？只有这样，才可以让自己的操作更加的精细化。

3. 当事人利益最大化

当辩护方案出现冲突时，衡量的原则就是“当事人利益的最大化”。比如，一起被告人持无罪辩解的案件，证据存在一定疑问，辩护律师也准备作无罪辩护，但无罪辩护的把握不是100%，如果坚持无罪辩护，可能诉讼周期会很长，而如果认罪认罚，则可能“实报实销”。那么，到底是认罪认罚，还是坚持无罪辩护？两套方案，怎么选择？如果按照律师利益最大化，律师选择无罪辩护的概率大。而如果按照当事人利益最大化，当事人很可能会选择不折腾、早点出来。那么，此时，律师就应该把两套方案告诉当事人，让当事人来选择。

当事人利益分为三种：一是自由；二是财产；三是名誉。有些人渴望自由，有些人注重财产，有些人只重名誉。不同的当事人会作出自己的选择。比如前面这个案例，注重自由的，会选择认罪认罚；注重名誉的，肯定选择继续无罪辩护；注重财产的，未必愿意用赔偿和补偿来减轻刑罚。

对当事人利益最大化的把握，有以下几个规则：

第一，律师要制定全面的方案，由当事人选择。

如果没有全面的方案，即没有两套以上具体的方案，当事人没有选择的话，就不存在利益最大化的讨论。对辩护人而言，他的任务就是要考虑各种方案，否则辩护工作就会有瑕疵。比如，本书所涉的赵虎的案例，如果律师只坚持无罪辩护，没有提出认罪认罚“实报实销”的方案，等到当事人最终被判有罪重刑，他从其他途径了解到此案还可以作认罪认罚“实报实销”，那他肯定对律师有意见，会质问律师“当时你怎么不提出认罪认罚的方案？害得我多关了两年！”制定全面的方案，是对律师专业能力的考验，也是当事人利益最大保障的前提。

律师在制定全面的方案后，要协助当事人选择。当事人不懂法，没经验，律师要对方案进行讲解，确保他充分理解，完全明白每一条路径的利弊。任何一个具体的方案，都有利有弊，辩护律师要对每一个方案的利弊进行分析，针对当事人最关注的利益，协助其选择。比如，一个案子在侦查阶段，如果认罪就可以取保，不认罪就要逮捕，认还是不认？如果当事人重视名誉，他肯定不认；如果当事人注重自由，那肯定选择认。在认和不认的两个方案中，律师也要拿出自己的辩护方案。认，先取保候审，然后收集无罪证据，仍然可以作证据不足的无罪辩护；不认，仍然可以作疑罪不捕、疑罪不诉的辩护。

在律师充分分析后，最终由当事人根据他自己的利益需求，决定选择走哪条路。律师虽然有倾向性的意见，但是不能替代当事人作出选择。而且，当事人作出选择时，律师应当给他制作笔录，以防以后其对结果不满意，责怪律师不尽职。

第二，“当事人利益最大化”应当运用到具体战术中。

比如，会见，首次会见七步法就是当事人利益最大化的体现，步步为营，当事人不会因为会见遭遇不利，辩护律师先问他笔录再问辩解，先讲法律再分析案件，都是按照当事人利益最大化或者避免当事人更不利的原则来设计的。

又如，辩护人提交证据材料工作，是把所有取得的证据材料都提交上去，还是把有可能不利的证据先留着审查，只递交绝对有利的材料？如果证据是客观的，但对当事人不利，那么，还能不能递交？这当然不能递交。因为律师的职责是提出当事人无罪、罪轻的材料和意见，必须以有利于当事人的原则来做辩护工作。

再如，在发问中，律师设计问题，也要以当事人利益最大化为原则。比如，律师在法庭上发问当事人，核实他的笔录，用这样的问题“问：你笔录说你知道他们在骗，你为什么认为他们是在骗?”还是用“问：你的笔录你都看过吗？是否都是你说的？你笔录说知道他们在骗，这句话是你说的吗?”？如果当事人说，“笔录是不属实的。是刑讯逼供出来的。是侦查人员自己写上去的”，那么自然就不必说到“为什么认为他们是在骗”这个问题。而如果只问第一个问题，相当于就肯定了当事人的笔录合法性是没有异议的，少了一道环节，就没有保障到当事人的最大利益。

还有在辩论中，辩护律师常用的“被告人的行为不构成犯罪，退一步讲，构成犯罪，也应当适用缓刑”“被告人符合三年以下并适用缓刑的条件，进一步讲，被告人在定性上还存在以下争议，恳请法庭予以重视”等语句，这些都是当事人利益最大化的体现。

另外，在法律服务方案的设计、律师团队的配备上，无处不用到“当事人利益最大化”的原则。

第三，在认罪认罚案件量刑意见的发表上，特别注重“当事人利益最大化”原则的运用。

一般来讲，检察官与被告人、辩护人签订具结书后，对被告人的量刑已经确定，辩护人在法庭上怎么提量刑意见？如果和公诉人的量刑意见提得一样，万一法院认为检察量刑建议太重，给被告人直接减几个月？但是如果讲得和具结书不一样，又担心检察官说律师反悔，收回认罪认罚具结，影响了当事人的量刑。所以，从当事人利益最大化的角度，我归纳出了两句话，来解决这个难题。第一句是：我们同意检察官的量刑意见，希望法庭予以采纳。第二句是：基于辩护人之前阐述的理由，如果法庭认为在检察院量刑意见之下处刑更为适当，辩护人也表示同意和服从。

4. 服务过程的完美化

所谓“完美化”，是指服务过程要求“不留死角，不留遗憾”。

完美化是标准化、精细化更高级别的版本。根据标准化要求，在什么时间做什么事、怎么做，已经做得很不错了。在标准化基础上，再问自己还有什么工作可以做？工作怎么可以做得更好？这是精细化。然后我们在此基础上还可以提出更高的要求，不留死角，不留遗憾，那就是追求完美化。如果一定要说有什么区别的话，标准化是全流程的、粗线条的，没有按照这个标准来就会有质量问题。按照这个标准来，质量基本上有保障。精细化是对具体的某一项工作、某一项事务，我们从高要求的角度去不断地拷问自己，如何做得更好。而完美化所要求的“不留死角、不留遗憾”，不仅是包括每一个步骤，每一项工作，而且是包括整个流程的完美，是在标准化、精细化的基础上，从具体的措施、方案的选择到每一项具体步骤的安排。为了追求完美，我们每天就都要想，还有什么死角？还有什么遗憾？我们经常会有一些遗憾，就是因为过程不完美。不完美的原因是什么呢？是因为我们考虑得还不够周全，准备得还不够充分，或者说技术不精。

过程的完美化，要做到这三句话：

第一句：可为均须为。即可以做的都要做到。前面的标准化的流程，标准化都没做好，谈什么精细化，谈什么完美化？

第二句：明知难为而为之。难，但是我们还是要去做。比如，调查取证，甚至被害人的调查取证。又如，有个案子，二审法官已经说不开庭了，辩护人仍然递交了一份二审开庭申请书，把理由写得很充分，后来法院居然决定开庭了。

第三句：明知不可为而为之。有个商业秘密案件，控告人与被告人势如水火，被告人问我怎么化解，我说最好你们两家企业合作，果然，被告企业居然真的与控告企业达成合作了，控告企业向公安、检察机关出具了请求从轻处理的报告，作了无罪不起诉处理。有些点子，可能是异想天开，是不可能的，但提出来，尽量去落实，如果实现就会使案子起死回生，这就做到完美，没有遗憾、不留死角了。

最后，总结一句：过程的完美化必然达到结果的最优化。

把过程做完美，做到没有死角、没有遗憾，自然而然是最好的效果，这是毫无疑问的。当事人也要高度认同这句话，让大家群策群力，围绕过程的完美化展开工作，努力做到没有死角、没有遗憾。

5. 辩护工作的可视化

“可视化”的意思是辩护工作让当事人看到，让他知道并参与辩护工作，了解、理解并支持辩护工作，从而对辩护工作产生认可甚至满意。

这里有几项工作要做：

第一，辩护工作及时反馈。

会见、沟通、调查，要及时给当事人和家属反馈，然后列成清单，及时反馈其实就是一两句话的事情。会见前后，重要的时间节点，一定要跟当事人沟通，千万不能埋头办案而不与当事人沟通。

第二，辩护方案的实时探讨。

在每一个时间节点，比如，接待好以后，会见结束以后，有了新情况就把家属叫过来交流情况，情况有所调整时，我们应该做怎么样的充分辩护等。律师要告诉当事人家属情况出现了什么变化，要怎么应对，让他们心里有所承受。比如，有些工作要让当事人进行配合的，也是辩护方案的适时探讨。让家属也参与进来，不要让家属觉得这个钱付了就是律师的事了，律师也不跟他联系，这是不行的。最终结果很可能是：结果不好，当事人不满意，甚至结果好也未必满意。

第三，工作清单依时制作。

工作清单内容包括什么时间、哪个律师办了什么事情、用多少小时工作。特别是我们团队接的一些大要案，工作清单要全部记录。

第四，当事人及时确认。

当事人怎么及时确认？以前我们是列一个单子让他来签字，每次签字也不方便，就隔一段时间见面的时候签字。现在信息时代我们有微信，我们就把清单发给他，他说收到，就是及时确认了。一个月发一次，这样当事人对整个过程就了如指掌。所以当事人认可、可视化是非常重要的。

以上就是我总结的有效辩护的“五化”服务，这是靖霖所提供法律服务的基本要求，也是这本书贯穿始终的基本理念。

后　记

这是靖霖的第 11 本书。社会经济发展日新月异，刑事辩护的技能研究也必须与时俱进。截至目前，靖霖刑事律师全国有 17 家办公室近 400 名律师，每年办理刑事案件千件以上，始终站在刑事辩护的最前线。新型案件如何办理，老的难题如何处理，刑辩技能如何概括总结，如何转型升级，如何推陈出新，是靖霖律师整天在思考的问题。

这本书，记录了靖霖刑事律师的标准做法，按照这些标准，才可以称为合格的靖霖刑事律师。有些律师虽身在靖霖，但目前未必达到这个标准。而有些所外律师，认真学习领悟并积极运用于实践，也未必专业技能就不如靖霖律师。

我们之所以毫无保留地把靖霖的压箱底的技能公之于众，是希望律师同行们能共同提升刑辩水平，体现刑辩律师的价值；也是希望所有靖霖人要有紧迫感：你不学，别人学，甚至学得比你还强；还是鞭策所有靖霖人要有危机感：基本技能不能吃老本，要与时俱进，要推陈出新，要转型升级。想当“领头羊”，就得把自己不断拍在沙滩上。

相信靖霖刑事律师还会推出更多更新的好作品。

最后，我要感谢为这本书付出辛勤劳动和作出卓越奉献的同事杨磊、孙振桀、王杰、董伟靖、黄金晶、徐鸳、黄海娜、黄双双、史柯丹、张奕宸、陈一见、徐晔、章方正、陈重杰、张寒、冯佳成、杨帆、陈纪皓、王一添。他们今天是校稿人，今后就是撰稿人。

徐宗新